Fridtjof Nansen

In Nacht und Eis

Die norwegische Polarexpedition 1893-1896

Fridtjof Nansen

In Nacht und Eis

Die norwegische Polarexpedition 1893-1896

ISBN/EAN: 9783954270439
Erscheinungsjahr: 2012
Erscheinungsort: Bremen, Deutschland

© maritimepress in Europäischer Hochschulverlag GmbH & Co. KG, Fahrenheitstr. 1, 28359 Bremen. Alle Rechte beim Verlag und bei den jeweiligen Lizenzgebern.

www.maritimepress.de | office@maritimepress.de

Bei diesem Titel handelt es sich um den Nachdruck eines historischen, lange vergriffenen Buches. Da elektronische Druckvorlagen für diese Titel nicht existieren, musste auf alte Vorlagen zurückgegriffen werden. Hieraus zwangsläufig resultierende Qualitätsverluste bitten wir zu entschuldigen.

FRIDTJOF NANSEN

wurde am 10. Oktober 1861 auf Gut Store-Fröen bei Christiania (Oslo) geboren. Sein Name ist eng mit der Erforschung des Nordpolarmeers verbunden. Das erste Aufsehen in der Welt erregte er, als er 1888 mit nur fünf Gefährten Grönland von Ost nach West auf Schneeschuhen durchquerte. Dabei stellte Nansen fest, daß das Innere Grönlands aus einer geschlossenen Eiswüste besteht. Bedeutende wissenschaftliche Ergebnisse für die Arktisforschung brachte er von seiner dreijährigen Polarfahrt mit der berühmten »Fram« heim. 1897 wurde er Professor an der Universität Christiania und 1901 Leiter des Internationalen Laboratoriums für Meeresforschung. Nebenher war er Politiker und Diplomat, 1906 bis 1908 norwegischer Gesandter in London. Viele Freunde gewann sich Fridtjof Nansen nach dem ersten Weltkrieg in Deutschland, als er sich für eine schnelle Heimbeförderung der deutschen Kriegsgefangenen in Rußland einsetzte. Während der großen Hungersnot in Rußland 1921 bis 1923 führte er eine Hilfsaktion durch, wofür er den Friedens-Nobelpreis erhielt. Auf seine Anregung hin schufen die europäischen Staaten für staatenlos gewordene Flüchtlinge den »Nansen-Paß«. Er starb am 13. Mai 1930 in Lysaker. Sein Sohn Odd Nansen folgte ihm in der Arbeit der Flüchtlingsfürsorge nach dem zweiten Weltkrieg.

FRIDTJOF NANSEN

IN NACHT UND EIS

*Die Norwegische Polarexpedition
1893 — 1896*

NEUE AUSGABE

Mit 33 Abbildungen auf Tafeln und im Text
nach Aufnahmen und Zeichnungen des Verfassers,
sowie einer vierfarbigen Übersichtskarte

EBERHARD BROCKHAUS WIESBADEN

1952

IHR
DIE DAS SCHIFF GETAUFT
UND DEN MUT HATTE
ZU WARTEN

INHALT

Der Plan	9
Vorbereitungen	25
Die Abreise	36
Abschied von Norwegen	41
Durch das Karische Meer	50
Die Winternacht	69
Frühjahr und Sommer 1894	117
Der zweite Herbst im Eis	133
Vorbereitungen zur Schlittenreise	148
Neujahr 1895	156
Der Aufbruch	166
Abschied von der »Fram«	179
Ein harter Kampf	186
Mit Schlitten und Kajak	207
Endlich Land!	232
Neujahr 1896	267
Heimwärts!	274
Kapitän Sverdrup, Die Reise der »Fram«, 14. März 1895 bis 20. August 1896	303
Die wissenschaftlichen Ergebnisse	333
Namen- und Sachverzeichnis	336
Vierfarbige Übersichtskarte	am Schluß des Bandes

Der Plan

Willst du den menschlichen Geist in seinem edelsten Kampf gegen Aberglauben und Finsternis sehen, so lies die Geschichte der arktischen Reisen, lies die Geschichte von Männern, die zuzeiten, da ein Überwintern in der Polarnacht sicherer Tod schien, dennoch mit fliegenden Fahnen hinauszogen nach dem Unbekannten! Nirgends ist wohl Wissen mit größeren Entbehrungen, Nöten und Leiden erkauft; aber der menschliche Geist wird nicht rasten, ehe nicht jeder Fleck auch dieser Gebiete zugänglich gemacht und jedes Rätsel dort oben gelöst ist.

Meile für Meile, Grad für Grad hat man sich mit Aufbietung aller Kräfte vorwärts geschlichen. Langsam tagt es; aber noch befinden wir uns nur im Morgengrauen, und Finsternis schwebt immer noch über großen, öden Strecken dort oben am Pol.

Auf manche Weise und auf vielen Wegen hat die Menschheit versucht, in dieses Reich des Todes einzudringen. Anfangs geschah es nur zu Wasser. Die Schiffe waren damals noch ungeeignet, den Kampf mit dem Eis aufzunehmen, und man ließ sich daher ungern auf ihn ein. Die Fahrzeuge der alten Norweger, deren Planken aus Tannen- und Fichtenholz dachförmig übereinandergriffen, waren nicht zweckmäßiger als die kleinen, plumpen Karavellen der ersten englischen und holländischen Polarfahrer. Nach und nach lernte man jedoch, die Fahrzeuge den Verhältnissen besser anzupassen, und immer kühner steuerte man sie zwischen die gefürchteten Eisschollen hinein.

Inzwischen war von den unkultivierten Polarvölkern, sowohl von jenen, die in den sibirischen Tundren wohnen, als auch von den amerikanischen Eskimos, lange bevor die Polarfahrten begannen, ein anderes, sicheres Mittel, diese Gegenden zu bereisen, entdeckt worden: der von Hunden gezogene Schlitten.

Dieses vorzüglichen Beförderungsmittels bediente sich die Polarforschung zuerst in Sibirien. Schon im siebzehnten und achtzehnten Jahrhundert machten die Russen Schlittenfahrten von größter Ausdehnung und nahmen Karten der sibirischen Küste von der Grenze Europas bis zur Beringstraße auf. Ja, sie reisten nicht nur an den Küsten entlang, sondern gingen über das Treibeis bis zu den Neusibirischen Inseln, sogar noch nördlich davon, und schwerlich haben Reisende irgendwo so viele Leiden ausgestanden und soviel Ausdauer bewiesen.

Die große Bedeutung der Hunde für Schlittenreisen war mir schon vor meiner Grönlandfahrt klar, und wenn ich sie dort nicht benutzte, so geschah es einzig, weil ich keine brauchbaren Hunde auftreiben konnte.

Der Weg, auf dem der Pol in späteren Zeiten den meisten Angriffen ausgesetzt gewesen ist, ist der Smith-Sund, und der Grund hierzu war wohl besonders der, daß amerikanische Reisende etwas übereilt behauptet hatten, dort das offene Polarmeer gefunden zu haben, das sich unbegrenzt nach Norden ausdehnen sollte. Alle Expeditionen wurden jedoch von schweren Eismassen aufgehalten, die südwärts trieben und gegen die Küsten gepreßt wurden. Die wichtigste Expedition auf diesem Wege war die englische, die 1875/76 unter Nares' Leitung stand und mit großen Geldopfern ausgerüstet worden war. Nares' Begleiter, Commander Markham, gelangte bis zur höchsten Breite, die bis dahin erreicht worden war, nämlich 83° 20′, aber es kostete große Anstrengungen und Entbehrungen, und Nares glaubte für alle Zeiten die Unmöglichkeit, den Nordpol auf diesem Wege zu erreichen, nachgewiesen zu haben.

Während des Aufenthalts der Expedition Greelys 1881—84 in derselben Gegend gelangte Lockwood ein paar Minuten höher, bis 83° 24′. Und das war der nördlichste Punkt auf unserer Erdkugel, den ein menschlicher Fuß betreten hatte vor der Expedition, über die dieses Werk handelt.

Im Meere zwischen Grönland und Spitzbergen sind verschiedene Versuche gemacht worden, in die Geheimnisse der eisigen Regionen einzudringen. Längs der Ostküste Grönlands versuchte schon Henry Hudson im Jahre 1607 den Pol zu erreichen, wo er ein offenes Becken und den Weg nach der Südsee zu finden hoffte. Er wurde indessen schon unter 73° n. Br. am weiteren Vordringen verhindert, an einem Punkte der Küste, den er »Hold with Hope« nannte. Die deutsche Expedition 1869/70 unter Koldewey, die dasselbe Gewässer besuchte, gelangte mit Hilfe von Schlitten bis 77° n. Br. Wegen der großen Eismassen, die der Polarstrom längs dieser Küste nach Süden treibt, ist hier gewiß eine der ungünstigsten Gegenden für eine Seefahrt nordwärts. Besser ist es bei Spitzbergen. Wegen des warmen Stroms, der an der Westküste nach Norden geht, bleibt die See eisfrei; es ist dies sicher die Stelle, an der man am besten und leichtesten hohe Breiten in eisfreiem Fahrwasser erreichen kann. Nördlich von Spitzbergen machte deshalb auch Edward Parry seinen Versuch im Jahre 1827.

Weiter nach Osten sind die Eisverhältnisse ungünstiger, und wenige Polarexpeditionen haben daher ihren Weg durch diese Gegenden genommen. Die österreichisch-ungarische Expedition unter Weyprecht und Payer 1872—74 hatte sich ursprünglich als Ziel gesetzt, die Nordost-Passage zu suchen, wurde aber schon bei ihrer ersten Begegnung mit dem Eis an der Nordspitze von Nowaja Semlja festgesetzt, trieb nordwärts und entdeckte Franz-Joseph-Land, wo Payer versuchte, mit Schlitten nach Norden vorzudringen, und 82° 5′ n. Br. auf einer Insel erreichte, die er Kronprinz-Rudolf-Land nannte. Nördlich davon glaubte er eine ausgedehnte Landmasse zu sehen, die er auf ungefähr 83° verlegte und Petermann-Land nannte.

Später, 1880 und 1881/82, ist Franz-Joseph-Land zweimal von dem Engländer Leigh-Smith besucht worden, und dort hält sich augenblicklich auch die englische Jackson-Harmsworthsche Expedition auf.

Die dänische Expedition unter Hovgaard im Jahre 1883 hatte den Plan, vom Kap Tscheljuskin aus längs der Ostküste einer ausgedehnten Landmasse bis zum Nordpol vorzudringen, die nach Hovgaards Ansicht östlich von Franz-Joseph-Land liegen sollte. Im Karischen Meer blieb er jedoch im Eis stecken, überwinterte dort und kehrte das Jahr darauf nach Hause zurück.

Durch die Beringstraße sind nur wenige Versuche gemacht worden. Der erste war Cooks Expedition im Jahre 1776, der letzte die Jeanette-Expedition in den Jahren 1879—81, geführt von De Long, Leutnant in der amerikanischen Marine. Gerade diese Expedition hat für meine Fahrt die größte Bedeutung gehabt. Wie De Long selbst in einem Brief an Gordon Bennett, den Mäzen der Expedition, sagt, habe man unter drei Routen zu wählen, dem Smith-Sund, der Ostküste von Grönland und der Beringstraße; er baute am meisten auf letztere, die schließlich auch gewählt wurde. Der Hauptgrund war der Japanische Strom, der, wie man vermutete, nach Norden durch die Beringstraße ging und weiter längs der Ostküste von Wrangel-Land, das sich, wie man annahm, weit nach Norden ausdehnte. Man behauptete, daß das warme Wasser dieses Stromes einen Weg längs der Küste bahnen würde, vielleicht direkt bis zum Pol. Die Walfänger hatten die Erfahrung gemacht, daß sie jedesmal, wenn ihre Fahrzeuge hier im Eis festsaßen, nordwärts trieben; daraus mußte man schließen, daß der Strom im allgemeinen in dieser Richtung ging. »Dies würde Entdeckungsreisenden erlauben, hohe Breiten zu erreichen; aber aus demselben Grund würde es die Schwierigkeiten zurückzukommen vermehren«, sagt De Long selbst, und auf eine traurige Weise sollte er die Wahrheit seiner Worte beweisen. Die »Jeanette« blieb am 6. September 1879 im Eis stecken, in 71° 35' n. Br. und 175° 6' ö. L., südlich von Wrangel-Land — das, wie sich inzwischen zeigte, nur eine kleine Insel war — und trieb zwei Jahre lang mit dem Eis nach Westnordwest, bis sie am 12. Juni 1881 nördlich von den Neusibirischen Inseln in 77° 15' n. Br. und 154° 59' ö. L. sank.

☆

Beim Studium der Geschichte der arktischen Forschung wurde es mir frühzeitig klar, daß es schwierig sein würde, auf den bisherigen Routen und in der bisherigen Weise den inneren unbekannten Eisgebieten ihre Geheimnisse zu entreißen. Aber wo lag der Weg?

Es war im Herbst 1884, als ich zufällig im norwegischen »Morgenbladet« einen Artikel von Professor Mohn las, der davon handelte, daß an der Südwestküste Grönlands einige Gegenstände gefunden worden seien, die von der »Jeannette« stammen müßten. Mohn nahm an, daß sie auf einer Eisscholle quer übers Polarmeer getrieben sein müßten. Es wurde mir sofort klar, daß hier der Weg gegeben sei! Konnte eine Eisscholle quer durch das Unbekannte treiben, so mußte sich diese »Drift« auch im Dienste der Forschung anwenden lassen können — und der Plan war gefaßt. Es vergingen jedoch mehrere Jahre, bis ich endlich im Februar 1890, nach meiner Rückkehr von der Grönlandfahrt, meinen Plan der Geographischen Gesellschaft zu Christiania in einem Vortrag darlegte. Ich sagte dabei folgendes:

»Aus dem Ergebnis vieler Versuche scheint deutlich hervorzugehen, daß es auf keinem Weg möglich ist, nach dem Pol zu segeln; überall ist das Eis ein unüberwindliches Hindernis gewesen. Boote über dieses unebene Treibeis zu ziehen, das außerdem unter dem Einfluß von Strom und Wind in beständiger Bewegung ist, ist ebenso schwierig. Das Eis legt solche Hindernisse in den Weg, daß es so ziemlich unmöglich ist, mit der Ausrüstung und dem Proviant, die zu einem solchen Unternehmen erforderlich sein würden, vorwärts zu kommen.

Viele meinen möglicherweise, daß man mit der Untersuchung von so schwierigen Gegenden, wie die Polarregionen sind, warten sollte, bis man imstande sein wird, sich neue Transportmittel zu schaffen. Ich habe andeuten hören, daß man eines Tages im Luftballon nach dem Pol reisen werde, und da sei es nutzlose Arbeit zu versuchen, dorthin zu gelangen, bevor dieser Tag kommt. Man braucht kaum nachzuweisen, daß dies eine unhaltbare Erwägung ist. Selbst wenn es sich denken läßt, daß man über kurz oder lang diese häufig ausgesprochene Idee verwirklichen könnte, im Luftschiff nach dem Pol zu fliegen, so würde eine solche Fahrt, so interessant sie in gewissen Beziehungen auch ist, bei weitem nicht die wissenschaftliche Ausbeute liefern können wie Expeditionen, die in der hier angedeuteten Weise ausgeführt würden. Größere wissenschaftliche Ausbeute nach verschiedenen Richtungen kann nur durch fortwährende Beobachtungen während eines längeren Aufenthalts in diesen Gegenden gewonnen werden, während Beobachtungen auf einer Ballonexpedition unvermeidlich flüchtig sein müssen.

Wir müssen also versuchen, ob es nicht andere Wege gibt, und ich glaube, daß dies der Fall ist. Wenn wir auf die sich in der Natur selbst findenden Kräfte achtgeben und versuchen, mit ihnen und nicht gegen sie zu arbeiten, glaube ich, daß wir den sichersten und leichtesten Weg zum Pol finden werden. Es nützt nichts, gegen den Strom zu arbeiten wie die früheren Expeditionen; wir müssen sehen, ob sich ein Strom findet, mit dem wir arbeiten können. Die Jeannette-Expedition ist meiner Meinung nach die einzige, die auf dem richtigen Weg gewesen ist, obschon wider Wissen und Willen.

Die ‚Jeannette' trieb zwei Jahre lang im Eis von der Wrangel-Insel bis zu den Neusibirischen Inseln. Drei Jahre nach dem Untergang des Schiffes nördlich der Neusibirischen Inseln wurden jenseits des Pols, auf dem Treibeis in der Nähe von Julianehaab an der Südwestküste Grönlands, einige Gegenstände gefunden, die nach untrüglichen Kennzeichen von dem gesunkenen Fahrzeug stammen und im Eis eingefroren gewesen sein müssen. Es muß daher als Tatsache angesehen werden, daß eine Eisscholle mit Gegenständen von der ‚Jeannette' von der Stelle, an der sie sank, nach Julianehaab getrieben ist.

Auf welchem Wege ist nun diese Eisscholle nach der Westküste Grönlands gekommen? Professor Mohn hat bereits im November 1884 nachgewiesen, daß dies auf keinem anderen Wege als über den Pol möglich sein kann.

Gibt es noch andere Beweise dafür, daß ein Strom über den Nordpol geht, vom Beringmeer auf der einen nach dem Atlantischen Ozean auf der andern Seite? — Doch!

Dr. Rink hat bei Godthaab von einem Grönländer ein merkwürdiges Holzstück erhalten; es wurde unter Treibholz an der Küste gefunden. Es ist ein Wurfholz, wie es die Eskimos für ihre Vogelpfeile benutzen, aber ganz verschieden von den Wurfhölzern der Eskimos an der Westküste Grönlands. Dr. Rink nahm daher an, daß es möglicherweise von Eskimos an der Ostküste Grönlands herrühre. Bei späteren Untersuchungen zeigte sich indessen, daß es von der Küste von Alaska, aus der Nähe der Beringstraße stammen müsse, da dies die einzige Stelle ist, wo Wurfhölzer von ähnlicher Form benutzt werden. Ja, es sind sogar chinesische Glasperlen in das Holz eingefügt, genau dieselben, wie sie der Alaska-Eskimo von den asiatischen Völkern erhandelt, um seine Wurfhölzer damit zu schmücken.

Es scheint somit, daß wir mit Sicherheit behaupten dürfen, daß dieses Stück Holz von der Westküste von Alaska nach Grönland hinübergetrieben worden ist von einem Strom, den wir in seiner ganzen Ausdehnung noch nicht kennen, der aber vermutlich dem Nordpol sehr nahe oder irgendwo zwischen diesem und Franz-Joseph-Land fließt.

Es finden sich jedoch noch mehr Beweise dafür, daß ein solcher Strom existiert. In Grönland wachsen bekanntlich keine Bäume, die zur Herstellung von Booten, Schlitten und anderen Gerätschaften gebraucht werden können. Das Treibholz, das mit dem Polarstrom an der Ostküste Grönlands herunterkommt und die Westküste entlang nordwärts schwimmt, ist daher für den grönländischen Eskimo eine Lebensbedingung. Aber woher kommt dieses Treibholz?

Ich habe selbst Gelegenheit gehabt, große Massen von Treibholz an der Westküste wie an der Ostküste von Grönland zu untersuchen; ich habe auch Stücke davon im Meer, fern von den Küsten treibend gefunden. Und wie andere Reisende vor mir bin auch ich zu der Überzeugung gelangt, daß der größte Teil davon nur aus Sibirien gekommen sein kann; denn man findet darunter die Kiefer, die sibirische Lärche und auch nordische Baumarten, die schwerlich anderswoher gekommen sein können. Interessant sind in dieser Beziehung die Funde, die an der Ostküste Grönlands von der Zweiten Deutschen Nordpolfahrt gemacht wurden. Von fünfundzwanzig Stücken Treibholz gehörten siebzehn der sibirischen Lärche an, fünf einer nordischen Kiefernart (wahrscheinlich Picea obovata), zwei einer Erlenart (Alnus incana?) und eins einer Pappelart (Populus tremula?), Holzarten, die alle in Sibirien vorkommen.

Zum Glück für die Eskimos kommen jährlich so große Massen solchen Treibholzes nach den Küsten von Grönland, daß man meiner Meinung nach zu der Annahme gezwungen ist, daß sie von einem dauernden Strom dorthin getrieben werden.

Daß dieses Treibholz südlich um Franz-Joseph-Land und um Spitzbergen getrieben wird, ist ebensowenig anzunehmen, wie daß die Eisscholle mit den Gegenständen von der „Jeannette" diesen Weg gemacht haben sollte. Als Beweis dagegen läßt sich außerdem anführen, daß sibirisches Treibholz nördlich von Spitzbergen gefunden worden ist, in dem stark südwärts gerichteten Strom, gegen den Parry vergebens kämpfte.

Man sieht also, daß wir auch aus diesem Grunde annehmen müssen, daß ein Strom über den Pol oder nahe an ihm vorbeigeht.

In diesem Zusammenhang erwähne ich als besonders interessant, daß der deutsche Botaniker Grisebach als wahrscheinlich nachgewiesen hat, daß die grönländische Flora eine Reihe von sibirischen Formen umfaßt, die schwerlich auf anderem Wege als mit einem solchen Strom eingewandert sein können; der Same muß von dem Strom dorthin geführt sein.

Fassen wir alles zusammen, so scheint sich daraus mit Notwendigkeit die Schlußfolgerung zu ergeben, daß irgendwo zwischen dem Pol und Franz-Joseph-Land ein Strom vom Sibirischen Eismeer nach der grönländischen Ostküste geht.

Es liegt also der Versuch nahe, in diesen Strom auf der Seite des Pols einzudringen, wo er nach Norden geht, und mit seiner Hilfe in jene Gegenden zu gelangen, die alle, die früher gegen den Strom arbeiteten, vergebens zu erreichen sich bemühten.

Mein Plan ist folgender: Ich beabsichtige, ein Schiff bauen zu lassen, so klein und so stark wie möglich; es soll gerade groß genug sein, um Kohlenvorrat und Proviant für zwölf Mann auf fünf Jahre zu fassen. Ein Fahrzeug von ungefähr 170 Tonnen (brutto) wird vermutlich hinreichen. Es soll eine Maschine haben so stark, daß es in der Stunde sechs Seemeilen zurücklegen kann, außerdem soll das Schiff auch volle Segeltakelung besitzen.

Das Wichtigste bei diesem Fahrzeug ist, daß es nach einem Prinzip gebaut wird, nach dem es den Druck des Eises aushalten kann. Es muß so schräge Seiten erhalten, daß das Eis bei den Pressungen keinen festen Halt gewinnt, wie dies der Fall war mit der ‚Jeannette' und anderen Fahrzeugen arktischer Expeditionen, sondern das Eis soll es statt dessen in die Höhe heben. Daß man einem Schiff leicht eine Form, wie hier angedeutet, geben kann, wird niemand bezweifeln, der ein Fahrzeug während einer Eispressung gesehen hat. Aus demselben Grund muß das Schiff auch klein sein; denn abgesehen davon, daß damit leichter zu manövrieren ist, wird es während der Pressungen auch leichter gehoben, gleichwie es auch eher gelingt, es besonders stark zu machen. Es muß selbstverständlich aus ausgesuchtem Material gebaut werden.

Hat man erst ein solches Fahrzeug sowie eine Besatzung von zehn, höchstens zwölf kräftigen, sorgfältig ausgesuchten Männern, dazu auf fünf Jahre berechnete Ausrüstung, so glaube ich, daß das Unternehmen gesichert ist. Mit diesem Fahrzeug versuchen wir durch die Beringstraße und westwärts längs der Nordküste von Sibirien nach den Neusibirischen Inseln zu dringen*, so frühzeitig im Sommer, wie die Eisverhältnisse es irgend gestatten.

---

* Wenn ich ursprünglich daran dachte, durch die Beringstraße zu gehen, so geschah es, weil ich glaubte, die Neusibirischen Inseln am sichersten und frühesten von jener Seite erreichen zu können. Bei näherer Untersuchung fand ich, daß dies zweifelhaft sei, und ich entschloß mich dann für den kürzesten Weg durch das Karische Meer und nördlich um das Kap Tscheljuskin.

Bei den Neusibirischen Inseln angelangt, gilt es, die Zeit aufs beste zu nutzen, um die Strom- und Eisverhältnisse zu untersuchen, und dann den günstigsten Augenblick abzuwarten, in eisfreiem Fahrwasser am weitesten nordwärts zu gelangen. Dies kann nach den Berichten der amerikanischen Walfänger über die Eisverhältnisse nördlich von der Beringstraße voraussichtlich im August oder Anfang September geschehen.

Ist die rechte Zeit gekommen, so durchqueren wir das Eis nordwärts, so weit wir kommen. Daß wir auf diese Weise über die nördlichsten der Neusibirischen Inseln hinauskommen können, darf man u. a. aus der Jeannette-Expedition schließen. Während die Expedition im Eis nördlich von der Bennettinsel trieb, vermerkte De Long in seinem Tagebuch, daß sie dort ‚dunklen Wasserhimmel‘ — das heißt einen Himmel, der den dunklen Widerschein von offenem Wasser zeigt — auf allen Seiten um sich sahen. Es muß folglich für ein starkes Eisfahrzeug durchzukommen möglich sein.

Dann muß man bedenken, daß die Expedition von der Bennettinsel bis zur sibirischen Küste in Booten reiste, teilweise in offenem Wasser. An der Küste fand bekanntlich der größte Teil ein trauriges Ende. Nordenskiöld ging nicht weiter nach Norden als bis zu der südlichsten der genannten Inseln (Ende August 1878), aber hier war das Fahrwasser überall offen.

Es ist also wahrscheinlich, daß wir imstande sein werden, bei den Neusibirischen Inseln nordwärts zu dringen, und sind wir einmal so weit, dann sind wir auch mitten in dem Strom der ‚Jeannette‘; es gilt dann nur, sich weiter nach Norden durchzuarbeiten, bis man im Eis festsitzt*.

Dann wählt man einen geeigneten Platz, vertäut das Fahrzeug gut und läßt das Eis sich ringsherum auftürmen, soviel es mag — je mehr, desto besser; das Schiff wird dadurch nur gehoben und sicher und fest sitzen. Daß es sich unter der Eispressung auf die Seite legen sollte, ist bis zu einem gewissen Grad möglich, aber kaum von Bedeutung. Von jetzt an besorgt der Strom die Beförderung, während das Schiff zum Quartier wird, in dem man reichlich Zeit hat, wissenschaftliche Beobachtungen anzustellen.

Auf diese Weise wird die Expedition wahrscheinlich über den Pol und weiter ins Meer zwischen Grönland und Spitzbergen treiben. Hier werden wir, wenn wir den 80. Breitengrad erreichen, oder sogar früher, wenn es Sommer ist, Aussicht haben, das Schiff frei zu machen und nach Hause zu segeln. Sollte das Schiff jedoch vor der Zeit zerstört werden — was möglich ist, mir aber unwahrscheinlich erscheint, wenn es auf die angedeutete Weise gebaut wird —, so wird die Expedition dennoch nicht mißlungen sein; denn die Rückreise muß trotzdem mit dem Strom über den Pol bis zum nordatlantischen Becken gehen. Es ist Eis genug vorhanden, um darauf zu treiben, und eine solche Fahrt haben wir früher schon versucht. Hätte die Jeannette-Expedition Proviant genug gehabt und wäre sie auf der Eisscholle geblieben, auf der sie die später gefundenen Gegenstände zurückließ, der Ausgang der Expedition wäre sicherlich ganz anders geworden, als er tatsächlich war!

---

* Wie ich später in meinem Vortrag in London (Geographical Journal, 1893, S. 18) auseinandersetzte, wollte ich längs der Westküste der Neusibirischen Inseln nach Norden gehen, da ich glaubte, daß das aus der Lena stammende warme Wasser die See hier offenhalten müsse.

Das Fahrzeug kann bei einer Eispressung nicht so schnell sinken, daß nicht Zeit genug bliebe, um mit der Ausrüstung und dem Proviant auf eine starke Eisscholle überzusiedeln, die man schon im voraus für diesen Fall ausgewählt hat. Hier schlagen wir die Zelte auf, die wir zu dem Zweck mitgenommen haben. Um uns Proviant und Ausrüstung zu erhalten, sammeln wir sie nicht an einer Stelle, sondern verteilen sie übers Eis und legen sie auf Holzflöße, die wir aus Brettern und Balken gebaut haben. Hierdurch wird vermieden, daß etwas von der Ausrüstung sinkt, wenn die Scholle brechen sollte. Infolge des Berstens einer Scholle verloren die Männer der ‚Hansa', die über ein halbes Jahr lang an der Ostküste von Grönland entlangtrieben, einen Teil ihrer Ausrüstung.

Damit eine solche Fahrt gelingt, bedarf es nur zweier Dinge: guter Kleider und vieler Nahrung, und dafür können wir sorgen. Wir werden uns somit auf der Eisscholle ebenso sicher fühlen wie auf unserem Fahrzeug und ebenso gut zum Grönländischen Meer gelangen. Dort angekommen, werden uns unsere Boote sicher bis zum nächsten Hafen bringen.

Ich glaube demnach, daß eine solche Fahrt gelingt.

Manche werden einwenden: ‚In allen Strömungen befinden sich Gegen- und Nebenströme. Gesetzt den Fall, daß ihr in einen solchen hineingeratet oder vielleicht auf ein unbekanntes Land am Pol stoßt und dort festliegen bleibt, was wollt ihr dann machen?' Darauf kann ich nur antworten: Was den Gegenstrom betrifft, so müßten wir doch einmal aus ihm herauskommen ebenso sicher, wie wir hineingeraten sind, und wir haben Proviant für fünf Jahre! Und was die zweite Möglichkeit betrifft, so würde ein solches Ereignis mit Freuden begrüßt werden; denn nicht leicht ließe sich ein Fleck Erde von größerem wissenschaftlichen Interesse finden. Wir würden in dem entdeckten Land so viele Beobachtungen wie möglich sammeln. Sollten wir mit dem Schiff nicht wieder in die Drift kommen und sollte die Zeit verstreichen, so würde nichts anderes übrigbleiben, als es zu verlassen und zu versuchen, mit den Booten und der notwendigen Ausrüstung in den nächsten Strom zu gelangen.

Wie lange wird nun eine solche Reise dauern?

Die von der Jeannette-Expedition herrührenden Sachen können höchstens zwei Jahre gebraucht haben, um auf demselben Weg bis zum 80. Breitengrad hinabzutreiben; dort dürfen wir also darauf rechnen, vom Eis loszukommen. Dies würde einer täglichen Fahrt von ungefähr zwei Seemeilen entsprechen.

Wir dürfen also erwarten, im Laufe von zwei Jahren das Ziel zu erreichen; es ist ja auch möglich, daß das Schiff schon in höheren Breiten, als hier vorausgesetzt, loskommt. Der auf fünf Jahre berechnete Proviant muß daher reichlich genügen.

Aber ist die Winterkälte dort nicht so groß, daß ein Aufenthalt unmöglich sein wird?

Dies ist nicht wahrscheinlich, ja wir können sogar ziemlich sicher sagen, daß es am Pol selbst im Winter nicht so kalt ist wie z. B. in Nordsibirien, das ja bewohntes Land ist, oder im nördlichen Teil der Westküste Grönlands, der gleichfalls bewohnt ist. Meteorologen haben ausgerechnet, daß die mittlere Temperatur am Pol im Januar ungefähr 36° C unter Null sein wird, während sie z. B. in Jakutsk — 42° C, in Werchojansk — 48° C beträgt. Man muß bedenken, daß der Pol wahrscheinlich von Meer bedeckt ist, dessen Wärmeausstrahlung viel geringer ist als die so großer Landmassen, wie es die Ebenen Nordasiens sind. Die Gegend um den Pol hat somit aller Wahrscheinlichkeit nach ein ozeanisches Klima mit verhältnismäßig milden Wintern.

Die Kälte kann also kein Hindernis sein. Eine Schwierigkeit, mit der viele der früheren Expeditionen zu kämpfen hatten und die auch hier nicht übersehen werden darf, ist indessen der Skorbut. Während eines längeren Aufenthalts in einem kalten Klima wird sich diese Krankheit unstreitig leicht einstellen, wenn man keine Gelegenheit hat, frischen Proviant zu bekommen. Ich bin jedoch überzeugt, daß die kräftigen Nahrungsmittel, die wir in luftdicht verschlossenen Konserven besitzen, und unsere Kenntnis der dem Körper nötigen Stoffe uns in den Stand setzen werden, die Gefahr des Skorbuts fernzuhalten. Außerdem wird es uns an frischem Proviant in den Gewässern, die wir bereisen werden, nicht mangeln; wir können sicher darauf rechnen, Eisbären und Seehunde noch hoch im Norden, wenn nicht sogar beim Pol, zu finden. Außerdem beherbergt das Meer gewiß Mengen von kleinen Tieren, die wir im Notfall essen können.

Man sieht also, daß alle Schwierigkeiten, die möglich sind, durch sorgfältige Zusammenstellung der Ausrüstung, durch glückliche Wahl der Mitglieder und durch planmäßige Leitung der Expedition überwunden werden können. Wir werden darum zuversichtlich in den ‚Jeannette-Strom' bei den Neusibirischen Inseln gelangen und ebenso sicher das offene Meer zwischen Grönland und Spitzbergen erreichen.

Aber wenn nun dieser ‚Jeannette-Strom' nicht gerade über den Pol führt, wenn er z. B. zwischen diesem und Franz-Joseph-Land hindurchgeht, wie früher angedeutet, was tut die Expedition dann, um den Pol zu erreichen?

Hier scheint in der Tat die Achillesferse des Planes zu stecken; denn wird das Fahrzeug in einer Entfernung von mehr als einem Grad (60 Seemeilen) am Pol vorbeigeführt, so kann es als höchst unklug oder unsicher erscheinen, das Schiff mitten im Strom zu verlassen, um mit Schlitten über rauhes, ebenfalls in der Drift befindliches Meereis einen so weiten Weg zurückzulegen. Hätte man auch den Pol erreicht, so würde es ganz unsicher sein, ob man das Schiff bei der Rückkehr wiederfinden würde. Ich meine jedoch, daß dies von geringer Bedeutung ist; wir ziehen nicht hinaus, um den mathematischen Punkt zu suchen, der das nördliche Ende der Erdachse bildet — denn diesen Punkt zu erreichen, hat an und für sich nur geringen Wert —, sondern um Untersuchungen in dem großen unbekannten Teil der Erde anzustellen, der den Pol umgibt. Diese Untersuchungen werden nahezu die gleichgroße wissenschaftliche Bedeutung haben, ob die Reise über den mathematischen Pol selbst führt oder ein Stück davon entfernt bleibt.«

☆

In diesem Vortrag hatte ich die wichtigsten Daten, auf die mein Plan sich gründete, dargelegt. In den folgenden Jahren fuhr ich fort, die Verhältnisse in den nördlichen Meeresteilen zu studieren, und erhielt fortwährend neue Beweise dafür, daß meine Annahme einer Drift quer durch das Polarmeer richtig sein müsse. In einem Vortrag, den ich am 28. September 1892 in der Geographischen Gesellschaft zu Christiania hielt, erwähnte ich einige:

Ich betonte, daß schon beim Betrachten der Dicke und Mächtigkeit des Treibeises auf beiden Seiten des Pols auffallen müsse, daß das Eis auf der sibirischen Seite, nördlich von der sibirischen Küste, verhältnismäßig dünn ist (das Eis, in dem die »Jeannette« trieb, war durchschnittlich 2,2—3,1 Meter dick), obgleich dieser Meeresteil zu den kältesten Strichen der Erde gehört, während das auf der anderen Seite aus dem Norden kommende Eis, im Meer zwischen Grönland und Spitzbergen, auffallend stark ist. Dies könnte meines Erachtens nur dadurch erklärt werden, daß das Eis beständig von der sibirischen Küste über das Polarbecken nach der Ostküste Grönlands und nach Spitzbergen treibt und während dieser Drift durch das unbekannte und kalte Meer Zeit hat, seine große Dicke teils durch Gefrieren teils durch fortwährendes Zusammenstauen während der Eispressungen zu erlangen.

Ich erwähnte ferner, daß auch der Schlamm, den man auf diesem Treibeis gefunden hat, auf sibirischen Ursprung zu deuten scheine. Dr. Törnebohm in Stockholm kam bei Untersuchung der mineralischen Bestandteile dieses Schlammes zu dem Schluß, daß er zum großen Teil aus sibirischem Flußschlamm bestehen müsse. Er fand ungefähr 20 verschiedene Minerale darin. »Die Menge verschiedener Mineralbestandteile deutet darauf hin«, sagt er, »daß sie von einem ausgedehnten Landgebiet herrühren, und da liegt es nahe, an das nördliche Sibirien zu denken.«

Außerdem bestand der Schlamm mehr als zur Hälfte aus Humus oder Sumpferde. Interessanter als der Schlamm selbst waren aber die darin gefundenen Diatomeen*, die von Professor Cleve in Upsala untersucht wurden. Er sagt darüber:

‚Die Diatomeen sind entschieden marinen Ursprungs (d. h. sie stammen aus Salzwasser), abgesehen von einzelnen wenigen Süßwasserformen, die mit dem Wind vom Land gekommen sind. Die in diesem Staub enthaltene Diatomeenflora ist ganz eigentümlich und sehr verschieden von der, die ich in den vielen Tausenden von mir untersuchter Proben gefunden habe, mit Ausnahme einer einzigen, mit der sie vollständige Übereinstimmung zeigt, nämlich mit einer Probe, die von Kjellman während der Vegafahrt auf einer Eisscholle bei Kap Wankarem in der Nähe der Beringstraße gesammelt wurde.'

Cleve konnte 16 Arten von Diatomeen bestimmen; diese kommen alle auch im Staub von Kap Wankarem vor, und 12 sind nur von dort bekannt und von keinem anderen Fleck der Erde. Dies war eine auffällige Übereinstimmung zwischen zwei so fernliegenden Punkten, und Cleve hat sicherlich recht, wenn er fortfährt: »Es ist sehr merkwürdig, daß die auf Eisschollen

---

* Diatomeen sind einzellige Algen, deren Zellwandung größtenteils aus Kieselsäure besteht und eine sehr feine Gitterstruktur besitzt. Es sind über 2000 Arten bekannt, die im Süßwasser und im Meer vorkommen.

gefundene Diatomeenflora aus der Nähe der Beringstraße und an der Ostküste Grönlands so vollständig übereinstimmt und sich von allen anderen unterscheidet; dies deutet auf eine Verbindung zwischen den Meeren östlich von Grönland und nördlich von Asien.«

»Durch diese Verbindung«, so schloß ich meinen Vortrag, »wird also Treibeis jährlich quer über das unbekannte Polarmeer geführt. Auf eben diesem Eis muß eine Expedition denselben Weg machen können.«

☆

Als dieser mein Plan vorgelegt wurde, fand er freilich auf manchen Seiten Ablehnung. Kräftig unterstützt wurde er von Professor Mohn, der ja durch seine Erklärung der Drift der Reste der Jeannette-Expedition den Anstoß dazu gegeben hatte. Aber wie zu erwarten, stieß er meist auf Widerspruch, auch außerhalb Norwegens, und die Mehrzahl der Polarreisenden und der arktischen Fachleute erklärten mehr oder weniger offen, daß es »der reine Wahnsinn« sei. Im Jahre vor unserer Ausfahrt, im November 1892, legte ich meinen Plan der Geographischen Gesellschaft in London in einem Vortrag dar, bei dem die bedeutendsten Polarreisenden Englands zugegen waren.

Nach dem Vortrag entspann sich eine Aussprache[*], die deutlich zeigte, in welch starkem Widerspruch ich stand zu den allgemein anerkannten Ansichten über die Verhältnisse im Innern des Polarmeeres, über die Navigation im Eis und darüber, wie eine Polarexpedition unternommen werden müsse. Der Polarforscher Admiral Sir Leopold M'Clintock eröffnete die Diskussion mit der Bemerkung: »Ich glaube sagen zu dürfen, daß dies der kühnste Plan ist, von dem die Geographische Gesellschaft jemals Kenntnis erhalten hat.« Er räumte ein, daß die Tatsachen für die Richtigkeit meiner Theorien sprächen, zweifelte jedoch sehr, ob der Plan sich verwirklichen lassen würde. Besonders meinte er, sei die Gefahr, vom Eis erdrückt zu werden, zu groß. Wie die meisten anderen nahm er als sicher an, daß es nicht wahrscheinlich sei, die »Fram« wiederzusehen, nachdem das Schiff sich einmal dem unbarmherzigen Polarkreis anvertraut habe. Er schloß mit den Worten: »Ich wünsche dem Herrn Doktor ein volles, glückliches Gelingen. Aber es wird für seine vielen Freunde in England eine Erleichterung sein, wenn er zurückgekehrt ist!«

Admiral Sir George Nares sagte: »Als anerkannter Grundsatz für eine glückliche Fahrt in den Gebieten des Eises gilt, sich dicht an eine Küstenlinie zu halten; je weiter wir uns von der Zivilisation entfernen, desto wünschenswerter ist es, sich eine vernünftige, sichere Rückzugslinie freizuhalten. Völliges Außerachtlassen dieses Grundsatzes ist der leitende Gedanke Nansens, sein Schiff freiwillig ins Packeis zu führen — das Schiff, auf das die ganze Hoffnung der Expedition gesetzt werden muß, wenn die Fahrt einigermaßen glücken soll. So wird der Führer, anstatt die Bewegungen des Fahrzeugs zu beherrschen, gezwungen sein, sich hilflos umhertreiben zu lassen,

---

[*] Vortrag und Aussprache sind im »Geographical Journal«, 1893, Seite 1—32, enthalten.

genau wie es die natürlichen Bewegungen des Eises, worin er eingeschlossen ist, bedingen. Vorausgesetzt, daß die Meeresströmungen so sind, wie Nansen glaubt, wird die Zeit, die für die Drift mit dem Eis durch das Polargebiet angesetzt werden muß, mehrere Jahre betragen. In dieser Zeit wird das Eis um das Schiff herum gewiß niemals in Ruhe sein, es sei denn, daß man neue Länder antrifft, und das Schiff selbst wird niemals vor der Gefahr sicher sein, von der Eispressung erdrückt zu werden. Um sich dagegen zu schützen, soll es ungewöhnlich stark werden und eine Form haben, die es besonders geeignet macht, gehoben zu werden, wenn das Eis gegen seine Seiten gepreßt wird. Dieser Gedanke ist durchaus nicht neu. Aber wenn man erst im Polareis eingefroren ist, hat die Form des Schiffes keinerlei Bedeutung. Es ist unverrückbar eingeschlossen und bildet einen Teil des Eisblocks, der es umgibt.«

Was die vermutete Drift des Polareises anlangt, erklärte Nares, mit mir in der Hauptsache nicht übereinzustimmen. Er betonte, daß die herrschenden Winde die Drift wesentlich bestimmen, und sagte:

»Mit Rücksicht auf die wahrscheinliche Driftrichtung kann die ‚Fram‘, wenn sie von einem Punkt in der Nähe der Lena-Mündung ausläuft, erwarten, die Hauptmasse des Packeises nicht weiter nördlich als 76° 30′ zu treffen. Ich bezweifle, daß Nansen weiter nach Norden kommt, ehe er eingeschlossen wird. Nach eingehendem Studium aller vorhandenen Berichte glaube ich, daß die Winde das Schiff eher nach Westen als nach Osten treiben werden. Bei einem eiserfüllten Meer im Norden und offenem Wasser oder neugebildetem Eis im Süden sind die Aussichten einer nördlichen Drift, wenigstens im Anfang, gering, und dann kenne ich keine Naturkräfte, die das Schiff in absehbarer Zeit viel weiter von der sibirischen Küste abtreiben werden als die ‚Jeannette‘. Während dieser ganzen Zeit wird es unbeweglich im Eis eingeschlossen und dessen wohlbekannten Gefahren ausgesetzt sein, es sei denn, daß es von neuentdeckten Ländern geschützt wird. Kein Zweifel ist, daß es eine Meeresverbindung über die Gegend weg gibt, deren Untersuchung beabsichtigt ist*.

Sir Allen Young sagte unter anderem, daß die Form des Schiffes »nicht von großer Bedeutung ist; denn wenn ein Schiff erst einmal Pressungen ausgesetzt ist, ist es die Frage, ob irgendeine Dünung oder Bewegung im Eis vorhanden ist, die das Fahrzeug heben kann. Ohne Dünung muß das Eis das Schiff zerdrücken, wie es auch gebaut sein mag.«

Einige Fachleute erklärten sich jedoch für meinen Plan. Es waren dies der Polarreisende Admiral Sir E. Iglefield und der Chef des englischen Hydrographischen Amts, Kapitän Wharton.

In einem Schreiben an die Geographische Gesellschaft sagte Admiral Sir George Richards aus Anlaß meines Vortrags: »Ich bedaure, mich über den Plan absprechend äußern zu müssen; aber ich glaube, daß jeder, der als Fachmann auftreten kann, seine Meinung gerade heraus sagen muß, wenn soviel auf dem Spiele steht.« Richards kann »keinen Grund zur Annahme

---

* Nach unserer Rückkehr hat Admiral Nares mich in ritterlicher Weise in einem Briefe beglückwünscht und ausgesprochen, die denkwürdige Reise der »Fram« durch das Polarmeer beweise, daß meine Theorie richtig, sein Zweifel aber unberechtigt gewesen seien.

finden, daß von den Neusibirischen Inseln ein Strom nach Norden über den Pol geht, wie Dr. Nansen hofft und glaubt«. Er fährt fort:

»Es ist meine Ansicht, daß, wenn man sich wirklich innerhalb dessen befindet, was man den inneren Kreis nennen könnte, sagen wir in ungefähr 78° n. Br., eine geringe Strömung, sofern überhaupt vorhanden, in dem dichten Eis keinen Einfluß auf ein Schiff hat. Erst wenn wir außerhalb dieses Kreises hinauskommen in die offenen, weiten Kanäle, wo das Eis lose ist, werden wir den Einfluß der Strömung erfahren, und hier ist das Eis im Herbst natürlich dünner und brüchiger, also für ein Schiff weniger gefährlich. Aus dem inneren Kreis dringt vermutlich nicht viel Eis hinaus; es wird von Jahr zu Jahr älter und mächtiger und hindert wahrscheinlich die Fortbewegung des Schiffes vollständig. Dies ist das Eis, das nach Nares' Winterquartier am Nordende des Smith-Sundes, in ungefähr 82° 30' n. Br., trieb; dies ist das Eis, gegen das Markham auf seiner Schlittenreise kämpfte und dem keine menschliche Macht widerstehen kann.«

In einem Schreiben an die Geographische Gesellschaft erklärt der berühmte Botaniker Sir Joseph Hooker:

»Dr. Nansens Entwurf unterscheidet sich sehr von allen Plänen, die bisher in der Absicht, Entdeckungen in den Polargegenden zu machen, ausgeführt worden sind, und erheischt schon aus diesem Grund eingehende Prüfung. Nach meiner dreijährigen Erfahrung in den antarktischen Gebieten glaube ich nicht, daß ein Schiff, wie es auch gebaut sei, lange der Vernichtung entgehen kann, wenn es den Bewegungen des Polareises ausgesetzt ist. Ein Schiff, das so stark gebaut ist wie die ‚Fram', wird ohne Zweifel einem großen Druck in der offenen Eismasse widerstehen können, nicht aber einer Pressung oder gar wiederholten Pressungen und noch weniger dem Stoß des Packeises, wenn das Schiff mit ihm oder von ihm gegen Land getrieben wird ...«

Ist denn, abgesehen von der Möglichkeit des Skorbuts, gegen den man kein sicheres Mittel hat, der niederdrückende und zerstörende Einfluß auf den Gemütszustand der Mannschaft gebührend in Betracht gezogen? Alles, was die lange Gefangenschaft in engem Raum während der vielmonatigen Dunkelheit, was äußerste Kälte, Untätigkeit, Langeweile, die beständige Gefahr und die unablässig zehrende Ungewißheit über die Zukunft bedeuten? Die nebensächlichen Pflichten und Beschäftigungen sind nicht imstande, die Wirkungen dieser Verhältnisse aufzuheben; sie mildern sie kaum, verschärfen sie vielmehr, wie man weiß. Ich halte es nicht für unmöglich, daß Dr. Nansen sein Ziel mit den ihm zu Gebote stehenden Mitteln erreicht, finde aber, daß selbst ein günstiger Ausgang des Unternehmens keine Rechtfertigung dafür ist, kostbare Menschenleben aufs Spiel zu setzen.«

General Greely in Amerika, der Leiter der bekannten unglücklichen Expedition (1881—84), schrieb in der amerikanischen Zeitschrift »The Forum« (August 1891) unter anderem:

»Es überrascht mich als fast unglaublich, daß der Plan Dr. Nansens Ermunterung oder gar Unterstützung findet. Er scheint mir auf falschen Vorstellungen über die physischen Verhältnisse in den Polargebieten zu beruhen. Wenn er ausgeführt wird, verspricht er nutzlose Ergebnisse, abgesehen davon, daß den Teilnehmern Leiden und Tod bevorstehen.

Soviel ich weiß, hat Dr. Nansen keine arktischen Erfahrungen; seine Reise durch Grönland ist, obschon schwierig, nicht mehr Polararbeit (polar work) als die Besteigung des Elias-Berges. Es ist zweifelhaft, ob ein Hydrograph im Ernst seine Theorie über die Polarströmungen erörtern oder ob sich ein arktischer Reisender dem ganzen Vorhaben anschließen würde.

Es gibt vielleicht ein Dutzend Männer, deren arktische Erfahrung so groß ist, daß ihre Unterstützung des Planes dem Unternehmen Achtung und Vertrauen verschaffen könnte. Diese Männer sind die Admirale M'Clintock, Richards, Collinson und Nares sowie Kapitän Markham in der englischen Flotte, Sir Allen Young und Leigh Smith in England, Koldewey in Deutschland, Payer in Österreich, Nordenskiöld in Schweden und Melville in unserem eigenen Land. Ich trage kein Bedenken zu behaupten, daß nicht zwei von diesen Männern an die Möglichkeit von Nansens Gedanken glauben: ein Schiff so zu bauen, daß es in dem schweren arktischen Eis, in das er das Fahrzeug hineinführen will, ausdauert und darin gesteuert werden kann.

Nansens zweiter Gedanke ist noch gewagter; er setzt eine Drift von mehr als 2000 Seemeilen in gerader Linie durch ein unbekanntes Gebiet voraus, und während dieser wohl zwei oder mehrere Jahre dauernden Drift will die Expedition, wie es scheint, nur Boote mitnehmen, auf einer Eisscholle wohnen und leben, während sie hinübertreibt.«

General Greely geht dann dazu über, die Fehler in meinen Voraussetzungen für den Plan nachzuweisen. Zu den Fundstücken von der »Jeannette« sagt er geradeheraus, daß er nicht daran glaube:

»Wahrscheinlich wurde etwas Treibgut gefunden, aber es wäre vernünftiger anzunehmen, daß es vom ‚Proteus' stammt, der im Smith-Sund ungefähr 1000 Seemeilen nördlich von Julianehaab vernichtet wurde.

Was das unüberwindliche Schiff betrifft, ist dies für Dr. Nansen sicherlich eine höchst wünschenswerte Sache. Er scheint zu glauben, daß die Frage, dem Schiff eine Form zu geben, die dem Fahrzeug die größte Widerstandskraft gegen den Druck des Eises verleiht, noch nicht ganz und zufriedenstellend gelöst ist, obschon von Gesellschaften für Seehund- und Walfang in Schottland und Neufundland Hunderttausende von Dollars zu diesem Zweck ausgegeben worden sind.«

Als zuständige Fachkraft nennt er Melville und sagt: »Jeder arktische Reisende von Erfahrung ist mit Melville der Ansicht, daß ein Schiff den Druck des schweren Polareises doch nicht aushalten kann, selbst wenn es ganz aus Holz gebaut ist.« Gegen meine Behauptung, daß das Eis längs der sibirischen Küste verhältnismäßig dünn (2—3 Meter) ist, beruft er sich wieder auf Melville, der von »16 Meter hohem« Eis spreche (etwas, das wir auf unserer ganzen Reise nicht entdeckten). Nachdem er noch mit Hilfe mehrerer entscheidender Beweise festgestellt hat, daß die »Fram« zugrunde gehen müsse, sobald sie einer Eispressung ausgesetzt würde, geht er dazu über, das Unmögliche einer Drift im Eis mit Booten zu besprechen. Er schließt mit der Bemerkung: »Arktische Entdeckungsreisen bieten genug an Tollkühnheit und Gefahren in ihren gesetzmäßigen und anerkannten

Methoden, als daß sie auch noch die Bürde von Dr. Nansens unlogischem Selbstvernichtungsplan tragen sollte.«

Einem Artikel zufolge, den Greely nach unserer Rückkehr in »Harpers Weekly« vom 19. September 1896 geschrieben hat, scheint er zu dem Schluß gekommen zu sein, daß die Jeannette-Gegenstände echt sind und daß meine Annahme über ihre Drift richtig sein kann, indem er »Melville, Dall und andere« nennt, die nicht daran glaubten. Diesmal schließt er mit folgenden Bemerkungen:

»Wenn De Longs und Dr. Nansens Expeditionen einander gegenübergestellt werden, ist es notwendig, auf den einzigen Fleck hinzudeuten, der Nansens glänzende Laufbahn verdunkelt, nämlich, daß er freiwillig seine Kameraden auf dem im Eis eingeschlossenen Schiff, Hunderte von Meilen von jeglichem bekannten Land, verläßt, in der Absicht, nicht zurückzukehren, sondern, wie er selbst sagt, ‚nach Spitzbergen zu gehen, wo er sicher ist, ein Schiff zu finden', 600 englische Meilen weit. De Long und Ambler besaßen ein solches Ehrgefühl, daß sie lieber ihr Leben opferten, als sich von einem sterbenden Mann zu trennen, den sie durch ihre Gegenwart nicht retten konnten. Niemand kann verstehen, daß Nansen die heiligste Pflicht des Führers einer Schiffsexpedition verletzt hat. Die glückliche Heimkehr des mutigen Kapitäns Sverdrup mit der ‚Fram' entschuldigt Nansen nicht. Die Treue, der Mut und die Tüchtigkeit Sverdrups werden ihm in den Augen mancher noch glänzendere Lorbeeren winden als seinem tüchtigen und begabten Chef.«

Einer der wenigen, die mit ihrem wissenschaftlichen Ansehen dem Plan öffentlich Beifall zollten, war Professor Supan, der bekannte Redakteur von »Petermanns Mitteilungen«. In einem Aufsatz auf Seite 191 des Jahrgangs 1891 sprach er sich nicht allein warm dafür aus, sondern unterstützte den Plan auch durch neue Anschauungen, indem er zeigte, wie das, was er die arktische Windscheide nennt, wahrscheinlich während eines größeren Teils des Jahres das unbekannte Polarbecken in zwei Teile trennt. Im östlichen Teil wehen die Winde vorherrschend nach dem Beringmeer, im westlichen aber nach dem Atlantischen Ozean. Die längste Zeit müsse diese Windscheide dem Beringmeer am nächsten liegen, und die vorherrschenden Winde in den Gegenden, die wir durchfahren wollten, müßten demnach unserer Drift günstig sein. Unsere Erfahrungen scheinen die Richtigkeit dieser Theorie Supans ganz auffallend zu beweisen.

Der bekannte schottische Naturforscher Dr. John Murray hat sich bei mehreren Gelegenheiten für die Richtigkeit meines Planes ausgesprochen. Schon im Jahre 1888, als ich auf dem Weg nach Grönland in Edinburgh mit ihm darüber sprach, erklärte er sich mit meinen Ansichten über die wahrscheinliche Drift des Polareises einverstanden.

Der jetzige Präsident der Geographischen Gesellschaft in London, Sir Clements Markham, der bei der auf Seite 19 erwähnten Aussprache nicht zugegen war, hat später öffentlich seine Zuversicht auf einen glücklichen Ausfall der Expedition ausgesprochen. Interessant ist, daß dieser hervorragende arktische Schriftsteller schon vor zwanzig Jahren in seinem Bericht über das Ergebnis der Naresschen Polarexpedition zu folgenden Schlüssen gelangte:

Erstens, daß ein Strom durch das Polarmeer »von der östlichen nach der westlichen Erdhalbkugel« gehen muß; zweitens, daß »Franz-Joseph-Land ein Teil der Spitzbergengruppe zu sein scheint und sich aus demselben seichten Meer emporhebt, mit tieferem Wasser gegen Norden«; drittens, daß, selbst wenn es auch mit »furchtbaren Schwierigkeiten« verbunden sein wird, die Grenzen des Unbekannten im Polarmeer nördlich von Sibirien zu überschreiten, dennoch »wichtige Entdeckungen den künftigen Reisenden belohnen werden, der kühn und glücklich in dieser Richtung nach Norden vordringt«[*].

---

[*] Report on the Expedition of 1875—76 (London 1877), S. 547, 553, 554. Wenn ich diese Aussprüche nicht schon in den Vorträgen vor meiner Abreise hervorgehoben habe, so geschah es, weil ich erst nach meiner Rückkehr darauf aufmerksam geworden bin.

Vorbereitungen

Obwohl der Plan tollkühn zu sein schien, fand er bei der norwegischen Regierung und dem König tatkräftige Unterstützung. Im Storting wurde eine königliche Vorlage eingebracht, 200 000 Kronen (224 000 Mark) zu bewilligen, ein Betrag, der als zwei Drittel der Ausgaben angesehen wurde. Das letzte Drittel glaubte ich selbst beschaffen zu können, da ich von mehreren Seiten Beiträge zugesagt erhalten hatte. Schon bei meiner Rückkehr aus Grönland hatte mir Konsul Axel Heiberg 10 000 Kronen für eine neue Reise zur Verfügung gestellt. Ihm ist auch die Anregung zur späteren Sammlung zu verdanken.

Am 30. Juni 1890 wurde die Summe, um die ich nachgesucht hatte, vom Storting bewilligt, das dabei den Wunsch ausdrückte, die Expedition möchte eine norwegische werden. Im Januar 1891 gingen Großhändler Thomas Fearnley, Konsul Axel Heiberg und Brauereibesitzer Ellef Ringnes ans Werk, um die noch nötige Summe zu sammeln, und in wenigen Tagen war sie überzeichnet. König Oskar bewilligte 20 000 Kronen. Die »Royal Geographical Society« in London bewies mit 300 Pfund Sterling (6000 Mark) ihre Sympathie für das Unternehmen.

Während der Ausrüstung zeigte es sich, daß der erste Anschlag zu niedrig war. Das Schiff, das 150 000 Kronen kosten sollte, wurde schließlich ungefähr 100 000 Kronen teurer. Wo soviel auf dem Spiel stand, glaubte ich kein Recht zu haben, auf Ausgaben Rücksicht zu nehmen. Die drei Herren, die sich an die Spitze des ersten Komitees gestellt hatten, übernahmen auch die Leitung des Expeditionskomitees. Um einen Teil des Fehlbetrags zu decken, veranstalteten sie im Verein mit einigen Herren aus der Direktion und dem Rat der norwegischen Geographischen Gesellschaft eine neue private Sammlung in ganz Norwegen und stellten sich später an die Spitze einer Nationalsubskription. Ferner suchte ich beim norwegischen Storting um weitere 80 000 Kronen nach, und aufs neue bewies unsere Nationalversammlung ihre Sympathie für das Unternehmen, indem sie am 9. Juni 1893 den Betrag bewilligte. Schließlich deckten Konsul Axel Heiberg und Herr C. J. A. Dick mit je 6000 Kronen sowie ich selbst das letzte Defizit, das sich bei der Abreise herausstellte.

Der wichtigste Teil der Ausrüstung war das Schiff, das uns durch die gefürchteten Eisgebiete bringen sollte. Sein Bau wurde mit mehr Sorgfalt ausgeführt, als wohl je auf irgendein Schiff, das arktische Gewässer durchfurcht hat, verwendet worden war. In dem norwegischen Schiffsbaumeister Colin Archer fand ich einen Mann, der die Aufgabe vollständig begriff und ihr seine ganze Tätigkeit, Umsicht und eine seltene Sorgfalt widmete. Und wenn unsere Fahrt geglückt ist, so verdanken wir es in nicht geringem Grad diesem Mann.

Betrachtet man die lange Reihe früherer Expeditionen und ihre Ausrüstung, so fällt auf, daß nur sehr wenige sich eigene, für den Zweck besonders geeignete Fahrzeuge haben bauen lassen; die meisten haben nicht einmal Fahrzeuge gehabt, die ursprünglich für die Fahrt im Eis bestimmt waren. Dies ist erstaunlich, wenn man bedenkt, welche Summen für die Ausrüstung einzelner Expeditionen geopfert worden sind. Aber die Sache ist wohl die, daß man in der Regel solche Eile gehabt hat fortzukommen, daß keine Zeit zu sorgfältigerer Ausrüstung vorhanden gewesen ist. Oft ging man erst ein paar Monate vor der Abreise ans Werk.

In so kurzer Zeit konnte unsere Expedition nicht ausgerüstet werden. Sollte sie drei Jahre dauern, so beanspruchten die Vorbereitungen dazu nicht weniger Zeit, während der Plan selbst dreimal drei Jahre früher gefaßt war.

Entwurf auf Entwurf lieferte Archer, ein Modell nach dem andern wurde verworfen. Immer neue Verbesserungen und Veränderungen. Die Form, für die wir uns endlich entschieden, ist vielleicht nicht schön; aber daß sie gut und zweckmäßig ist, das, meine ich, hat unsere Fahrt bewiesen. Was besonders angestrebt wurde, war, wie schon erwähnt, dem Schiff solche Seitenwände zu geben, daß es während der Eispressungen leicht gehoben werden konnte, ohne zwischen den Schollen zerdrückt zu werden.

Greely, Nares und andere haben sicher recht, wenn sie sagen, daß dies nichts Neues ist. Ich stützte mich hierin nur auf traurige Erfahrungen früherer Expeditionen. Was man dagegen als neu bezeichnen kann, ist der Umstand, daß wir nicht allein wußten, daß das Schiff eine solche Form haben müsse, sondern daß wir ihm diese Form sowie die für die Eispressungen notwendige Stärke auch tatsächlich gaben, und daß dies der einzige und alleinige Hauptgedanke war, der uns beim Bau leitete. Colin Archer spricht es in einem Artikel in der norwegischen »Zeitschrift für Seewesen« (1892) folgendermaßen aus:

»Bei der Konstruktion des Schiffes ist vorzugsweise zu berücksichtigen, daß erstens der Rumpf so geformt ist, daß er dem Angriff des Eises eine so wenig wie nur möglich verwundbare Fläche bietet, und daß zweitens das Schiff so fest gebaut wird, daß es imstande ist, dem größtmöglichen, in beliebiger Richtung von außen erfolgenden Druck zu widerstehen.«

So wurde das Schiff auch gebaut, weniger berechnet auf Geschwindigkeit und Segeltüchtigkeit als darauf, einen sicheren und warmen Zufluchtsort während der Drift im Eis zu bieten.

Wie erwähnt, war beabsichtigt, das Schiff so klein wie möglich zu machen, weil ein kleineres Schiff selbstverständlich leichter ist als ein großes und im Verhältnis zu seinem Gewicht stärker werden kann. Ein kleines Schiff ist auch günstiger für die Fahrt im Eis; es ist in kritischen Augenblicken leicht zu manövrieren und in einen sicheren Hafen zwischen die sich auftürmenden Eisschollen zu bringen. Ich glaubte, daß ein Fahrzeug von 170 Registertonnen genügen würde. Aber die »Fram« wurde bedeutend größer; sie hatte brutto 402 Registertonnen und eine Tragfähigkeit von netto 307 Tonnen. Es wurde auch angestrebt, das Schiff kurz zu machen, damit es sich leichter durch die Eisschollen winden konnte; Länge ist Schwäche während der Eispressungen. Aber damit ein Schiff, das stark ausliegende Seiten hat, die notwendige Tragfähigkeit erhält, muß es breit sein, und die Breite wurde demnach ungefähr ein Drittel der Länge. Noch ein wichtiger Punkt war, die Schiffsseiten möglichst glatt, ohne hervorstehende Kanten zu machen, gleichwie auch versucht wurde, ungebogene Flächen in der Nähe der Punkte zu vermeiden, die am ehesten Angriffen ausgesetzt sind. Der Rumpf erhielt daher runde, volle Formen; Bug, Heck, Kiel — alles wurde abgerundet, damit das Eis nirgends einen Angriffspunkt fand. Aus diesem Grund wurde auch der Kiel so in die Schiffswände hineingebaut, daß nur 7 cm herausragten, die Kanten aber wurden abgerundet. Die Absicht war: das Fahrzeug sollte glatt wie ein Aal aus der Umarmung des Eises gleiten.

Der Rumpf erhielt vorn und hinten einen scharfen Steven und erinnerte in seiner Form an ein Lotsenboot, dem man den Kiel und die scharfen Kielgänge weggenommen hat. Beide Enden wurden besonders stark gemacht.

Der Bug bestand aus drei schweren Balken aus festem Eichenholz, der eine innerhalb des andern, von einer Gesamtstärke von 1,25 m.

Das Hinterschiff bekam eine besondere, eigentümliche Konstruktion, indem auf jeder Seite von Ruder- und Schraubensteven, beide 65 cm stark, ein schwerer, eichener Heckbalken gelegt war, der der Krümmung des Hecks bis aufs Oberdeck folgte, so daß also gewissermaßen ein doppelter Hintersteven entstand. Auf die Außenseite des Heckbalkens kam dann die Beplankung.

Zwischen den beiden Balken am Achterende war für die Schraube und für das Ruder je ein Tunnel, durch den beide auf Deck geheißt werden konnten. Solche Schrauben sind auf den Seehundfängern allgemein üblich, so daß sie also leicht ausgewechselt werden können, wenn sie durchs Eis zertrümmert werden; dagegen ist dies dort mit dem Ruder nicht der Fall. Während wir mit unserer kleinen Mannschaft und mit Hilfe des Gangspills im Fall einer plötzlichen Pressung oder dergleichen das Ruder im Lauf weniger Minuten auf Deck bringen konnten, habe ich gesehen, daß dies an Bord von Seehundfängern mit über 60 Mann Besatzung mehrere Stunden, ja sogar einen Tag dauerte.

Im ganzen ist das Heck die Achillesferse der Eismeerfahrer. Hier kann das Eis am leichtesten Schaden anrichten, z. B. das Ruder zertrümmern.

Um das Ruder zu schützen, war es so tief angebracht, daß man es von außen über dem Wasser nicht sah. Wenn eine Eisscholle von hinten gegen das Fahrzeug stieß, traf sie den starken Steven und kaum das Ruder selbst.

Um die Schiffsseiten stark zu machen, war selbstverständlich alles Mögliche getan. Die Spanten waren aus vorzüglichem italienischen Eichenholz, das ursprünglich für die norwegische Marine bestimmt gewesen und 30 Jahre lang in Horten (bei Christiania) unter Dach gelegen hatte. Es war alles gewachsenes Krummholz, 25—28 cm stark. Die Spanten wurden in zwei Lagen gebaut, genau zusammengefügt und durch Bolzen verbunden. Über jeder Naht wurden Bänder aus flachem Eisen angebracht. Sie waren ungefähr 56 cm breit und hatten nur 3 bis 4 cm Zwischenraum, der vom Kiel bis etwas über die Wasserlinie mit einer Mischung aus Pech und Sägespänen ausgefüllt wurde, um das Schiff einigermaßen dicht zu halten, selbst wenn die Außenhautplanken durchgescheuert werden sollten.

Auf die Spanten wurden von außen drei Plankenlagen gelegt. Die innerste war aus Eiche, 7,5 cm dick, festgenagelt und sorgfältig gedichtet; darauf folgte eine zweite Eichenhaut, 10 cm dick, mit durchgehenden Bolzen befestigt und gedichtet; außerhalb dieser kam dann die Eishaut aus Greenheart, die ebenso wie die anderen Häute bis zum Kiel hinabreichte. Sie wurde mit Nägeln und Bolzen mit Widerhaken, nicht mit durchgehenden Bolzen, aufgesetzt, so daß das Eis die ganze Eishaut hätte abschinden können, ohne daß der Rumpf dadurch größeren Schaden gelitten haben würde. Die Garnierung auf der Innenseite der Spanten bestand aus teils 10 cm teils 20 cm starken Planken aus Pitchpineholz.

Die Schiffsseite hatte also im ganzen eine Stärke von 70—80 cm und bestand aus einer festen, wasserdichten Holzmasse. Es versteht sich, daß eine gebogene Schiffsseite solcherart schon an und für sich dem Eis großen Widerstand leisten kann. Um diesen aber noch stärker zu machen, wurde sie auf der Innenseite auf alle mögliche Weise gestützt, und das Fahrzeug sah inwendig aus wie ein Spinnengewebe aus Balken, Stützen und Streben. Erstens waren da zwei Lagen Balken, das Oberdeck und das Zwischendeck, größtenteils aus schwerem Eichenholz, teilweise auch aus Pitchpineholz; alle diese Balken waren ferner miteinander und mit den Schiffsseiten durch viele Stützen verbunden. Alles wurde untereinander durch schwere Knie und Eisenverbände befestigt. Das Ganze war nahezu zu einer einzigen, zusammenhängenden Masse geworden.

Im Hinterraum mußte die Balkenlage etwas gehoben werden, um Platz für die Maschine zu schaffen. Deshalb wurde das Kajütsdeck nach hinten etwas höher als das Hauptdeck, und das Fahrzeug erhielt ein »poop« oder Halbdeck, unter dem die Kabinen und die Küche ihren Platz fanden.

Der Kiel bestand aus zwei schweren Balken aus amerikanischem Ulmenholz, 35 cm auf jeder Seite; dieser wurde so hineingebaut, daß nur 7 cm unter der äußersten Bekleidung hervorschauten. Die Seiten des Rumpfes rundeten sich nach unten gegen den Kiel, so daß der Querschnitt bei dem mittleren Spant stark an eine durchgeschnittene halbe Kokosnuß erinnerte.

Je mehr das Schiff aus dem Wasser gehoben wird, desto schwerer wird es natürlich, und desto stärker wird der Druck gegen das Eis, aber desto leichter wird es dem Eis eben wegen dieser Form, es zu heben. Um zu vermeiden, daß sich das Schiff zu sehr auf die Seite legt, wenn der Rumpf sehr hoch gehoben wird, wurde der Boden flach gemacht. Das erwies sich als sehr zweckmäßig. Durch Proben versuchte ich die Reibung des Eises auf Holz zu bestimmen. Danach berechnete ich die Stärke des Schiffes und kam zu dem Ergebnis, daß sie mehr als hinreichend war, um dem zur Hebung des

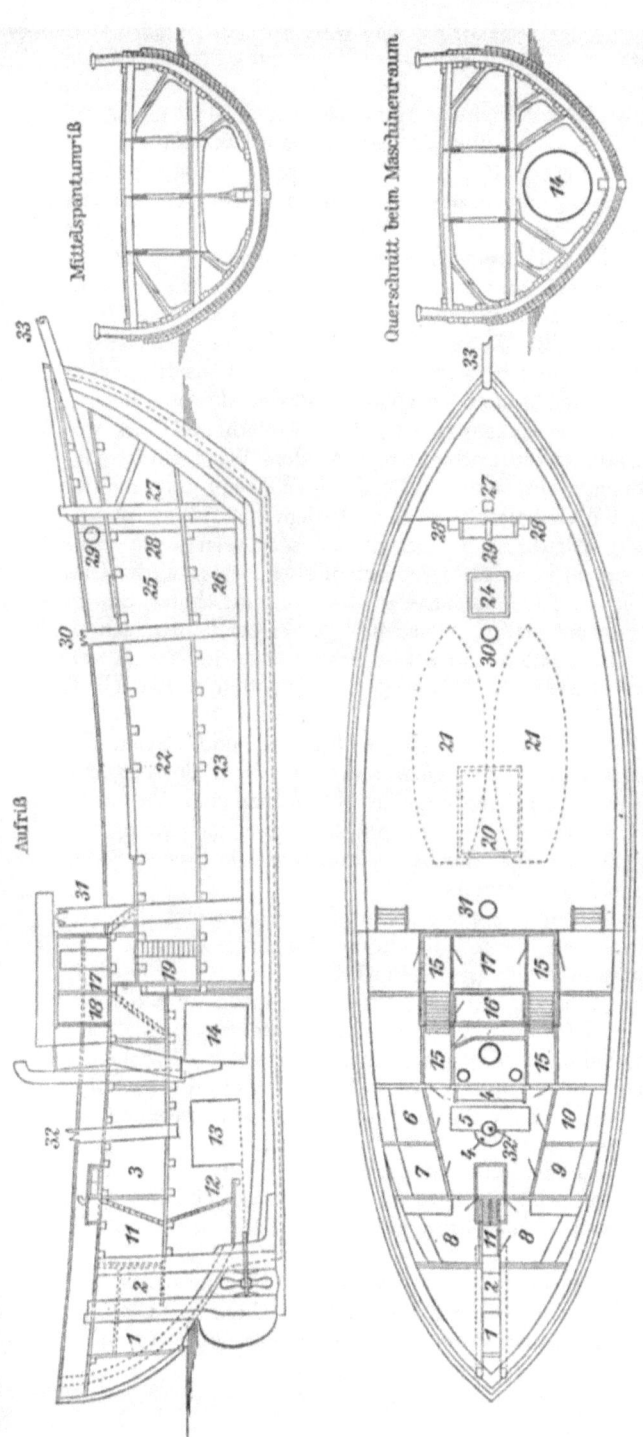

Aufrisse und Grundriß der »Fram«

1 Steuertunnel. 2 Schraubentunnel. 3 Salon. 4 Sofa im Salon. 5 Tisch im Salon. 6 Sverdrups Kajüte. 7 Blessings Kajüte. 8 Kabinen für 4 Mann. 9 Scott-Hansens Kajüte. 10 Nansens Kajüte. 11 Niedergang zur Maschine. 12 Maschinenraum. 13 Maschine. 14 Kessel. 15 Aufgänge vom Salon. 16 Küche. 17 Kartenhaus. 18 Arbeitskabine. 19 Platz für die Dynamomaschine. 20 Großluk. 21 Großboote. 22 Großraum. 23 unterer Großraum. 24 Vorderluk. 25 Vorderraum. 26 unterer Vorderraum. 27 Pallstütze. 28 Spillbetinge. 29 Ankerspill. 30 Fockmast. 31 Großmast. 32 Besanmast. 33 Bugspriet.

Schiffes nötigen Druck zu widerstehen. Diese Berechnung hat sich in der Praxis als richtig erwiesen.

Die wichtigsten Maße des Schiffes waren: Länge im Kiel 31 m, Länge in der Wasserlinie 34,5 m, Länge über den Steven beim Deck 39 m, Breite in der Wasserlinie ohne Eishaut 10,4 m, größte Breite ohne Eishaut 11 m, Raumtiefe 5,25 m, Tiefgang mit leichter Last 3,75 m, Wasserverdrängung mit leichter Last 530 Tonnen, Wasserverdrängung bei 4,75 m Tiefgang 800 Tonnen. Das Schiff hatte dann einen Freibord von ungefähr einem Meter. Der Rumpf mit gefüllten Kesseln war darauf berechnet, ungefähr 420 Tonnen zu wiegen, bei 800 Tonnen Wasserverdrängung sollte also eine Tragfähigkeit von 380 Tonnen für Kohlen und andere Lasten übrigbleiben. Außer dem Proviant für Menschen und Hunde auf mehr als fünf Jahre konnten wir Kohlen für vier Monate bei voller Fahrt der Maschine führen.

Das Wichtigste bei der Takelung war, sie so einfach und stark wie möglich und gleichzeitig so einzurichten, daß sie dem Wind einen möglichst geringen Widerstand bot, wenn das Schiff unter Dampf ging. Bei der kleinen Mannschaft, die wir hatten, war es außerdem von größter Bedeutung, daß die Takelung leicht vom Deck aus zu manövrieren war. Aus diesem Grund war die »Fram« als Dreimastgaffelschoner getakelt. Dies erregte das Mißfallen verschiedener unserer alten Eismeerschiffer, die ihr Leben lang daran gewöhnt waren, mit schwer getakelten Fahrzeugen zu fahren und konservativ meinten, nur solche Schiffe seien im Eis zu verwenden. Für uns war indessen die Takelung, die wir hatten, unzweifelhaft am besten.

Die Untermasten des Schiffes waren ziemlich hoch und schwer. Der mittlere war 24,5 m hoch; die Marsstenge war 15,5 m und die Ausguckstonne an der Spitze war im ganzen ungefähr 32 m über dem Wasser. Es war wichtig, sie so hoch wie möglich anzubringen, damit man weite Aussicht hatte, wenn es galt, den Weg durchs Eis zu finden. Die gesamte Segelfläche betrug gegen 600 Quadratmeter.

Die Maschine wurde mit besonderer Sorgfalt gebaut. Um die Konstruktion hat sich Ingenieur Nörbeck besondere Verdienste erworben. Als am meisten kohlesparend wurde das Dreifach-Expansionssystem gewählt; da man aber annehmen durfte, daß ein Zylinder in Unordnung geriet, war durch besondere Rohre dafür gesorgt worden, daß er ausgeschaltet und dann die beiden anderen benutzt werden konnten, oder, wenn es schlimmer werden sollte, sogar nur der eine. Auf diese Weise konnte die Maschine, indem man nur ein oder zwei Ventile drehte, nach Belieben in eine Compound-, eine Hochdruck- oder eine Niederdruckmaschine verwandelt werden. Obwohl nie etwas an den Zylindern passierte, wurde diese Einrichtung mehrmals mit Vorteil verwendet. Mit der Compoundmaschine konnten wir der »Fram« bei geringem Kohlenverbrauch größere Fahrt geben und das Eis forcieren.

Die Maschine konnte bei gutem Wetter mit leichter Last 6—7 Seemeilen in der Stunde leisten. Die Schrauben, deren wir zwei in Reserve hatten, besaßen zwei Flügel und waren aus Gußeisen. Die Reserveschrauben wurden ebenso wenig gebraucht wie ein Reservesteuer, das wir mitgenommen hatten.

Die Wohnräume lagen, wie erwähnt, nach hinten, unter dem Halbdeck, und waren so eingerichtet, daß unser Gemeinschaftssalon, in dem wir aßen und uns aufhielten, in der Mitte lag, auf beiden Seiten von den Schlafkabinen umgeben. Dies waren vier Einbett- und zwei Vierbettkabinen. Diese Anordnung bezweckte, den großen Raum gegen Kälte von außen zu schützen. Außerdem waren Decken, Fußböden und Wände durch viele Schichten dicht und wärmeisolierend gemacht worden. Dem warmen Raum zunächst wurde überall luftdichtes Linoleum gelegt, um zu verhindern, daß sich die warme, feuchte Kajütenluft an den Seiten niederschlug und dort Feuchtigkeit absetzte, die bald zu Eis gefrieren mußte. Die Seiten des Schiffes waren mit geteertem Filz bedeckt, darauf folgte Korkfüllung, dann eine Vertäfelung aus Tannenholz, dann wieder eine dicke Filzlage, dann luftdichtes Linoleum und schließlich wieder eine Täfelung. Die Decken des Salons und der Kabinen bestanden unter Deck aus vielen verschiedenen Lagen: Luft, Filz, Tannenholz, Linoleum, Rentierhaarfüllung, Täfelung, Linoleum, Luft und wieder Täfelung; mit den Decksplanken von 10 cm Stärke waren sie alles in allem ungefähr 40 cm dick. Auf dem Fußboden des Salons wurden auf die Decksplanken 15—18 cm Korkfüllung gelegt, darauf ein dicker Holzfußboden und zuoberst Linoleum. Das Deckfenster, durch das die Kälte besonders leicht eindringen konnte, wurde durch dreifache Scheiben geschützt.

Eine der größten Schwierigkeiten des Lebens auf den Schiffen früherer Polarexpeditionen hat darin bestanden, daß sich die Feuchtigkeit an den kalten Außenwänden der Räume niederschlug, um entweder sofort zu Reif zu gefrieren oder in Bächen herabzurinnen. Die Matratzen waren meist mehr oder weniger Eisklumpen. Wir entgingen durch die genannten Vorkehrungen dieser Unannehmlichkeit vollständig. Wenn im Salon geheizt war, gab es keine Spur von Feuchtigkeit an den Wänden, nicht einmal in den Schlafkabinen.

Vor dem Salon lag die Küche, ihr zu beiden Seiten führten Aufgänge zum Deck.

Zum Schutz gegen Kälte waren in jedem Aufgang vier kleine feste Türen angebracht, die alle passiert werden mußten, wenn man hinaus wollte, und die aus mehreren Lagen Holz mit Filz dazwischen bestanden. Um die kalte Luft abzuhalten, waren die Türschwellen außerdem ungewöhnlich hoch. Oben auf dem Halbdeck über der Küche zwischen dem Großmast und dem Schornstein befanden sich ein Kartenhaus auf der Vorderseite und eine kleinere Arbeitskabine hinten.

Um das Schiff im Fall eines Lecks zu sichern, war der Raum durch wasserdichte Schotten in drei Abteilungen geteilt. Ferner hatten wir außer den gewöhnlichen Pumpen eine kräftige Zentrifugalpumpe, die von der Maschine getrieben wurde und mit allen Räumen in Verbindung gesetzt werden konnte.

Als Verbesserung gegen frühere Expeditionen ist zu erwähnen, daß die »Fram« mit elektrischer Beleuchtung versehen war.

Die Dynamomaschine sollte von der Dampfmaschine getrieben werden, solange diese im Gang war, während sie später im Eis teils durch Wind, teils durch Hand betrieben werden sollte. Zu diesem Zweck wurde eine Windmühle sowie ein Göpelwerk mitgenommen. Ich hatte erwartet, daß dieses von Bedeutung sein würde, um uns in der langen Polarnacht Bewegung zu verschaffen. Wir hatten jedoch genug andere Arbeit, so daß es nie verwendet wurde; dagegen hatten wir viel Freude an der Windmühle. Zur Beleuchtung hatten wir für den Fall, daß nicht genügend Kraft für das elektrische Licht vorhanden war, ungefähr 16 Tonnen Petroleum mit, das auch zum Kochen und teilweise zum Heizen bestimmt war.

An Booten besaß das Schiff im ganzen 8, wovon 2 besonders groß, nämlich 8,8 m lang und 2,1 m breit, waren. Diese waren für den Fall bestimmt, daß das Schiff trotz aller Vorsichtsmaßregeln zerstört werden sollte. Dann wollten wir mit ihnen die Drift im Eis fortsetzen und darin wohnen. Sie waren groß genug, die Mannschaft samt Proviant für viele Monate zu fassen.

Die 4 kleineren Boote waren von der Form, wie sie die Seehundfänger im allgemeinen benutzen. Sie waren besonders stark und leicht gebaut, zwei aus Eichen- und zwei aus Ulmenholz. Das siebente Boot war ein kleiner Kahn, das achte ein Boot mit einem Petroleummotor; es hat sich nicht bewährt.

Auf unsere Verproviantierung wurde besondere Sorgfalt verwendet, da darin ohne Zweifel die gefährlichste Quelle des Skorbuts und sonstigen Elends liegt. Alle hierher gehörigen physiologischen Fragen wurden mit Professor Torup erörtert, der mir unermüdlich mit Rat und Tat zur Seite stand.

Das Ergebnis unserer Erwägungen war, daß bei langdauernden arktischen Expeditionen die Konservierung von Fleisch und Fisch durch Salzen, Räuchern oder unvollständiges Dörren mangelhaft und verwerflich ist. Der leitende Gedanke bei der Verproviantierung muß sein, die Lebensmittel entweder durch Dörren oder durch Einkochen vor Verderben zu schützen. Ferner trachtete ich danach, nicht allein nahrhaften und gesunden Proviant zu bekommen, sondern auch für soviel Abwechslung wie möglich zu sorgen. Wir nahmen Fleisch von allen Sorten in luftdicht verschlossenen Büchsen mit; gedörrte Fische und Fischkonserven*; Kartoffeln, gedörrt und in Büchsen; allerlei konserviertes und gedörrtes Gemüse; gekochtes und gedörrtes Obst, Eingemachtes und Marmelade in großer Menge; gezuckerte und ungezuckerte kondensierte Milch, konservierte Butter, getrocknete Suppen verschiedener Art und viele andere Dinge. Unser Brot war meist norwegisches Schiffsbrot aus Roggen und Weizen und englischer Schiffszwieback. Außerdem hatten wir viel Mehl zum Backen von frischem Brot.

Jedes Nahrungsmittel wurde chemisch untersucht, ehe wir es nahmen, und es wurde sorgfältig verpackt. Selbst Brot, getrocknetes Gemüse usw. wurde zum Schutze gegen Feuchtigkeit in Zinkkisten eingelötet.

---

* Fischkonserven waren an Bord stets sehr begehrt. In besonders hohem Ansehen standen norwegische Fischfarce und Fischpudding, der konservierten Makrelen nicht zu gedenken.

Unsere Getränke beim Frühstück und Abendessen waren Schokolade, Kaffee und Tee, zuweilen auch Milch; beim Mittagessen hatten wir im ersten halben Jahre Bier, später Zitronensaft mit Zucker oder Sirup. Außer Bier und einigen Flaschen Malzextrakt führte die Expedition keine geistigen Getränke mit sich*.

Tabak hatten wir reichlich, zum Rauchen und auch zum Kauen.

Von großer Bedeutung bei der Fahrt war eine gute Bibliothek. Dank den Verlegern und Freunden der Expedition in Norwegen und im Ausland waren wir in dieser Beziehung sehr gut ausgerüstet.

Sehr wichtig sind natürlich die Instrumente für die wissenschaftlichen Beobachtungen; ihnen galt unsere besondere Aufmerksamkeit. Außer der Sammlung, die ich von der Grönlandreise her besaß, wurde eine Menge neuer angeschafft, und nichts wurde gespart, um sie so gut und vollständig wie möglich zu bekommen. Zu den meteorologischen Beobachtungen wurden außer gewöhnlichen Thermometern, Barometern, Aneroiden, Psychrometern, Hygrometern, Anemometern usw. auch selbstregistrierende Instrumente mitgenommen. Von besonderer Bedeutung waren ein selbstregistrierendes Aneroidbarometer (Barograph) und ein paar selbstregistrierende Thermometer (Thermographen). Für astronomische Bestimmungen besaßen wir ein großes Universalinstrument zum Gebrauch während der Drift und zwei kleinere, für Schlittenexpeditionen bestimmte Theodoliten sowie mehrere Sextanten von verschiedener Größe. Ferner hatten wir vier Schiffschronometer und verschiedene Taschenchronometer. Für die magnetischen Beobachtungen besaßen wir eine vollständige Ausrüstung, um Deklination, Inklination und horizontale und totale Intensität zu bestimmen. Dazu ein Spektroskop, besonders für Nordlicht berechnet, ein Elektroskop, um die Luftelektrizität zu bestimmen, sieben größere und kleinere photographische Apparate und einen photogrammetrischen Apparat zur Aufnahme von Karten.

Für besonders wichtig hielt ich einen Apparat mit Zubehör für Pendelversuche im hohen Norden. Dazu war aber Land erwünscht, und das fanden wir nicht, so daß dieses Instrument leider wenig benutzt wurde.

Zu hydrographischen Untersuchungen führten wir eine volle Ausrüstung von Wasserschöpfern, Tiefseethermometern usw. mit. Zur Bestimmung des Salzgehalts des Wassers hatten wir außer den gewöhnlichen Aräometern auch einen von Stipendiat Thornöe konstruierten elektrischen Apparat.

Zum Sammeln von Tieren und Pflanzen führten wir natürlich Käscher und Schleppnetze usw. mit uns.

Im ganzen war die wissenschaftliche Ausrüstung völlig gelungen, und dies verdanke ich zum wesentlichen Teil den vielen Männern der Wissenschaft, die mir zur Seite standen.

---

* Einige Teilnehmer hatten zum privaten Gebrauch einige wenige Flaschen Wein und Kognak mitgenommen. Als über ein Jahr vergangen war und die hygienischen Verhältnisse an Bord sich als gut erwiesen, gestattete ich bei festlichen Gelegenheiten einen Grog aus Multbeeren- oder anderem Fruchtsaft mit Zusatz von Alkohol.

Für verschiedene Fälle war es von größter Bedeutung, gute Schlittenhunde zu haben. Deshalb fragte ich meinen Freund Baron Eduard von Toll in St. Petersburg, ob ich aus Sibirien brauchbare Hunde bekommen könnte*. Er antwortete, daß er selbst die Sache für mich ordnen zu können glaube, da er gerade im Begriff sei, seine zweite wissenschaftliche Reise nach Sibirien und den Neusibirischen Inseln anzutreten. Er schlug vor, die Hunde nach Chabarowa an der Jugorschen Straße schicken zu lassen. Auf seiner Reise durch Tjumen im Januar 1893 veranlaßte er dort Alexander Iwanowitsch Trontheim, 30 ostjakische Hunde zu kaufen und nach der Jugorschen Straße zu bringen. Aber Baron Toll begnügte sich nicht damit. Er hielt es für wichtig, auf den Neusibirischen Inseln einige Depots anzulegen für den Fall, daß die Expedition nach Verlust der »Fram« auf diesem Wege heimkehren müßte. Im Mai 1893 unternahm er zu diesem Zweck eine abenteuerliche und hochinteressante Reise vom Festland übers Eis nach den Neusibirischen Inseln, errichtete dort nicht nur drei Depots**, sondern machte auch sehr wichtige geologische Untersuchungen.

Wichtig war endlich, Kohlen so weit wie möglich voraus zu senden, damit wir möglichst viel einnehmen konnten, bevor wir die Verbindung mit der übrigen Welt abbrachen. Ich mietete die Jacht »Urania« aus Brönösund in Nordland, um eine Kohlenladung nach Chabarowa an der Jugorschen Straße zu bringen.

☆

Sobald der Plan bekannt wurde, liefen aus allen Himmelsgegenden, aus Europa, Amerika, selbst aus Australien, trotz der vielen warnenden Stimmen, die sich gegen die Expedition erhoben, Hunderte von Gesuchen ein von Leuten, die teilnehmen wollten. Es war nicht leicht, unter all den mutigen Männern eine Wahl zu treffen. Selbstverständlich mußte jeder kräftig und gesund sein, niemand wurde deshalb endgültig angenommen, bevor er nicht sorgfältig von Professor Hjalmar Heiberg in Kristiania untersucht worden war.

Die Mitglieder der Expedition waren:

Otto Neumann Sverdrup, Führer der »Fram«, geboren 1855 zu Bindalen in Helgeland. Mit siebzehn Jahren ging er zur See, machte 1878 sein Steuermannsexamen und fuhr einige Jahre als Kapitän. 1888/89 nahm er an meiner Grönlandreise teil. Sobald er von dem Plan zur neuen Polarfahrt

---

* Ich hatte auch daran gedacht, von den Eskimos in Grönland und an der Hudson-Bai Hunde zu kaufen, aber es zeigte sich, daß es mit zu großen Schwierigkeiten verbunden war, sie von dort an mich zu senden.

** Mit diesen Depots hätten wir wahrlich keine Not gelitten, wenn wir dorthin gekommen wären. Im nördlichsten Depot bei Stan Durnowo auf der Westküste der Kotelnyj-Insel unter 75° 37′ n. Br. würden wir Proviant für acht Tage gefunden haben. Damit hätten wir leicht 100 km südwärts längs der Küste nach dem zweiten Depot bei Urassalach gelangen können, wo wir Nahrung für einen ganzen Monat gefunden hätten. Schließlich würde ein drittes Depot in einem Haus auf der Südseite der Kleinen Ljachow-Insel mit Proviant für zwei Monate uns in den Stand gesetzt haben, mit Leichtigkeit das Festland zu erreichen.

hörte, meldete er sich. Ich wußte, daß ich die »Fram« schwerlich besseren Händen übergeben konnte. Er ist verheiratet und Vater eines Kindes.

Sigurd Scott-Hansen, Premierleutnant in der norwegischen Marine, übernahm die meteorologischen, astronomischen und magnetischen Beobachtungen. Er ist 1868 in Kristiania geboren. Nachdem er die Marineschule in Horten durchgemacht, wurde er 1889 Offizier und 1892 Premierleutnant. Er ist der Sohn des Distriktspfarrers Andreas Hansen in Kristiania.

Cand. med. Henrik Greve Blessing, Arzt und Botaniker der Expedition, geboren 1866 in Drammen, wo sein Vater damals Geistlicher war. Er wurde 1885 Student und im Frühjahr 1893 Kandidat der Medizin.

Theodor Claudius Jacobsen, Steuermann der »Fram«, geboren 1855 in Tromsö, wo der Vater Kapitän, später Hafenmeister und Oberlotse war. Im Alter von fünfzehn Jahren ging er zur See und machte vier Jahre später sein Steuermannsexamen. Zwei Jahre lang ist er in Neuseeland Arbeiter gewesen. 1886—90 fuhr er als Eismeerschiffer mit einer Jacht von Tromsö. Er ist verheiratet und hat ein Kind.

Anton Amundsen, Erster Maschinist der »Fram«, ist 1853 in Horten geboren. Im Jahre 1875 machte er das technische Examen, 1877 wurde er Maschinist, und 1892 bestand er das Maschinenmeisterexamen. Im Dienst der Marine wurde er Obermaschinist. Er ist verheiratet und hat sieben Kinder.

Adolf Juell, Proviantverwalter und Koch der »Fram«, geboren 1860 im Distrikt Skåtö bei Kragerö. Sein Vater war der Landmann und Schiffsreeder Claus Nielsen Juell. Im Jahre 1879 machte er sein Steuermannsexamen; er ist mehrere Jahre lang Schiffsführer gewesen. Er ist verheiratet und Vater von vier Kindern.

Lars Pettersen, Zweiter Maschinist der »Fram«, geboren 1860 in Borre bei Landskrona in Schweden von norwegischen Eltern. Er ist gelernter Schmied und Maschinenarbeiter und war in dieser Eigenschaft mehrere Jahre bei der norwegischen Marine. Er ist verheiratet und hat vier Kinder.

Reserveleutnant Fredrik Hjalmar Johansen, geboren 1867 in Skien, wurde 1886 Student. In den Jahren 1891 und 1892 besuchte er die Kriegsschule und wurde dann Reserveoffizier. Da kein anderer Platz frei war, musterte er als Heizer an. An Bord war er meist meteorologischer Assistent.

Harpunierer Peder Leonard Hendriksen, geboren 1859 zu Balsfjorden in der Nähe von Tromsö. Von Kindheit an auf See, fuhr er vierzehn Jahre lang auf dem Eismeer als Harpunierer und Schiffer. Im Jahre 1888 erlitt er bei Nowaja Semlja Schiffbruch mit der Jacht »Enigheden« von Kristiansund. Er ist verheiratet und hat vier Kinder.

Bernhard Nordahl ist 1862 in Kristiania geboren. Vierzehn Jahre alt, trat er in die Marine ein und wurde zum Konstabel befördert. Später hat er die verschiedensten Beschäftigungen gehabt, u. a. mehrere Jahre lang als Elektrotechniker. An Bord war er für die Dynamomaschine und das elektrische Licht verantwortlich, war außerdem als Heizer tätig und eine Zeitlang Gehilfe bei den meteorologischen Beobachtungen. Er ist verheiratet und Vater von fünf Kindern.

Ivar Otto Irgens Mogstad, geboren 1856 zu Aure in Nordmöre. 1877 machte er das Examen als Forstbeamter. Seit 1882 war er Oberwärter an der Irrenanstalt zu Gaustad. An Bord war er zu allem nützlich, vom Uhrmacher bis zum Hundewärter.

Bernt Bentsen, geboren 1860, ist mehrere Jahre zur See gefahren. Im Jahre 1890 bestand er das Steuermannsexamen und hat seitdem als Steuermann das Eismeer bereist. Er wurde in Tromsö angeworben. Dies ging ziemlich schnell; um halb 9 Uhr kam er an Bord, um mit mir zu sprechen, und um 10 Uhr ging die »Fram« in See.

Die Abreise

So fahre ich gen Norden in das finstre Reich
hinein, wo keine Sonne scheint. Dort ist kein Tag.
Volkslied aus Telemarken

Es war am Johannistag 1893. Grau und traurig brach er herein; nun hieß es Abschied nehmen — unwiderruflichen Abschied. Die Tür schloß sich hinter mir. Zum letztenmal ging ich vom Haus durch den Garten nach dem Strand hinab, wo an der Bucht das kleine Motorboot der »Fram« wartete. Hinter mir lag alles, was ich im Leben lieb hatte. Was lag vor mir? Und wie viele Jahre mochten vergehen, ehe ich alles das wiedersah? Oben im Fenster saß Liv, mein Töchterchen, und klatschte in die Händchen. Glückliches Kind, du ahnst noch nicht, wie wunderbar verwickelt und wechselvoll das Leben ist!

Wie ein Pfeil schoß das Boot durch die Bucht von Lysaker hinaus auf die Fahrt, deren Einsatz das Leben war, wenn nicht mehr.

Endlich ist alles fertig. Der Augenblick ist gekommen, auf den jahrelange, angestrengte Arbeit unaufhaltsam gerichtet war, mit ihm das Gefühl, daß alles so vorbereitet ist, daß sich das Gehirn endlich ausruhen darf.

Dampfschnaubend liegt die »Fram« in der Bucht von Piperviken und wartet auf das Signal, während die Barkasse am Dyna-Leuchtfeuer vorüber, summend herankommt und anlegt.

Das Deck ist voller Menschen, die uns Lebewohl sagen wollen; jetzt müssen sie von Bord. Dann lichtet die »Fram« den Anker; schwer und tiefgeladen setzt sie sich langsam in Bewegung. Die Kais sind voller Menschen, die Hüte und Taschentücher schwenken. Schweigsam und still wendet die »Fram« den Bug nach dem Fjord und steuert behutsam und sicher an Bygdö und Dyna vorbei in das Unbekannte hinaus, umschwärmt von Booten, Jachten und Dampfern.

Nun ein letzter Gruß dem heimatlichen Hause dort auf der Landzunge. Vorn der glänzende Fjord, Tannen- und Fichtenwald ringsum, lachendes Wiesenland und langgezogene, waldbedeckte Gipfel dahinter. Durchs Fernrohr sehe ich eine weiße Gestalt auf der Bank unterm Fichtenbaum ...

Das war der schwerste Augenblick der ganzen Fahrt.

Hinaus in den Fjord! Es fängt an zu regnen, eine trübe Stimmung breitet sich über die vertraute Landschaft.

Erst am Vormittag des nächsten Tages (25. Juni) glitt die »Fram« langsam in die Bucht von Raekvik hinein, wo ihre Wiege, Archers Werft bei Laurvik, lag und wo manch goldener Traum von ihrer siegreichen Laufbahn geträumt worden war. Hier sollten wir die beiden Großboote an Bord nehmen und auf die Klampen setzen, dazu noch verschiedenes andere Material.

Ehe alles fertig war, verstrich der Tag und ein guter Teil des nächsten. Am 26. gegen 3 Uhr sagten wir Raekvik Lebewohl, machten einen Abstecher nach der Reede von Laurvik, um dann von dort, an Fredriksvärn vorbei, in See zu gehen. Archer steuerte sein Kind, die »Fram«, diese letzte Strecke, ehe er von Bord ging. Dann wurden ohne viel Worte die Hände zum allerletzten Abschied geschüttelt. Archer, meine Brüder und mein Freund stiegen ins Boot, während die »Fram« schwerfällig vorwärtsglitt — die Bande waren zerrissen. Ein seltsam wehmütiges Gefühl, diese Letzten aus der Heimat zu sehen, dort in dem Boot auf der großen, blauen Fläche, dahinter ein Kutter mit weißen Segeln, und etwas weiter entfernt Laurvik. Ich glaube beinahe, es glänzte eine Träne in dem alten, prächtigen Antlitz, wie er da aufrecht im Boot stand und mit einem Hoch auf uns und die »Fram« von uns schied. Ob ihm das Schiff nicht wirklich ans Herz gewachsen ist? Daß er festes Vertrauen zu ihm hat, weiß ich. So gaben wir für Archer die ersten Salutschüsse mit den Kanonen der »Fram« ab, würdiger konnten wir sie nicht einweihen. Volldampf voraus! — und während die Abendsonne übers Land schien, steuerte die »Fram« in dem stillen, klaren Sommerwetter dem bläulichen Meer zu, um in den langen Dünungen ihr erstes Wellenbad zu nehmen.

Bei gutem Wetter ging die Fahrt die Küste entlang, an Kristiansand vorüber. Am nächsten Abend (27. Juni) waren wir draußen bei Lindesnäs. Bis in die Nacht hinein saß ich und plauderte mit Scott-Hansen. Er war Kapitän für die Strecke von Kristiania bis Drontheim, wo Sverdrup zu uns stoßen sollte. Während wir im Kartenhaus saßen, schlug plötzlich bei zunehmendem Rollen des Schiffes eine Welle die Tür auf und strömte herein. Wir eilten auf Deck. Das Schiff schlingerte wie ein Balken; die Wellen brachen auf beiden Seiten über die Reling herein, und nach und nach kamen alle Mann auf Deck. Am meisten fürchtete ich, daß die schlanken Stützen unter den Großbooten nachgeben, die Boote über Bord gehen und vielleicht einen Teil der Takelage mitnehmen könnten. Als dann 25 leere Paraffintonnen, die auf Deck festgebunden waren, loskamen, hin und her geschleudert und allmählich mit Wasser gefüllt wurden, sah es wahrlich nicht heiter aus; aber schlimmer wurde es, als schließlich noch ein Haufen Bretter dieselbe Wanderung begann und die Stützen unter den Bootsklampen wegzuschlagen drohte. Es war ein kummervoller Augenblick. Seekrank stand ich auf der Kommandobrücke und opferte den Meeresgöttern. Die Mannschaft mühte sich vorn auf Deck ab, zu bergen, was zu bergen war. Oft sah ich nur einen Wirrwarr von Wellen, treibenden Planken, Armen, Beinen und leeren Fässern. Hier schlug die grüne See einen zu Boden, daß die

Wasser um ihn spritzten, dort sprangen die braven Leute über wirbelnde Balken und Fässer hinweg, damit ihnen die Füße nicht eingeklemmt wurden. Sie hatten gewiß keinen trockenen Faden am Leibe.

Juell lag und schlief im »Grand Hotel« — wie wir das eine Großboot nannten. Er erwachte und hörte unter sich die See gleich einem Wasserfall: »Da oben ist's nicht mehr sicher, besser die paar Lumpen retten!« rief er, nahm sein Bündel unter den Arm und barg seine Schiffskiste, die auf dem Vorderdeck munter in der salzigen See schwamm; er schleifte und schleppte sie hinter sich her nach hinten, während sich eine Sturzwelle nach der andern über ihn ergoß.

Einmal tauchte die »Fram« mit dem ganzen Bug ins Wasser und bekam die Wellen über Back. Da hing einer und zappelte am Ankerdavit über dem weißen Strudel. Das war schon wieder Juell.

Wir hatten große Not, unsere Sachen zu bergen. Alle die schönen Paraffinfässer mußten wir über Bord werfen, ein prächtiger Balken nach dem andern ging denselben Weg; ich stand und sah ihnen betrübt nach, wie sie von dannen schwammen. Der Rest der Decklast wurde auf dem Halbdeck aufgestapelt. Ich fürchte, die Aktien der ganzen Expedition standen in diesem Augenblick sehr niedrig.

In die Nähe des Landes wagten wir uns des Nebels wegen nicht; wir mußten den Kurs seewärts beibehalten, bis sich der Nebel endlich gegen Morgen lichtete und der Lotse bei Farsund und Hummerdus Land in Sicht bekam. Am Nachmittag kamen wir bei schwerem Regen und starker Brise nach Ekersund hinein und ankerten in der Hovlandsbucht, wo unser Lotse Hovland* seine Heimat hatte.

Am nächsten Morgen wurden die Bootsklampen und alles andere ordentlich seeklar gemacht. Die »Fram« war zu überlastet, um sich auf See gut zu halten. Daran war aber nun nichts zu ändern. Daß Fahrzeug und Takelage halten würden, wußten wir.

Es war am letzten Tage des Juni spät am Abend, als wir bei Kvarven eine Wendung machten und in der dämmernden Nacht auf Bergen zuhielten. Sonnig und prächtig lag der Hafen am andern Morgen (1. Juli) vor mir, als ich auf Deck kam. Es war ein wahres Sonnenfest in der Luft, die Berge Ulriken, Flöien und Lövstakken glitzerten und funkelten — ein von früher her vertrauter Gruß. Ein wunderbarer Ort, diese alte Hansestadt!

Am Abend sollte ich einen Vortrag halten. Als ich im Begriff war, mich dazu umzukleiden, lief eine Menge Rechnungen ein. Wenn ich die Stadt als solventer Mann verlassen wollte, mußte ich bezahlen, und das Publikum mußte warten. Schlimmer war es, daß der Salon voll der ewigen reisenden Fragezeichen war. Eine ganze Gesellschaft Engländer belagerte die Tür meiner Kabine; sie wollten durchaus »shake hands with the doctor«.

Wir waren in der Tat an allen Orten, die wir anliefen, wie wilde Tiere in einer Menagerie. Man ging ungeniert umher und beschaute uns in den Kabinen wie Bären und Löwen in Käfigen.

---

* Hovland, der uns von Kristiania nach Bergen lotste, und Johann Hågensen, der uns von Bergen nach Vardö führte, waren uns von der Nordenfjeldschen Dampfschiffgesellschaft in Drontheim zur Verfügung gestellt worden.

Am nächsten Vormittag (2. Juli) um 11 Uhr dampften wir mit vielen Freunden an Bord bei sonnigem Wetter durch den Fjord von Bergen nach Norden. Nördlich im Herlö-Fjord, bei den Schären draußen im Meer, schieden die Freunde von uns; Hüte und Taschentücher wurden geschwenkt. Draußen rollte die See im Sonnendunst, und drüben lag das flache Mangerland mit allen Erinnerungen an einen der größten Naturforscher Norwegens, Michael Sars, der dort als einsamer Pfarrer fern von dem Getriebe der Welt seine großen Entdeckungen gemacht hat. Hier hatte ich selbst die ersten tastenden Schritte auf der schmalen Bahn der Naturforschung gemacht.

Der Abend war wunderbar schön. Nordwärts die Röte des verschwindenden Tages, hinter uns der Mond groß und rund über den Bergen. Vorn ragten Alden und Kinn wie ein Märchenland aus der See empor. So müde ich auch war, konnte ich mich doch nicht entschließen, die Koje aufzusuchen; ich mußte diese Schönheit in langen Zügen trinken.

So fuhren wir, meist bei schönem Wetter, seltener in Regen und Nebel, zwischen Sunden und Inseln hindurch längs der norwegischen Küste nach Norden. Welch ein herrliches Land! Ich möchte wissen, ob es in der ganzen Welt ein Fahrwasser gibt wie hier. Unvergeßlich sind diese Morgenstunden, wenn die Natur aus ihrem Schlummer erwacht, Nebelheim weiß und silberglänzend auf den Bergen liegt, deren Gipfel wie Meeresinseln darüber emporragen.

Dieser strahlende Tag über den weißen, schimmernden Schneebergen! Und dann die Abende mit ihrem Sonnenuntergang und dem bleichen Mond, Berge und Inseln schweigend und träumend. Hin und wieder geht es vorüber an freundlichen Gärten und Häusern inmitten grüner Bäume. Man mag über Naturschönheiten die Achseln zucken, es ist doch herrlich für ein Volk, ein schönes Land zu besitzen, wenn es auch arm ist. Nie ist mir dies klarer geworden als in dem Augenblick, da ich es verlassen sollte.

Ab und zu ein Hurra vom Lande, bald von Kindern, bald von Erwachsenen; meist sind es staunende Bauern, die lange dem seltsamen Schiff nachschauen. Und in Jachten und Ruderbooten sitzen Frauen und Männer in ihren roten Hemden; sie hören auf zu rudern, um nur zu sehen und zu staunen. Aus den Städten, an denen wir vorbeifahren, kommen Dampfer voller Menschen, uns mit Musik, Gesang und Salutschüssen zu begrüßen. Es ist ein drückendes Gefühl, Gegenstand solcher Huldigungen zu sein, ehe noch etwas vollbracht ist. Ein alter Spruch sagt:

»Am Abend lobe den Tag; wenn sie Asche geworden, die Frau;
Den Degen, den du erprobt; die Dirne, wenn sie vermählt;
Wenn dich's trug, das Eis; wenn du's trankst, das Bier!«

Rührend war das Interesse und die Huldigung armer Fischer und Bauern. Dies setzte mich oft in Erstaunen; ich fühlte, sie verfolgten uns mit Spannung.

Eines Tages stand nördlich von Helgeland eine ältere Frau auf einem nackten Felsenvorsprung und winkte.

»Ich möchte wissen, ob die uns zuwinkt«, sagte ich zum Lotsen, der neben mir stand.

»Ja freilich.«
»Wie kann sie etwas über uns erfahren haben?«
»Oh, hier kennen sie die ‚Fram' und ihre Fahrt schon in jedem Stübchen, und sie werden auch darauf warten, daß ihr wieder zurückkommt, darauf könnt ihr euch verlassen!«

Am Abend saß ich auf Deck und schaute hinaus in die Gegend. Hütten lagen hier und dort verstreut auf Landzungen und Inseln. Dort verbringt das norwegische Volk sein einsames, mühevolles Dasein im Kampf mit dem Gestein, im Kampf mit dem Meer. Dieses Volk sendet uns in das große wagnisreiche Unbekannte — dieses Volk, das in den Fischerbooten steht und der »Fram« staunend nachschaut, wie sie schwerbeladen langsam gen Norden dampft. Manche schwingen den Südwester und rufen Hurra.

Ja, sie sind es, die uns hinaussenden. Ein wehmütiges Gefühl regt sich beim Gedanken an die Zukunft. Niemand weiß wohl, warum er sein Geld opfert. Vielleicht haben sie gehört, daß es ein ehrenvolles Unternehmen gilt; aber was ist sein Zweck, was sein Nutzen? Ist so etwas nicht Betrug? Trotzdem zieht es ihre Blicke nach dem Fahrzeug, und vor ihrem geistigen Auge dämmert vielleicht einen Augenblick lang eine neue, unfaßbare Welt auf; es entsteht der Drang nach etwas, was ihnen fremd ist.

Und hier an Bord Männer, die Frau und Kind zurücklassen. Welche Schmerzen verursacht nicht die Trennung, welche Sehnsucht und Entbehrungen birgt nicht die Zukunft! Und nicht des Verdienstes wegen geschah es. Galt es Ehre und Ruhm? Auch damit dürfte es knapp genug bestellt sein. Derselbe Drang nach Taten, dasselbe Trachten hinaus über die bekannten Grenzen, das in diesem Volke schon in sagenhaften Zeiten gärte, treibt wohl auch heute noch Schößlinge.

Da die Zeit kostbar war, ging ich nicht, wie ursprünglich bestimmt, bis Drontheim, sondern nur bis Beian, wo Sverdrup zu uns stieß. Darauf wandten wir uns nach Norden, an dem herrlichen Nordland entlang. An einigen Plätzen hielten wir an, um gedörrte Fische für die Hunde an Bord zu nehmen. Wir fuhren vorüber an Torghatten, den Sieben Schwestern, Hestmandö, an Lovunden und Threnen, weit draußen im Meer, an den Lofoten und wie alle diese Punkte heißen.

Eine kühne Riesenform wilder und schöner als die andere. Es ist eine Märchenwelt für sich, ein Traumland.

Am 12. Juli kamen wir nach Tromsö, wo wir Kohlen und sonstige Ausrüstung einnehmen sollten: Pelze der Lappen (Päsken), Schuhe aus Rentierfell (Komager), Finnenschuhe, Sennegras (Carex vesicaria), gedörrtes Rentierfleisch und vieles andere. Tromsö empfing uns kalt: es stürmte heftig aus Nordwest mit Regen und Schneetreiben. Berge, Felder und Dächer waren am nächsten Tage mit Schnee bedeckt. Es waren die ungemütlichsten Julitage, die ich je erlebt habe. Die Bewohner von Tromsö behaupteten, sich eines solchen Julis nicht entsinnen zu können. Das geschah aber vielleicht aus Furcht, der Ort möge in schlechten Ruf geraten; denn in einer Stadt, in der man am Johannistag Schirennen abhält, kann man auf allerhand gefaßt sein.

Östlich vom Nordkap oder Magerö bekamen wir in der Nacht zum 16. Juli so heftige See und so viel Wasser über Bord, daß wir in den Kjölle-Fjord einliefen, um die Lasten der »Fram« nochmals besser zu verteilen, indem wir Kohlen usw. hinten in den Bunkern unterbrachten. Zwei Tage waren wir damit beschäftigt, uns völlig seeklar zur Reise nach Nowaja Semlja zu machen.

Um 10 Uhr abends lichteten wir den Anker und kamen in Vardö am nächsten Abend an, wo man uns großartig empfing. Ein ganzes Musikkorps auf der Mole, der Fjord voll von Booten; Flaggenschmuck und Salutschüsse. Man hatte seit dem Abend zuvor auf uns gewartet, ja sogar Leute von Vadsö waren gekommen, um uns zu sehen. Bei dieser Gelegenheit wurde eine Sammlung veranstaltet, um dem städtischen Musikkorps »Nordpol« eine große Trommel zu verschaffen. Ehe wir Norwegen das letzte Lebewohl sagten, gab man uns zu Ehren ein Fest, bei dem Reden und Champagner in Strömen flossen.

Die letzte Arbeit, die nun mit der »Fram« vorgenommen werden mußte, war die Reinigung des Schiffes von Muscheln und Wasserpflanzen, um eine möglichst schnelle Fahrt zu erzielen. Dazu stellte uns das Hafenamt Taucher zur Verfügung.

Aber auch unsere eigenen Körper bedurften eines letzten Reinigungsfestes, ehe das Leben als »Wilde« begann. Das städtische Bad ist ein kleines Blockhaus, der Baderaum selbst niedrig. Während man auf Bänken liegt, wird man von heißen Dämpfen in Schweiß gebracht, die dadurch entstehen, daß glühende Steine in einem der Hölle würdigen Badeofen mit Wasser begossen werden. Dabei wird man von jungen quänischen Mädchen mit Birkenreisern gepeitscht, dann geknetet, gewaschen und abgetrocknet. Die ganze Prozedur ist ebenso reinlich wie behaglich.

Abschied von Norwegen

In einer seltsamen Stimmung saß ich die letzte Nacht und schrieb Briefe und Telegramme. Wir hatten unseren prächtigen Lotsen Johann Hågensen, der uns von Bergen hierhergeführt, verabschiedet. Jetzt waren nur noch die dreizehn Teilnehmer der Expedition und mein Sekretär Christofersen an Bord, der uns bis hierher begleitet hatte und auch noch bis zur Jugorschen Straße mitfahren sollte.

Alles war so still. Nur die Feder kratzte das Lebewohl an die Heimat, an die Freunde aufs Papier.

Unten lagen alle Mann und schliefen.

Ich sandte meinen Sekretär mit Telegrammen und Briefen an Land. Als er zurückkam, war es 3 Uhr morgens (21. Juli). Ich weckte Sverdrup und ein paar andere Kameraden. Wir lichteten den Anker und verließen den Hafen von Vardö in der stillen Morgenstunde.

Die Stadt lag noch in tiefem Schlummer. Alles war so friedlich und schön ringsum. Nur etwas Lärm von erwachender Arbeit auf einem Dampfer im Hafen. Aus der Luke eines Ruderbootes steckte ein schlaftrunkener Fischer den Kopf und sah uns nach, als wir an der Mole vorüberdampften; auf dem Zollkutter stand ein Mann und fischte.

Es war just die rechte Stimmung, Norwegen zu verlassen. So wohltuend friedlich und still! Eben brach die Sonne durch den Nebel und beleuchtete den Strand, der hart und kahl im Morgennebel lag; hin und wieder sah man Häuschen und Fahrzeuge — und dahinter das ganze Norwegen ...

Während die »Fram« langsam dem Meer zusteuerte, unserem fernen Ziel entgegen, entschwand das Land am Himmelssaum. Was mag sich alles ereignen, ehe wir dich wieder aus dem Meer steigen sehen?

Bald kam der Nebel und entführte alles. Und durch Nebel, immer nur Nebel dampften wir, vier Tage lang. Aber als ich am Morgen des 25. Juli auf Deck kam: klares Wetter! Die Welt ringsum war wieder blau; die Sonne schien aus wolkenlosem Himmel, und ein blaues, glänzendes Meer wiegte sich in schwacher Dünung. Es war wieder herrlich, Mensch zu sein und den Meeresfrieden zu genießen.

Am Vormittag sichteten wir das Gänseland auf Nowaja Semlja, auf das wir zusteuerten. Die Jagdgewehre wurden hervorgeholt, und schon freuten wir uns auf Gänsebraten und anderes Wildbret. Aber als wir nahe heran waren, kam der Nebel schwer und wollig aus Südosten und verschluckte alles. Wiederum war die Welt um uns versunken. Wir wendeten und steuerten ostwärts auf die Jugorsche Straße zu; Gegenwind zwang uns bald, unter Dampf und Segel zu kreuzen. Dieser unendlich zähe Eismeernebel! Wenn er seine Decke senkt und das Blaue über dir und das Blaue um dich verhüllt, wenn alles tagaus tagein zu grauem, nassem Nebel wird, dann bedarf es der ganzen Spannkraft der Seele, um nicht von der naßkalten Umarmung erdrückt zu werden. Nebel und nichts als Nebel, wohin wir die Blicke wenden. Er legt sich auf die Takelung und tröpfelt naß auf jeden Fleck des Decks. Er legt sich auf die Kleider und durchnäßt sie. Er legt sich auf Sinn und Gemüt, und alles wird grau in grau.

Am 27. Juli, immer noch im Nebel, trafen wir abends ganz unerwartet auf Eis, freilich nur auf einen kleinen Streifen, den wir leicht durchquerten. In der Nacht stießen wir auf mehr, auf ein breiteres Stück, das wir ebenfalls passierten. Am Morgen des nächsten Tages weckte man mich, daß wir schweres, altes Eis vor uns hätten. Hm, sollten die Eisschwierigkeiten schon jetzt beginnen, dann sah es traurig aus. Doch das sind Überraschungen, wie sie das Eismeer mehr als genug bereit hält. In die Kleider hineinfahren und hinauf in die Ausgucktonne, war das Werk eines Augenblicks.

Das Eis erstreckte sich, so weit das Auge durch den dünner gewordenen Nebel reichte. Es war nicht schwach, doch war es anfangs ziemlich offen, und wir gingen unserer Losung getreu »vorwärts« (fram). Lange fand ich offenen Weg. Aber dann begann das Eis dichter zu werden. Wir trafen auf schwere Schollen.

Bei schwierigem Eis im Nebel zu fahren ist nicht klug. Man weiß nicht, wohin es geht, und leicht hat man sich ganz festgefahren. Wir hielten an und warteten ab. Nebel und Eis wurden immer dichter. Bald stieg die Hoffnung, bald sank sie wieder, meist stand sie tief.

Daß wir schon in diesem sonst zur selben Jahreszeit ganz eisfreien Fahrwasser so viel Eis antrafen, weissagte nichts Gutes. Bereits in Tromsö und Vardö hatten wir schlechte Nachrichten erhalten. Das Weiße Meer habe sich erst vor kurzer Zeit geöffnet, hieß es, und ein Segler habe bei dem Versuch, die Jugorsche Straße zu erreichen, des Eises wegen umkehren müssen.

Mit Bangen dachten wir an das Karische Meer. Was mochte auf uns warten? Für die »Urania« mit den Kohlen war dies Eis genau so schlimm; sie kam nur durch, wenn sie weiter südlich an der russischen Küste entlang Fahrwasser fand.

Gerade als wir einen Rückzug aus dem dichten Eis beschlossen, kam Sverdrup mit der Freudenbotschaft, daß der Nebel sich lichte und man freies Wasser vorn im Osten auf der anderen Seite des Eises erblicken könne. Wir zwängten uns einige Stunden lang durch schwere Eisschollen hindurch und kamen in der Tat wiederum in offene See.

Schon hier, im ersten Scharmützel mit dem Eis, wurde uns klar, daß die »Fram« ein vortreffliches Eisfahrzeug war. Es ist ein Vergnügen, sie in schwierigem Eis zu manövrieren. Sie wendet und dreht sich herum »wie ein Kloß auf dem Teller«. Und keine Rinne zwischen den Eisschollen ist ihr zu krumm, keine Scholle zu störrisch.

Aber anstrengend ist es für den Mann am Steuer. Hart Steuerbord! Stütz! Hart Backbord! Recht so! Hart Steuerbord! So geht es unaufhörlich. Er dreht das Rad, schwitzt und dreht wieder; das Steuerrad geht wie das Rad im Spinnrocken. Und die »Fram« windet sich zwischen den Eisschollen, ohne sie zu berühren, auch wenn das Loch nur gerade so groß ist, daß sie eben hindurchkommt. Wo sie das Eis doch trifft, rennt sie mit schwerer Fahrt den schrägen Bug aufs Eis hinauf, stößt es unter sich und sprengt die Schollen auseinander. Und wie stark ist die »Fram«! Ob sie auch mit voller Fahrt drauflosstürmt, kein Knarren, keinen Laut gibt sie von sich, kaum daß sie ein wenig zittert.

Am Sonnabend (29. Juli) ging es wieder ostwärts nach der Jugorschen Straße, so rasch, wie Dampf und Segel vermochten. Die offene See lag vor uns; es war schönes Wetter mit gutem Wind. Am Morgen kamen wir unter die Südseite der Insel Dolgoi oder Langöia, wie die norwegischen Fischer sie nennen. Später am Tage näherten wir uns der Jugorschen Straße. Es wurde nach Land ausgespäht und ausgespäht, aber nichts war zu erblicken. Stunde auf Stunde verstrich, und wir glitten in guter Fahrt vorwärts; aber immer noch kein Land! Es soll freilich nicht hoch sein; aber dies war trotzdem sonderbar.

Doch, an Backbord voraus, ist's wie ein niedriger Schatten über dem Meeressaum! Das ist Land, es ist die Insel Waigatsch! Bald sehen wir mehr, auch querab und achteraus an Backbord, bald auch das Festland auf der Südseite der Straße. Schnell wächst es herauf. Alles niedrig, eben; keine Spitzen, keine Abwechslung außer der Mündung der Straße vor uns. Von dort aus erstreckt es sich nördlich und südlich in einer weichen, flachen Wellenlinie. Dies ist der Eingang zu dem endlosen asiatischen Tiefland.

So fuhren wir in die auf beiden Seiten von niedrigen Klippenrändern begrenzte Straße. Die Felsschichten sind steil aufgerichtet, geknickt und gebogen, trotzdem an der Oberfläche überall abgeschliffen und glatt. Wer über die grünen Ebenen und Tundren wandert, ahnt nichts von den zerstörten und zerrissenen Schichten des Felsbodens, der unter der Decke verborgen liegt. Einstmals Berge und Täler, jetzt abgeschliffen und weggewaschen.

Wir schauten nach Chabarowa aus. Auf der Nordseite des Sundes gewahrten wir ein Anzeichen. Auf dem Strand lag ein Wrack, wohl eine norwegische Fangjacht. Auf der Südseite eine Flaggenstange mit einer roten Flagge. Dahinter mußte Chabarowa liegen. Endlich entdeckten wir hinter einer Landspitze ein paar Gebäude; bald lag der ganze Ort vor uns, mit Zelten und wenigen Häusern.

Auf einem Vorsprung uns zunächst stand ein großes, rotes Gebäude mit weißen Türpfosten von auffallend heimatlichem Aussehen. Es war ein norwegischer Speicher, den Sibiriakoff aus Finmarken nach Chabarowa überführt hatte.

Im seichten Wasser mußten wir behutsam vordringen, um nicht festzufahren. Unaufhörlich wurde gelotet. Wir hatten 10 und 8 Meter Wasser; das war nicht viel mehr, als wir brauchten. Dann ging es auf 7 und 6 Meter herab; das war sehr wenig.

Jetzt sahen wir ein Boot, das sich uns langsam vom Lande her näherte. Ein Mann von mittlerem Wuchs, mit einem offenen, freundlichen Gesicht und gelbrotem Bart kam an Bord. Seinem Aussehen nach hätte er gut ein Norweger sein können. Ich ging ihm entgegen und sagte auf deutsch, daß ich annähme, er sei Trontheim. Allerdings, das war er.

Hinter ihm kamen einige merkwürdige Gestalten in schweren Mänteln oder Päsken aus Rentierfell. Auf dem Kopfe hatten sie eigentümliche, baschlikartige Mützen aus Renkalbfell, und unter diesen Mützen schauten kräftige, bärtige Gesichter hervor, die ganz gut alten norwegischen Wikingern hätten angehören können. Es waren prächtige Gestalten, diese russischen Kaufleute, die den Eingeborenen Branntwein liefern und dafür Bärenfelle, Seehundsfelle und andere Kostbarkeiten erhandeln. Sie halten alle, die sie erst einmal in ihre Klauen bekommen haben, in einer solchen Abhängigkeit, daß die Tundrenmänner kaum etwas anderes tun dürfen, als was den Kaufleuten behagt. »Es ist eine alte Geschichte, doch bleibt sie ewig neu!« Bald wimmelte es auch von Samojeden an Bord. Gutmütige, breite, asiatische Gesichter. Natürlich nur Männer.

Das erste, was ich Trontheim fragte, waren die Eisverhältnisse. Er erzählte, daß die Jugorsche Straße seit längerer Zeit offen sei und daß er seitdem Tag für Tag auf uns gewartet habe, mit steigender Angst, daß wir nicht kommen würden. Die Eingeborenen und die Russen hätten schon angefangen, über ihn zu lachen, da die Zeit verstrich und keine »Fram« zu erblicken war. Jetzt war er eitel Sonnenschein. Die Eisverhältnisse im Karischen Meer sollten nach dem Bericht von Samojeden, die vor ein paar Tagen in der Nähe des östlichen Ausgangs der Straße auf dem Fang gewesen waren, gut sein. Darauf ließ sich freilich nicht bauen, es reichte aber hin, daß wir uns ärgerten, nicht früher gekommen zu sein.

Dann kam die Reihe an die »Urania«. Sie hatte niemand gesehen.
Über die Hunde hörten wir, daß alles in schönster Ordnung sei. Trontheim hatte zur größeren Sicherheit vierzig Hunde gekauft, obschon ich nur um dreißig gebeten hatte. Einige waren auf der Reise verunglückt und verendet; 34 lebten und waren guter Dinge; wir konnten sie am Land heulen und bellen hören.

Während dieser Unterredung waren wir Chabarowa nahe gekommen, und um 7 Uhr abends (29. Juli) fiel der Anker in ungefähr 7 Meter tiefem Wasser.

Beim Abendessen erzählte uns Trontheim seine Abenteuer. Auf dem Weg von der Soswa und dem Ural nach der Petschora erfuhr er, daß dort die Hundepest ausgebrochen war. Er reiste daher direkt vom Ural nach der Jugorschen Straße. Schließlich schwand der Schnee, und in Begleitung einer Rentierkarawane zog er mit seinen Hunden vorwärts über kahle Felder, über Stock und Stein. Aber auf Schlitten fuhr er trotzdem.

Die Samojeden und die Eingeborenen im nördlichen Sibirien kennen kein anderes Fuhrwerk als den Schlitten. Daß es auf der Sommerbahn nicht gerade glatt geht, ist selbstverständlich.

Nach dem Abendessen gingen wir an Land und wurden an dem flachen Strand von Chabarowa von neugierigen Russen und Samojeden umringt. Das erste, was unsere Aufmerksamkeit auf sich zog, waren die beiden Kirchen: ein alter, ehrwürdiger rechtwinkliger Holzschuppen und ein achteckiger Pavillon, der den Lusthäuschen oder Gartenlauben glich, wie ich sie daheim gesehen habe. Das eine Gebäude diente dem alten Glauben, das andere dem neuen.

Dann besuchten wir das Lager der Hunde, das in einer Ebene lag, etwas von den Häusern und Zelten entfernt. Je näher wir kamen, desto ärger wurde das Geheul. Schon aus der Ferne hatte ich eine norwegische Flagge erkannt, die von der Spitze eines Flaggenmastes wehte. Trontheims Gesicht strahlte vor Freude, als wir sie betrachteten. Seine Expedition, sagte er, sei unter derselben Flagge wie unsere unternommen worden.

Da standen die Hunde fest angebunden auf dem Feld und machten einen ohrenzerreißenden Lärm. Einige sahen aus wie reine Rassehunde, langhaarig, blendend weiß mit aufrechtstehenden Ohren und spitzer Schnauze. Mit ihren sanften, gutmütigen Gesichtern schmeichelten sie sich sofort bei uns ein. Andere waren mehr Füchsen ähnlich, mit kürzerem Haar; einige waren schwarz oder gefleckt. Es waren augenscheinlich mehrere Arten beisammen, und ein paar verrieten durch ihre herabhängenden Ohren europäisches Blut. Gierig verschlangen sie rohe Fische, und es ging dabei nicht ohne Zank ab. Dann machten wir einen Jagdausflug landeinwärts bis zu einem nahe gelegenen Wasser, fanden aber nur eine Raubmöwe (Lestris parasitica) mit Jungen. Von diesem Wasser aus war eine Rinne gegraben, die Trinkwasser nach Chabarowa führte.

Auf dem Hügel oberhalb des Wassers stand die Flaggenstange, die wir bei unserer Ankunft zuerst gesehen hatten. Der brave Trontheim hatte sie errichtet, um uns zu begrüßen. Wie ich später entdeckte, stand auf dem Wimpel in deutscher Sprache: »Vorwärts«. Diesen Namen hatte man Trontheim als den unseres Schiffes angegeben; er war daher sehr enttäuscht, als er an Bord bemerkte, daß der wahre Name »Fram« war. Ich erklärte ihm, daß der Sinn derselbe sei, und das tröstete ihn.

Es war uns natürlich zunächst darum zu tun, die Eisverhältnisse im Nördlichen Eismeer kennenzulernen. Wir waren entschlossen, sobald wie möglich abzureisen, mußten zuvor aber den Kessel reinigen und verschiedene Rohre und Ventile der Maschine ausbessern. Am nächsten Morgen zogen darum Sverdrup, Peder Hendriksen und ich in dem kleinen Petroleumboot von dannen, um nach dem Ostende der Jugorschen Straße zu fahren und uns mit eigenen Augen vom Eis im Osten ein Bild zu machen.

Es waren vier Meilen bis dorthin. Von Osten her trieb etwas Eis durch die Straße. Da wir nördliche Brise hatten, gingen wir sofort nordwärts, um an die Küste der Insel Waigatsch zu kommen, wo wir offenes Fahrwasser vermuteten. Ich hatte die undankbare Aufgabe, gleichzeitig Steuermann und Maschinist zu sein. Das Boot ging wie ein junger Gott und machte ungefähr sechs Seemeilen in der Stunde. Alles ließ sich heiter an. Aber leider ist das Glück selten von Dauer, und gleich gar nicht, wenn man mit Petroleumbooten zu tun hat. Ein Fehler an der Zirkulationspumpe stoppte bald die Maschine, und wir konnten nur ganz kurze Strecken auf einmal fahren, bis wir das nördliche Land erreichten. Dort brachte ich die Maschine einigermaßen in Ordnung. Weiter ging die Fahrt, nordöstlich durch den Sund, zwischen treibenden Eisschollen hindurch. Von Zeit zu Zeit gab es neue Aufenthalte, wenn die tückische Maschine aussetzte; viel Spaß machte es uns dann, wenn der starke Peder das Rad der Maschine andrehte und es einen Rückschlag gab, daß ihm die Arme beinahe aus den Gelenken gerissen wurden und er kopfüber hinfiel.

Ab und zu flog ein Schwarm von Eisenten (Harelda glacialis) oder anderen Vögeln vorbei. Ein oder zwei Tiere fielen dann regelmäßig unseren Flinten zum Opfer.

Wir hatten uns bisher an der Insel Waigatsch entlang gehalten, setzten jetzt aber nach der Südseite der Straße über. Ungefähr in der Mitte wurde ich plötzlich gewahr, daß wir den Grund unter uns sehen konnten, und beinahe wäre das Boot auf eine Untiefe festgefahren. Es war nicht einmal ein Meter Wasser vorhanden. Die Strömung ging wie ein reißender Fluß darüberhin. Untiefen und Klippen gibt es auf allen Seiten, zumal auf der Südseite der Jugorschen Straße, und man muß sehr vorsichtig sein, wenn man mit einem Fahrzeug durchkommen will.

In einer kleinen Bucht am Ostende der Straße legten wir an und zogen das Boot an Land. Dann ging es mit der Flinte über der Schulter landeinwärts auf einige Höhen zu, über dasselbe wellenförmige Flachland mit niedrigen Hügeln, wie wir es an der Jugorschen Straße überall schon gesehen hatten.

Über die Ebene breitet sich ein braungrüner Teppich aus Moos und Gras, der mit Blumen von seltener Schönheit durchwirkt ist. Während des langen, kalten sibirischen Winters liegen mächtige Schneemassen über der Tundra. Noch ist die Sonne mit ihnen nicht fertig geworden, da sprießt auch schon eine ganze Welt von kleinen nordischen Blumen unter der schwindenden Schneeschicht hervor und öffnet verschämt die Kelche, errötend im glänzenden Sommertag, der die Ebene in seinem Lichte badet. Großblumige Steinbrech-Arten, gelbweißer Feldmohn (Papaver nudicaule) stehen in leuchtenden Gruppen beisammen; da und dort schimmern blaue Vergißmeinnicht und weiße Multbeerblüten; auf einzelnen sumpfigen Stellen breitet das Wollgras seine wogende Daunendecke aus, an anderen Plätzen stehen blaue Glockenblumen, und ihre Blüten läuten leise an den schlanken Stengeln. Es sind keine ansehnlichen Blumen, die wenigsten von ihnen sind einige Zoll hoch, aber in dieser Umgebung zieht ihre stille Schönheit doppelt an. Hier, wo das Auge auf der unendlichen Fläche vergeblich einen Ruhepunkt sucht, lächeln einem die schüchternen Blumenkelche entgegen und halten das Auge gefangen.

Über diese Ebenen, die sich gegen Osten von Horizont zu Horizont über die mächtige Tundra Asiens ins Unendliche erstrecken, treibt der Nomade seine Rentierherden. Ein herrliches, freies Leben! Wo es ihn gelüstet, schlägt er sein Zelt auf; sobald er es wünscht, zieht er mit den Rentieren weiter. Ich beneide ihn — kein Ziel, keine Qualen, nur leben! Ich wünschte fast, an seiner Stelle ein solch ruhiges Leben mit Frau und Kind in den endlosen Ebenen zu führen, frei und froh.

Als wir etwas weiter gekommen waren, erblickten wir eine weiße Gestalt, die auf dem öden, steinigen Abhang eines Höhenzuges saß. Bald sahen wir in anderen Richtungen noch mehrere. Ich zählte acht. Sie machten einen gespenstischen Eindruck, wie sie so still und unbeweglich dasaßen. Es waren Schneeulen. Sie lauerten gewiß auf Lemminge, die es dort, nach den vielen Gängen zu urteilen, massenhaft gab. Sverdrup erlegte ein paar Eulen.

Von der Höhe aus hatten wir nach Nordosten Aussicht über das Karische Meer. Durchs Fernrohr sahen wir überall Eis am Horizont, das ziemlich dicht und schwer zu sein schien; aber zwischen ihm und der Küste war eine breite Rinne, offenes Wasser, so weit wir im Südosten sehen konnten.

Mehr konnten wir hier nicht erfahren, es war im Grund auch genug. Es hatte wenigstens den Anschein, daß wir durchkommen würden, und wohl zufrieden kehrten wir zum Boot zurück. Hier machten wir aus Treibholz ein Feuer an und kochten einen herrlichen Kaffee.

Als der Kessel summte, wir uns daneben ausstreckten und eine Pfeife rauchten, fühlte sich Sverdrup in seinem Element; da wurde ihm die Zunge gelöst, und eine Anekdote folgte der andern. War das Land auch noch so trist und öde, wenn er nur genug Treibholz am Strande fand, so daß er ein ordentliches Feuer in Gang brachte, dann glänzten seine Augen. Deshalb gefiel ihm auch später die sibirische Küste so gut. Ein richtiger Ort zum Überwintern, meinte er.

Auf dem Heimweg fuhren wir mit voller Fahrt auf eine unterseeische Klippe. Das Boot stampfte ein paarmal und glitt hinüber, aber im selben Augenblick, als es auf die andere Seite fiel, schlug die Schraube an den Felsen, so daß das Achterende hoch in die Luft flog und die Maschine sich mit rasender Geschwindigkeit umdrehte; alles dies in weniger als einer Sekunde. Ich kam zu spät, um zu stoppen. Unglücklicherweise war der eine Schraubenflügel abgeschlagen; wir setzten mit dem andern die Fahrt so gut wir vermochten fort. Es ging etwas holperig, aber wir kamen vorwärts.

Gegen Morgen näherten wir uns der »Fram« und kamen an zwei Samojeden vorüber, die ihr Boot auf eine Eisscholle gezogen hatten und dort auf Seehunde warteten. Ich hätte wissen mögen, was sie sich dachten, als wir mit dem Boot, ohne Dampf, ohne Segel und Ruder vorbeifuhren. Wir sahen auf diese »armen Wilden« mit dem selbstzufriedenen Mitleid des Europäers herab, während wir weitersausten.

Aber Hochmut kommt vor dem Fall. Wir waren noch nicht weit gekommen, als plötzlich — srrrrr! — ein entsetzlicher Spektakel entstand; Stücke von zerbrochenen, stählernen Federn flogen mir um die Ohren: da hatten wir die Bescherung! Nicht von der Stelle zu bringen war das Boot, weder vorwärts, noch rückwärts.

Durch die zitternden Stöße der einflügeligen Schraube war die Lotleine in das Schwungrad geraten und hatte sich gründlich in der Maschine verwickelt. Gedemütigt ruderten wir zu unserem Schiff zurück, das uns schon lange mit seinen Fleischtöpfen gelockt hatte.

Die Ausbeute des Tages waren verhältnismäßig gute Nachrichten aus dem Karischen Meer, Gänse und Eisenten, ein Seehund und ein kampfunfähiges Boot. Amundsen und ich setzten es wieder instand. Bei dieser Gelegenheit zerstörte ich leider für immer mein Ansehen bei den Russen und Samojeden dieser Gegend. Einige waren vormittags an Bord gewesen und hatten mich in Hemdärmeln schweißtriefend im Boot gesehen, Gesicht und Arme mit Öl beschmiert. Sie kamen zu Trontheim und sagten, ich könne unmöglich ein großer Herr sein, da ich solche Schmutzarbeit verrichte und schlimmer als ein Vagabund aussehe.

Abends gingen wir an Land, um die Hunde zu erproben. Trontheim spannte zehn an einen Samojedenschlitten. Kaum hatte ich mich aufgesetzt, erblickte das Gespann einen fremden Hund in der Nähe, und los ging es mit der ganzen Meute, meiner teuern Person und dem Schlitten auf ihn zu. Es gab einen Höllenlärm. Wie wilde Wölfe warfen sich alle zehn auf das unschuldige Tier, bissen und zerrten es, Blut floß in Strömen. Trontheim flog wie ein Rasender umher und schlug mit seinem Stecken nach rechts und links. Samojeden und Russen kamen schreiend von allen Seiten herbei. Ich selbst saß als Zuschauer im Schlitten mitten darin, stumm vor Entsetzen, und es dauerte lange, bis mir klar wurde, daß es vielleicht auch für mich etwas zu tun gäbe. Mit lautem Geheul warf ich mich auf die schlimmsten Raufbolde, bis der überfallene Hund sich aus dem Staube machte.

Das Gespann war während der Schlacht in Verwirrung geraten, und es dauerte geraume Zeit, die Leinen wieder zu ordnen. Endlich war alles fertig. Trontheim knallte mit der Peitsche und rief prrr, prrr! — und in wilder Fahrt jagten wir davon über Gras, Lehm und Steine, bis an die Lagune der Flußmündung. Ich stemmte die Füße ein und hielt die Tiere aus Leibeskräften zurück, wurde aber mitgeschleppt. Mit knapper Not gelang es schließlich, die Hunde anzuhalten, gerade als sie ins Wasser wollten, obgleich wir »sass, sass!« (Halt, halt!) riefen, so daß es über ganz Chabarowa widerhallte. Wir bekamen Hochachtung vor der Stärke der Hunde, als wir sahen, wie leicht sie ein paar Männer auf dieser, gelinde gesagt, schlechten Bahn zogen. Zu-

Abschied von Bergen

Oben: Eine Sonnenhöhe (Johansen links und Scott-Hansen)
Unten: Kapitän Sverdrup in seiner Kajüte

frieden kehrten wir an Bord zurück, um eine Erfahrung reicher, nämlich, daß das Fahren mit Hunden Geduld erfordert.

Das sibirische Hundegeschirr ist primitiv: ein dickes Tau oder ein Riemen aus Segeltuch um Rücken und Bauch des Tieres. Oben wird das Tau durch eine Leine festgehalten, die an das Halsband geknüpft wird. Der Zugstrang ist unter dem Bauch befestigt und geht zwischen den Beinen durch; er verursacht den Tieren gewiß oft Beschwerden. Mit Ausnahme von vier Hunden waren alle kastriert. Für mich war dies ein Strich durch die Rechnung, da ich auf Vermehrung unterwegs gerechnet hatte. Nun mußte ich diese Hoffnung nur auf die vier Hunde setzen. Ich hatte eine Hündin »Kvik« mitgebracht, eine Kreuzung von Eskimohund und Neufundländer, geboren während der dänischen Expedition Leutnant Ryders nach Ostgrönland 1891/92. Er hatte sie mir geschenkt, sie war ein vorzüglicher Schlittenhund.

Am nächsten Tag (1. August) war in Chabarowa eine große kirchliche Feier, das St.-Elias-Fest. Samojeden aus nah und fern hatten sich mit ihren Rentiergespannen eingefunden, um in die Kirche zu gehen und sich dann völlig zu betrinken. Schon vom frühen Morgen an waren die Weiber in ihrem schönsten Putz erschienen. Glänzende Farben, Kleiderröcke mit vielen Falten und Stufen, Zöpfe, die weit über den Rücken hinabhingen und mit großen, farbigen Schleifen geschmückt waren. Vor dem Kirchgang führten ein alter Samojede und ein junges stattliches Mädchen ein mageres Rentier herbei, das der Kirche geopfert wurde — das heißt, der alten Kirche. Fast alle Samojeden dieser Gegend gehören dem alten Glauben an und gehen in die alte Kirche. Aber daneben gehen sie auch ein wenig in die neue Kirche, um, soviel ich verstehen konnte, den Priester und Herrn Sibiriakoff nicht zu kränken.

Heute war in beiden Kirchen großes Fest. Die Samojeden suchten zunächst die neue Kirche auf, um dann in die alte Kirche zu strömen. Dort haben sie zwar keinen Priester, aber heute hatten sie sich zusammengetan und dem Priester der neuen Kirche zwei Rubel für einen Gottesdienst in der alten Kirche geboten, eine Aufforderung, der der Geistliche nach reiflicher Überlegung nachkam. Mit seinem vollen priesterlichen Pomp trat er über die alte Schwelle.

Am Nachmittag begann der Lärm, und je später es wurde, desto ärger wurde er. Jetzt fing der ernsthafte Teil des Festes an. Ein paar Samojeden fuhren mit ihren Rentiergespannen wie rasend auf der Ebene umher. Sie konnten im Schlitten nicht mehr sitzen, sondern lagen oder wurden hinterdrein geschleppt und heulten nur. Männer und Weiber ohne Ausnahme waren betrunken und taumelten über den Platz.

Am nächsten Tage war nicht ein einziger Mann aufzutreiben, um Kohlen zu tragen; die meisten schliefen den ganzen Tag. Wir mußten uns selbst helfen; aber am Abend waren wir noch nicht fertig, und ich wurde ungeduldig. Die kostbare Zeit verstrich. Die »Urania« hatte ich aufgegeben*.

---

* Die »Urania« erreichte Chabarowa am 7. August. Sie war durch das Eis aufgehalten worden, schließlich aber ohne Schaden durchgekommen. Am 11. August fuhren Christofersen und Trontheim mit dem Schiff heimwärts. Sie erreichten Vardö am 22. August.

Wir brauchten ja auch keine Kohlen mehr. Der Wind war seit mehreren Tagen günstig. Es war Südwind, der das Eis sicherlich nach Norden ins Karische Meer trieb, und Sverdrup war nun ganz sicher, daß wir in offenem Wasser bis zu den Neusibirischen Inseln fahren könnten.

Beim Abendessen überreichten wir Trontheim feierlich König Oskars Verdienstmedaille in Gold als Anerkennung für die Sorgfalt, mit der er seine Aufgabe gelöst, und für die Hilfe, die er dadurch der Expedition geleistet hatte. Er strahlte, als er die hübsche Medaille mit dem farbigen Seidenband betrachtete.

Am nächsten Tag (3. August) waren wir endlich zur Abreise fertig, und am Nachmittag wurden die 34 Hunde unter großem Lärm an Bord gebracht. Sie wurden auf dem Verdeck angebunden und sorgten anfangs für mehr musikalische Unterhaltung, als uns lieb war.

Am Abend wurde der Kessel geheizt, alles war bereit. Dichter Nebel verhüllte das Land. Christofersen, unser letzter Freund, ging von Bord. Wir gaben ihm Lebensmittel und unsere letzten Briefe für die Heimat. Dann ein letzter Händedruck, er und Trontheim stiegen ins Boot, und bald waren sie im Nebel verschwunden.

Allein lagen wir im Nebelmeer. Von jetzt an dürfte schwerlich eine Botschaft von uns die Welt erreichen, bevor wir selbst Nachrichten über unser Glück oder Unglück brachten. Welche Zeiten der Sorge für die daheim lagen dazwischen!

Durch das Karische Meer

Ziemlich spät erst stachen wir in der Nacht vom 3. zum 4. August in See. Um Mitternacht klarte es auf. Ich fuhr im Petroleumboot voraus, um das Fahrwasser auszuloten. Scott-Hansen stand vorn mit dem Handlot. Zunächst ging es nordwestwärts nach der Spitze der Insel Waigatsch, dann weiter durch die Straße, an der Insel entlang. Der Nebel war oft so dicht, daß wir die »Fram«, die unmittelbar hinter uns kam, kaum sahen, ebenso machten sie an Bord unser Boot kaum aus. Nun, solange wir Wasser genug hatten und das Schiff uns folgte, fuhren wir drauflos. Aber die Tiefe war nicht bedeutend; wir hatten beständig nur 9 und 10 Meter, dann wurden es 8 und schließlich 7. Das war zu wenig. Wir wendeten und gaben der »Fram« Zeichen zum Stoppen. Darauf hielten wir weiter vom Lande ab und bekamen tieferes Wasser, so daß die »Fram« wieder mit voller Fahrt vorwärtsgehen konnte.

Ab und zu bekam die Maschine ihre gewohnten Nücken und blieb stehen. Ich mußte mehr Gasöl auffüllen, um sie wieder in Gang zu bringen.

Während ich damit beschäftigt bin, hebt sich das Boot in den Wellen. Ich verschütte etwas Öl. Das Öl fängt Feuer, breitet sich auf dem Boden des Fahrzeugs aus, und im Nu ist das Achterdeck ein Flammenmeer; auch meine ölgetränkten Kleider fangen Feuer. Ich laufe nach vorn und lösche meine brennenden Kleider. Die Lage sieht gefährlich aus, zumal ein großes, bis an den Rand mit Öl gefülltes Spülbecken ebenfalls Feuer fängt. Ich eile wieder nach hinten, gieße das Becken ins Meer aus, und sofort steht die Wasserfläche ringsum in hellen Flammen. Jetzt fülle ich mit dem Schöpfeimer Wasser ins Boot, soviel ich nur vermag. Bald ist die Gefahr gebannt.

Von Bord der »Fram« aus sah sich das Ganze unheimlich genug an. Man stand mit Tauen und Rettungsgürteln bereit, um sie uns im Notfall zuzuwerfen.

Bald waren wir außerhalb der Jugorschen Straße. Der Nebel schwand, und wir sahen das niedrige Land um uns, weiter draußen das Meer, und in der Ferne das Treibeis. Um 4 Uhr morgens am 4. August glitten wir an der Sokolij- oder Falken-Insel vorüber und hinein in das gefürchtete Karische Meer. Jetzt sollte sich unser Schicksal entscheiden.

Bevor ich die Heimat verlassen, hatte ich stets gesagt: wenn wir nur erst glücklich durch das Karische Meer und am Kap Tscheljuskin vorbeigekommen sind, dann ist das Schlimmste überstanden. Die Aussichten waren nicht schlecht: Nach Osten eine offene Rinne am Land entlang, so weit man von der Ausgucktonne aus sehen konnte.

Anderthalb Stunden später waren wir an der Eiskante. Das Eis war so dicht, daß wir uns nicht hineinwagten. Gegen Nordwesten schien es loser zu sein, und es zeigte sich viel blaue Luft am Himmel*. Wir fuhren darum in südöstlicher Richtung am Land entlang durch zerteiltes Eis, hielten uns aber am Vormittag mehr seewärts, da blaue Luft im Osten und Nordosten auf offeneres Fahrwasser deutete. Um 3 Uhr nachmittags wurde das Eis jedoch so dicht, daß wir wieder in die Rinne am Land hineinlenkten. Es wäre wohl möglich gewesen, den Durchgang durch das dichtere Eis zu erzwingen, wir hätten aber auch festsitzen können, und uns dieser Gefahr auszusetzen war es noch zu früh.

Am 5. August gelangten wir vor die Mündung des Kara-Flusses und hielten nun Kurs auf die Halbinsel Jalmal. Bald sichteten wir dieses Tiefland, kamen aber am Nachmittag in Nebel und dichtes Eis. Am nächsten Tag war es nicht besser. Wir machten dann das Schiff an einem großen Toroß** fest, der am Strande von Jalmal lag.

Am Abend gingen einige von uns an Land. Das Wasser war so seicht, daß das Boot ein gutes Stück vom Ufer entfernt auflief und wir an Land waten mußten. Es war ein flacher, glatt gewaschener, sandiger Strand, den das Meer zur Flutzeit ganz überspülte; dahinter erhob sich ein steiler Abhang, 10, 12, stellenweise 20 Meter hoch.

Wir streiften ein wenig umher. Flach und kahl überall. Alles Treibholz, das sich vorfand, war vom Sand begraben und vollständig naß. Einige Schnepfen strichen über uns weg. Wir kamen an einen Teich, und im Nebel hörte ich eine Lumme, sah sie aber nicht. Fährten von Rentieren gab es

---

* Das weiße Eis wirft einen hellen Widerschein an den Himmel, so daß dieser da, wo Eisfelder sind, eine weißliche Färbung hat; überall, wo offenes Wasser ist, ist der Widerschein blau oder dunkel. Der Eismeerfahrer erkennt also an der Farbe des Himmels, wie das Fahrwasser in der Ferne beschaffen ist.

** Torosse (aus dem Russischen) sind Trümmer des Meereises, die, übereinandergeschoben und allmählich an den Kanten abgerundet, zu ungeheueren Blöcken zusammenfrieren.

genug, aber nur von den zahmen Tieren der Samojeden. Dies ist ja das Land der Samojeden. Öde und traurig!

Der Botaniker war der einzige, der Beute machte. Lieblich schauten in diesem Lande der Nebel die Blumen hier und dort hervor, gleich einer Botschaft aus einer lichteren Welt.

Um halb sieben morgens (7. August) waren wir wieder an Bord. Der Nebel hatte sich verflüchtigt, aber das Eis, das mit der Gezeitenströmung hin und her getrieben wurde, sah nach Norden zu so dicht aus wie zuvor.

Am nächsten Tage (8. August) war es immer noch dicht, und da nichts zu unternehmen war, ging ich mit etlichen Gefährten am Nachmittag wieder an Land. Es ist ein eigentümliches Flachland. Nichts als Sand, überall Sand. Noch flacher, noch einsamer als das Land an der Jugorschen Straße. Über der Ebene lag ein grüner Teppich aus Gras und Moos, hin und wieder vom Winde zerzaust, der ihn aufgewühlt und den Flugsand darüber hingefegt hatte. Wild gab es nicht viel. Einige Schneehühner, Goldregenpfeifer und Eisenten. Unsere hauptsächlichste Ausbeute waren wieder Pflanzen und einige geologische und geographische Beobachtungen. Sie ergaben, daß die Küste an dieser Stelle in den Karten mehr als einen halben Längengrad, 36—38 Minuten, zu weit nach Westen verlegt ist.

Erst am andern Vormittag (9. August) kehrten wir wieder an Bord zurück. Das Eis schien jetzt im Norden etwas lockerer geworden zu sein. Um 8 Uhr abends setzten wir die Fahrt nordwärts fort. Wir fanden leicht passierbares Eis, und drei Tage später kamen wir endlich in offenes Fahrwasser.

Am Sonntag (13. August) steuerten wir ins offene Karische Meer an der Nordspitze der Halbinsel Jalmal und an Bjelyj-Ostrow (Weiße Insel) vorüber. Nirgends sahen wir Eis. An den folgenden Tagen hatten wir ständig starken Ostwind. Wir kreuzten unter Segel, um ostwärts zu kommen, aber die »Fram« ist bei Gegenwind kein guter Segler, da sie breit und ohne Kiel ist. Die Strömung war stark, und wir kamen kaum vorwärts. Im Schiffsjournal heißt es fortwährend: Gegenwind, Gegenwind.

Freitag, (18. August). Sturm. Wir steuern südöstlich. Halb fünf Uhr morgens erblickte Sverdrup südlich von uns Land; er war gerade in der Tonne, um nach Bären und Walrossen auf den Schollen auszuschauen.

Um 10 Uhr vormittags war ich oben und sah mich um. Wir waren 20 Kilometer vom flachen Land entfernt, das genau so beschaffen schien wie Jalmal, mit Gras bedeckt und mit steilen, sandigen Abhängen. In Landnähe war das Wasser seichter. Nicht weit von uns lagen Torosse auf dem Grund. Das Lot zeigte immer weniger Wasser; um halb zwölf Uhr waren es noch 16 Meter; aber um 12 Uhr hatten wir mit einemmal wieder 40 Meter, und dann nahm die Tiefe fortwährend zu.

Zwischen dem Land und dem Grundeis, leewärts von uns, sah es aus, als ob sich dort eine Rinne mit tieferem Wasser befände, wo nicht soviel Eis auf dem Grunde lag. Es war schwer zu glauben, daß hier ein neues Land sein sollte, wo Nordenskiöld und Eduard Johannesen und vielleicht auch Russen vorbeigekommen waren, ohne etwas zu sehen. An unseren Beobachtungen war aber nicht zu zweifeln, und das Land erhielt sofort nach seinem Entdecker den Namen Sverdrup-Insel.

Am 19. August sichteten wir die südlichste der Kamennyj-Inseln (Felsige Inseln). Wir steuerten darauf zu, entdeckten aber keinerlei Tiere. Die Insel erhebt sich auf allen Seiten gleichmäßig aus dem Meer. Die Ufer bestehen zum größeren Teil aus Felsen, die bald als festes Gestein, bald als verwitterte Trümmer zutage treten. Dem Anschein nach war es ein geschichtetes Gestein mit stark schräg liegenden Schichten. Der Spitze der Insel zunächst verläuft eine besonders deutliche Strandlinie, die sich auf der West- und Nordseite als scharfer Absatz zeigt und sich wie ein dunkles Band quer über die Länge der Insel erstreckt. Näher am Strande laufen noch mehr Strandlinien. Alle gleichen der obersten mit ihren steilen Absätzen und sind offenbar durch die Arbeit der See und des Eises gebildet.

Für den, der die Geschichte der Erde studiert, sind diese Spuren eines früheren Meeresniveaus sehr interessant, weil sie eine Hebung des Landes oder eine Senkung des Meeresspiegels seit ihrer Bildung andeuten, wie dies bei der ganzen Nordküste Sibiriens und der Küste Skandinaviens nach der großen Eiszeit geschah.

Wir sahen in diesen Gegenden ein paar Schwärme wilder Gänse, mehrere Raubmöwen (Stercorarius crepidatus und St. Buffonii) und einige andere Möwen und Seeschwalben.

Sonntag (20. August) war das Wetter so schön wie selten. Blaues Meer, glänzender Sonnenschein und schwacher Wind, immer noch aus Nordost. Am Nachmittag langten wir bei den Kjellman-Inseln an, die wir aus Nordenskiölds Karte nach ihrer Lage erkannten. Südlich davon fanden wir aber viele unbekannte Inseln. Alle haben runde Formen und gleichen Holmen, die von den Gletschern der Eiszeit abgescheuert worden sind. Die »Fram« ging auf der Nordseite der größten Insel, die wir später Rentier-Insel nannten, vor Anker. Der Kessel nahm Wasser ein. Als der Steuermann von der Tonne aus Rentiere entdeckte, kam Leben in die Gesellschaft, alle Mann wollten an Land zur Jagd.

Erst im Boot fanden wir Zeit, uns nach den Rentieren des Steuermanns umzuschauen. Vergebens, keine Spur lebender Wesen! Doch, am Strand sahen wir einen Schwarm wilder Gänse, und schon vermutete man, daß der Steuermann Gänse gesehen habe. Anfangs wies er diesen Verdacht verächtlich von sich, nach und nach sank seine Zuversicht aber. Was ich zuerst sah, als ich ans Land sprang, waren alte Rentierfährten. Schon stieg das Selbstvertrauen des Steuermanns wieder; er flog von Spur zu Spur, und schwor darauf, daß er doch Rentiere gesehen habe.

Nach langer ermüdender Jagd gelang es uns im Morgengrauen, zwei Rentiere zu erlegen. Hendriksen und Johansen hatten inzwischen etwas weiter im Süden einen Bären geschossen.

Wir weideten die Rentiere aus und wollten dann den Bären holen. Als wir ungefähr zu der Stelle gekommen waren, an der er liegen sollte, erblickten wir einen weißen Haufen, aber Hendriksen versicherte, daß dies nicht der tote Bär sei. Wir kamen näher — kein Lebenszeichen. Ich warf einen verstohlenen Blick auf Hendriksens ehrliches Gesicht, um mich zu überzeugen, daß er keinen Spaß trieb, aber er starrte unverwandt den Bären an. Dann knallten gleichzeitig ein paar Schüsse, und erschreckt fuhr der totgeglaubte Bär in die Höhe. Wahrlich eine unsanfte Art, geweckt zu werden! Noch ein Schuß, und er lag leblos auf dem Rücken. Wir versuchten zuerst, beide Bären zu ziehen, aber sie waren zu schwer. Wir hatten Mühe genug, sie abzubalgen, zu zerlegen und die einzelnen Stücke ins Boot hinabzutragen, das wir hierher geholt hatten. So unangenehm es auch war, mit schweren Bärenschinken auf der Schulter über den weichen Lehmboden zu tragen, am Strand harrte unser noch Schlimmeres.

Das Wasser war gestiegen und die Brandung stärker geworden. Das Boot war gekentert und voll Wasser; jede Welle ging darüber hinweg. Alle unsere Habseligkeiten, Büchsen und Munition, lagen im Wasser; das Brot, unser einziger Proviant, schwamm umher, und das Butterfaß lag auf dem Grunde. Es kostete viele Mühe, das Boot aus der Brandung herauszubekommen. Glücklicherweise bestand der Strand aus weichem Sand. Das Boot hatte keinen Schaden gelitten, aber der Sand war überall eingedrungen, selbst in die Gewehrschlösser. Das Traurigste bei der ganzen Sache war der Proviant; denn wir waren jetzt hungrig wie die Wölfe. Mit Todesverachtung aßen wir das Brot wie es war, durchweicht von Seewasser und mit Sand vermengt.

Es war ziemlich schwierig, das Wild in dieser Brandung von dem flachen Strand aus an Bord zu bringen. Wir mußten mit dem Boot draußen liegen, es an einer Stelle halten und mit einer Leine die Felle und das Fleisch an Bord holen; ein gut Teil Wasser folgte mit. Aus Leibeskräften ruderten wir dann gegen Wind und Wellen am Strande entlang.

Der Wind war stärker geworden, und wir kamen kaum vom Fleck. Seehunde tauchten rund um uns auf, Weißwale kamen und gingen; aber wir hatten jetzt keine Augen für sie. Nach schwerer Mühe gelangten wir in die Bucht, in der wir die Rentiere holen wollten.

Das Ufer war hier flach und sandig und so seicht, daß die Wellen sich in ziemlicher Entfernung vom Lande brachen. Wir steuerten so weit hinein wie möglich. Dann sprangen wir ins Wasser und wateten an Land. Aber es war nicht möglich, die Rentiere ins Boot zu bringen. So schwer es uns fiel, nach allen Mühsalen auf die herrliche Fleischkost zu verzichten, ließen wir die Beute doch fahren und nahmen Kurs auf die »Fram«.

Das wurde die anstrengendste Ruderfahrt, die ich jemals mitgemacht habe. Anfangs ging es gut. Wir hatten die Strömung mit uns und entfernten uns schnell vom Land. Aber die Brise nahm zu, und der Strom wurde schwächer. Welle auf Welle brach sich über uns. Bei aller Mühe entdeckten wir jetzt, daß wir das Boot gar nicht vorwärts brachten. Außer der Brise und dem Seegang hatten wir reißenden Gegenstrom. Der Wind pfiff uns um die Ohren, und der Wogenschaum spritzte über uns. Es war ärgerlich, so nahe dem Schiff zu sein und nicht weiterzukommen. Wir ruderten nun wieder näher nach dem Lande hin, wo wir den Strom mit uns hatten, strengten uns an, bis wir ungefähr in der Höhe der »Fram« waren, und steuerten aufs neue darauflos. Aber kaum gerieten wir in den Gegenstrom, als wir auch schon wieder leewärts getrieben wurden. Wir wiederholten das Manöver —

mit demselben Ergebnis. Jetzt ließen sie vom Schiff eine Boje herab. Wenn wir nur diese erreichten, waren wir geborgen. Aber auch das gelang nicht!

Es waren gerade keine Segenswünsche, die wir gegen die Gefährten an Bord vom Stapel ließen. Weshalb, zum Henker, kamen sie nicht herunter und halfen uns, da sie doch sahen, wie verzweifelt wir uns anstrengten? Oder warum lichteten sie nicht wenigstens den Anker und ließen sich uns entgegentreiben?

Noch ein letzter, verzweifelter Versuch! Wir nahmen alle unsere Kräfte zusammen; jetzt galt es nur, die Boje zu erreichen. Da sahen wir erbittert, daß sie eingeholt wurde. Wir ruderten ein Stück, um uns quer vor die »Fram« zu legen, dann hielten wir wieder die Richtung auf sie ein. Diesmal kamen wir mehr als je ins Lee vom Schiff.

Aber immer noch wurde keine Boje ausgeworfen, kein Mensch war auf Deck zu erblicken. Wir schrien wie rasend nach der Boje; jetzt wollten wir an Bord. Wir heulten wie die Wilden. Da kamen sie endlich aufs Hinterdeck gelaufen, die Boje wurde ausgeworfen und uns entgegengefiert. Wir ruderten mit dem letzten Aufgebot unserer Kräfte und bald waren wir längsseit der »Fram«.

An Bord begriffen wir erst richtig, was wir durchgemacht hatten. Wie ein reißender Fluß ging der Strom am Schiff entlang. Das seichte Wasser hatte die »Fram« gehindert, uns entgegenzufahren. Es war Abend geworden, und es war herrlich, warmes Essen zu bekommen und dann die Glieder in einer warmen, trockenen Koje auszustrecken.

Nach zweitägiger Plackerei war es uns gelungen, zwei Rentiere zu schießen, die wir nicht bekamen, und zwei Bären zu erwischen, für die wir keine Verwendung hatten.

Mit dem Schlaf war es in dieser Nacht nicht sonderlich bestellt; in meinem Tagebuch finde ich folgende Aufzeichnungen:

»An Bord gekommen nach der schwersten Ruderarbeit, die ich je gehabt, schlief ich eine Weile gut, wälze mich jetzt aber auf meinem Lager, schließe die Augen, aber statt des Schlafes kommen die Nebelbilder der Erinnerung gezogen und legen sich weich wie Flaum auf die Seele. Der Nebel schwindet von Zeit zu Zeit. Du siehst sonnige Landschaften, lachende Wiesen und Felder, grüne Bäume und Wälder und blaue Berge. Und wenn du es im Kesselrohr leise singen hörst, wird das Geräusch zum Glockengeläute, zu Kirchenglocken, die in dem klaren Sommermorgen den Sonntagsfrieden einläuten. Und du wanderst mit dem Vater über die Ebenen von Vestre Aker*, den Kirchweg hinauf zwischen den Birken, die die Mutter gepflanzt hat, zur Kirche, die auf der Höhe liegt und ihren Glockenklang über das Kirchspiel sendet. Von dort oben siehst du weit; Nesodden liegt so nahe in der klaren Luft, besonders an Herbsttagen. Und wir grüßen sonntäglich still die Leute, die an uns vorüberfahren. Glücklich und froh sehen sie aus. Damals erschien es dir wohl nicht so herrlich; du wärest lieber mit Pfeil und Bogen in den Wald gelaufen, auf die Jagd nach Eichhörnchen.

---

* Nansen ist auf dem elterlichen Gut Store-Fröen in Vestre Aker bei Kristiania geboren.

Ich glaube, dies zeigt genügend, von welcher Art diese Küste ist. Ihre Felseninseln kann man freilich nicht mit den norwegischen Schären vergleichen, sie sind aber schwerlich an anderen als gletscherbedeckten Küsten zu finden, und sie bestärken mich in der Ansicht, daß auch an diesem Teil der Erde die Eiszeit geherrscht hat.

Nachdem wir eine Menge neuer Inseln und Holme passiert hatten, kamen wir am 29. August an der Taimyr-Insel entlang in offenes Fahrwasser und dampften bei stillem Wetter durch den Sund in nordöstlicher Richtung. Um 6 Uhr nachmittags sah ich von der Tonne aus vor uns festes Eis. Es hielt uns auf und erstreckte sich bis zu den Inseln draußen. Auf dem Eis lagen allerorten bärtige Seehunde (Phoca barbata) und außerdem ein Walroß. Wir hielten auf die Eiskante zu, um zu vertäuen; aber die »Fram« hatte »Totwasser« (Dødvand) und wollte fast nicht vom Fleck, obwohl die Maschine mit voller Kraft arbeitete. Es ging so langsam, daß ich im Boot vorausruderte, um Seehunde zu schießen. Mittlerweile glitt die »Fram« nur langsam bis zur Eiskante.

Weiter kamen wir im Augenblick nicht. Freilich trennten uns nur ein paar Meilen festes Eis von dem wahrscheinlich offenen Taimyr-Meer, aber dieses Eis zu durchbrechen, war unmöglich, es war zu stark, und Öffnungen fanden sich nirgends.

Hier, wo Nordenskiöld auf seiner berühmten Fahrt am 18. August 1878 durchgekommen war*, ohne die geringsten Hindernisse anzutreffen, hier sollten unsere Hoffnungen vielleicht schon scheitern, wenigstens für dieses Jahr? Daß das Eis jetzt noch schmolz, ehe der Winter hereinbrach, war undenkbar. Das einzige, was uns retten konnte, war ein tüchtiger Südweststurm. Eine geringe Hoffnung setzte ich noch darauf, daß Nordenskiölds Taimyr-Sund weiter im Süden offen war und wir die »Fram« dort hindurchzwängten, obschon Nordenskiöld ausdrücklich bemerkt (S. 300): »Der Sund war zu seicht, um ihn mit größeren Fahrzeugen zu passieren.«

Wir unternahmen mit Kajak und Boot einen Ausflug und schossen dabei einige Seehunde. Dann machten wir uns auf, um in einer etwas südlicher gelegenen Bucht zu ankern, in der wir vielleicht auch Schutz vor Sturm fanden. Dort wollten wir den Kessel gründlich reinigen. Wir brauchten mehr als vier Stunden, um die wenigen Seemeilen zurückzulegen, die wir in einer halben Stunde oder weniger hätten rudern können. Wir kamen des Totwassers wegen fast nicht vom Fleck; wir schleppten die ganze Seeoberfläche mit uns.

Ein eigentümliches Phänomen, dieses Totwasser! Hier hatten wir mehr Gelegenheit es zu studieren, als wünschenswert war. Es scheint nur da vorzukommen, wo eine Süßwasserschicht über dem salzigen Seewasser liegt.

---

    * Nordenskiöld sagt in seinem Buch »Die Umsegelung Asiens und Europas auf der Wega« (Leipzig, F. A. Brockhaus, 1882) in Band I, Seite 304: »Eis trafen wir nur in geringer Menge, und was wir davon sahen, war äußerst zerfressenes Buchten- oder Flußeis. Ich glaube kaum, daß wir während des ganzen Tages eine einzige Scholle erblickten, die groß genug war, um darauf einen Seehund auszuweiden. Wirkliches altes Treibeis, wie man es an der Nordküste Spitzbergens antrifft, hatten wir noch nicht gesehen.«

Das Fahrzeug schleppt das Süßwasser mit und gleitet dabei über die schwerere Seewasserschicht wie über eine feste Unterlage. Der Unterschied zwischen den beiden Schichten war hier so groß, daß wir der Meeresoberfläche Trinkwasser entnehmen konnten, während das durch den Bodenkran der Maschine aufgeholte Wasser selbst für den Kessel zu salzig war.

Das Totwasser ist wie ein Wasserrücken oder wie Wellen, die sich quer übers Kielwasser legen, die eine hinter die andere. Manchmal reichen sie fast bis zur Mitte des Schiffes. Wir hielten einen gekrümmten Kurs ein, drehten zuweilen ganz herum und machten alle erdenklichen Seitensprünge, um loszukommen, aber es half alles nichts.

So weit hatte uns also der August gebracht. An einem 18. August war Nordenskiöld durch diesen Sund gefahren und zwischen dem 19. und 20. am Kap Tscheljuskin vorbeigekommen, während auf unserem Wege am Ende des gleichen Monats schon eine undurchdringliche, landfeste Eismasse lag.

Die Aussichten waren alles andere als glänzend. Sollten die vielen unheilverkündenden Stimmen, an denen es in dieser Welt selten gebricht, schon so frühzeitig recht bekommen? Nein, noch mußte es mit dem Taimyr-Sund versucht werden, und ging es auch dort nicht, dann noch ein letzter Versuch wieder um alle Inseln herum. Vielleicht waren die Eismassen inzwischen weggetrieben und hatten den Weg frei gegeben. Hier konnten wir nicht liegenbleiben.

Der September kam mit stillem, trübem Schneewetter. Das öde, trostlose Land mit seinen flachen Anhöhen verschwand unter einem Leichentuch. Zu sehen, wie der Winter jetzt nach einem allzu kurzen Sommer lautlos seinen Einzug hielt, war just nicht geeignet, uns heiterer zu stimmen.

Am 2. September war der Kessel endlich gereinigt, Süßwasservorrat von der Meeresoberfläche ergänzt. Wir machten uns zum Aufbruch klar. Inzwischen unternahm ich mit Sverdrup einen Ausflug an Land, um nach Rentieren auszuschauen.

Es lag jetzt völlig unter Schnee, und wenn die Bahn nicht so schlecht gewesen wäre, würden wir unsere Schneeschuhe gebraucht haben. Wir wateten uns müde, ohne auch nur eine Spur von Tieren zu sehen. Eine verlassene Welt! Die Zugvögel waren schon nach Süden gezogen; wir hatten kleine Schwärme draußen im Meer erblickt, als sie sich zum Zug der Sonne entgegen sammelten. Wie gerne hätten wir verlassenen Menschenkinder ihnen Botschaft und Grüße mitgegeben. Nur einzelne Möwen waren jetzt unsere Gesellschaft.

Abends fuhren wir in südlicher Richtung, aber das Totwasser folgte uns unausgesetzt. Nach Nordenskiölds Karte waren es nur 20 Seemeilen bis zum Taimyr-Sund; wir brauchten die ganze Nacht, um diese Strecke zurückzulegen.

Erst um 6 Uhr morgens (3. September) kamen wir in dünnes Eis, das uns vom Totwasser befreite. Der Übergang war fühlbar. Im Augenblick, als die »Fram« durch die Eiskruste schnitt, machte sie einen Satz nach vorn und glitt von da an mit gewöhnlicher Fahrt vorwärts.

Das, was nach der Karte der Taimyr-Sund war, fanden wir ganz von Eis versperrt; wir steuerten daher weiter nach Süden, um zu sehen, ob sich nicht dort irgendein Sund fände, durch den wir schlüpfen konnten. Wir fanden einen schmalen Fjord und steuerten hinein. Der Fjord erstreckte sich landeinwärts. Bald wurde er enger, bald weiter. Es wurde immer rätselhafter. War es vielleicht doch der Taimyr-Sund? Vollständige Windstille. Nebel über dem Land ringsum. Fast unmöglich, die glatte Wasserfläche vom Eis zu unterscheiden und dieses wiederum vom schneebedeckten Land. Alles verschwimmt ineinander. Alles ist so seltsam still und ausgestorben. Die Hoffnung steigt und sinkt mit jeder Krümmung des Fjords durch das schweigende Nebelland. Bald ist offenes Wasser voraus, bald mehr Eis. Ist dies wirklich der Taimyr-Sund? Kommen wir durch? Es gilt ein Jahr!

Nein, da ist es vorbei, vorn ist alles Eis! Nein, es ist eine blinkende Wasserfläche und Schneeland, das sich in ihr spiegelt! Es muß der Sund sein! Aber jetzt zeigten sich vorn einige große Eisschollen, an denen wir uns nicht vorbeigetrauten. Wir ankerten bei einer Landzunge in einem guten, sicheren Hafen und warteten ab. Colin-Archer-Hafen nannten wir später den Platz.

Wir entdeckten jetzt, daß eine starke Gezeitenströmung die Eisschollen mit sich trieb. Wir lagen also zweifellos in einem Sund. Am Abend ruderte ich aus, um Seehunde zu schießen, und führte meine stolzeste Waffe mit mir, eine doppelläufige Expreßflinte, Kaliber 577. Als wir gerade ein Seehundsfell an Bord nahmen, kippte das Boot. Ich verlor das Gleichgewicht und glitt rückwärts auf das Eis, im gleichen Augenblick ging die Flinte über Bord, ein trauriges Ereignis. Hendriksen und Bentsen, die mich ruderten, nahmen es sich so zu Herzen, daß sie für lange Zeit die Sprache verloren hatten. Endlich meinten sie, es ginge doch nicht an, die kostbare Waffe in 10 Meter Tiefe liegenzulassen. Wir ruderten also an Bord, holten geeignete Geräte und suchten dann mehrere Stunden in der düsteren Nacht. Dabei wurden wir beständig von einem bärtigen Seehund umkreist, der verwundert dreinschaute und seinen großen Kopf bald auf der einen, bald auf der anderen Seite emporstreckte, immer näher, als ob das Tier ergründen wollte, mit welcher nächtlichen Arbeit wir beschäftigt waren. Ich jagte ihm eine Kugel in den Kopf, es sank, ehe wir hinkamen, und wir gaben die ganze Suche auf.

Um zu erkunden, ob es möglich war, durch den Sund zu dampfen, unternahm ich mit ein paar Gefährten am nächsten Tag eine Bootfahrt nach Osten.

Es war kalt geworden, und in der Nacht war Schnee gefallen. Dickes Schneeeis bedeckte das Meer rings um die »Fram«. Es kostete gehörige Anstrengung, mit dem Boot in offenes Wasser durchzubrechen.

Ich vermutete, daß das Land, das wir auf der Nordseite des Sundes vor uns hatten, zur Aktinia-Bai gehörte, wo die »Vega« geankert hatte. Doch forschte ich vergebens nach dem »Steinwahrzeichen«, das Nordenskiöld dort errichtet hatte. Ich entdeckte, daß es überhaupt nur eine kleine Insel war, und daß wir uns auf der Südseite des Haupteinganges zum Taimyr-Sund befanden, der hier sehr breit war.

Hungrig geworden, wollten wir essen, ehe wir von dieser Insel weiterruderten, aber die Gesichter wurden lang, als es sich herausstellte, daß wir die Butter vergessen hatten. So würgten wir trockenen Schiffszwieback hinunter und zerbrachen uns fast die Zähne an Stücken, die wir von einem getrockneten Rentierbug absägten. Müde, aber nicht satt, zogen wir weiter und tauften die Landzunge »Kap Smørlaus« (Butterloses Kap).

Wir ruderten weit in den Sund hinein; es schien dort gutes Fahrwasser zu sein, 15 und 18 Meter Tiefe bis zum Strand. Gegen Abend hielt uns Eis auf. Da es uns einzuschließen drohte, wendeten wir.

Gefahr zu verhungern war hier freilich nicht; überall fanden sich frische Fährten von Bären und Rentieren, und im Wasser gab es genug Seehunde; aber ich hatte Sorge, die »Fram« aufzuhalten, falls sich da oder dort Wege öffneten. Gegen starken Wind arbeiteten wir uns heimwärts und waren am nächsten Morgen wieder auf der »Fram«, nicht zu früh, denn bald brach ein Unwetter los.

Der 5. September brachte Schneegestöber und eine steife Brise, die beständig zunahm. Gegen Abend sauste es mächtig durch die Takelung, und wir freuten uns, an Bord zu sein; heute wäre es nicht leicht gewesen, mit dem Boot zurückzukommen. Unsere Lage gefiel mir übrigens nicht. Freilich war es möglich, daß dieser Wind das Eis im Norden auflockerte, und nach den Erfahrungen vom Tag zuvor hoffte ich wohl, daß wir im Notfall durch den Sund kamen; doch jetzt führte der Wind immer größere Eismassen an uns vorüber, und es beunruhigte mich, daß der Winter offenbar nahe war; ja er konnte leicht da sein, ehe wir einen Durchgang gefunden hatten.

Ich machte mich bereits mit dem Gedanken an eine Überwinterung in dieser Gegend vertraut und stellte schon einen vollständigen Plan unserer Fahrten im kommenden Jahre auf. Außer einer Untersuchung der Küste, die sicherlich genug Aufgaben zu lösen gab, sollten sich Erkundungen des unbekannten Inneren der Taimyr-Halbinsel bis zur Mündung des Chatanga-Flusses erstrecken. Mit unseren Hunden und Schneeschuhen konnten wir weit umherstreifen, so daß das Jahr für die Geographie und Geologie sicher nicht verloren war. Aber mich damit aussöhnen — nein! Ein Jahr des Lebens war ein Jahr, und unsere Expedition mochte ohnedies lange genug dauern.

Was mich am meisten peinigte, war der Gedanke: hindert das Eis uns jetzt, wer bürgt uns dafür, daß es nicht im nächsten Jahr ebenso sein wird? Wie oft hat man schon erlebt, daß mehrere ungünstige Eisjahre aufeinander gefolgt sind! Und dieses Jahr erwies sich deutlich als keins von den besten!

So kam der 6. September, ein Mittwoch — mein Hochzeitstag. Als ich am Morgen erwachte, war ich abergläubisch genug zu fühlen, daß dieser Tag eine Veränderung bringen müsse. Der Sturm hatte nachgelassen, die Sonne schaute zuweilen ein wenig hervor, und das Leben wurde heiterer. Am Nachmittag legte sich der Wind vollständig; es wurde still und schön. Den Sund im Norden, der bisher von festem Eis versperrt war, hatte der Sturm frei gefegt. Ich hoffte, daß jetzt auch das Eis zwischen dem Kap Lapteff und den Almqvist-Inseln aufbrach. Wir dampften um halb sieben Uhr abends nach Norden, um aufs neue unser Glück zu versuchen.

Es war immer noch schön, und wir freuten uns der Sonne. Wir waren jetzt so wenig an sie gewöhnt, daß Nordahl am Nachmittag beim Kohlenschaufeln im dunklen Raum einen Strahl, der im Kohlenstaub leuchtete, für einen Balken hielt. Er lehnte sich daran und war ziemlich verdutzt, als er sich plötzlich im Raum zwischen Eisengerümpel wiederfand.

In der schweren Luft und der hereinbrechenden Nacht sahen wir das weiter entfernte Land nicht. Es mochte vielleicht gewagt sein drauflosizudampfen, aber die Gelegenheit war gar zu günstig. Wir verminderten die Geschwindigkeit ein wenig und setzten während der Nacht den Weg nach der Küste fort, bereit zum Wenden, sobald der Mann im Ausguck Land voraus meldete. Da Sverdrup die Wache hatte, kroch ich ohne Sorge in die Koje.

Am nächsten Morgen (7. September) um 6 Uhr meldete Sverdrup, daß wir die Taimyr-Insel oder Kap Lapteff um 3 Uhr nachts passiert hätten, uns nun in der Taimyr-Bucht befänden, aber dichtes Eis und eine Insel vor uns hätten.

Nach dem Frühstück stieg ich in die Tonne hinauf. Es war glänzender Sonnenschein. Ich fand, daß Sverdrups Insel das Festland sein mußte. Es war eine lange, sandige Landzunge. Nördlich von ihr sah ich klares Wasser; einiges Eis sperrte uns davon ab, aber die »Fram« zwängte sich hindurch. Wir hielten den Kurs östlich und nordöstlich in der Rinne zwischen Eis und Land. Am Nachmittag wurde die Rinne so schmal, daß wir ganz an die Küste herankamen, und am Abend mußten wir stoppen, da das Eis bis an den Strand heranreichte.

Das Land hatte große Ähnlichkeit mit Jalmal. Dasselbe niedrige Flachland, das sich wenig übers Meer erhebt und aus größerer Entfernung nicht zu sehen ist. Nur daß es hier vielleicht etwas hügeliger ist, ja an ein paar Stellen landeinwärts sogar Höhenzüge zeigt. Aber der Strand scheint überall aus Sand- und Lehmschichten zu bestehen, die jäh zum Meere abstürzen.

Auf den Ebenen landeinwärts sah ich viele Rentiere. Am nächsten Morgen (8. September) ging ich zur Jagd an Land und schoß ein Rentier. Dann machte ich eine überraschende Entdeckung: Ich sah einen großen Fjord, der nördlich von mir ins Land schnitt. Er erstreckte sich ostwärts breit und mächtig ins Land, so weit mein Auge reichte, bis zu einigen blauen Bergen in weiter, weiter Ferne; diese Berge schienen am äußersten Horizont zum Wasser hinabzureichen; hinter ihnen konnte ich weder von Land noch von Bergen etwas erkennen.

Meine Phantasie erwachte. War das ein Sund, der sich quer durchs Land erstreckte und die Tscheljuskin-Halbinsel zu einer Insel machte? Oder war es nur ein Fluß, der sich nahe der Mündung zu einem breiten See erweiterte, wie wir es ähnlich bei mehreren sibirischen Flüssen finden?

Auf den Lehmflächen, die ich überkletterte, lagen überall verstreut mächtige erratische Blöcke aus verschiedenen Gesteinsarten. Sie müssen von den mächtigen Gletschern der Eiszeit hierhergebracht worden sein.

An lebenden Wesen gab es außer Rentieren nur ein paar Bergschneehühner, einige Schneesperlinge und Schnepfen; dann sah ich noch Spuren von Füchsen und Lemmingen. Dieser nördliche Teil Sibiriens ist ganz unbewohnt und wird schwerlich von Nomaden besucht.

Wie doch Licht und Schatten in diesem arktischen Lande wechseln! Als ich am nächsten Morgen (9. September) in die Tonne kam, sah ich, daß das

Eis vom Land aus gegen Norden locker geworden war, und ich vermochte eine Rinne zu verfolgen, die zum offenen Wasser nach Norden führt. Sofort gab ich Befehl anzuheizen. Das Barometer war unstreitig niedrig, ja so niedrig, wie bisher auf der Fahrt noch nie; es war bis auf 733 Millimeter gefallen. Der Wind kam in steifen Böen vom Lande her und jagte in heftigen Stößen über die Ebene, Wolken von Sand und Staub aufwirbelnd. Sverdrup meinte, es sei am sichersten liegenzubleiben, wo wir waren; aber es wäre zu ärgerlich gewesen, diese prächtige Gelegenheit nicht auszunutzen. Die Sonne schien so schön, und der Himmel sah so vertrauenerweckend aus. Ich ließ die Segel setzen, und bald ging es durchs Eis nach Norden unter Dampf und allen Segeln. Jetzt mußte Kap Tscheljuskin überwunden werden.

Nie hatte die »Fram« eine solche Fahrt gemacht; die Geschwindigkeit betrug über 8 Seemeilen in der Stunde. Es war, als verstände das Schiff, was es jetzt galt. Nicht lange dauerte es, und wir waren durch das Eis hindurch und hatten offenes Wasser am Land entlang, so weit das Auge reichte. An einer Landzunge nach der andern fuhren wir vorüber; neue Fjorde und Inseln tauchten auf, und bald glaubte ich, durchs Fernrohr einige Berge weit im Norden auszumachen. Sie mußten in der Nähe von Kap Tscheljuskin sein.

Und endlich, endlich war die Stunde da, daß wir den Punkt passieren sollten, der uns so lange mit Sorge erfüllt, die zweite Schwierigkeit, vor der ich mich auf dieser Fahrt gefürchtet hatte.

Ich saß abends oben in der Tonne und schaute nach Norden. Das Land war flach und öde. Draußen im Meer war die Sonne längst untergegangen, der Abendhimmel erglühte in rotgoldenem Schimmer. Es war so einsam und still hoch oben über dem Wasser. Nur ein einziger Stern war zu sehen; er stand gerade über Kap Tscheljuskin und glänzte hell vom Himmel hernieder. Ich betrachtete ihn. Er zog mich eigenartig an und schenkte mir Frieden. War es mein Stern, war es das Auge der Heimat, das uns folgte und mir jetzt zulächelte? — Viele Gedanken rief er hervor, während die »Fram« in der düsteren, wehmütigen Nacht am nördlichsten Punkte der Alten Welt vorbeizog.

Gegen Morgen waren wir an der Stelle, die wir für die nördlichste Landzunge selbst hielten. Wir steuerten auf das Land zu, und gerade beim Ablösen der Wache, Schlag 4 Uhr, wurden die Flaggen gehißt, und unsere letzten drei Kartuschen sandten einen donnernden Ehrengruß übers Meer. Im selben Augenblick kam die Sonne zum Vorschein. Da brach unser poetischer Doktor in folgenden stimmungsvollen Vers aus:

> Die Glocke schlägt, es dröhnt der Salut,
> Die Flaggen gehißt — am Ende wird's gut!

Nun lag der Weg offen vor uns bis zu unserm Ziel, dem Treibeis nördlich von den Neusibirischen Inseln. Alle Mann wurden geweckt, eine Fruchtbowle und Zigarren verschönten den denkwürdigen Augenblick. Bei einer solchen Veranlassung geziemte sich selbstverständlich ein außergewöhnlich schwungvoller Trinkspruch. Ich ergriff das Glas: »Ja, Prosit Kinder, und Glückauf Tscheljuskin!« Dann spielte einer auf dem Harmonium. Aufs neue stieg ich in die Tonne und warf einen letzten Blick auf das Land.

Das Fahrwasser lag weiter vorwärts offen; draußen im Meer sahen wir die Kante des Treibeises.

In der folgenden Nacht gingen wir unter Dampf und Segel südwärts. Hin und wieder trafen wir etwas Eis, aber wir schlüpften leicht hindurch.

Am 11. September sichteten wir gegen Morgen hohes Land voraus und mußten den Kurs in rechtweisend* östliche Richtung verändern, die wir den ganzen Tag beibehielten. Als ich vormittags auf Deck kam, sah ich ein herrliches Bergland in unserer Nähe, mit hohen Gipfeln und Tälern dazwischen. Es war auf der ganzen Reise seit Vardö zum erstenmal, daß wir Berge sahen, und es war ein erfrischender Anblick nach dem einförmigen Flachland, an dem wir nun monatelang hingetastet hatten. Im Lauf des Tages verloren wir das Land aus den Augen, und wir sahen es sonderbarerweise auch nicht wieder; auch nicht die Paulus- und Petrus-Inseln, obschon unser Kurs den Karten nach gerade über sie führte.

Dienstag, 12. September. Heute morgen gegen 6 Uhr weckte mich Hendriksen, Walrosse lägen auf einer Scholle dicht bei uns. Ich war im Nu in den Kleidern.

Es war ein schöner Morgen mit prächtigem Wetter. Man hörte das Schnauben der Walrosse über die klare Eisfläche. Sie lagen auf einer Scholle landeinwärts von uns. Endlich waren die Harpunen geschliffen, Büchsen und Patronen bereit, und Hendriksen, Juell und ich zogen aus. Es wehte ein schwacher Wind aus Süden, und wir ruderten nördlich um die Tiere herum, um ihnen aus dem Wind zu kommen. Ab und zu hob das Tier, das auf Wache stand, den Kopf, sah uns aber schwerlich, und wir glitten weiter. Bald waren wir so nahe, daß wir vorsichtig rudern mußten. Juell führte die Ruder, Hendriksen hielt sich mit der Harpune bereit, und ich stand mit der Büchse hinter ihm.

Sobald das Wachttier den Kopf hob, hielt Juell die Ruder an, und wir erstarrten; dann sank der Kopf wieder, und neue Ruderschläge brachten uns vorwärts.

Es waren schwere Fleischkolosse. Ab und zu fächelte sich eine der Damen mit dem Schweif hin und her über die Fleischmasse; dann lag sie wieder still auf dem Rücken oder auf der Seite. »Das gibt viel Fleisch!« meinte Juell, unser Koch. Leise glitten wir näher. Hendriksen faßte mit festem Griff den Schaft der Harpune. Als das Boot gegen die Scholle stieß, erhob er sich, und die Harpune sauste durch die Luft, traf aber zu hoch, prallte an der zähen Haut ab und tanzte über die Rücken der Tiere.

Jetzt kam Leben in die Gesellschaft. Zehn bis zwölf ungeheure, häßliche Köpfe erhoben sich gegen uns, die Fleischberge drehten sich mit unbegreiflicher Schnelligkeit herum und näherten sich watschelnd und hohl bellend dem Rande der Eisscholle, an der wir lagen. Es war ein imposanter Anblick.

Ich warf die Büchse an die Backe und brannte auf einen der größten Köpfe los. Es gab einen Ruck, das Tier taumelte und fiel vornüber ins Wasser.

---

* Rechtweisend bezeichnet die Orientierung nach dem wahren astronomischen Meridian, mißweisend jene nach der Richtung der Magnetnadel. Der Unterschied beider Richtungen heißt die Deklination der Magnetnadel.

Dann einem zweiten Tier eine Kugel durch den Kopf; es brach ebenfalls zusammen und wälzte sich mit Mühe in die Flut. Dann warf sich die ganze Gesellschaft ins Wasser, so daß es ringsum hoch aufspritzte. Alles geschah in Sekunden.

Bald kamen sie wieder zum Vorschein, ums Boot herum, ein Kopf immer größer und häßlicher als der andere, die Jungen dicht daneben. Sie standen aufrecht im Wasser, bellten und lärmten, warfen sich nach vorn auf uns zu, auf die Seite und wieder in die Höhe. Sie wälzten sich herum, verschwanden mit gewaltigem Rauschen, und kamen wieder an die Oberfläche. Das Wasser kochte und schäumte weit hinaus; mit einem Schlag war die bisher so schweigsame Eiswelt in kochende Raserei versetzt.

Wieder suchte ich mir meine Opfer aus. Die getroffenen Tiere bellten und grunzten, und das Blut strömte ihnen aus Maul und Nase. Noch eine Kugel, und wieder stürzte ein Tier und schwamm auf dem Wasser; dann eine Kugel nach dem zweiten, das auch nicht untersank. Hendriksen stand mit den Harpunen bereit und brachte beide Tiere in Sicherheit. Ich schoß noch ein drittes Tier, doch hatten wir keine Harpune mehr und mußten einen Robbenhaken einschlagen, um das Walroß über Wasser zu halten. Der Haken glitt aber ab, und das Tier sank. Wir schleppten unsere Beute nach einer Eisscholle.

Bald darauf kam die »Fram« herbeigedampft und nahm die erlegten Tiere an Bord. Dann setzten wir die Fahrt längs der Küste fort. Nachmittags schossen wir noch zwei Walrosse, und wir hätten noch viel mehr erlegen können, wenn wir Zeit gehabt hätten. Auch Nordenskiöld hat hier einige Herden Walrosse angetroffen.

☆

Der östliche Teil der Taimyr-Halbinsel ist ein verhältnismäßig hohes, gebirgiges Land, aber mit einem niedrigen, ebenen Streifen zwischen den Bergen und der See. Am 14. September stand die »Fram« nahe an der Küste zwischen dem Chatanga- und dem Anabara-Fluß.

Am 15. September kamen wir in gutes offenes aber seichtes Wasser von 12—13 Meter Tiefe. Wir hörten im Osten das Getöse der Wogen; in dieser Richtung mußte also offenes Wasser sein. Offenbar wirkte hier schon der Lena-Strom mit seiner mächtigen Masse warmen Wassers. Die See war bräunlich und augenscheinlich mit schlammigem Flußwasser vermischt; auch der Salzgehalt war gering.

Das Eis gibt mir hier ziemlich viel zu raten auf. Wie in aller Welt geht es zu, daß es nicht durch die Strömung, die von dieser Küste nach Norden geht, nordwärts getrieben wird? Das Eis ist so hart und dick und sieht aus, als sei es mehrere Jahre alt. Kommt es von Osten her, oder treibt es sich hier rundherum in der See zwischen der nordwärts gehenden Strömung der Lena und der Taimyr-Halbinsel? Ich kann es noch nicht sagen, jedenfalls unterscheidet sich dieses Eis von dem dünnen, einjährigen Eis, das wir bis jetzt im Karischen Meer und westlich von Kap Tscheljuskin gesehen haben.

Sonnabend, 16. September. Wir halten nach dem Kompaß einen nordöstlichen Kurs durch offenes Wasser ein und sind ziemlich weit nach Norden gekommen, sehen aber kein Eis. Der Himmel ist nach Norden hin dunkel. Es ist verhältnismäßig warm, fast + 2° C. Wir haben die Strömung gegen uns.

Am nächsten Tag trafen wir Eis an und hielten etwas südlich, um davon freizukommen. Ich fürchtete schon, daß wir nicht so weit gelangten, wie ich gehofft hatte. Aber in meinen Aufzeichnungen für 18. September steht:

»Ein herrlicher Tag. Richteten den Kurs nordwärts, westlich von der Bjelkoff-Insel. Offene See, schöner Wind aus Westen, guter Fortgang, Wetter klar. Nachmittags etwas Sonnenschein.«

»Nun kommt der entscheidende Augenblick. Um 12 Uhr 15 Minuten nehmen wir den Kurs mißweisend Nord zu Ost. Jetzt muß sich zeigen, ob meine Theorie, auf der die ganze Expedition beruht, richtig ist: ob wir nördlich von hier eine nach Norden gerichtete Strömung finden!

Bis jetzt ist alles besser gegangen, als ich erwartet habe. Wir stehen auf 75° 30′ n. Br. und haben im Norden und Westen noch offenes Wasser und dunklen Himmel. Abends wurde voraus und über dem Steuerbordbug am Himmel der Widerschein von Eis sichtbar. Gegen 7 Uhr glaubte ich Eis zu sehen, das jedoch in so regelmäßigen Linien aufstieg, daß es mehr Ähnlichkeit mit Land hatte; es war aber zu dunkel, um genau zu unterscheiden. Es konnte die Bjelkoff-Insel sein, und ein großer, heller Fleck weiter nach Osten wäre dann der Widerschein der schneebedeckten Kotelnyj-Insel gewesen.

Gern wäre ich hier angelaufen, einmal um etwas von dieser interessanten Insel zu sehen, zum andern um den Proviant zu untersuchen, der, wie wir wußten, von Baron von Toll dort für uns niedergelegt war. Aber die Zeit war kostbar, und nach Norden hin schien die See offen vor uns zu liegen. Die Aussichten waren glänzend, und wir segelten stetig nach Norden, neugierig, was der nächste Tag uns bringen würde, Enttäuschung oder Hoffnung. Wenn alles gut ging, würden wir Sannikoff-Land erreichen, ein Gebiet, das noch kein Mensch betreten hatte.

Es war ein seltsames Gefühl, so in dunkler Nacht nach unbekannten Ländern zu fahren, über ein offenes, wogendes Meer, das noch kein Schiff, kein Boot getragen. Wir glaubten in Gewässern Hunderte von Meilen südlicher zu schwimmen, so mild war es.«

Dienstag, 19. September. Noch nie habe ich eine so herrliche Segelfahrt gemacht. Weiter geht es nach Norden, stetig nach Norden mit gutem Wind, so schnell Dampf und Segel uns führen, und auf offener See, Meile auf Meile, Wache um Wache durch diese unbekannten Gebiete. Fast könnte man sagen: es wird freier und immer freier von Eis! Wie lange wird dies dauern? Immer, wenn man auf der Brücke auf und ab schreitet, wendet sich das Auge nach Norden, blickt es in die Zukunft. Und voraus ist stets derselbe dunkle Himmel, der offenes Wasser anzeigt.

Mein Plan bestand die Probe. Seit dem 6. September war uns das Glück zur Seite. Wir sahen »nichts als reines Wasser«, wie Hendriksen mir jedesmal aus der Tonne antwortete, wenn ich ihn anrief. Als er später am Ruder stand und ich auf der Brücke, sagte er plötzlich: »Zu Haus in Norwegen glauben sie jetzt kaum, daß wir in freiem Wasser gerade auf den Pol lossegeln!«

Und ich würde es selbst nicht geglaubt haben, wenn mir jemand das noch vor vierzehn Tagen gesagt hätte. Alle meine Erwägungen über die Frage des offenen Sibirischen Meeres wurden bestätigt, und das machte mich glücklich; denn nur selten erweisen sich die Eingebungen der Menschen als so richtig.

Nach keiner Richtung hin stand der Widerschein von Eis am Himmel, nicht einmal jetzt am Abend! Wir sahen den Tag über kein Land, aber wir hatten den ganzen Vormittag Nebel und dickes Wetter, so daß wir mit halber Kraft fuhren, weil wir irgendwo aufzustoßen fürchteten. Wir waren jetzt beinahe auf 77° n. Br. Wie lange wird das so weitergehen? Ich würde mich freuen, wenn wir 78° erreichten; allein Sverdrup ist weniger leicht befriedigt, er sagt: über 80°, vielleicht 84° oder 85°. Er spricht sogar ernsthaft von dem offenen Polarmeer, von dem er einmal gelesen hat, und kommt immer wieder darauf zurück, obwohl ich ihn auslache.

Fast muß ich mich fragen, ob ich nicht träume. Man muß gegen den Strom gekämpft haben, um zu wissen, was es bedeutet, mit dem Strom zu fahren.

Lebendiges ist hier kaum zu sehen. Heute beobachtete ich in der Ferne einen Alk und später eine Seemöwe. Als ich abends einen Eimer Wasser aufzog, um das Deck abzuspülen, phosphoreszierte das Wasser stark. Man könnte meinen, im Süden zu sein.

Mittwoch, 20. September. Fast 78° sind erreicht. Aber rauh wurde ich aus meinem Traum geweckt! Als ich 11 Uhr vormittags in die Karte blickte und daran dachte, daß mein Kelch wohl bald voll sein würde, luvte das Schiff plötzlich an, und ich stürzte hinaus. Vor uns schimmerte die Eiskante durch den Nebel, lang und fest. Ostwärts schien das Eis weiter nach Süden zu reichen. Wahrscheinlich würden wir eine höhere Breite gewinnen, wenn wir westlich hielten; also steuerten wir in dieser Richtung. Die Sonne kam einen Augenblick durch, und wir nahmen eine Beobachtung, die 77° 44' n. Br. ergab.

Wir steuerten jetzt nordwestlich am Rande des Eises entlang. Vögel verschiedener Art, die wir beobachteten, deuteten auf Landnähe. Ein Zug Schnepfen oder Stelzvögel begegnete uns, folgte uns eine Zeitlang und flog dann nach Süden davon. Sicherlich kamen die Vögel von einem Land im Norden. Wir sahen nichts. Hartnäckig lagerte der Nebel über dem Eis. Am nächsten Tag war es klarer, doch immer noch kein Land in Sicht. Wir standen jetzt eine gute Strecke nördlich von der Stelle, auf die Baron von Toll auf der Karte die Südküste von Sannikoff-Land verlegt hat. Wahrscheinlich ist jenes Land also nur eine kleine Insel, und jedenfalls kann es sich nicht weit nach Norden ausdehnen.

Am 21. September hatten wir dichten Nebel. Wir segelten nordwärts bis zum oberen Ende einer Bai im Eis, kamen nicht weiter und beschlossen, hier klares Wetter abzuwarten. Nach meiner Berechnung waren wir jetzt auf etwa 78° 30' n. Br. Im Laufe des Tages loteten wir mehrmals, erreichten aber mit 400 Meter Leine den Grund nicht!

Heute entdecke ich, daß Wanzen an Bord sind. Sehr angenehm! Wir müssen den Kampf gegen sie aufnehmen.

Freitag, 22. September. Wieder heller Sonnenschein und glänzend weißes Eis voraus. Zuerst lagen wir im Nebel still, weil wir keinen Weg sahen; jetzt ist es klar, aber wir sind nicht klüger geworden. Es sieht aus, als ob wir uns an der nördlichen Grenze des offenen Wassers befinden. Nach Westen scheint das Eis sich wieder südwärts auszudehnen. Nach Norden ist es fest und weiß und zeigt nur hier und dort kleine, offene Rinnen oder einen Teich, und der Himmel ist überall am Horizont bläulichweiß.

Wir sind von Osten her gekommen, haben dort aber nur wenig gesehen; da wir nichts Besseres zu tun haben, werden wir einen Ausflug nach jener Richtung machen und Öffnungen im Eise suchen. Wenn wir viel Zeit hätten, würde ich gern ostwärts bis nach der Sannikoff-Insel gehen, oder noch lieber den ganzen Weg nach Bennet-Land zurücklegen, um dort die Eisverhältnisse zu prüfen. Dazu ist es aber jetzt zu spät. Das Meer wird bald zufrieren, und wir würden Gefahr laufen, an einer ungünstigen Stelle einzufrieren.

Früher hielten es arktische Forscher für nötig, sich in der Nähe einer Küste zu halten. Gerade das aber wollte ich vermeiden. Ich wollte vielmehr in die Drift des Eises gelangen, und was ich am meisten fürchtete, war die Fesselung der »Fram« durch Land. Geschah dies, so würden wir weit schlechter fahren, als wenn wir uns dort, wo wir waren, dem Eis überließen, vor allem, da unser Ausflug nach Osten bewiesen hatte, daß wir bald wieder südwärts gedrängt werden würden, wenn wir der Eiskante in jener Richtung folgten. Wir machten daher vorläufig das Schiff an einem großen Eisblock fest und bereiteten uns vor, den Kessel zu reinigen und Kohlen zu trimmen.

Wir liegen in offenem Wasser mit nur wenigen großen Schollen hier und dort, aber ich habe das Gefühl, als ob dies unser Winterhafen sein wird.

Heute großer Wanzenkrieg. Wir richten den dicken Dampfschlauch auf Matratzen, Sofakissen und alles, was unserer Meinung nach die Feinde beherbergen könnte. Alle Kleidungsstücke werden in ein Faß getan, das mit Ausnahme der Stelle, an der der Schlauch hineingeleitet ist, fest verschlossen wird. Dann wird Volldampf angesetzt. Im Innern zischt und pfeift es, ein wenig Dampf dringt durch die Fugen, und unserer Meinung nach muß es recht hübsch heiß für die Tiere sein. Aber plötzlich explodiert das Faß, und der Dampf entweicht. Noch hoffe ich, daß es ein großes Abschlachten war. Es sind schreckliche Feinde.

Sonnabend, 23. September. Wir liegen noch an derselben Stelle vertäut und trimmen Kohlen. Ein unangenehmer Gegensatz — alles an Bord, auch die Menschen und die Hunde, ist schwarz und schmutzig, und rund herum erglänzt alles weiß im schönsten Sonnenschein. Viel Eis treibt herein.

Sonntag, 24. September. Noch immer beim Kohlentrimmen. Morgens Nebel. Im Laufe des Tages klart es auf. Wir entdecken dabei, daß wir auf allen Seiten von ziemlich dickem Eis dicht umlagert sind. Zwischen den Schollen liegt Schlammeis, das fester und fester wird. Von der Tonne aus erkennen wir mit dem Fernrohr noch das Meer jenseits des Eises im Süden. Ich glaube, »man« will uns einschließen! Nun, wir müssen selbst das Eis willkommen heißen.

Eine tote Gegend hier; nirgends ein Anzeichen von Leben, außer einer einzigen Robbe (Phoca foetida) im Wasser; auf der Scholle neben uns sieht man eine alte Fährte von einem Eisbären. Wieder loten wir, kommen aber nicht bis zum Grund: merkwürdig, daß das Meer hier so tief ist!

Man kann sich kaum eine schmutzigere Arbeit denken als Kohlentrimmen. Bedauerlich, daß ein so nützlicher Stoff wie die Steinkohle so schwarz sein muß! Wir tun weiter nichts, als die Kohlen aus dem Raum hissen und die Bunker damit auffüllen. Jeder Mann an Bord muß dabei helfen, und alles ist voll Schmutz.

Die einen stehen auf dem Kohlenhaufen im Raum und füllen die Eimer, und die andern hissen sie auf. Jacobsen eignet sich für das Hissen besonders gut; mit seinen kräftigen Armen zieht er Eimer auf Eimer herauf, als ob es Zündholzschachteln wären. Die übrigen gehen mit den Eimern zwischen der großen Luke und dem Halbdeck hin und her und schütten die Kohlen in die Bunker, und unten steht Amundsen, schwarz wie ein Neger, und verstaut sie. Selbstverständlich fliegt der Kohlenstaub über das ganze Deck; die Hunde verkriechen sich, schwarz und zerzaust, in die Ecken. Einiges Vergnügen schafft uns der greuliche Anblick unserer Gesichter mit der dunklen Farbe, den schwarzen Streifen an den unwahrscheinlichsten Stellen und den durch den Schmutz hindurch schimmernden Augen und weißen Zähnen. Wer mit seiner Hand zufällig die weißen Wände in der Kajüte berührt, hinterläßt einen schwarzen, fünffingrigen Abdruck. Die Türen sind im Überfluß damit gesegnet. Die Sitzkissen auf den Sofas werden mit der unteren Seite nach oben gedreht, weil sie sonst dauernde Spuren eines anderen Körperteils tragen würden, und das Tischtuch — nun, glücklicherweise besitzen wir ein solches Ding nicht.

Kurz, das Kohlentrimmen ist das schmutzigste, jämmerlichste Geschäft, das man sich in dieser hellen und reinen Umgebung denken kann. Ein Gutes ist dabei, daß man reichlich frisches Wasser hat, sich zu waschen; man findet es in jeder Aushöhlung auf den Schollen, und so hoffen wir, mit der Zeit doch wieder sauber zu werden; wir hoffen ferner, daß dies unser letztes Kohlentrimmen ist.

Montag, 25. September. Fester und immer fester eingefroren! Prächtiges, stilles Wetter; in der letzten Nacht 25° C Kälte. Jetzt kommt der Winter.

Die Winternacht

Es sah wirklich aus, als ob wir jetzt endgültig eingefroren waren, und ich erwartete nicht, daß die »Fram« eher aus dem Eis wieder herauskam, als bis wir auf der anderen Seite des Pols waren und uns dem Atlantischen Ozean näherten. Der Herbst war schon ziemlich weit vorgeschritten, die Sonne stand von Tag zu Tag niedriger am Himmel, und die Temperatur fiel stetig.

Die lange Winternacht kam heran — die gefürchtete Nacht. Uns blieb nichts zu tun übrig, als uns auf sie vorzubereiten, und so verwandelten wir das Schiff, so gut wir konnten, in ein behagliches Winterquartier. Gleichzeitig trafen wir alle Maßregeln, uns gegen die Kälte, das Treibeis und sonstige Naturkräfte zu sichern, denen wir, wie uns prophezeit war, unterliegen müßten.

Wir holten das Steuerruder in die Höhe, um zu verhindern, daß es durch die Eispressungen zermalmt würde. Das gleiche wollten wir auch mit der Schraube tun, allein da sie mit ihrer eisernen Umkleidung sicher das Achterende des Schiffs und besonders den Ruderpfosten verstärkte, so ließen wir sie an ihrer Stelle.

Auch mit der Maschine hatten wir viel Arbeit; jeder einzelne Teil wurde herausgenommen, geölt und für den Winter weggelegt; Schieber, Kolben und Wellen wurden untersucht und gründlich gereinigt. Amundsen sorgte für die Maschine, als ob sie sein eigenes Kind wäre; spät und früh war er unten, und wir pflegten ihn zu necken, nur um ihn sagen zu hören: »Ihr könnt meinetwegen reden, aber es gibt keine zweite solche Maschine in der Welt, und es wäre Sünde und Schande, nicht gut für sie zu sorgen.«

Im Raum machten wir Platz für eine Tischlerwerkstätte; die Mechanikerwerkstelle hatten wir im Maschinenraum, die Schmiede war anfänglich auf Deck und später auf dem Eis; die Klempnerarbeiten wurden meist im Kartenzimmer, die Schuhmacher- und Segelarbeiten im Salon vorgenommen.

Von den empfindlichsten Instrumenten bis zu den groben Holzschuhen und Axtstielen — alles wurde an Bord der »Fram« gemacht. Als wir eine neue Lotleine brauchten, wurde auf dem Eis eine großartige Reepschlägerei eingerichtet.

Jetzt stellten wir auch die Windmühle auf. Sie sollte die Dynamomaschine treiben und uns elektrisches Licht liefern. Solange das Schiff in Fahrt war, wurde die Dynamomaschine von der Schiffsmaschine getrieben, allein schon seit langer Zeit hatten wir uns in unseren dunklen Kabinen mit Petroleumlampen begnügen müssen. Die Windmühle wurde an der Backbordseite auf dem Vorderdeck zwischen der großen Luke und der Reling errichtet, doch dauerte es mehrere Wochen, ehe sie betriebsfähig war.

Es gab immer etwas, was uns beschäftigte, und es war auch nicht schwer, für jeden Arbeit zu finden, die ihm genügend Bewegung und so viel Ablenkung verschaffte, daß ihm die Zeit nicht unerträglich lang wurde. Da war die Sorge für das Schiff und die Takelung, die Untersuchung der Segel und des Tauwerks usw.; Proviant aller Art mußte aus den Kisten im Raum zum Koch gebracht werden; Eis, gutes, reines Süßwassereis, mußte gesucht und nach der Küche geschafft werden, in der es zu Koch- und Waschwasser geschmolzen wurde.

In den verschiedenen Werkstätten gab es immer zu tun. Einmal mußte »Schmied Lars« (Pettersen) die Davits des Großbootes, die im Karischen Meer durch die Wogen verbogen worden waren, wieder geradernachen; dann mußte ein Haken, ein Messer, eine Bärenfalle geschmiedet werden. Der Klempner, wiederum »Schmied Lars«, hatte einen Blecheimer zum Eisschmelzen für die Küche zusammenzulöten. Der Mechaniker, Amundsen, war beauftragt, das eine oder andere Instrument, vielleicht einen neuen Strommesser, herzustellen; der Uhrmacher, Mogstad, hatte einen Thermographen zu reinigen oder eine neue Feder in eine Uhr zu setzen, während der Segelmacher angewiesen war, Geschirre für die Hunde anzufertigen.

Ferner mußte jeder sein eigener Schuhmacher sein und sich selbst Segeltuchstiefel mit dicken, warmen Holzsohlen nach dem neuesten »Modell Sverdrup« nähen. Dann kam wieder für den Mechaniker Amundsen der Befehl, aus Zinkblech einen Vorrat von neuen Notenscheiben für das Harmonium zu schaffen, die eine nagelneue Erfindung des Leiters der Expedition waren. Dann hatte der Elektriker die Akkumulatorenbatterien, die einzufrieren drohten, zu reinigen.

Als endlich die Windmühle fertig war, mußte sie bedient und nach dem Winde gestellt werden. Und wenn dieser zu stark war, mußte einer an der Mühle hinaufklettern und die Segel reffen; bei dieser Winterkälte keine sehr angenehme Beschäftigung, die man nur mit vielem Hauchen auf die Finger und Reiben der Nasenspitze schadlos überstand.

Hin und wieder mußten wir auch das Schiff auspumpen. Diese Arbeit wurde freilich immer seltener nötig, da das Wasser rund herum und in den Fugen des Schiffes gefror, und von Dezember 1893 bis Juli 1895 wurden die Pumpen überhaupt nicht angerührt.

Zu diesen mannigfaltigen Beschäftigungen kamen nun noch als die wichtigsten von allen die wissenschaftlichen Beobachtungen, die vielen von uns ständig Arbeit verschafften.

Die meteorologischen Beobachtungen wurden Tag und Nacht alle vier Stunden und lange Zeit sogar alle zwei Stunden angestellt; sie hielten einen, manchmal auch zwei Mann den ganzen Tag in Tätigkeit. Scott-Hansen hatte die Oberaufsicht über diesen Bereich, und sein Assistent war Johansen, an dessen Stelle im März 1895 Nordahl trat.

Jeden zweiten Tag machten Scott-Hansen und sein Assistent, wenn das Wetter klar war, eine astronomische Beobachtung, durch die der Schiffsort bestimmt wurde, eine Arbeit, die alle Mitglieder der Expedition mit höchster Spannung verfolgten, und es war durchaus nicht ungewöhnlich, daß die Kabine Scott-Hansens, während er rechnete, von müßigen Zuschauern belagert wurde, die wissen wollten, ob und wie weit wir seit der letzten Beobachtung nach Norden oder Süden getrieben waren. Von diesem Ergebnis hing in hohem Maße die Stimmung an Bord ab.

Zu bestimmten Zeiten nahm Scott-Hansen auch Beobachtungen zur Bestimmung der magnetischen Konstanten vor. Dies geschah anfänglich in einem Zelt, das auf dem Eis aufgeschlagen wurde; später bauten wir eine Schneehütte, die dem Zweck besser entsprach und für den Beobachter auch behaglicher war.

Für den Schiffsarzt bot sich weniger Beschäftigung. Er wartete lange und vergeblich auf Patienten, gab schließlich die Hoffnung auf und machte sich in seiner Verzweiflung an die Behandlung der Hunde. Einmal im Monat nahm er wissenschaftliche Untersuchungen vor, wog jeden Mann, zählte die Blutkörperchen und schätzte die Stärke des Blutpigments, um die Zahl der roten Blutkörperchen und die Menge des roten Farbstoffs, des Hämoglobins, im Blut eines jeden festzustellen. Diese Arbeit wurde ebenfalls, und zwar mit ängstlicher Spannung verfolgt, da jeder aus dem Ergebnis schließen zu können meinte, wie lange es noch dauerte, bis ihn der Skorbut befiel.

Von unseren wissenschaftlichen Aufgaben erwähne ich noch die Messung der Wassertemperatur und des Salzgehaltes in verschiedenen Tiefen, die Sammlung und Untersuchung der Meerestiere, die Bestimmung der Elektrizitätsmenge in der Luft, die Beobachtung der Formen, des Wachstums und der Stärke des Eises sowie der Temperatur der verschiedenen Eisschichten, die Untersuchung der Meeresströmung unter dem Eise usw. Die Oberaufsicht über diesen Bezirk hatte ich.

Endlich nenne ich die regelmäßige Beobachtung des Nordlichts, das wir ausgezeichnet studieren konnten. Als ich im März 1895 das Schiff verließ, übertrug ich Blessing alle Beobachtungen, die mir oblagen.

Einen nicht unbedeutenden Teil unserer wissenschaftlichen Arbeiten bildeten das Loten und das Fischen mit dem Scharrnetz. Bei größeren Tiefen war das eine Aufgabe, bei der jeder mithelfen mußte. Eine einzige Lotung beschäftigte uns manchmal mehrere Tage.

An Bord unterschied sich ein Tag nur sehr wenig vom andern. Um 8 Uhr standen wir auf und frühstückten: Hartbrot (Roggen- und Weizenbrot), Käse (holländischen achtpfündigen, Chester, Schweizerkäse und Mysost oder Molkenkäse), in Büchsen eingemachtes, gesalzenes Rind- oder Hammelfleisch, Frühstücksschinken, in Büchsen konservierte Zungen aus Chikago oder geräucherten Speck, Kabeljau-Kaviar, Anchovis-Rogen, ferner Hafermehl- oder englisches Schiffsbrot, Orangenmarmelade und anderes Fruchtgelee. Dreimal in der Woche hatten wir auch frischbackenes Brot und oft Kuchen.

Im Anfang der Reise gab es täglich Kaffee und Schokolade, später Kaffee nur zweimal, Tee zweimal und Schokolade dreimal wöchentlich.

Nach dem Frühstück versorgten einige Leute die Hunde, sie machten sie los und gaben ihnen Futter (für jedes Tier einen halben Stockfisch oder ein paar Hundekuchen). Die übrigen Kameraden machten sich an ihre verschiedenen Aufgaben.

Jeder mußte der Reihe nach eine Woche in die Küche, um dem Koch beim Aufwaschen zu helfen, den Tisch zu decken und aufzuwarten. Gleich nach dem Frühstück entwarf der Koch den Speisezettel für das Mittagessen. Einige pflegten einen Spaziergang über die Eisschollen zu machen, frische Luft zu schöpfen und den Zustand und den Druck des Eises usw. zu untersuchen.

Um 1 Uhr versammeln sich alle zum Mittagsmahl, das gewöhnlich aus drei Gängen besteht: aus Suppe, Fleisch und Nachtisch oder Suppe, Fisch und Fleisch, oder Fisch, Fleisch und Nachtisch oder manchmal auch nur aus Fisch und Fleisch. Zum Fleisch hatten wir stets Kartoffeln und entweder frisches Gemüse oder Makkaroni. Wir waren uns einig, daß die Verpflegung zu Hause nicht besser sein könnte, für einige von uns bestimmt aber schlechter gewesen ist. Wir sahen auch aus wie gemästet; einer oder zwei fingen sogar an, sich ein Doppelkinn und einen Schmerbauch zuzulegen.

Nach dem Mittagessen pflegten die Raucher unserer Gesellschaft die Küche zu bevölkern, die auch als Rauchzimmer diente, da der Tabak in den

Kabinen außer bei festlichen Gelegenheiten verpönt war. In der Küche wurde geraucht und geplaudert, manche Geschichte erzählt und nicht selten auch ein hitziger Disput geführt. Für die meisten von uns folgte nach Tisch eine kurze Siesta, darauf Arbeit bis 6 Uhr.

Das Abendessen war wie das Frühstück, nur daß als Getränk stets Tee diente. Nach dem Abendessen verwandelte sich der Salon in einen stillen Lesesaal. Wir besaßen eine wertvolle Bibliothek, die Verleger und andere Freunde der Expedition geschenkt hatten. Hätten die freundlichen Geber sehen können, wie wir hier fern im Norden abends um den Tisch herum saßen, die Köpfe in den Büchern und Bildersammlungen vergraben, sie würden gleich erkannt haben, daß sie mit ihrem Geschenk wesentlich dazu beigetragen hatten, die »Fram« zur Oase in einer ungeheuren Eiswüste zu machen.

8 Uhr war die Zeit, daß wir Karten oder andere Spiele hervorholten, mit denen wir, in Gruppen um den Tisch im Salon sitzend, uns bis tief in die Nacht hinein beschäftigten. Der eine oder andere mußte das Harmonium bedienen und mit dem Kurbelhandgriff unsere schönsten Stücke vortragen. Manchmal holte Johansen seine Ziehharmonika herbei und spielte uns viele hübsche Weisen vor. Seine Haupteffekte erzielte er mit »O Susanna!« und »Napoleons Marsch über die Alpen in einem offenen Boot«.

Um Mitternacht, bevor wir uns in die Kojen legten, wurde noch die Nachtwache festgesetzt. Jeder hatte eine Stunde Wache. Alle zwei oder vier Stunden mußte die Wache in die Tonne steigen und auf das Eis gehen, um im Thermometerhaus die meteorologischen Instrumente abzulesen.

Im ganzen gesehen verging uns die Zeit angenehm und unmerklich, und infolge des regelmäßigen Lebens fühlten wir uns auch sehr wohl.

Am besten wird mein Tagebuch einen Begriff von unserer Lebensweise in ihrer ganzen Einförmigkeit geben. Es sind keine großen Ereignisse, die hier geschildert sind, sie liefern aber gerade durch ihre Magerkeit ein wahres Bild. So und nicht anders war unser Leben:

Dienstag, 26. September. Schönes Wetter. Die Sonne steht jetzt viel tiefer; sie befand sich um Mittag 9° über dem Horizont. Der Winter kommt schnell. Heute abend haben wir — 26° C, aber wir finden es nicht kalt. Leider zeigen die heutigen Beobachtungen keine große Drift nach Norden; wir sind noch auf 78° 50' n. Br.

Gegen abend wanderte ich auf der Eisscholle umher. Die arktische Nacht ist wunderschön. Sie ist ein Traumland, in den zartesten Tönen, die man sich denken kann, gemalt; sie ist in Äther verwandelte Farbe. Ein Schatten verschmilzt in den andern, so daß man nicht weiß, wo der eine endigt und der andere beginnt, und doch sind sie alle vorhanden. Keine Formen; alles ist schwache, träumerisch gefärbte Musik, eine weit entfernte, langgezogene Melodie auf gedämpften Saiten. Ist nicht alle Schönheit des Lebens erhaben und zart und rein wie diese Nacht? Gebt ihr glänzendere Farben, und sie ist nicht mehr so schön!

Der Himmel gleicht einer großen Kuppel, die im Scheitelpunkt blau ist und sich abwärts in Grün, dann in Lila und Violett an den Rändern abschattet. Über den Eisfeldern lagern kalte, violettblaue Schatten mit helleren, blaßroten Tinten, wo hier und dort ein Grat den letzten Widerschein des entschwindenden Tages auffängt. Oben im Blau der Kuppel scheinen die Sterne, die den Frieden verkünden, wie es diese unveränderlichen Freunde stets tun. Im Süden steht ein großer, rotgelber Mond, umgeben von einem gelben Ring und leichten, goldenen Wolken, die vor dem blauen Hintergrund schweben.

Jetzt breitet das Nordlicht über das Himmelsgewölbe seinen glitzernden Silberschleier aus, der sich nun in Gelb, nun in Grün, nun in Rot verwandelt; er weitet sich und zieht sich wieder zusammen in ruheloser Veränderung, teilt sich dann in wehende, vielfaltige Bänder von blitzendem Silber, über die wellenförmig glitzernde Strahlen hinschießen; dann verschwindet die Pracht. Im nächsten Augenblick scheint sie in Flammenzungen gerade im Zenit, dann wieder schießt ein heller Strahl vom Horizont gerade empor, bis das Ganze im Mondschein fortschmilzt. Es ist, als ob man den Seufzer eines verschwindenden Geistes vernähme. Hier und dort wehen noch einige Lichtstrahlen, unbestimmt wie eine Ahnung — sie sind der Staub des glänzenden Nordlichtgewandes. Aber jetzt nimmt es wieder zu, neue Blitze schießen empor, und das endlose Spiel beginnt von vorn. Und während der ganzen Zeit diese Totenstille, eindrucksvoll wie die Symphonie der Unendlichkeit.

Ich habe nie begreifen können, daß diese Erde eines Tages vergehen und öde und leer sein soll. Wozu dann all diese Schönheit, wenn kein Geschöpf da ist, das sich daran erfreut? Zu welchem Zweck also? Was haben diese Himmelskörper zu bedeuten? Lest die Antwort, wenn ihr könnt, am sternenbedeckten, blauen Firmament!

Donnerstag, 28. September. Schneefall und Wind. Heute ist für die Hunde der Tag der Erlösung gekommen; bis jetzt haben sie ein melancholisches Leben an Bord geführt; denn sie sind seit Chabarowa angebunden gewesen. Die stürmischen Wogen haben sich über sie ergossen, sie sind vom Wasser auf Deck hin und her gerollt worden, sie haben sich in den Koppeln fast den Hals zugeschnürt, sind jedesmal, wenn das Deck gewaschen wurde, mit dem Schlauch besprengt worden, sind seekrank gewesen und haben in schlechtem wie in gutem Wetter an der Stelle liegen müssen ohne weitere Bewegung als das Hin- und Herlaufen, so weit die Kette reichte. So werden die prächtigen Tiere behandelt, die in der Stunde der Not unsere Stütze sein sollen! Wenn diese Zeit kommt, werden sie, wenigstens eine Weile, den Ehrenplatz erhalten.

Als die Hunde jetzt losgelassen wurden, brach ein wahrer Jubelsturm aus. Sie wälzten sich im Schnee, reinigten und rieben sich und stürzten unter lautem Gebell auf dem Eis umher. Unsere Scholle, noch vor kurzem so einsam und verlassen, war jetzt plötzlich stark und munter bevölkert; das Schweigen von Jahrhunderten war gebrochen.

Von nun an sollten die Hunde auf dem Eis angebunden werden.

Freitag, 29. September. Dr. Blessings Geburtstag war unser erstes großes Fest an Bord. Wir hatten doppelten Anlaß zu feiern. Unsere Mittagsbeobachtung zeigte, daß wir uns auf 79° 5′ n. Br. befanden. Wir hatten also einen weiteren Grad überschritten.

Das Essen bestand an diesem Tag aus fünf Gängen:

29. September 1893

»Fram«

Menu

Soupe à la julienne avec des macaroni-nudler
Potage de poison (fiskepudding) avec des pommes de terre
Pudding de Nordahl
Glace du Groenland
De la Husholdnings-bière de la Ringnæs
Marmelade (intacte)

Hoffentlich geben meine Leser zu, daß das für die Breite von 79° ein ganz hübsches Mahl war; wir hatten auch in höheren Breiten noch viele solche Feste an Bord der »Fram«.

Nach dem Mittagessen wurden Kaffee und Süßigkeiten gereicht, und nach einem besseren Abendbrot als sonst gab es noch Erdbeer- und Zitroneneis (alias Granito) und Grog aus Zitronensaft ohne Alkohol. Zunächst wurde das Wohl des Helden des Tages in einigen gewählten Worten ausgebracht; dann tranken wir einen Humpen auf den 79. Grad, der unserer Überzeugung nach nur der erste von vielen Graden war, die in derselben Weise überwunden werden würden.

Montag, 2. Oktober. An unserer Backbordseite haben wir jetzt das Hundelager, in dem 35 schwarze Hunde auf dem weißen Eis angebunden sind.

Nachmittags, als Sverdrup, Juell und ich im Kartenzimmer saßen und Tauwerk zu einer Lotleine zusammenspleißten, stürzte Peder Hendriksen, unser Harpunierer, herein: »Ein Bär, ein Bär!«

Ich langte nach meiner Büchse und sprang hinaus.

»Wo?«

»An Steuerbord beim Zelt; er kam gerade darauf zu; beinahe hätte er es gefaßt!«

Und richtig, dort war er, groß und gelb, und beschnüffelte das Geschirr des Zeltes. Scott-Hansen, Blessing und Johansen liefen in großer Hast dem Schiffe zu. Ich sprang auf das Eis hinab, brach ein, taumelte, fiel und war wieder auf den Beinen.

Inzwischen hatte der Bär bei seiner Schnüffelei wohl eingesehen, daß da nichts zu holen war und daß eine eiserne Schaufel, ein Eisstock, eine Axt, einige Zeltpflöcke und ein Leinwandzelt für seinen Bärenmagen schwer verdaulich wären. Er folgte jetzt mit mächtigen Schritten der Spur der Flüchtlinge. Dann sah er mich und blieb verwundert stehn, als ob er dächte: »Was für ein Insekt mag das wohl sein?« Ich ging bis auf Schußweite heran; er stand still und blickte mich scharf an. Endlich drehte er ein wenig den Kopf, und ich schickte ihm eine Kugel in den Nacken. Ohne ein Glied zu rühren, sank er auf das Eis.

Nun ließ ich ein paar Hunde los, um sie an die Jagd zu gewöhnen; allein sie zeigten einen beklagenswerten Mangel an Eifer. Selbst »Kvik«, auf die wir unsere Hoffnungen gesetzt hatten, sträubte sich und näherte sich dem toten Tier nur sehr langsam und vorsichtig, den Schweif zwischen den Beinen — ein trauriger Anblick.

Es war ein mageres Männchen. Das einzige, was in seinem Magen gefunden wurde, war ein Stück Papier mit der Firma »Lütken & Mohn«, Verpackung von Skiwachs, die einer von uns weggeworfen hatte. Seit diesem Tag wollten einige Expeditionsmitglieder das Schiff nicht verlassen, ohne sich bis an die Zähne zu bewaffnen.

Mittwoch, 4. Oktober. Gestern und heute nordwestlicher Wind. Gestern hatten wir —16°, heute —14° C.

Ich habe den ganzen Tag gelotet und bin bis auf 1460 Meter Tiefe gekommen. Die Grundproben bestanden aus einer Schicht grauen Tons von 10—11 Zentimeter Dicke und darunter aus braunem Ton oder Schlick.

Die Temperatur war, seltsam genug, auf dem Grund etwas über dem Gefrierpunkt (+ 0,18° C) und 150 Meter höher etwas darunter (—0,4° C). Diese Tatsachen widerlegen so ziemlich die Sage von einem seichten Polarbecken und von der außerordentlichen Kälte des Wassers im Eismeer.

Donnerstag, 5. Oktober. Wir machen jetzt alles für den Winter und die Eispressungen bereit. Heute nachmittag nahmen wir das Ruder auf. Schönes Wetter, aber kalt, um 8 Uhr abends —18° C.

Das Ergebnis der heutigen ärztlichen Untersuchung war: wir haben immer noch Wanzen! Ich weiß nicht, was wir dagegen tun sollen; wir haben jetzt keinen Dampf mehr und müssen unsere Hoffnung auf die Kälte setzen. Wenn die Wanzen in unsere Winterpelze gelangen, ist die Sache hoffnungslos. Am nächsten Tag fand daher ein regelrechtes Reinigungsfest nach den allerstrengsten antiseptischen Vorschriften statt. Jeder hatte seine alten Kleidungsstücke bis auf den letzten Flicken abzuliefern, sich zu waschen, und von Kopf bis Fuß neue Kleider anzuziehen. Alle alten Sachen, Pelzdecken und ähnliche Dinger wurden vorsichtig an Deck getragen und den ganzen Winter über dort gelassen. Das war mehr, als selbst diese Tiere vertrugen: 53° Kälte, und wir sahen nichts mehr von ihnen.

Freitag, 6. Oktober. Kalt, bis zu 24° C unter Null. Heute haben wir die Windmühle aufgestellt. Das Eis hat sich nördlich vom Heck der »Fram« zusammengeschoben.

Da die Hunde erfrieren würden, wenn wir sie angebunden hielten und ihnen keine Bewegung verschafften, haben wir sie von den Ketten gelöst. Selbstverständlich begannen sie sofort miteinander zu kämpfen, und einige humpelten zerkratzt und zerbissen vom Schlachtfelde. Aber sonst herrschte Freude; sie sprangen und rannten herum und wälzten sich im Schnee. Abends herrliches Nordlicht.

Sonnabend, 7. Oktober. Immer gleich kalt bei nördlichem Wind, der seit Tagen weht. Ich fürchte, wir treiben jetzt weit nach Süden. Vor einigen Tagen standen wir nach unseren Beobachtungen auf 78° 47′ n. Br. Also 16 Minuten nach Süden in weniger als einer Woche, das ist zu viel! Wir müssen nach Norden!

Sonntag, 8. Oktober. Wir sind jetzt bis auf 78° 35′ n. Br. hinab. Die einfache Erklärung dafür sind die nördlichen und nordwestlichen Winde der letzten Zeit und das offene Wasser im Süden von uns. Sobald alles zugefroren ist, müssen wir wieder nach Norden treiben, das kann gar nicht fraglich sein.

Montag, 9. Oktober. Nachmittags — wir saßen gerade müßig und plauderten — entstand ganz plötzlich ein betäubendes Getöse, und das ganze Schiff erzitterte: es war die erste Eispressung. Alle Mann stürzten an Deck, um zuzusehen.

Die »Fram« verhielt sich wundervoll, wie ich es von ihr erwartet hatte. Mit stetigem Druck schob sich das Eis heran, mußte jedoch unter uns durchgehen, und wir wurden langsam in die Höhe gehoben. Diese Pressungen wiederholten sich den ganzen Nachmittag und waren manchmal so stark, daß die »Fram« mehrere Fuß gehoben wurde; aber dann konnte das Eis sie nicht länger tragen und brach unter ihr entzwei. Es scheint hier ziemlich viel Bewegung im Eise zu sein. Peder erzählt uns soeben, daß er das dumpfe Knallen starker Pressungen nicht weit entfernt gehört habe.

Dienstag, 10. Oktober. Der Aufruhr im Eis dauert fort.

Mittwoch, 11. Oktober. Heute nachmittag wurde »Hiob« von den anderen Hunden zerrissen. Wir fanden ihn eine gute Strecke vom Schiff entfernt. »Suggen« bewachte seine Leiche, so daß kein anderer Hund herankommen konnte.

Es sind Schufte, diese Hunde. Kein Tag vergeht ohne Kampf. Bei Tag ist gewöhnlich einer von uns zur Hand, um einer Rauferei ein Ende zu machen, aber keine Nacht vergeht, ohne daß sie über einen ihrer Kameraden herfallen und ihn beißen. Der arme »Barabbas« hat vor Furcht fast den Verstand verloren; er bleibt jetzt an Bord und wagt sich nicht mehr auf das Eis. Nicht eine Spur von Ritterlichkeit steckt in diesen Kötern; wo ein Kampf stattfindet, stürzt sich die ganze Bande wie wilde Tiere auf den Unterliegenden.

Das Eis ist ruhelos, und es gab heute wieder eine ziemlich starke Pressung. Sie beginnt mit einem leisen Krachen und Ächzen längs der Schiffsseite, das allmählich in allen Tonarten lauter wird. Jetzt ist es ein hoher, klagender Ton, dann ein Grollen, dann ein Knurren. Das Geräusch nimmt zu, bis es wie sämtliche Pfeifen einer Orgel ertönt; das Schiff erzittert, schüttelt sich und hebt sich in Sprüngen und Sätzen.

Es ist ein behagliches Gefühl für uns, wenn wir auf diesen Aufruhr horchen und uns dabei der Stärke unseres Schiffes bewußt sind. Manches Schiff wäre schon längst zerdrückt worden. Aber bei uns wird das Eis an der Schiffsseite zermalmt, die zertrümmerten Schollen werden haufenweise unter den schweren, unverwundbaren Rumpf gedrängt, und wir liegen wie in einem Bett. Bald erstirbt das Geräusch, das Schiff sinkt in seine alte Lage zurück, und dann ist alles wieder so still wie früher.

Rund um uns herum hat sich das Eis aufgetürmt, an einer Stelle zu beträchtlicher Höhe. Gegen Abend trat eine Lockerung ein, und wir lagen in einem offenen Teich.

Donnerstag, 12. Oktober. Am Morgen trieben wir samt unserer Scholle auf blauem Wasser mitten in einer großen, offenen Rinne, die sich weit nach Norden hin erstreckte, wo die Luft über dem Horizont dunkel und blau war. So weit wir von der Tonne aus mit einem Feldstecher sehen konnten, hatte das offene Wasser kein Ende, und es trieben nur hier und dort einzelne Stücke Eis darin. Dies waren außerordentliche Veränderungen.

Ich war ungewiß, ob wir uns darauf vorbereiten sollten, unter Dampf vorwärtszugehen. Leider hatten wir schon die Maschine für den Winter auseinandergenommen, so daß wir längere Zeit gebraucht hätten, sie wieder betriebsfähig zu machen.

Klares Wetter mit Sonnenschein. Ein schöner Wintertag. Aber immer nördlicher Wind. Wir loten und finden 90 Meter Wasser. Wir treiben langsam südwärts. Gegen Abend schob sich das Eis erneut mit großer Gewalt zusammen. Nachmittags fischte ich in einer Tiefe von ungefähr 50 Meter mit dem Murrayschen Seidennetz* und fing kleine Krustentiere (Copepoden, Muschelkrebse, Flohkrebse usw.) und einen arktischen Wurm (Spadella), der im Meer umherschwimmt.

Das Fischen ist hier schwierig. Kaum hat man im Eis eine Öffnung gefunden und die Leine hinabgleiten lassen, schließt sich das Eis wieder, und man muß so rasch wie möglich aufholen, damit die Leine nicht eingeklemmt wird und alles verlorengeht. In der kleinsten Eisöffnung sieht man das Wasserphosphoreszieren**; es ist hier mehr tierisches Leben als man erwarten sollte.

Freitag, 13. Oktober. Jetzt stecken wir gerade mitten in der Gefahr, vor der uns die Propheten so sehr bange machen wollten. Das Eis preßt und schiebt sich mit donnerndem Getöse rund um uns her. Es türmt sich zu langen Mauern und zu Haufen auf, die weit an der Takelung der »Fram« hinaufreichen. Es versucht in der Tat sein Äußerstes, um die »Fram« zu Staub zu zermalmen. Wir sitzen aber ganz ruhig und gehen nicht einmal hinauf auf Deck, uns den Wirrwarr anzusehen, sondern plaudern und lachen, wie wenn nichts wäre. Man fühlt, daß das Schiff es aushalten kann, und solange dies der Fall ist, kann nichts Schaden leiden als das Eis selbst.

Am Morgen ließ der Druck nach, aber gegen Abend fing die Pressung wieder im Ernst an. Offenbar steht die Eispressung hier mit Ebbe und Flut in Verbindung oder wird vielleicht davon verursacht. Sie tritt mit größter Regelmäßigkeit ein; zweimal in 24 Stunden lockert sich das Eis, und zweimal schiebt es sich in dieser Zeit zusammen. Die Pressung erfolgt ungefähr um 4, 5 und 6 Uhr morgens und fast genau um dieselbe Stunde nachmittags, in der Pause liegen wir stets eine Zeitlang auf offenem Wasser.

Die sehr starke Pressung in diesem Augenblick ist wahrscheinlich die Folge der Springflut; am 9., dem ersten Tag der Eispressungen, hatten wir Neumond.

Die Ansicht, daß die Eispressungen durch die Gezeiten hervorgebracht werden, haben arktische Forscher schon wiederholt ausgesprochen. Wir

---

* Mit diesem seidenen Sacknetz, das von Booten oder Schiffen nachgeschleppt wird, fängt man die Tiere und Pflanzenorganismen in verschiedenen Tiefen. Wir gebrauchten es während unseres Treibens beständig, versenkten es in verschiedene Tiefen und brachten damit oft reiche Beute herauf.

** Dieses Phosphoreszieren wird hauptsächlich von kleinen, leuchtenden Krustentieren (Copepoden) verursacht.

hatten während der Drift der »Fram« bessere Gelegenheit als die meisten von ihnen, diese Erscheinung zu studieren, und unsere Erfahrungen bestätigen, daß die Flut in einem weiten Gebiet die Bewegung und den Druck des Eises veranlaßt. Das ist namentlich zur Zeit der Springfluten der Fall und bei Neumond mehr als bei Vollmond.

In den Zwischenzeiten war in der Regel wenig oder gar nichts von Eispressungen zu bemerken. Allein diese durch die Flut verursachten Pressungen ereigneten sich nicht während der ganzen Zeit unserer Drift, sondern hauptsächlich im Herbst, als wir uns in der Nachbarschaft des offenen Meeres nördlich von Sibirien befanden, und im letzten Jahr der Expedition, als die »Fram« sich dem Atlantischen Ozean näherte. Weniger bemerkbar waren sie im Polarbecken selbst. Hier traten Pressungen unregelmäßig ein und wurden hauptsächlich durch den Wind verursacht.

Wenn man sich vorstellt, daß die in einer gewissen Richtung treibenden, ungeheuren Massen plötzlich auf Hindernisse stoßen, z. B. auf Eis, das aus anderen Gegenden kommt und in entgegengesetzter Richtung treibt, so wird man leicht den Druck begreifen, der entstehen muß.

Der Kampf zwischen den Eismassen ist unleugbar ein großartiges Schauspiel. Man fühlt, daß man sich in Gegenwart titanischer Gewalten befindet, und es ist leicht zu verstehen, daß sich ängstliche Gemüter fürchten. Denn wenn das Zusammenschieben ernstlich beginnt, bleibt kein Fleck der Oberfläche unerschüttert.

Zuerst vernimmt man in der großen Wüste ein Geräusch wie das Donnergebrüll eines entfernten Erdbebens, dann hört man es, näher und näher kommend, an mehreren Stellen. Die Eiswelt widerhallt vom Donner, die Riesen der Natur erwachen zur Schlacht. Das Eis birst ringsumher und türmt sich auf, und ganz plötzlich steckt man mitten im Kampf.

Auf allen Seiten hört man Heulen und Donnern, man spürt das Eis erzittern und hört es unter den Füßen brüllen; nirgends ist Friede. In dem Halbdunkel sieht man, wie es sich zu hohen Ketten wirft und heranrückt. Schollen von 3, 4 und 5 Meter Dicke bersten und werden übereinandergeschoben, als ob sie federleicht wären. Sie sind jetzt ganz nahe, und man eilt fort, um das Leben zu retten; aber plötzlich spaltet sich das Eis vor uns, ein schwarzer Abgrund öffnet sich, aus dem das Wasser emporströmt. Man flieht nach einer anderen Richtung, aber dort ist es ebenso. Überall Donner und Brüllen wie von einem ungeheuren Wasserfall, mit Explosionen wie Geschützsalven. Die Scholle, auf der man steht, wird kleiner und kleiner, Wasser strömt darüber hinweg. Man entkommt nicht anders, als daß man über die rollenden Eisblöcke klettert und die andere Seite des Packeises gewinnt. Dann legt sich der Aufruhr, das Getöse verhallt und verliert sich in der Ferne. Dies ereignet sich hier weit oben im Norden Monat für Monat, Jahr für Jahr.

In den Berichten über arktische Expeditionen liest man oft Beschreibungen von Ketten und Hügeln, die durch Eisdruck entstanden waren und bis zu 15 Meter hoch sein sollten. Das sind Märchen. Die Verfasser derartiger phantastischer Schilderungen können sich nicht die Mühe gegeben haben, ihre Ketten und Hügel zu messen. Während unserer Drift und unserer Märsche über die Eisfelder habe ich nur einmal einen Eishügel gesehen, der über 7 Meter hoch war, beinahe 9 Meter. Die höchsten Blöcke, die ich gemessen habe, hatten eine Höhe von 5$^{1}/_{2}$ bis 7 Metern, und ich kann nach meinen vielen Beobachtungen behaupten, daß sich Meereis nur äußerst selten bis zu einer Höhe von mehr als 8 Meter zusammenschiebt.

Sonnabend, 14. Oktober. Heute haben wir das Ruder wieder angebracht; die Maschine ist ziemlich in Ordnung, und wir sind bereit, nach Norden aufzubrechen, wenn sich das Eis morgen früh öffnet. Es lockert und preßt sich noch immer regelmäßig zweimal am Tage.

Heute abend war der Eisdruck heftig. Die Schollen türmten sich an der Backbordseite gegen die »Fram« auf und waren ein- oder zweimal nahe daran, über die Reling zu stürzen. Dann brach aber unten das Eis, sie fielen zurück und mußten schließlich doch unter uns durchgehen.

Das Eis ist nicht dick und kann nicht viel Schaden anrichten, jedoch ist seine Gewalt manchmal enorm. Unaufhörlich, ohne Unterbrechung kommen die Massen heran; sie sehen aus, als sei kein Widerstand gegen sie möglich, aber langsam und sicher werden sie an den Seiten der »Fram« zermalmt.

Donnerstag, 19. Oktober. Am Morgen unternahm ich eine Schlittenfahrt. Nachdem es mir gelungen war, sechs Hunde vor einen Samojedenschlitten zu spannen, setzte ich mich auf und rief ihnen Pr-r-r-r, pr-r-r-r! zu, worauf sie in ganz hübschem Tempo über das Eis jagten. Es dauerte nicht lange, so kamen wir an hohes Packeis und mußten wenden. Kaum geschehen, sausten sie wie die wilde Jagd nach dem Schiff zurück, von dem sie nun nicht wieder fortzubringen waren. Immer rundherum rasten sie, von einem Abfallhaufen zum andern.

Wenn ich vom Fallreep an der Steuerbordseite abfuhr und sie durch Peitschenhiebe auf das Eis hinaustreiben wollte, flogen sie um das Heck herum nach dem Fallreep an der Backbordseite. Ich zerrte und fluchte und versuchte alles, was mir nur einfiel — umsonst!

Dann stieg ich ab, um den Schlitten zurückzuhalten, wurde aber einfach umgerissen und in meinen glatten Robbenfellhosen auf Rücken, Bauch oder Seite, wie es gerade kam, lustig über das Eis geschleift. Gelang es mir, die verrückten Hunde vor einigen Stücken Packeis oder einem Abfallhaufen anzuhalten, rannten sie wieder nach dem Steuerbord-Fallreep herum, während ich hinterdrein baumelte und ihnen wütend zuschwor, ich würde ihnen jeden Knochen im Leibe zerschlagen, wenn ich sie kriegte.

So ging das Spiel weiter, bis sie es wahrscheinlich müde waren und dachten, sie könnten zur Abwechslung auch einmal so laufen, wie ich es wünschte. Sie sausten also wunderschön über die flache Scholle, bis ich einen Augenblick anhielt, um sie Atem schöpfen zu lassen. Allein bei der ersten Bewegung, die ich im Schlitten machte, stürzten sie wieder davon und jagten den Weg zurück, den wir gekommen waren.

Krampfhaft hielt ich fest und zog und wütete und gebrauchte die Peitsche, aber je mehr ich schlug, desto schneller liefen die Hunde ihren eigenen Weg. Endlich bremste ich sie dadurch, daß ich meine Beine zwischen den Schlittenkufen in den Schnee steckte und einen starken Robbenhaken ins Eis hineintrieb.

Meine erste Schlittenfahrt auf eigene Faust

Die Schmiede an Bord

Aber als ich einen Augenblick nicht achtgab, zogen sie an, und ich lag mit meiner Kehrseite da, wo die Beine gewesen waren, während wir davonbrausten und jener Teil meines Körpers eine tiefe Spur im Schnee zurückließ. Ich verlor das Brett, auf dem ich hätte sitzen sollen, dann die Peitsche, meine Handschuhe, die Mütze, und das trug nicht dazu bei, meine Laune zu bessern.

Ein- oder zweimal rannte ich vor die Hunde und hieb mit der Peitsche auf sie ein, um sie mit Gewalt zum Wenden zu bringen. Sie sprangen aber nach beiden Seiten auseinander. Dabei wickelten sich die Zügel um meine Knöchel, so daß ich platt auf den Schlitten geworfen wurde. Nunmehr stürmten meine Zugtiere wilder denn je davon.

Das war die erste Erfahrung, die ich beim Fahren mit Hunden auf eigene Faust machte, und ich will nicht behaupten, daß ich stolz darauf war.

Sonnabend, 21. Oktober. Heute bleibe ich wegen Muskelschmerzen oder Rheumatismus im Schiff. Ein netter arktischer Held von 32 Jahren, der hier in seiner Koje liegt! Habe viele Male die Briefe aus der Heimat gelesen, mich in Gedanken nach Hause versetzt und geträumt. Von der Heimkehr — nach wieviel Jahren? Mit oder ohne Erfolg? Was liegt daran?

Eine Lotung ergab über 135 Meter. Wir befinden uns also wieder in tieferem Wasser. Die Lotleine zeigte, daß wir südwestwärts treiben. Diese stetige Drift nach Süden begreife ich nicht. Was macht es? Irgendwohin müssen wir gelangen, hier können wir nicht ewig bleiben. Ende gut, alles gut, sagt man, allein ich wünschte doch, daß wir, wohin wir auch gehen, etwas schneller weiterkämen.

Montag, 23. Oktober. Die Lotleine weist nach Südwesten. Das bedeutet, daß wir nordostwärts treiben. Hansen hat die Beobachtungen vom 19. Oktober ab ausgerechnet und gefunden, daß wir 10 Minuten weiter nach Norden gelangt sind und uns auf 78° 15' nördlicher Breite befinden müssen.

Endlich also macht sich, nun sich der Wind gelegt hat, die nordwärts setzende Strömung bemerkbar.

Mittwoch, 25. Oktober. Gestern abend hatten wir eine fürchterliche Eispressung auszustehen. Ich wachte davon auf und spürte, wie die »Fram« emporgehoben, erschüttert und umhergeworfen wurde, hörte auch das Krachen des Eises, das an den Schiffsseiten zerschellte. Nachdem ich eine Weile zugehört hatte, schlief ich mit dem behaglichen Gefühl wieder ein, daß es doch gut war, an Bord der »Fram« zu sein. Es wäre verteufelt ungemütlich, wenn wir bei jeder Eispressung bereit sein müßten, aufzustehen oder gar mit unseren Bündeln auf dem Rücken wie die »Tegetthoff«-Leute das Schiff zu verlassen.

Es wird jetzt rasch dunkler. So oft wir die Sonne sehen, steht sie niedriger und immer niedriger. Bald wird sie verschwunden sein. Der lange Winter steht vor der Tür, und wir werden uns freuen, wenn der Frühling kommt. Doch würde das nichts bedeuten, wenn wir uns nur endlich nordwärts bewegten. Jetzt herrschen südwestliche Winde.

Wir haben unsere Windmühle, die seit mehreren Tagen fertig ist, zur Probe laufen lassen. Sie arbeitet ausgezeichnet. Heute haben wir wunderschönes elektrisches Licht, obwohl der Wind nicht besonders stark ist

(5—8 Meter in der Sekunde). Elektrische Lampen sind eine großartige Einrichtung! Welchen Einfluß das Licht doch auf die Stimmung des Menschen hat! Bei Tisch war es heute bemerkbar; das Licht wirkt auf das Gemüt wie ein Schluck guter Wein. Und wie festlich sieht der Salon aus!

Wundervoller Mondschein heute abend, fast so hell wie Tageslicht. Daneben Nordlicht, das in dem weißen Licht des Mondes gelb und seltsam aussieht. Ein großer Ring um den Mond, und dies alles über dem weiten, weißen, schimmernden Eis, das sich hier und dort infolge der Pressungen hoch aufgetürmt hat. Und inmitten dieser schweigenden, silberglänzenden Eiswelt dreht die Windmühle ihre dunklen Schwingen gegen den dunkelblauen Himmel und das Nordlicht. Ein ergreifender Kontrast: die Zivilisation, die in diese gefrorene, geisterhafte Welt jäh einbricht!

Morgen ist der Geburtstag der »Fram«. Wie viele Erinnerungen ruft der Tag des Stapellaufes vor einem Jahre wach!

Donnerstag, 26. Oktober. Als wir heute morgen loteten, fanden wir 300 Meter Wasser. Wir treiben rasch nach Norden — »rechtweisend Norden«, sagt Peder. Es sieht aus, als ginge die Sache jetzt besser.

Große Feier des Tages. Sie begann mit Scheibenschießen. Dann hatten wir ein köstliches Mittagsmahl, das unseren Magen auf eine schwere Probe stellte. Unter stürmischem Beifall tranken wir auf die Gesundheit der »Fram«.

Nach dem Abendessen gab es Erdbeer- und Zitronenpunsch. Unter großer Feierlichkeit und vielen Scherzen wurden die Preise verteilt, die der Arzt mit Sinnsprüchen versehen hatte. Jeder erhielt einen Preis. An diesem Abend war das Rauchen im Salon erlaubt. Bei Pfeife, Grog und munterem Whist beschlossen wir den genußreichen Festtag.

Nun ich hier alleinsitze, überdenke ich das Jahr, das vergangen ist, seit wir oben auf der Plattform gestanden und sie den Champagner gegen den Bug geschleudert hatte mit den Worten: »Fram sei dein Name!« Dann war der schwere Rumpf langsam abwärtsgeglitten. Ich hielt sie fest bei der Hand, Tränen traten in die Augen, es kam einem etwas in die Kehle, und man brachte kein Wort über die Lippen. Der Rumpf tauchte in das glitzernde Wasser ein, leichter Nebel lag über dem ganzen Bild. Nie werde ich den Augenblick vergessen, als wir dort beisammenstanden.

Getrennt durch Meer und Land und Eis! Noch liegen Jahre zwischen uns. Ich habe das schwermütige Gefühl, daß ich die Heimat sobald nicht wiedersehen werde. Wenn ich darüber nachsinne, weiß ich, daß die Trennung lange dauern kann, und doch will ich es nicht glauben.

Heute nahmen wir auch feierlich Abschied von der Sonne. Um Mittag zeigte sich ihre halbe Scheibe zum letztenmal über dem Rand des Eises im Süden, ein abgeplatteter Körper mit mattem, rotem Schein aber ohne Wärme. Jetzt beginnt die Winternacht! Was wird sie uns bringen? Wo werden wir sein, wenn die Sonne wiederkehrt? Niemand weiß es zu sagen.

Um uns über den Verlust der Sonne zu trösten, leuchtet uns der wundervollste Mond, er wandelt Nacht und Tag am Himmel.

Seltsamerweise ist gerade jetzt wenig Eisdruck, nur gelegentlich eine leichte Pressung.

Freitag, 27. Oktober. Die Art und Weise, wie wir hier umhertaumeln, ist gräßlich. Wir müssen in ein Loch geraten sein, in dem das Eis rundherum mahlt. Wir kommen nicht weiter. Die Zeit verfliegt nutzlos, und der Himmel weiß, wie lange das so noch dauern soll. Wenn nur ein tüchtiger Südwind käme und uns nach Norden führte, er würde uns helfen!

Das Eis hat eine merkwürdige Neigung sich zu lockern, ohne daß Pressungen stattgefunden haben. Dann und wann wird das Schiff auf offenem Wasser flott. Heute zum Beispiel.

Montag, 30. Oktober. Die Temperatur ist bis auf — 27° C gesunken. Als ich das Schleppnetz aufholte, das ich gestern versenkt hatte, brachte es zwei Eimer Schlick vom Grund mit herauf. Ich habe mich den ganzen Tag damit beschäftigt, die Bodenprobe im Salon in einem großen Bad auszuspülen, um die darin enthaltenen Tiere zu bekommen. Es waren hauptsächlich Seesterne, Medusen (Astrophyton), Seegurken, Korkpolypen (Alcyonaria), Würmer, Schwämme, Schaltiere und Krustazeen. Ich verwahrte alle sorgfältig in Spiritus.

Dienstag, 31. Oktober. Heute 90 Meter Wassertiefe; die Strömung treibt uns stark nach Südwesten. Wir haben jetzt schönen Wind für die Mühle, und die elektrischen Lampen brennen den ganzen Tag. Die Bogenlampe unter dem Kajütsoberlicht ist so hell, daß wir die Sonne gar nicht vermissen. Oh, das Licht ist etwas Herrliches, und das Leben ist trotz aller Entbehrungen schön!

Sonntag, 5. November. Wie die Tage sich doch träge hinschleppen! Ich arbeite, lese, grüble und träume, klimpere ein wenig auf dem Harmonium und mache in der Dunkelheit einen Spaziergang auf dem Eis.

Im Südwesten liegt tief am Horizont der Abglanz der Sonne, ein dunkles Rot wie Blut, von allen schlummernden Wünschen des Lebens durchglüht, tief unten und weit entfernt wie das Traumland der Jugend. Höher am Himmel geht die Färbung in Orange, darauf in Grün und Blaßblau über, und dann kommt der tiefblaue, sternenbesäte, endlose Raum, in dem nie die Dämmerung anbrechen wird.

Im Norden sieht man schwankende Bogen eines schwachen Nordlichts, zitternd wie erwachendes Verlangen, im nächsten Augenblick, wie von einem Zauberschlag berührt, wie Lichtströme durch das Dunkelblau des Himmels flutend, nie in Ruhe, rastlos gleich dem Menschengeist. Ich kann sitzen und schauen und schauen, die Augen entzückt von der traumhaften Glut dort unten im Westen, wo die dünne, blasse Silbersichel des Mondes ihre Spitze in das Blut taucht, und meine Seele wird über den Schimmer hinausgetragen bis zur Sonne, die jetzt so ferne ist — bis zur Heimkehr! Ist unser Werk getan, dann fahren wir den Fjord hinauf, so rasch Segel und Dampf uns nur treiben! Auf beiden Seiten von uns liegt im Sonnenschein lächelnd die Heimat, und dann — dann lösen sich die Leiden von tausend Tagen und Stunden in der unaussprechlichen Freude eines Augenblicks!

Mittwoch, 8. November. Jetzt ist wieder Neumond, und ich rechne mit Pressungen. Tatsächlich ist das Eis schon in Bewegung; es begann sich am Sonnabend zu spalten und ist von Tag zu Tag mehr zerbrochen. Heute hat sich das Eis neben dem Schiff geöffnet, so daß wir beinahe flott sind.

Nun sitze ich hier auf der treibenden Eisscholle und blicke auf zu den Sternen über mir. In weiter Ferne sehe ich, wie sich die Fäden des Lebens zu dem verworrenen Gewebe verschlingen, das sich von dem süßen Morgendämmern ununterbrochen bis zur Totenstille des ewigen Eises ausdehnt. Ein Gedanke folgt dem andern — du zerpflückst das Ganze, und es ist so klein —, aber hoch über alles ragt der eine Gedanke: Weshalb hast du diese Reise unternommen? . . .

Konnte ich anders? Kann der Strom seinen Lauf hemmen und bergauf fließen? Bin ich denn so ganz sicher? Ja, zuzeiten; das sibirische Treibholz macht mich sicher. Aber wenn wir uns dennoch auf falscher Fährte befinden, was dann? Nur enttäuschte menschliche Hoffnungen, weiter nichts. Und selbst wenn wir umkommen, was liegt daran in den unendlichen Kreisen der Ewigkeit?

Donnerstag, 9. November. Heute maß ich Temperaturen und sammelte Wasserproben in Tiefen von je 10 Meter von der Oberfläche bis zum Grund. Die gesamte Wassertiefe betrug 107 Meter. Eine außergewöhnlich gleichmäßige Temperatur von — 1,5° C, durch alle Schichten.

Es herrscht wenig Eisdruck. Das Eis ist ungefähr 40 Zentimeter dick, oben hart, unten aber locker und porös. Dieses Eis hat sich in der Nacht vom 27. auf den 28. Oktober gebildet und ist also in 15 Tagen 40 Zentimeter dick gefroren. Nach meinen Beobachtungen ist es in der ersten Nacht 8 Zentimeter und in den drei ersten Nächten zusammen 15 Zentimeter dick geworden, so daß es zu den letzten 25 Zentimetern zwölf Tage gebraucht hat.

Selbst diese kleine Beobachtung beweist, daß das Eis sehr leicht wächst, solange die Kruste dünn ist, daß sich mit zunehmender Stärke aber das Wachstum verlangsamt, bis es, wie wir später beobachtet haben, bei einer gewissen Dicke ganz aufhört.

Sonntag, 19. November. Unser Leben verläuft seit dem 11. November in der gewöhnlichen einförmigen Weise. Die »Fram« ist warm und gemütlich. Ob das Thermometer 5° oder 30° unter dem Nullpunkt steht, wir haben kein Feuer im Ofen, wir brauchen es gar nicht.

Wir leiden auch nicht viel von der Feuchtigkeit. In der Kabine für vier Personen sammelt sie sich zwar und tropft herab, doch ist das nichts im Vergleich zu dem, was man von anderen Schiffen kennt. Würden wir heizen, so würde die Feuchtigkeit ganz verschwinden. Sobald in meiner Kabine nur kurze Zeit eine Lampe gebrannt hat, ist jede Spur von Feuchtigkeit fort.

Meine Gefährten ertragen die Kälte großartig. Bei einem Thermometerstand von 30° unter Null geht Bentsen nur in Hemd und Hose an Deck und liest das Thermometer ab.

Während der letzten Tage hatte der Mond manchmal Ringe mit Nebenmonden und Achsen und anderen ziemlich merkwürdigen Lichtbildungen. Wenn er so niedrig steht, daß der Ring den Horizont berührt, bildet sich ein helles Lichtfeld, wo der Horizont den Ring schneidet; ähnliche Lichtflächen entstehen auch dort, wo die lotrechte Achse des Mondes den Horizont trifft. Oft sieht man schwache Regenbogen in diesen glänzenden Lichtfeldern. Dem Horizont am nächsten ist gewöhnlich Gelb die stärkste Färbung, die dann in Rot und später in Blau übergeht. Ähnliche Farben kann man auch an den Nebenmonden unterscheiden. Manchmal sieht man zwei große konzentrische Ringe und vier Nebenmonde.

Die Meerestiefe nimmt stetig zu, während wir nach Norden treiben. Heute abend hat Hansen die Beobachtung von vorgestern ausgerechnet und gefunden, daß wir auf 79° 11′ n. Br. stehen. Das ist schön, so müßte es weitergehen! Es ist der nördlichste Punkt, den wir bis jetzt erreicht haben, und heute sind wir vermutlich noch nördlicher. Während der letzten Tage haben wir gute Fortschritte gemacht, und die zunehmende Tiefe deutet eine glückliche Veränderung in der Richtung unserer Drift an. Haben wir am Ende vielleicht doch den richtigen Weg gefunden? Wir treiben täglich 5 Bogenminuten.

Dienstag, 28. November. Die Enttäuschung hat nicht lange auf sich warten lassen. Entweder ist in der Beobachtung oder in Hansens Rechnung ein Fehler; denn eine Jupiter-Höhe, die wir gestern abend nahmen, zeigt uns, daß wir auf 78° 36′ n. Br. stehen. Die heutige Lotung ergab 142 Meter Wasser, und die Lotleine zeigte südwestliche Drift.

Wie ängstlich man auch streben mag, die Dinge mit philosophischem Gleichmut aufzufassen, man fühlt sich bedrückt. Wenn man die Winde zwingen könnte, immer aus Süden zu wehen!

Abends ging ich in ziemlich düsterer Stimmung auf Deck. Nordlicht blitzte in unvergleichlicher Stärke und Schönheit in allen Farben des Regenbogens über den Himmel. Selten habe ich so glänzende Farben gesehen. Gelb herrschte zuerst vor und flackerte allmählich in Grün hinüber. Dann zeigte sich am unteren Ende der Strahlen auf der Unterseite des Bogens Rubinrot, das sich bald über den ganzen Bogen ausbreitete. Und nun ringelte sich eine feurige Schlange vom fernen westlichen Horizont her am Himmel empor, heller und heller erstrahlend. Sie spaltete sich in drei Teile, die alle zauberhaft glänzten und dann die Farben wechselten. Die Schlange im Süden wurde beinahe rubinrot mit gelben Flecken, die in der Mitte gelb und die im Norden grünlichweiß. Zur Seite der Schlangen zuckten Strahlenbündel, als ob sie wie Wellen vom Sturmwind durch den Äther getrieben würden; sie schwankten hin und her, bald stark, bald wieder schwächer. Bis zum Zenit und über ihn hinaus stiegen die Schlangen.

Obwohl ich nur leicht bekleidet war und vor Kälte zitterte, konnte ich mich nicht losreißen, bis das Schauspiel vorüber war und sich nur noch eine schwach glühende Schlange in der Nähe des westlichen Horizontes, wo das Lichtfest begonnen hatte, zeigte.

Mittwoch, 29. November. Wieder ist ein Hund zu Tode gebissen worden: »Fox«, ein hübsches, kräftiges Tier. Wir fanden ihn heute abend hinter dem Heck des Schiffes tot und steif auf dem Eis, als wir die Hunde hereinholten. »Suggen« tat in gewöhnlicher Weise seine Pflicht und bewachte den Körper. Es sind Schufte, diese Hunde. Ich habe befohlen, daß sie von jetzt ab stets von jemand bewacht werden, wenn sie auf dem Eis sind.

Donnerstag, 30. November. Das Lot zeigte heute eine Tiefe von 170 Metern, und es schien nach der Leine, als ob wir nach Nordwesten trieben. Unsere Hoffnungen steigen, und das Leben sieht sich wieder heller an.

Meine Stimmung gleicht einem Pendel, wenn man sich ein Instrument vorstellen kann, das nicht sehr regelmäßig hin und her schwingt. Es ist doch nicht immer gut, die Dinge mit philosophischer Ruhe zu nehmen; ich kann nicht leugnen, daß mich die Frage, ob wir mit oder ohne Erfolg zurückkehren, tief berührt.

Es ist sehr leicht, mich davon zu überzeugen, daß es darauf ankommt, die Expedition, erfolgreich oder nicht, durchzuführen und wohlbehalten Norwegen zu erreichen. Ich konnte nichts anderes tun, als die Fahrt unternehmen; denn mein Plan war so, daß ich fühlte, er müsse gelingen, und deshalb war es meine Pflicht, den Versuch zu machen. Aber, wenn er nicht gelingt, ist das dann auch meine Sache?

Ich habe meine Pflicht erfüllt, ich habe alles getan, was sich tun ließ, und kann mit gutem Gewissen zu dem friedlichen Glück, das ich daheim verlassen habe, zurückkehren. Was kann es ausmachen, wenn der Zufall, oder welchen Namen man ihm sonst geben will, den Plan gelingen läßt und unsere Namen unsterblich macht oder nicht? Der Wert des Planes bleibt derselbe, mag das Glück uns lächeln oder zurücktreiben.

Alles dies kann ich mir tausendmal wiederholen; ich kann mich dazu bringen, aufrichtig zu glauben, daß mir alles gleichgültig ist. Trotzdem wechselt bei mir die Stimmung wie die Wolken am Himmel wechseln, je nachdem, ob der Wind aus dieser oder jener Richtung weht, die Lotungen zunehmende Tiefe zeigen oder nicht und die Beobachtungen eine nördliche oder südliche Drift ergeben. Wenn ich an die vielen Leute denke, die an uns glauben, an Norwegen, an alle Freunde, die uns ihre Zeit, ihr Vertrauen und ihr Geld schenkten, dann wünsche ich herzlich, daß sie nicht enttäuscht werden, und ich werde traurig, wenn unsere Drift nicht so ist, wie wir erwartet haben. Und sie, die mir am meisten hingab, verdient sie nicht, daß ihr Opfer belohnt wird? Nein, wir müssen und wollen Erfolg haben.

Sonntag, 3. Dezember. Heute erreichten wir mit mehr als 250 Meter Leine keinen Grund. Die Drift war nordöstlich. Nach der gestrigen Beobachtung stehen wir auf 78° 44′ n. Br., d. h. 5 Minuten nördlicher als am Dienstag. Es geht schrecklich langsam, aber es geht wenigstens vorwärts, und vorwärts müssen wir, das ist gar keine Frage.

Dienstag, 5. Dezember. Heute ist der kälteste Tag, den wir bis jetzt gehabt haben, mit einer Temperatur von — 35,7° C und schneidendem Wind aus Ostsüdost. Die Beobachtung am Nachmittag ergibt 78° 50′ n. Br., das ist 6 Minuten nördlicher als am Sonnabend oder täglich zwei Minuten. Nachmittags leuchtete ein großartiges Nordlicht. Glänzende Bogen über das ganze Himmelsgewölbe von Osten nach Westen. Aber als ich abends an Deck kam, war der Himmel bezogen, und es schien nur ein einziger Stern durch den Wolkenschleier — der Heimatstern. Wie ich ihn liebe! Er ist der erste, den meine Augen suchen, und er ist immer da und bescheint unsern Pfad. Es ist mir, als ob uns nichts Schlimmes zustoßen könnte, solange ich ihn dort sehe.

Mittwoch, 6. Dezember. Heute nachmittag barst das Eis achtern an der Steuerbordseite. Wir müssen jetzt auf Eisdruck gefaßt sein, da wir heute oder morgen Neumond haben.

Donnerstag, 7. Dezember. Morgens um 5 Uhr schob sich das Eis etwa eine Stunde lang beim Heck zusammen. Ich lag in meiner Koje und hörte es krachen, mahlen und toben.

Freitag, 8. Dezember. Als wir gegen 6 Uhr beim Abendessen saßen, begann plötzlich das Eispressen. Das Eis krachte und brüllte ganz nahe bei uns an den Schiffsseiten entlang so sehr, daß wir uns nicht mehr richtig unterhalten konnten; wir mußten schreien. Der Wirrwarr dauerte ungefähr zwanzig Minuten, dann war alles still.

Im Laufe des Abends kam Scott-Hansen herunter und meldete uns merkwürdiges und wunderbares Nordlicht. Das Deck war hell beleuchtet, und der Widerschein des Lichtes spielte überall auf dem Eis. Der ganze Himmel glühte davon, war aber am hellsten im Süden, wo riesige schwankende Feuermassen hoch emporloderten. Worte können die Pracht nicht beschreiben, die sich unseren Augen bot. Das glühende Feuer teilte sich in glänzende, vielfarbige Streifen, die sich im Süden wie im Norden über den Himmel wanden und ineinander verschlangen. Die Strahlen funkelten in den reinsten, kristallklaren Regenbogenfarben, hauptsächlich in Violett-Rot oder Karmin und im hellsten Grün. Zuweilen röteten sich die Strahlen des Bogens am Ende, verwandelten sich höher hinauf in funkelndes Grün, das ganz oben dunkler wurde, und gingen in Blau oder Violett über, ehe sie im Blau des Himmels verschwanden. Auch die Strahlen in ein und demselben Bogen verwandelten sich von Hellrot in Hellgrün und schwankten hin und her, wie vom Sturm getrieben. Es war eine endlose Phantasmagorie von funkelnden Farben.

Manchmal glaubte man, daß irgend etwas Außergewöhnliches eintreten, daß zum mindesten der Himmel einstürzen müsse. Aber dann sinkt die ganze Erscheinung gleichsam mit einigen raschen, leichten Läufen auf der Tonleiter in das leere Nichts zusammen.

Diese Entwicklung ist durchaus undramatisch, alles geschieht so sicher und so beruhigend, daß man es nicht übelnehmen kann. Man fühlt sich in Gegenwart eines Meisters, der sein Instrument völlig beherrscht. Mit einem einzigen Bogenstrich steigt er von der Höhe der Leidenschaft leicht und elegant zu ruhigen, alltäglichen Weisen hinab, um sich mit einigen weiteren Strichen wieder in Leidenschaft hineinzuspielen. Es scheint, daß er uns äfft und neckt. Wenn wir vor 35° Kälte fliehen und hinuntergehen wollen, erzittern wieder so herrliche Töne über die Saiten, daß wir stehenbleiben, bis wir Nase und Ohren erfroren haben.

Als Finale gibt es eine wilde Entfaltung von Feuerwerk in allen Farbtönen, daß man jede Minute erwartet, alles unten auf dem Eis zu sehen, weil am Himmel kein Platz mehr ist.

Sonntag, 10. Dezember. Ein neuer, friedlicher Sonntag. Im englischen Kalender ist für diesen Tag als Spruch angegeben: »Derjenige ist glücklich, dessen Verhältnisse zu seinem Charakter passen; doch der zeichnet sich noch mehr aus, der seinen Charakter allen Verhältnissen anzupassen weiß!« (Hume.) Sehr wahr und genau die Philosophie, die ich in diesem Augenblick befolge. Ich liege beim Licht der elektrischen Lampe auf meinem Bett, esse Kuchen und trinke Bier und schreibe mein Tagebuch; dann lese ich und schlafe.

Wunderbar, welche Wirkung das Licht ausübt! Ich glaube, ich werde noch Feueranbeter; es ist seltsam genug, daß die Feueranbetung in den Polarländern nicht vorkommt.

An Bord erscheint eine Zeitung; sie heißt »Framsjaa«*. Unser Doktor ist der verantwortliche Redakteur. Die erste Nummer wurde heute abend unter viel Spaß und Gelächter vorgelesen.

Die gestrige Beobachtung versetzte uns auf 79° 0′ n. Br. und 139° 14′ ö. L. Endlich waren wir also wieder so weit nördlich gekommen, wie wir Ende September gewesen waren. Die Drift nach Norden scheint jetzt stetig zu sein, zehn Minuten in vier Tagen.

Dienstag, 12. Dezember. Heute morgen machte ich einen weiten Spaziergang nach Südosten. Das Eis ist dort ähnlich beschaffen wie im Westen, zusammengeschoben und zu Haufen in die Höhe gepreßt, mit flachen Schollen dazwischen.

Am Abend lärmten plötzlich die Hunde auf Deck los, während wir alle eifrig beim Kartenspiel saßen, einige beim Whist, andere bei Mariage. Ich hatte keine Schuhe an und sagte, es solle ein anderer hinaufgehen und nachsehen, was los sei. Mogstad ging. Oben wurde der Lärm schlimmer und immer schlimmer. Schnell kam Mogstad zurück. Er berichtete, daß alle Hunde, die die Reling nur erreichen könnten, hinaufgesprungen seien und in die Dunkelheit hinaus nach Norden bellten. Er sei sicher, es müsse dort irgendein Tier sein.

Als der Lärm nicht aufhörte, ging ich schließlich selbst hinauf. Johansen folgte mir. Wir schauten lange und scharf in die Dunkelheit hinaus, entdeckten aber nichts. Daß etwas da sein mußte, war ganz sicher, und ich zweifelte auch nicht, daß es ein Bär war, weil die Hunde fast außer sich waren. »Pan« machte ein Gesicht, als ob er mir etwas Wichtiges zu berichten habe, sprang dann auf die Reling und bellte nach Norden.

Ich gab mich aber zufrieden. Es hätte keinen Sinn gehabt, die Hunde loszulassen und mit ihnen über das Eis nach Norden zu gehen. Diese elenden Tiere wollen einen Bären nicht angreifen, und außerdem ist es so dunkel, daß wir das Tier schwerlich finden würden. Wenn es ein Bär ist, wird er wiederkommen. Wenn er so hungrig ist wie gewöhnlich zu dieser Jahreszeit, wird er sich kaum von dem guten Futter hier an Bord weit entfernen.

Ich schlug die Arme ein paarmal zusammen, um mir ein wenig warm zu machen, und ging zu Bett. Die Hunde bellten weiter.

Nordahl, der die Wache hatte, entdeckte auch nichts. Als ich noch lesend im Bett lag, vernahm ich ein ungewöhnliches Geräusch; es klang, als ob Kisten über Deck geschleift würden, ich hörte auch Kratzen wie von einem Hund, der hinaus will und hastig an einer Tür scharrt. Dabei fiel mir »Kvik« ein, die im Kartenraum eingeschlossen war. Ich rief Nordahl im Salon zu,

---

* Nach dem Titel der allbekannten Zeitschrift »Kringsjaa« gebildet, was »Ein Blick in die Runde« oder »Rundschau« bedeutet. »Framsjaa« könnte mit »Ausguck von der Fram« übersetzt werden.

er möge lieber nochmals nach oben gehen und nachsehen, was dies neue Geräusch zu bedeuten habe. Er tat es, und fand alles in Ordnung.

Ich warf mich lange in meiner Koje umher. Als Peder die Wache bekam, befahl ich ihm, das Luftsegel nach dem Winde zu drehen, um die Luftzufuhr zu stärken. Er ging nach vorn und stellte fest, daß drei von den Hunden fehlten, die ihr Lager am nächsten beim Steuerbord-Fallreep hatten. Möglich, daß dies der ganze Grund der Aufregung war. Indes hatten die Hunde es sich sonst nie so zu Herzen genommen, wenn einige von ihrer Schar davongelaufen waren. Endlich schlief ich ein, doch hörte ich sie im Schlafe noch lange bellen.

Mittwoch, 13. Dezember. Noch ehe ich heute morgen völlig wach war, hörte ich die Hunde wieder. Sicher hatte der Lärm die ganze Nacht hindurch angehalten.

Nach dem Frühstück gingen Mogstad und Peder hinauf, um die verwünschten Tiere zu füttern und auf das Eis zu lassen. Drei fehlten noch immer. Peder kam zurück und holte eine Laterne, um nachzusehen, ob Spuren zu finden waren. Jacobsen rief ihm nach, er solle lieber ein Gewehr holen.

Etwas später, als ich voller Sorge berechnete, wieviel Petroleum wir verbraucht hätten und wie kurze Zeit es noch reichen würde, wenn wir so wie bisher davon verbrauchten, hörte ich auf dem Kajüteingang plötzlich schreien: »Kommt mit einer Büchse!«

Im Nu war ich im Salon. Peder taumelte zur Tür herein und schrie atemlos: »Eine Büchse! Eine Büchse!« Ein Bär hatte ihn in die Seite gebissen.

Ich dankte Gott, daß es nichts Schlimmeres war. Als ich ihn schreien hörte, glaubte ich, es handle sich um Leben und Tod. Ich ergriff eine Büchse, er eine zweite, und dann stürzten wir nach oben, der Steuermann ebenfalls bewaffnet hinterdrein.

Es war nicht schwer zu bestimmen, nach welcher Richtung wir uns wenden sollten; denn von der Reling an der Steuerbordseite hörten wir menschliche Stimmen und vom Eis unter dem Fallreep her den fürchterlichen Aufruhr der Hunde. Ich riß den Wergpfropfen aus der Mündung meiner Büchse heraus und lud; der Fall war eilig. Aber zum Henker, am unteren Ende saß ebenfalls ein Pfropfen. Ich zerrte und zerrte, konnte ihn aber nicht zu fassen kriegen.

Peder schrie: »Schießt doch, schießt doch! Meins will nicht losgehen!«

Da stand er nun; das Schloß schnappte und schnappte, weil es wieder voll gefrorener Vaseline war, während der Bär gerade unter uns dicht neben der Schiffsseite lag und an einem Hund kaute. Neben mir stand der Steuermann, der auch vergeblich an einem Wergpfropfen im Lauf seiner Büchse zerrte; ärgerlich warf er das Gewehr fort und schaute sich nach einem Walroßspeer um, um den Bären zu erstechen.

Unser vierter Mann, Mogstad, hatte seine Patronen verschossen, er schwang die leere Büchse und schrie, jemand solle den Bären doch endlich erlegen.

Vier Männer, und darunter nicht ein einziger, der schießen konnte, obwohl wir den Bären mit den Läufen hätten am Rücken kitzeln können!

Endlich kam Johansen und schickte dem Bären eine Kugel in den Pelz, die einigen Erfolg hatte. Das Ungetüm gab den Hund frei und ließ ein Brummen hören. Ein zweiter Schuß blitzte auf und traf das Tier an derselben Stelle, dann noch einer. Jetzt sprang der weiße Hund, den der Bär in den Klauen gehabt hatte, auf und rannte davon, während die übrige Meute rundherumstand und bellte. Wieder fiel ein Schuß. Der Bär bewegte sich noch.

In diesem Augenblick flog der Pfropfen aus meiner Büchse heraus. Ich jagte dem Bären eine letzte Kugel durch den Kopf, um ganz sicher zu sein. Solange er lebendig gewesen war, hatten sich die Hunde bellend um ihn gedrängt; nun er im Tode still lag, zogen sie sich furchtsam zurück. Wahrscheinlich dachten sie, es sei eine List ihres Feindes. Es war ein kleines, mageres, einjähriges Tier, das den schrecklichen Aufruhr verursacht hatte.

Während der Bär abgehäutet wurde, wanderte ich in nordwestlicher Richtung, um die Hunde zu suchen, die noch immer fehlten. Ich kroch auf allen vieren über das zerklüftete Packeis und hatte die Büchse schußbereit. Dabei hielt ich beständig Ausschau nach vorn, meine Augen vermochten jedoch die Dunkelheit nicht sehr weit zu durchdringen. Ich sah die Hunde, die wenige Schritt vor mir herliefen, nur gerade noch als schwarze Schatten und erwartete jeden Augenblick, daß zwischen den Eishügeln eine ungeheure Gestalt auftauchte und sich auf mich stürzte. Die Hunde wurden immer vorsichtiger; zwei setzten sich hin, dann aber fühlten sie vermutlich, daß es eine Schande wäre, mich allein gehen zu lassen, und sie kamen mir langsam nach. Wir gelangten auf flaches Eis, und es war klar, daß irgend etwas ganz in der Nähe sein mußte. Dann sah ich einen dunklen Fleck auf dem Eis vor mir. Ich beugte mich nieder: es war unser armer »Johansens Freund«, ein schwarzer Hund mit weißer Schwanzspitze — steif gefroren. Daneben war noch etwas anderes Dunkles: Der zweite der vermißten Hunde, ein Bruder des Leichenwächters »Suggen«. Er war noch fast unversehrt und nur am Kopf angefressen, auch noch nicht ganz steif gefroren. Rund herum schien auf dem Eis Blut zu sein. Ich schaute nach allen Richtungen, entdeckte aber nichts. Die Hunde hielten sich in respektvoller Entfernung und starrten und witterten in der Richtung ihrer toten Gefährten. Bald darauf kamen einige von unseren Leuten. Sie brachten eine Laterne mit.

Während wir über das Packeis kletterten, rief ich: »Kommt hierher mit der Laterne, Bentsen! Ich glaube, hier sehe ich Spuren!«

Wir beleuchteten einige Vertiefungen im Schnee; es waren ganz sicher Spuren von Bärentatzen, aber von demselben kleinen Burschen.

»Hier hat er einen Hund hinter sich her geschleift!«

Beim Licht der Laterne konnten wir den blutgetränkten Pfad zwischen den Eishügeln verfolgen. »Svarten«, alias »Johansens Freund«, sah bös aus; Fleisch, Haut und Eingeweide waren fort, und es war nichts mehr übrig als die bloße Brust und das Rückgrat mit einigen Rippenstümpfen. Es war ein Jammer, daß der schöne, starke Hund so enden mußte. Eine besondere Abneigung hatte er gegen Johansen, den er anbellte und dem er die Zähne zeigte, sobald er an Deck kam oder nur eine Tür öffnete. Saß

Johansen pfeifend im Mast oder in der Tonne, dann pflegte sein »Freund« ihm mit einem wahren Wutgeheul vom Eis her zu antworten.

»Freuen Sie sich, Johansen, daß Ihr Feind nun tot ist?«

»Nein, es tut mir leid.«

»Weshalb?«

»Weil wir uns nicht versöhnt haben, bevor er starb.«

Wir suchten noch nach weiteren Bärenspuren, fanden aber keine; wir nahmen darum die toten Hunde auf den Rücken und wandten uns heimwärts.

Unterwegs erkundigte ich mich bei Peder, was zwischen ihm und dem Bären geschehen sei.

»Als ich mit Mogstad daherkam, bemerkten wir in der Nähe des Fallreeps Blutspuren, die aber ebensogut von einem Hund herrühren konnten, der sich verletzt hatte. Auf dem Eis unter dem Fallreep sahen wir Bärenspuren. Daraufhin brachen wir nach Westen auf, und mit uns die ganze Meute Hunde, die weit voranstürmte. Wir waren noch nicht weit vom Schiff weg, als plötzlich vor uns ein fürchterlicher Spektakel losging. Es dauerte nicht lange, da stürmte ein großes Tier, mit der Hundemeute um sich herum, gegen uns heran. Sobald wir sahen, was es war, machten wir kehrt und rannten, so schnell wir konnten, nach dem Schiff zurück.

»Mogstad hatte Komager (Lappenschuhe) an und kannte den Weg besser, so daß er vor mir beim Schiff war. Ich konnte mit meinen großen Holzschuhen nicht so schnell fort, und in der Verwirrung geriet ich gerade auf den großen Eishügel westlich vom Bug des Schiffes. Dort drehte ich mich um und leuchtete zurück, um zu sehen, ob der Bär noch hinter mir war, doch entdeckte ich nichts und lief weiter; aber als ich auf das flache Eis nahe am Schiff gelangte, sah ich rechts von mir etwas gerade auf mich zukommen. Erst dachte ich, es wäre ein Hund, man kann das im Dunkeln nicht so leicht erkennen; zu einem zweiten Gedanken hatte ich keine Zeit mehr; denn das Vieh sprang mich an und biß mich in die Seite.

»Was habt Ihr denn dabei gedacht, Peder?«

»Ich dachte, es sei aus mit mir. Was sollte ich machen? Ich hatte weder Gewehr noch Messer; ich nahm also die Laterne und gab ihm damit einen derben Schlag auf den Kopf, daß das Ding zerbrach und über das Eis flog.

»Als der Bär den Schlag fühlte, setzte er sich nieder und blickte mich an. Als er wieder aufstand, hatte ich schon Fersengeld gegeben; ich weiß nicht, ob er mich noch einmal fassen wollte, oder weshalb er sonst aufstand, jedenfalls sah er in diesem Augenblick einen Hund herankommen. Er verfolgte ihn, und ich gelangte an Bord!«

»Habt Ihr geschrien, Peder?«

»Aus Leibeskräften!«

»Aber wo war denn Mogstad während der ganzen Zeit?«

»Er holte seine Büchse und wollte die Sache allein besorgen. Aber sein Gewehr ging nicht los, und der Bär würde vollauf Zeit gehabt haben, mich ihm vor der Nase weg zu fressen!«

Ich hegte die schwache Hoffnung, daß der dritte Hund noch am Leben war; wir suchten viel nach ihm, fanden ihn aber nicht. Alles in allem ist das eine beklagenswerte Geschichte. Ein Bär war an Bord geklettert, und wir hatten drei Hunde auf einmal verloren!

Als ich nach dieser Bärengeschichte nach unten ging, sagte Juell zu mir: »Sie werden sehen, ‚Kvik' bekommt heute Junge; denn es ist bei uns an Bord immer so, daß die Ereignisse zusammentreffen!«

Und wirklich, als wir abends im Salon saßen, meldete Mogstad, unser Hundeaufseher, die Ankunft des ersten. Bald stellte sich noch eins und dann noch eins ein. Diese Nachricht war wenigstens etwas Balsam für unsere gekränkten Gemüter.

»Kvik« hatte oben im Durchgang an der Steuerbordseite eine mit Pelz ausgefütterte, mollige Kiste erhalten, in der es so warm ist, daß sie schwitzt; wir hoffen, daß die Jungen trotz der 48° Kälte am Leben bleiben.

Heute abend schien jeder ein wenig zu zögern, unbewaffnet auf das Eis zu gehen. Wir holten darum unsere Bajonettmesser hervor. Ich muß gestehen, ich war überzeugt gewesen, daß wir mitten im Winter so weit nördlich keine Bären finden würden.

Donnerstag, 14. Dezember.

»Nun, Mogstad, wieviel junge Hunde habt Ihr jetzt?« fragte ich beim Frühstück.

»Es sind jetzt fünf!«

Bald meldete er aber, daß es wenigstens zwölf seien.

Das ist ein schöner Ersatz für unseren Verlust. Und doch freuten wir uns beinahe ebenso sehr, als Johansen herunterkam und sagte, er habe den vermißten Hund weit weg im Nordwesten auf dem Eis heulen hören.

Als Peder nach dem Frühstück die Hunde fütterte, war der Vermißte wieder da und stand am Fallreep. Er war hungrig, aber sonst wohl und gesund, und machte sich sofort über den Futtertrog her.

Freitag, 15. Dezember. Nachmittags besichtigte ich »Kviks« Junge. Es waren ihrer dreizehn; ein seltsames Zusammentreffen — dreizehn junge Hunde am dreizehnten Dezember für dreizehn Mann. Fünf wurden getötet; acht kann »Kvik« ernähren.

Nach einer am Dienstag vorgenommenen Beobachtung müssen wir ziemlich nahe an 79° 8′ n. Br. stehen. Dies wären acht Minuten Drift in den drei Tagen seit Sonnabend; es wird immer besser. Weshalb will es nicht schneien? Weihnachten ist nahe, aber was ist Weihnachten ohne Schnee, dicht fallenden Schnee? Während der ganzen Zeit, die wir getrieben sind, hat es noch nicht einmal geschneit. Die harten Körner, die hin und wieder herabkommen, sind nichts. Der schöne, weiße Schnee, der so sanft und still fällt und jeden harten Umriß mit einer reinweißen Schutzdecke tilgt! Es gibt nichts so köstlich Ruhiges, Weiches und Weißes.

Mittwoch, 20. Dezember. Sverdrup und »Schmied Lars« haben eine große Bärenfalle angefertigt, die heute auf dem Eis aufgestellt wurde. Da ich aber fürchte, daß darin mehr Hunde als Bären gefangen werden, hängten wir sie an einem Galgen so hoch auf, daß die Hunde den Walfischspeck, der als Köder in der Falle befestigt ist, im Springen nicht mehr erreichen können. Sämtliche Hunde verbringen jetzt den Abend damit, daß sie von der Reling aus dieses neue Gerät im Mondschein draußen anbellen.

Donnerstag, 21. Dezember. Die Zeit vergeht. Nun haben wir schon den kürzesten Tag, obwohl wir hier gar keinen Tag haben. Aber wir gehen wieder dem Licht und dem Sommer entgegen. Heute loteten wir und ließen 2100 Meter Leine auslaufen, ohne Grund zu erreichen. Mehr Leine haben wir nicht. Wer hätte gedacht, daß wir so tiefes Wasser finden?

Freitag, 22. Dezember. Vergangene Nacht erlegten wir einen Bären. Jacobsen sah ihn während seiner Wache zuerst und schoß danach. Das Tier

Eisbär an der Falle

machte sich daraufhin davon. Dann kam Jacobsen in die Kajüte und berichtete uns. Nun gingen Mogstad und Peder an Deck. Sverdrup wurde ebenfalls geweckt und kam später nach.

Der Bär war wieder auf dem Weg zum Schiff. Plötzlich gewahrte er auf dem Eis den Galgen mit der Falle und wandte sich dorthin. Er betrachtete den Apparat genau, erhob sich dann vorsichtig auf den Hinterbeinen und legte die rechte Tatze auf den Querbaum gerade neben der Falle, starrte zögernd den köstlichen Bissen an, schien aber den häßlichen Klappen rundherum durchaus zu mißtrauen.

Mittlerweile war Sverdrup auf das Deckshaus gestiegen und beobachtete von dort im glitzernden Mondschein. Das Herz klopfte ihm; jeden Augenblick erwartete er, daß die Falle zuschnappte. Allein der Bär schüttelte argwöhnisch den Kopf, ließ sich langsam wieder auf alle viere nieder, schnüffelte vorsichtig an dem Draht, mit dem die Falle gesichert war, und ging dann daran entlang bis zu der Stelle, wo der Draht an einem Eisblock befestigt war. Er ging rundherum und sah, wie geschickt alles eingerichtet war; dann verfolgte er langsam den Draht zurück, richtete sich wieder wie vorher auf, mit der Tatze auf dem Querbalken des Galgens, schaute lange die Falle an und schüttelte noch einmal den Kopf, als ob er sagen wollte: »Diese hinterlistigen Kerle haben das ganz geschickt ausgedacht!« Dann nahm er den Marsch zu dem Schiff erneut auf. Als er noch 60 Schritt vom Bug entfernt war, gab Peder Feuer; der Bär stürzte, sprang aber wieder auf und machte sich davon. Nun feuerten Jacobsen, Sverdrup und Mogstad, und jetzt brach der Bär zwischen Eishügeln zusammen. Er wurde sofort abgehäutet, doch fand man in dem Fell nur das Loch einer einzigen Kugel hinter den Schulterblättern. Peder, Jacobsen und Mogstad schrieben sich jeder diese Kugel zu, Sverdrup gab seinen Anspruch auf, weil er zu weit nach dem Heck zu gestanden hatte.

Sonntag, 24. Dezember. Weihnachtsabend. 37° Kälte. Glitzernder Mondschein und die unendliche Stille der arktischen Nacht. Ich machte einen Spaziergang auf dem Eis. Der erste Weihnachtsabend, wie weit von der Heimat!

Von diesem Tag sind im Tagebuch keine Einzelheiten mitgeteilt; aber wenn ich an ihn zurückdenke, wie klar tritt alles wieder vor mich hin! Es herrschte eine eigentümlich gehobene Stimmung an Bord, wie sonst bei uns durchaus nicht üblich. Jeder beschäftigte sich in seinen geheimsten Gedanken mit der Heimat, allein die Kameraden sollten das nicht merken, und infolgedessen wurde mehr gescherzt und gelacht als sonst. Alle Lampen und Lichter, die wir an Bord hatten, brannten, und jede Ecke im Salon und in den Kabinen wurde glänzend erleuchtet.

Die Verpflegung an diesem Fest übertraf natürlich die aller früheren Tage; denn Essen war das einzige, womit wir Feste feiern konnten. Nach dem Abendessen kamen ganze Berge von Weihnachtskuchen, die Juell während mehrerer Wochen fleißig gebacken hatte, auf den Tisch.

Den Höhepunkt erreichte die Feier, als zwei Kisten mit Weihnachtsgeschenken herbeigebracht wurden, die eine von Scott-Hansens Mutter, die andere von seiner Braut. Rührend die Freude, mit der jeder seine Gabe empfing, mochte es nun eine Pfeife, ein Messer oder sonst eine Kleinigkeit sein; man fühlte, daß es gleichsam eine Botschaft aus der Heimat war.

Montag, 25. Dezember. Zu Hause werden sie jetzt viel an uns denken und uns wegen der Entbehrungen, die wir in dieser kalten, trostlosen Eisregion zu ertragen haben, viele mitleidige Seufzer weihen. Ich fürchte aber, ihr Mitgefühl würde sich abkühlen, wenn sie uns sehen, unsere Fröhlichkeit hören und Zeuge unserer Behaglichkeit und unseres guten Mutes sein könnten. Ihnen kann es zu Hause kaum besser gehen. Was mich selbst betrifft, so habe ich noch niemals ein so sybaritisches Leben geführt und

niemals so viel Grund gehabt, die Folgen zu fürchten, die es mit sich bringt. Man höre nur die Speisenfolge unseres heutigen Mittagessens:
1. Ochsenschwanzsuppe
2. Fischpudding mit Kartoffeln und geschmolzener Butter
3. Rentierbraten mit Erbsen, französischen Bohnen, Kartoffeln und eingemachten Kronsbeeren
4. Moltebeeren mit Sahne
5. Kuchen und Marzipan.

Und zu alledem Ringnæs-Bockbier! Ist das nun die richtige Art von Essen für Leute, die sich gegen die Schrecken der Polarnacht abhärten sollen? Wir hatten alle soviel gegessen, daß das Abendessen ausfallen mußte.

Zählt man zu den guten Dingen noch unser festgebautes, sicheres Wohnhaus hinzu, unseren behaglichen Salon, den eine große und mehrere kleinere Petroleumlampen erleuchten, wenn wir gerade kein elektrisches Licht haben, ferner die beständige Fröhlichkeit, das Kartenspiel und die große Menge von Büchern mit und ohne Bilder, die unterhaltende Lektüre boten, und endlich einen tüchtigen, gesunden Schlaf — was konnte man sich Besseres wünschen?

Und doch, und doch! Polarnacht, du bist wie ein Weib, ein wunderbar liebliches Weib! Du besitzest die edlen, reinen Züge antiker Schönheit aber auch ihre Marmorkälte. Auf deiner hohen, glatten Stirn, rein wie der klare Äther, ist keine Spur von Mitgefühl für die kleinen Leiden des verachteten Menschengeschlechts; auf deiner blassen Wange ist keine Spur von Gefühl. Wie müde bin ich deiner kalten Schönheit! Ich will zum Leben zurückkehren. Laß mich als Sieger oder als Bettler heimkehren, mir gilt es gleich! Aber laß mich heimkehren, um das Leben neu zu beginnen! Hier vergehen die Jahre; was bringen sie? Nichts als Staub, trockenen Staub, den der erste Windstoß verweht; an seine Stelle tritt neuer Staub, den der nächste Wind wieder fortfegt. Wahrheit? Weshalb macht man immer so viel aus der Wahrheit? Das Leben ist mehr als kalte Wahrheit, und wir leben nur einmal!

Donnerstag, 28. Dezember. Dicht vor der »Fram« hat sich eine neue Rinne gebildet, so breit, daß das Schiff quer darin liegen könnte. Sie hat sich letzte Nacht mit Eis bedeckt, in dem sich heute leichter Druck zeigt. Merkwürdig, wie gleichgültig wir gegen solche Eispressungen sind, die manchem anderen Polarforscher so große Sorge gemacht haben!

Wir haben nichts, aber auch nichts für einen Unfall vorbereitet, keine Kleider in Bereitschaft. Das mag wie Leichtsinn aussehen, in Wirklichkeit ist aber kaum zu erwarten, daß der Eisdruck uns schadet: wir wissen jetzt, was die »Fram« verträgt.

Stolz auf unser starkes Schiff, stehen wir auf dem Deck und beobachten, wie das Eis gegen seine Seiten stößt, hier zermalmt und zerbrochen wird und unter ihm durchgehen muß.

Ich lese gerade die Geschichte von der Expedition Kanes (1853—55). Der Unglückliche! Seine Vorbereitungen waren jämmerlich unzureichend. Fast alle Hunde starben an schlechter Nahrung; alle Leute hatten aus demselben Grund Skorbut, dazu gesellten sich Schneeblindheit, Frostbeulen und allerhand anderes Elend. Kane bekam eine heilige Scheu vor der arktischen Nacht. Er schreibt in seinem Werk: »Ich fühle, daß wir den Kampf ums Dasein unter ungünstigen Umständen führen, und daß ein arktischer Tag und eine arktische Nacht den Menschen schneller und ernstlicher altern lassen als ein Jahr irgendwo sonst auf dieser mühseligen Welt.«

An einer anderen Stelle schreibt er, es sei für zivilisierte Menschen unmöglich, unter solchen Lebensbedingungen nicht zu leiden.

Das waren traurige aber keineswegs vereinzelte Erfahrungen. Ein englischer Polarforscher, mit dem ich mich unterhalten habe, äußerte sich ebenfalls sehr entmutigend über das Leben in den Polargebieten, er war der Meinung, daß Skorbut unvermeidlich und noch keine Expedition ihm entgangen sei. Glücklicherweise bin ich in der Lage zu behaupten, daß diese Ansicht nicht gerechtfertigt ist.

Was mich selbst betrifft, so kann ich sagen, daß die arktische Nacht keinen alternden oder schwächenden Einfluß auf mich ausgeübt hat: im Gegenteil, ich scheine jünger zu werden. Diese ruhige, regelmäßige Lebensweise bekommt mir außerordentlich gut, und ich kann mich keiner Zeit erinnern, in der ich gesünder war, als ich jetzt bin. Ich weiche so sehr von jenen Autoritäten ab, daß ich die Arktis als ein ausgezeichnetes Sanatorium für Fälle von Nervosität und allgemeiner Schwäche empfehlen möchte. Fast schäme ich mich des Lebens, das wir führen, ohne alle jene so düster geschilderten Leiden der langen Winternacht, die von einer arktischen Expedition unzertrennlich sein sollten. Wir werden darüber nichts zu schreiben haben, wenn wir wieder nach Hause kommen.

Dasselbe, was ich von mir gesagt habe, kann ich auch von meinen Gefährten behaupten: sie sehen sämtlich gesund und wohlgenährt aus und sind es auch. Da ist keins jener blassen, hohlwangigen Gesichter, da ist keine Niedergeschlagenheit. Und wer es bezweifelt, müßte nur das Gelächter im Salon hören und uns beim Kartenspiel zusehen.

Woher sollte auch wohl Krankheit kommen? Bei der allerbesten Nahrung, die so abwechslungsreich ist, daß selbst der Wählerischste ihrer nicht überdrüssig wird; bei guter Wohnung, guter Kleidung, Bewegung in der freien Luft nach Belieben, bei Arbeit, die eher Vergnügen als Anstrengung ist, bei lehrreichen und fesselnden Büchern, Erholung bei Karten-, Schach-, Domino- und Halma-Spiel, bei Musik und Geschichtenerzählen — wie könnte da wohl jemand krank werden? Hin und wieder höre ich eine Bemerkung, daß man vollauf mit dem Leben zufrieden ist. Das ganze Geheimnis liegt in der vernünftigen Anordnung der Dinge.

Was meiner Ansicht nach eine besonders gute Wirkung auf uns ausübt, ist, daß wir alle zusammen in einem Salon leben und alles allen gemeinsam ist. Soviel ich weiß, ist dies das erstemal, daß ein solcher Versuch gemacht worden ist, er ist sehr zu empfehlen.

Sonntag, 31. Dezember. Letzter Tag des Jahres. Es ist ein langes Jahr gewesen, und es hat Gutes und Schlimmes gebracht. Es fing mit Gutem an, es schenkte mir mit Klein-Liv ein Glück so neu, so seltsam, daß ich anfangs gar nicht daran glauben mochte. Schwer war dann der Abschied: seitdem ist mir die ganze Zeit ein einziges, sehnsüchtiges Verlangen gewesen.

Endlich bist du doch abgetan, altes Jahr! Du hast uns nicht so weit gebracht, wie du hättest sollen, und doch hättest du es noch schlimmer machen können, du bist trotz alledem nicht so ganz schlecht gewesen. Sind nicht unsere Hoffnungen und Berechnungen gerechtfertigt worden, und treiben wir jetzt nicht gerade da, wo ich es gewünscht und gehofft hatte? Nur eins war verkehrt — ich habe nicht gedacht, daß die Drift in so vielen Zickzackzügen vor sich gehen würde.

Einen schöneren Silvesterabend hätte es nicht geben können. Das Nordlicht erstrahlt in wundervollen Farben und Lichtstreifen über dem ganzen Himmel, namentlich aber im Norden. Tausende von Sternen funkeln zwischen dem Nordlicht am blauen Firmament. Nach allen Seiten dehnt sich das Eis endlos und schweigend in die Nacht hinaus; die reifbedeckte Takelung der »Fram« hebt sich scharf und dunkel gegen den leuchtenden Himmel ab.

Montag, 1. Januar 1894. Es ist schönes, klares Wetter, 38° unter Null.

Ich liege in meiner Koje, schreibe, lese und träume. Es ist immer ein seltsames Gefühl, wenn man zum erstenmal die Zahl des neuen Jahres schreibt. Dann erst erfaßt man die Tatsache, daß das alte Jahr der Vergangenheit angehört, daß das neue Jahr da ist und man bereit sein muß, sich mit ihm herumzubalgen. Wer weiß, was es bringen wird? Gutes und Schlimmes ohne Zweifel, aber meist Gutes, und das kann doch nur sein, daß wir unserem Ziel und der Heimat entgegengehen. Ja, führe uns, wenn nicht an unser Ziel — das würde noch zu früh sein — so doch wenigstens in seiner Richtung! Stärke unsere Hoffnung, aber vielleicht — nein, kein vielleicht!

Meine wackeren Jungen verdienen Erfolg. In ihren Gedanken herrscht kein Zweifel. Sie vertrauen mir und meinen Theorien. Ein jeder hat sein ganzes Herz daran gesetzt, nordwärts zu kommen; ich lese es in ihren Gesichtern, es glänzt aus jedem Auge. Wenn wir südwärts treiben, höre ich Seufzer der Enttäuschung, aber auch erleichtertes Aufatmen, wenn es wieder nach Norden geht.

Was aber, wenn ich mich getäuscht habe und sie in die Irre führe? Wir sind die Werkzeuge von Mächten über uns; wir sind unter glücklichen und unglücklichen Sternen geboren. Bis jetzt habe ich unter einem glücklichen Stern gelebt. Soll sein Licht verdunkelt werden? Ich bin nicht abergläubisch, aber ich glaube an meinen Stern.

Mittwoch, 3. Januar. Sobald sich bei dieser Temperatur Eis bildet, scheidet sich durch den Frost an der Oberfläche das Salz aus, das zu hübschen Blumen gefriert und wie Rauhfrost aussieht. Die Temperatur ist zwischen 39° und 40° C unter Null; weht dazu noch ein schneidender Wind mit einer Geschwindigkeit von 3—5 Metern in der Sekunde, dann ist es »ziemlich kühl im Schatten«.

Scott-Hansen und sein Assistent machen Beobachtungen. Die meteorologischen Ablesungen, die alle vier Stunden notiert werden, sind Johansens besondere Aufgabe. Erst liest er an Deck Thermometer, Hygrometer und Thermograph ab — später wurden sie auf dem Eis aufgestellt — dann Barometer, Barograph und Thermometer im Salon und darauf die Minimum- und Maximum-Thermometer in der Tonne, diese um die Temperaturen aus einer höheren Luftschicht zu bekommen. Hernach liest er die Thermometer auf dem Eis ab, an denen die Oberflächenausstrahlung gemessen wird.

Astronomische Beobachtungen werden in der Regel jeden zweiten Tag gemacht, um die Position zu bestimmen und uns über unsere krebsartigen Fortschritte auf dem laufenden zu halten.

Diese Beobachtungen sind bei einer Temperatur zwischen —30° und —40° ein zweifelhaftes Vergnügen; still an Deck stehen, an den feinen Instrumenten arbeiten und die Metallschrauben mit den bloßen Fingern anziehen, ist nicht angenehm. Oft schlagen die Beobachter die Arme zusammen und laufen stark trampelnd auf Deck hin und her. Haben sie so einen donnernden Negertanz, der das ganze Schiff erschüttert, über unseren Köpfen ausgeführt und erscheinen sie wieder im Salon, so werden sie mit lautem Lachen empfangen und ganz unschuldig gefragt, ob es an Deck kalt gewesen sei.

»Nicht im geringsten«, sagt Hansen, »geradezu mollig.«

»Aber kalte Füße haben Sie bekommen?«

»Nein, das kann ich nicht sagen, doch werden einem die Finger manchmal ein wenig steif.«

Ihm waren nämlich gerade zwei Finger erfroren, und doch weigerte er sich, einen der Anzüge aus Wolfsfell zu tragen, die ich für die Meteorologen ausgegeben hatte.

»Es ist dazu noch zu mild«, meinte er, »und es ist nicht gut, wenn man sich verzärtelt!«

Ich glaube, das Thermometer stand 40° unter Null, als Hansen eines Morgens in Hemd und Unterbeinkleidern an Deck stürzte, um die Instrumente abzulesen. Er behauptete, er habe keine Zeit gehabt, sich anzuziehen.

Manchmal stellen Scott-Hansen und Johansen auch magnetische Beobachtungen auf dem Eis an. Ich schaue ihnen zu, wie sie dort mit ihren Laternen stehen und sich über ihre Geräte beugen. Im nächsten Augenblick sehe ich sie über die Scholle hinstürmen; dabei schwingen sie die Arme wie eine Windmühle ihre Flügel bei einer Windgeschwindigkeit von 10—12 Metern, dennoch ist es »durchaus nicht kalt«.

Ich muß dabei an das denken, was ich in den Berichten anderer Expeditionen gelesen habe: daß es bei solchen Temperaturen unmöglich sei, Beobachtungen zu machen. Es müßte schon schlimmer kommen, um unsere Leute zu veranlassen, ihre Tätigkeit aufzugeben.

Amundsen sagte gestern: »Wir sind die glücklichsten Menschen auf der Erde, daß wir hier leben können, wo wir keine Sorgen haben und alles erhalten, was wir brauchen!«

Auch ich bin glücklich! Trotz der Tatsache, daß wir wieder nach Süden treiben, bin ich guter Laune. Was kommt es schließlich darauf an? Vielleicht ist der Gewinn für die Wissenschaft ebenso groß, und möglicherweise ist der Wunsch, den Nordpol zu erreichen, nur aus Eitelkeit geboren!

Alle Berechnungen, mit nur einer Ausnahme, haben sich als richtig erwiesen. Wir haben den Weg längs der Küste von Asien gemacht, was uns, wie viele prophezeiten, große Schwierigkeiten schaffen würde. Wir haben weiter nach Norden segeln können, als ich selbst in den kühnsten Augenblicken zu hoffen gewagt, und gerade nach dem Meridian, den ich mir gewünscht hatte. Wir sind vom Eis eingeschlossen, wie ich es ebenfalls gewünscht hatte. Die »Fram« hat die Eispressungen prachtvoll ausgehalten und läßt sich, ohne nur zu krachen, durch den Eisdruck in die Höhe heben, obwohl sie schwerer mit Kohlen beladen ist und einen größeren Tiefgang besitzt, als wir bei Aufstellung unserer Berechnungen angenommen hatten. Und dabei hatten die Erfahrensten in diesen Sachen ihr und uns sicheren Untergang prophezeit!

Ich habe das Eis nicht höher und schwerer gefunden, als vermutet. Behaglichkeit, Wärme und Ventilation an Bord erfüllen alle Erwartungen. An der Ausrüstung fehlt nichts, und die Verpflegung ist außergewöhnlich gut.

Die Vorbereitungen für die Expedition haben mich mehrere kostbare Jahre meines Lebens gekostet, aber jetzt beklage ich sie nicht: mein Zweck ist erreicht. Auf dem Treibeis führen wir ein Winterleben, das nicht nur in jeder Beziehung besser ist als das früherer Expeditionen, sondern tatsächlich so, als ob wir ein Stück von Norwegen aus Europa mitgebracht hätten. Es geht uns hier ebensogut, wie wenn wir zu Hause wären. Alle zusammen in einer Kajüte, in der alles gemeinsam ist, bilden wir einen kleinen Teil des Vaterlandes, und wir schließen uns täglich fester zusammen.

Nur in einem Punkte haben meine Berechnungen sich als falsch erwiesen, und leider in einem der wichtigsten. Ich hatte ein seichtes Polarmeer vorausgesetzt, da die aus diesen Gegenden bekannte größte Tiefe von der »Jeannette« mit 150 Metern gemessen war. Ich schloß daraus, daß alle Strömungen in dem seichten Polarmeer einen starken Einfluß ausüben würden und daß an der asiatischen Seite der von den sibirischen Flüssen veranlaßte Strom stark genug sein müsse, um das Eis nach Norden zu treiben. Nun aber finde ich hier schon eine Tiefe, die wir mit unserer ganzen Leine nicht messen können, eine Tiefe von gewiß 1800 Metern und möglicherweise dem Doppelten.

Das hat sofort mein ganzes Vertrauen zu der Strömung über den Haufen geworfen; wir finden entweder gar keine oder nur eine sehr geringe Strömung, und unsere einzige Hoffnung setzen wir jetzt auf die Winde. Kolumbus entdeckte Amerika durch eine falsche Berechnung, die nicht einmal von ihm selbst herrührte; der Himmel weiß, wohin mein Irrtum uns führen wird. Ich wiederhole nur, das sibirische Treibholz an der Küste von Grönland kann nicht lügen, und den Weg, den es gemacht hat, müssen auch wir gehen.

Montag, 8. Januar. Klein-Liv ist heute ein Jahr alt; zu Hause wird Festtag sein. Als ich nach dem Essen auf dem Sofa lag und las, steckte Peder den Kopf durch die Tür und forderte mich auf, nach oben zu kommen und mir einen merkwürdigen Stern anzusehen, der sich soeben über dem Horizont zeige und wie das Feuer einer Bake scheine.

Ich bekam fast einen Schreck, als ich an Deck kam und im Süden gerade über dem Rand des Eises ein starkes, rotes Licht sah, das funkelte und die Farbe veränderte. Es sah aus, als ob jemand mit einer Laterne über das Eis käme. Ich glaube wirklich, ich habe einen Augenblick meine Umgebung so weit vergessen, daß ich dachte, es nähere sich in der Tat jemand von Süden her. Es war die Venus, die bis jetzt unter dem Horizont gestanden hatte und die wir heute zum erstenmal sahen. Sie war wunderschön mit ihrem roten Licht.

Seltsam, daß das gerade heute geschehen muß. Es muß Livs Stern sein, ebenso wie der Jupiter der Heimatstern ist. Und Livs Geburtstag ist ein Glückstag — wir sind wieder auf dem Wege nach Norden! Nach unseren Beobachtungen sind wir sicher nördlich vom 79. Grad. An meinem Hochzeitstag, 6. September, begann der günstige Wind zu wehen, der uns die asiatische Küste entlang führte; vielleicht hat Livs Geburtstag uns in eine günstige Strömung gebracht, und vielleicht brechen wir unter ihrem Stern wirklich nach dem Norden auf!

Es ist doch nicht so ganz gleichgültig, ob wir nach Norden oder nach Süden gehen. Geht die Drift nordwärts, so scheint neues Leben in mich einzuströmen, und die Hoffnung, die ewig junge, sprießt neu und grün unter dem Winterschnee hervor. Ich sehe den Weg offen vor mir und in der Ferne die Heimkehr — ein zu großes Glück, um ganz daran zu glauben.

Sonntag, 14. Januar. Die Zeit verfliegt beinahe schnell, und jeden Tag wird es heller. Gestern war das Eis ruhig, heute morgen aber herrschte an verschiedenen Stellen wieder beträchtlicher Eisdruck. Ich machte einen weiten Marsch nach Südwesten und geriet mitten in die Pressungen hinein. Das Zusammenschieben begann gerade, wo ich stand, mit donnerndem Getöse unter mir und auf allen Seiten; ich sprang und rannte wie ein Hase, gerade als ob ich so etwas noch nie gehört hätte; es kam so unerwartet. Das Eis war im Süden merkwürdig flach; je weiter ich ging, desto flacher wurde es, und dabei war die Oberfläche ganz vorzüglich für Schlittenfahrten geeignet. Auf solchem Eis könnte man täglich viele Meilen fahren.

Montag, 15. Januar. Je länger ich hier umherstreife und dieses Eis nach allen Richtungen hin ansehe, desto stärker erfaßt mich ein Plan, mit dem ich in Gedanken schon lange umgegangen bin.

Mit Hunden und Schlitten mußte es möglich sein, auf diesem Eis den Pol zu erreichen. Den Rückweg würde man dann in der Richtung auf Franz-Joseph-Land, Spitzbergen oder die Westküste von Grönland nehmen. Für zwei Leute könnte man es fast als eine leichte Expedition bezeichnen.

Allein, es würde voreilig sein, im Frühjahr aufzubrechen. Erst müssen wir sehen, welche Drift der Sommer bringt. Und wenn ich darüber nachdenke, halte ich es doch für zweifelhaft, ob es richtig wäre, mich zu entfernen und die anderen zu verlassen. Man denke sich nur, wenn ich nach Hause käme und sie nicht!

Und doch bin ich hierhergekommen, um die unbekannten Polargebiete zu erforschen; dafür haben die Norweger ihr Geld hergegeben, und es ist sicher meine erste Pflicht zu tun, was ich kann. Ich muß die Drift noch einer längeren Probe unterziehen. Wenn wir aber nach einer verkehrten Richtung geführt werden, dann bleibt nichts anderes übrig, als den Polmarsch anzutreten, komme danach, was da wolle!

Dienstag, 16. Januar. Ist es die Ruhelosigkeit des Frühlings, die über den Menschen kommt? Der Wunsch nach Tätigkeit, nach etwas, was sich von diesem Leben unterscheidet? Ist die Menschenseele nichts weiter als eine Aufeinanderfolge von Stimmungen und Gefühlen, die sich so unberechenbar verändern wie der Wind? Vielleicht ist mein Gehirn übermüdet; Tag und Nacht sind meine Gedanken auf den einen Punkt gerichtet gewesen, auf die Möglichkeit, den Pol zu erreichen und wieder nach Hause zu kommen. Vielleicht ist es Ruhe, was ich brauche, um zu schlafen, zu schlafen! Fürchte ich mich, das Leben zu wagen? Nein, das kann es nicht sein.

Aber was hält mich sonst zurück? Vielleicht ein geheimer Zweifel, daß der Plan durchzuführen ist? Mein Geist ist verwirrt; alles ist in Unordnung geraten, ich bin mir selbst ein Rätsel. Ich bin abgenutzt und fühle doch keine besondere Ermüdung. Alles um mich herum ist Leere, und mein Gehirn ist ein weißes Blatt. Ich schaue die Bilder aus der Heimat an, und sie langweilen mich; ich blicke in die Zukunft, und es kommt mir vor, als sei es mir ziemlich einerlei, ob ich in diesem oder im nächsten Herbst zurückkomme. Wenn ich schließlich überhaupt nur zurückkomme, scheinen mir ein oder zwei Jahre fast nichts zu sein.

So habe ich früher nie gedacht. Ich habe jetzt keinerlei Neigung zum Lesen, zum Zeichnen oder zu irgendeiner anderen Tätigkeit. Torheit! Soll ich versuchen, einige Seiten Schopenhauer zu lesen? Nein, ich will zu Bett gehen, obwohl ich nicht müde bin.

Das einzige, was mir hilft, ist Schreiben, der Versuch, mich auf diesen Blättern auszusprechen und dann mich selbst gleichsam von außen her zu betrachten. Ja, das Leben des Menschen ist nichts als eine Aufeinanderfolge von Gemütsstimmungen, halb Erinnerung, halb Hoffnung.

Donnerstag, 18. Januar. Letzte Nacht hatte ich einen merkwürdigen Traum. Ich war heimgekehrt. Noch fühle ich etwas von der zitternden, mit Furcht gepaarten Freude, mit der ich mich dem Lande und der ersten Telegraphenstation näherte. Ich hatte meinen Plan ausgeführt; wir hatten den Nordpol erreicht und waren nach Franz-Joseph-Land zurückgelangt. Ich hatte nichts gesehen als Treibeis, und als mich die Leute fragten, wie es dort oben aussähe und wie wir gewußt hätten, daß wir am Pol seien, vermochte ich keine Antwort zu geben; ich hatte vergessen, genaue Beobachtungen anzustellen.

Freitag, 19. Januar. Prachtvoller Wind mit einer Geschwindigkeit von 4 bis 9 Metern in der Sekunde. Wir gehen mit großartiger Schnelligkeit nach Norden. Das rotglühende Zwielicht ist um Mittag jetzt so hell, daß, wenn wir südlicher stünden, wir in wenigen Minuten die Sonne in glänzender Pracht am Horizont aufsteigen sehen müßten. Noch einen Monat, dann ist es soweit.

Dienstag, 23. Januar. Als ich heute morgen an Deck kam, saß »Kaiphas« an Backbord neben dem Heck auf dem Eis und bellte unaufhörlich nach Osten. Ich ging mit einem Revolver hin. Sverdrup folgte mir. Als ich in die Nähe des Hundes kam, rannte er uns voran; offenbar war dort ein Tier, und dies konnte natürlich nur ein Bär sein.

Der Vollmond schien rot und stand im Norden; sein schwaches Licht fiel schräg auf die zerrissenen Eisflächen. Die Hügel warfen lange und vielgestaltige Schatten. Ich entdeckte in diesem Wirrwarr aber nichts. Wir gingen weiter, »Kaiphas« knurrend und bellend und die Ohren spitzend voran, ich hinter ihm her, jeden Augenblick erwartend, daß ein Bär vor uns auftauchte.

Der Weg führte uns ostwärts an einer Öffnung entlang. Plötzlich blieb der Hund stehen und ließ ein schwaches Knurren hören. Ich erkletterte einen

Eishügel, um Umschau zu halten, und erblickte zwischen den Eisblöcken etwas Dunkles, das auf uns zuzukommen schien.
»Dort kommt ein schwarzer Hund!« rief ich.
»Nein, es ist ein Bär!« erwiderte Sverdrup.
  Jetzt bemerkte auch ich, daß es ein großes Tier war und daß es nur der Kopf gewesen war, was ich für einen Hund gehalten hatte. In den Bewegungen glich es etwas einem Bären, es schien mir jedoch zu dunkel zu sein. Ich riß den Revolver aus der Tasche und stürzte darauf zu, um dem Tier sämtliche Kugeln in den Kopf zu jagen, aber als ich nur noch wenige Schritte von ihm entfernt war und schießen wollte, hob es den Kopf. Es war ein Walroß. Im selben Augenblick stürzte es sich ins Wasser.
  Da standen wir nun. Auf einen solchen Burschen mit einem Revolver zu schießen, wäre ebensoviel gewesen, wie eine Gans mit Wasser zu bespritzen. Unmittelbar darauf erschien der große, schwarze Kopf wieder in einem Mondscheinstreifen auf dem dunklen Wasser. Das Tier schaute lange nach uns her, verschwand, erschien etwas später aufs neue, tauchte auf und nieder, blies mit den Nüstern, steckte den Kopf unter Wasser, schob sich zu uns herüber und hob wieder den Kopf. Es konnte einen verrückt machen; wenn wir eine Harpune gehabt hätten, ich würde sie ihm leicht in den Rücken gejagt haben.
  Wir liefen, so schnell uns unsere Beine trugen, nach der »Fram« zurück, um Harpune und Büchse zu holen; allein Harpune und Leine waren weggestaut und nicht so rasch zu finden. Ferner mußte die Harpune geschärft werden, und das alles kostete Zeit. Trotz Suchen an der Öffnung entlang nach Osten und Westen fanden wir das Walroß nicht wieder. Weiß der Himmel, wohin es sich entfernt hatte! Im weiten Umkreis war keine Öffnung weiter im Eis.
  Vergeblich ärgerten Sverdrup und ich uns darüber, daß wir nicht sofort erkannt hatten, was es für ein Tier war; hätten wir es geahnt, würden wir das Walroß jetzt haben. Wer erwartet aber auch, mitten in einer wilden See von 1800 Metern Tiefe auf geschlossenem Eis ein Walroß, noch dazu mitten im Winter? Keiner von uns hatte etwas Derartiges je vorher gehört.
  Freitag, 26. Januar. Ich ging heute morgen mit Peder ungefähr 12 Kilometer an der Öffnung entlang. Wir sahen, daß sie zwischen einigen alten, zusammengeschobenen Eisgraten endete; insgesamt ist sie über 13 Kilometer lang. Als wir uns auf den Heimweg machten, fing das Eis an sich zu bewegen; in der Tat war während der ganzen Zeit ziemlich starker Eisdruck. Während wir auf dem neuen Eis in der Rinne dahinschritten, krachte es unter den Füßen und warf sich in Furchen auf; dann stieg es zu zwei hohen Mauern auf, zwischen denen wir wie in einer Straße wanderten. Dabei war unaufhörlicher Lärm, der bald wie das Heulen und Winseln eines über Kälte klagenden Hundes klang, bald wie das Donnergetöse eines mächtigen Wasserfalles. Mehrmals mußten wir uns auf das alte Eis flüchten, entweder weil wir an offenes Wasser mit einem Gewirr von treibenden Blöcken kamen oder weil der Eisschub gerade quer über die Rinne gegangen war und sich vor uns eine Mauer gleich einer gefrorenen Welle erhob. Es schien, als ob sich das Eis an der Südseite der Rinne, wo die »Fram« lag, nach Osten be-

wegt oder an der Nordseite nach Westen fortgeschoben habe, da sich die Schollen auf beiden Seiten in diesen Richtungen schräg gegenüberstanden.

Sonnabend, 27. Januar. Heute abend herrschte heftiger Eisdruck, der um 7½ Uhr in der Rinne achteraus begann und ununterbrochen zwei Stunden anhielt. Es klang, als ob Wasser mit einer Gewalt, der nichts widerstehen könne, brüllend auf uns herabstürzte; man hörte die Schollen aneinanderkrachen und sich gegenseitig zertrümmern. Sie wurden zu hohen Mauern aufgeworfen und zusammengeschoben. Die Wälle müssen sich jetzt an der Rinne entlang von Osten nach Westen ausdehnen, da man das Getöse auf der ganzen Strecke hört.

In diesem Augenblick kommt es näher. Das Schiff erhält heftige Stöße wie von Wogen unter dem Eis. Sie kommen von hinten gegen uns heran und gehen nach vorn. Wir starren in die Nacht hinaus, sehen aber nichts. Es ist pechfinster. Jetzt höre ich das Krachen und Schieben in dem Eishügel an Steuerbord querab vom Heck. Endlich läßt das Getöse des Wasserfalls nach, dann treten längere Pausen zwischen den einzelnen Stößen ein. Mir ist so kalt, daß ich mich nach unten schleiche.

Kaum habe ich mich zum Schreiben niedergesetzt, als sich das Schiff erneut hebt. Es zittert, und ich höre durch seine Seiten das Getöse des Zusammenschiebens. Da die Bärenfalle in Gefahr sein kann, gehen drei Leute hin, um nachzusehen. Sie finden, daß zwischen der neu zusammengeschobenen Eiskette und dem Draht, mit dem die Falle befestigt ist, noch ein Zwischenraum von fünfzig Schritten ist, und lassen darum die Falle an ihrer Stelle.

Jetzt beginnt wieder sehr heftiges Eisschieben. Ich springe an Deck und sehe es mir an. Sowie man die Tür öffnet, tönt einem der Lärm entgegen. Es kommt jetzt vom Bug und vom Heck her. Offenbar türmen sich in beiden Rinnen Eisketten auf, so daß wir, wenn sie uns erreichen, an beiden Enden aufgenommen und leicht und bequem aus dem Wasser gehoben werden. Auf allen Seiten sind uns die Pressungen ganz nahe.

In dem alten Hügel an Backbord querab vom Heck kracht es jetzt ebenfalls. Es wird immer lauter, und soviel ich erkennen kann, hebt sich der Hügel langsam in die Höhe. Quer über die große Scholle an Backbord hat sich eine Rinne gebildet; obwohl es dunkel ist, sieht man das Wasser. Jetzt werden Druck und Lärm immer schlimmer; das Schiff erzittert, und ich habe das Gefühl, als ob ich selbst langsam mit der Heckreling gehoben würde. Ich stand und schaute auf das Gewirr der Eismassen hinaus. Sie glichen Riesenschlangen, die ihre ungeheuren Körper hin und her wanden und ringelten unter dem ruhigen, sternbesäten Himmel, dessen Frieden nur durch ein Nordlicht unterbrochen ward, das im Nordosten ruhelos schwankte und flackerte.

Wiederum denke ich daran, wie behaglich und sicher es an Bord der »Fram« ist, und schaue mit einer gewissen Verachtung auf den schrecklichen Wirrwarr hinab, den die Natur vollständig zwecklos verursacht; sie wird uns nicht zermalmen, ja nicht einmal erschrecken. Ich lausche dem Getöse der Pressungen draußen und fühle die Erschütterungen, während ich über meinem Tagebuch sitze.

Im Gefühl der Sicherheit und Gemütlichkeit denke ich mit ehrlichem Bedauern an die vielen Männer, die einst stets bereit sein mußten, beim Eintritt einer solchen Eispressung ihr gebrechliches Fahrzeug zu verlassen. Die armen Leute vom »Tegetthoff«! Sie haben schwere Zeiten durchgemacht, und doch hatten sie ein gutes Schiff im Vergleich zu den Fahrzeugen anderer Expeditionen.

Es ist jetzt halb zwölf, und der Lärm nimmt ab. Merkwürdig ist, daß jetzt diese starken Pressungen auftreten, obwohl der Mond im letzten Viertel steht und wir taube Gezeiten haben. Das stimmt nicht mit unseren früheren Erfahrungen überein. Es sind heute $-41,4°$, doch geht kein Wind, so daß es einem fast mild erscheint.

Das war aber noch nicht das Ende der Eispressungen. Als ich ein Viertel vor 12 Uhr an Deck war, begann das Tosen und Zittern wieder, diesmal an Backbord, querab vom Heck. Dann ertönte plötzlich ein lauter Knall nach dem andern und verhallte in der Ferne; das Schiff machte einen Ruck, darauf trat nochmals eine schwache Pressung ein, und dann herrschte Ruhe.

Sonntag, 28. Januar. Der hinter dem Schiff entstandene Grat zeigte, wie heftig der Druck gewesen war; an einer Stelle betrug die Höhe 5½ bis 6 Meter über dem Wasser. Scholleneis von 2½ Meter Dicke war zertrümmert, zu viereckigen Blöcken aufeinandergeschoben und in Stücke zermalmt worden. Eine ungeheure Säule ragte aus solchem Schollenis in die Luft. Jenseits dieser Eismauer entdeckte ich keine größere Störung. Die Kette hinter uns ist eine der höchsten, die ich bis jetzt gesehen habe. Wenn die »Fram« dort gelegen hätte, würde sie wohl vollständig aus dem Wasser gehoben worden sein.

Wieder Sonntag! Wunderbar, daß die Zeit so rasch verfließt! Aus einem Grund sind wir in besserer Stimmung: wir wissen, daß wir stetig nach Norden treiben. Eine rohe Schätzung unserer heutigen Beobachtung versetzt uns auf 79° 50′ n. Br.; das ist nicht viel seit Montag, allein gestern und heute war fast kein Wind, und an den anderen Tagen war er sehr schwach.

Mittwoch, 31. Januar. Der Wind pfeift über die Eishügel hin, der Schnee fliegt rauschend durch die Luft, Eis und Himmel sind in eins verschmolzen. Es ist dunkel, die Haut schmerzt uns vor Kälte, aber wir gehen mit voller Geschwindigkeit nach Norden.

Donnerstag, 1. Februar. Dasselbe Wetter wie gestern, außer daß es ganz mild geworden ist ($-22°$ C). Der Schnee fällt genau so wie zur Winterszeit zu Hause. Der Wind ist südlicher, jetzt Südsüdost. Wir können als sicher annehmen, daß wir den 80. Grad überschritten haben.

Freitag, 2. Februar. Heute hoher Festtag zu Ehren des 80. Grades. Frisches Roggenbrot und Kuchen zum Frühstück. Ich machte einen weiten Spaziergang, um Appetit zum Mittagessen zu bekommen.

Nach der Beobachtung von heute morgen sind wir auf 80° 10′ n. Br. und 132° 10′ ö. L. Hurra! Gut gesegelt!

Das Menü: Ochsenschwanzsuppe, Fischpudding, Kartoffeln, Fleischpasteten, grüne Erbsen, türkische Bohnen, Moltebeeren mit Milch und für jeden eine ganze Flasche Bier. Konnte man sich mehr wünschen? Abends hatten wir eingemachte Birnen und Pfirsiche, Honigkuchen, getrocknete Bananen, Feigen, Rosinen und Mandeln. Vollständiger Feiertag den ganzen Tag.

Wir lasen die Erörterungen vor, die vor unserm Abgang über die Expedition veröffentlicht worden sind, und lachten manchmal herzlich über die vielen Einwände. Vielleicht werden unsere Angehörigen in der Heimat jetzt nicht lachen, wenn sie sie lesen.

Montag, 5. Februar. Heute haben wir bei Tisch die letzte Flasche Ringnæs-Bier getrunken. Traurig!

Dienstag, 6. Februar. Ruhiges, klares Wetter. Im Süden über dem Horizont ein starker Sonnenschimmer, darüber Gelb, Grün und Hellblau, der ganze Himmel tief ultramarinfarben. Ich glaube nicht, daß der italienische Himmel blauer ist. Seltsam, daß diese tiefe Farbe stets mit der Kälte zusammen auftritt! Wäre es möglich, daß Luftströmungen aus nördlicheren Gebieten in den oberen Schichten trockenere und durchsichtigere Luft hervorbringen?

Einen überraschenden Gegensatz zu dem Dunkelblau des Himmels bildeten das rote Deckhaus der »Fram« und der weiße Schnee auf dem Zeltdach und in der Takelung. Eis und Hügel erschienen vollständig violett, wo sie dem Tageslicht abgewendet waren; diese Farbe zeigte sich besonders kräftig über den Schneefeldern auf den Eisschollen.

Die Temperatur betrug $-47°$ und $-48°$ C. Es ist ein plötzlicher Übergang von $70°$, wenn man aus dem Salon kommt, in dem wir $+22°$ haben. Trotzdem findet man es, obwohl man dünn bekleidet und ohne Kopfbedeckung herumgeht, nicht kalt, und man kann sogar ungestraft den Messinggriff an der Tür oder das Stahltau an den Wanten anfassen.

Dagegen ist die Kälte sichtbar; der Atem ist, wenn er aus dem Mund kommt, wie Pulverrauch, und wenn man ausspuckt, steigt ein Dampfwölkchen rund um die Feuchtigkeit aus dem Boden auf. Die »Fram« sondert stets Nebel ab, der vom Wind fortgetragen wird, und Menschen und Hunde entdeckt man schon aus weiter Ferne zwischen den Eishügeln und Ketten an der Dunstsäule, die ihren Schritten folgt.

Mittwoch, 7. Februar. Die Hoffnung, besser die Stimmung des Menschen, ist doch ein recht zerbrechliches Ding!

Heute morgen war eine schwache Brise aus Nordnordost, nur 2 Meter in der Sekunde, das Thermometer stand auf $-49,6°$, und sofort ist die Stirne bewölkt, und sofort scheint es mir gleichgültig, wie wir wieder nach Hause kommen, wenn es nur bald ist. Ich nehme sogleich Land im Norden an, aus dem diese kalten Winde mit klarer Atmosphäre, Frost und hellblauem Himmel herstammen, und schließe, daß dieses ausgedehnte Land einen Kältepol mit einem beständigen Luftdruckmaximum bildet, das uns durch nordöstliche Winde wieder südwärts drängt.

Gegen Mittag wurde es nebliger und meine Stimmung besser. Ich erwartete Südwind.

Und wirklich, heute abend stellte er sich aus Südsüdwest ein; jetzt, um 12 Uhr, ist seine Geschwindigkeit 3,6 Meter, und die Temperatur ist auf $-42°$ gestiegen. Das verspricht viel. Wir werden wohl bald $81°$ erreichen. Das Land im Norden ist jetzt wieder verschwunden.

Bei Tisch hatten wir heute anstatt Bier Zitronensaft mit Zucker. Es schien allen zu schmecken; wir nennen das Getränk Wein und finden es besser als Apfelwein.

Am Abend wurde gewogen. Die Zunahme ist in einigen Fällen beunruhigend, im letzten Monat um ganze zwei Kilo, so z. B. Sverdrup, Blessing und Juell, der mit 86,2 Kilo an Bord die Spitze hält. »Soviel wie jetzt habe ich noch nie gewogen!« gesteht Blessing, und ähnlicher Fettansatz ist auf der ganzen Linie festzustellen. Ja, es ist eine anstrengende Expedition.

Genau, wie erwartet, höre ich den Wind jetzt in der Takelung heulen; es wird ein regelrechter Sturm werden nach den Begriffen, die wir hier von Sturm haben.

Sonnabend, 10. Februar. Aus dem Wind war nichts rechtes geworden. Wir hofften zwar, doch ein hübsches Stück nach Norden zurückgelegt zu haben, aber die gestrige Beobachtung ergab 79° 57′ n. Br.

Es ist ganz merkwürdig, wie leicht man sich an Enttäuschungen gewöhnt; aufs neue beginnt das sehnsüchtige Verlangen, und wieder erscheint das Ziel so fern, so zweifelhaft. Dabei träume ich jetzt nachts gerade davon, daß wir westlich von Island aus dem Eis herauskommen. Die Hoffnung ist ein gebrechliches Fahrzeug.

Sonntag, 11. Februar. Heute machte ich eine weite, erfolgreiche Fahrt mit zwei Gespannen. Die Sache ging gut; die Schlitten kamen weit besser über das Eis hinweg, als ich angenommen hatte; sie sinken nicht tief in den Schnee ein. Auf flachem Eis ziehen vier Hunde zwei Mann mit Leichtigkeit.

Dienstag, 13. Februar. Gestern eine weite Fahrt mit Hunden nach Südwesten; heute noch weiter in derselben Richtung auf Schneeschuhen. Es ist eine gute, gesunde Übung bei — 42° bis — 44° und schneidendem Nordwind.

Die Natur ist so schön und so rein, das Eis so fleckenlos weiß, und die Lichter und Schatten des wachsenden Tages sind so wundervoll auf dem frischgefallenen Schnee! Die schnee- und reifbedeckte Takelung der »Fram« steigt weißglänzend zum funkelnden, blauen Himmel empor.

Donnerstag, 15. Februar. Gestern war ich auf Schneeschuhen weiter im Nordosten als je vorher, doch konnte ich die Takelung des Schiffes immer noch über den Rand des Eises ragen sehen. Das Eis war flach, und ich lief schnell.

Heute machte ich den gleichen Weg mit den Hunden. Ich untersuche die Gegend ringsherum und denke über Zukunftspläne nach.

Was sind doch für übertriebene Nachrichten über die arktische Kälte im Umlauf! In Grönland war es kalt, und hier ist es auch nicht milder; die durchschnittliche Tagestemperatur beträgt jetzt 40° bis 42° C unter Null.

Gestern hatte ich wie gewöhnlich Unterbeinkleider, Kniehosen, Strümpfe, Fries-Gamaschen, Schneesocken und Finnenschuhe, ein gewöhnliches Hemd, Kragen aus Wolfsfell und eine Robbenfelljacke an. Ich schwitzte darin wie ein Pferd. Heute saß ich still auf dem Schlitten und trug nur dünne Hosen, wollenes Hemd, Weste, gestrickte isländische Wolljacke, Fries- und Robbenfelljacke. Ich fand die Temperatur ganz angenehm und schwitzte wieder.

Gestern wie heute hatte ich eine rote Flanellmaske vor dem Gesicht, doch wurde sie mir zu warm, so daß ich sie abnehmen mußte, obgleich ein bitterkalter Wind aus Norden wehte.

Dieser Nordwind hält noch immer an, zuweilen mit der Geschwindigkeit von 3, auch 4 Metern, und doch scheinen wir nicht südwärts zu treiben; wir liegen still auf 80° n. Br. oder gar noch einige Minuten nördlicher. Was mag wohl der Grund sein?

Der Mond steht hoch am Himmel, und dabei ist jetzt auch Tageslicht. Bald wird die Sonne erscheinen. Dann wird ein großes Fest gefeiert.

Freitag, 16. Februar. Hurra! Eine Meridianhöhe ergibt 80° 1' n. Br. Wir sind also seit Freitag einige Minuten nach Norden gelangt, und zwar trotz des beständigen Nordwindes. Das ist ganz merkwürdig. Kommt es, wie ich mir nach den Wolkenbildern und dem leichten Nebel schon die ganze Zeit gedacht habe, davon, daß im Süden Südwind geherrscht hat, der die Drift des Eises in dieser Richtung verhindert, oder sind wir endlich in eine Strömung gelangt?

Heute sahen wir um Mittag die Sonne, genauer gesagt, ein Bild der Sonne; denn es war nur eine Spiegelung.

Der Anblick des glühenden Feuers gerade über dem äußersten Rand des Eises machte auf mich einen zwiespältigen Eindruck. Nach den überschwenglichen Beschreibungen, die viele Polarreisende vom Erscheinen dieses Lebensgottes nach der langen Winternacht geben, müßte das Bild lauten Jubel hervorrufen, allein bei mir war das nicht der Fall. Wir hatten die Sonne erst in einigen Tagen erwartet, und ich war eher enttäuscht; denn danach mußten wir weiter südwärts getrieben sein, als unsere Berechnungen ergaben.

Als ich aber entdeckte, daß es die Sonne selbst nicht sein konnte, erfüllte mich doppelte Freude. Die Luftspiegelung war anfangs wie ein abgeplatteter, glühend roter Feuerstreifen am Horizont; später wurden zwei Feuerstreifen daraus, einer über dem andern, mit einem dunklen Raum dazwischen. Vom Großmast aus sah ich vier oder gar fünf solcher waagerechten Linien übereinander und alle von derselben Länge, ungefähr wie man sich eine mattrote, viereckige Sonne mit dunklen, waagerechten Streifen darauf vorstellen könnte.

Eine astronomische Beobachtung nachmittags bewies, daß die Sonne in Wirklichkeit zu Mittag 2° 22' unter dem Horizont gestanden haben mußte. Ihre Scheibe ist nicht vor Dienstag über dem Eis zu sehen. Die Lichterscheinung hängt mit der Strahlenbrechung zusammen, die in dieser kalten Luft sehr stark ist.

Sonntag, 18. Februar. Gestern fand ich im Osten gute Bahn für Schneeschuhe und Schlitten. Zuerst, zwischen den Eishügeln und Eisgraten, ist es ein ziemlich mühseliges Stück Arbeit; dann aber gelangt man auf die großen, weiten Ebenen, die sich meilenweit nach Norden, Osten und Südosten ausdehnen.

Heute fuhr ich mit acht Hunden hin. Das Fahren geht jetzt ganz vortrefflich. Einige Kameraden folgten auf Schneeschuhen.

Noch immer Nordwind. Das ist eine langweilige Geschichte. Doch haben wir klares, helles Wetter. Das ist alles sehr schön. Wir laufen Schneeschuh, fahren Schlitten, lesen, schreiben, stellen Beobachtungen an, spielen Karten und Schach, plaudern, rauchen, essen und trinken, und trotz alledem ist es auf die Länge ein verwünschtes Leben — wenigstens kommt es mir zuzeiten so vor.

Wenn ich auf das Bild blicke, das mein Haus in Lysaker im Abendlicht zeigt, meine Frau im Garten, so halte ich es für unmöglich, es hier noch viel länger auszuhalten. Aber nur die unbarmherzigen Schicksalsmächte wissen, wann wir dort wieder beisammensein, die ganze Süße des Lebens wieder fühlen, wann wir über den lächelnden Fjord blicken werden und ...

Wir stehen jetzt auf 80° n. B., im September waren wir auf 79°; das ist — sage und schreibe — ein Grad in fünf Monaten. Wenn es mit dieser Geschwindigkeit weitergeht, werden wir in 45 Monaten oder vielleicht in 50 Monaten am Pol und in 90 Monaten oder 100 Monaten auf 80° n. Br. auf der anderen Seite des Pols sein, vermutlich mit der Aussicht, daß wir in weiteren zwei Monaten aus dem Eis heraus und nach Hause gelangen. Im besten Falle würden wir in acht Jahren wieder zu Hause sein!

Mir fällt ein, daß ich vor meiner Abreise in meinem Garten Büsche und Bäume für zukünftige Geschlechter pflanzte. Professor Brögger schrieb dazu, niemand wisse, wie lange Schatten diese Bäume werfen würden, wenn ich zurückkäme. Nun, sie liegen jetzt unter dem Winterschnee, werden aber im Frühjahr wieder sprießen und wachsen — wie oft wohl?

Zuzeiten erdrückt diese Untätigkeit geradezu den Geist. Das Leben erscheint so dunkel wie die Winternacht draußen; nirgends Sonnenschein, höchstens in der Vergangenheit und in der weit, weit entfernten Zukunft. Mir ist, als müsse ich diesen Bann der Erstarrung, diese Trägheit durchbrechen und Raum finden für meine Tatkraft. Kann nicht etwas geschehen? Könnte nicht ein Orkan kommen, dieses Eis aufreißen und es in hohen Wogen in Bewegung setzen wie das offene Meer? Laßt uns in Not kommen, laßt uns um unser Leben kämpfen — aber laßt uns nur vorwärts kommen!

Den untätigen Zuschauer spielen zu müssen, keine Hand rühren zu können, um uns selbst vorwärts zu helfen, das ist grauenhaft. Es bedarf zehnmal größerer Geistesstärke stillzusitzen, seinen Theorien zu vertrauen und die Natur walten zu lassen, als auf seine Kräfte zu bauen — das ist nichts, wenn man ein Paar starke Arme hat.

Hier sitze ich und jammere wie ein altes Weib. Habe ich das alles nicht gewußt, bevor ich aufbrach? Die Dinge sind nicht schlimmer gegangen, als ich erwartet habe; im Gegenteil, eher besser. Wo ist nun die Hoffnungsfreudigkeit, die mit dem Tag und der Sonne wuchs? Wo sind die stolzen Phantasien, die jungen Adlern gleich zu einer glänzenden Zukunft emporstiegen? Wie flügellahme, nasse Krähen verlassen sie das sonnenbeleuchtete Meer und verbergen sich in den nebligen Sümpfen der Verzagtheit. Vielleicht wird mit dem Südwind alles wiederkommen — ich muß einen der alten Philosophen durchstöbern ...

Montag, 19. Februar. Heute ging der Wind nach Süden herum. Er erreichte 4 Meter Geschwindigkeit in der Sekunde.

Am Morgen nahmen wir Eisbohrungen vor. Das Eis war an der Backbordseite 1,875 Meter dick und mit einer Schneeschicht von ungefähr 4 Zentimetern bedeckt. Am Bug war es 2,08 Meter dick und ebenfalls mit mehreren Zentimetern Schnee überzogen. Man kann das für einen ganzen Monat kein großes Wachstum nennen, wenn man bedenkt, daß die Temperatur bis 50° unter Null gesunken war.

Heute und gestern haben wir wieder das Spiegelbild der Sonne gesehen; heute stand es hoch über dem Horizont, beinahe so rund wie eine Scheibe. Einige Kameraden behaupteten, sie hätten den oberen Rand der Sonne selbst gesehen; Peder und Bentsen wollten mindestens die Hälfte der Sonnenscheibe beobachtet haben, und Juell und Scott-Hansen erklärten, sie sei ganz über dem Horizont gewesen. Ich fürchte, es ist schon so lange her, seit sie die Sonne gesehen, daß sie ganz vergessen haben, wie sie aussieht.

Dienstag, 20. Februar. Großer Sonnenfesttag heute. Aber ohne Sonne. Wir müßten sie sehen, wenn keine Wolken am Horizont wären. Wir lassen uns jedoch nicht um unser Fest betrügen und können ja, wenn wir die Sonne wirklich zum erstenmal sehen, nochmals feiern.

Mit einem großen Scheibenschießen fingen wir morgens an; dann hatten wir ein Mittagessen von vier Gängen und »Fram-Wein« alias Zitronensaft, Kaffee und später »Fram-Kuchen«; abends Ananas, Kuchen, Feigen, Bananen und Konfekt.

Großes Gesichtswaschen aus Anlaß des Tages. Guter Gott, wohin soll das noch führen? Einige sehen aus wie Masttiere, und die Backen von Juell machen geradezu Sorge. Als ich ihn im Profil betrachtete, dachte ich darüber nach, wie er es wohl machen würde, einen solchen Körper über das Eis zu schleppen, wenn wir eines Tages das Schiff verlassen müßten. Ich beschließe, eine Zeitlang schmale Rationen zu geben. Abends kletterten wir mit dem Gefühl in die Kojen, daß wir uns beim Essen übernommen hatten. Draußen halber Sturm aus Südosten.

Mittwoch, 21. Februar. Der Südwind hält an. Heute nahm ich die Sacknetze auf, die wir am Montag ausgelegt hatten. In dem oberen, das nahe der Oberfläche gehangen hatte, fanden sich hauptsächlich Flohkrebse; das Murraysche Netz, das wir auf 90 Meter Tiefe abgelassen hatten, enthielt mannigfache andere Krustazeen und sonstige kleine Tiere, die so stark phosphoreszierten, daß der Inhalt des Netzes, den ich bei Lampenlicht in der Küche ausleerte, wie glühende Kohlen aussah.

Donnerstag, 22. Februar. Gestern ist das Eis an der Steuerbordseite bis über die Bärenfalle hinaus geborsten; die Stärke des festen Eises der Scholle betrug 3,45 Meter, doch hatte sich darunter noch anderes Eis zusammengeschoben. Wo die Scholle quer durchgebrochen war, zeigte sie deutliche Schichtung, die an die Schichtenlage der Gletscher erinnerte; selbst die dunkleren und schmutzigeren Schichten waren vorhanden, ihre Färbung rührte von bräunlichroten Organismen her, die das Wasser bewohnen und von denen ich schon früher Exemplare gefunden hatte. An mehreren Stellen waren die Schichten gebogen und geknickt genau wie die geologischen Schichten der Erdkruste. Sie waren zweifellos durch horizontalen Druck im Eis bei Pressung entstanden, was sehr gut an einem ungeheuren Hügel zu erkennen war, der sich während der letzten Eispressung gebildet hatte.

Hier sahen die Schichten ungefähr so aus, wie sie auf untenstehender Zeichnung dargestellt sind. Trotz dieser Schichtenbiegung blieb die Oberfläche des Eises und Schnees eben.

Diese über 3 Meter dicke Scholle war zu großen Wogen gebogen, ohne zu brechen. Das war offenbar durch Druck geschehen und besonders deutlich in der Nähe der durch die Pressungen entstandenen Ketten (c) zu beobachten, die die Scholle so weit hinabgezwängt hatten, daß ihre Oberfläche (a) mit der Wasserlinie gleichlag, während sie an anderen Stellen ungefähr ein halbes Meter über dem Wasser lag und hier durch das unten zusammengeschobene Eis (d) in die Höhe getrieben worden war. Alles das beweist, wie außerordentlich elastisch die Schollen trotz der Kälte sind; die Temperatur des Eises an der Oberfläche muß zur Zeit dieser Pressungen —20° bis

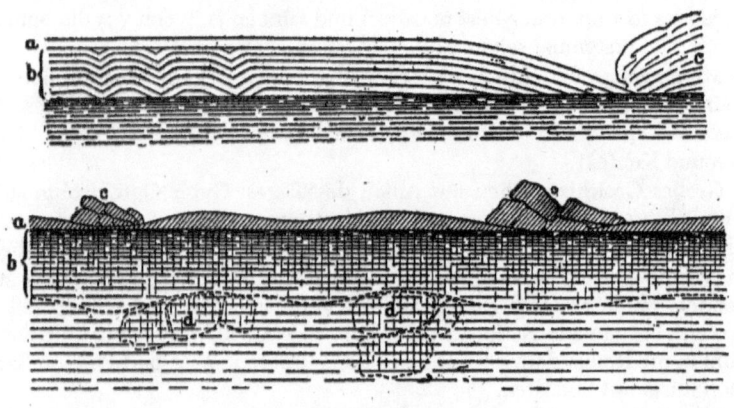

Eisschichtung

—30° gewesen sein. An vielen Stellen war die Biegung so stark gewesen, daß die Scholle geborsten war. Loses Eis lag über den Rissen, so daß man leicht hineinfallen konnte, genau wie beim Überschreiten eines gefährlichen Gletschers.

Sonntag, 25. Februar. Es sieht aus, als ob das Eis jetzt wieder ostwärts treibt. Wir kommen mit der jämmerlichen Geschwindigkeit einer Schnecke vorwärts, aber nicht mit derselben Sicherheit wie sie. Was wir an einem Tage vollbracht haben, wird am nächsten wieder zerstört.

Montag, 26. Februar. Wir treiben nach Nordosten; es weht ein fürchterlicher Schneesturm. Der Wind hat zuweilen eine Geschwindigkeit von mehr als 11 Metern in der Sekunde; er heult in der Takelung und pfeift über das Eis, und das Schneetreiben ist so stark, daß jemand ganz in der Nähe umkommen könnte.

Wir sitzen und horchen auf das Heulen im Schornstein und in den Ventilatoren, als ob wir zu Hause in Norwegen wären. Die Flügel der Windmühle drehten sich so schnell, daß wir sie heute abend anhalten mußten, weil die Akkumulatoren gefüllt waren. Peder band die Flügel fest.

Dies ist der stärkste Wind, den wir den ganzen Winter gehabt haben. Wenn irgend etwas das Eis aufrütteln und uns nordwärts treiben kann, so müßte er es tun. Allein das Barometer fällt zu schnell; wir werden bald wieder Nordwind bekommen. Ich sehe dem Frühjahr und Sommer entgegen, ungewiß, welche Veränderungen sie bringen werden.

Aber die gefürchtete Polarnacht ist vorüber, wir haben wieder Tageslicht. Ich sehe nichts von den eingefallenen, ausgezehrten Gesichtern, die diese Nacht hervorbringen soll; beim hellsten Tageslicht, beim glänzendsten Sonnenschein kann ich nur runde, wohlgenährte Gestalten entdecken.

Mit dem Licht ist es aber doch seltsam. Wir hatten gedacht, daß es hier unten, wenn die Glühlampen brannten, wie wirklicher Tag wäre; kommt man jetzt aber aus dem Tageslicht herunter, so hat man, auch wenn alle Lampen brennen, den Eindruck, als ob man in einen Keller steigt.

Donnerstag, 1. März. Wir liegen beinahe still. Schönes, mildes Wetter, nur —19°, Himmel bedeckt, leichter Schneefall und schwacher Wind.

Wir loteten heute, nachdem wir unsere Hanfleinen mit einem einzelnen Strang einer Stahltrosse verlängert hatten; der Strang riß aber mit dem Lot ab. Wir befestigten ein neues Lot und ließen die ganze Leine, 3475 Meter, auslaufen, ohne Grund zu bekommen. Beim Einholen brach die Stahlleine wieder. Das Ergebnis ist also: kein Grund und der Verlust von zwei Loten von je 50 Kilo; der Himmel weiß, ob sie den Grund schon erreicht haben. Ich glaube nun fast, daß Bentsen recht hat. Er behauptet, die Erdachse habe ein Loch, und wir hätten gerade darin gelotet.

Freitag, 2. März. Die jungen Hunde haben sich bis jetzt im Kartenzimmer aufgehalten und dort soviel Unheil wie möglich angerichtet. Sie haben Hansens Instrumentenkasten, die Schiffsjournale usw. angeknabbert. Gestern wurden sie zum erstenmal an Deck gebracht, und heute sind sie den ganzen Morgen dort gewesen. Sie sind sehr wißbegierig. Sie untersuchen alles. Vor allem fesselt sie das Innere aller Hundehäuser in dieser neuen, großen Stadt.

Dienstag, 6. März. Keinerlei Drift. Heute war ein bitterkalter Tag (—44° bis —46°) und Wind bis zu 5,8 Metern Geschwindigkeit. Das war eine gute Gelegenheit, sich Hände und Gesicht zu erfrieren, und einige Kameraden haben sie auch genutzt.

Stetiger Nordwestwind. Was den Wind anlangt, so werde ich gleichgültig. Heute photographierte ich Johansen am Anemometer; während der Aufnahme erfror er sich die Nase.

Abends fand wieder allgemeines Wiegen statt. Bei diesem reizvollen Schauspiel passen wir erwartungsvoll auf, ob einer zu- oder abgenommen hat. Diesmal haben die meisten etwas Gewicht verloren. Vielleicht, weil sie anstatt Bier jetzt Zitronensaft trinken? Nur Juell wird weiter dicker.

Donnerstag, 8. März. Südliche Drift. Mit Sverdrup hübsche Fahrt auf Schneeschuhen nach Norden und Westen. Der Schnee war infolge der Winde vortrefflich; man flog dahin wie Distelwolle vor dem Sturm und kam überall selbst über die schlimmsten Eisrücken hinweg.

Wir treiben bedenklich nach Süden. Es ist schwer, dabei Vertrauen zu behalten.

Freitag, 9. März. Wir haben seit vierzehn Tagen nördliche Winde; ich kann mir daher nicht länger verheimlichen, daß langsam aber unbarmherzig eine Hoffnung nach der andern zertrümmert wird.

Ich sehne mich unaussprechlich nach der Heimat. Vielleicht treibe ich von ihr weiter weg, vielleicht auch näher an sie heran; jedenfalls ist es wenig tröstlich, wenn man sieht, wie die Verwirklichung der Pläne in dieser langwierigen, tödlich einförmigen Weise immer wieder verzögert, wenn nicht ganz vernichtet wird.

Die Natur geht leidenschaftslos ihren Jahrtausende alten, regelmäßigen Kreislauf; Sommer und Winter wechseln, der Frühling entschwindet, der Herbst kommt und findet uns in demselben Wirrwarr kühner Pläne und zertrümmerter Hoffnungen. Es ist wie bei dem Rad, das sich dreht.

Ich schaue hinaus auf die trostlose Eisfläche mit ihren Ebenen, Höhen und Tälern, die sich durch den Eisdruck infolge der wechselnden Gezeitenströmungen des Windes gebildet haben; die Sonne bescheint sie jetzt. In der Mitte liegt die »Fram«, unbeweglich eingeschlossen. Wann wird das starke Schiff wieder frei im offenen Wasser schwimmen?

Mit diesen Eismassen, die auf unbekannten Bahnen treiben, haben sich die Gedanken eines armseligen Menschenkinds solange beschäftigt, bis es ein ganzes Volk in Bewegung gesetzt hat, das ihm den Weg dorthin möglich machte, ein Volk, das seine Kräfte für andere Aufgaben wohl brauchen konnte. Wozu der ganze Lärm? Wären die Berechnungen nur richtig, so würden diese Eisschollen herrliche, nein, unwiderstehliche Bundesgenossen sein. Wenn aber ein Fehler in der Rechnung gewesen ist, dann möchte man lieber nicht mit ihnen zu tun haben. Und wie oft stellt sich eine Rechnung als richtig heraus? — Aber wenn ich jetzt frei wäre? Nun dann, dann würde ich alles wiederholen, vom selben Ausgangspunkt aus. Man muß ausharren, bis man richtig rechnen lernt!

Ich lache über den Skorbut! Kein besseres Sanatorium als unseres!

Ich lache über die Macht des Eises; wir leben wie in einer uneinnehmbaren Burg.

Ich lache über die Kälte; sie ist nichts.

Über die Winde aber lache ich nicht; sie sind alles; sie beugen sich vor keines Menschen Willen.

Weshalb sich aber immer mit der Zukunft quälen? Weshalb sich Sorgen darüber machen, ob man vorwärts oder rückwärts treibt? Weshalb nicht sorglos die Tage vorübergleiten lassen wie einen friedlich fließenden Fluß? Hin und wieder kommt eine Stromschnelle, die den trägen Lauf etwas beschleunigt.

Welch wunderliche Einrichtung ist doch das Leben! Ein ewiges Vorwärtsjagen — immer vorwärts — nach welchem Ziel? Und dann kommt der Tod und macht allem ein Ende, ehe das Ziel erreicht ist.

Wir sind in vier Tagen nur 8 Minuten südwärts getrieben. Diese langsame Drift trotz der starken Winde ist merkwürdig. Wenn im Norden Land wäre? Das würde sofort erklären, weshalb wir nicht nach Norden und so langsam nach Süden treiben. Es kann aber auch daher kommen, daß das Eis so dicht zusammengeschoben und so dick und massig gefroren ist. Mich nimmt es wunder, daß wir soviel Nordwest- und fast gar keinen Nordostwind haben, obwohl man letzteren nach der Drehung der Erde erwarten könnte. Tatsächlich dreht sich der Wind nur zwischen Nordwest und Südost anstatt zwischen Südwest und Nordost, wie es sein sollte. Wenn dort kein Land ist, weiß ich anders keine befriedigende Erklärung.

Erstreckt sich Franz-Joseph-Land ostwärts oder nordwärts oder dehnt sich von dort eine fortgesetzte Reihe von Inseln in der einen oder andern dieser Richtungen aus? Es ist keineswegs unmöglich. Als die Österreicher weit genug nach Norden gekommen waren, hatten sie vorherrschend Winde aus Nordost, während wir nordwestliche Winde haben. Liegt der Kern dieser Landmasse im Norden, in der Mitte zwischen unserem und ihrem Meridian? Ich kann mir nicht denken, daß diese kalten Winde aus Norden einzig dadurch entstehen, daß sie über eisbedecktes Meer wehen. Wenn dort tatsächlich Land ist und wenn wir es zu fassen bekämen, dann würden alle unsere Sorgen vorüber sein.

Sonnabend, 10. März. Die Leine zeigt Drift nach Norden; jetzt, nachmittags, hat sich auch eine leichte, südliche Brise eingestellt. Wie gewöhnlich hat es mir gut getan, meine Niedergeschlagenheit zu Papier zu bringen und sie dadurch loszuwerden. Heute bin ich wieder guten Muts und kann mich aufs neue glücklichen Träumen hingeben von einem großen, hohen Land im Norden mit Bergen und Tälern, wo wir am Fuß der Bergwand sitzen, uns in der Sonne braten lassen und den Frühling erwarten. Auf seinem Inlandeis machen wir den Weg bis hinauf zum Pol!

Sonntag, 11. März. Seltsam, wie sich das Empfindungsvermögen des Menschen ändert. Zu Hause ist es mir unangenehm, wenn ich bei einigen 20° Kälte, auch bei Windstille, aus der Tür trete. Hier aber finde ich es auch nicht kälter, selbst wenn ich bei 50° Kälte und Wind draußen bin. Sitzt man zu Hause im warmen Zimmer, so bekommt man übertriebene Begriffe von den Schrecken der Kälte. Sie ist wirklich nicht im mindesten schrecklich; wir alle befinden uns sehr wohl dabei.

Heute abend haben wir —51,2° und Nordnordostwind mit 4,4 Meter Geschwindigkeit. Glänzendes Nordlicht im Süden.

Montag, 12. März. Langsame Drift nach Süden. Bald wird das halbe Jahr um sein; es wird uns ungefähr an derselben Stelle verlassen, wo es begonnen hat.

Ich bin müde, so müde, laßt mich schlafen, nur schlafen! Komme, Schlaf, schließ geräuschlos die Tür zu meinem Denken und halte den fließenden Strom der Gedanken auf! Kommt, Träume, und laßt die Sonne auf den schneefreien Strand von Godthaab strahlen!

Mittwoch, 14. März. Abends bellten plötzlich sämtliche Hunde los; wir nahmen an, eines Bären wegen. Ich ergriff meine Büchse. Sverdrup folgte. Wir ließen »Ulenka« und »Pan« los und machten uns auf den Weg.

Es herrschte noch Dämmerung, und der Mond schien. Kaum waren die Hunde auf dem Eis, als sie wie Raketen nach Westen davonschossen, wir, so rasch wir konnten, hinter ihnen her. Beim Überspringen einer Rinne brach ich mit einem Bein bis zum Knie durch das Eis. Ich wurde keineswegs bis auf die Haut naß, obwohl ich nur Finnenschuhe und Friesgamaschen anhatte; bei dieser Temperatur (—39° C) gefriert das Wasser auf dem kalten

Stoff, ehe es eindringt. Später fühlte ich nichts mehr davon, es war zu einem Eispanzer geworden, der mich beinahe noch wärmte.

An einer ziemlich entfernten Rinne entdeckten wir endlich, daß die Hunde keinen Bären gewittert hatten, sondern entweder ein Walroß oder einen Seehund; denn in dem neugebildeten Eis sahen wir an mehreren Stellen Löcher, durch die das Tier den Kopf gesteckt hatte.

Was für einen wunderbar scharfen Geruchssinn diese Hunde haben müssen! Das Tier war über ein Kilometer vom Schiff entfernt und hatte nur die Schnauze ein klein wenig aus dem Eis hervorgestreckt.

Wir holten eine Harpune, sahen aber von dem Tier nichts, obwohl wir mehrere Male an der Rinne auf- und abgingen.

Mittlerweile war »Pan« in seinem Eifer dem offenen Wasser zu nahe gekommen und hineingefallen. Das Eis war so hoch, daß er ohne meine Hilfe ertrunken wäre. Er liegt jetzt im Salon, macht sich's gemütlich und trocknet. Obgleich er ziemlich lange im Wasser gewesen, war er ebenfalls nicht bis auf die Haut naß geworden; das innere Haar seines dichten, groben Pelzes blieb trocken und warm.

Freitag, 16. März. Sverdrup ist in letzter Zeit mit der Anfertigung von Segeln für die Schiffsboote beschäftigt gewesen. Heute wehte eine leichte südwestliche Brise, und wir probierten bei diesem günstigen Wind eins der Segel auf zwei zusammengebundenen Handschlitten. Es segelt sich vorzüglich, es ist gar nicht viel Wind nötig, um den Schlitten dahingleiten zu lassen. Das würde ein vortreffliches Hilfsmittel für uns sein, wenn wir über das Eis heimkehren müßten.

Mittwoch, 21. März. Endlich ist ein Umschlag eingetreten; der Wind ist Südost, und es herrscht wieder eine starke Drift nach Norden.

Gründonnerstag, 22. März. Noch immer starker südöstlicher Wind und gute nördliche Drift. Unsere Stimmung hebt sich. Der Wind pfeift durch die Takelung; er tönt wie ein Siegesgesang durch die Luft.

Am Vormittag hatte ein junger Hund schwere Krämpfe; er hatte Schaum vor dem Maul und biß wütend um sich. Als der Anfall mit Starrkrampf endete, brachten wir das Tier auf das Eis. Es hüpfte wie eine Kröte umher, die Beine steif ausgestreckt, Hals und Kopf aufwärts gebogen, während der Rücken wie ein Sattel eingedrückt war. Da es Tollwut oder eine andere ansteckende Krankheit sein konnte, erschoß ich den Hund.

Karfreitag, 23. März. Die Mittagsbeobachtung ergibt 80° n. Br. In vier Tagen und Nächten sind wir ebenso schnell nach Norden getrieben wie in drei Wochen nach Süden. Auf alle Fälle ist es ein Trost, das zu wissen. Rasch sind die Nächte hell geworden. Jetzt gelingt es selbst Sternen erster Größe kaum noch, um Mitternacht am blassen Himmel zu funkeln.

Ostersonnabend, 24. März. Wir haben dem Frühlingslicht den Eintritt in den Salon gestattet. Während des Winters war das Oberlicht zum Schutz gegen die Kälte mit Schnee bedeckt, und außerdem waren die Hundehütten rundherum aufgestellt. Jetzt haben wir die Glasscheiben frei gemacht und geputzt.

Montag, 26. März. Wir liegen ohne Bewegung; keine Drift.

Die Sonne steigt empor und taucht die Eisebenen in ihren Glanz. Der Frühling kommt, bringt aber keine Freude. Hier ist es so einsam und kalt wie je. Die Seele erstarrt.

Ich habe nicht den Mut, an die Zukunft zu denken... Und wie wird es zu Hause werden, wenn Jahr auf Jahr vergeht und niemand kommt?

Ich weiß, es ist alles krankhafte Stimmung; aber diese untätige, tote Einförmigkeit ohne jede Veränderung drückt mich. Alles ist so still und tot, so steif und starr unter der Eisdecke. Was gäbe ich nicht für einen einzigen Tag des Kampfes — ja selbst für einen Augenblick der Gefahr!

Noch immer muß ich warten und die Drift beobachten; aber wenn sie die verkehrte Richtung einschlagen sollte, dann werde ich alle Brücken hinter mir abbrechen und alles auf einem Marsch nach Norden über das Eis wagen. Ich weiß nichts Besseres zu tun. Es wird gefährlich sein, eine Frage um Leben oder Tod; aber habe ich eine andere Wahl? Es ist des Mannes unwürdig, eine Aufgabe zu übernehmen und sie aufzugeben, wenn der Höhepunkt der Schlacht bevorsteht. Es gibt nur einen Weg, und der ist »Vorwärts«, »Fram«!

Dienstag, 27. März. Bei Nordwind treiben wir wieder nach Süden. Die Mittagsbeobachtung ergab 80° 4'.

Aber weshalb so mutlos? Ich schaue mich blind an einem einzigen Punkte und denke allein daran, den Pol zu erreichen und uns einen Weg nach dem Atlantischen Ozean zu bahnen. Und dabei ist unsere eigentliche Aufgabe, die unbekannten Polargebiete zu erforschen. Tun wir denn im Dienst der Wissenschaft nichts? Wir werden eine ziemlich reiche Sammlung von Beobachtungen heimbringen. Der Rest ist und bleibt reine Eitelkeit. »Liebe die Wahrheit mehr und weniger den Sieg.«

Donnerstag, 29. März. Es ist wunderbar, daß wir wieder Tageslicht in der Kajüte haben. Wenn man zum Frühstück aufsteht und das Licht hereinströmen sieht, fühlt man erst, daß wirklich Morgen ist.

Wir sind sehr fleißig. Für die Boote und Handschlitten werden Segel angefertigt, und die Windmühle bekommt neue Flügel, damit sie bei jedem Wetter betrieben werden kann. Könnten wir nur der »Fram« auch Flügel geben! Messer werden geschmiedet, Bärenspeere, die uns nie nützen werden, Bärenfallen, in denen wir nie einen Bären fangen, Äxte und viele ähnliche, nützliche Dinge.

Augenblicklich werden in großem Umfang Holzschuhe angefertigt. Auch eine neue Industrie ist geschaffen worden, die Nagelschmiederei. Die einzigen Teilhaber dieser Gesellschaft sind Sverdrup und Schmied Lars, genannt »Sturmkönig«, weil er immer wie ein Ungewitter heranstürmt. Das Fabrikat ist vorzüglich und lebhaft gefragt, da unsere kleinen Nägel bei dem Bau der Handschlitten aufgebraucht worden sind. Ferner sind wir dabei, die Kufen der Handschlitten mit Neusilberstreifen zu beschlagen und die Dinge herzustellen, mit denen wir die Schlitten zusammensetzen.

Außerdem gibt es eine Werkstätte für Skibindungen. Die Klempner setzen zur Zeit die Lampen instand.

Unser Doktor hat wegen Mangel an Patienten eine Buchbinderei eingerichtet, die von der Bibliothek der »Fram« stark benutzt wird, da mehrere Bücher beständig umlaufen und sehr zerlesen sind. Wir haben auch eine

Sattler- und Segelmacherwerkstatt und ein photographisches Atelier. Mit Liebe und Sorgfalt wird Tagebuch geführt. Jeder ist damit beschäftigt. Kurz, es gibt kein Ding zwischen Himmel und Erde, das wir nicht herstellen, beständigen, guten Wind ausgenommen. Unsere Werkstätten sind aufs beste zu empfehlen; sie liefern gute, solide Arbeit. Neuerdings hat unsere Industrie noch einen bemerkenswerten Zuwachs erfahren: die Firma »Nansen & Amundsen« gründete eine Notenscheibenfabrik.

Die Pappscheiben des Harmoniums hatten durch Gebrauch und Feuchtigkeit stark gelitten, so daß wir im Winter wenig Musik hatten; gestern machte ich mich aber ernstlich an die Arbeit und stellte eine Zinkscheibe her. Da sie prächtig funktioniert, werden wir mit kirchlicher und weltlicher Musik, namentlich mit Walzern, fortfahren. Sobald ein Walzer erklingt, strömt Leben in die Bewohner der »Fram«.

Freitag, 6. April. Heute sollte ein astronomisches Ereignis stattfinden, dem wir neu- und wißbegierig entgegensahen. Es war eine Sonnenfinsternis.

In der Nacht hatte Scott-Hansen ausgerechnet, daß die Verfinsterung um 12 Uhr 56 Minuten beginnen würde. Für uns war eine gute Beobachtung wichtig, weil wir danach unsere Chronometer auf das genaueste einstellen konnten; wir bauten daher, um ganz sicherzugehen, unsere Instrumente schon ein paar Stunden vorher auf, das große Fernrohr und den großen Theodoliten.

Hansen, Johansen und ich saßen der Reihe nach jeder fünf Minuten vor den Instrumenten, um den Rand der Sonne zu beobachten, da wir erwarteten, daß sich an ihrem unteren westlichen Rand der erste Schatten zeigen würde; ein anderer stand inzwischen mit der Uhr bereit. So warteten wir volle zwei Stunden, ohne daß etwas geschah.

Nun war der aufregende Augenblick gekommen, daß der Schatten unserer Berechnung nach zu sehen sein mußte. Hansen saß vor dem großen Fernrohr, als er ein Zittern in dem Sonnenrade wahrzunehmen glaubte; 33 Sekunden später rief er: »Jetzt!« und im selben Augenblick tat dies auch Johansen. Die Uhr zeigte auf 12 Uhr 56 Minuten 7½ Sekunden. 7½ Sekunden später, als wir berechnet hatten, schob sich eine dunkle Scheibe über den Rand der Sonne. Es war eine ungeheure Genugtuung für uns alle, namentlich aber für Hansen, daß sich zeigte, daß unsere Chronometer ausgezeichnet in Ordnung waren.

Sonntag, 15. April. Nun haben wir also Mitte April. Welcher Freudenklang liegt in diesem Wort! Frühlingsvisionen steigen auf. Es ist die Zeit, daß man Türen und Fenster öffnet, Luft und Sonne hereinläßt, und den Winterstaub fortfegt. Es ist die Zeit, daß man nicht länger stillsitzen kann, sondern hinausgetrieben wird, um den Duft von Wald, Wiese und frischgepflügtem Acker einzuatmen und den Fjord zu betrachten, der jetzt vom Eis befreit in der Sonne glitzert.

Welch unerschöpflicher Born erwachender Freuden an der Natur ist in dem Wort April enthalten! Aber hier ist nichts davon zu finden. Wohl scheint die Sonne lange und hell, aber ihre Strahlen fallen nicht auf Wald, Berg oder Wiese, sondern auf das blendende Weiß frischen Schnees. Kaum reizt sie uns, aus unserm Winterzufluchtsort herauszukommen. Der April ist hier nicht die

Zeit der Umwälzungen; wenn sie überhaupt kommen, erst später, viel später. Die Tage rollen einförmig dahin.

Ich fühle keine Spur von dem ruhelosen Sehnen des Frühlings und verschließe mich in das Schneckenhaus meiner Studien. Tag für Tag tauche ich in die Welt des Mikroskops hinab, Zeit und Umgebung vergessend. Hin und wieder zwar mache ich einen Ausflug aus der Dunkelheit zum Licht — das Licht des Tages erstrahlt rund um mich, und mein Geist öffnet eine schmale Spalte, damit Helligkeit und Mut hereinkommen. Dann geht's wieder hinab in die Dunkelheit, um weiterzuarbeiten.

Ehe ich mich abends zu Bett lege, muß ich noch an Deck gehen. Noch vor ganz kurzer Zeit war das Tageslicht um diese Stunde verschwunden, und schwach funkelten einige einsame Sterne, während der blasse Mond über dem Eis leuchtete. Aber selbst das ist jetzt vorbei.

Die Sonne sinkt nicht mehr unter den Eishorizont, es ist beständig Tag. Ich schaue in die Ferne, über die große, öde Ebene, eine unbegrenzte, stille, leblose Eismasse in unmerklicher Bewegung. Man hört keinen Ton außer dem schwachen Murmeln des Windes in der Takelung, vielleicht in der Ferne das dumpfe Getöse von Eis, das sich zusammenschiebt. Inmitten dieser Wüste ein kleiner, dunkler Fleck, das ist die »Fram«!

Aber unter dieser Eisdecke, Hunderte von Metern abwärts, dehnt sich eine Welt voll buntem Leben in allen seinen veränderten Formen aus, eine Welt von derselben Zusammensetzung wie unsere, mit denselben Trieben, denselben Sorgen und ohne Zweifel auch denselben Freuden und überall dem gleichen Kampf ums Dasein. So ist es immer. Selbst wenn wir die härteste Schale durchdringen, stoßen wir auf den Pulsschlag des Lebens, wie dick auch die Kruste sein mag.

Montag, 30. April. Wir treiben nordwärts. Die gestrigen Beobachtungen ergaben 80° 42', die heutigen 80° 44' 30". Der Wind weht stetig aus Süden und Südosten.

Es ist liebliches Frühlingswetter. An Bord hat großes »Frühjahrs-Reinemachen« begonnen. Von den Seiten der »Fram« werden Schnee und Eis entfernt. Der Schnee, der auf Deck liegt, wird nach und nach über Bord geschaufelt. Die Takelung hebt sich scharf und dunkel vom Himmel ab, und die vergoldeten Flaggenknöpfe auf den Mastspitzen glitzern in der Sonne.

Wir baden uns in den brennenden Strahlen an der warmen Schiffsseite, wo das Thermometer jetzt über dem Gefrierpunkt steht, rauchen eine Pfeife und schauen nach den Frühlingswolken.

Frühjahr und Sommer 1894

Es kam die Jahreszeit, die wir zu Hause Frühling nennen, wenn die Natur aus ihrem Winterschlaf erwacht; die Zeit der Freude, des knospenden Lebens. Uns brachte sie keine Veränderung; Tag für Tag blickten wir auf dieselbe weiße Masse, dieselben endlosen Eisflächen. Noch immer schwankten wir zwischen Hoffnung und Niedergeschlagenheit, müßiger Sehnsucht und eifriger Tatkraft, je nachdem die Winde wechselten, je nachdem wir vorwärts unserm Ziele entgegen oder von ihm weggetrieben wurden.

Immer wieder grübelte ich über Zukunft und Drift. Manchmal glaubte ich, daß alles so ging, wie wir gehofft und erwartet hatten. So war ich am 17. April überzeugt, daß eine Strömung durch das unbekannte Polarbecken ging, da wir entschieden nordwärts trieben. Das Ergebnis der Mittagsbeobachtung waren 80° 20', das heißt 9 Minuten seit dem 15. April. Seltsam! Vier ganze Tage anhaltender Nordwind versetzte uns nach Süden, während 24 Stunden dieser spärlichen Brise uns 9 Minuten nordwärts treiben.

Vielleicht sind wir mit der Drift nach Süden zu Ende! Wenn ich noch die Wasserwärme, die wir in der Tiefe gefunden haben, berücksichtige, dann scheint mir die Lage wirklich lichter. Meine Gründe dafür sind folgende:

Die Wassertemperatur in der ostgrönländischen Strömung ist selbst an der Oberfläche nirgends über 0° (der mittleren Jahrestemperatur) und scheint in der Regel $-1°$ zu sein, auch noch auf 70° n. Br. Auf dieser Breite sinkt die Temperatur mit größerer Tiefe stetig; in Tiefen von mehr als 100 Faden (183 Meter) ist sie nirgends über $-1°$, vielmehr in der Regel zwischen $-1{,}5$ und $-1{,}7°$ bis zum Grund hinab; außerdem ist die Temperatur auf dem Grund des ganzen Meeres nördlich von 60° unter $-1°$; ausgenommen auf einem Streifen längs der norwegischen Küste und zwischen Norwegen und Spitzbergen. Hier ist die Temperatur von 160 Metern abwärts über $-1°$ und in 250 Meter Tiefe bereits $+0{,}55°$, und zwar, wohlgemerkt, nördlich von 80° Breite in einem Meer, das den Kältepol umschließt.

Dieses warme Wasser stammt schwerlich aus dem Polarmeer selbst, da die von dort nach Süden setzende Strömung eine mittlere Temperatur von $-1{,}5°$ hat. Es kann kaum anders sein, als daß der Golfstrom seinen Weg hierher findet und das Wasser ersetzt, das in den oberen Schichten nach Norden strömt und die Quelle der ostgrönländischen Polarströmung bildet. Alles das stimmt mit meinen früheren Annahmen gut überein und unterstützt die Theorie, auf der der Plan der Expedition aufgebaut war. Wenn man außerdem berücksichtigt, daß die Winde, wie erwartet, in der Regel aus dem Südosten wehen, wie es auch auf der internationalen Station bei Sagastir an der Lenamündung der Fall war, so erscheinen unsere Aussichten nicht ungünstig.

Endlich glaubte ich oft auch unter dem Eis Zeichen einer stetigen, nordwestlich setzenden Strömung zu entdecken; das verbesserte meine Stimmung natürlich. Wenn aber der Strom wie oft wieder südlich setzte, kamen auch wieder Zweifel, und es schien mir keine Aussicht, unsere Aufgabe innerhalb einer angemessenen Zeit zu lösen.

Freilich ist solches Treiben im Eis aufregend, und es bildet wenigstens eine Tugend aus: die Geduld. Die ganze Expedition ist in Wirklichkeit eine einzige, lange Übung in dieser nützlichen Tugend.

Im Frühjahr kamen wir etwas besser vorwärts als im Winter; im großen und ganzen aber war es stets derselbe ermüdende Krebsgang. Jedesmal, wenn wir eine weite Strecke nach Norden zurückgelegt hatten, folgte eine Zeit des Rückschlags.

Merkwürdig war, daß der Bug der »Fram« während der ganzen Zeit nach Süden, gewöhnlich Süd ¼ West stand und seine Richtung während der langen Drift nur sehr wenig änderte. Ich schrieb am 14. Mai: »Die ‚Fram' geht ihrem Ziel im Norden rückwärts entgegen, mit der Nase immer nach Süden gekehrt. Es ist, als ob sie ihre Entfernung von der Welt zu vergrößern fürchte, als ob sie sich nach südlichen Breiten sehne, während eine unsichtbare Gewalt sie dem Unbekannten entgegenzieht. Ist dieses Rückwärtsschreiten nach dem Innern des Polarmeeres ein böses Omen? Ich denke: nein; selbst der Krebs erreicht schließlich sein Ziel.«

Der allgemeine Verlauf unserer Drift ergibt sich am besten aus der Angabe unserer Länge und Breite an verschiedenen Tagen des Jahres 1894:

		Zu- und Abnahme der Breite:
1. Mai	80° 46' n. Br.	
4. Mai	80° 50' n. Br.	+ 4 Minuten
6. Mai	80° 49' n. Br.	— 1 Minute
8. Mai	80° 55' n. Br. 129° 58' ö. L.	+ 6 Minuten
12. Mai	80° 52' n. Br.	— 3 Minuten
15. Mai	129° 20' ö. L.	
21. Mai	81° 20' n. Br. 125° 45' ö. L.	
23. Mai	81° 26' n. Br.	+ 6 Minuten
27. Mai	81° 31' n. Br.	+ 5 Minuten
2. Juni	81° 31' n. Br. 121° 47' ö. L.	0 Minuten
13. Juni	81° 46' n. Br.	+15 Minuten
18. Juni	81° 52' n. Br.	+ 6 Minuten

Bis dahin waren wir erfreulich weit nach Norden gekommen; dann aber wendete sich das Blatt:

		Zu- und Abnahme der Breite:
24. Juni 1894	81° 42' n. Br.	
1. Juli	81° 33' n. Br.	— 9 Minuten
10. Juli	81° 20' n. Br.	—13 Minuten
14. Juli	81° 32' n. Br.	+12 Minuten
18. Juli	81° 26' n. Br.	— 6 Minuten
31. Juli	81° 2' n. Br. 126° 5' 5" ö. L.	—24 Minuten
8. August	81° 8' n. Br.	+ 6 Minuten
14. August	81° 5' n. Br. 127° 38' ö. L.	— 3 Minuten
26. August	81° 1' n. Br.	— 4 Minuten
5. September	81° 14' n. Br. 123° 36' ö. L.	+13 Minuten

Dann begannen wir wieder nordwärts zu treiben, wenn auch nicht sehr schnell.

Wie früher hielten wir beständig Ausguck nach Land, und aus manchen Anzeichen schlossen wir auch auf Landnähe, aber sie erwiesen sich als Einbildung, außerdem sprach auch die große Tiefe des Meeres dagegen, daß Land nahe war.

Später, am 7. August, als ich 3850 Meter Tiefe gefunden hatte, schrieb ich in mein Tagebuch:

»Ich glaube nicht, daß man ferner noch von einem seichten Polarmeer sprechen wird, in dem man überall Land erwarten kann. Sehr möglich, daß wir in den Atlantischen Ozean hinaustreiben, ohne einen einzigen Berggipfel zu sehen!«

Der schon früher erwähnte Plan, mit Hunden und Schlitten über das Eis vorzudringen, beschäftigte mich sehr viel, und ich prüfte während meiner täglichen Ausflüge, zum Teil auf Schneeschuhen, zum Teil mit Hunden, stets den Zustand des Eises und die Aussichten für einen Marsch über das Eis.

Während des Aprils war das Eis für Hunde besonders geeignet. Die Oberfläche war gut, da die Kraft der Sonne sie glatter gemacht hatte als das starke Schneetreiben zu Anfang des Winters; außerdem hatte der Wind die Eisrücken ziemlich eben zugedeckt, schließlich waren auch nicht so viele Spalten und Rinnen im Eis, so daß man ohne viel Mühe meilenweit vordringen konnte.

Das änderte sich jedoch im Mai. Schon am 8. Mai hatte der Wind das Eis vielfach aufgebrochen, so daß sich überall Rinnen bildeten, die die Fahrt mit Hunden sehr hemmten und aufhielten.

Am 20. Mai schrieb ich: »War vormittags auf Schneeschuhen draußen. Das Eis ist infolge der beständigen Winde während der letzten Woche in verschiedenen Richtungen sehr stark aufgebrochen; die Rinnen sind schwer zu überschreiten, da sie voll kleiner, treibender Eisstücke sind. Wiederholt geriet ich mit den Schneeschuhen auf schwimmende Schneebänder, die plötzlich unter mir nachgaben, so daß ich Mühe hatte, auf das feste Eis zurückzukommen.«

Am 5. Juni machte ich mit Sverdrup eine Schneeschuhfahrt nach Süden. Ich schrieb: »Das Eis hat sich verändert, aber nicht zum Besseren; die Oberfläche ist zwar hart und gut, aber die Eisketten sind sehr unangenehm, und überall sind Spalten und Hügel. Eine Schlittenexpedition würde auf solchem Eis schlecht vorwärts kommen.«

Am 13. Juni heißt es im Tagebuch: »Das Eis wird mit jedem Tag weicher. Rund um uns herum bilden sich große Wasserpfützen auf den Schollen. Kurz, die Oberfläche ist abscheulich; die Schneeschuhe brechen überall durch ins Wasser. Man würde heute an einem Tag nicht weit kommen, wäre man gezwungen, nach Süden oder Westen aufzubrechen. Jeder Ausgang ist verbaut. Wir sitzen hier fest.

Manchmal kommt es mir ziemlich merkwürdig vor, daß keiner unserer Leute besorgt ist, daß wir weiter und immer weiter nach Norden treiben, ins Unbekannte hinein; keiner zeigt eine Spur von Furcht. Alle sehen düster aus, wenn es nach Süden oder zu weit nach Westen geht, und sie strahlen vor Freude, wenn wir nach Norden treiben, je weiter, desto besser.

Und doch kann keiner der Tatsache gegenüber blind sein, daß es sich um Leben und Tod handelt, wenn jetzt das eintreten sollte, was uns fast alle prophezeit hatten. Sollte das Schiff wie die ‚Jeannette‘ vom Eis zermalmt werden und in die Tiefe sinken, ohne daß wir genügend Vorräte retten, um die Drift auf dem Eise fortzusetzen, dann würden wir den Kurs nach Süden zu richten haben, und unser Schicksal würde kaum zweifelhaft sein.

Den Leuten von der ‚Jeannette‘ erging es schlecht genug, aber ihr Schiff sank auf 77° n. Br., während für uns das nächste Land vielmal mehr als das Doppelte entfernt ist, von dem nächsten bewohnten Land gar nicht zu reden.

Von unserm Standort bis Kap Tscheljuskin sind es jetzt mehr als 550 Kilometer, und von dort nach einer bewohnten Gegend ist es noch viel weiter. Aber die ‚Fram' wird nicht erdrückt werden. Niemand glaubt daran. Es geht uns wie dem Kajakruderer, der sehr wohl weiß, daß ein einziger falscher Ruderschlag genügt, ihn zum Kentern zu bringen und in die Ewigkeit zu schicken; ruhig aber setzt er seinen Weg fort, weil er weiß, daß dieser falsche Schlag nicht kommen wird.«

Jetzt bildeten sich große Wassertümpel auf den Eisschollen. Schon am 8. und 9. Juni war rund um das Schiff ein Teich entstanden, so daß es in einem kleinen Süßwassersee lag und wir eine Brücke benutzen mußten, um eine trockene Stelle auf dem Eis zu erreichen.

Diese Süßwassertümpel waren von beachtlichen Ausmaßen. Einer auf der Steuerbordseite des Schiffes war so groß, daß wir Mitte Juli mit den Booten darauf rudern und segeln konnten. Eines Tages probierten wir, ob eins von unseren Booten uns alle dreizehn auf einmal trug.

Als die Hunde sahen, daß wir das Schiff verließen und zu dem Tümpel gingen, folgten sie uns verwundert. Sie wußten nicht, was dieses ungewöhnliche Unternehmen bedeutet. Als wir dann alle ins Boot stiegen, heulten sie in wilder Verzweiflung, sie fürchteten, uns nie wiederzusehen. Einige schwammen hinter uns her, während zwei Schlauberger, »Pan« und »Kvik«, auf den guten Gedanken kamen, um den Tümpel herumzurennen und uns an der anderen Seite zu empfangen.

So oft wir im Sommer einen Ausflug über das Eis machten, zeigten sich außer solchen Tümpeln überall Rinnen im Eis. In der Regel konnten wir sie leicht überqueren, wir sprangen entweder von einer losen Scholle zur andern oder, an schmalen Stellen, von einer Seite zur andern.

Diese Rinnen waren niemals sehr breit, so daß keine Rede war, die »Fram« flott zu machen. Aber selbst wenn es möglich gewesen wäre, würde es uns nicht viel genutzt haben, da keine Rinne groß genug war, um das Schiff mehr als einige Kabellängen weiter nach Norden zu bringen.

Manchmal deutete der dunkle Himmel auf große Flächen offenen Wassers hin, und hin und wieder sahen wir auch von der Tonne aus offenes Wasser am Horizont. Doch war es nicht groß genug, um viel zu nutzen, wo es sich darum handelte, mit einem Schiffe vorwärtszudringen.

Die Sanguiniker an Bord hielten diese offenen Strecken für sehr bedeutungsvoll.

Am 15. Juni heißt es in meinem Tagebuch: »In verschiedenen Richtungen sind Rinnen zu sehen, jedoch ist keine breit oder ausgedehnt. Der Steuermann meint, daß wir vor dem Herbst bestimmt offenes Wasser bekommen und dann leicht nach Norden weiterkriechen würden. Alle anderen, mit Ausnahme von Sverdrup, sind derselben Meinung.

Wo sie das offene Wasser hernehmen wollen, weiß ich nicht. Übrigens ist dies die erste vom Eis eingeschlossene Expedition, die den Sommer nicht damit verbracht hat, nach offenem Wasser auszuschauen und seufzend zu ersehen, daß das Eis sich zerstreue. Ich wünsche im Gegenteil, daß es zusammenhält und schleunigst nach Norden treibt.

In diesem Leben hängt alles davon ab, was man sich von ihm erwartet. Der eine bereitet sich vor, in offenem Wasser vielleicht gar bis zum Pol zu segeln, gerät aber im Eis fest und jammert; der andere ist darauf gefaßt, im Eis festzugeraten, würde aber nicht traurig sein, wenn er offenes Wasser fände. Am sichersten ist es immer, wenn man das wenigste vom Leben verlangt, weil man dann oft das meiste bekommt!«

Die offenen Rinnen und Risse sind selbstverständlich ebenso wie die Pressungen durch die wechselnden Winde und die Gezeitenströmungen entstanden, die das Eis erst nach der einen und dann nach der anderen Richtung hin treiben. Sie beweisen vielleicht am besten, daß das Polarmeer eine zusammenhängende Masse von Eisschollen ist, die in beständiger Bewegung sind, bald zusammenfrieren, bald auseinandergerissen oder aneinander zermalmt werden.

Ich habe während der ganzen Drift das Eis sehr aufmerksam beobachtet, nicht nur seine Bewegung, sondern auch sein Entstehen und sein Wachsen.

Selbst wenn es Jahr auf Jahr im kalten Polarmeer schwimmt, kann es durch Frost allein nicht mehr als eine gewisse Dicke erlangen. Aus laufenden Messungen ging hervor, daß das Eis, das sich im Oktober und November gebildet hatte, während des ganzen Winters und bis ins Frühjahr hinein an Stärke zunahm, aber um so langsamer, je dicker es wurde. Am 10. April maß es etwa 2,31 Meter, am 21. April 2,41 Meter, am 5. Mai 2,45 Meter, am 21. Mai 2,52 Meter, am 9. Juni 2,58 Meter. Es nahm also fortwährend an Mächtigkeit zu, obwohl der Schnee auf der Oberfläche rasch geschmolzen war und sich auf den Schollen große Süßwassertümpel gebildet hatten. Am 20. Juni war die Dicke unverändert, obgleich das Eis an der Oberfläche schneller und schneller schmolz. Am 4. Juli betrug die Stärke 2,57 Meter. Am 10. Juli fand ich zu meiner Überraschung, daß das Eis auf 2,76 Meter gewachsen war, obgleich an der Oberfläche täglich mehrere Zentimeter abschmolzen.

Ich bohrte an vielen Stellen, fand aber überall dasselbe: unter der alten Scholle lag eine dünne, ziemliche lockere Eismasse. Anfangs dachte ich, es sei eine dünne untergeschobene Eisscholle, später entdeckte ich aber, daß es tatsächlich neugebildetes Süßwassereis auf der unteren Seite des alten Eises war; es war auf die drei Meter tiefe Süßwasserschicht zurückzuführen, die durch das Schmelzen des Schnees auf dem Eis entstanden war.

Infolge seiner Leichtigkeit schwamm dieses wärmere Süßwasser auf dem salzigen Seewasser, das an seiner Oberfläche eine Temperatur von ungefähr —1,5° hatte. Auf diese Weise kühlte sich das süße Wasser durch die Berührung mit dem kälteren Seewasser ab, und dort, wo es mit dem Salzwasser in Berührung kam, bildete sich eine dicke Eiskruste. Sie war es, die das Eis an der Unterseite verstärkte.

Im Laufe des Sommers verringerte sich die Eisdicke etwas durch Oberflächenabschmelzung. Am 23. Juli war das alte Eis nur 2,23 Meter und mit der neugebildeten Schicht 2,49 Meter dick; am 10. August hatte die Stärke des alten Eises bis auf 1,94 Meter abgenommen, die Gesamtdicke betrug 2,17 Meter. Am 22. August maß das alte Eis 1,86 Meter, die Gesamtstärke

2,06 Meter. Am 3. September betrug die Gesamtstärke 2,02 Meter und am 30. September 1,98 Meter. Am 3. Oktober war die Stärke unverändert, das alte Eis maß 1,75 Meter. Am 12. Oktober betrug die Gesamtstärke 2,08 Meter, während das alte Eis 1,80 Meter stark war. Am 10. November war die Stärke unverändert. Im Lauf des November und im Dezember nahm sie ganz langsam zu. Am 11. Dezember erreichte die Gesamtstärke 2,11 Meter, am 3. Januar 1895 2,32 Meter, am 18. Januar 2,48 Meter, am 6. Februar 2,59 Meter.

Daraus ist ersichtlich, daß das Eis unmittelbar durch Gefrieren keineswegs beträchtlich verstärkt wird. Das Zusammenschieben durch Druck kann jedoch Blöcke und Schollen von ganz anderer Dicke hervorbringen. Oft geschieht es, daß die Schollen in mehreren Schichten untereinandergeschoben werden und zusammenfrieren, so daß sie wie eine zusammenhängende Eismasse aussehen. Auf solche Weise erhielt die »Fram« ein gutes Lager unter sich.

Juell und Peder haben sich im Winter oft gestritten, wie dick das Eis sei, das die »Fram« unter sich hat. Peder, der schon früher viel Eis gesehen hatte, behauptete, es müsse mindestens 6 Meter dick sein. Juell, der das nicht glauben wollte, wettete zwanzig Kronen, daß es nicht so stark sei. Am 19. April schrieb ich über einen solchen Streit in mein Tagebuch:

»Juell hat sich anheischig gemacht zu bohren, und Peder will, da unser Bohrer leider nur 5 Meter tief reicht, das fehlende Meter weghauen. Sie haben während des ganzen Winters sehr viel über diese Wette geredet, sich jedoch nie einigen können. Peder sagt, Juell müsse mit dem Bohren anfangen, und Juell verlangt, daß Peder erst das Meter weghacken soll. Heute abend wurde der Sache dadurch ein Ende gemacht, daß Juell unvorsichtigerweise demjenigen zehn Kronen bot, der für ihn bohren wolle. Bentsen nahm ihn beim Wort und machte sich sofort mit Amundsen an die Arbeit; er meinte, er habe nicht immer Gelegenheit, so leicht zehn Kronen zu verdienen. Amundsen bot sich ihm zu einer Krone für die Stunde oder gegen Maßlohn an, schließlich einigten sie sich auf Zeitlohn. Sie arbeiteten bis spät in die Nacht; als sie 4 Meter tief gekommen waren, glitt der Bohrer etwas hinein, und Wasser stieg in dem Loch auf; doch war es nicht von Bedeutung, und gleich darauf stieß der Bohrer wieder auf Eis. Sie arbeiteten noch eine Zeitlang, bis endlich der Bohrer nicht weiter reichte. Nun wurde Peder gerufen, damit er sein Meter weghackte. Er und Amundsen arbeiteten, bis sie von Schweiß trieften. Wie gewöhnlich war Amundsen sehr eifrig; er schwor, er würde es nicht aufgeben, bis er hindurch sei, und wenn es 10 Meter sein sollten. Bentsen war mittlerweile an Deck gegangen. Bald rief ihn Amundsen wieder hinaus, das Loch sei ausgehauen und das Bohren könne wieder beginnen. Als man nur noch ein paar Zentimeter bis zu 6 Meter hatte, sank der Bohrer durch; Wasser sprudelte in die Höhe und füllte das Loch. Nun ließen sie eine Lotleine hinab, mit der sie in 10 Meter Tiefe wieder auf Eis stießen; jetzt waren sie gezwungen, die Arbeit aufzugeben. Ein schöner Brocken Eis, auf dem wir liegen!«

Die Temperatur auf dem Eis hält sich zur Sommerszeit um den Nullpunkt herum; aber wenn der Winter kommt, sinkt sie an der Oberfläche rasch. Von da dringt die Kälte immer tiefer bis zur Unterseite des Eises, wo sie natürlich der des darunterstehenden Wassers entspricht. Wir beobachteten beständig die Temperatur des Eises in verschiedenen Schichten, um festzustellen, wie schnell dieser Abkühlungsprozeß des Eises während des Winters verläuft und in welchem Maße die Temperatur nach dem Frühjahr zu wieder steigt. Die niedrigste Temperatur des Eises war im März und Anfang April in 1,2 Meter Tiefe ungefähr $-16°$ und bei 0,8 Meter Tiefe ungefähr $-30°$. Von Mitte April ab stieg sie langsam an. Bei diesen niedrigen Temperaturen wird das Eis sehr hart und spröde, so daß es durch Stoß oder durch Zusammenschieben leicht birst. Anderseits wird das Eis im Sommer, wenn sich die Temperatur in der Nähe des Schmelzpunktes hält, zäh und plastisch, so daß es beim Zusammenschieben nicht so leicht zerbricht. Dieser Unterschied im Zustand des Eises im Sommer und im Winter machte sich auch dem Ohr bemerkbar. Das Wintereis schob sich stets unter Getöse zusammen, das zähe Sommereis aber fast geräuschlos, so daß selbst heftigste Pressungen in unserer Nähe nicht zu hören waren.

In der unmittelbaren Nachbarschaft der »Fram« blieb das Eis fast das ganze Jahr hindurch vollständig ruhig, und das Schiff war hier bis jetzt noch keinem großen Eisdruck ausgesetzt gewesen. Es lag sicher und wohlbehalten auf der Eisscholle, an die es festgefroren war, und hob sich immer mehr in dem Maße, wie die Oberfläche des Eises unter der Einwirkung der Sommersonne wegtaute. Im Herbst sank das Schiff wieder ein wenig.

Inzwischen ging das Leben an Bord seinen gewohnten Gang.

Schon mehrfach habe ich unsere erfolglosen Bemühungen, beim Loten Grund zu erreichen, erwähnt; leider waren wir auf so große Tiefen nicht vorbereitet und hatten keinen Tiefsee-Lotapparat mitgenommen. Wir halfen uns, so gut wir konnten. Wir opferten eine Stahltrosse des Schiffes und stellten daraus eine Lotleine her.

Es war nicht schwer, auf dem Eis einen genügend großen Platz für eine Reepschlägerei zu schaffen, in der die Arbeit rasch fortschritt, obwohl eine Temperatur von $-30°$ bis $-40°$ nicht gerade angenehm ist, um dabei mit Dingen wie Stahldraht umzugehen.

Das Stahlkabel wurde aufgedreht. Dann wurden je zwei der Einzelstränge wieder zusammengedreht und die Stücke aneinandergefügt. So fertigten wir eine biegsame Leine von 4000—5000 Meter Länge an und erreichten damit endlich den Grund. Die Wassertiefe schwankte zwischen 3300 und 3900 Metern. Das war eine wichtige Entdeckung; bisher hatte man angenommen, daß das unbekannte Polarbecken seicht und mit vielen Ländern und Inseln besetzt sei. Auch ich hatte, als ich meinen Plan skizziert, noch geglaubt, daß es seicht sei und von einer tiefen Rinne durchschnitten werde, die vielleicht die Fortsetzung der Tiefsee im Nordatlantischen Ozean wäre.

Aus der Annahme eines seichten Polarmeeres hatte man geschlossen, daß die Gebiete um den Pol herum früher aus einer ausgedehnten Landfläche bestanden hätten und die vorhandenen Inseln ihre Überreste seien. Ferner hatte man angenommen, daß dieses ausgedehnte Polarland der Ursprungsort vieler Tier- und Pflanzenformen sei, die ihren Weg von dort nach unseren Breiten gefunden hätten. Diese Mutmaßungen wird man jetzt fallen lassen müssen.

Die große Tiefe deutet an, daß hier in junger geologischer Zeit keinesfalls Land gewesen ist; diese Tiefe ist ohne Zweifel ebenso alt wie die des Atlantischen Ozeans, von der das Polarmeer sicherlich einen Teil bildet.

Eine weitere Aufgabe, die ich für recht wichtig hielt, war die Messung der Temperatur des Meeres in verschiedenen Tiefen, von der Oberfläche bis zum Grund. Diese Messungen stellten wir so oft an, wie die Zeit es uns gestattete; sie ergaben, wie bereits bemerkt, die überraschende Tatsache, daß unter der kalten Oberflächenschicht wärmeres Wasser ist.

Wir hatten nicht erwartet, in diesen öden Gebieten viele Vögel anzutreffen, und waren daher nicht wenig überrascht, als uns am Pfingstsonntag, 13. Mai, eine Möwe besuchte. Später sahen wir regelmäßig Vögel verschiedener Art in der Nähe. Meist waren es Elfenbeinmöwen (Larus eburneus), Stummelmöwen (Rissa tridactyla), ein Eissturmvogel (Procellaria glacialis) und hin und wieder eine Tauchermöwe (Larus glaucus), eine Silbermöwe (Larus argentatus?) oder eine Grillumme (Uria grylle); ein- oder zweimal sahen wir auch eine Raubmöwe (wahrscheinlich Lestris parasitica). Am 21. Juli besuchte uns eine Schneeammer (Plectrophanes nivalis). Am 3. August stellten sich arktische Rosenmöwen (Rhodostetia rosea) ein. Ich vermerkte darüber in meinem Tagebuch:

»Heute ist mir endlich ein sehnlicher Wunsch erfüllt worden; ich habe Roß-Möven* geschossen, drei Stück an einem Tag. Dieser seltene und geheimnisvolle Bewohner des unbekannten Nordens, der sich nur gelegentlich sehen läßt, von dem niemand weiß, woher er kommt und wohin er geht, und der aus jener Welt stammt, zu der nur die Phantasie sich aufschwingt, gehört zu dem, was ich vom ersten Augenblick, seit ich diese Gegenden gesehen, zu entdecken gehofft habe. Und nun kam er, als ich es am wenigsten gedacht! Ich hatte einen kleinen Spaziergang auf dem Eis in der Nähe des Schiffes gemacht, hatte mich neben einen Eishaufen gesetzt und ließ den Blick nach Norden schweifen. Ich gewahrte einen Vogel, der über einer Eiskette schwebte. Anfänglich hielt ich ihn für eine Stummelmöwe, fand aber nach seinem schnellen Flug, den spitzen Flügeln und dem scharfen Schwanz bald mehr Ähnlichkeit mit einer Raubmöwe heraus. Ich holte meine Flinte. Mittlerweile waren es ihrer zwei geworden, die beständig um das Schiff herumflogen. Ich konnte sie jetzt genauer betrachten und erkannte, daß sie für Raubmöwen zu hell waren. Sie waren durchaus nicht scheu, sondern flogen immer nahe um das Schiff herum. Als ich sie auf dem Eis verfolgte, schoß ich eine und nahm sie auf. Sie war ungefähr so groß wie eine Schnepfe, auch der gesprenkelte Rücken erinnerte an diesen Vogel. Gleich darauf schoß ich die andere und später noch eine dritte. Alle drei waren junge Tiere von ungefähr 32 Zentimeter Länge mit dunkelgesprenkeltem, grauem Gefieder auf dem Rücken und den Flügeln; die Brust und der Leib waren weiß mit einem kaum wahrnehmbaren Ton von Orangerot; um den Hals war ein graugesprenkelter, dunkler Ring.«

---

* Diese Möwe wird oft nach ihrem Entdecker Roß so genannt. Ihre andere Bezeichnung »Rosenmöwe« rührt von ihrer blaßroten Farbe her.

Während die Zeit verging, bewegte mich stark und stärker der schon im Winter erwogene Plan, das unbekannte Meer zu erforschen, ohne der Bahn zu folgen, auf der die »Fram« trieb. Dabei waren die Hunde meine ganze Hoffnung. Wir hatten noch 26 und außerdem die jungen Tiere, von denen wir 8 am Leben gelassen hatten.

Als das Frühjahr weiter vorgeschritten war, ließen wir die Jungen an Deck herumlaufen, und am 5. Mai wurde ihnen die Welt noch beträchtlich erweitert: Ich schrieb:

»Nachmittags ließen wir die jungen Hunde auf das Eis. ‚Kvik' unternahm sofort weite Ausflüge mit ihnen, um sie mit der Umgebung vertraut zu machen. Zunächst stellte sie ihnen unseren meteorologischen Apparat, dann die Bärenfalle und darauf die verschiedenen Eishügel vor. Sie waren anfangs sehr vorsichtig und blickten sich furchtsam um, ehe sie sich langsam, Schritt für Schritt, von der Schiffsseite entfernten; bald aber tummelten sie sich mit unbändiger Lust in der von ihnen entdeckten Welt. ‚Kvik' war sehr stolz, als sie ihren Nachwuchs in die Welt hinausführte, und jagte umher, obwohl sie erst kurz vorher von einer weiten Schlittenfahrt zurückgekehrt war, auf der sie im Geschirr wie gewöhnlich gute Dienste geleistet hatte.

Am Nachmittag wurde einer der schwarz und weißen jungen Hunde verrückt. Wie ein Rasender rannte und bellte er um das Schiff herum; dabei biß er alles, was ihm in den Weg kam. Endlich gelang es uns, ihn auf Deck einzuschließen, wo er noch eine Zeitlang weiterraste, dann sich aber beruhigte; jetzt scheint er wieder ganz wohl zu sein. Das ist schon der vierte, der einen solchen Anfall gehabt hat. Tollwut kann es unmöglich sein, sie hätte sich auch unter den ausgewachsenen Hunden gezeigt. Ob es Zahnschmerz, Epilepsie oder sonstiges Teufelszeug ist? Leider starben mehrere Tiere an solchen Anfällen.«

Am 3. Juni schrieb ich: »Heute vormittag ist wieder ein junger Hund infolge eines dieser geheimnisvollen Anfälle gestorben. Es geht mir sehr zu Herzen, und ich bin niedergeschlagen. Ich habe mich an diese kleinen Polargeschöpfe so gewöhnt. Sie verbringen ihr sorgloses Dasein an Deck und spielen und jagen um uns herum von morgens bis abends und auch noch in die Nacht hinein. Ich kann ihnen stundenlang zusehen, mich mit ihnen wie mit kleinen Kindern beschäftigen und um das Oberlicht herum Verstecken spielen. Sie sind dabei außer sich vor Freude.

Der eben verendete Hund war der größte und stärkste von ihnen, ein schönes Tier; ich hatte ihm den Namen ‚Lova' gegeben. Er war zutraulich, sanft und zärtlich. Gestern sprang und spielte er noch umher, war so lebensfroh und rieb sich an mir, heute ist er tot. Ihre Reihen lichten sich. Das schlimmste dabei ist, daß wir vergebens zu erforschen suchen, was ihnen fehlt. Dieser Hund war vollständig normal und ganz vergnügt, bis er sein Frühstück bekam; dann winselte er und jagte wie von Sinnen, heulend und bellend herum, gerade wie es die anderen gemacht hatten. Später stellten sich Krämpfe ein, Schaum stand ihm vor dem Maul. Blessing und ich untersuchten ihn. Wir entdeckten nichts Ungewöhnliches an ihm. Es ist unbegreiflich.«

Die Hunde scheinen den Sommer nicht zu lieben; es ist ihnen zu naß auf dem Eis und zu warm.

Am 11. Juni schrieb ich:

»Heute haben sich alle Tümpel auf dem Eis rundherum wunderbar vergrößert, und es ist keineswegs angenehm, das Schiff mit Schuhen zu verlassen, die nicht wasserdicht sind. Es wird für die Hunde immer nasser, und sie schwitzen, obgleich die Temperatur bis jetzt noch selten über den Nullpunkt steigt. Vor einigen Tagen wurden sie auf das Eis übersiedelt, wo zwei lange Ställe errichtet worden sind. Sie sind aus Kisten hergestellt und bestehen nur aus einer Wand und einem Dach. Hier verbringen die Tiere den größten Teil des Tages, und wir sind alle Unreinlichkeit los. Die Lebensweise der Hunde ist jetzt ebenso regelmäßig wie im Winter. Morgens um 8½ Uhr werden sie losgelassen. Sie werden jedesmal sehr ungeduldig, wenn die Stunde ihrer Erlösung naht. Sobald sich jemand an Deck blicken läßt, ertönt im Chor das wilde Geheul der 26 Stimmen, die laut Fressen und Freiheit fordern. Sobald die Hunde losgelassen sind, erhalten sie Frühstück, jeder einen halben, gedörrten Fisch und drei Stück Hundekuchen. Den Rest des Vormittags bringen die Tiere damit zu, alle Abfallhaufen zu durchwühlen und alle leeren Blechdosen, die sie schon hundertmal geplündert haben, zu benagen und auszulecken. Schleudert der Koch einmal eine neue Dose auf das Eis, so entspinnt sich sofort ein wütender Kampf um diesen Preis. Oft geschieht es, daß einer bei dem Versuch, ein verführerisches Stück Fett aus einer tiefen, engen Dose herauszuholen, den Kopf zu weit hineinsteckt und sich nicht wieder befreien kann. Dann springt er mit diesem Futteral auf dem Kopf blindlings über das Eis und treibt die wunderbarsten Possen, um die Dose loszuwerden. Ein hübscher Spaß für uns Zuschauer.

Sind die Hunde ihrer Arbeit in den Abfallhaufen müde, so strecken sie keuchend ihre runden, wurstartigen Körper in der Sonne aus. Wird es dort zu warm, suchen sie den Schatten auf. Vor dem Mittagessen werden sie wieder angebunden; jedoch pflegen »Pan« und einige andere Gesinnungsgenossen sich kurz vorher fortzuschleichen und hinter einem Hügel zu verbergen, so daß man nur hier und dort einen Kopf oder ein Ohr hervorgucken sieht. Wenn man sie holen will, so knurren sie, zeigen die Zähne und schnappen vielleicht gar zu, lassen sich dann aber ins Gefängnis schleppen.

Den Rest des Tages verschlafen die Hunde. Sie schnauben und keuchen infolge der außerordentlichen Hitze, die nebenbei bemerkt einige Grade unter Null ist. Hin und wieder erheben sie im Chor ein Geheul, das sicher in Sibirien zu hören ist, und raufen miteinander, daß die Haare nach allen Richtungen fliegen.

Die Umsiedlung der Hunde auf das Eis hat der Wache die beschwerliche Pflicht auferlegt, nachts an Deck zu bleiben, das war vorher nicht üblich gewesen; allein nachdem einmal ein Bär an Bord gekommen war und zwei wertvolle Tiere geraubt hatte, waren wir vorsichtig geworden.

Am 31. Juli vermehrte »Kvik« unser Gemeinwesen abermals. Sie brachte elf junge Hunde zur Welt. Einer war eine Mißgeburt und wurde sofort getötet; zwei andere starben später, die übrigen wuchsen auf und wurden schöne Tiere.

Montag, 28. Mai. Ich bin dieser endlosen, weißen Flächen müde! Wir haben den 81. Breitengrad überschritten. Aber die Drift ist so langsam wie je, und der Wind, der allesvermögende, ist noch immer unverändert. Wir treiben bald schneller bald langsamer westwärts und nur wenig nach Norden.

Ich zweifle jetzt nicht am Erfolg unserer Expedition, und mein Irrtum in der Rechnung ist doch nicht so groß gewesen; ich glaube aber kaum, daß wir höher als bis 85° kommen, wenn überhaupt so weit. Ich muß bekennen, daß ich töricht bin und den Pol erreichen will. Ich werde wahrscheinlich den Versuch machen, wenn wir in nicht allzu langer Zeit in Polnähe sind.

Dieser Mai ist mild; die Temperatur ist in letzter Zeit mehrfach um den Nullpunkt herum gewesen, und man kann sich in die Heimat versetzt glauben. Selten sind mehr als ein paar Grad Kälte, allein jetzt kommen die Sommernebel mit gelegentlichem Reif. In der Regel sieht der Himmel mit seinen leichten, flüchtigen Wolken fast wie der Frühlingshimmel im Süden aus.

Sonnabend, 9. Juni. Ich habe das Gefühl, daß der Sommer gekommen ist. Stundenlang kann ich in der Sonne auf Deck auf- und abschreiten oder stillstehen und mich von ihr braten lassen, während ich eine Pfeife rauche und meine Blicke über die Schnee- und Eismassen schweifen.

Der Schnee ist jetzt überall naß. Das Eis durchsetzt sich mehr und mehr mit Salzwasser. Wenn man ein noch so kleines Loch bohrt, füllt es sich sofort mit Wasser. Der Grund davon ist natürlich, daß infolge des Temperaturanstiegs die im Eis enthaltenen Salzteilchen ihre Umgebung schmelzen und sich Wasser mit einem starken Zusatz von Salz bildet, dessen Gefrierpunkt niedriger ist als die Temperatur des Eises rundum.

Sonnabend, 23. Juni. Nordwind mit nassem Schnee. Düsteres Wetter. Südliche Drift. 81° 43′ n. Br., das sind 9 Minuten südwärts seit Montag. Ich habe so manche Johannisabende unter verschiedenen Himmeln erlebt, aber nie einen solchen wie diesen. So fern, so fern vom Leben, von allem, was dieser Abend sonst umfaßt! Ich denke an die Fröhlichkeit, die um die Freudenfeuer in der Heimat herrscht, ich höre die Fiedel, das Lachen, die Geschützsalven mit dem Echo, das von den blauen Höhen antwortet. Und dann blicke ich hinaus über die endlose, weiße Fläche, in den Nebel, in das Schneewetter und den Wind, der den Schnee vor sich hertreibt. Hier ist keine Spur von dem Frohsinn des Johannistags. Es ist alles Grau in Grau.

Eine traurige, düstere Landschaft; keine Schatten, nur halb verwischte, in Nebel und Schneeschlamm verschmelzende Formen; alles befindet sich im Zustand der Auflösung, und bei jedem Schritt gibt der Fleck, auf den man tritt, nach.

Es ist eine harte Arbeit für den Schneeschuhläufer, der durch Schneeschlamm stapft. Die Schneeschuhe sinken tief ein, das Wasser reicht einem oft bis zu den Knöcheln, so daß es schwer ist, die Schneeschuhe wieder herauszubekommen und weiterzuschieben; aber ohne Schneeschuhe wäre man noch schlimmer daran.

Hier und dort wird das einförmige, grauweiße Wirrsal durch kohlschwarzes Wasser unterbrochen, das sich in schmäleren und breiteren Rinnen zwischen den Hügeln hindurchwindet. Auf der schwarzen Oberfläche schim-

Beobachtung der
Sonnenfinsternis
am 6. April 1894

Nansen
Ein Spaziergang
6. Juli 1894

mern weiße, schneebedeckte Schollen und Eisstücke, die wie weißer Marmor auf schwarzem Grund aussehen. Alles ringsherum ist Eis, das in phantastischen Formen emporsteigt. Ewig, ruhelos wird der reine, blauweiße Marmor dieses wandernden Eises von der Natur mit verschwenderischer Freigebigkeit geformt. Sie läßt die herrlichsten Bildhauerwerke entstehen, die vergehen, ehe ein Auge sie erschaut hat. Weshalb? Das Ganze ist ein einziges wechselndes Spiel der Schönheit. Es wird nur durch die Launen der Natur beherrscht, die genau jenen ewigen Gesetzen folgt, die nicht nach Ziel oder Absicht fragen.

Vor mir erhebt sich eine Eiskette hinter der andern, mit einer Rinne nach der andern dazwischen. Im Juni war die »Jeannette« zerdrückt worden und gesunken. Was dann, wenn die »Fram« zwischen das Eis gerät? Nein, das Eis wird sie nicht besiegen! Und wenn es trotz alledem doch geschehen sollte? Die Leute, die unter diesem Deck hausen, haben Mut, Mut oder blindes Vertrauen auf ein Manneswort.

Es ist ganz schön, daß der, der einen Plan, vernünftig oder unvernünftig, ausgeheckt hat, mitgeht, um ihn auszuführen; er tut natürlich sein Bestes für das Kind, das seine Gedanken ins Leben gerufen haben. Aber sie, die Kameraden, sie hatten kein solches Kind zu pflegen; sie hätten ohne weiteres von dieser Expedition fernbleiben können. Weshalb sollte sich ein menschliches Wesen vom Leben lossagen?

Sonntag, 24. Juni. Der Jahrestag unserer Abfahrt von der Heimat. Nördlicher Wind, noch immer südliche Drift. Die heutigen Beobachtungen ergaben 81° 41,7′ n. Br. So geht es also noch nicht weiter!

Ein langes Jahr. Ich weiß, was ich erreicht habe, und mehr oder weniger, was mich erwartet. Ich entwerfe Pläne für die Zukunft, aber zu Hause... Nein, ich bin heute abend nicht in der Stimmung zu schreiben; ich will mich niederlegen.

Mittwoch, 11. Juli. 81° 18,8′ n. Br. Endlich ist der Südwind wiedergekehrt. Das Südwärtstreiben hat vorläufig ein Ende. Jetzt sehne ich mich fast nach der Polarnacht, nach dem ewigen Wunderland der Sterne mit dem geisterhaften Nordlicht und dem Mond, der durch die tiefblaue Stille segelt. Dieser ewige Tag mit seiner drückenden Wirklichkeit reizt mich nicht mehr und lockt mich nicht aus meinem Lager heraus. Das Leben ist ein einziges, unaufhörliches Hasten von einer Aufgabe zur andern; alles muß geschehen, nichts darf vernachlässigt werden. Tag auf Tag, Woche auf Woche, und der Arbeitstag ist lang und endet selten früher als nach Mitternacht.

Es heißt, daß man den Frieden des Lebens bei den Heiligen in der Wüste findet. Wüste ist hier wahrlich genug, aber Frieden — nein! Es fehlt wohl die Heiligkeit.

Mittwoch, 18. Juli. Heute vormittag machte ich mit Blessing einen Ausflug, um Proben von braunem Schnee und Eis zu sammeln und im Wasser Algen und Diatomeen zu suchen. Die Oberfläche der Schollen ist fast schmutzigbraun, oder wenigstens herrscht doch diese Art von Eis vor. Reinweiße Schollen sind selten. Ich dachte, diese braune Farbe müsse von den Organismen herrühren, die ich im Oktober des Jahres zuvor in dem frischgefrorenen, bräunlichroten Eis gefunden hatte; allein die Proben, die ich heute mitnahm, bestehen zum größten Teil aus mineralischem Staub, vermischt mit Diatomeen und anderen Bestandteilen organischer Herkunft. Blessing hatte zu Anfang des Sommers auf der Oberfläche des Eises mehrere Proben gesammelt und das gleiche beobachtet. Dieser Staub rührt ohne Zweifel von der Atmosphäre der Erde her. Wahrscheinlich kommt er mit dem fallenden Schnee herab und sammelt sich allmählich, wenn der Schnee im Sommer schmilzt, zu einer Oberflächenschicht. Oft findet man aber auf dem Eis auch größere Mengen Schlick von ähnlicher Farbe, der sicherlich aber unmittelbar mit dem Land in Verbindung steht, da er sich auf Schollen bildet, die ursprünglich in nächster Nähe von Land gelegen haben.

In den Rinnen fanden wir eine Menge Algenklumpen von derselben Art, wie wir sie schon früher oft festgestellt hatten. Fast in jedem kleinen Kanal waren solche Ansammlungen zu finden.

Wir sahen auch, daß sich an den Seiten der Schollen eine braune Schicht von der Eisoberfläche tief ins Wasser hinab erstreckte. Sie rührte von einer Alge her, die auf dem Eis wächst. Im Wasser schwammen ebenfalls kleinere, zähe Klumpen, einige weiß, andere gelblichrot. Unter dem Miskroskop schienen sie sämtlich aus Ansammlungen von Diatomeen zu bestehen, unter denen sich aber auch größere, rote Zellorganismen von charakteristischem Aussehen befanden.

Alle diese Diatomeenansammlungen hielten sich in einer gewissen Tiefe, ungefähr ein Meter unter der Wasseroberfläche. In derselben Tiefe schien auch die erwähnte Alge hauptsächlich zu gedeihen. Offenbar halten sich diese Diatomeen und Algen genau in der Tiefe, in der die obere Süßwasserschicht auf dem Seewasser ruht. Das Wasser an der Oberfläche war süß; die Diatomeenmassen sanken darin unter, schwammen aber, wenn sie die Seewasserschicht darunter erreichten.

Sonntag, 22. Juli. Ich verbringe den Tag am Miskroskop und bin jetzt mit Diatomeen und Algen aller Art beschäftigt, die in der obersten Süßwasserschicht des Meeres vorkommen. Es sind höchst interessante Wesen, eine neue Welt von Organismen, die von Küsten aus, die uns wohlbekannt sind, durch das Eis quer über das Polarmeer geführt werden, um dort im Sommer zu erwachen und sich zu Leben und Blüte zu entwickeln.

Ja, es ist eine sehr fesselnde Arbeit, und dennoch habe ich nicht die gleiche brennende Neigung dafür wie einst, obwohl der Geruch von Gewürznelkenöl, Kanadabalsam und Xylol manche teuren Erinnerungen an das ruhige Laboratorium zu Hause weckt. Jeden Morgen, wenn ich eintrete, laden Mikroskop, Gläser und Farben auf dem Tisch zur Arbeit ein; aber obgleich ich Tag für Tag bis spät in die Nacht hinein unermüdlich tätig bin, geschieht es doch meist nur aus Pflichtgefühl, und ich bin nicht böse, wenn die Arbeit beendet ist und ich mich ein paar Stunden in die Koje legen kann, um einen Roman zu lesen und eine Zigarre zu rauchen. Mit welchem Jubel würde ich nicht das Ganze beiseite werfen, aufspringen und das wirkliche Leben erfassen, um meinen Weg über Eis und Meer mit Schlitten, Booten oder Kajaks zu erkämpfen!

Es ist sehr wahr, daß es »leicht ist, ein Leben des Kampfes zu führen«; hier ist aber weder Sturm noch Kampf. Ich sehne mich nach ihnen, ich sehne mich danach, Riesenkräfte zu entfalten und meinen Weg vorwärts zu erkämpfen — das würde leben heißen! Bald treiben wir vorwärts, bald rückwärts, und jetzt liegen wir schon zwei Monate auf demselben Fleck.

Eins jedoch wird für eine Expedition zum Pol oder für den Fall, daß wir das Schiff verlassen müssen, bereitgemacht: alle Handschlitten werden zusammengesetzt, und der Eisenbeschlag wird sorgfältig nachgesehen. Ferner sind sechs Hundeschlitten angefertigt worden, und morgen werden wir mit dem Bau von Kajaks für alle beginnen; auf Handschlitten sind die Kajaks leicht zu ziehen, falls wir ohne Schiff über das Eis zurück müssen.

Zunächst stellen wir Kajaks her, die je zwei Mann tragen; ich lasse sie 3½ Meter lang, 1 Meter breit und ½ Meter tief machen. Sechs müssen angefertigt werden. Sie werden mit Seehundsfell oder Segeltuch bekleidet und ganz überdeckt, mit Ausnahme der beiden Löcher, eins für jeden Ruderer.

Wir werden alles haben, was für einen erfolgreichen Rückzug erforderlich ist. Manchmal sehne ich mich beinahe nach einer Niederlage, einer entschiedenen Niederlage, damit wir Gelegenheit haben zu beweisen, was in uns steckt, und damit dieser ermüdenden Untätigkeit ein Ende gemacht wird.

Montag, 30. Juli. Westlicher bis nordwestlicher Wind. Das ist Woche für Woche unser tägliches Programm. Gestern hatten wir 81° 7', vorgestern 81° 11' und am Montag, 23. Juli, 81° 26' n. Br.!

Aber damit beschäftigen sich meine Gedanken nicht länger. Ich weiß sehr wohl, daß sich früher oder später manches ändern wird und daß der Weg zu den Sternen durch Widerwärtigkeiten führt. Ich habe eine neue Welt gefunden: die Welt des Tier- und Pflanzenlebens, das sich in jedem Süßwassertümpel auf den Eisschollen offenbart. Vom Morgen bis zum Abend, ja bis spät in die Nacht hinein, sitze ich am Mikroskop und sehe nichts von dem, was um mich hervorgeht. Ich lebe mit diesen zierlichen Wesen in ihrer eigenen Welt, in der sie, ein Geschlecht nach dem andern, entstehen und sterben, im Kampf ums Dasein sich bekriegen und ihren Liebesangelegenheiten mit denselben Gefühlen, denselben Leiden, denselben Freuden folgen, die jedes lebende Wesen, von den mikroskopischen Tierchen bis zum Menschen, erfüllen — Selbsterhaltung und Fortpflanzung, das ist das Ganze. So heiß wir menschlichen Wesen auch kämpfen, uns den Weg durch das Labyrinth des Lebens zu bahnen, die Kämpfe der Infusorien sind sicher nicht weniger erbittert als die unsrigen — ein rastloses Hin- und Herjagen. Einer stößt den anderen beiseite, um für sich selbst das, was nötig ist, zu erobern. Und dies sind kleine, einzellige Schleimklumpen, die zu Tausenden und Millionen auf fast jeder Scholle überall in diesem grenzenlosen Meer leben, das wir als ein Reich des Todes betrachten. Die Mutter Natur hat eine merkwürdige Fähigkeit, überall Leben hervorzurufen; selbst das Eis ist für sie fruchtbarer Boden.

Sonnabend, 4. August. Unsere Segelmacher Sverdrup und Amundsen haben heute die Segeltuchbedeckung des ersten Doppelkajaks vollendet. Mit voller Ausrüstung wiegt es 30½ Kilo. Ich halte es für ein ausgezeichnetes Hilfsmittel. Sverdrup und ich haben es auf einem Tümpel erprobt; es trug uns prachtvoll und war so steif, daß wir ganz bequem damit umgehen konnten, sogar wenn wir auf dem Verdeck saßen. Es wird leicht zwei Mann mit voller Ausrüstung für hundert Tage tragen; ein handlicheres oder praktischeres Fahrzeug kann ich mir nicht vorstellen.

Sonntag, 5. August. 81° 7,3′ n. Br. Herrliches Sommerwetter. Ich konnte es nicht den ganzen Tag im Schiff aushalten, sondern machte eine weite Fahrt über das Eis. Man würde leicht vorwärts kommen, wenn die Rinnen nicht wären.

Hansen hat sich heute nachmittag auf einem Tümpel im Kajakrudern geübt. Er war aber nicht zufrieden damit, nur auf dem Wasser herumzufahren, sondern mußte natürlich auch das Kentern und Wiederaufrichten versuchen, wie es die Eskimos machen. Es endete damit, daß er das Ruder verlor und mit dem Kopfe nach unten im Wasser hing. Nordahl sprang schließlich hinein und brachte ihn zum großen Ergötzen der Zuschauer wieder auf ebenen Kiel.

Sonntag, 12. August. Ein herrlicher Abend. Ich machte einen Spaziergang zwischen den Rinnen und Eishügeln; es war wunderschön ruhig und windstill, kein Laut zu hören außer den Wassertropfen von einem Eisblock. Die Sonne steht niedrig im Norden, und über uns ist der blaßblaue Himmelsdom mit goldverbrämten Wolken. Der tiefe Frieden der Einsamkeit. Wie kommt es, daß ich mich zuzeiten über die Einsamkeit beklage? Mit der Natur um sich, mit Büchern und Studien kann man sich doch nie ganz allein fühlen!

Dienstag, 21. August. 81° 4,2′ n. Br. Seltsam. Kaum eine Veränderung! Wir treiben etwas nach Norden, dann etwas nach Süden und bleiben fast immer auf demselben Fleck. Ich glaube aber, wie ich stets, schon ehe wir die Reise antraten, geglaubt habe, daß wir drei Jahre, genauer drei Winter und vier Sommer, nicht mehr und nicht weniger, fortbleiben und von diesem Herbst an in ungefähr zwei Jahren die Heimat wieder erreichen werden*. Der bevorstehende Winter wird uns, wenn auch langsam, weitertreiben; er kündigt sich bereits an. Letzte Nacht hatten wir 4 Grad Kälte.

Sonntag, 26. August. Es scheint beinahe, daß der Winter schon gekommen ist. Die Kälte hat sich seit Donnerstag im Durchschnitt zwischen — 4° und — 6° gehalten. In der Temperatur gibt es hier nur geringe Veränderungen. Wir können damit rechnen, daß sie von jetzt ab regelmäßig sinkt, obwohl es für den Wintersanfang noch ziemlich früh ist. Alle Tümpel und Rinnen sind mit Eis bedeckt, das schon dick genug ist, um einen Mann, auch ohne Schneeschuhe, zu tragen.

Ich war auf Schneeschuhen draußen. Angenehmer Weg, gutes Fortkommen überall; einige Rinnen hatten sich etwas erweitert oder waren zusammengedrückt worden; das neue Eis war nur dünn und bog sich unangenehm unter den Schneeschuhen, trug mich aber. Zwei Hunde brachen ein. Es hatte auch ziemlich stark geschneit, so daß es schönen Neuschnee gab. Wenn es so bleibt, wie es jetzt ist, werden wir im Winter ausgezeichnet Ski laufen können. Denn es ist Süßwasser, das auf der Oberfläche der Rinne

---

* Auf den Tag genau zwei Jahre später lief die »Fram« Skjärvö an der Küste von Norwegen an.

gefriert, es scheidet kein Salz aus. Auf Schnee mit Salz geht man ebenso schlecht wie auf Sand.

Mittwoch, 29. August. Frischer Wind rasselt und pfeift in der Takelung. Eine belebende Veränderung ohne Zweifel! Es herrscht ein Schneetreiben, als ob wir mitten im Winter wären. Schönes Augustwetter! Aber wir treiben wieder nach Norden, und das ist auch sehr notwendig! Gestern war unsere Breite 80° 53,5′.

Heute abend arbeitete ich im Raum an meinem neuen Bambuskajak, das der Gipfel der Leichtigkeit wird. Pettersen half mir. Wir unterhielten uns eine Weile über allgemeine Dinge, und er meinte, daß wir in der »Fram« ein gutes Heim besäßen, weil wir alles hätten, was wir haben wollten; sie sei ein verteufeltes Schiff, jedes andere würde längst plattgedrückt worden sein. »Wenn ich«, sagte er, »alle die Hilfsmittel betrachte, die wir vorbereitet haben, wie z. B. diese neuen Kajaks, dann fürchte ich mich aber auch nicht, müßten wir das Schiff eines Tages verlassen!«

Dann sprachen wir noch darüber, was wir tun würden, wenn wir nach Hause kämen.

»Was Sie anbetrifft, so werden Sie ohne Zweifel nach dem Südpol reisen!« meinte er.

»Und Ihr«, erwiderte ich, »wollt Ihr die Hemdärmel aufkrempeln und Eure alte Beschäftigung wieder beginnen?«

»So wird's wohl werden! Aber, weiß Gott, erst muß ich eine Woche Ferien haben! Nach einer solchen Reise muß ich sie unbedingt haben, ehe ich wieder zum großen Schmiedehammer greife!«

Der zweite Herbst im Eis

Der Sommer war also vorüber. Unser zweiter Herbst begann. Wir hatten uns jetzt mehr an die Geduldsproben gewöhnt, die uns das Leben im öden Treibeis abverlangte. Die Zeit verging uns rascher. Außerdem war ich auch mit neuen Plänen und Vorbereitungen beschäftigt.

Ich habe schon erwähnt, daß wir im Lauf des Sommers alles für den Fall bereitmachten, daß wir über das Eis heimkehren müßten. Wir hatten sechs Doppelkajaks gebaut, die Schlitten waren in Ordnung, und es war sorgfältig berechnet worden, wieviel Nahrungsmittel, Kleidung, Brennstoff usw. wir mitführen mußten. Aber ich hatte in der Stille auch meine eigene Expedition nach Norden vorbereitet. Außer wenigen Worten zu Sverdrup hatte ich noch zu niemand von meinem Plan gesprochen, da ich ja nicht wußte, wie weit nördlich die Drift uns bringen würde, und da sich vor dem Frühjahr noch vielerlei ereignen konnte.

Inzwischen ging das Leben an Bord seinen gewohnten Gang.

Ich lese in meinem Tagebuch, daß ich gegen Ende August und im September sehr stolz auf eine Erfindung gewesen sein muß, die ich für die Küche gemacht hatte. Das letzte Jahr hatten wir auf einem Kupferherd gekocht, der durch Petroleumlampen erhitzt wurde. Es ging ganz gut; unangenehm war nur dabei, daß täglich mehrere Liter Petroleum verbrannt wurden. Ich befürchtete, daß der Brennstoff zu früh auf die Neige ging, wenn die Expedition länger dauerte als angenommen. Ich hatte immer über eine Änderung nachgedacht, vornehmlich über einen Apparat, auf dem sich Teeröl — »schwarzes Öl« nannten wir es an Bord — brennen ließ. Wir hatten zwanzig Tonnen Teeröl an Bord. Es war ursprünglich für die Maschine bestimmt. Und es gelang mir, einen solchen Apparat zu bauen! Am 30. August schrieb ich:

»Habe meinen neuerfundenen Teerölapparat zum Heizen des Herdes mit Erfolg probiert. Es ist prachtvoll, daß wir jetzt in der Küche Teeröl brennen können. Jetzt brauchen wir nicht zu befürchten, daß wir einmal den Lichtverbrauch einschränken müssen. Unser Ölvorrat ist nunmehr um 20 000 Liter vergrößert. Wir können unser schönes Petroleum zu Beleuchtungszwecken behalten und haben auf viele Jahre Lampenlicht, selbst wenn wir verschwenderisch damit umgehen. Die 20 Tonnen Teeröl müßten meiner Meinung nach vier Jahre reichen. Die Einrichtung ist so einfach wie möglich. Aus einem Behälter führt ein Rohr hinab nach der Feuerstelle und in diese hinein; das Öl tropft vom Ende dieses Rohres in eine eiserne Schale und wird von einer Schicht Asbest oder Kohlenasche aufgesogen. Der Zufluß des Öls aus dem Rohr wird durch den Hahn eines feinen Ventils geregelt.

Um guten Zug zu bekommen, habe ich in der Nähe der Herdtür ein Luftzufuhrrohr angebracht, durch das die Luft gerade auf die eiserne Schale geblasen wird, in der das Öl mit lebhafter, weißer Flamme brennt. Die Luft wird mit Hilfe des großen Windsegels auf Deck in den Kanal hineingetrieben. Wer morgens das Feuer anzündet, braucht nur an Deck zu gehen, nachzusehen, daß das Segel nach dem Winde gestellt ist, den Luftkanal zu öffnen, den Hahn so aufzudrehen, daß das Öl in gehöriger Weise fließt, das Öl mit einem Stück Papier anzuzünden und es im übrigen sich selbst zu überlassen, bis das Wasser in zwanzig Minuten kocht. Man kann es, wie mir scheint, nicht leichter haben. Aber natürlich ist es bei uns wie in anderen Gemeinwesen schwer, Reformen einzuführen; alles Neue wird mit Argwohn betrachtet.«

Etwas später schrieb ich über den Apparat:

»Gestern wurde er in Betrieb genommen. Er arbeitet vorzüglich; Wind von 1 Meter Geschwindigkeit genügt, um einen prachtvollen Zug hervorzubringen. Als ich vorgestern nachmittag mit einigen Kameraden im Salon saß, hörte ich einen dumpfen Knall und sagte sofort, daß es wie eine Explosion in der Küche klinge. Gleich darauf steckte Pettersen[*] seinen Kopf, der so schwarz wie der eines Schornsteinfegers und überall mit Rußflecken bedeckt war, durch die Tür und berichtete aufgeregt, der Herd sei explodiert und ihm ins Gesicht geflogen; er habe nur nachsehen wollen, ob das Feuer brenne, und da sei das ganze Teufelszeug ihm entgegengeflogen.

---

[*] Pettersen war vom Schmied zum Koch aufgerückt; er und Juell waren abwechselnd vierzehn Tage in der Küche.

Ein Strom von Worten, untermischt mit Flüchen, floß ihm vom Munde wie Erbsen aus einem Sack, und wir übrigen schrien vor Lachen laut auf.

In der Küche sah ich sofort, was sich zugetragen hatte. Da nicht genügend Zug gewesen war, hatte sich eine Menge Gas gebildet, das aber nicht brennen konnte, bis Pettersen die Tür geöffnet und damit Luft hatte hinzutreten lassen.

Von dem Tag an habe ich nichts als Lob über den neuen Apparat gehört. Er ist gebraucht worden, bis die ‚Fram' wieder draußen auf offenem Wasser war.«

Donnerstag, 6. September. 81° 13,7' n. Br. Bin ich heute fünf Jahre verheiratet? Voriges Jahr, als die Eisfesseln bei der Taimyr-Halbinsel zerbarsten, war es ein Tag des Sieges. Jetzt ist kein Gedanke an Sieg. Und doch erscheint mir die Zukunft nicht bang und düster. Ist es möglich, daß am nächsten 6. September jede Fessel gesprengt ist und wir beisammensitzen und von unseren Fahrten im fernen Norden und von all unserm Verlangen plaudern wie von etwas, das einmal gewesen ist und nie wieder sein wird? Und was spricht dagegen, daß das im nächsten Jahre geschieht? Weshalb soll dieser Winter die »Fram« nicht nach Westen an einem Punkt im Norden von Franz-Joseph-Land bringen? ...

Dann ist meine Zeit gekommen, und ich mache mich mit Hunden und Schlitten auf nach Norden. Mir klopft das Herz vor Freude bei dem Gedanken daran. Der Winter wird mit den Vorbereitungen für eine solche Expedition schnell genug hingehen.

Ich habe mich in letzter Zeit schon immer mit diesen Vorbereitungen beschäftigt. Ich denke darüber nach, was alles mitgenommen werden muß und wie es einzurichten ist, und je mehr ich die Sache von den verschiedensten Seiten betrachte, desto fester bin ich davon überzeugt, daß der Versuch erfolgreich sein wird, wenn wir nicht zu spät im Frühjahr nach Norden treiben. Wenn die »Fram« nur 84° oder 85° erreichte, würde ich mich Ende Februar oder in den ersten Märztagen aufmachen, sobald nach der langen Winternacht das Tageslicht kommt, und das Ganze würde wie im Tanze gehen. Nur noch vier oder fünf Monate, dann ist die Zeit zum Handeln gekommen. Welche Freude!

Wenn ich jetzt über das Eis hinausblicke, ist es mir, als ob meine Muskeln zittern vor sehnsüchtigem Verlangen, endlich einmal im Ernst über das Eis zu laufen — Ermüdung und Entbehrungen würden dann ein Vergnügen sein. Es mag töricht erscheinen, daß ich mich entschlossen habe, diese Expedition zu unternehmen, während ich mir vielleicht in aller Ruhe wichtigere Arbeit hier an Bord vornehmen könnte, aber die täglichen Beobachtungen werden auch ohne mich genau wie sonst angestellt.

Sonntag, 9. September. 81° 4' n. Br. Seit einigen Tagen ist die Mitternachtssonne verschwunden, und die Sonne geht schon im Nordwesten unter; sie war gegen 10 Uhr abends fort, und es liegt wieder eine Röte über dem ewigen Weiß. Der Winter naht rasch.

Heute abend kam Pettersen, der diese Woche kocht, zu mir herein, um sich wie gewöhnlich den Speisezettel für den nächsten Tag zu holen. Nachdem dies erledigt war, blieb er noch einen Augenblick stehen und erzählte, er habe in der vergangenen Nacht einen seltsamen Traum gehabt; er habe eine neue Expedition als Koch begleiten wollen, »aber Dr. Nansen hat mich nicht mitgenommen!«

»Und weshalb nicht?«

»Ja, mir träumte, daß Dr. Nansen mit vier Leuten über das Eis nach dem Pol ging, und da bat ich, mitgenommen zu werden; allein Sie sagten, Sie brauchten auf dieser Expedition keinen Koch; ich fand das sonderbar, denn Sie müssen da doch auch essen. Es kam mir so vor, als ob Sie angeordnet hätten, daß das Schiff irgendwo wieder mit Ihnen zusammentreffen sollte; jedenfalls wollten Sie nicht hierher, sondern nach einem andern Land zurückkehren. Es ist merkwürdig, was man im Schlaf zusammenfaselt!«

»Das war vielleicht doch kein so großer Unsinn, Pettersen; es ist sehr wohl möglich, daß wir eine solche Expedition machen.«

»Dann möchte ich Sie sehr bitten, mich mitzunehmen! Das wäre gerade, was ich möchte. Ich bin zwar kein großer Schneeschuhläufer, ich würde es aber doch aushalten.«

»Das ist alles sehr schön, allein auf einem solchen Marsch gibt's ermüdende, schwere Arbeit; Ihr müßt nicht denken, daß das ein Vergnügen wird.«

»Nein, niemand erwartet das.«

»Vielleicht gibt es aber noch Schlimmeres als Strapazen, Pettersen. Mehr als wahrscheinlich ist, daß Ihr dabei das Leben aufs Spiel setzt!«

»Einmal muß jeder sterben.«

»Aber Ihr wollt Euer Leben doch nicht verkürzen?«

»Darauf würde ich es ankommen lassen. Man kann das Leben zu Hause ebensogut verlieren, wenn auch vielleicht nicht ganz so leicht wie hier. Wenn ein Mann aber immer daran denken wollte, würde er nie etwas tun.«

»Das ist wahr. Aber ein solcher Marsch nach Norden über das Eis ist kein Kinderspiel.«

»Das weiß ich sehr gut, aber mit Ihnen würde mir nicht bange sein!«

Sonnabend, 15. September. Heute abend haben wir zum erstenmal wieder den Mond gesehen, wundervollen Vollmond; auch einige Sterne standen am nächtlichen Himmel, der noch ganz hell war.

Freitag, 21. September. In dieser Woche haben wir Ställe für die Hunde gebaut, eine Reihe prachtvoller Eishütten an der Backbordseite des Schiffes, schöne, warme Winterquartiere. In jeder Hütte wohnen vier Hunde. Inzwischen wachsen unsere acht jungen Hunde an Bord auf; sie haben eine großartige Welt, in der sie umherstreifen: das ganze Vorderdeck mit einem Segeldach darüber. Dort hört man ihr dünnes Bellen und Heulen, wenn sie zwischen Hobelspänen, Handschlitten, der Dampfwinde und der Mühlenwelle umherjagen. Sie spielen und kämpfen ein bißchen und suchen dann ihr Lager zwischen den Hobelspänen unter der Back auf, wo »Kvik« sich mit der ganzen Majestät einer Löwin hingestreckt hat. Dort wälzen sie sich auf einem Haufen um die Mutter, schlafen, gähnen, fressen und zerren sich gegenseitig an den Schwänzen.

Das Leben geht seinen Gang so ruhig wie das Eis selbst; und doch ist es wunderbar, wie schnell die Zeit verfliegt. Die Tag- und Nachtgleiche ist gekommen, die Nächte werden dunkler, und um Mittag steht die Sonne nur 9° über dem Horizont.

Ich werke Tag für Tag in der Arbeitskajüte. Oft habe ich das Gefühl, als ob ich zu Hause in meinem Studierzimmer sitze, von allen Bequemlichkeiten der Zivilisation umgeben. Wenn die Trennung nicht wäre, könnte man sich hier ebenso wohl fühlen wie dort. Manchmal vergesse ich, wo ich bin.

Nicht selten bin ich abends, wenn ich in meine Arbeit vertieft war, aufgesprungen und habe, auf das Bellen der Hunde horchend, bei mir gedacht: wer nun wohl kommen mag? Dann fällt mir ein, daß ich nicht zu Hause bin, sondern daß wir am Anfang einer zweiten, langen, arktischen Nacht stehen und mitten im gefrorenen Polarmeer treiben.

Die Temperatur ist heute bis auf —17° gesunken. Der Winter kommt mit Riesenschritten.

Sonntag, 23. September. Gestern war es ein Jahr, seit wir das Schiff zum erstenmal an dem großen Hügel auf dem Eis festmachten.

Hansen hat eine Karte der Drift während dieses Jahres gezeichnet; sie sieht gar nicht schlecht aus. Obwohl die Strecke nicht groß ist, ist die Richtung fast genau so, wie ich sie erwartet hatte. Von der Stelle, an der wir am 22. September 1893 eingeschlossen wurden, bis zu unserer Position am 22. September dieses Jahres sind wir 189 Seemeilen (350 Kilometer) getrieben, gleich 3° 9′ Breite. Rechnet man von demselben Ausgangspunkt aber bis zum höchsten nördlichen Punkt, den wir im Sommer, am 16. Juli, erreicht haben, so macht das eine Drift von 226 Seemeilen = 419 Kilometer oder 3° 46′. Von unserm südlichsten Punkt im Herbst des vorigen Jahres (7. November) aber bis zu unserm nördlichsten Punkt in diesem Sommer beträgt die Drift 305 Seemeilen = 566 Kilometer, oder 5° 5′. Wir sind volle 4° nördlicher gekommen, von 77° 43′ bis 81° 53′.

Die Richtung unserer Drift ist weit nördlicher als die der »Jeannette«. Die verlängerte Linie der diesjährigen Drift würde das Nordostland von Spitzbergen schneiden und uns nördlich bis 84° 7′ auf 75° ö. L., ungefähr nordnordöstlich von Franz-Joseph-Land, bringen. Die Entfernung auf diesem Kurs nach Spitzbergen beträgt 827 Seemeilen oder 1534 Kilometer. Wenn wir jährlich nur 189 Seemeilen, 350 Kilometer, vorwärts kommen, brauchen wir für diese Strecke 4 Jahre 4½ Monate. Angenommen, wir treiben 305 Seemeilen, 566 Kilometer, im Jahr, so dauert es 2 Jahre 8 Monate.

Daß wir mindestens mit dieser Geschwindigkeit treiben werden, ist wahrscheinlich, weil wir kaum noch so zurückgetrieben werden wie im Oktober des vergangenen Jahres, als wir das offene Wasser im Süden und die große Eismasse im Norden vor uns hatten.

Der verflossene Sommer scheint zur Genüge bewiesen zu haben, daß das Eis sehr ungern zurückgeht, aber sehr bereit ist, nach Nordwesten zu treiben, sobald der allergeringste östliche Wind weht, von Südwind gar nicht zu reden.

Ich glaube daher, wie ich auch stets angenommen habe, daß die Drift um so schneller werden wird, je, weiter wir nach Nordwesten kommen, und ich halte es für wahrscheinlich, daß die »Fram« in zwei Jahren Norwegen wieder erreicht. Damit hätte dann die Expedition ihre vollen drei Jahre gebraucht.

Alles ist bis jetzt richtig eingetroffen; die Richtung unserer Drift läuft genau parallel mit dem Kurs, den nach meinen Schlüssen die Scholle mit den Überbleibseln der »Jeannette« genommen hat. Dieser Kurs berührte $87^{1}/_{2}°$ n. Br. Eine noch nördlichere Drift darf ich nicht erwarten. Ich werde glücklich sein, wenn ich so weit komme.

Wie ich schon so oft dargelegt habe, ist unser Zweck nicht so sehr, den Punkt zu erreichen, »an dem die Erdachse aufhört«, als vielmehr das unbekannte Polarmeer zu durchqueren und zu erforschen. Und doch würde ich sehr gern auch zum Pol selbst. Ich hoffe, daß es möglich ist, wenn wir nur bis zum März auf 84° oder 85° kommen — und weshalb sollten wir das nicht?

Donnerstag, 27. September. Wir haben beschlossen, daß sich von morgen an, solange das Tageslicht anhält, jeder täglich zwei Stunden, von 11 bis 1 Uhr, im Schneeschuhlaufen übt. Es ist notwendig. Geschieht etwas, das uns zwingt, den Rückweg über das Eis anzutreten, so werden einige, so ungeübt, wie sie jetzt sind, ein großes Hindernis für alle sein. Mehrere Kameraden sind Läufer ersten Ranges; fünf oder sechs würden ebenfalls bald Vergnügen daran finden, wenn sie es lernten. Ein weiter Marsch ohne Schneeschuhe — und es würde mit uns allen vorbei sein.

Wir pflegten nun regelmäßig geschlossen aufs Eis zu gehen. Es war eine gute Übung und auch ein großes Vergnügen; jeder machte gute Fortschritte, und alle gewöhnten sich an den Gebrauch der Schneeschuhe, die freilich auf den Unebenheiten zwischen den Eishügeln oft genug zerbrachen; wir flickten und nieteten sie dann wieder zusammen.

Montag, 1. Oktober. Heute probierten wir einen Handschlitten mit einer Last von 120 Kilo; er ging ganz leicht, und doch mußten wir schwer ziehen, weil die Schneeschuhe wegglitten. Ich glaube beinahe, daß indianische Schneeschuhe auf diesem Boden, auf dem so viele Höcker und glatte Erhöhungen sind, besser wären.

Als Amundsen den Schlitten zu ziehen begann, meinte er, das sei gar nichts; nach einiger Zeit verfiel er in tiefes und anscheinend finsteres Sinnen und kehrte schweigsam nach dem Schiff zurück. An Bord vertraute er den andern an, bevor jemand eine solche Last ziehen sollte, könnte er lieber gleich sterben — das käme schließlich auf eins hinaus. So geht es mit den Übungen.

Nachmittags spannte ich drei Hunde vor den gleichen, mit 120 Kilo beladenen kleinen Schlitten, und sie zogen ihn fort, als ob er nichts wäre.

Dienstag, 2. Oktober. Schönes Wetter, aber etwas kalt; in der Nacht —27°, das ist für den Oktober, glaube ich, viel.

Wenn das so weitergeht, wird es ein kalter Winter werden. Aber was fragen wir danach, ob wir 50° oder 70° Kälte haben?

Heute schöner Ausflug auf Schneeschuhen. Die Leute sind jetzt recht geschickt. Allerdings wird sehr bald die Dunkelheit da sein, und dann hört das Laufen auf.

Ich habe das Gefühl, daß dies mein letzter Winter an Bord ist. Ob es wirklich dazu kommen wird, daß ich mich im Frühjahr nach Norden aufmache?

Der Versuch, einen beladenen Handschlitten auf diesem Eis zu ziehen, war alles eher als vielversprechend, und wenn die Hunde nicht aushalten oder nicht so brauchbar sein sollten, wie wir erwarten, oder wenn das Eis anstatt besser noch schlechter würde — dann würden wir uns bald auf uns selbst verlassen müssen. Wenn wir aber mit der »Fram« so weit kommen, daß nur noch eine mäßige Entfernung zurückzulegen bleibt, dann halte ich es für meine Pflicht, den Versuch zu wagen; ich kann mir keine Schwierigkeit vorstellen, die nicht zu überwinden wäre, wenn wir die Wahl hätten zwischen Tod — und vorwärts und nach Hause!

Donnerstag, 4. Oktober. Gestern lernten wir zum erstenmal die jungen Hunde zum Fahren an*. Es waren ihrer drei, »Barbara«, »Freia« und »Susine«. »Gulabrand« ist ein solch jämmerlich magerer Wicht, daß er vorläufig von der Arbeit noch frei bleibt. Anfangs waren sie störrisch und rannten in allen Richtungen umher; nach einer Weile zogen sie aber wie die alten Hunde und machten ihre Sache gut. »Kvik« gab ihnen natürlich ein würdiges Beispiel. Mogstad hatte das Los getroffen, mit dem Anlernen zu beginnen, da er in dieser Woche auf die Hunde aufzupassen hat. Diese Pflicht geht reihum; jeder hat eine Woche lang morgens und abends für sie zu sorgen.

Es ist täglich weniger Licht, und bald werden wir gar keins mehr haben, aber die gute Stimmung schwindet mit dem Lichte nicht dahin. Mir scheint, daß wir jetzt gleichmäßiger heiter sind als je vorher. Macht der Gewohnheit?

Sicher sind wir aber auch gut daran und leben wie die Perle im Golde, wie man bei uns sagt. Wir treiben langsam durch das unbekannte, dunkle »Nivlheim«, das die furchtsame Phantasie mit allen möglichen Schrecknissen ausmalt. Und doch führen wir ein Schlemmerleben, ein Leben des Überflusses, umgeben von allen Bequemlichkeiten der Zivilisation.

Der Kochapparat in der Küche funktioniert vorzüglich, und selbst der Koch ist jetzt der Meinung, daß er eine ausgezeichnete, ja vollkommene Einrichtung sei. Wir werden darum nur noch Teeröl brennen. Es durchwärmt den Raum sehr gut. Ein Teil der Hitze steigt in den Arbeitsraum hinauf, in dem ich manchmal sitze und schwitze, bis ich ein Kleidungsstück nach dem andern abwerfe, obwohl das Fenster offensteht und wir draußen einige dreißig Grad Kälte haben.

Ich habe ausgerechnet, daß das Petroleum, das wir jetzt nur zur Beleuchtung verwenden, für wenigstens zehn Jahre ausreichen wird, obwohl wir dreihundert Tage des Jahres reichlich davon brennen. Augenblicklich brauchen wir aber nicht soviel Petroleumlampen, wie ich in meiner Berechnung angenommen habe, weil wir oft elektrisches Licht haben; außerdem tritt der Sommer, oder was man Sommer nennen muß, sogar hier oben einmal im Jahre ein.

---

* Es waren die am 13. Dezember 1893 geborenen Hunde, von denen jetzt noch vier am Leben waren.

Selbst wenn man Zwischenfälle, wie z. B. das Leckschlagen eines Ölbehälters, berücksichtigt, ist kein Grund vorhanden, mit dem Licht zu sparen, vielmehr kann jeder davon haben, soviel er will.

Unsere Steinkohlen sind noch nicht angerührt worden, außer für den Ofen im Salon. In diesem Winter soll nun nach Belieben davon gebrannt werden. Die dabei verbrauchte Menge wird nur ein Bruchteil von unserm Vorrat von ungefähr hundert Tonnen sein, für die wir nicht eher Verwendung haben werden, als bis sich die »Fram« den Weg wieder auf der andern Seite aus dem Eis heraus gebahnt hat.

Was ferner nicht wenig dazu beiträgt, daß wir es warm und gemütlich haben, ist das Segeldach, das jetzt über dem Schiffe ausgespannt ist. Der einzige Teil des Decks, den ich offen gelassen habe, ist das Heck hinter der Brücke, damit man von dort einen Blick über das Eis rundherum hat.

Donnerstag, 4. Oktober. Es geht mir über alle Erwartung gut. Die Zeit ist eine gute Lehrmeisterin; jenes zehrende Verlangen nagt nicht mehr so stark in mir wie früher. Sollte die große Gleichgültigkeit beginnen? Werde ich nach zehn Jahren überhaupt nichts mehr fühlen? Manchmal stellt es sich in seiner alten Stärke ein, als ob es mich innerlich in Stücke reißen wollte! Das ist aber eine prachtvolle Schule der Geduld, und es tut einem sehr gut, wenn man darüber nachgrübelt, ob zu Hause alles lebt oder tot ist; nur daß es einen fast verrückt macht.

Ich werde mich nie ganz mit diesem Leben aussöhnen. Es ist tatsächlich weder Leben noch Tod, sondern ein Zustand zwischen beiden. Es bedeutet, daß man nie und nirgends über etwas beruhigt ist, ein Warten auf das, was kommt, ein Warten, mit dem vielleicht die besten Jahre der Manneskraft vergehen.

Mittwoch, 10. Oktober. Also genau 33 Jahre alt. Dazu läßt sich nichts weiter sagen, als daß das Leben fortschreitet und nie rückwärts gehen wird. Sie sind heute alle rührend aufmerksam gegen mich gewesen, und wir haben den Tag festlich begangen. Zunächst überraschten sie mich heute morgen damit, daß sie den Salon mit Flaggen geschmückt hatten. Es sah sehr festlich aus, als ich eintrat und alle aufstanden und mir Glück wünschten. Als ich an Deck kam, wehte die Flagge am Topp des Besanmastes.

Vormittags machten wir einen Ausflug auf Schneeschuhen nach Süden. Es war windig und bitter kalt; ich habe lange nicht so gefroren. Das Thermometer ist abends bis auf — 31° gesunken; es ist sicherlich der kälteste Geburtstag, den ich erlebt habe.

Sonnabend, 13. Oktober. Seit Donnerstag weht ein regelrechter Sturm aus Ostsüdost. Geschwindigkeit bis zu 12 Meter und mehr, aber trotzdem hat Hansen heute abend eine Beobachtung genommen. Der wackere Bursche ist wie immer unermüdlich. Wir treiben nach Nordwest (81° 32,8' n. Br., 118° 28' ö. L.).

Sonntag, 14. Oktober. Noch immer derselbe Sturm. Ich lese von den unendlichen Leiden, die Polarforscher vor uns auf jedem Grad, ja auf jeder Minute ihres nördlichen Kurses ausgestanden haben; es erweckt beinahe ein Gefühl der Verachtung für uns, die wir hier warm und behaglich auf dem Sofa liegen und unsere Zeit mit Lesen, Schreiben, Rauchen und Träumen verbringen, während der Sturm über uns die Takelung schüttelt und das ganze Meer ein einziges Schneetreiben ist, durch das wir Grad für Grad nordwärts geführt werden, dem Ziel zu, dem auch unsere Vorgänger unter vergeblichem Einsatz ihrer Kräfte entgegengestrebt sind.

Montag, 15. Oktober. Lief heute morgen auf Schneeschuhen ostwärts; immer noch Wind aus Ostsüdost und Schneefall.

Man muß in diesen Tagen sorgfältig auf seinen Weg achtgeben, da das Schiff aus größerer Entfernung nicht mehr zu sehen ist, und sollte man den Rückweg nicht finden, nun dann — —. Aber die Spuren bleiben ziemlich deutlich, weil die Schneekruste blank ist und der treibende Schnee sich nicht darauf festsetzt.

Wir treiben nordwärts, und mittlerweile hält die arktische Nacht langsam und majestätisch ihren Einzug. Wie eine solche Nacht doch die Gedanken des Menschen erhebt! Es ist, als ob man in einen stillen, heiligen Tempel trete, in dem der Geist der Natur auf glitzernden Silberstrahlen durch den Raum schwebt und die Seele — die Unendlichkeit des Weltalls anbeten muß.

Dienstag, 16. Oktober. Ich sah die ganze Sonnenscheibe gegen Mittag über dem Horizont als eine elliptische rote Feuerkugel. Es ist wohl das letzte Mal, daß wir ihre Majestät in diesem Jahr gesehen haben — also Lebewohl!

Mittwoch, 17. Oktober. Wir beschäftigen uns damit, Tiefseetemperaturen zu messen, ein zweifelhaftes Vergnügen zu dieser Jahreszeit. Manchmal bedeckt sich der Wasserschöpfer mit Eis, so daß er sich in der Tiefe nicht schließt und darum jedesmal sehr lange unten im Wasser hängen muß; mitunter gefriert auch der Inhalt, nachdem er heraufgebracht ist, so daß das Wasser nicht in die Probeflaschen laufen will. Von den Mühen gar nicht zu reden, die es kostet, um den Apparat zum Hinablassen bereitzumachen. Wir schätzen uns glücklich, wenn wir nicht jedesmal den ganzen Apparat zum Auftauen in die Küche bringen müssen.

Es ist eine langwierige Arbeit. Manchmal müssen die Temperaturen beim Licht der Laterne abgelesen werden. Ein kühles Vergnügen, wenn das Thermometer bis auf $-29°$ gefallen ist und Wind weht!

Die Finger werden einem leicht ein bißchen steif und gefühllos, wenn man die nassen oder mit Eis bedeckten Metallschrauben mit den bloßen Händen einstellt, das Thermometer mit einem Vergrößerungsglas abliest, um Genauigkeit bis auf ein hundertstel Grad zu erzielen, und dann die Wasserproben in Flaschen füllt, die man dicht an die Brust halten muß, damit der Inhalt nicht gefriert. Ich danke!

Freitag, 19. Oktober. Frische Brise aus Ostsüdost. Wir treiben mit guter Geschwindigkeit nordwärts. Bald werden wir den so lange erwarteten 82. Grad passieren, und dann ist es nicht mehr weit bis $82° 27'$, dort aber wird die »Fram« das Schiff sein, das auf dieser Erde bisher am weitesten nach Norden vorgedrungen ist.

Allein das Barometer fällt, und der Wind wird vermutlich nicht lange in diesem Viertel bleiben, sondern nach Westen herumgehen. Ich hoffe nur, daß das Barometer sich dies eine Mal als falscher Prophet erweist.

Alles ist bis jetzt recht gut gegangen, und der Oktober, den wir nach den Erfahrungen des vorigen Jahres gefürchtet haben, ist ein entschiedener Fortschrittsmonat — wenn er nur nicht schlecht endet!

Sonntag, 31. Oktober. 82° 0,2′ n. Br. 114° 9′ ö. L.

Um den 82. Breitengrad zu feiern, hatten wir heute ein »großartiges Bankett«. Zu dieser Gelegenheit wurden Honigkuchen gebacken, Honigkuchen bester Sorte, wie man mir aufs Wort glauben möge, und dann kam nach einem erfrischenden Schneeschuhlauf das Festbankett.

Das Essen war prachtvoll: Ochsenschwanzsuppe, Fischpudding mit geschmolzener Butter und Kartoffeln, Schildkröte mit Zucker- und anderen Erbsen, Reis mit Moltebeeren und Krem, Kronen-Malzextrakt.

Nach dem Abendessen, das ebenfalls vorzüglich war, wurde Musik verlangt. Sie wurde den ganzen Abend in reichem Maße von verschiedenen, geübten Spielern geliefert. Pettersen und ich tanzten einen Walzer und eine Polka. Wir haben in dem beschränkten Raum einige sehr geschmackvolle pas de deux ausgeführt. Auch Amundsen wurde von der Tanzlust fortgerissen. Die übrigen spielten Karten; kurz, die Zeit verging, und wir waren lustig. Weshalb sollten wir nicht? Wir schreiten ja fröhlich unserm Ziel entgegen, sind bereits auf dem halben Wege zwischen den Neusibirischen Inseln und Franz-Joseph-Land, und keine Seele an Bord bezweifelt, daß wir das Ziel erreichen, um dessentwillen wir ausgezogen sind; es lebe daher die Fröhlichkeit!

Oben aber hat die unendliche Stille der Polarnacht die Herrschaft. Der Mond, halb voll, scheint auf das Eis herab, die Sterne erglänzen hell über uns, und der südliche Wind streicht mit leichter Klage durch die Takelung.

Freitag, 26. Oktober. Gestern abend waren wir auf 82° 3′ n. Br.

Heute ist die »Fram« zwei Jahre alt. Allgemeiner Feiertag. Allgemeine Magenüberladung. Ich sagte beim Mittagsmahl: »Vor einem Jahr sind wir einstimmig der Ansicht gewesen, daß die ‚Fram' ein gutes Schiff ist. Heute haben wir noch viel bessere Gründe für diese Überzeugung; denn sie bringt uns, wenn auch nicht gerade mit übermäßiger Schnelligkeit, so doch wohlbehalten und sicher weiter!« Wir tranken auf das Wohl der »Fram«.

Ich sagte nicht zuviel. Hätte ich alles gesagt, was ich auf dem Herzen hatte, so würden meine Worte nicht so gemessen gewesen sein; denn, um die Wahrheit zu sagen: wir alle lieben das Schiff so sehr, wie man unpersönliche Dinge nur zu lieben vermag. Und weshalb sollten wir sie nicht lieben? Keine Mutter kann ihren Jungen unter ihren Flügeln mehr Wärme und Sicherheit geben, als sie uns bietet; wir alle sind froh, wenn wir von draußen zu ihr zurückkehren, und wie oft hat mein Herz ihr nicht warm entgegengeschlagen, wenn ich weit fort war und ihre Masten über die ewige Schneedecke emporsteigen sah!

Ich sitze allein in meiner Kabine, und meine Gedanken gleiten über die verflossenen beiden Jahre zurück.

Welcher Dämon ist es, der die Fäden unseres Lebens zusammenwebt, der uns täuscht und uns stets auf Wege hinausschickt, die wir nicht selbst gewählt haben, die wir nicht zu gehen wünschen? War es nur das Pflichtgefühl, das mich drängte? O nein! Ich war einfach ein Kind, das Abenteuer in unbekannten Gebieten suchte, das so lange davon träumte, bis es schließlich glaubte, es habe das Abenteuer wirklich gefunden.

Und es ist mir in der Tat beschieden, dieses große Abenteuer des Eises: tief und rein wie das unendliche All, die schweigsame, sternblinkende Polarnacht, die Natur selbst in ihrer ganzen Tiefe, das Geheimnis des Lebens, der unaufhörliche Kreislauf des Weltalls, das Fest des Todes, ohne Leiden, ohne Not, ewig in sich selbst. Hier in der großen Nacht stehst du in deiner nackten Einfalt, von Angesicht zu Angesicht vor der Natur; du sitzest andächtig zu Füßen der Ewigkeit und lauschest und lernst Gott kennen, den Mittelpunkt des Alls. Alle Rätsel des Lebens scheinen dir klarzuwerden, und du verlachst dich selbst, daß du dich mit Grübeln verzehrt hast; es ist alles so klein, so unaussprechlich klein ...

Montag, 5. November. Während ich gestern abend über meiner Arbeit saß, hörte ich einen der Hunde an Deck fürchterlich heulen. Ich eilte hinauf und fand, daß es eins der jungen Tiere war, das mit der Zunge an einem eisernen Bolzen geleckt hatte und daran festgefroren war. Da quälte sich das arme Tier nun ab, um wieder freizukommen, streckte die Zunge so weit heraus, daß sie wie ein dünnes Tau aus dem Halse ragte, und heulte zum Erbarmen. Bentsen, der die Wache hatte, war schon dazugekommen, wußte aber nicht, was er anfangen sollte; er ergriff den Hund beim Nacken und hielt ihn dicht an den Bolzen, so daß die Zunge nicht so weit ausgereckt wurde. Nachdem ich das Eisen mit der Hand etwas erwärmt hatte, kam die Zunge frei. Das kleine Tier schien sich über seine Befreiung überaus zu freuen und leckte, um seine Dankbarkeit zu beweisen, Bentsen mit der blutigen Zunge die Hand.

Sonntag, 11. November. Ich gehe Tag für Tag meinen Studien nach.

Der Mond steht groß, gelb und ruhig hoch am Himmel, die Sterne funkeln durch den herabrieselnden Schneestaub. Es sind 33 Grad Kälte, und der Sommer mit seinen Blumen ist weit, weit weg. Ich würde ein Jahr meines Lebens darum geben, sie fassen zu können; sie erscheinen mir in so weiter Ferne, als ob ich nie zu ihnen zurückkehren sollte.

Aber jeden Tag und jede Nacht flammt das Nordlicht in seiner ewig sich ändernden Schönheit am Himmel auf. Geheimnisvoller Glanz, was ist er und woher kommt er? Aber weshalb fragen? Genügt es nicht, seine Schönheit zu bewundern und dann haltzumachen? Können wir im besten Falle über das äußere Aussehen der Dinge hinauskommen?

Dienstag, 13. November. — 38°. Das Eis schiebt sich bei Tag in mehreren Richtungen zusammen, und das Getöse ist ziemlich laut, seit es kälter geworden ist.

Ein genußreicher Schneeschuhlauf im Vollmondschein.

Ist das Leben ein Tränental? Ist es ein beklagenswertes Schicksal, mit den neben mir jagenden Hunden in einer Nacht wie dieser und in der frischen, knisternden Kälte dem Winde gleich über die unbegrenzte Eisfläche zu fliegen, daß man kaum weiß, ob die Schneeschuhe die Erde berühren, während die Sterne hoch oben am blauen Gewölbe hängen? Das ist in der Tat mehr, als man Recht hat vom Leben zu erwarten, es ist ein Märchen aus einer anderen Welt, aus einem zukünftigen Leben.

Und dann zurückzukehren in den behaglichen Arbeitsraum, im Ofen Feuer zu machen, die Lampe anzuzünden, sich eine Pfeife zu stopfen, auf das Sofa zu klettern und bei den kräuselnden Rauchwolken in die Welt hinauszuträumen — heißt das Leiden?

Mittwoch, 14. November. Wunderbar sind die Schneeschuhfahrten durch die schweigsame Natur. Die vom Mondlicht übergossenen Eisfelder dehnen sich nach allen Richtungen aus. Hier und dort dunkle, kalte Schlagschatten der Eishügel. In der äußersten Ferne bezeichnet eine dunkle Linie den von dem zusammengeschobenen Eis gebildeten Horizont, über dem ein silbrig schimmernder Dunst lagert. Über allem wölbt sich der unbegrenzte, tiefblaue, sternenbesäte Himmel, an dem der Vollmond durch den Äther segelt.

Aber im Süden liegt tief unten das Tageslicht, ein Widerschein der Sonne, dunkel, rotglühend, und höher hinauf ein klarer, gelber und blaßgrüner Bogen, der sich in das Blau darüber verliert. Das Ganze verschmilzt zu einer Harmonie, einzigartig und unbeschreiblich.

Ich wünsche mir die Gabe, diese Natur in Musik zu übertragen; mächtige und doch schlichte Akkorde müßten es sein, die ihr Wesen wiedergeben könnten!

Freitag, 16. November. Vormittags war ich mit Sverdrup auf Schneeschuhen im Mondlicht draußen. Wir unterhielten uns ernstlich über die Aussichten unserer Drift und der für das Frühjahr geplanten Expedition über das Eis nach Norden.

Ich habe viel über den Kurs nachgedacht, den wir einschlagen müßten für den Fall, daß uns die Drift bis zum März nicht so weit nördlich bringt, wie ich erwarte. Je mehr ich darüber nachsinne, desto fester rede ich mir ein, daß sich die Sache machen läßt.

Denn wenn es richtig ist, von 85° aus aufzubrechen, so kann es nicht weniger richtig sein, von 82° oder 83° aus loszugehen. In beiden Fällen würden wir nördlicher kommen als sonst möglich. Wenn wir den Pol selbst nicht erreichen, müssen wir eben umkehren. Um es zu wiederholen: es kommt nicht darauf an, genau den Punkt zu gewinnen, sondern die unbekannten Gebiete des Polarmeeres zu erforschen, mögen sie dem Pol näher oder ferner liegen. Ich habe das schon vor unserer Abfahrt gesagt und muß es beständig im Gedächtnis behalten.

Sicher sind während der weiteren Drift des Schiffes an Bord viele wichtige Beobachtungen zu machen. Diese Arbeiten liegen in so guten Händen, daß zwei von unserer Schar das Schiff ohne Schaden für die Güte und Vollständigkeit der Registrierungen verlassen können. Zweifellos werden die Beobachtungen, die wir weiter nördlich vornehmen werden, nicht weniger wertvoll sein als diese Bordnotierungen. Bis jetzt ist es also durchaus wünschenswert, daß wir aufbrechen.

Welches ist die beste Zeit zum Aufbruch? Die beste und die einzige Jahreszeit für ein solches Wagnis ist das Frühjahr, spätestens der März.

Und wie sind die Aussichten für unser Durchkommen?

Oben: Scott-Hansens Beobachtungszelt auf dem Eis
Unten: In der Sonne. 16. Juni 1894

Ein Sommerabend

Die Entfernung von dem gedachten Abgangspunkt nach Kap Fligely auf dem nächsten bekannten Land schätze ich auf 750 Kilometer, also nicht viel mehr als die Strecke, die wir in Grönland zurückgelegt haben; sie würde auf diesem Eis leichte Arbeit fordern. Hat man erst einmal die Küste erreicht, dann wird es einem vernünftigen Menschen sicherlich gelingen, durch die Jagd auf großes oder kleines Wild, Bären oder Sandhüpfer, sein Leben zu fristen.

Wir können uns also stets nach Kap Fligely oder dem nördlich davon liegenden Petermann-Land wenden, falls unsere Lage unhaltbar wird. Selbstverständlich wird die Entfernung sich vergrößern, je weiter wir nach Norden vordringen; an keinem Punkte zwischen hier und dem Pol ist sie aber größer, als wir sie mit Hilfe der Hunde bewältigen können und werden.

Daher ist eine »Rückzugslinie« gesichert, obwohl manche Leute behauptet haben, daß eine öde Küste, an der man die Lebensmittel erst zusammensuchen muß, ehe man sie verzehren kann, ein schlechter Zufluchtsort für Hungernde ist. In Wirklichkeit ist das nur ein Vorteil; denn ein Zufluchtsort soll nicht allzu verlockend sein. Für Männer, die vorwärts dringen wollen, ist eine »Rückzugslinie« wahrlich eine erbärmliche Erfindung, ein ewiger Anreiz, zurückzublicken, während sie immer nur vorwärts schauen sollten.

Nun zur Expedition selbst. Sie wird aus 28 Hunden, 2 Männern und 1050 Kilo Proviant und Ausrüstungsgegenständen bestehen. Die Entfernung vom 83. Grad bis zum Pol beträgt 420 Seemeilen, 780 Kilometer. Ist es zuviel, wenn ich rechne, daß wir diese Strecke in 50 Tagen zurücklegen?

Ich weiß natürlich nicht, ob die Hunde ausdauern werden; aber daß sie, wenn zwei Männer helfen, mit $37^{1}/_{2}$ Kilo in den ersten Tagen täglich $8^{1}/_{2}$ Seemeilen, also 15 Kilometer, zurücklegen, klingt ganz vernünftig, selbst wenn es keine sehr guten Tiere sind.

Es ist also kaum eine leichtsinnige Rechnung, immer vorausgesetzt, daß das Eis so ist wie hier, und es ist kein Grund vorhanden, weshalb es nicht so sein sollte. Es bessert sich in der Tat beständig, je weiter wir nach Norden gelangen, und es bessert sich mit jedem Tag, den wir dem Frühling näherkommen.

In 50 Tagen müßten wir also den Pol erreichen. In Grönland haben wir auf dem Inlandeis in einer Höhe von mehr als 2500 Meter, ohne Hunde und mit mangelhaftem Proviant, 300 Seemeilen, 550 Kilometer, in 65 Tagen gemacht und hätten sicherlich noch beträchtlich weiter gehen können.

In 50 Tagen werden wir, täglich ein halbes Kilo Pemmikan für jeden Hund[*] gerechnet, insgesamt 700 Kilo verbraucht haben. Ferner macht 1 Kilo Proviant für jeden Mann 100 Kilo aus.

Da während dieser Zeit auch Brennstoff verbraucht wird, verringert sich die Fracht auf dem Schlitten auf weniger als 250 Kilo; eine solche Last ist nichts für 26 Hunde, die damit am Ende wie ein Sturmwind dahinsausen und also die Fahrt in weniger als 50 Tagen machen müßten.

---

[*] Auf der Expedition mußten sich die Hunde dann aber mit einer weit geringeren Tagesmenge, durchschnittlich kaum mehr als 300 bis 350 Gramm begnügen.

Aber angenommen, man braucht diese Zeit. Wenn alles gut gegangen ist, werden wir unseren Kurs nunmehr nach den Sieben Inseln im Norden von Spitzbergen richten; das sind 9° oder 540 Seemeilen, 1000 Kilometer. Bei ungünstigen Verhältnissen wird es sicherer sein, wenn wir zum Kap Fligely oder dem nördlich davon liegenden Lande gehen.

Nehmen wir an, wir würden uns für diesen Weg entscheiden!

Wir brechen am 1. März, wenn die Verhältnisse günstig sind, noch früher, von der »Fram« auf und kommen am 30. April am Pol an. Wir werden dann noch 100 Kilo von unserm Proviant, genug für weitere 50 Tage, übrig haben, für die Hunde aber nichts mehr. Wir müssen sie also nach und nach töten, teils zum Futter für die übrigen, teils für uns selbst, sofern wir ihnen von unseren Vorräten abgeben. Auch wenn meine Ziffern zu niedrig gegriffen sind, kann ich doch annehmen, daß wir dann, wenn 23 Hunde getötet sind, 41 Tage unterwegs sind und noch 5 Hunde übrig haben.

Wie weit südlich werden wir dann gekommen sein?

Das Gewicht des Gepäcks beträgt im Anfang weniger als 250 Kilo, also nicht ganz 9 Kilo, die jeder Hund zu ziehen hat. Nach 41 Tagen wird sich dieses Gewicht auf 140 Kilo verringert haben, und zwar durch den Verbrauch von Proviant und Brennstoff und durch Zurücklassen gewisser Ausrüstungsgegenstände wie Schlafsäcke, Zelt usw., die überflüssig geworden sind.

Es bleiben dann noch 28 Kilo für jeden der 5 Hunde, wenn wir selbst nichts ziehen. Mit einer Last von 9 bis 18 Kilo für jeden Hund würden die Tiere täglich 12 Seemeilen, 22 Kilometer, machen, selbst wenn die Schneefläche beschwerlich wäre.

Das heißt, wir werden am 1. Juni 492 Seemeilen, 913 Kilometer, über Kap Fligely hinaus sein und noch 5 Hunde und für 9 Tage Proviant haben.

Wahrscheinlich aber werden wir schon lange vorher Land erreicht haben. Die Mitglieder der österreichischen Expedition hatten schon in der ersten Hälfte des April bei Kap Fligely offene Teiche und viele Vögel gefunden. Wir würden also im Mai und Juni keinen Mangel an Nahrung haben, und wundern müßte es mich, wenn wir nicht vorher schon einen Bären, einen Seehund oder einige verirrte Vögel träfen.

Wir haben nunmehr unsere Sicherheiten, und wir können wählen, welchen Weg wir einschlagen wollen: entweder an der Nordwestküste von Franz-Joseph-Land entlang, an Gillis-Land vorbei nach dem Nordostland und Spitzbergen, oder südwärts durch den Austria-Sund nach der Südküste von Franz-Joseph-Land und von dort nach Nowaja Semlja oder Spitzbergen. Es ist möglich, daß wir auf Franz-Joseph-Land Engländer treffen.

Das ist also meine Berechnung. Ist sie leichtfertig? Ich glaube nicht.

Das einzige Schlimme würde sein, wenn wir auf der letzten Marschstrecke im Mai die Eisoberfläche so finden, wie wir sie im vorigen Frühjahr Ende Mai hier gehabt haben. Das würde uns beträchtlich aufhalten.

Wenn sich zeigt, daß unsere Berechnungen Fehler enthalten, können wir immer noch jeden Augenblick umkehren.

Welche unvorhergesehenen Hindernisse können sich uns nun entgegenstellen?

1. Wir können auf Eis treffen, das unwegsamer ist, als wir angenommen haben.
2. Wir können Land finden.
3. Die Hunde können uns im Stich lassen, können krank werden oder erfrieren.
4. Wir selbst können am Skorbut erkranken.

1. und 2. Daß das Eis weiter nach Norden schwerer passierbar sein kann, ist gewiß möglich, aber kaum wahrscheinlich. Ich sehe gar keinen Grund dafür, es sei denn, daß wir unbekanntes Land im Norden haben. Ist das der Fall, auch gut, dann müssen wir nehmen, was sich uns bietet.

3. Daß uns die Hunde im Stich lassen, ist möglich. Allein ich werde ihnen keine übermäßige Arbeit aufbürden. Alle können nicht unbrauchbar werden, und ein Ausfall in Grenzen schadet nichts. Bei dem Futter, das sie bis jetzt gehabt haben, sind sie durch den Winter und die Kälte gekommen, und auf dem Marsch werden sie noch besseres Futter erhalten. Außerdem habe ich in den Berechnungen gar nicht berücksichtigt, was wir selbst ziehen. Und wenn uns alle Hunde im Stiche ließen, würde es uns doch gelingen, auch allein vorwärts zu kommen.

4. Der schlimmste Fall wäre, daß wir selbst am Skorbut erkrankten. Ich glaube aber kaum, daß wir Skorbutkeime von der »Fram« mitnehmen. Ferner habe ich dafür gesorgt, daß unser Schlittenproviant aus guten, nahrhaften Lebensmitteln besteht.

Selbstverständlich muß man einiges Risiko laufen, aber wenn ich nun einmal alle nur möglichen Vorsichtsmaßregeln getroffen habe, so habe ich auch die Pflicht vorwärts zu dringen.

Es gibt noch eine andere Frage, die erörtert werden muß: Habe ich das Recht, das Schiff und die Kameraden der Hilfsmittel zu berauben, die die Expedition erheischt? Die Tatsache, daß zwei Mann weniger an Bord sein werden, fällt nicht ins Gewicht, weil die »Fram« ebensogut mit elf Mann manövrieren kann. Schwerer wiegt, daß wir alle Hunde, mit Ausnahme der sieben jungen, mit uns nehmen. Nun, man ist an Bord mit Schlittenproviant und allerbesten Schlittenausrüstungen reichlich versehen, und ich kann mir nicht denken, daß die Mannschaft Franz-Joseph-Land oder Spitzbergen nicht erreicht, wenn der »Fram« etwas zustößt. Es ist unwahrscheinlich, daß sie dann das Schiff nördlicher als auf 85° verlassen müßte.

Aber angenommen, die Mannschaft wäre gezwungen, das Schiff auf 85° zu verlassen, so würde das voraussichtlich im Norden von Franz-Joseph-Land sein, wo sie 180 Seemeilen, also 334 Kilometer von Kap Fligely entfernt wäre. Tritt der Fall weiter östlich ein, so sind es 240 Seemeilen, 445 Kilometer, nach den Sieben Inseln. Es ist schwer zu glauben, daß es den Leuten bei ihrer Ausrüstung nicht gelingen sollte, diese Entfernung zu bewältigen.

Ich bin jetzt ebenso fest wie früher der Meinung, daß die »Fram« quer durch das Polarbecken treibt und auf der anderen Seite wieder heraus kommt, ohne aufgehalten oder zerstört zu werden. Und geschähe dennoch ein Unfall, so sehe ich nicht ein, weshalb die Mannschaft ihren Weg nicht sicher zurücklegen sollte, vorausgesetzt, daß sie die nötigen Vorsichtsmaßregeln beobachtet.

Ich glaube darum, daß ich es verantworten kann, daß eine Schlittenexpedition die »Fram« verläßt und daß sie, weil sie so gute Ergebnisse verspricht, unter allen Umständen versucht wird.

Vorbereitungen zur Schlittenreise

Wer sollen nun die beiden Teilnehmer an der Schlittenreise sein? Sverdrup hat sich wie ich schon früher an solcher Arbeit versucht. Wir würden also sehr gut fertig werden; aber beide zusammen können wir die »Fram« nicht verlassen, das ist ohne weiteres klar. Einer von uns muß zurückbleiben und die Verantwortung übernehmen, die anderen wohlbehalten heimzubringen. Ebenso klar ist es aber auch, daß einer von uns die Schlittenreise führen muß, da nur wir die nötige Erfahrung besitzen.

Sverdrup möchte sehr gern mitgehen, doch ist »draußen« die Gefahr größer als an Bord der »Fram«. Ließe ich ihn gehen, würde ich ihm also die gefährlichere Aufgabe übertragen, während ich die leichtere für mich behielte. Würde ich es mir, wenn er umkäme, je verzeihen, daß ich ihn hatte gehen lassen, auch wenn es sein Wunsch war? Er ist neun Jahre älter als ich; es wäre jedenfalls eine sehr unbequeme Verantwortung für mich.

Was die übrigen Gefährten anlangt, welcher von uns beiden würde zu ihrem Besten an Bord bleiben müssen? Ich glaube, sie haben Vertrauen zu Sverdrup wie zu mir, und ich bin überzeugt, daß ein jeder von uns die Kameraden sicher nach Hause bringt, mit oder ohne »Fram«.

Sverdrup führt das Schiff, ich leite die Expedition und namentlich die wissenschaftlichen Untersuchungen. Danach scheint es also meine Pflicht zu sein, die Aufgabe, bei der wichtige Entdeckungen gemacht werden sollen, zu übernehmen. Die mit dem Schiff zurückbleiben, werden die Beobachtungen an Bord fortsetzen. Es ist daher meine Pflicht zu gehen, und die Sverdrups zurückzubleiben. Er hält diese Entscheidung ebenfalls für vernünftig.

Ich habe Johansen zum Gefährten erwählt. Er eignet sich in jeder Beziehung für die Aufgabe sehr gut. Er ist ein vorzüglicher Schneeschuhläufer, und an Ausdauer kommen ihm wenige gleich — ein prächtiger Mensch in körperlicher und geistiger Beziehung. Ich habe ihn noch nicht gefragt, will es aber bald tun, damit er sich beizeiten vorbereiten kann.

Blessing und Scott-Hansen würden mich sicherlich auch sehr gern begleiten, allein Scott-Hansen muß zurückbleiben, um die Beobachtungen zu übernehmen, und Blessing kann seinen Posten als Arzt nicht verlassen. Auch mehrere von den übrigen Kameraden würden sich sehr gut eignen und ohne Zweifel sofort zum Mitgehen bereit sein.

Vorläufig ist diese Expedition nach Norden also beschlossen. Ich will sehen, was uns der Winter bringt; wenn es das Licht erlaubt, würde ich am liebsten schon im Februar aufbrechen.

Sonntag, 18. November. So recht kann ich mich in den Gedanken noch nicht hineinfinden, daß ich wirklich aufbrechen werde, und zwar schon in drei Monaten. Manchmal ertappe ich mich in herrlichen Träumen von meiner

Heimkehr nach schwerer Arbeit und Sieg, und dann ist alles klar und hell; hernach aber folgen Gedanken über die Ungewißheit und die Täuschungen der Zukunft und was in ihrem Schoß auf uns lauern mag, und die Träume, blaß und farblos, verlöschen wie das Nordlicht.

Anfälle des kalten Zweifels! Ist dort zuviel zu wagen und zu wenig zu gewinnen? Auf alle Fälle ist dort mehr zu gewinnen als hier. Ist es dann nicht meine Pflicht?

Wir sind höchst wunderlich gebaute Maschinen. In einem Augenblick alles Entschlossenheit, im nächsten alles Zweifel ... Heute scheint unser Verstand, unser Wissen, unser Leben und Treiben nichts als elendes Philistertum, keine Pfeife Tabak wert, morgen stürzen wir uns, von brennendem Durst verzehrt, gerade in diese Forschungen, um alles in uns aufzunehmen. Uns verlangt nach neuen Pfaden, und nagende Unzufriedenheit quält uns ob unserer Unfähigkeit, das Problem vollständig zu lösen. Dann sinken wir wieder hinab, und Elend überfällt uns über die Wertlosigkeit aller Dinge. Einem Stäubchen auf der Waagschale gleicht die Welt, einem Tautropfen, der am Morgen zur Erde fällt.

Es ist nichts Neues, darunter zu leiden, daß unser Wissen Stückwerk ist, darunter, daß wir nie ergründen, was im Hintergrund verborgen liegt. Aber angenommen, wir könnten es ausrechnen, so daß das innerste Geheimnis der Dinge klar und offen wie eine Regeldetri-Aufgabe vor uns läge, wären wir darum glücklicher? Vielleicht das Gegenteil. Besteht nicht eben in dem Kampf um das Wissen das Glück? Ich bin sehr unwissend, also sind die Vorbedingungen des Glückes bei mir gegeben.

Laßt mich eine Friedenspfeife stopfen und glücklich sein!

Es geht nicht mit der Pfeife! Rollentabak ist nicht fein genug für lustige Träume. Laßt mich eine Zigarre rauchen! Wenn ich nur eine echte Havanna hätte!

Hm, als ob nicht gerade Unzufriedenheit, Entbehrung und Leiden die Voraussetzung des Lebens wären! Ohne Entbehrung gäbe es keinen Kampf, ohne Kampf kein Leben, das ist so gewiß, wie zwei mal zwei vier ist. Aber nun soll der Kampf beginnen, dort im Norden. Ich will den Kampf genießen und ihn aus vollen Schalen trinken! Kampf ist Leben, und nach ihm winkt der Sieg. Ich schließe die Augen und höre eine Stimme singen:

> Unter den grünenden Birken allein,
> Unter den duftenden Blumen am Rain
> Und in dem Schatten der Fichten im Hain.

Montag, 19. November. Eine verwünschte Stimmung, dieser ganze Weltschmerz! Du bist ja ein glücklicher Mensch. Und wenn du dich schlechter Laune fühlst, kannst du an Deck gehen und den sieben jungen Hunden zuschauen, die um dich herumspringen und jagen und dich aus lauter Freude am Leben in Stücke zerreißen möchten. Das Leben ist Sonnenschein für sie, obgleich sie an Deck unter einem Zeltdach leben, unter dem sie weder die Sonne, die längst verschwunden ist, noch die Sterne sehen. Da ist auch »Kvik«, die Mutter, mitten unter ihnen; sie ist dick und wedelt vergnügt mit dem Schweif. Habe ich nicht Grund, ebenso glücklich zu sein wie die Hunde?

Ein wunderliches Leben, in der Dunkelheit und Kälte an Deck herumzustöbern. Sobald jemand mit der Laterne hinaufgeht, kommen die Hunde angerannt, starren in das Licht, tanzen und machen Luftsprünge wie Kinder um den Weihnachtsbaum. So geht das Tag für Tag; sie haben noch nie etwas anderes gesehen als dieses Deck mit dem Zeltdach darüber, ja nicht einmal den blauen Himmel, ebenso wie wir Menschen nie etwas anderes gesehen haben als diese Erde!

Ich bin nunmehr fest entschlossen. Vormittags habe ich Johansen die ganze Sache auseinandergesetzt, die Möglichkeiten vorgeführt und insbesondere die Gefahren betont, auf die wir vorbereitet sein müssen.

Ich sagte, es sei eine Frage von Leben und Tod, das dürfe man sich nicht verheimlichen. Er solle sich's gut überlegen, ehe er sich entscheide, ob er mich begleiten wolle oder nicht. Wenn er mitkommen wolle, würde ich mich freuen; ich würde es aber am liebsten sehen, wenn er sich einen oder zwei Tage bedächte, bevor er mir antworte.

Er brauche keine Zeit zum Überlegen, erwiderte er; er gehe gern mit. Sverdrup habe schon vor längerer Zeit über eine solche Expedition gesprochen; er, Johansen, habe gehörig darüber nachgedacht und betrachte es als eine große Gunst, daß die Wahl auf ihn gefallen sei.

»Ich weiß nicht, ob diese Antwort Sie befriedigt und ob Sie nicht lieber sehen, daß ich die Sache noch weiter überlege; sicherlich werde ich aber meine Ansicht nicht ändern.«

»Nein, wenn Sie schon ernstlich darüber nachgedacht haben, welchen Gefahren Sie sich aussetzen — daß vielleicht keiner von uns beiden einen Menschen je wiedersehen wird — wenn Sie erwogen haben, daß Sie auf dieser Expedition viele Leiden zu ertragen haben werden, auch wenn wir sicher und wohlbehalten durchkommen —, wenn Sie sich alles das klargemacht haben, dann bestehe ich nicht darauf, daß Sie sich die Sache noch länger überlegen.«

»Ja, das habe ich!«

»Nun gut, dann ist das erledigt. Morgen wollen wir mit den Vorbereitungen beginnen. Hansen muß sehen, daß er einen neuen meteorologischen Assistenten ernennt.«

Dienstag, 20. November. Heute abend hielt ich vor der Schiffsmannschaft eine Rede, in der ich unsern Entschluß mitteilte und ihr die geplante Expedition erklärte.

Zunächst ging ich mit ein paar Sätzen die ganze Theorie und Geschichte unseres Unternehmens von Anfang an durch. Ich entwickelte den Gedanken, auf den sich mein Plan gründete, nämlich daß ein Schiff, das im Norden von Sibirien einfriert, quer durch das Polarmeer und auf der anderen Seite wieder hinaus in den Atlantischen Ozean treibt und irgendwo zwischen Franz-Joseph-Land und dem Pol hindurchkommt.

Aufgabe der Expedition sei es, diese Drift quer über das unbekannte Meer auszuführen und dabei Untersuchungen anzustellen. Ich machte die Kameraden darauf aufmerksam, daß diese Untersuchungen gleich wichtig seien, ob die Expedition den Pol selbst erreiche oder in einiger Entfernung von ihm bleibe. Nach unseren Erfahrungen werde die Expedition ihre Aufgaben lösen; alles sei ja bis zu diesem Augenblick unseren Erwartungen entsprechend gegangen. Nunmehr entstehe aber die Frage, ob nicht noch mehr getan werden könne, und darauf setzte ich den Leuten meinen Plan einer Zusatzexpedition nach Norden auseinander.

Ich gewann den Eindruck, daß alle stark gefesselt zuhörten und es am Schluß für höchst wünschenswert hielten, daß der Versuch gemacht wurde.

Der Haupteinwand, den sie dagegen erhoben haben würden, wenn ich sie gefragt hätte, wäre wohl der gewesen, daß sie nicht selbst daran teilnehmen könnten. Ich stellte ihnen jedoch eindringlich vor, daß es ein nicht weniger ehrenvolles Unternehmen sei, die »Fram« wohlbehalten quer durch das Polarmeer und auf der anderen Seite wieder herauszubringen, und wenn nicht die »Fram«, so doch sich selbst ohne Verlust an Menschenleben. Geschähe dies, sei alles wohlgetan. Ich glaube, sie sahen die Richtigkeit meiner Darstellung ein.

Der Würfel ist also gefallen. Nunmehr machten wir uns allen Ernstes an die Vorbereitungen. Ich habe schon erwähnt, daß ich gegen Ende des Sommers mit der Herstellung eines Ein-Mann-Kajaks begonnen hatte. Es war eine langwierige Arbeit, die mehrere Wochen dauerte; das fertige Bambusgestell war leicht und stark und wog 8 Kilo. Später wurde es von Sverdrup und Blessing mit Segeltuch bekleidet, dann wog das ganze Boot 15 Kilo. Mogstad baute ein zweites, ähnliches Boot.

Die Kajaks waren 3,70 Meter lang, in der Mitte ungefähr 70 Zentimeter breit, und das eine 30 Zentimeter, das andere 38 Zentimeter tief; das ist erheblich kürzer und breiter als ein gewöhnliches Eskimokajak, infolgedessen waren diese Boote auch nicht so leicht zu paddeln. Dafür trugen sie außer uns selbst Proviant und Ausrüstung für eine längere Zeit und waren für unseren Zweck wunderbar geeignet. Als wir sie sorgfältig beluden, konnten wir Proviant und Ausrüstung auf mindestens drei Monate für uns sowie eine ziemliche Menge Hundefutter verstauen und außerdem noch einen oder zwei Hunde auf dem Verdeck mitführen. Im übrigen waren sie wie die Eskimokajaks eingerichtet und voll gedeckt bis auf eine Öffnung in der Mitte, in der der Paddler saß.

Diese Öffnung war nach Eskimoart von einem hölzernen Ring eingefaßt, über den wir den unteren Teil unserer Seehundpelze schoben, so daß die Verbindung zwischen Boot und Kragen wasserdicht war. Wurde der Seehundpelz um Handgelenke und Gesicht dicht zugezogen, dann konnte sich die See vollständig über uns ergießen, ohne daß ein Tropfen Wasser in die Kajaks kam. Wir mußten uns mit solchen Booten ausrüsten für den Fall, daß wir auf unserm Zug nach Spitzbergen oder, wenn wir den anderen Weg wählten, zwischen Franz-Joseph-Land und Nowaja Semlja offenes Wasser anträfen.

Außer der Öffnung in der Mitte hatten die Boote vorn und hinten im Deck kleine Klappen, durch die wir nur die Hand zu stecken brauchten, um den Proviant zu verstauen und andere Dinge herauszuholen, ohne den ganzen Inhalt durch die mittlere Öffnung umeinanderzuwürfeln, wenn das, was wir brauchten, am Ende des Fahrzeugs lag. Diese Klappen schlossen vollständig wasserdicht.

Um das Segeltuch wasserundurchlässig zu machen, wäre es am besten gewesen, es mit Leimwasser zu tränken und dann von außen mit gewöhnlicher Ölfarbe zu streichen; allein das war bei der außerordentlichen Kälte, im Raum — 20°, sehr schwierig zu bewerkstelligen, und dann befürchtete ich, daß die Farbe das Segeltuch zu hart und spröde machen würde, so daß beim Transport über das Eis leicht Löcher hineingestoßen würden. Ich versuchte es darum mit einer Mischung von Paraffin und Talg, in die ich die Kajaks tauchte. Dadurch wurden sie allerdings um 3 Kilo schwerer.

Ferner ließ ich für diese Expedition einige Handschlitten besonders anfertigen; sie waren biegsam und stark. Sie mußten viel aushalten, wenn wir sie mit Hunden und schweren Lasten über unebenes Treibeis zogen. Zwei von den Schlitten waren ungefähr so lang wie die Kajaks, 3,6 Meter.

Ich stellte auch mehrere Versuche mit der Kleidung an, die wir tragen wollten, um festzustellen, ob es sich empfahl, in unseren dicken Anzügen aus Wolfsfell zu gehen; ich kam stets zu dem Ergebnis, daß sie zu warm waren. So schrieb ich am 29. November darüber:

»Machte wieder in meinem Wolfsfellanzug einen Gang nach Norden; es ist aber noch immer zu mild (— 37,6°) dafür. Ich schwitzte wie ein Pferd, obgleich ich mit nüchternem Magen aufbrach und ganz langsam lief. Es geht sich in der Dunkelheit ziemlich schwer im Schnee, wenn man die Schneeschuhe nicht gebrauchen kann. Ich bin neugierig, wann es kalt genug wird, diesen Anzug zu tragen.«

Am 9. Dezember war ich wieder auf Schneeschuhen draußen. 41° Kälte. Ich ging im Wolfsfellanzug, doch rann mir der Schweiß in solchen Strömen vom Rücken, daß man damit eine Mühle hätte treiben können. Noch zu warm; der Himmel mag wissen, ob es je kalt genug dafür werden wird.

Natürlich haben wir auch das Zelt und den Kochapparat ausprobiert. Am 7. Dezember schrieb ich:

»Ich habe das seidene Zelt, das wir mitnehmen wollen, aufgeschlagen und den Kochapparat darin probiert. Wir bekamen aus Eis von — 35° in anderthalb Stunden 3 Liter kochendes Wasser und schmolzen gleichzeitig bei einem Verbrauch von 120 Gramm Petroleum 5 Liter. Am nächsten Tage kochten wir in einer Stunde 2^1/$_2$ Liter Wasser und schmolzen ebensoviel mit 100 Gramm Petroleum.«

Wir werden also täglich nicht sehr viel Brennstoff verbrauchen.

Dann stellte ich allerlei Berechnungen und Untersuchungen an, um die vorteilhafteste Art von Proviant für unsere Expedition herauszufinden. Es war sehr wichtig, daß die Verpflegung für Hund und Mensch die besten Nährstoffe in konzentrierter Form enthielt und nicht mehr wog, als unbedingt notwendig.

Außerdem hatten wir natürlich die Instrumente zu prüfen, die wir mitnehmen mußten, und uns mit vielen Kleinigkeiten zu beschäftigen, die gleichfalls nötig waren. Gerade von der richtigen Zusammenstellung aller dieser Kleinigkeiten hängt der Erfolg ab.

Wir verbrachten die meiste Zeit mit diesen Vorbereitungen und spannten auch einige Kameraden den Winter hindurch mit ein. Zum Beispiel baute Mogstad laufend Schlitten, beschlug sie usw. Sverdrup nähte Schlafsäcke, Juell wurde zum Hundeschneider ernannt. Wenn er nicht in der Küche zu tun hatte, nahm er den Hunden Maß und fertigte Geschirre an.

Blessing richtete uns eine kleine, leichte Apotheke her, die Medikamente, Binden und andere Dinge enthielt, die uns von Nutzen sein konnten. Ein Mann war beständig damit beschäftigt, alle unsere Journale und wissenschaftlichen Beobachtungen usw. auszugsweise auf dünnes Papier abzuschreiben, da ich für alle Fälle eine Abschrift mitnehmen wollte. Hansen stellte Tabellen her, die wir für unsere Beobachtungen, für den Gang unserer Chronometer usw. brauchten. Außerdem zeichnete er für uns eine Karte unserer ganzen Reise und der bisherigen Drift.

Hansen war ein vielbeschäftigter Mann. Im Laufe des Herbstes hatte er sich seine Arbeit ganz erheblich bequemer eingerichtet. Er hatte mit Johansen eine Schneehütte gebaut, die einer Eskimohütte ähnlich war. Dort fühlte er sich sehr wohl. Vom Dach herab hing eine Petroleumlampe, deren Licht von den weißen Schneemassen widergespiegelt wurde und eine blendend helle Beleuchtung gab. Hier arbeitete Hansen in aller Ruhe und Beschaulichkeit mit seinen Instrumenten. Hier wurde er von keinem Wind gestört. Er fand es auch warm in der Hütte, wenn er die Temperatur bis auf einige 20° unter dem Gefrierpunkt treiben konnte, so daß er die Instrumente mit der bloßen Hand einzustellen vermochte. Tag für Tag saß er unermüdlich an seinen Untersuchungen und beobachtete die geheimnisvollen Bewegungen der Magnetnadel, die ihm zuweilen Schwierigkeiten und Kopfzerbrechen machten.

Freitag, 30. November. Im ganzen ist der November ein ungewöhnlich schlimmer Monat gewesen, da wir zurück anstatt vorwärts getrieben sind — und doch war dieser Monat voriges Jahr so gut. In diesem fürchterlichen Meer kann man sich auf die Jahreszeiten nicht verlassen! Alles in allem wird der Winter vielleicht kein Haar besser sein als der Sommer.

Der Himmel ist mit einem dichten Schleier verhüllt, der, wenn die Sterne hindurchfunkeln, dunkler als gewöhnlich zu sein scheint, und in dieser ewigen Nacht treiben wir einsam und verlassen umher.

Die erschöpften Gedanken, die man niemals los werden kann, sind auf die Dauer doch eine sehr langweilige Gesellschaft. Gibt es kein Mittel, um vor sich selbst zu fliehen, um einen Gedanken zu erfassen, nur einen einzigen, der darüber hinaus liegt? Gibt es keinen anderen Weg als den Tod? Aber der Tod ist sicher. Eines Tages wird er kommen, groß und still, er wird Nirwanas mächtige Pforte öffnen, und du treibst hinaus in das Meer der Ewigkeit.

Sonntag, 2. Dezember. Sverdrup ist schon seit mehreren Tagen krank; er liegt im Bett. Hoffentlich ist es nichts Ernstliches. Armer Bursche, er lebt nur von Haferschleim! Es ist ein Darmkatarrh. Wahrscheinlich hat er sich auf dem Eis erkältet.

Ich lese jetzt die verschiedenen Berichte über die englischen Expeditionen während der Franklin-Periode und die Nachforschungen nach ihm und gestehe, daß ich die Leute und ihre Arbeit bewundere. Es steckte Mut in Parry, Franklin, James Roß, Richardson, in M'Clintock und in all den übrigen. Wie gut war ihre Ausrüstung ausgedacht! Wahrlich, es gibt nichts

Neues unter der Sonne. Das meiste von dem, was ich für neu hielt und mit dem ich mich brüstete, finde ich schon hier; M'Clintock hat es schon vor 40 Jahren gehabt.

Es war nicht ihre Schuld, daß sie in einem Lande geboren waren, in dem Schneeschuhe unbekannt sind und wo man während des ganzen Winters kaum Schnee findet. Welche Entfernungen haben sie zurückgelegt, obwohl sie ihre Erfahrungen über Schnee und Reisen im Schnee erst während ihres Aufenthalts hier oben sammeln mußten, und obwohl sie keine Schneeschuhe besaßen und sich mit schmalkufigen Schlitten oft über schneebedecktes, unebenes Treibeis durcharbeiten mußten! Welche Strapazen und Schwierigkeiten haben sie ertragen! Niemand kann sie übertreffen, kann ihnen gleichkommen!

Freitag, 14. Dezember. Gestern feierten wir ein großes Fest zu Ehren der »Fram« als des Schiffes, das die höchste Breite erreicht hat. Vorgestern überschritten wir 82° 30′ n. Br.

Sonnabend, 22. Dezember. Südöstlicher Wind hat sich in einen regelrechten Sturm verwandelt, der heulend durch die Takelung fährt; er ist ganz lieblich anzuhören und treibt uns sicher nach Norden.

Gegen 12$^1/_2$ Uhr nachts verspürten wir im Schiff plötzlich einen starken Eisdruck, der alles an Bord rasseln machte; ich konnte das Zittern unter mir noch lange nachher fühlen, als ich in der Koje lag.

Mittags erhielt die »Fram« einen zweiten heftigen Stoß, der noch stärker war als der in der Nacht. Vorher hatten wir am Donnerstag morgens um 9$^1/_2$ Uhr und 11$^1/_2$ Uhr schon Eispressungen gehabt, die so stark waren, daß Peder am Lotloch wiederholt aufgesprungen war, in der Meinung, das Eis würde unter ihm bersten. Es ist höchst seltsam: nachdem wir so lange Ruhe gehabt haben, werden wir jetzt fast nervös, sobald die »Fram« solche Stöße erhält und alles wie bei einem heftigen Erdbeben erzittert.

Sonntag, 23. Dezember. Der Wind ist unverändert und weht mit einer Geschwindigkeit von 12 bis 14 Metern in der Sekunde.

Es schneit, und der Schnee fegt so ungestüm daher, daß nichts zu unterscheiden ist und tiefe Dunkelheit herrscht. Auf dem Achterdeck liegen um das Steuerrad und an der Reling hohe Schneehaufen. Man schaudert und ist dankbar dafür, daß man nicht in solchem Wetter hinausziehen muß, sondern sich ins Schiff zurückziehen und in die warme Koje kriechen kann; bald müssen wir, selbst in solchem Wetter bei Tag und bei Nacht im Freien sein, ob wir wollen oder nicht.

Das Barometer war stetig und tief gefallen, stieg dann wieder und steht jetzt auf 726 Millimeter. Das Thermometer beschreibt wie gewöhnlich die umgekehrte Kurve; es stieg stetig, bis es nachmittags auf —21,3° stand, jetzt fällt es, obwohl sich der Wind nicht gedreht hat. Er hat uns sicher ein tüchtiges Stück nach Norden versetzt, ganz gewiß weit über 83° hinaus.

Es hört sich angenehm an, wenn der Wind in der Takelung heult und rasselt. Wüßte man nur nicht, daß alle irdischen Freuden von kurzer Dauer sind.

Gegen Mitternacht meldet der Steuermann, der die Wache hat, daß das Eis in der Nähe des Thermometerhauses geborsten sei. Das ist derselbe Riß, der schon im Sommer entstanden war und sich jetzt wieder geöffnet hat. Vermutlich ist die ganze Scholle, auf der wir liegen, gespalten. Wir nehmen den Thermograph und die übrigen Instrumente aus dem Hause, um sie im Fall einer Eispressung in Sicherheit zu haben.

Donnerstag, 27. Dezember. Wieder ist Weihnachten vorübergegangen, und noch immer sind wir so weit von der Heimat entfernt. Wie traurig ist das! Doch bin ich nicht melancholisch, eher möchte ich sagen, ich freue mich. Mir ist, als ob ich auf etwas Großartiges warte, das noch im Schoß der Zukunft verborgen liegt. Nach den langen Stunden der Ungewißheit schaue ich jetzt das Ende der dunklen Nacht und zweifle nicht daran, daß alles erfolgreich enden wird, daß die Reise nicht vergeblich ist und alle Hoffnungen sich verwirklichen. Das Los eines Forschers ist vielleicht schwer, und sein Leben, wie allgemein behauptet wird, voller Enttäuschungen. Aber es hat auch seine schönen Augenblicke, wenn er den Triumph des menschlichen Willens und menschlicher Zuversicht und den Hafen des Glückes und des Friedens winken sieht.

Dies ist das zweite Weihnachtsfest, das wir in der Einsamkeit der Nacht, im Reich des Todes verbringen, nördlicher und tiefer drinnen als je zuvor. Es ist ein seltsames Gefühl, zu denken, daß es unser letztes Weihnachten an Bord der »Fram« sein wird! Man wird fast traurig. Das Schiff ist uns zur zweiten Heimat, es ist uns teuer geworden; unsere Gefährten werden vielleicht noch ein drittes Weihnachtsfest, möglicherweise noch mehrere hier zubringen, aber ohne uns; denn wir werden sie verlassen und in die Einsamkeit hinausziehen.

Weihnachten war diesmal ziemlich ruhig, aber sehr angenehm, und jeder schien sich wohl zu fühlen. Nicht wenig trug zu unserer Freude das Weihnachtsgeschenk des Windes bei, der uns den 83. Grad bescherte.

Wir feierten den Weihnachtsabend natürlich mit einem großen Festessen. Die Tafel brach unter Weihnachtskuchen, armen Rittern, Hirschhörnern, Honigkuchen, Makronen, Napfkuchen. Außerdem hatten wir, Blessing und ich, im Schweiße unseres Angesichts einen »Polar-Champagner 83. Grad« hergestellt, der eine Sensation wurde. Wir waren stolz darauf. Der Champagner war ein Erzeugnis aus der edlen Traube des Polargebiets, der Moltebeere. Er schmeckte allen vortrefflich, und mancher Becher wurde geleert. Haufen illustrierter Bücher, Musik, Vorträge und Gesang vervollständigten die Festtagsfreude.

Während wir mit rasselndem Winde zuerst aus Südost und dann aus Ostsüdost und Ost vorwärts trieben, wurden wir von Tag zu Tag neugieriger, wie weit wir gekommen waren. Aber Schneesturm und bewölkter Himmel erlaubten uns keine Beobachtungen.

Plötzlich rief Hansen heute nachmittag, es seien über uns Sterne zu sehen. Höchste Erwartung! Aber als er herunterkam, hatte er nur einen Stern beobachtet. Allerdings stand dieser Stern dem Meridian so nahe, daß Hansen daraus entnehmen konnte, daß wir jedenfalls nördlicher als 83° 20′ n. Br. standen. Und dieses Ergebnis wurde mit Freudenrufen aufgenommen. Wenn wir noch nicht auf der höchsten nördlichen Breite waren, der je der Mensch nahe gekommen ist, so befanden wir uns immerhin nicht weit davon. Das war mehr, als wir erwartet hatten!

Freitag, 28. Dezember. Am Morgen ging ich hinaus, um mir einen Riß an der Backbordseite anzusehen, der sich dermaßen erweitert hat, daß er eine offene Rinne bildet. Natürlich folgten mir sämtliche Hunde. Noch war ich nicht weit gekommen, als eine dunkle Gestalt vor mir verschwand: es war »Pan«, der den hohen, steilen Rand des Eises hinabgerollt und ins Wasser gefallen war. Vergeblich quälte er sich ab, wieder herauszukommen; rundherum war nichts als Schneeschlamm, der nirgends festen Halt bot. Ich beugte mich über den Rand des Eises, um mich ihm zu nähern, doch war es zu hoch, und ich wäre ihm beinahe kopfüber nachgestürzt. Was ich heraufzog, waren nur lose Eisstücke und Schneeklumpen. Ich rief nach einer Eisaxt, aber noch ehe man sie mir brachte, war »Pan« heraus. Um wieder warm zu werden, sprang er auf der Scholle hin und her, gefolgt und umkreist von den übrigen Hunden, die bellend ihre Freude über seine Rettung zeigten. Als »Pan« ins Wasser gefallen war, waren sie herbeigerannt und hatten mich winselnd angeblickt. Er tat ihnen offenbar leid, und sie wollten, daß ich ihm half. Sie konnten nichts sehen, rannten aber immer am Rand auf und ab, bis er wieder heraus war. Zu anderen Zeiten würden sie sehr bereit sein, ihn in Stücke zu zerreißen; so sind nun einmal wir Geschöpfe dieser Erde. »Pan« durfte sich den ganzen Nachmittag im Salon trocknen.

Kurz vor 9½ Uhr abends erhielt das Schiff einen fürchterlichen Stoß. Ich ging hinaus, hörte aber kein Geräusch von Eispressungen. Der Wind heulte so in der Takelung, daß man andere Töne nicht unterscheiden konnte. Um 10½ Uhr erfolgte ein zweiter Stoß; später fühlte man von Zeit zu Zeit Schwankungen im Schiff, und gegen 11½ Uhr wurden die Stöße noch heftiger. Offenbar schob sich das Eis an irgendeiner Stelle in der Nähe zusammen. Ich war gerade dabei, mich anzuziehen und nachzusehen, als Mogstad meldete, daß sich vor dem Schiff ein hoher, abscheulicher Hügel gebildet habe. Wir nahmen Laternen und gingen hin. 56 Schritt vor dem Bug türmte sich ein steiler Haufen auf, der sich an der offenen Rinne entlang erstreckte und unter einer fürchterlichen Pressung stand. Das Eis rasselte, krachte und knirschte in der ganzen Länge der Rinne. Es schien meist neugefrorenes Eis aus den offenen Rinnen zu sein, das den Hügel gebildet hatte, doch sah man auch schwere Eisblöcke dazwischen. Es schob sich langsam aber sicher dem Schiffe zu. Es würde uns nicht lieb sein, wenn der Eishügel bis dicht unter den Bug der »Fram« käme, weil er dort bald Schaden anrichten würde. Für alle Fälle habe ich der Wache befohlen, scharf aufzupassen und mich sofort zu wecken, falls der Eishaufen sehr nahe kommt oder das Eis unter uns bricht.

Neujahr 1895

Mittwoch, 2. Januar 1895. Nie zuvor bin ich zu Beginn des neuen Jahres in so seltsamer Stimmung gewesen. Es muß uns jedenfalls wichtige Ereignisse bringen und wird hoffentlich eins der bemerkenswertesten Jahre meines Lebens werden, mag es mich zum Sieg oder zum Untergang führen.

In dieser Eiswelt kommen und gehen die Jahre unbemerkt, in dieser schweigsamen Natur ereignet sich nichts; alles ist in Dunkelheit gehüllt, nur die Sterne funkeln in unermeßlichen Fernen durch die kalte Nacht, und das Nordlicht erglänzt in flackerndem Schein. Die »Fram« ist gerade noch undeutlich zu erkennen; die schwarzen Masten ragen aus der dunklen Einöde zum Lichtgewimmel der Sterne empor. Wie ein Punkt liegt das Schiff da, verloren in dem unendlich weiten Reich des Todes. Aber unter seinem Deck ist ein behagliches und geliebtes Heim für dreizehn Männer, die sich nicht schrecken lassen. Da drinnen pulst frisches Leben, draußen herrscht ringsum bis in weite Ferne nichts als Tod und Schweigen, das nur hin und wieder durch das heftige Getöse des Eises unterbrochen wird, wenn es in gigantischen Massen auf- und abwogt. In dieser tiefen Stille klingt es wie eine Drohung; man fühlt, dämonische Mächte sind in der Nähe, die Riesen der Arktis, die uns jeden Augenblick zu einem Kampf auf Leben und Tod herausfordern können.

In der Freitagnacht war nach 1 Uhr kein Eisdruck mehr, gestern abend fing er plötzlich wieder an. Zuerst hörte ich ein rumpelndes Geräusch, und aus der Takelung fiel Schnee auf das Deck des Zeltdaches. Es klang mir wie eine Eispressung. Dann erhielt die »Fram« einen so heftigen Stoß, wie seit dem letzten Winter nicht mehr, so daß ich auf der Kiste, auf der ich saß, hin und her schaukelte. Da das Schütteln und Rumpeln nicht aufhörte, ging ich hinaus. Im Westen und Nordwesten erscholl lautes Getöse des sich zusammenschiebenden Eises. Es hielt ein paar Stunden gleichmäßig an. Soll das der Gruß zum neuen Jahre sein?

Wir verbrachten den Silvesterabend behaglich bei Moltebeerpunsch, Pfeifen und Zigaretten, und ich brauche wohl nicht zu erwähnen, daß wir Kuchen im Überfluß hatten.

Donnerstag, 3. Januar. Ein Tag der Unruhe, ein veränderungsreiches Leben trotz seiner Einförmigkeit; gestern noch Pläne für die Zukunft und heute möglicherweise ohne ein Dach über dem Haupt, verlassen auf dem Eis!

Um 4½ Uhr trat heute morgen eine neue Eispressung in der offenen Rinne hinter dem Schiff ein, und um 5 Uhr begann eine andere in der Rinne an der Backbordseite. Gegen 8 Uhr wachte ich auf und hörte das Eis knirschen. Ein leichtes Zittern ging durch die »Fram«. Dann krachte es. Als ich an Deck kam, war ich nicht wenig überrascht. An der ganzen Rinne an der Backbordseite entlang, kaum dreißig Schritt von der »Fram« entfernt, stand ein großer Eishügel. Risse an dieser Seite reichten bis achtzehn Schritt an uns heran. Alle losen Gegenstände, die an dieser Seite auf dem Eis lagen, wurden an Bord gebracht. Die Bretter und Planken, die im Sommer die Hütte der Meteorologen gestützt hatten, und das Gehäuse für die Instrumente wurden in Stücke zerlegt, weil wir nichts davon verlieren durften.

Der Eishügel kommt uns näher. Erreicht er uns, ehe sich das Schiff vom Eis losgebrochen hat, dann kann die Sache sehr unangenehm werden. Das Schiff hat jetzt eine stärkere Neigung nach Backbord als je vorher.

Im Laufe des Nachmittags trafen wir verschiedene Vorbereitungen, um das Schiff zu verlassen, wenn das Schlimmste eintreten sollte. Alle Schlitten wurden an Deck bereitgestellt und die Kajaks klargemacht. 20 Kisten mit

Hundekuchen wurden an der Steuerbordseite auf das Eis niedergelassen und 19 Kisten mit Brot aus dem Raum geholt und nach vorn gebracht. Vier Blechkannen mit zusammen 200 Liter Petroleum wurden an Deck geschafft.

Als wir beim Abendessen saßen, hörten wir wieder das Knirschen und Knistern, es kam immer näher. Schließlich krachte es gerade unter uns. Ich stürzte nach oben und beobachtete eine Pressung in einer Rinne querab von unserer Steuerbordseite, ich ging wieder hinunter und aß weiter. Bald nachher kam Peder, der auf das Eis hinausgegangen war, und sagte, wie gewöhnlich lachend: »Das Bersten ist gerade nicht übermäßig nett!« Das Eis sei keine Schlittenlänge von den Kisten mit Hundekuchen geborsten, und der Riß dehne sich bis hinter die »Fram« aus. Der Riß war wirklich recht groß. Wir verlagerten die Kisten mit Hundefutter der Sicherheit wegen etwas weiter nach vorn. Rund um das Schiff fanden wir auch mehrere kleinere Risse. Ich stieg zum andernmal hinunter, zündete mir eine Pfeife an und plauderte mit Sverdrup. Plötzlich begann das Eis aufs neue zu bersten und zu pressen, und wenn ich auch nicht glaubte, daß der Lärm stärker war als gewöhnlich, so fragte ich doch die andern, die im Salon Halma spielten, ob jemand an Deck sei. Gleich darauf hörte ich oben eilige Schritte: es war Nordahl, der meldete, daß an der Backbordseite eine Pressung stehe; es sei am besten, wenn jemand an Deck bliebe. Peder und ich sprangen sofort hinauf. Als ich außenbords die Leiter hinunterkletterte, rief mir Peder von oben nach: »Wir müssen die Hunde herauslassen! Da steht schon Wasser auf dem Eis!«

Es war hohe Zeit, daß wir kamen. Das Wasser strömte schon in den Hundestall. Peder watete bis zu den Knien im Wasser und stieß die Tür auf. Die meisten Hunde stürzten heraus und rannten umher, daß das Wasser aufspritzte, einige verkrochen sich furchtsam bis in die innersten Winkel und mußten herausgezogen werden. Das Wasser reichte ihnen schon hoch an den Beinen hinauf. Die armen Tiere! Es muß ihnen jämmerlich genug zumute gewesen sein, als sie das Wasser an den Bäuchen spürten.

Nachdem wir die Hunde in Sicherheit gebracht hatten, ging ich um die »Fram« herum, um zu sehen, was sonst geschehen sei.

Das Eis war am Schiff entlang bis vorn in die Nähe des Steuerbordbugs geborsten, und aus diesem Riß war das Wasser nach der Backbordseite geströmt, wo die Scholle durch das Gewicht des sich stetig auf uns zuschiebenden Eishügels niedergedrückt wurde. Der Spalt ging gerade unter der Feldschmiede durch, die so in Gefahr kam und darum auf einen Schlitten gesetzt und nach der großen Scholle an Steuerbord querab vom Heck geschafft wurde. Dorthin brachten wir auch 11 Kisten mit Pemmikan, die Kisten mit Hundekuchen und 19 Kisten mit Brot. Wir haben jetzt also dort ein vollständiges Depot liegen, hoffentlich völlig sicher. Das Eis ist so dick, daß es vermutlich nicht nachgeben wird. Das hat Leben in die Leute gebracht; sie sind alle an Deck gekommen. Wir machten uns nun an die Arbeit und brachten 21 Kisten mit Brot und einen weiteren Vorrat von Pemmikan, Schokoladenmehl, Butter, »Vril«-Proviant, Suppentafeln usw., nach unserer Berechnung für 200 Tage, aus dem Raum auf Deck. Auch Zelte und Kochapparat wurden bereitgestellt, so daß jetzt alles oben in Ordnung war und wir schlafen gehen konnten. Das war nach Mitternacht.

Ich hoffe noch immer, daß alles blinder Lärm gewesen ist. Ich habe der Wache eingeschärft, auf die Hunde zu achten und scharf aufzupassen, falls das Eis unter unseren Kisten bersten oder die Eispressung aufs neue beginnen sollte. Wenn irgend etwas geschähe, sollten sofort alle geweckt werden, lieber zu früh als zu spät.

Während ich hier noch sitze und schreibe, hebt das Knirschen und Krachen wieder an. Die Kameraden sind in bester Stimmung, und es scheint fast, als ob sie die Eispressungen als eine angenehme Unterbrechung der Einförmigkeit unseres Daseins betrachten. Nun, es ist 1½ Uhr; ich glaube, ich lege mich lieber in die Koje; ich bin müde, und der Himmel mag wissen, wie bald ich wieder geweckt werde.

Freitag, 4. Januar. Während der Nacht verhielt sich das Eis ruhig, aber den ganzen Tag über hat es mit Pausen wieder gekracht und sich zusammengeschoben; heute abend ist es da und dort geborsten, und gegen 9 Uhr und später beobachtete ich viele Eispressungen. Eine Zeitlang traten sie ganz leicht auf, zuweilen mit einem plötzlichen Stoß und mit großem Getöse; dann hörten sie wieder auf, um bald aufs neue zu tosen. Der Hügel wächst und rückt uns gerade auf den Leib. Man kann ihn tatsächlich näher und näher herankriechen sehen; jetzt, um 1 Uhr, ist er kaum fünf Schritt von dem Schneehügel bei den Bugpforten entfernt. Von dort bis zum Schiff sind es 3 Meter. Es wird nicht mehr lange dauern, dann hat uns der Eishaufen erreicht. Mehr und mehr spaltet sich das Eis. Die feste Masse, in der wir eingebettet liegen, wird an Steuerbord und an Backbord immer kleiner. Mehrere Risse ziehen sich bis an die »Fram« heran. Da sich das Eis unter dem Gewicht des Hügels an der Backbordseite senkt und die »Fram« dort überneigt, strömt mehr Wasser über das neue Eis, das sich auf dem gestern ausgetretenen Wasser gebildet hat.

Langsam aber sicher rückt der unheilbringende Hügel heran. Es sieht aus, als wolle er genau über die Reling gehen. Wenn uns die »Fram« nur den Gefallen tun und sich aus dem Eis befreien wollte, dann bin ich gar nicht bange, daß es noch gut ausgeht. Augenblicklich sieht es recht häßlich aus. Wir werden vermutlich noch einen harten Kampf haben, bevor die »Fram« losbricht.

Ich ging hin und schaute mir den Hügel an. Wie sicher er fortschreitet! Ich sah auch zu, wie sich die Risse um das Schiff herum bildeten und ausdehnten; ich hörte zu, wie es unter meinen Füßen krachte und knisterte, und hatte wenig Lust, meine Koje aufzusuchen, ehe nicht die »Fram« vom Eis los war. Während ich hier noch sitze, höre ich, wie das Eis erneut angreift, lärmt und preßt. Ich glaube nicht, daß wir noch mehr tun können. Alle sind bereit, das Schiff zu verlassen, wenn es nötig sein sollte. Heute wurden die Kleidungsstücke usw. hinaufgebracht und für einen jeden in Säcken zum Fortschaffen bereitgelegt.

Eine eigentümliche Lage; unstreitig ist es möglich, daß alle unsere Pläne durch unvorhergesehene Ereignisse durchkreuzt werden, aber die Wahrscheinlichkeit dafür ist nicht groß.

Ich habe keine Angst. Es ist nach 1 Uhr, und ich glaube, das Vernünftigste, was ich tun kann, ist, mich hinzulegen und zu schlafen.

Die Wache hat Befehl, mich zu wecken, sobald der Eishügel über die »Fram« herfällt. Ein Glück, daß wir jetzt Mondschein haben, so daß wir wenigstens von diesen Greueln etwas sehen.

Vorgestern erblickten wir den Mond zum erstenmal über dem Horizont, gestern schien er eine Zeitlang, und jetzt haben wir ihn Tag und Nacht. Eine günstige Lage der Dinge. Es ist gleich 2 Uhr, ich muß jetzt schlafen. Ich höre, wie sich der Eisdruck verstärkt.

Sonnabend, 5. Januar. Heute nacht schläft jeder in voller Kleidung, die unentbehrlichsten Gegenstände liegen zur Seite oder sind am Körper befestigt; jeder ist bereit, beim ersten Warnungsruf auf das Eis zu springen. Alles sonst Nötige, Proviant, Kleidung, Schlafsäcke usw. ist aufs Eis gebracht worden. Wir haben den ganzen Tag arbeiten müssen, sind jetzt aber in schönster Ordnung und mit allem fertig, um das Schiff im Notfall zu verlassen. Ich glaube nicht, daß dieser Fall noch eintritt; denn gestern war der Eisdruck so schlimm, wie er nur sein konnte, und die »Fram« hat ihn überstanden.

Ich habe gut geschlafen und bin nur einmal aufgewacht; ich horchte dann auf das Knirschen, Schieben und Krachen des Eises, bis ich wieder einschlief. Um 5½ Uhr morgens wurde ich von Sverdrup geweckt, der mir sagte, daß der Eishügel jetzt die »Fram« erreicht habe und heftig gegen uns andränge, und daß das Eis bis zur Reling hinaufrage.

Kaum hatte ich die Augen geöffnet, als es draußen im Eise donnerte und krachte, als ob der Tag des Jüngsten Gerichts gekommen sei. Ich sprang auf. Es blieb nichts weiter übrig, als die Mannschaft zu wecken, den restlichen Proviant auf das Eis zu schaffen und dann Pelze und Ausrüstung an Deck zu bringen, so daß wir sie jeden Augenblick über Bord werfen konnten. Damit ging der Tag hin, das Eis blieb ruhig. Zuletzt wurde auch das Petroleumboot, das in den Davits an der Backbordseite hing, herabgelassen und nach der großen Scholle geschleppt.

Gegen 8 Uhr abends, als wir glaubten, daß die Eispressung nachgelassen habe, begann das Donnern und Krachen noch ärger als je vorher. Ich eilte nach oben. Mittschiffs stürzten große Massen Schnee und Eis hoch über die Reling und das Zelt. Peder, der nach mir heraufkam, ergriff eine Schaufel, lief nach dem Vorderende des Halbdecks und fing an, das Eis fleißig wegzuschaufeln. Ich folgte ihm und sah mehr, als mir lieb war. Es war hoffnungslos, gegen einen solchen Feind mit der Schaufel zu kämpfen. Ich rief Peder zurück und sagte: »Wir wollen lieber alles auf das Eis bringen!« Kaum hatte ich ausgesprochen, als das Eis mit erneuter Kraft heranschob, donnerte und krachte. Peder brüllte: »Da hätte mich bald mitsamt der Schaufel der Teufel geholt!« Und er wollte sich dabei vor Lachen ausschütten. Ich stürzte zurück nach dem Deck und begegnete Mogstad, der ebenfalls mit einer Schaufel herbeieilte. Ich schickte ihn zurück. Als ich dann nach vorn unter das Zeltdach zur Leiter lief, sah ich, wie sich das Dach unter dem Gewicht der Eismassen herunterbog und das Eis darüber und über die Reling stürzte. Es waren solche Mengen, daß ich jeden Augenblick fürchtete, sie würden den

Oben: Schieß schnell...
Unten: Scott-Hansens Observatorium

Die »Fram« nach der Eispressung am 10. Januar 1895

Eingang verschütten. 'Ich rief alle Mann an Deck, sagte ihnen aber, daß sie nicht durch die Tür an der Backbordseite sondern durch den Kartenraum und an der Steuerbordseite hinausgehen sollten. Zunächst mußten alle Säcke aus dem Salon hinaufgeschafft und die, welche an Deck lagen, in Sicherheit gebracht werden. Wenn die Tür an der Backbordseite nicht geschlossen wurde, mußte das Eis, sobald es das Zelt durchbrach, über das Deck und durch die Tür dringen, den Durchgang füllen, die Treppe hinabstürzen und uns wie in einer Mausefalle einschließen. Allerdings war der Durchgang vom Maschinenraum nach oben für diesen Notfall frei gemacht worden, aber dieses Loch war so eng, daß wir mit den schweren Säcken nicht durchkamen. Es war auch nicht zu sagen, wie lange dieser Weg offen blieb, wenn das Eis uns erst einmal ordentlich angriff. Ich sprang wieder hinauf, um die jungen Hunde loszumachen, die wir in einem Stall an Deck an der Backbordreling hielten. Sie winselten und heulten ganz kläglich unter dem Zelt, als ahnten sie, daß die Schneemassen die Leinwand jeden Augenblick sprengen und sie lebendig begraben würden. Ich schnitt die Leinen mit einem Messer durch und riß die Tür auf. In voller Jagd stürmten die Hunde an der Steuerbordseite heraus.

Inzwischen trugen die Leute die Säcke herauf. Es war unnötig, sie zur Eile anzutreiben; das besorgte das Eis. Es preßte sich so gegen die Schiffsseiten, daß ich glaubte, es sei alles aus. Ein fürchterliches Durcheinander in der Dunkelheit. Und um allem die Krone aufzusetzen, hatte der Steuermann in der Eile die Lampen ausgehen lassen. Ich mußte nochmals hinunter und meine finnischen Schuhe holen, die in der Kajüte zum Trocknen hingen. Als ich hinunterkam, hatte die Eispressung ihren Höhepunkt erreicht; die Balken des Halbdecks krachten über mir, daß ich meinte, sie würden auf mich herabstürzen.

Bald waren Salon und Kabinen leer, ebenso das Deck. Dann schleppten wir die Sachen auf dem Eis weiter, das so wütend brüllte und mit solcher Gewalt gegen die Schiffsseiten krachte, daß wir kaum unser eigenes Wort verstanden. Doch lief alles gut ab, und nach kurzer Zeit war das ganze Gepäck in Sicherheit.

Während wir die Säcke schleppten, kam die Pressung zum Stillstand. Aber welch ein Anblick! Die Backbordseite der »Fram« war vollständig unter Schnee begraben; das einzige, was man sehen konnte, war das Zeltdach. Hätte das Petroleumboot noch in den Davits gehangen wie ein paar Stunden vorher, jetzt würde es zerstört sein. Die Davits waren völlig von Eis und Schnee bedeckt. Ein merkwürdiges Boot! Feuer und Wasser waren machtlos; es ist unversehrt aus dem Eis herausgekommen und liegt jetzt kieloben auf der Scholle. Es hat bis jetzt ein stürmisches Dasein geführt und beständig Unfälle gehabt; ich bin neugierig, was ihm noch beschieden sein wird.

Es war, wie ich zugeben muß, höchst aufregend, als die Lage am schlimmsten schien und wir in wilder Eile die Säcke aus dem Salon heraufschafften. Wie mir Sverdrup jetzt erzählt, hatte er gerade ein Bad genommen und nackt, wie ihn Gott erschaffen, dagestanden, als er mich alle Mann an Deck rufen hörte. Da das noch nie vorgekommen war, hatte er begriffen, daß etwas Ernstes vorging, und war schleunigst in die Kleider gefahren.

Abends aßen alle ihren Vorrat an Kuchen und anderen Süßigkeiten auf, rauchten Tabak und genossen das Leben wieder. Offenbar meinten sie, es sei nicht sicher, wann sie wieder so gute Zeiten an Bord der »Fram« haben würden, und hielten es daher für besser, die Gelegenheit wahrzunehmen.

Zur Vorsicht haben wir den Durchgang an der Steuerbordseite, der als Bibliothek benutzt wurde und deshalb geschlossen war, wieder aufgesprengt und halten jetzt alle Türen offen, so daß wir jederzeit flüchten können, wenn irgend etwas brechen sollte. Wir möchten es nicht gern erleben, daß uns der Eisdruck die Türen verschließt und die Türpfosten zusammendrückt.

Wir haben einen mächtigen Eishügel an unserer Backbordseite, und es ist jetzt gerade die Zeit der Eispressungen. Das Schiff legte sich mehr auf die Seite als je, fast 7°, aber nach dem letzten Eisdruck, den es auszuhalten hatte, hat es sich wieder ein wenig gehoben, so daß es sich vom Eis losgebrochen haben muß und sich etwas aufgerichtet hat; ohne Zweifel ist alle Gefahr vorüber. Die ganze Geschichte wird als »Viel Geschrei und wenig Wolle« enden.

Sonntag, 6. Januar. Ein ruhiger Tag; seit gestern abend keine Eispressungen. Die meisten Leute schliefen heute morgen gut. Am Nachmittag haben sie mit Eifer begonnen, die »Fram« aus dem Eis auszugraben; wir haben schon die Reling von hinten bis zum Halbdeck frei gemacht. Ein beträchtlicher Haufen ist auch auf das Zeltdach gefallen. Das Eis reicht bis zur zweiten Webeleine der Fockwanten, volle 2 Meter über die Reling. Unbegreiflich ist, daß das Zelt den Druck ausgehalten hat; es ist aber sehr gut; denn was wäre sonst aus den Hunden geworden?

Heute nachmittag nahm Hansen eine Meridianhöhe, die 83° 34′ n. Br. ergab. Hurra! Wir kommen gut nach Norden weiter, 13 Minuten seit Montag. Jetzt sind wir auf der nördlichsten Breite, die je erreicht worden ist. Muß ich erwähnen, daß diese Gelegenheit bei einer Bowle, eingemachten Früchten, Kuchen und Zigarren gehörig gefeiert wurde?

Gestern abend rannten wir mit unseren Säcken um das Leben, heute trinken wir Punsch und schmausen: das sind die Wechselfälle des Schicksals. Das Getöse des Eises während der letzten Tage war vielleicht nur ein Salut zur Feier der hohen Breite, die wir erreicht haben! Dann muß man zugeben, daß das Eis uns Ehre angetan hat. Nun, es macht nichts; mag es krachen, wenn wir nur nordwärts weiterkommen. Die »Fram« hält es jetzt sicher aus. Wir finden nicht eine einzige Relingstütze, die sich gelockert hätte; trotzdem werden sich heute abend alle Mann in voller Ausrüstung schlafen legen.

Montag, 7. Januar. Im Laufe des Tages gab es ein paar kurze Eispressungen, dann war wieder alles ruhig.

Es scheint, als ob der Eisdruck seine Richtung geändert hätte, seit der Wind nach Südosten herumgegangen ist.

Alles hat ein Ende, sagte der Junge, als er die Rute bekommen hatte; vielleicht sind die Eispressungen jetzt zu Ende.

Heute wird die »Fram« weiter ausgegraben; jedenfalls wollen wir die Reling vom Eis frei machen. Das Schiff bietet im Mondschein einen großartigen Anblick. So sehr man sich auch seiner eigenen Kraft bewußt sein mag, man muß einen Gegner achten, der über solche Gewalt verfügt und in wenigen Augenblicken so mächtige Kriegsmaschinen in Bewegung setzt. Wahrscheinlich soll das Eis einen Sturmbock darstellen. Aber die »Fram« ist ihm gewachsen; kein anderes Schiff würde einen solchen Angriff ausgehalten haben. Wäre er von der Bosheit selbst geplant worden, er hätte nicht schlimmer sein können. Die 2,3 Meter dicke Scholle hat sich an der Backbordseite gegen uns herangeworfen, sich dann auf dem Eis, auf dem wir liegen, in die Höhe geschoben und drängt es nun mit Gewalt in die Tiefe.

Soweit ich es zu beurteilen vermag, hätte das Schiff kaum eine stärkere Pressung erfahren können, und es ist daher kein Wunder, daß es ächzte; allein es hielt den Druck aus und hob sich wieder. Wer wird jetzt noch sagen, daß die Form des Schiffes von geringer Bedeutung sei? Wäre die »Fram« nicht so, wie sie ist, wir würden jetzt nicht mehr hier sitzen. Nirgends im Schiff ist ein Tropfen Wasser.

Am nächsten Tage, 8. Januar, bemerkten wir hin und wieder Mahlen im Eis. Vielleicht soll uns das warnen, allzu vertrauensvoll zu sein! Ich bin nicht sicher, daß das unnötig ist. In Wirklichkeit ist es so, daß wir wie auf einem rauchenden Vulkan leben. Der Ausbruch, der unser Schicksal besiegelt, kann jeden Augenblick eintreten. Davon hängt Erfolg oder Fehlschlag ab. Und was ist der Einsatz? Entweder wird die »Fram« heimkehren und die Fahrt gelingen, oder wir werden das Schiff verlieren, mit dem zufrieden sein, was wir erreicht haben, und auf dem Heimweg vielleicht noch einige Teile von Franz-Joseph-Land erforschen. Das ist alles.

Einige sind unter Sverdrups Führung beschäftigt, das Eis des Hügels an der Backbordseite wegzuhacken. Sie haben schon gute Fortschritte gemacht. Ich bringe mit Mogstad die Schlitten in Ordnung.

Liv ist heute zwei Jahre alt. Sie ist jetzt schon ein großes Mädchen. Ich möchte wissen, ob ich sie wiederkennte; ich würde wohl kaum einen bekannten Zug an ihr finden. Es gibt sicher ein großes Fest mit allen möglichen Geschenken für sie. Mancher Gedanke wird nordwärts fliegen, und doch wissen sie nicht, wo sie uns suchen sollen. Sie denken nicht, daß wir hier im Eis eingebettet in den höchsten nördlichen Breiten treiben, in der tiefsten Polarnacht, in die man je eingedrungen ist.

Während der nächsten Tage wurde das Eis stetig ruhiger. In der Nacht des 9. Januar krachte und mahlte es zwar wieder ein wenig; dann hörte es ganz auf, und am 10. Januar lautete die Meldung: »Eis ganz ruhig!«

Wir ordneten unser Depot auf der großen Scholle an Steuerbord, wickelten Schlafsäcke, Lappen- und Finnenschuhe, Wolfsfellanzüge in unser Focksegel ein und legten sie im äußersten Westen nieder. Der Proviant wurde in sechs verschiedenen Haufen untergebracht. Die Büchsen und Flinten wurden mit Bootssegeln umhüllt und auf drei Haufen verteilt. Dann verstauten wir Hansens und meinen Instrumentenkasten samt einem Eimer voll Patronen unter einem Bootssegel. Die Schmiede und die Schmiedewerkzeuge wurden besonders untergebracht, Schlitten und Schneeschuhe pflanzten wir auf den »Großen Hügel«. Sämtliche Kajaks lagen umgekehrt nebeneinander; unter ihnen waren der Kochapparat und die Lampen. Die Sachen sind in dieser Weise verteilt, damit unser Verlust nicht so groß ist, falls sich die dicke Scholle plötzlich spaltet.

Wir wissen alles zu finden; es mag nach Herzenslust wehen und schneien, wir werden nichts verlieren.

Da die Zeit verging, machten wir uns wieder eifrig an die Vorbereitungen für die Schlittenexpedition.

Am Dienstag, 15. Januar, schrieb ich: »Heute abend gab der Doktor Johansen und mir Unterricht im Verbinden und Heilen gebrochener Gliedmaßen. Ich lag auf dem Tisch und bekam einen Gipsverband, während die ganze Mannschaft zusah. Schon der Anblick dieser ‚Operation' weckt unangenehme Gedanken. Ein solcher Unfall draußen in der Polarnacht bei 40° bis 50° Kälte würde alles eher als angenehm sein. Allein, solche Dinge müssen nicht vorkommen und, was noch mehr ist, sie dürfen nicht vorkommen!«

Am 18. Januar schrieb ich, daß ich schon um 9 Uhr morgens die ersten Anzeichen der Dämmerung unterschied und daß es um Mittag sogar hell wurde. Ich halte es zwar kaum für möglich, daß es in Monatsfrist zum Reisen schon hell genug ist; und doch muß es der Fall sein. Allerdings ist der Februar ein Monat, den alte »erfahrene« Leute für viel zu früh und viel zu kalt für Reisen halten. Ändern läßt sich daran wohl nichts, denn wir dürfen keine Zeit verlieren und auf weitere Bequemlichkeit warten, wenn wir vor dem Sommer fortkommen wollen. Ich fürchte die Kälte nicht; gegen Kälte können wir uns immer schützen.

Es ist für mich in der Tat jetzt eine merkwürdige Zeit; es kommt mir vor, als ob ich mich auf eine Sommerreise vorbereite, als sei schon Frühling, und dabei sind wir noch mitten im Winter. In den letzten Tagen habe ich Payers Bericht über seine Schlittenexpedition nach Norden durch den Austria-Sund nochmals gelesen; er ist nicht sehr ermutigend.

Gerade auf das Land, das er als das Reich des Todes schildert, in dem er und seine Gefährten, wie er glaubt, unbarmherzig umgekommen sein würden, wenn sie ihr Schiff nicht wiedergefunden hätten, bauen wir unsere Rettung; gerade dieses Land hoffen wir zu erreichen, wenn unser Proviant aufgezehrt sein wird. Und muß nicht ein Land, das selbst im April von Bären, Alken und Lummen schwärmt, in dem sich Seehunde auf dem Eis sonnen, für zwei Männer, die gute Büchsen und ein sicheres Auge haben, ein »Kanaan, wo Milch und Honig fließt«, sein? Muß es nicht nur Nahrung liefern für den augenblicklichen Bedarf sondern auch Vorrat für die Weiterreise nach Spitzbergen?

Die Zeit naht rasch heran; vier Wochen oder etwas mehr gehen bald vorüber, und dann Lebewohl diesem behaglichen Nest, das anderthalb Jahre unsere Heimat gewesen ist!

»Dunkel ist's draußen, mich dünkt, es sei Zeit,
Zu befahren das feuchte Gestein,
Zu reiten ins Riesenland;
Wir kehren beide zurück, oder uns beide wird fangen
Der von Stärke strotzende Thurs.«

Am 23. Januar schreibe ich: »Die Dämmerung hat stark zugenommen und liegt wie ein leuchtender Schimmer auf dem Eis. Zum erstenmal in diesem Jahr habe ich den roten Schein der Sonne tief unten in der Dämmerung gesehen.« Wir nahmen, ehe ich das Schiff verließ, Lotungen vor und fanden 3450 Meter. Dann fertigte ich im Raum Schneeschuhe an. Schneeschuhe müssen glatt, zäh und leicht sein. Sie müssen ausgiebig mit Teer, Stearin und Talg eingerieben werden, und es muß Fahrt in ihnen sein; dann kommt es nur noch auf die Beine an, und ich zweifle nicht, daß sie halten, was ich ihnen zutraue.

Dienstag, 29. Januar. Mit einem sonderbaren Gefühl gehe ich herum. Gewiß ist tief im Innersten jubelnde Siegesfreude darüber verborgen, daß sich alle meine Träume mit der höherkommenden Sonne verwirklichen. Aber während ich in der vertrauten Umgebung arbeite, überkommt mich manchmal eine tiefe Wehmut. Es ist wie beim Abschiednehmen von einem teuern Freunde und einem Haus, das mir lange Schutz geboten hat. Mit einem Schlag sollen wir dieses Haus und unsere lieben Gefährten auf immer verlassen, soll ich nie mehr das schneebedeckte Deck auf und ab schreiten, nie mehr unter das Zelt kriechen, das Lachen im traulichen Salon hören und im Kreis der Freunde sitzen.

Und dann denke ich daran, daß ich nicht dabei sein werde, wenn endlich die »Fram« die Eisfesseln bricht und den Bug nach Norwegen zurückwendet. Ein Lebewohl gibt jedem Ding im Leben seine eigene wehmütige Färbung wie das Abendrot, wenn der Tag, mag er gut oder schlecht gewesen sein, unter den Horizont sinkt.

Hundertmal wandert mein Blick über die Karte, und jedesmal beschleicht mich ein kalter Schauer. Der Weg, der vor uns liegt, ist so weit und auch voller Hindernisse. Dann aber kommt wieder das Gefühl, daß es gehen muß; es kann nicht anders sein, alles ist zu sorgfältig vorbereitet, es kann nicht fehlschlagen. Inzwischen pfeift der Südostwind über unseren Köpfen, und wir treiben beständig nordwärts, dem Ziel entgegen. Wenn ich an Deck gehe und in das funkelnde Sternengewölbe hinausschaue, weichen alle diese Gedanken, und es ist mir, als müßte ich ausruhen in diesem Heiligtum, dem dunklen, tiefen, schweigsamen Raum, dem unendlichen Tempel der Natur, in dem die Seele ihren Ursprung zu finden sucht. Strebsame Ameise, was bedeutet es, ob du mit deinem Korn dein Ziel erreichst oder nicht? Alles verschwindet im Meer der Ewigkeit. Unsere Namen werden mit der Zeit vergessen, unserer Taten gedenkt niemand, unser Leben fliegt vorbei wie eine Wolke und verschwindet wie der Nebel, der von der Sonne verjagt wird. Denn unsere Zeit ist ein Schatten, der vorüberfliegt und unser Ende besiegelt, und keiner kehrt zurück.

Zwei von uns werden bald noch weiter in diese ungeheure Wüste, in noch größere Einsamkeit und noch tiefere Stille hineinwandern.

Sonntag, 3. Februar. Wir sind auf 83° 43'. Die Zeit der Abreise naht, die Vorbereitungen werden mit Eifer betrieben. Unsere neuen Schlitten aus Eschenholz sind jetzt beinahe fertig und wiegen ohne Kufen 15 Kilo. Alle Mann sind eifrig an der Arbeit. Sverdrup näht kleine Säcke und Polster, die als Unterlage oder Griffe für die Kajaks auf die Schlitten gelegt werden. Johansen und zwei andere stopfen die Säcke voll Pemmikan, der zuvor erwärmt, geklopft und geknetet wird, damit er eine gute Unterlage für unsere kostbaren Boote abgibt. Wenn diese viereckigen, glatten Säcke in die Kälte hinauskommen, frieren sie so hart wie Stein und behalten ihre Form.

Der Schiffsort war gestern 83° 32,1' n. Br. und 102° 28' ö. L. Wir stehen also wieder südlicher; aber das schadet nichts; denn was machen ein paar Seemeilen mehr oder weniger aus?

Sonntag, 10. Februar. Vor dem Mittagessen unternahm ich eine kurze Fahrt mit »Gulen«, »Susine«, zwei von den jungen Hunden, und »Kaiphas«; »Gulen« war noch nie im Geschirr gewesen, ging aber gut. »Susine«, die schon im vorigen Herbst ein wenig eingefahren worden ist, benahm sich wie ein alter Schlittenhund. Die Bahn ist hart und für die Hunde nicht schwierig. Sie können leicht festen Fuß fassen. Das Eis ist eben und bequem zum Laufen. Wir rechnen mit tüchtigen Tagemärschen.

Ich leugne nicht, daß es eine weite Reise ist. Nie hat irgend jemand die Brücke hinter sich so entschieden abgebrochen. Wenn wir umkehren wollten, wir hätten nichts, wohin wir uns wenden könnten, nicht einmal eine öde Küste. Das Schiff ist nicht wiederzufinden, und vor uns liegt das große Unbekannte. Dort gibt es nur eine Straße: sie führt geradeaus, immer geradedurch, flach oder uneben, nur über Eis oder über Eis und Wasser, und ich bin fest überzeugt, daß wir durchkommen, selbst wenn wir das Schlimmste haben sollten, nämlich Land und Packeis.

Mittwoch, 13. Februar. Die Pemmikan-Polster und die getrocknete Leberpastete sind jetzt fertig. Die Kajaks erhalten eine ausgezeichnete Unterlage. Unter jedem Kajak befinden sich drei, die genau zum Schlitten passen und nach dem Boden des Kajaks geformt sind. Sie wiegen je 50 bis 60 Kilo. Die leeren Säcke haben ein Gewicht von $1^1/_2$ Kilo. Das Fleisch, Pemmikan und getrocknete Leber, in allen dreien zusammen wiegt ungefähr 160 Kilo. Jeder hat einen leichten Schlafsack aus Rentierfell, in dem wir letzte Nacht draußen zu schlafen versuchten. Wir fanden es ziemlich kalt, obgleich wir nur — 37° hatten. Vielleicht waren wir unter dem Wolfsfellanzug zu leicht gekleidet; wir wollen uns daher heute nacht wärmer anziehen.

Sonnabend, 16. Februar. Es sind nur noch Kleinigkeiten zu erledigen. Der Tag ist jetzt so hell, daß wir sofort aufbrechen könnten; wir tun aber vielleicht besser, noch zwei oder drei Tage zu warten. Drei Schlittensegel für einzelne Schlitten sind fertig; sie sind aus sehr leichtem Baumwollstoff hergestellt, 2,20 Meter breit, 1,30 Meter hoch und so gemacht, daß zwei davon zusammengeschnürt als Segel auf einem Doppelschlitten benutzt werden können. Ich glaube, sie werden uns gute Dienste tun; sie wiegen je 600 Gramm.

Der Aufbruch

Dienstag, 26. Februar 1895. Endlich ist der Tag gekommen, der große Tag, an dem die Reise angetreten werden soll. In den letzten Nächten kam ich nicht vor $3^1/_2$ oder $4^1/_2$ Uhr morgens zu Bett. Wir hatten noch für mancherlei Dinge zu sorgen, die wir mitnehmen mußten.

Der letzte Abend an Bord der »Fram« wurde mit einem Abschiedsfest gefeiert. In seltsamer, wehmütiger Weise mischten sich die Erinnerungen an alles, was wir hier erlebt hatten, mit der Hoffnung und dem Vertrauen auf das, was die Zukunft bringen würde. Ich blieb dann noch lange Stunden auf und schrieb Briefe und Grüße für die Heimat für den Fall, daß sich Unvorhergesehenes ereignete.

Zuletzt übertrug ich Sverdrup den Befehl über die Expedition mit folgenden Anweisungen:

»Kapitän Otto Sverdrup, Befehlshaber der ‚Fram‘.

Da ich jetzt in Begleitung von Johansen die ‚Fram‘ verlasse, um eine Reise nach Norden — wenn möglich bis zum Pol — und von dort wahrscheinlich über Franz-Joseph-Land nach Spitzbergen zu unternehmen, übertrage ich Ihnen hierdurch den Befehl über den zurückbleibenden Teil der Expedition. Von dem Tag an, an dem ich die ‚Fram‘ verlasse, soll daher alle Machtbefugnis, die mir zugekommen war, in demselben Maße auf Sie übergehen, also daß die übrigen Ihnen, oder wen Sie als ihren Führer bevollmächtigen, unbedingt zu gehorchen haben. Ich bin sicher, Sie werden selbst am besten wissen, was unter schwierigen Umständen zu tun ist, und ich verlasse daher die ‚Fram‘ mit vollem Vertrauen.

Der Hauptzweck der Expedition ist, durch das unbekannte Polarmeer vorzudringen, und zwar von den Neusibirischen Inseln nach dem Norden von Franz-Joseph-Land und weiter nach dem Atlantischen Ozean bis in die Nähe von Spitzbergen oder Grönland. Den wichtigsten Teil dieser Aufgabe haben wir meines Erachtens bereits durchgeführt; der übrige wird erfüllt werden, wenn die ‚Fram‘ weiter nach Westen kommt. Um die Ergebnisse der Expedition noch zu verbessern, unternehme ich die Reise nach Norden.

Ihre Aufgabe wird es sein, die Ihrer Obhut anvertrauten Menschen auf sicherstem Weg nach Hause zurückzuführen und sie keiner unnötigen Gefahr auszusetzen. Niemand weiß, wie lange es dauern wird, bis die ‚Fram‘ wieder in offenes Wasser hinaustreibt. Sie haben noch Proviant für mehrere Jahre; dauert es aus irgendeinem Grunde zu lange oder ist die Gesundheit der Mannschaft gefährdet oder halten Sie es aus anderen Gründen für das beste, das Schiff zu verlassen, so soll das ohne alle Frage geschehen. Müssen Sie Land ansteuern, so halte ich Franz-Joseph-Land und Spitzbergen für günstig. Wenn nach meiner und Johansens Heimkehr Nachforschungen nach der Expedition angestellt werden, so wird dies dort zuerst geschehen. Wo Sie an Land kommen, sollten Sie, so oft es Ihnen möglich ist, auf Vorgebirgen und vorspringenden Spitzen Baken errichten und darin einen kurzen Bericht niederlegen über das, was geschehen ist und wohin Sie sich gewendet haben. Um diese Baken kenntlich zu machen, stellen Sie in der Richtung des magnetischen Nordpols vier Meter von der größeren Bake eine zweite, kleine auf.

Ich weiß, Sie werden dafür sorgen, daß genug Kajaks, Schlitten, Schneeschuhe, Schneereifen und andere Ausrüstungsgegenstände sobald wie möglich vollständig in Ordnung gebracht und bereit gehalten werden, denn sie erleichtern eine Rückreise über das Eis.

Ich weiß auch, daß Sie alles bereit halten werden, um die ‚Fram‘ schnell zu verlassen für den Fall, daß sie durch Feuer oder Eispressung zerstört wird. Außer dem notwendigen Proviant müßten Sie dann mitnehmen: Waffen, Munition, Ausrüstung, alle wissenschaftlichen Aufzeichnungen, alle wissenschaftlichen Sammlungen, oder mindestens Proben davon; ferner Photographien, am liebsten die Originalplatten (Filme), endlich das Åderman-Aräometer, mit dem die meisten Bestimmungen des spezifischen Gewichts des Seewassers vorgenommen worden sind. Ich lasse ein paar Tagebücher und Briefe hier, die Sie in besondere Obhut nehmen und meiner Frau geben wollen, wenn ich nicht wiederkehre oder wenn Sie, gegen alle Erwartung, vor uns nach Hause zurückkommen. Hansen und Blessing werden die wissenschaftlichen Aufgaben und die Sammlungen übernehmen. Sie selbst werden das Loten besorgen und darauf achten, daß so oft wie möglich gelotet wird. Einmal alle 60 Seemeilen halte ich für wünschenswert; wenn es noch häufiger geschehen kann, um so besser.

Wollen Sie auch darauf achten, daß jeden zehnten Tag, am 1., 10. und 20. jeden Monats, Eisbohrungen und Eisdickenmessungen gemacht werden, wie das bisher geschehen ist. Hendriksen ist bei dieser Arbeit zuverlässig.

Zum Schluß wünsche ich Ihnen und allen, für die Sie jetzt verantwortlich sind, den besten Erfolg; ich hoffe, daß wir uns in Norwegen wiedertreffen, an Bord dieses Schiffes oder ohne Schiff!

Ihr treu ergebener
Fridtjof Nansen

An Bord der ‚Fram', 25. Februar 1895.«

Endlich kam der Kopf zur Ruhe, und die Arbeit für die Beine und Arme begann. Heute morgen wurde alles zum Aufbruch bereitgemacht. Fünf Kameraden, Sverdrup, Hansen, Blessing, Hendriksen und Mogstad, brachten uns auf den Weg und nahmen einen Schlitten und ein Zelt mit. Wir spannten die Hunde vor die vier Schlitten, sagten den Zurückbleibenden ein letztes, herzliches Lebewohl und machten uns bei Schneetreiben auf den Weg.

Ich selbst ging mit der führenden »Kvik« am ersten Schlitten an der Spitze, die übrigen folgten unter Hurra, Peitschenknall und Hundegebell. Gleichzeitig feuerte die »Fram« Schuß auf Schuß als Abschiedsgruß. Die Schlitten bewegten sich schwerfällig vorwärts. Langsam ging es die Hügel hinauf. Als der Aufstieg zu steil wurde, mußten alle helfen, da ein Mann allein den Schlitten nicht weiterbrachte. Über ebenen Grund aber flogen wir wie der Wirbelwind dahin, so daß es selbst unseren Schneeschuhläufern schwer wurde, Schritt zu halten. Ich mußte mit aller Macht ausschreiten, damit ich mich nicht in die Stränge verwickelte. Plötzlich kam Mogstad vorgestürmt und schrie, daß von einem Schlitten drei Querstreben* abgerissen seien. Das war an einem scharfen Eisstück geschehen, das die Querstreben gebrochen und außerdem zwei Kufenstützen zertrümmert hatte.

Da war nichts weiter zu tun, als nach dem Schiff zurückzukehren, den Schaden auszubessern und die Schlitten fester zu machen. Auf dem Rückweg

---

* Die Querhölzer des Schlittens, welche die senkrechten Kufenstützen untereinander verbinden.

stießen zwei Schlitten zusammen. Dabei brach einer der Bogenstäbe ab; er mußte ebenfalls verstärkt werden*.

Die Schlitten sind entladen und an Bord gebracht. Wir sind also wieder auf der »Fram«. Ich freue mich, daß sich der Unfall heute ereignet hat, einige Tage später wäre es schlimmer gewesen. Ich werde jetzt statt vier sechs Schlitten nehmen, die Last der einzelnen Schlitten also verringern und diese leichter über den »Eisacker« hinwegbringen. Ich werde auch unter den Querstreben ein breites Brett anbringen lassen, das ein Schutz gegen vorstehende Eisspitzen sein soll.

Es kam mir wunderlich vor, wieder an Bord zu sein, nachdem ich, wie ich glaubte, endgültig Lebewohl gesagt hatte. Trotzdem bin ich siegesfroh gestimmt. Die Schlitten schienen so leicht zu gleiten, obwohl sie mit 50 Kilo mehr belastet waren, als ursprünglich beabsichtigt war (zusammen ungefähr 1100 Kilo). Alles sieht vielversprechend aus. Wir werden noch einige Tage warten müssen, dann aber mit südöstlichem Wind rasch nordwärts reisen.

Gestern standen wir auf 83° 47′ n. Br., heute sind es wohl über 83° 50′.

Am Donnerstag, 28. Februar, brachen wir endlich mit unseren sechs Schlitten zum andernmal auf. Sverdrup, Hansen, Blessing, Hendriksen und Mogstad begleiteten uns. Wir fanden bald, daß die Hunde nicht so gut zogen, wie ich erwartet hatte. Ich ließ darum, als wir uns noch nicht weit vom Schiff entfernt hatten, einige Säcke mit Proviant für die Hunde zurück; sie wurden später von den Kameraden an Bord gebracht.

Um 4 Uhr nachmittags machten wir halt. Unser Hodometer** oder Wegmesser zeigte an, daß wir uns 6 Kilometer von der »Fram« entfernt hatten. Wir verbrachten im Zelt einen angenehmen Abend mit unseren Freunden, die erst am nächsten Tag wieder umkehren wollten. Eine Punschbowle wurde bereitet, und Trinksprüche wurden ausgebracht auf die, die fortzogen, und die, die zurückblieben. Erst um 11 Uhr abends krochen wir in die Schlafsäcke.

Die »Fram« war an diesem Abend uns zu Ehren festlich beleuchtet. Am Besantopp war die elektrische Bogenlampe aufgezogen; zum erstenmal erstrahlte das elektrische Licht über den Eismassen des Polarmeeres. Fackeln wurden angezündet, und auf mehreren Schollen um die »Fram« herum wurden Feuerräder und andere Feuerwerkskörper abgebrannt. Ein prächtiges Bild. Sverdrup hatte angeordnet, daß jeden Abend bis zu seiner und der übrigen Gefährten Rückkehr elektrisches Licht oder eine Lampe am Besantopp brannte. Ein solches Licht ist weithin zu sehen und sollte notfalls Wegweiser sein.

Am nächsten Morgen (Freitag, 1. März) brauchte einer unserer Kameraden drei Stunden zum Kaffeekochen. Er konnte eben mit dem Kochapparat nicht umgehen. Dann frühstückten wir sehr gemütlich, und erst um 11½ Uhr

---

* Die Schlittenkufen waren vorn durch einen Bogen miteinander verbunden, der aus drei bis vier zusammengebundenen Bambusstäben bestand; an diesem Bogen wurden die Zugleinen befestigt.

** Dieser Apparat war kurz vor unserm Aufbruch aus einem alten Anemometer hergestellt worden; er wurde hinten am letzten Schlitten befestigt und gab ziemlich genau die zurückgelegte Entfernung an.

setzten wir den Marsch fort. Unsere fünf Kameraden begleiteten uns noch ein paar Stunden und kehrten dann am Abend nach der »Fram« zurück.

»Es war jedenfalls ein höchst vergnügter Abschied«, sagt mein Tagebuch, »und doch ist es immer schwer sich zu trennen, selbst auf 84°; es blinkte wohl auch im Auge des einen oder anderen eine Träne.«

Das letzte, wonach Sverdrup mich fragte, war, ob ich nach dem Südpol gehen wollte, wenn ich nach Hause käme; er hoffe, daß ich warten würde, bis auch er zurück sei. Dann bat er mich, Frau und Kind von ihm zu grüßen.

Nun setzte ich allein mit Johansen den Weg fort. Es war eine recht saure Arbeit mit den sechs Schlitten. Risse und Unebenheiten hielten uns auf; das Eis war schlecht. Da die Tage noch sehr kurz waren und die Sonne noch nicht über dem Horizont stand, kamen wir nachmittags in der Dunkelheit nur langsam weiter. Ziemlich früh schlugen wir das Lager auf.

Mittwoch, 6. März. Wir sind wieder an Bord der »Fram«, um zum drittenmal aufzubrechen, diesmal aber hoffentlich im Ernst!

Am Sonnabend (2. März) hatten wir den Marsch mit den sechs Schlitten fortgesetzt. Ich war eine Strecke nach Norden vorausgegangen und hatte das Eis dort ziemlich gangbar gefunden. Wir kamen aber nur stückweise voran, weil die Schlitten überall aufgehalten wurden und wir den Weg sechsmal machen mußten. Auf diese Weise kamen wir niemals weiter. Zweierlei mußte geändert werden: kleinere Lasten und weniger Schlitten! Es war daher das beste, nach der »Fram« zurückzukehren, die Änderungen vorzunehmen und die Schlitten noch weiter zu verstärken.

Natürlich hätten wir uns eine Zeitlang irgendwie nach Norden weiterschleppen können; die Last würde sich allmählich verringert haben, aber es wäre nur sehr langsam gegangen, und die Hunde würden schnell von Kräften gekommen sein. Es war ihnen nachts zum Schlafen zu kalt, sie heulten fast die ganze Nacht hindurch. Wenn wir aber die Lasten erleichterten und dann kürzere Zeit für die Reise rechneten, so konnten wir lieber warten und erst etwas später aufbrechen. Dann wurden die Tage heller, die Kälte nahm ab, und die Bahn für die Schlitten war besser. Wir brachten also noch eine Nacht im Zelt zu, in das wir nur mit Mühe hineingelangten, weil unsere Pelze steif gefroren waren ebenso wie der Schlafsack. Am nächsten Morgen (Sonntag, 3. März) kehrten wir nach der »Fram« zurück.

Ein großes Vergnügen, die Glieder noch einmal auf dem Sofa im Salon der »Fram« auszustrecken, den Durst mit süßem Zitronensaft zu stillen und ein gutes Mittagsmahl am Tisch zu genießen!

Und jetzt wollen wir uns hoffentlich zum letztenmal für die Reise vorbereiten. Wenn ich rechne, daß wir leichte Schlitten benutzen und so rasch weiterjagen, wie unsere Beine und die Schneeschuhe uns tragen, dann werden wir um nichts schlechter daran sein, vorausgesetzt, daß wir nicht zuviel Eishügel oder zuviele Rinnen im Eis antreffen.

Ich habe alle Hunde gewogen. Wenn wir sie nach und nach verfüttern, werden wir den Marsch ungefähr 50 Tage fortsetzen können; da wir außerdem noch für 30 Tage anderes Futter haben, ergeben sich für sie 80 Reisetage. Man sollte denken, daß in dieser Zeit schon etwas zu erreichen wäre. Außerdem haben wir für 100 Tage Proviant für uns selbst. Das wird, wenn wir drei Schlitten mitnehmen, 220 Kilo für jeden ausmachen, und wenn wir neun Hunde für jeden Schlitten haben, so müßte es gehen.

Mittwoch, 13. März. 84° n. Br., 101° 55′ ö. L.

Jetzt ist alles in Ordnung. Die drei Schlitten sind gehörig verstärkt und stehen auf dem Eis bereit. Als wir heute nachmittag die Hunde vor die beladenen Schlitten spannten, gingen sie so leicht wie nur denkbar. Morgen brechen wir zum letztenmal mit frischem Mute auf. Die Sonne steht jetzt am Himmel, wir gehen helleren Tagen entgegen.

Bevor wir die »Fram« für immer verlassen, sollte ich wohl die Ausrüstung beschreiben, für die wir uns schließlich entschieden und die wir für sehr zweckmäßig hielten.

Ich habe bereits die beiden Kajaks genannt, die wir im Winter hergestellt hatten und die wir bei uns haben mußten, um damit Rinnen und Tümpel zu kreuzen und um über das offene Meer zu kommen.

Auch die Schlitten, die ich für diese Expedition angefertigt hatte, habe ich bereits erwähnt; sie waren nach dem Muster der grönländischen gebaut. Die Kufen waren mit dünnem Neusilberblech beschlagen, das stets blank und glatt bleibt und nicht rostet. Die Schlitten blieben während der ganzen Reise gebrauchsfähig, nicht ein einziges Mal hielten sie uns auf.

Unsere Kleidung: Obwohl wir uns einig wären, daß Wolfsfellanzüge für die Reise zu warm sein würden, nahmen wir sie bei dem ersten Aufbruch doch mit und trugen sie auch. Sie machten uns ständig schwitzen. Sie sogen die Feuchtigkeit des Körpers auf und wurden so schwer, daß sie das Gewicht unserer Lasten beträchtlich vermehrten. Als wir nach drei Tagen zum Schiff zurückkehrten, waren sie so naß, daß wir sie zum Trocknen aufhängen mußten. Dazu kam noch eine andere Unannehmlichkeit: wenn wir sie eine Zeitlang getragen hatten und dann in der Kälte auszogen, froren sie so steif, daß es sehr schwierig war, sie wieder anzuziehen. Ich entschied mich also schließlich für wollene Kleider. Johansen folgte meinem Beispiel.

Unsere Kleidung setzte sich demnach folgendermaßen zusammen: auf dem Oberkörper zwei wollene Jäger-Hemden, über denen ich eine Jacke aus Kamelhaar und schließlich eine sogenannte isländische Wolljacke trug. In Wirklichkeit kam sie von den Faröern. Anstatt der isländischen Jacke trug Johansen ein Wams aus dickem Fries, das man einen »Anorak« nennt; es ist mit einer Kapuze versehen, die nach Eskimoart über das Gesicht gezogen werden kann. An den Beinen hatten wir zuunterst wollene Unterhosen und darüber Jagdhosen aus Fries und lose Friesgamaschen. Um uns vor dem Wind und dem Schneestaub zu schützen, trugen wir die schon früher erwähnte »Windkleidung«, die aus einer dünnen aber dichten Art von Baumwolltuch angefertigt war, eine Jacke mit Kapuze und ein Paar weite Hosen.

Ein wichtiges Kapitel ist die Fußbekleidung. Anstatt langer Strümpfe trug ich lose Gamaschen und Socken, die sich während des Schlafens in der Nacht auf der Brust trocknen lassen. Auf Reisen, auf denen man beständig im Schnee watet, ob auf Schneeschuhen oder nicht, sind Finnenschuhe in jeder Beziehung großartig, sie müssen nur aus der Haut der Hinterbeine eines Rentierbockes gemacht sein. Sie sind warm und stark, bleiben stets schmiegsam und sind bequem an- und auszuziehen. Sie müssen aber sorgfältig behandelt werden, wenn sie nicht bald verderben sollen, und man muß sie nachts, so gut man es vermag, trocknen. Ist das Wetter sonnig, hängt man sie am besten an ein paar Skistöcken im Wind vor den Zelten auf, das Innere nach außen gekehrt, damit das Fell rasch trocknet. Beachtet man diese Vorsichtsmaßregel nicht, dann fällt das Haar bald aus. Bei starker Kälte, wie wir sie zu Anfang der Reise hatten, war es unmöglich, die Schuhe so zu trocknen, und es blieb uns daher nichts anderes übrig, als sie nachts an den Füßen zu trocknen. Vorher mußten Feuchtigkeit und Schnee vorsichtig abgebürstet und abgekratzt werden.

Für das mildere Wetter, mit dem wir im Juni und im Juli rechneten, hatten wir Lederstiefel nach der Art der »Komager« (Lappenschuhe) mit, wie sie die Lappen im Sommer tragen. Sie waren aus halbgegerbter Ochsenhaut gemacht, mit Sohlen aus Seehundsfell. Mit einer Mischung von Teer und Talg gut eingerieben, geben sie wunderbar starke und wasserdichte Stiefel ab.

Wir nahmen auch Socken aus Schafwolle und Menschenhaar mit, die ebenso warm wie dauerhaft waren. Ferner hatten wir Fußlappen aus Fries, die wir in den letzten Reisewochen, als der Schnee naß war, in den Komagern trugen. Sie sind bequem und trocknen leicht, man kann sie nachts unter der Jacke oder den Hosen ausbreiten.

An den Händen trugen wir schwere Fausthandschuhe aus Wolfsfell und auch gewöhnliche, wollene Handschuhe. Die Handschuhe mußten genau so getrocknet werden wie die Fußbekleidung. Die Körperwärme des unglücklichen Menschen, die einzige Wärmequelle, die er zu solchem Zweck hat, wird hauptsächlich dadurch verbraucht, daß er die Kleider trocknen muß. Wir haben unsere Nächte in nassen Umschlägen zugebracht, nur um es tagsüber ein wenig behaglicher zu haben.

Auf dem Kopf trugen wir einen Filzhut, der die Augen gegen das blendende Licht schützte und durch den der Wind weniger leicht hindurchdrang als durch gewöhnliche, wollene Mützen. Außerdem trugen wir meist noch eine oder zwei Wollkapuzen. Auf diese Weise konnten wir die Wärme bis zu einem gewissen Grade regeln. Das war nicht unwichtig.

Ursprünglich wollte ich zwei leichte Schlafsäcke aus dem Fell eines Rentierkalbes mitnehmen. Da sie aber nicht warm genug waren, mußte ich so wie in Grönland verfahren, d. h. einen Doppelschlafsack aus der Haut eines ausgewachsenen Rentiers benutzen. Die Wärmezunahme ist dabei beträchtlich, da der eine Schlafgenosse den andern wärmt. Außerdem ist auch ein Sack für zwei Personen viel leichter als zwei einzelne Säcke.

Was auf einer Schlittenreise nicht fehlen darf, ist ein Zelt. Auch wenn es nur aus dünnem, zerreißbarem Stoff ist, gibt es viel Schutz und Behaglichkeit. Die Zelte, die ich für die Expedition hatte anfertigen lassen, bestanden aus Rohseide und waren sehr leicht; sie waren am Fuß viereckig, liefen nach oben spitz zu und wurden an einer einzigen Zeltstange in der Mitte aufgerichtet. Die meisten unserer Zelte waren mit einem Boden aus dichtem Baumwollstoff versehen. Bei unserm ersten Aufbruch nahmen wir ein Zelt dieser Art mit. Es war für vier Mann berechnet und wog $3^{1}/_{4}$ Kilo. Der Boden macht das Zelt fester, und der Wind dringt weniger leicht hindurch. Das ganze Zelt, Seitenwände und Boden, ist zu einem Stück zusammengenäht, durch einen Schlitz kriecht man hinein. Das Zelt hat einen Nachteil: es ist unmöglich hineinzugelangen, ohne eine gewisse Menge Schnee an den Füßen mitzunehmen. Der Schnee schmilzt in der Nacht infolge der Körperwärme der Insassen, der Zeltboden saugt die Feuchtigkeit auf und macht das Zelt schwer.

Ich gab darum den Gedanken an ein Zelt dieser Art auf und nahm ein anderes mit von ungefähr denselben Abmessungen und ebenfalls aus Rohseide wie das andere, aber ohne Boden. Es dauerte etwas länger, dieses Zelt aufzubauen. Zuerst schlugen wir die Pflöcke, die die Wände niederhielten, ein. Dann verdämmten wir es rundherum sorgfältig mit Schnee, um Wind und Zug abzuhalten. Nun erst wurde das Zelt aufgerichtet, und zwar in der Weise, daß einer durch das Loch hineinkroch und es mit einem Skistock, der auch als Zeltträger diente, in die Höhe schob. Das Zelt wog einschließlich 16 Pflöcken nur 1,4 Kilo, hielt die ganze Reise bis zum Herbst 1895 aus und war uns stets ein lieber Zufluchtsort.

Der Kochapparat, den wir mitnahmen, nutzte den Brennstoff aufs sparsamste aus. Wir kochten damit in sehr kurzer Zeit nicht nur Essen, sondern schmolzen gleichzeitig auch reichliche Mengen Trinkwasser, so daß wir morgens und abends soviel wie wir mochten trinken konnten.

Der Apparat (siehe Skizze S. 174) bestand aus einem Kochgefäß und zwei Gefäßen zum Schmelzen des Schnees und war in folgender Weise eingerichtet:

Im Innern eines Ringgefäßes (b) befindet sich der Kessel (a), unter dem die Lampe (d) brennt, so daß die ganze Hitze in den Raum (e) zwischen dem Kessel und dem Ringgefäß gedrängt wird. Darüber sitzt ein dicht schließender Deckel (f) mit einem Loch in der Mitte, durch das die heiße Luft gehen muß, ehe sie weiterzieht und den Boden eines darüber befestigten flachen Schneeschmelzers (c) erreicht. Die Luft gibt hier einen Teil ihrer Hitze ab und wird durch einen Mantel (g), der das Ganze umschließt, an der Außenseite des Ringgefäßes wieder nach unten geleitet, wo sie noch die Außenseite dieses Gefäßes erwärmt, so daß sie schließlich fast völlig abgekühlt am unteren Rand der äußeren Hülle entweicht.

Zum Heizen verwendeten wir einen unter dem Namen »Primus« bekannten schwedischen Petroleumgasapparat, in dem das Petroleum vor dem Verbrennen in Gas verwandelt wird, das vollständig verbrennt. Mit zwei Bechern, zwei Löffeln und einem Schöpflöffel aus Blech wog der Apparat 4 Kilo, die »Primus«-Lampe 800 Gramm. Füllte man das Ringgefäß und das obere, flache Gefäß mit Eis, so wurde, während das Fleisch im Kochgefäß gar kochte, so viel Wasser erzeugt, daß wir mehr hatten, als für unseren Durst nötig war.

Als Brennstoff nahmen wir 20 Liter Petroleum mit und kamen damit 120 Tage aus, sie erlaubten uns, zweimal am Tag eine warme Mahlzeit zu kochen und Eis im Überfluß zu schmelzen. Spiritus, der früher auf arktischen Expeditionen verwendet worden ist, hat den Nachteil, daß er im Verhältnis zu seinem Gewicht keineswegs so viel Hitze entwickelt wie Petroleum, wenn es vollständig verbrennt, wie es bei der Primuslampe der Fall ist. Kälte machte unserm Petroleum nichts aus.

Verschiedene Paare Schneeschuhe waren erforderlich, da sie auf dem unebenen Treibeis brachen und sich außerdem zur Sommerszeit, wenn der Schnee naß und körnig wurde, stark abnutzten. Die Bretter waren zäh und liefen sehr leicht; sie waren aus Ahorn-, Birken- und Hickoryholz und mit einer Mischung von Teer, Stearin und Talg getränkt.

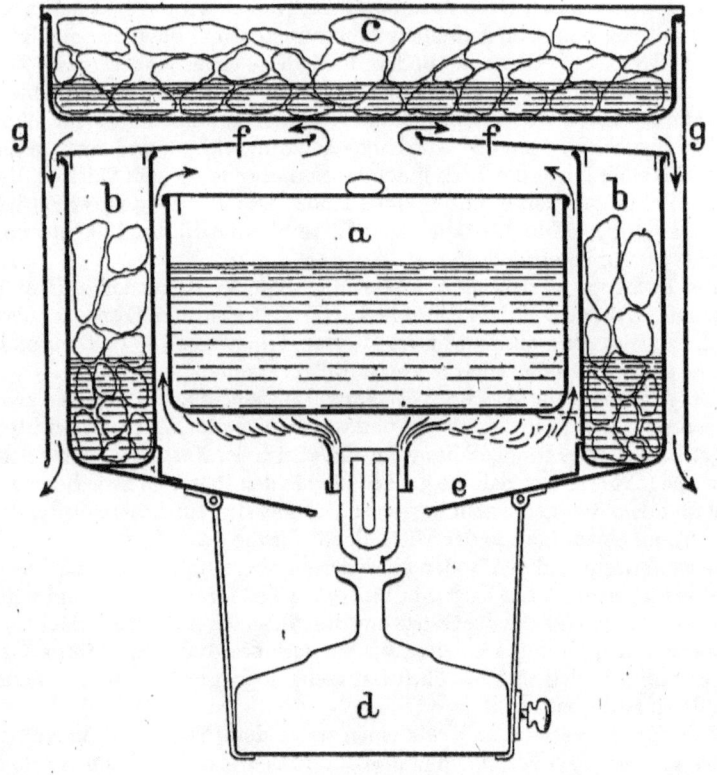

Kochapparat

Da wir bis zu einem gewissen Grade von dem leben mußten, was wir schossen, mußten wir auch Jagdwaffen bei uns haben. Das beste Gewehr auf solchen Reisen ist natürlich die gezogene Büchse. Aber da wir aller Wahrscheinlichkeit nach große Schneeflächen durchqueren mußten, auf denen wenig großes Wild, aber sehr wahrscheinlich mancherlei Vögel zu erwarten waren, hielt ich auch Schrotflinten für nützlich. Wir nahmen daher zwei doppelläufige Büchsflinten mit, die einen Schrotlauf und einen Kugellauf hatten, dazu 180 Kugel- und 150 Schrotpatronen.

Zur Bestimmung des Standortes und zu Peilungen führten wir einen kleinen, leichten Theodoliten mit, der für unsere Zwecke besonders konstruiert war und mit dem Kasten, den ich als Stativ hatte einrichten lassen, nur 2 Kilo wog, ferner einen Taschensextanten und einen künstlichen Glashorizont, einen leichten Peilkompaß aus Aluminium und ein paar andere Kompasse. Für die meteorologischen Beobachtungen hatten wir ein paar Aneroidbarometer, zwei Minimum-Weingeistthermometer und drei Quecksilber-Schleuderthermometer. Außerdem nahmen wir ein gutes Fernrohr aus Aluminium und einen Photoapparat mit.

Der wichtigste und vielleicht auch der schwierigste Punkt bei der Ausrüstung einer Schlittenexpedition ist eine gute und ausreichende Nahrung. Mit Rücksicht auf das Gewicht muß die Proviantlast durch sorgfältiges und vollkommenes Trocknen soweit wie möglich verringert werden. Da aber Fleisch und Fisch in getrocknetem Zustand schwer verdaulich sind, müssen sie in pulverisierter Form mitgenommen werden; die getrocknete Masse wird dabei so fein zerteilt, daß sie vom Organismus leicht aufgenommen werden kann. Wir nahmen nur Fisch und Fleisch mit, Muskelfleisch vom Ochsen, von allem Fett, Knorpeln usw. befreit. Es wurde rasch getrocknet, gemahlen und im selben Verhältnis wie der gewöhnliche Pemmikan mit Nierenfett vermischt. Dieses Nahrungsmittel, das schon seit langer Zeit auf Schlittenexpeditionen verwendet wird, hat sich mit vollem Recht einen großen Ruf erworben; gut zubereitet ist es nahrhaft und leicht verdaulich.

Großen Wert legten wir auch auf Vaages Fischmehl. Es hält sich ausgezeichnet; in Wasser gekocht und mit Butter und Mehl oder getrockneten Kartoffeln vermischt, gibt es ein wohlschmeckendes Gericht. Man sollte bei der Zusammenstellung der Lebensmittel auch darauf achten, daß sie genossen werden können, ohne daß man sie erst kochen muß; denn wenn der Brennstoff verlorengeht oder frühzeitig verbraucht ist, ist es mißlich, wenn man keinen Proviant hat, der ungekocht genossen werden kann. Obendrein spart Essen, das nicht gekocht, sondern nur erwärmt zu werden braucht, Feuerung. Wir hatten auch getrocknete, gekochte Kartoffeln, Erbsensuppe, Schokolade, »Vril«-Speise usw. auf unserem Verpflegungszettel. Unser Brot bestand zum Teil aus sorgfältig getrocknetem Weizenhartbrot, zum Teil aus Aleuronatbrot, das ich aus Weizenmehl, vermischt mit etwa 30 Prozent Aleuronat (vegetabilisches Eiweiß), hatte herstellen lassen.

Wir nahmen ferner eine beträchtliche Menge (39 Kilo) Butter mit. Um alles überflüssige Wasser daraus zu entfernen, war sie an Bord gehörig durchgeknetet worden. Auf diese Weise sparten wir an Gewicht, und außerdem wurde die Butter in der Kälte auch nicht so hart. Im ganzen muß ich sagen, daß unser Proviant viel Abwechslung bot, und daß wir nie unter dem ewigen Einerlei der Speisen litten, über das frühere Schlittenexpeditionen soviel geklagt haben. Übrigens hatten wir andauernd einen wahren Wolfshunger, und alles schmeckte uns prachtvoll.

Unsere Apotheke bestand aus einem kleinen Sack, der natürlich nur das Allernotwendigste enthielt: einige Schienen und Binden, Gipsbandagen für Bein- und Armbrüche, Abführpillen und Opiumtinktur für Magenstörungen, an denen wir aber nie litten, Chloroform für den Fall einer Amputation, z. B. bei Erfrierungen, ein paar kleine Gläser Kokainlösung für Schneeblindheit, ebenfalls nicht benutzt, Tropfen für Zahnschmerzen, Karbolsäure, Jodoformgaze, ein paar gebogene Nadeln und etwas Seide zum Zunähen von

Wunden, ein Skalpell und zwei Arterienpinzetten, gleichfalls für Amputationen. Glücklicherweise blieb die Apotheke unangetastet, abgesehen davon, daß die Binden und Bandagen uns im Winter 1895 auf 1896 als Dochte für die Tranlampen sehr gelegen kamen.

Im einzelnen war die Ausrüstung wie folgt verteilt:

Schlitten Nr. 1 (mit Nansens Kajak).

	Kilo
Kajak	18,7
Pumpe zum Auspumpen, falls die Kajaks leck werden	0,5
Segel	0,7
Axt und geologischer Hammer	0,6
Gewehr und Futteral	3,3
Zwei kleine Holzstangen, die zum Kochapparat gehören	0,4
Theodolit mit Kasten	2,2
Drei Ersatz-Querstücke für die Schlitten	0,9
Einige Stücke Holz	0,3
Leine für die Harpune	0,24
Pelzgamaschen	0,55
Fünf Knäuel Schnur	1,17
Kochapparat, 2 Becher, Schöpflöffel, 2 Eßlöffel	4,0
Petroleumlampe (Primus)	0,8
Feldflasche	0,17
Sack mit verschiedenen Kleidungsstücken	4,0
Wollene Decke	2,0
Wollene Jacke	1,15
Finnenschuhe, mit Gras gefüllt	1,4
Kragen, über die Öffnung im Kajak passend	0,2
Ein Paar »Komager« (Lappenschuhe)	0,95
Zwei Paar Kajak-Handschuhe, Harpune und Leine	0,6
Wasserdichter Mantel aus Seehundsfell für das Kajak	1,4
Sack mit Werkzeug	1,2
Sack mit Nähzeug, Segelhandschuhen, Segelnadeln	1,2
Drei norwegische Flaggen	0,1
Apotheke	2,25
Photoapparat	2,1
Eine Kassette und eine Blechbüchse mit Filmen	1,75
Ein Holzbecher	0,08
Ein Tau zum Befestigen des Kajaks auf dem Schlitten	0,9
Säcke aus Rentierfell, um das Scheuern der Kajaks zu verhüten	1,8
Hölzerne Schneeschaufel	1,0
Skistock mit einer Scheibe am unteren Ende	0,7
Ein Bambusstock	0,45
Zwei Eschenstöcke	1,2
7 Ersatzgeschirre für die Hunde und 2 Ersatzzugtaue	1,2
Eine Rolle Tauwerk	0,18
4 Bambusstangen zu Masten und zum Steuern der Schlitten	4,0
Ein Beutel Brot	2,7

			Kilo
Ein Beutel Molkenpulver			1,5
„	„	Zucker	1,0
„	„	Aleuronatmehl	0,8
„	„	Zitronensafttafeln	0,73
„	„	Gemüsetafeln	1,1
„	„	Frame-Food-Stamina-Tafeln	1,1

Als Bootslager auf dem Schlitten waren befestigt:

	Kilo
Drei Säcke Pemmikan, zusammen	108,2
Ein Sack Leberpastete (Teig)	42,7
Gewicht des Schlittens	19,7

Gesamtgewicht Kilo 245,87

Schlitten Nr. 2, auf dem in verschiedenen Säcken folgendes verladen war:

	Kilo
Aleuronatmehl	6,8
Weizenmehl	7,0
Molkenpulver	7,7
Maismehl	4,0
Zucker	3,2
»Vril«-Speise	14,2
Australischer Pemmikan	5,9
Schokolade	5,8
Hafermehl	5,0
Getrocknete Preißelbeeren	0,4
Zwei Säcke Weizenbrot	31,5
Ein Sack Aleuronatbrot	21,2
»Extra-Speise«, eine Mischung von Erbsenmehl, Fleischpulver, Fett usw.	29,0
Butter	39,0
Fischmehl von Vaage	15,5
Getrocknete Kartoffeln	6,9
Ein Schlafsack aus Rentierfell	9,0
Zwei Stahldrahtleinen mit Riemen für 28 Hunde	5,0
Ein Paar Schneeschuhe aus Hickoryholz	5,0
Gewicht des Schlittens	19,7

Gesamtgewicht Kilo 241,8

Schlitten Nr. 3 (mit Johansens Kajak).

	Kilo
Kajak	18,8
Zwei Stücke Rentierfell gegen Scheuern	0,8
Hundeschuhe	0,55
Ein Eskimo-Jagdschlitten mit Segel (für Seehundjagd auf dem Eise)	0,73
Zwei Schlittensegel	1,2
Pumpe	0,4

	Kilo
Ruderblätter aus Spanischrohr-Reifen, mit Segeltuch überspannt, an die Skistöcke zu binden	0,5
Büchse	3,26
Feldflasche	0,17
Netz zum Fang der Krustazeen	0,15
Ein Paar »Komager«	0,9
Wasserdichter Überzug aus Seehundsfell für das Kajak	1,0
Pelzgamaschen	0,21
Zwei Ersatzstücke Holz	0,28
Zwei Kannen mit Petroleum (20 Liter)	18,2
Mehrere Ersatzschnüre für die Schneeschuhe	0,43
Laterne für das Wechseln der photographischen Platten usw.	0,49
Künstlicher Glashorizont	0,29
Sack mit Schnüren und nautischem Jahrbuch	0,13
Taschensextant	0,39
Zwei Pakete Zündhölzer	0,39
Eine Ersatzplatte Neusilber (um den Beschlag der Schlittenkufen zu erneuern)	0,21
Pech	0,1
Zwei Minimumthermometer in Etui	0,21
Drei Quecksilberthermometer in Etui	0,14
Ein Kompaß	0,25
Ein Aluminiumkompaß	0,24
Ein Aluminiumfernrohr	0,7
Sennegras für die Finnenschuhe	0,2
Sack mit Patronen	11,85
Ledertasche mit Ersatzteilen für die Gewehre, Kugeln, Pulver usw.	1,4
Ledertasche mit einer Glasflasche, einem Löffel und fünf Bleistiften	0,3
Sack mit Navigationstabellen, nautischem Jahrbuch, Karten usw.	1,1
Blechkasten mit Tagebüchern, Briefen, Photographien, Beobachtungsblättern usw.	1,65
Kragen, über die Öffnung im Kajak passend	0,23
Ein Sack Fleisch-Schokolade	8,0
Ein Sack Suppe	3,0
Ein Sack Kakao	3,35
Ein Sack Fischmehl	1,70
Ein Sack Weizenmehl	0,90
Ein Sack Schokolade	2,0
Ein Sack Hafermehl	2,0
Ein Sack Vril-Speise	2,0
Als Bootslager waren auf dem Schlitten befestigt:	
Ein Sack Hafermehl	13,2
Ein Sack Pemmikan	52,3
Ein Sack Leberpastete	50,8
Gewicht des Schlittens	19,7
Gesamtgewicht Kilo	226,8

Die Liste unserer Hunde und ihre Gewichte:

Kilo

Kvik	35,7	Katta	20,7
Freia	22,7	Narrifas	21,0
Barbara	22,5	Liviägeren	17,5
Suggen	28,0	Potifar	26,0
Flint	27,5	Storräven	31,8
Barrabas	28,0	Isbjörn	28,0
Gulen	27,5	Lilleräven	28,0
Haren	27,5	Kvindfolket	26,0
Barnet	17,7	Perpetuum	28,6
Sultan	31,0	Baro	27,5
Klapperslangen	27,0	Russen	26,5
Blok	26,8	Kaiphas	31,5
Bielki	17,3	Ulenka	26,0
Siöliget	18,0	Pan	29,5

Abschied von der »Fram«

Am 14. März endlich verließen wir um Mittag unter Kanonendonner die »Fram«, nachdem wir zum drittenmal Lebewohl gesagt hatten. Einige Kameraden gingen noch eine kleine Strecke mit. Auf dem Gipfel eines Eishügels drückte ich Sverdrup die Hände; die »Fram« lag hinter uns, und ich erinnere mich noch, daß ich eine Zeitlang stehenblieb und Sverdrup nachblickte, der auf seinen Schneeschuhen gemächlich heimwärts zog. Beinahe hätte ich gewünscht, mit ihm umzukehren, um wieder im gemütlichen, warmen Salon auszuruhen. Ich wußte nur zu gut, daß es lange dauern würde, bis wir wieder unter einem behaglichen Dach schliefen und speisten. Daß aber so viel Zeit vergehen würde, wie in Wirklichkeit, hat damals keiner von uns nur geahnt. Wir alle meinten, daß die Expedition entweder glücken würde und wir dann noch im gleichen Jahre heimkehren würden oder daß sie — nicht glücken würde.

Nachdem Sverdrup uns verlassen, mußte eine Weile später auch Mogstad umkehren. Er hatte bis zum nächsten Tag bei uns bleiben wollen, aber seine schweren Beinkleider aus Wolfsfell waren, wie er sagte, beinahe voll von Schweiß, so daß er an Bord zurückkehren mußte, um sie am Feuer zu trocknen. Jetzt waren noch Scott-Hansen, Hendriksen und Pettersen bei uns, jeder mit seiner Last auf dem Rücken, stapften sie schwitzend über das flache Eis. Es wurde ihnen sauer genug, mit uns Schritt zu halten, so schnell kamen wir vorwärts; als wir aber an die Eishügel gelangten, ging es viel langsamer. An einer Stelle waren die Eisgrate so schlimm, daß wir die Schlitten eine weite Strecke tragen mußten. Mit vieler Mühe überwanden wir die Hindernisse. Peder schüttelte nachdenklich den Kopf und sagte zu Johansen, wir würden noch genug schwere Arbeit haben, ehe wir soviel von den Lasten aufgegessen hätten, daß die Schlitten leicht würden. Wir gelangten auf schlechtes Eis, und Peder sorgte sich immer lauter um unsere Zukunft; gegen Abend besserten sich die Verhältnisse. Als wir um 6 Uhr haltmachten, zeigte der Wegmesser 11 Kilometer. Das war für das erste Tagewerk nicht schlecht. Wir verbrachten einen fröhlichen Abend in unserem Zelt, in dem wir fünf gerade noch Platz hatten. Pettersen war müde geworden, er zitterte und jammerte vor Kälte, während wir die Hunde ankoppelten, fütterten und das Zelt aufschlugen; er fand es aber sehr viel erträglicher, als er erst in seinen warmen Wolfskleidern im Zelt saß und einen Topf voll Schokolade vor sich hatte; in der einen Hand ein Stück Butter, in der andern ein Stück Hartbrot, rief er aus: »Nun geht es mir wie einem Prinzen!« Später verarbeitete er längere Zeit den erhebenden Gedanken, daß er hier mitten im Polarmeer in einem Zelt sitze. Guter Bursche! Er hatte so sehr gebeten, daß wir ihn auf diese Expedition mitnahmen; er wollte für uns kochen und sich sonst auch nützlich machen, als Klempner und als Schmied, und dann würde es so gemütlich sein, wenn wir zu dritt beisammen wären. Ich hatte ihm gesagt, daß ich nicht mehr als einen Gefährten mitnehmen könnte. Er war darob mehrere Tage melancholisch gewesen; jetzt fand er Trost darin, daß er uns wenigstens ein Stück Weges begleitet hatte. Er erklärte voll Stolz, daß er sich jetzt als Wilder auf diesem großen, öden Meer befinde, was nicht viele Leute von sich behaupten könnten.

Die Kameraden hatten keinen Schlafsack mitgenommen. Sie bauten sich aus Schnee eine behagliche Hütte, in die sie mit ihren Wolfsfellkleidern hineinkrochen. Sie verbrachten eine ziemlich gute Nacht. Ich war am nächsten Morgen schon früh wach. Als ich aus dem Zelt kroch, sah ich Peder, der von der Kälte aufgescheucht war und bereits auf und ab spazierte, um die steifen Glieder zu erwärmen. Er habe es jetzt versucht, meinte er; nie würde er es für möglich gehalten haben, im Schnee zu schlafen, es sei gar nicht so schlimm gewesen. Er wollte nicht recht zugeben, daß er jetzt vor Kälte hin und her marschierte. Wir frühstückten zum letztenmal gemeinsam, dann wurden die Hunde angeschirrt; noch ein Händedruck den Kameraden, und ohne viele Worte ging es hinaus in die Einsamkeit.

Peder schüttelte traurig den Kopf, als wir davonzogen; ich drehte mich noch einmal um und sah ihn auf einem Eishügel stehen. Er blickte uns noch immer nach; seine Gedanken waren gewiß trüb; vermutlich dachte er, er habe zum letztenmal mit uns gesprochen.

Wir fanden große Strecken flaches Eis und kamen rasch vorwärts, immer weiter fort von unseren Gefährten, ins Unbekannte hinein, in dem wir mit den Hunden nun monatelang umherwandern sollten. Die Takelung der »Fram« war längst hinter dem Rand des Eises verschwunden. Oft gerieten wir an aufgetürmte Ketten und unebenes Eis, über das wir die Schlitten schieben und zuweilen sogar tragen mußten. Manchmal stürzten sie sogar um. Etwas erschöpft machten wir um 6 Uhr abends halt. 9 Kilometer Tagesmarsch.

Das waren nicht gerade die Märsche, auf die ich gerechnet hatte; allein wir hofften, daß die Schlitten allmählich leichter würden und wir besseres Eis zum Fahren fänden.

Am Sonntag, 17. März, schrieb ich in mein Tagebuch:
»Das Eis scheint ebener zu werden, je weiter wir nach Norden kommen. Um 5¹/₂ Uhr nachmittags hatten wir ungefähr 9 Kilometer gemacht. Da wir gerade einen guten Platz erreicht hatten und die Hunde müde waren, schlugen wir das Lager auf. Niedrigste Temperatur in der Nacht — 42,8° C.«

Das Eis wurde an den folgenden Tagen ebener, so daß wir an einem Tag oft 15 Kilometer zurücklegten. Hin und wieder ereignete sich ein Unfall, der uns aufhielt; so riß uns eines Tages eine scharfe Eisspitze ein Loch in einen Sack mit Fischmehl. Der ganze kostbare Inhalt lief aus, und wir brauchten länger als eine Stunde, um alles wieder zu sammeln und den Schaden auszubessern. Dann zerbrach der Wegmesser, der sich zwischen grobem Eis eingeklemmt hatte. Mehrstündige Ausbesserung.

Dann aber ging es nach Norden weiter, oft über große Eisflächen, die aussahen, als ob sie sich bis zum Pol hin ausdehnten. Manchmal überschritten wir auch Stellen, an denen das Eis wie hügeliges, schneebedecktes Land aussah und ungewöhnlich schwierig war. Es war unzweifelhaft sehr altes Eis, das auf seinem Weg vom Sibirischen Eismeer nach der Ostküste von Grönland schon mehrere Jahre im Polarmeer umhergetrieben war, und, Jahr für Jahr schweren Pressungen ausgesetzt, hohe Haufen und Hügel gebildet hatte. Diese Hügel waren, als sie sich bildeten, Sommer für Sommer durch die Sonnenstrahlen abgeschmolzen und im Winter wieder mit Schneemassen bedeckt worden, so daß sie nach und nach Formen annahmen, die mehr Eisbergen ähnelten als aufgestautem Meereis.

Am Mittwoch, 20. März, sagt mein Tagebuch:
»Wieder schönes Wetter mit prächtigen Sonnenuntergängen, aber etwas kalt, namentlich nachts im Schlafsack. Wir hatten —41° und —42° C. Das Eis ebnet sich mehr und mehr, je weiter wir vordringen; an manchen Stellen ist es, als ob wir auf Inlandeis laufen. Wenn das so anhält, wird das Ganze wie ein Tanz gehen.«

An diesem Tag verloren wir unseren Wegmesser, und da wir das erst nach einiger Zeit entdeckten und ich nicht wußte, wie weit wir zurückgehen müßten, hielt ich es nicht der Mühe wert, umzukehren und ihn zu suchen. Wir konnten fortan die zurückgelegten Tagesstrecken also nur noch schätzen. Am selben Tage hatten wir noch einen Unfall: einer der Hunde — es war »Livjägeren« — wurde so krank, daß er nicht mehr zog und wir ihn frei laufen lassen mußten. Erst spät am Tage entdeckten wir, daß er nicht bei uns war; er war, als wir morgens aufbrachen, auf dem Lagerplatz zurückgeblieben, und ich mußte auf Schneeschuhen zu ihm zurück und ihn holen. Langer Aufenthalt!

Donnerstag, 21. März. Morgens 9 Uhr —42°. Minimum in der Nacht —44°. Klar, wie es bisher alle Tage war; wunderschönes Wetter, herrlich zum Marsch, aber nachts kalt; das Quecksilber wie gewöhnlich gefroren. Bei solcher Temperatur im Zelt die Finnenschuhe zu flicken, während einem die Nase langsam erfriert, ist keineswegs ein Vergnügen.

Freitag, 22. März. Herrliches Wetter um weiterzukommen; es geht immer besser. Große Flächen, hin und wieder ein aufgeworfener Eishügel dabei, aber überall gangbar. Blieben gestern von 11¹/₂ Uhr vormittags bis

8¹/₂ Uhr abends im Schwung und machten hoffentlich unsere 22 Kilometer. Wir müssen auf 85° Breite sein.

Unangenehm ist jetzt allein die Kälte. Unsere Kleidung wird am Tage mehr und mehr zu einem Eispanzer und nachts zu nassen Bandagen, ebenso die wollenen Decken. Der Schlafsack wird von der Feuchtigkeit, die am Haar im Innern gefriert, immer schwerer. Jeden Tag dasselbe klare, beständige Wetter. Wir sehnen uns nach einer Veränderung; einige Wolken und etwas mildere Temperatur würden uns höchst willkommen sein. In der Nacht — 42,7°. Eine Beobachtung im Laufe des Vormittags ergab für diesen Tag 85° 9′ n. Br.

Sonnabend, 23. März. Ortsbestimmung, Festbinden der Lasten auf den Schlitten, Säckeflicken und ähnliche Beschäftigungen, die bei so niedriger Temperatur kein Spaß sind, erlaubten uns gestern nicht, vor 3 Uhr nachmittags abzumarschieren. Wir hielten aus bis 9 Uhr abends und setzten das Zelt in das schlimmste Eis, das wir in letzter Zeit gehabt haben. Der Nordostwind machte uns sehr zu schaffen.

Von nun an war es mit dem flachen Eis, auf dem das Marschieren Freude gemacht hatte, zu Ende. Schwierigkeiten über Schwierigkeiten stellten sich ein.

Am Sonntag, 24. März, schrieb ich:

»Das Eis ist nicht gut. Gestern hatten wir einen schweren Tag. Wir kamen wohl etwas vorwärts; ich fürchte aber, nicht mehr als 15 Kilometer. Fortwährend mußten wir die schwerbeladenen Schlitten anheben und schieben. Der arme Rücken verlor seine gute Laune. Hoffentlich kommen wieder bessere Zeiten. Die Kälte ist auch fühlbar, sie wurde es besonders durch den starken Wind aus Nordost. Wir machten abends um 8¹/₂ Uhr halt. Man merkt deutlich, wie die Tage länger werden und wieviel später die Sonne untergeht; in ein paar Tagen werden wir die Mitternachtssonne haben.«

Gestern abend töteten wir Livjägeren; es war ein schweres Stück Arbeit ihn abzuhäuten. Er war der erste Hund, der daran glauben mußte; später kam einer nach dem anderen an die Reihe. Es war die unangenehmste Aufgabe auf der ganzen Reise, besonders zu Anfang, als es noch so kalt war. Als der erste Hund in Stücke zerschnitten und an die übrigen verteilt worden war, hungerten die meisten lieber die ganze Nacht, als daß sie das Fleisch anrührten. Im Laufe der Zeit aber lernten sie Hundefleisch zu würdigen, obwohl wir später nicht einmal mehr so rücksichtsvoll waren, das geschlachtete Tier abzuhäuten, sondern es ihnen mit Haut und Haar vorsetzten.

Am nächsten Tag war das Eis gelegentlich etwas besser, in der Regel aber schlecht, und wir verloren unsere Kräfte unter der unaufhörlichen Anstrengung, die es kostete, den Hunden zu helfen, die umgefallenen Schlitten aufzurichten und über Hügel zu ziehen oder geradezu hinwegzuheben. Manchmal waren wir abends so müde, daß uns die Augen zufielen und wir im Gehen einschliefen. Doch plötzlich wachte ich dann auf, wenn ich auf den Schneeschuhen vornüber stolperte. Sobald wir einen Lagerplatz hinter einem Hügel oder einer Eiskette gefunden hatten, die etwas Schutz vor dem Winde bot, hielten wir an. Johansen sorgte für die Hunde, ich richtete das Zelt auf, füllte den Kochapparat mit Eis, zündete den Brenner an und machte so rasch wie möglich das Abendessen fertig. Es bestand in der Regel den einen Tag aus Labskaus von Pemmikan und Trockenkartoffeln, den andern aus »Fiskegratin« aus Fischmehl, Weizenmehl und Butter. Am dritten Tag gab es Erbsen-, Bohnen- oder Linsensuppe mit Brot und Pemmikan. Johansen zog Labskaus vor, ich hatte eine Schwäche für das Fiskegratin.

Sobald Johansen die Hunde versorgt hatte, trugen wir die Säcke mit den Lebensmitteln und unserer persönlichen Habe ins Zelt; dann wurde der Schlafsack ausgebreitet und die Zeltöffnung sorgfältig verschlossen, und jetzt erst krochen wir in den Sack, um die Kleider aufzutauen. Das war keine angenehme Arbeit. Im Laufe des Tages hatten sich die Ausdünstungen des Körpers nach und nach in der äußeren Kleidung verdichtet, die nun eine Eismasse bildete und zu einem richtigen Panzer gefroren war. Er war so hart und steif, daß er allein gestanden haben würde, wenn wir ihn nur hätten ausziehen können; jedesmal, wenn wir uns bewegten, knisterte er hörbar. Die steifen Rockärmel scheuerten auf dem Marsch in meine Handgelenke eine tiefe Wunde; am rechten Arm kam Frost hinein, die Wunde wurde immer tiefer, fast bis auf den Knochen. Ich versuchte, sie mit Binden zu schützen, sie heilte aber erst im Spätsommer; die Narbe werde ich wahrscheinlich mein ganzes Leben behalten. Wenn wir abends in den Schlafsack gekrochen waren, taute also die Kleidung langsam auf. Dabei wurde viel Körperwärme verbraucht. Wir drückten uns im Sack dicht aneinander, aber es dauerte dann eine oder anderthalb Stunden, bis wir etwas Wärme verspürten. Endlich wurden die Kleider schmiegsam, aber nur um morgens, wenige Minuten nachdem wir aus dem Sack gekrochen waren, wieder steif zu frieren. Solange die Kälte anhielt, trockneten die Sachen nie richtig.

Wie froren wir, wenn wir zähneklappernd im Sack lagen und darauf warteten, daß das Essen fertig wurde. Ich war der Koch und mußte mich einigermaßen wach halten, um auf das Kochen aufzupassen. Es gelang mir auch. Und wenn endlich das Abendessen ausgeteilt war, wie köstlich schmeckte es. Das waren die schönsten Augenblicke unseres Daseins, und wir freuten uns schon den ganzen Tag darauf. Manchmal aber waren wir so müde, daß uns die Augen zufielen und wir mit dem Löffel vor dem Munde einschliefen. Nach dem Essen leisteten wir uns in der Regel einen Becher Wasser mit aufgelöstem Molkenpulver, so warm wir es schlucken konnten. Es schmeckte wie heiße Milch und belebte uns wunderbar; es wärmte uns bis hinab in die Zehenspitzen. Dann pflegten wir wieder tief in den Sack hineinzukriechen, die Klappe über den Köpfen sorgfältig festzuschnallen, uns dicht aneinanderzudrängen und bald den Schlaf der Gerechten zu schlafen. Aber selbst in den Träumen marschierten wir unaufhörlich weiter nach Norden; quälten uns mit den Schlitten ab und trieben die Hunde an; oft hörte ich Johansen im Schlafe »Pan«, »Barrabas« oder »Klapperslangen« zurufen: »Willst du vorwärts, du Teufel, du! Prr, prr, ihr Höllenhunde! — Saß, saß! — Hol euch der Teufel mitsamt den Schlitten!«

Morgens mußte ich als Koch zuerst aufstehen und das Frühstück bereiten. Den einen Morgen gab es Schokolade, Butterbrot und Pemmikan, den andern Hafermehlsuppe oder eine Mischung von Mehl, Wasser und Butter, ähnlich unserer heimischen Buttersuppe. Dazu tranken wir Milch aus Molkenpulver und Wasser. War das Frühstück fertig — ich brauchte dazu eine Stunde —, weckte ich Johansen; dann setzten wir uns aufrecht im Schlafsack hin, breiteten eine der wollenen Decken als Tischtuch aus und machten uns ans Werk. Nach dem Frühstück schrieben wir ein wenig an unseren Tagebüchern; dann mußten wir an den Aufbruch denken. Aber wie müde waren wir manchmal noch, wie oft würde ich nicht alles darum gegeben haben, wenn ich wieder in den Sack hätte hineinkriechen und volle 24 Stunden durchschlafen können! Es schien mir das größte Vergnügen der Welt zu sein. Wir mußten ja aber weiter, immer weiter nach Norden.

Also hinaus in die Kälte und die Schlitten bereitgemacht, die Zugleinen der Hunde entwirrt, die Tiere angeschirrt und so rasch wie möglich auf den Weg! Wie sehnten wir uns in diesen sauren Tagen nach unseren warmen Wolfspelzen, die wir auf der »Fram« gelassen hatten! Wir zogen weiter. Ich ging voraus, um einen Weg durch das zerborstene und durcheinandergeschobene Eis zu suchen, dann kam der Schlitten mit meinem Kajak. Die Hunde lernten bald zu folgen, hielten aber bei jedem Hindernis an; wenn man sie dann nicht durch Zuruf dazu brachte, daß sie alle zu gleicher Zeit anzogen und so den Schlitten über die schwierige Stelle hinwegzerrten, mußte man umkehren und die Tiere peitschen oder ihnen helfen. Johansen folgte mit den beiden anderen Schlitten. Bald rief er den Hunden zu, sie müßten ordentlich ziehen, bald peitschte er sie, bald zog er selbst mit. Es war unleugbar eine Grausamkeit gegen die armen Tiere. Noch jetzt macht es mich schaudern, wenn ich daran denke, wie wir sie mit dicken Eschenstöcken unbarmherzig geschlagen haben, wenn sie vor Erschöpfung anhielten. Das Herz blutete einem, wenn man es mit ansah, aber wir wandten den Blick ab und verhärteten uns. Es war notwendig. Wir mußten ja vorwärts. Das ist die traurige Seite von Expeditionen dieser Art, daß man jedes bessere Gefühl erstickt, bis nur der hartherzige Eigennutz übrig ist. Wenn ich an alle die prächtigen Tiere denke, die ohne zu murren für uns gearbeitet haben, solange sie einen Muskel rühren konnten, die niemals Dank, selten ein freundliches Wort dafür bekommen haben, die sich täglich unter der Peitsche krümmten, bis die Zeit kam, daß sie nicht mehr konnten und der Tod sie von ihrem Leiden befreite, dann mache ich mir bittere Vorwürfe.

Wir brauchten lange, um abends das Zelt aufzuschlagen, die Hunde zu füttern, zu kochen usw. und morgens alles wieder zum Aufbruch zu rüsten und uns selbst marschfertig zu machen. Die Tage waren uns immer zu kurz, wenn wir gehörige Märsche machen und außerdem den Schlaf haben wollten, den wir nachts brauchten. Da aber die Nächte heller wurden, hielten wir uns bald nicht länger an die Tagesstunden, sondern brachen auf, wann es uns gefiel, mochte es Nacht oder Tag sein. Ich machte Märsche von neun bis zehn Stunden zur Regel.

Freitag, 29. März. Wir quälen uns weiter. Es geht sehr langsam. Das Eis ist nur mittelmäßig, nicht so, wie es der Anfang versprach. Oft kommen wir an schauderhafte, große, aufgetürmte Eisrücken, die uns viel Zeit kosten. Man muß vorausgehen, einen Weg suchen und in der Regel einen Umweg machen, um darüber hinwegzukommen. Die Hunde werden matt, es ist schon fast unmöglich, mit ihnen weiterzukommen. Und dabei das endlose

Entwirren der Zugleinen mit den satanischen Verdrehungen und Knoten, die von Mal zu Mal schwieriger zu lösen sind. Die Hunde springen unaufhörlich über- und durcheinander; kaum hat man die Zugleinen geordnet, sind sie schon wieder zu einem richtigen Strang zusammengedreht. Dann wieder wird einer der Schlitten durch einen Eisblock gehemmt. Die Hunde heulen vor Ungeduld, weil sie ihren Gefährten, die voraus sind, nicht folgen können. Dann beißt einer den Strang durch und rennt davon, zwei oder drei andere folgen. Sie werden eingefangen, und die Stränge müssen von neuem zusammengeknotet werden. So geht es unaufhörlich über das Eis; mindestens alle anderthalb Stunden halten wir an und entwirren die Stränge.

Sonnabend, 30. März. Gestern war ein Unglückstag. Anfangs trafen wir viel hügeliges Eis an und mußten große Umwege machen. Obwohl wir lange unterwegs waren, schafften wir nicht viel. Am Ende gelangten wir aber nach beträchtlicher Mühe auf schöne Flächen mit altem, schwerem Eis. Dann wurden wir noch durch einige Rücken schlimmster Art aufgehalten, Berge, die aus riesigen Eisblöcken aufgetürmt waren. Der letzte Rücken war der übelste von allen, zumal sich vor ihm ein Spalt in dem dicken Eis öffnete. Als der erste Schlitten hinüberging, fielen sämtliche Hunde hinein und mußten wieder heraufgezogen werden. Als der nächste Schlitten die Spalte überqueren wollte, fiel er vollständig hinein, wurde aber glücklicherweise nicht in Atome zerschmettert. Wir mußten den Schlitten völlig abladen, um ihn heraufzuholen, und dann die Last wieder aufladen. Dann mußten die Hunde hinuntergeworfen und auf der anderen Seite heraufgezogen werden. Mit dem dritten Schlitten ging es besser. Endlich erreichten wir einen Lagerplatz und richteten das Zelt auf. Das Thermometer zeigte —43°. Das Entwirren der Hundestränge mit bloßen Händen, die vor Frost schmerzten und fast keine Haut mehr hatten, war bei solcher Kälte eine verzweifelte Arbeit. Als wir schließlich in unserm treuen Schlafsack saßen, neben uns Freund »Primus«, wollte das Gerät nicht brennen. Ich untersuchte es, fand aber keinen Fehler, und so mußte denn Johansen wieder aufstehen und Werkzeug und einen Reservebrenner holen, während ich den Kochapparat nachsah. Ich entdeckte, daß etwas Eis unter den Deckel geraten war. Es dauerte entsetzlich lange, bis die Erbsensuppe fertig war.

Um 3 Uhr nachmittags stand ich auf, um wieder zu kochen. Gott sei Dank, das es im Zelt warm und gemütlich ist, sonst wäre es unerträglich.

Sonntag, 31. März. Gestern ist das Wetter umgeschlagen. Wir haben lange darauf gewartet: südlicher Wind und steigende Temperatur. Heute früh — 30°, was wir wie richtiges Sommerwetter begrüßen. Wir machten uns erleichterten Herzens auf gutem Eis und mit dem Wind im Rücken auf den Weg. Alles ließ sich sehr gut an, bis sich plötzlich gerade vor dem ersten Schlitten eine Rinne öffnete. Mit Mühe und Not brachten wir den Schlitten hinüber, aber als wir zurückgingen, um auch die übrigen Schlitten zu holen, brach ein großes Stück Eis unter Johansen unter den Füßen weg, so daß er mit beiden Beinen ins Wasser geriet. Während sich die Rinne immer weiter öffnete, lief ich auf und nieder, um einen Übergang zu finden. Vergeblich! Da standen wir nun, ein Mann und ein Schlitten auf der einen, zwei Schlitten und ein durchnäßter Mann auf der anderen Seite, und dazwischen eine

Öffnung, die größer und größer wurde. Die Kajaks konnten wir nicht zu Wasser lassen, weil sie durch das häufige Umstürzen der Schlitten Löcher bekommen hatten und für den Augenblick nicht zu gebrauchen waren. Tröstliche Aussichten für die Nacht: ich auf der einen Seite mit dem Zelt, Johansen, vermutlich steifgefroren, auf der andern! Endlich, nach einem langen Umweg, fand ich einen Übergang, doch war es ganz ausgeschlossen weiterzugehen, da Johansens Beine eine einzige Eismasse bildeten und seine Windhosen so zerrissen waren, daß sie schleunigst geflickt werden mußten.

Ein harter Kampf

Dienstag, 2. April. Wir müssen viele Schwierigkeiten überwinden. Am schlimmsten sind die Kleinigkeiten vor jedem Aufbruch. Obwohl ich mich am Montagabend schon um 7 Uhr ans Kochen machte, wurde es doch fast 2 Uhr morgens, ehe wir das Lager verließen. Die Last auf Johansens Schlitten mußte neu befestigt werden, da wir den Inhalt eines Sackes unter dem Kajak nun verbraucht hatten und durch einen Sack mit Brot ersetzen mußten; ein anderes Bootspolster mußte zugenäht werden, weil der Pemmikan herausfiel. Dann mußte der Schlitten, dem wir den Brotsack entnommen hatten, wieder mit Tauen festgezurrt werden, und da wir die Leinen doch einmal gelöst hatten, nahmen wir gleich noch Kartoffeln heraus. Dabei entdeckten wir, daß der Sack mit Fischmehl ein Loch hatte. Kaum hatten wir es geflickt, fanden wir, daß ein weiterer großer Sack ausgebessert werden mußte. Als wir dann den Kartoffelsack verstauten, hatte auch er ein Loch, und so ging es weiter. Dann wurden die Hundestränge geordnet, die sich zu einem Wirrwarr verschlungen hatten; die Knoten und Verdrehungen des vereisten, gefrorenen Tauwerks ließen sich von einem Mal zum andern immer schlechter lösen. Johansen beeilte sich und wurde mit dem Flicken seiner Hosen vor dem Frühstück fertig.

Mit Südwind machten wir uns im Schneetreiben auf den Weg. Anfangs ging alles prächtig; dann aber tauchte eine Eiskette nach der andern auf, und die nächste war immer schlimmer als die vorhergehende. Um 8 oder 9 Uhr morgens suchten wir uns einen geschützten Platz an der Leeseite eines Eisrückens aus und hielten eine lange Mittagsrast. Wir breiteten den Schlafsack aus und krochen mit unserm Essen hinein; aber ich war so müde, daß ich mit dem Löffel in der Hand einschlief.

Mir träumte, ich sei in Norwegen und besuche bei Fredrikshald Leute, die ich in meinem Leben nur einmal gesehen hatte; sie waren so lieb und freundlich. Es war der erste Weihnachtsfeiertag, und ich wurde in ein großes, leeres Zimmer geführt, in dem wir Mittag essen sollten. Es war dort so kalt, daß ich zitterte, doch dampften bereits einige heiße Schüsseln auf der Tafel, dazu eine wunderschöne, fette Gans. Unsagbar freute ich mich auf die Gans! Dann sah ich durchs Fenster andere Gäste ankommen; als ich hinausging, sie zu begrüßen, stolperte ich und fiel in tiefen Schnee. Der Wirt lachte darüber — und ich wachte auf und fand mich zitternd vor Kälte in einem Schlafsack auf dem Treibeis im fernen Norden. Wie elend und unglücklich fühlte ich mich da!

Wir standen auf, packten schweigend unsere Sachen zusammen und setzten den Marsch fort; erst um 4 Uhr nachmittags hielten wir an. Mir schien alles düster und trostlos, und es dauerte lange, bis ich meine Enttäuschung verwunden hatte. Was würde ich nicht für das Mittagessen gegeben haben oder für eine Stunde in jenem Speisesaal, so kalt er auch war! Der Wind dringt durch und durch!

Die Eisrücken und die zugefrorenen Rinnen mit zusammengeschobenen Eisblöcken auf beiden Seiten machten den Marsch zur Qual. Es war eine verzweifelte Arbeit, sich über die Eisgrate einen Weg zu bahnen. Die Schneeschuhe können nicht benutzt werden, weil zwischen den aufgetürmten Eisblöcken zu wenig Schnee liegt, man muß also waten. Bei diesem unsichtigen Wetter ist alles weiß in weiß, und es ist unmöglich, Unebenheiten und Löcher zu erkennen, zumal sich zwischen den Eisblöcken eine dünne, trügerische Schneeschicht befindet, durch die man in Spalten und Gruben hineinstürzt; dabei kann man noch von Glück sagen, wenn man ohne Beinbruch davonkommt. Um einen Weg zu finden, muß man weite Strecken vorausgehen, manchmal in der einen, manchmal in einer anderen Richtung suchen, und hat man einen entdeckt, heißt es wieder umkehren und die Schlitten holen, so daß man denselben Weg viele Male machen muß. Als wir gestern anhielten, war ich fast fertig. Das schlimmste war jedoch, daß wir zu lange unterwegs gewesen waren und verpaßt hatten, unsere Uhren aufzuziehen. Johansens Uhr war stehengeblieben; meine Uhr ging glücklicherweise noch, als ich sie aufzog. Hoffentlich ist sie noch in Ordnung! Um 12 Uhr mittags —31,5°. Klar, südöstlicher Wind.

Das Eis ist sehr schlecht, und ich zweifle bereits, ob es klug ist, den Marsch zu lange nach Norden fortzusetzen.

Mittwoch, 3. April. Brachen gestern nachmittag etwa um 3 Uhr auf. Der Schnee war nach dem südöstlichen Wind, der bis spät am Tag anhielt, gut, das Eis leidlich gangbar, und alles sah hoffnungsvoll aus, da das Wetter schön war und wir gut vom Fleck kamen. Allein nach mehreren flachen Strecken mit altem, höckerigem Eis gelangten wir an einige sehr unebene Stellen, die von offenen Wasserläufen durchschnitten und mit Eisrücken besetzt waren. Das Eis wurde nicht besser, und heute morgen hielt uns eine neu zugefrorene Rinne auf, die mit so dünnem Eis überzogen war, daß es uns nicht trug. Da wir sonst einen sehr weiten Umweg hätten machen müssen, schlugen wir das Lager auf. Hier tötete ich »Russen«. Das war der zweite Hund, den das Schicksal ereilte. Wir teilten das Fleisch in 26 Portionen, aber 8 Hunde wollten es nicht fressen. Wir mußten sie mit Pemmikan füttern.

Das Eis vor uns sieht nicht sehr einladend aus; die Eisketten bringen uns zur Verzweiflung. Ich habe wenig Hoffnung, daß sich die Verhältnisse bessern. Um Mittag stand ich auf, um eine Meridianhöhe zu nehmen, sie versetzt uns auf 85° 54′ n. Br. Es ist erstaunlich, daß wir noch nicht weiter gelangt sind; wir quälen uns ab, soviel wir können, aber ohne große Fortschritte zu machen. Hat es Sinn noch viel weiter nach Norden zu gehen? Nach Franz-Joseph-Land ist es dreimal so weit, wie die Strecke beträgt, die wir jetzt zurückgelegt haben. Wir können kaum darauf rechnen, daß das Eis besser ist als hier und daß wir schneller vorwärts kommen. Außerdem kennen wir auch Gestalt und Ausdehnung des Landes nicht. Vielleicht werden wir dort auch nicht sofort Wild finden!

Ich habe längst eingesehen, daß es unmöglich ist, den Pol selbst oder seine unmittelbare Nachbarschaft auf einem Eis wie diesem und mit diesen Hunden zu erreichen. Wir müssen umkehren, früher oder später.

12 Uhr Mittag —29,4°, klar, Ostwind von 1 Meter Geschwindigkeit; 12 Uhr Mitternacht —34°, klar und still.

Es war mir rätselhaft, daß wir so geringe Fortschritte nach Norden machten. Während des Weitermarsches zählte ich fortwährend unsere Märsche zusammen, um immer zu demselben Ergebnis zu kommen, nämlich, daß wir weit über den 86. Breitengrad hinaus sein müßten, vorausgesetzt, daß das Eis stillstand. Es wurde mir jedoch bald klar, daß es südwärts trieb und wir in seiner eigensinnigen Drift, ganz nach Willkür von Wind und Strömung, unseren schlimmsten Feind zu bekämpfen hatten.

Freitag, 5. April. Wir brachen gestern um 3 Uhr morgens auf. Das Eis war schlecht, mit Rinnen und Ketten besetzt, so daß wir nur langsam vorwärts kamen. Diese Rinnen mit den beiderseits aufgetürmten Eisblöcken bringen uns zur Verzweiflung; es ist gerade, als fahre man über lange, mächtige Geröllhalden. Es hemmt uns fürchterlich. Erst verliere ich viel Zeit mit dem Wegsuchen und dann mit dem Durchkommen; dabei fällt man zur Abwechslung ins Wasser, wie mir das gestern zweimal widerfahren ist. Johansen ist mit den beiden Schlitten, auf die er aufzupassen hat, auch nicht besser daran; es ist ein schwieriges Stück Arbeit, nur einen Schlitten über die Eisblöcke zu bringen, von den Eisrücken gar nicht zu reden, aber Johansen ist ohne Frage ein mutiger Kerl und gibt es niemals auf. Gestern fiel er beim Übergang über eine Rinne wieder ins Wasser und wurde bis zu den Knien naß; ich war kurz vorher auf Schneeschuhen hinübergegangen und hatte nicht bemerkt, daß das Eis schwach war. Er kam mir ohne Schneeschuhe nach und ging neben einem Schlitten, als plötzlich das Eis nachgab und er einbrach; er kriegte glücklicherweise den Schlitten zu fassen, und die Hunde, die nicht angehalten hatten, zogen ihn heraus. Ein solches Bad ist kein ungemischtes Vergnügen; denn wir haben keine Möglichkeit, die Kleider zu trocknen oder zu wechseln; man muß mit einem Eispanzer gehen, bis die Kleider am Körper auftauen und trocknen.

Gestern morgen nahm ich eine Beobachtung zur Bestimmung der Länge und der Mißweisung des Kompasses, und heute habe ich den ganzen Vormittag im Sack gerechnet, um unseren Ort genau festzustellen. Ich finde, daß unsere Breite gestern 86° 2,8' war. Das ist sehr wenig, aber was sollen wir machen, wenn das Eis so widerwärtig ist? Und die Hunde, die armen Tiere, können auch nicht mehr arbeiten, als sie es tun. Die Länge war gestern 98° 47' 15" Ost, die Mißweisung 44,4°.

Ja, wir werden vor der ursprünglich festgesetzten Zeit umkehren müssen. Es sind vermutlich ungefähr 280 Seemeilen, 410 Kilometer bis Petermann-Land (in Wirklichkeit waren es über 360 Seemeilen = 670 Kilometer bis Kap Fligely), und wahrscheinlich wird es uns die größte Mühe kosten, diese Entfernung zu bewältigen. Die Frage ist nur: sollen wir noch versuchen, auf jeden Fall 87° n. Br. zu erreichen? Ich bezweifle, ob es uns gelingen wird, wenn sich das Eis nicht bessert.

Sonnabend, 6. April. 2 Uhr morgens —24,2°. Das Eis ist grauenhaft. Als wir heute morgen haltmachten, war ich drauf und dran umzukehren. Ich will noch einen Tag weitergehen und sehen, ob das Eis nach Norden hin wirklich so schlecht ist, wie es von dem 10 Meter hohen Eisrücken bei unserem Lagerplatz aussieht. Gestern haben wir kaum einige Kilometer zurückgelegt. Rinnen, Ketten und rauhes Eis; es sieht aus wie eine endlose Moräne von Eisblöcken. Und dabei das unaufhörliche Heben der Schlitten über jede Unebenheit hinweg. Es genügt, Riesen zu ermüden. Seltsam ist dieses aufgebrochene Eis; zum größten Teil ist es nicht sehr massig, sondern sieht aus, als sei es in neuerer Zeit in die Höhe gedrängt worden. Es ist nur teilweise mit losem Schnee bedeckt, in den man unversehens bis zum Leib einsinkt. Und so dehnt sich das Eis meilenweit nach Norden aus. Hin und wieder findet man alte Schollen mit Hügeln, die durch die Sonnenwärme oben abgerundet sind und oft aus sehr dickem Eis bestehen.

Ich sehe ein, daß längeres Verweilen nicht ratsam ist. Wir werden nicht weiter nach Norden kommen, und eine grausame und langwierige Arbeit steht uns bevor, wenn wir auf dem Wege nach Franz-Joseph-Land mehr von dieser Sorte Eis antreffen.

Montag, 8. April. Nein, das Eis ist zu schlecht. Wir kommen nicht weiter. Eine Kette folgt auf die andere, und es gibt nichts als Eisblöcke, über die wir fahren müssen. Wir brachen heute morgen gegen 2 Uhr auf und setzten den Weg, solange wir konnten, fort. Wir mußten die Schlitten fast während der ganzen Zeit tragen; schließlich wurde es zu arg. Ich war auf Schneeschuhen eine gute Strecke vorausgeeilt und sah selbst von den höchsten Hügeln überall nur dasselbe Eis. Es ist ein wahres Chaos von Eisblöcken, das sich bis an den Horizont ausdehnt. Es hat keinen Sinn, noch weiter vorzudringen; wir opfern kostbare Zeit und erreichen nichts. Wir werden also umkehren und unseren Kurs auf Kap Fligely richten.

Auf diesem nördlichsten Lagerplatz leisteten wir uns ein großes Festmahl, Labskaus, Brot und Butter, Schokolade, gedämpfte Preißelbeeren und heißen Molkentrank. Froh und übersatt krochen wir in unseren lieben Sack, unsern besten Freund. Ich nahm heute eine Meridianhöhe. Wir sind ungefähr auf 86° 10' n. Br.*

Dienstag, 9. April. Gestern machten wir den ersten Marsch heimwärts. Wir erwarteten, dasselbe ungangbare Eis anzutreffen, kamen aber, als wir noch nicht weit gegangen waren, zu unserer Überraschung auf ziemlich gutes Gelände, das sich stetig besserte. Mit geringfügigen Aufenthalten blieben wir bis heute morgen auf den Beinen.

Donnerstag, 11. April. Besser und immer besser. Fanden gestern nichts als schöne, ebene Eisstrecken mit wenigen Rücken, die wir leicht überschritten. Ein paar Rinnen mit dünnem Eis darauf liefen ungefähr in unserer

---

* Diese Breite erhielt ich durch rohe Schätzung. Bei genauerer Berechnung stellte sie sich als 86° 13,6' heraus, die Länge war ungefähr 95° Ost.

Richtung. Wir gingen an ihnen entlang und überquerten sie später leicht, obgleich sich das Eis unter uns und den Schlitten mehr bog, als uns lieb war. Spät am Nachmittag stießen wir auf eine weitere Rinne. Mit dem ersten Schlitten gewannen wir ziemlich sicher die andere Seite, nicht aber mit den anderen. Kaum hatten die Leithunde des einen Gespanns die gefährliche Stelle erreicht, an der das Eis am dünnsten und etwas Wasser von unten heraufgekommen war, als sie anhielten und vorsichtig die Pfoten ins Wasser tauchten; im selben Augenblick brach einer von ihnen ein. Das Wasser umherspritzend, quälte er sich ab, um herauszukommen. Jetzt sank das Eis unter dem Gewicht der anderen Hunde und des Schlittens, so daß alles vom Wasser überströmt wurde. Ich zog Hunde und Schlitten so rasch wie möglich zurück und brachte sie alle sicher auf das feste Eis. Nach einem weiten Umweg schafften wir endlich die beiden Schlitten hinüber. Wir fanden auch einen guten Lagerplatz, auf dem wir die wärmste Nacht und den bequemsten, ja ich möchte fast sagen behaglichsten Morgen verbrachten, den wir bis jetzt auf der Reise erlebt hatten. 2 Uhr nachmittags — 27,6°.

Sonnabend, 13. April. Seit drei Tagen sind wir nur über gutes Eis gekommen; wenn das so weitergeht, werden wir die Rückreise schneller machen, als ich gedacht hatte. Ich begreife diese plötzliche Veränderung des Eises nicht. Sollte es möglich sein, daß wir in einer Richtung mit den Rücken und Unebenheiten wandern, so daß wir jetzt an ihnen entlanggehen, anstatt sie zu kreuzen? Die Rinnen, die wir bis jetzt getroffen haben, scheinen darauf hinzudeuten; sie folgen ziemlich genau unserm Kurs.

Ich bin überzeugt, daß wir im Durchschnitt der letzten drei Tage täglich nicht weniger als 22 Kilometer gemacht und folglich 67 Kilometer in der Richtung Süd 22° West (mißweisend) zurückgelegt haben. Als wir gestern hier haltmachten, wurde »Barbara« getötet; das Schlachten ist wenig angenehm.

14. April, Ostersonntag. Es ist recht ungemütlich, in einem gefrorenen Sack die gefrorenen Kleider und Schuhe aufzutauen, gleichzeitig die Beobachtungen auszurechnen und mit den schmerzenden, vom Frost erstarrten Fingern Logarithmen aufzuschlagen. Wir haben aber den Abend behaglich bei folgendem Mahle gefeiert: heißes Molkenwasser, Fiskegratin, gedämpfte Preißelbeeren und Zitronensaft-Grog, d. h. Zitronensaft-Tafeln und etwas Zucker in heißem Wasser aufgelöst. Ein geradezu herrliches Essen. Wir schmausten uns gehörig voll und krochen um 2 Uhr unter die Decken.

Ich habe unsere früher bestimmten Breiten und Längen nochmals nachgerechnet, um zu sehen, ob ich Fehler gemacht habe. Ich finde, daß wir gestern südlicher gekommen sein müssen als 86° 5,3′; denn nach unserer Rechnung würden wir unter der Voraussetzung, daß wir in den letzten drei Tagen 67 Kilometer zurückgelegt haben, bis auf 85° und einige 50 Minuten gekommen sein. Ich kann mir das auf keine andere Weise erklären, als daß wir rasch nach Norden getrieben sind. Das mag für die »Fram« sehr gut sein, für uns ist es schlecht.

Zur Abwechselung war der Himmel heute bezogen, aber abends, als wir unser zweites Frühstück einnahmen, schien die Sonne wieder freundlich durch die Zeltwand. So mild und angenehm ist es bis jetzt noch nicht gewesen. 10 Uhr abends —25,6°.

Dienstag, 16. April. Als wir gestern morgen um 1 Uhr anschirrten und aufbrechen wollten, schlich sich »Baro« davon. Er hatte gesehen, daß wir ein paar von den anderen Hunden anspannten, und wußte, was nun folgen würde. Da ich den Hund, den besten, den ich in meinem Gespann hatte, nicht verlieren wollte, ging ich ihn suchen. Ich rief und rief und schaute hinter alle Hügel, sah aber nichts als Kette hinter Kette, bis an den Horizont, der von der Mitternachtssonne im fernsten Norden umloht war. Die Eiswelt träumte im hellen, kalten Morgenlicht. Wir mußten ohne den Hund aufbrechen, jedoch erblickte ich ihn später zu meiner größten Freude weit hinten auf unserm Weg. Er schämte sich offenbar, als er herankam und stehenblieb, und blickte mich flehentlich an. Ich schirrte ihn an und sagte kein Wort. Ich hatte den Hund durchpeitschen wollen, wurde aber durch seinen Blick entwaffnet.

Wir trafen gangbares Eis, wenn es auch nicht immer ganz eben war, und machten befriedigende Fortschritte. Im Laufe des Morgens entdeckte ich, daß ich irgendwo meinen Kompaß liegengelassen hatte. Da wir ihn nicht entbehren konnten, mußte ich umkehren und danach suchen. Ich fand ihn auch wieder, aber der Rückweg war ein schweres Stück Arbeit, und zum erstenmal machte mir unterwegs die Hitze zu schaffen. Die Sonne brannte fast unerträglich. Als ich endlich die Schlitten eingeholt hatte, fühlte ich mich etwas schwach; Johansen saß auf dem Kajak, schlief in der Sonne und fand es schön und warm. Dann ging es weiter. Licht und Wärme ermatteten uns. Wir kamen nur langsam vorwärts. Um 10 Uhr vormittags lagerten wir. Als ich dann die meteorologischen Beobachtungen vornahm, fand ich zu meinem Erstaunen, daß das Schleuderthermometer —26,2° zeigte. Wir richteten das Zelt in der brennenden Sonne auf, und bald war es drinnen nett und warm.

Mittwoch, 17. April. —28°. Gestern haben wir zweifellos den längsten Tagesmarsch gemacht. Das Eis ähnelt hier dem, das wir um die »Fram« herum hatten; wir sind jetzt etwa dort, wo sie treiben muß. Ich bin überzeugt, daß wir gestern 30 Kilometer gemacht haben. Die auf dem Heimweg zurückgelegte Strecke muß nun etwa 126 Kilometer betragen.

Das Wetter ist herrlich, nicht kalt. Wir haben beständig hellen Sonnenschein ohne Wind von Bedeutung. Die Atmosphäre ist hier oben merkwürdig gleichmäßig und ruhig. Wir sind jetzt über einen Monat über das Eis gewandert und noch nicht ein einziges Mal durch schlechtes Wetter aufgehalten worden; während der ganzen Zeit hatten wir Sonnenschein. Das Dasein wird schöner und schöner, die Kälte ist vorüber, und wir wandern immer weiter dem Land und dem Sommer entgegen. Jetzt ist es keine Prüfung mehr, morgens aufzustehen, einen tüchtigen Marsch vor sich zu wissen, zu kochen, dann behaglich und warm im Sack zu liegen und von einer glücklichen Zukunft zu träumen.

Freitag, 19. April. Wir haben jetzt noch für zwei oder drei Tage Futter für die Hunde. Ich werde zunächst die schlechtesten Hunde als Futter für die anderen verwenden. Gestern töteten wir »Perpetuum«. Dieses Schlachten ist fürchterlich; aber was sollen wir tun? Wir haben sie bis jetzt mit einem

Messer erstochen; diese Art zu töten, gefällt uns gar nicht, und wir haben daher gestern beschlossen, sie von nun an zu strangulieren. Wie üblich führten wir den Hund hinter einen Hügel, damit die anderen nicht sahen, was geschah; dann schlangen wir dem Tier einen Strick um den Hals und zogen beide mit voller Macht daran, bis wir nicht mehr konnten. Ohne Erfolg. Unsere Hände hatten bei der Kälte alles Gefühl verloren. Uns blieb nichts anderes übrig, als wieder das Messer zu nehmen. Es war schrecklich. Natürlich wäre Erschießen einfacher und barmherziger, aber wir müssen die kostbare Munition schonen. Vielleicht kommt einmal die Zeit, daß wir mit jeder Kugel geizen.

Noch immer derselbe helle Sonnenschein Tag und Nacht. Gestern frischte der Nordwind etwas auf, er wehte auch heute noch, doch störte er uns kaum, wir hatten ihn ja im Rücken. Die Temperatur, die jetzt zwischen 20° und 30° unter Null schwankt, ist angenehm und ganz sicher ein Glück für uns; denn wäre es wärmer, so würden sich die Rinnen länger offen halten. Ich wünsche jetzt sehnlich, daß wir in die Nähe von Land kommen, ehe die Rinnen gefährlich werden.

Sonntag, 21. April. Vorgestern brachen wir um 4 Uhr auf. Die Rast zum Mittagessen, bei dem wir in die Tiefe unseres warmen und behaglichen Sackes hineinkriechen, stärkt uns stets außerordentlich. Nach einem Schläfchen machten wir uns wieder auf den Weg; doch wurden wir bald durch die abscheulichste Rinne aufgehalten, die wir bis jetzt noch getroffen haben. Ich ging an ihr entlang, um einen Übergang zu finden, traf aber überall nur aufgebrochenes Eis. Die Rinne blieb gleich breit und unzugänglich, angefüllt mit morschem Eis und zusammengefrorenen Blöcken, die deutlich bewiesen, daß das Eis hier während langer Zeit in Bewegung gewesen und durch die unaufhörlichen Pressungen zermalmt und zertrümmert worden war. Endlich fand ich einen Übergang. Ich führte die Karawane auf einem weiten Umweg dorthin, aber in der Zwischenzeit hatte sich die Rinne schon verändert, und wir wagten nicht hinüberzugehen. Obgleich ich soweit wie nur möglich vordrang, fand ich doch überall nur dieselbe ekelhafte Rinne, voll Eisstücke, die mich angrinsten, und auf jeder Seite hohe Eisketten. Manche Eisstücke waren mit Schlamm vermischt, und an einer Stelle war die ganze Scholle, deren Blöcke zu einem Rücken in die Höhe gepreßt waren, völlig dunkelbraun gefärbt; ich konnte jedoch aus der Ferne nicht bestimmen, ob diese Farbe von Schlamm oder von organischer Masse herrührte. Die Rücken waren bis zu 8 Meter hoch.

Unverrichteter Dinge kehrten wir um. Sehr ärgerlich; denn auf der anderen Seite der Rinne sah ich schönes, flaches Eis, das sich weit nach Süden hin ausdehnte. Ich hatte mich bereits damit vertraut gemacht, hier zu lagern und zu warten, als ich bei der Rückkehr nach unserm ursprünglichen Halteplatz ganz in der Nähe einen Weg fand. Wir querten nunmehr, während das Eis unter unseren Füßen fortwährend mahlte, die Rinne. Es war inzwischen 6 Uhr morgens geworden. Eine Weile setzten wir den Weg auf schönem, ebenen Eis noch fort, allein die Hunde waren müde. Seit der letzten Fütterung waren fast 48 Stunden verflossen.

Nansen und Johansen verlassen die »Fram« am 14. März 1895

Nordwärts durch das Schneetreiben

Während wir weiterhasteten, stießen wir auf ein riesiges Stück eines Balkens, das schräg aus dem Eis hervorragte; es war sibirisches Lärchenholz und wahrscheinlich vor langer Zeit durch Eisdruck in die Höhe gehoben worden. Manche schöne Mahlzeit hätten wir uns damit kochen können, es war aber zum Mitnehmen zu schwer. Wir zeichneten den Balken mit »F. N. H. J. 85° 30'« und setzten unsern Weg fort.

Noch immer Eisebenen vor uns; ich freue mich schon darauf, wieder unterwegs zu sein. Auf Schneeschuhen über diese glatte Fläche hinzufliegen, wäre eine Lust. Land und Heimat kommen näher, und während man dahinjagt, schweifen die Gedanken südwärts zu allem, was schön ist. 6 Uhr morgens — 30°.

Montag, 22. April. Wenn wir schon in den vorhergehenden Tagen gute Fortschritte gemacht haben, so hat sich der gestrige Tag geradezu selbst übertroffen. Ich glaube, ich kann für unseren Tagemarsch 37 Kilometer annehmen, werde aber, um ganz sicherzugehen, die beiden letzten Tage zusammenwerfen und 60 Kilometer für sie rechnen. Die Hunde werden müde, es wird Zeit, daß wir lagern. Sie warten ungeduldig auf das Futter. Sie sind immer gieriger auf Hundefleisch geworden und stürzen sich wie Wölfe auf die dampfenden Stücke, die ihnen mit Haut und Haaren zugeworfen werden. Nur »Kvik« und »Barnet« halten sich zurück, solange das Fleisch noch warm ist, fressen es aber mit Heißhunger, sobald es gefroren ist. 12 Uhr Mitternacht —33,3°.

Freitag, 26. April. Gestern morgen war ich nicht wenig erstaunt, als ich im Schnee die Fährte eines Tieres entdeckte. Es war ein Fuchs gewesen. Die Fährte war ganz frisch. Was in aller Welt macht ein Fuchs in diesem wilden Meer? Ganz ohne Nahrung war er hier nicht, wie die Losung auf seinem Weg bewies. Ist in der Nähe Land? Unwillkürlich blickte ich danach aus; aber es war gestern unsichtig, und wir konnten Land vielleicht nahe sein, ohne es zu sehen. Jedenfalls ein warmblütiges Säugetier auf dem 85. Breitengrad! Bald stießen wir auf eine zweite Fuchsfährte, die in der Richtung der ersten verlief und den Windungen der Rinne folgte, die uns aufgehalten und zum Lagern gezwungen hatte. Unbegreiflich ist mir, wo diese Tiere auf dem Eis ihre Nahrung finden. Ich vermute, daß sie in den offenen Rinnen Krustentiere erwischen. Weshalb verlassen sie aber die Küste und kommen hierher? Ob sie sich verirrt haben? Wenig wahrscheinlich. Ich suche jetzt eifrig, ob wir heute nicht auch die Spur eines Bären entdecken; das würde mich besonders befriedigen, weil man daraus schließen könnte, daß wir uns wieder wohnlichen Gebieten nähern.

Ich habe soeben nach den Peilungen unsern Kurs auf der Karte abgesteckt und dabei gerechnet, daß wir in den vier Tagemärschen seit unserer letzten Beobachtung 111 Kilometer gemacht haben. Danach könnten es nach Petermann-Land, wenn es dort liegt, wo Payer es angegeben hat, nicht viel mehr als 220 Kilometer sein.

Gegen Ende unseres gestrigen Marsches überkletterten wir viele Rinnen und Eisrücken; in einem neugebildeten Rücken waren ungeheure Stücke von Süßwassereis in die Höhe geschraubt worden. Das Eis war mit Ton und grobem Sand durchsetzt, und die Blöcke sahen aus der Ferne dunkelbraun aus. Man konnte sie leicht für Felsen halten. Ich glaubte selbst, daß sie Gestein wären. Ich kann mir nicht anders denken, als daß dieses Eis Flußeis ist und aus Sibirien stammt; weiter nördlich sah ich wiederholt solche Süßwasserblöcke, und sogar auf 86° Breite fand ich noch Ton auf dem Eis.

Sonntag, 28. April. Auch gestern haben wir gute Fortschritte gemacht; ich nehme 30 Kilometer an. Wir brachen nachmittags um 3¹/₂ Uhr auf und marschierten bis heute morgen fort. Das Land kommt näher, und die aufregende Zeit beginnt, daß wir es am Horizont erwarten können. Wie ich mich nach Land sehne, um endlich etwas anderes unter den Füßen zu haben als immer nur Eis und Schnee, ganz abgesehen davon, daß dann auch der Blick auf etwas anderem ruhen kann!

Im Laufe des Tages mußte »Gulen« daran glauben; er war vollständig erschöpft, hielt sich kaum noch auf den Beinen, taumelte und lag, als wir ihn auf einen Schlitten legten, ganz still und rührte sich nicht. Wir hatten schon vorher beschlossen, ihn an diesem Tage zu töten. Armes Tier! Treu, gutmütig und willig arbeitete es bis zu seinem Ende für uns, um dann zum Dank dafür, daß es nicht mehr konnte, getötet zu werden und den anderen zum Fraß zu dienen. »Gulen« wurde am 13. Dezember 1893 auf der »Fram« geboren und hat als echtes Kind der Polarnacht nie etwas anderes als Eis und Schnee gesehen.

Montag, 29. April. —20°. Kaum waren wir gestern ein Stück weitergezogen, als uns offenes Wasser aufhielt. Es war ein breiter See oder Kanal, der quer vor unserm Kurs lag. Wir arbeiteten uns eine Weile westwärts an ihm entlang. Plötzlich schob sich das Eis vor unseren Augen zusammen und schloß den See an einer verhältnismäßig schmalen Stelle. In wenigen Minuten türmte es sich auf, und wir gelangten über die lärmende Eiskette, die unter unseren Füßen donnerte und krachte, ans andere Ufer. Wir mußten eilen und Hunde und Schlitten rasch hinüberbringen, wenn wir zwischen den rollenden Eisblöcken nicht eingeklemmt werden wollten. Fast hätte sich dieser Eisrücken auf Johansens Schneeschuhe geworfen, die er einen Augenblick zurückgelassen hatte, während wir den letzten Schlitten hinüberschafften. Natürlich verdiente eine solche Arbeit eine Sonderzuteilung Fleischschokolade.

So ärgerlich es auch ist, mitten auf dem schönen, ebenen Eis durch eine Rinne aufgehalten zu werden, wenn man vorwärts möchte, so ist es doch ein wundervolles Gefühl, das offene Wasser vor sich und die Sonne auf den vom Wind bewegten kleinen Wellen spielen zu sehen. Man stelle sich nur einmal vor: nach so langer Zeit wieder offenes Wasser und glitzernde Wellen! Die Gedanken schweifen zurück zur Heimat und zum Sommer. Vergeblich schaute ich mich überall um, ob ich nicht in der Rinne den Kopf eines Seehundes oder an den Rändern einen Bären entdeckte. Die Hunde verloren sichtlich ihre Kräfte, sie waren nur noch schwer vorwärts zu treiben. »Barnet« war vollständig fertig und wurde an diesem Abend getötet. Selbst »Baro«, mein bester Hund, läßt in seinem Eifer nach, von »Kvik« gar nicht zu sprechen; vielleicht muß ich mit dem Futter ein wenig freigebiger sein.

Gestern sah ich wieder eine Fuchsfährte. Daß wir so viele finden, läßt mich ernstlich an die Nähe von Land glauben; ja, ich erwarte, es jede Minute zu sehen*.

Dienstag, 30. April. — 21,4°. Trotz allem war gestern ein böser Tag. Er fing mit hellem Sonnenschein an; es war warm, und im gleißenden Sonnenlicht lagen weite Strecken von schönem, ebenem Eis und lockten uns; alles versprach uns ein tüchtiges Tagewerk. Aber wer dachte an die gräßlichen, dunklen Spalten, die quer über unseren Weg liefen und uns das Leben zur Last machten? Der Wind hatte den Schnee hart gemacht und uns eine feste, schöne Bahn bereitet, so daß wir rasch vorwärts kamen. Wir waren jedoch noch nicht weit, als uns eine Rinne mit offenem Wasser aufhielt, die sich gerade vor unserem Weg ausdehnte. Wir folgten ihr eine Strecke und fanden schließlich einen Übergang.

Nicht lange nachher trafen wir wieder auf eine Rinne. Sie verlief ungefähr in derselben Richtung. Mit Umweg kamen wir auch hier wohlbehalten hinüber. Drei Hunde fielen ins Wasser. Ebenso wurde eine dritte Rinne bewältigt, die vierte war zuviel für uns. Diese Rinne war sehr breit. Wir folgten ihr weit nach Westen, ohne jedoch einen Übergang zu finden. Dann lief ich noch 4 Kilometer allein weiter, um die Gegend zu erforschen, mußte aber ohne Erfolg zu Johansen und den Schlitten zurückkehren. Es ist ein fruchtloses Stück Arbeit, eine Rinne zu verfolgen, die im rechten Winkel zu unserm Kurs verläuft; besser ist es zu lagern, eine gute Pemmikansuppe à la Julienne zu kochen und sich in der Hoffnung auf bessere Zeiten schlafen zu legen. Das Wetter ist ruhig, so daß sich hoffentlich keine neuen Rinnen mehr bilden**. Wenn es sich so hält, wird uns das sehr von Nutzen sein; dann mögen sich so viele Rinnen bilden wie da wollen. Kommt es aber anders und schlimmer, so bleibt uns nichts weiter übrig, als die durchlöcherten Kajaks auszubessern. Wie sie jetzt sind, werden sie vollaufen, sowie sie aufs Wasser kommen.

Ich muß hier wohl erklären, weshalb ich das Ausbessern der Kajaks solange wie möglich aufgeschoben hatte. Das geschah einmal deshalb, weil diese Arbeit lange Zeit beansprucht hätte; die Tage aber waren kostbar, weil wir Land gewinnen wollten, ehe das Eis ungangbar wurde; zum anderen wäre es schwierig gewesen, bei der Temperatur, die wir jetzt hatten, die Arbeit ordentlich auszuführen. Obendrein würden die Fahrzeuge durch das Kentern der Schlitten bald wieder Löcher bekommen. Schließlich verspürte ich wenig Lust, mit den Kajaks Rinnen zu kreuzen, weil sie noch mit jungem, mehr oder weniger dickem Eis bedeckt waren. Es wäre schwierig gewesen, dieses Eis zu durchbrechen, selbst wenn wir den Bug der Kajaks durch einen Neusilberbeschlag und doppeltes Segeltuch vor dem Durchschnittenwerden hätten schützen können.

---

* In Wirklichkeit dauerte es fast noch drei Monate, ehe dieses Wunder (am 24. Juli 1895) eintrat.

** Die Rinnen bilden sich am häufigsten bei Wind, da das Eis dann in Bewegung kommt.

Die Eisverhältnisse wurden jetzt wieder sehr schlecht und unsere Märsche dementsprechend kürzer. Am Freitag, 3. Mai, schrieb ich:

»Gestern haben wir kein so gutes Tagewerk vollbracht, wie ich erwartet hatte, wenn wir auch vom Fleck kamen. Das Eis war eben, und eine Zeitlang schritten wir tüchtig aus. Aber dann hatten wir mehrere Rinnen und Eisrücken, über die wir eben noch hinwegkrochen, obwohl das Eis oft unter unseren Füßen zusammengepreßt wurde. Allmählich nahm der Südostwind zu. Als er eine Geschwindigkeit von 9 bis 10 Metern in der Sekunde erreichte und starkes Schneetreiben einsetzte, war es alles andere als angenehm, sich vorwärts zu arbeiten. Mehrere Male wurden wir durch neugebildete Rücken aufgehalten. Dann sah ich ein, daß es vernünftig war, das Zelt aufzuschlagen. Wir fanden einen passenden Platz, verzehrten unser Fiskegratin und krochen in den Schlafsack. Der Wind rüttelte an den Zeltwänden und türmte rundherum hohe Schneewehen auf. Wir waren gezwungen gewesen, das Zelt ganz dicht an einem neugebildeten Eisrücken aufzurichten, und das war nicht sehr angenehm, weil Eispressungen eintreten konnten. Noch ehe ich einschlief, begann das Eis unter uns zu krachen, und bald darauf fing auch die Kette hinter uns mit den uns wohlbekannten ruckweisen Pressungen an. Ich horchte und überlegte, ob es nicht besser wäre aufzustehen, ehe die Eisblöcke auf uns herabstürzten, schlief darüber aber rasch ein und träumte von einem Erdbeben. Einige Stunden später erwachte ich, alles war ruhig. Nur der Wind heulte um das Zelt, zerrte an den Wänden und peitschte den Schnee hoch hinauf.

Gestern abend wurde ‚Potifar' getötet. Wir haben jetzt noch 16 Hunde; unser Bestand nimmt erschreckend ab, und wir sind noch so weit vom Land! Wenn wir nur erst dort wären!«

Sonnabend, 4. Mai. Machten gestern etwa 15 Kilometer, aber die Rinnen werden immer schlimmer. Als wir nachmittags aufbrachen, hatte sich der Wind gelegt, und es schneite ruhig und still in großen Flocken, wie im Winter zu Hause. Unangenehm war, daß man fast nichts sah; man wußte nicht, ob das Gelände günstig oder ungünstig war; aber wir kamen vorwärts. Es war himmlisch, bei diesem milden Wetter (—11,3°) zu fahren; man brauchte keine Angst zu haben, mit bloßen Händen zu hantieren, und es brauchte einem auch nicht zu grauen, einen Knopf aufzuknöpfen. Man konnte die wunden, erfrorenen Finger wieder benutzen, ohne daß man unerträgliche Schmerzen litt, wenn man etwas anfaßte.

Das Leben wurde uns jedoch bald durch offene Rinnen vergällt. Nur mit Umwegen und Verlust von kostbarer Zeit gelangten wir über sie hinweg. Dann kamen weite Strecken ebenes Eis, auf dem wir lustig weiterzogen, zumal bald darauf auch die Sonne durchbrach. Es ist wunderbar, wie das aufmuntert. Kurze Zeit vorher, als ich mich an einer schrecklichen Rinne entlang durch Eisblöcke und über Eisrücken weiterquälte, ohne einen Durchgang zu entdecken, war ich nahe daran, vor Erschöpfung umzusinken, und kein Vergnügen der Welt erschien mir größer, als in den Sack zu kriechen; jetzt aber, wenn das Glück wieder lächelt und man vorwärts kommt, ist alle Müdigkeit verschwunden.

In der Nacht wurde das Eis ernstlich schlecht. Rinne folgte auf Rinne, eine schlimmer als die andere, und nur durch große Abweichungen vom Kurs und schwierige Umwege konnten wir sie meistern. Es war zum Verzweifeln. Das ist eine Plackerei ohne Ende! Was würde ich nicht darum geben, wenn ich auf Land einen sicheren Weg vor mir hätte, auf bestimmte Tagemärsche rechnen könnte und von dieser Sorge durch Rinnen frei wäre. Niemand weiß, welche Mühseligkeiten sie uns noch bringen, ehe wir Land erreichen. Dabei haben wir immer weniger Hunde. Die armen Tiere erhalten alles, was wir ihnen geben können, aber was nützt das? Ich bin so müde, daß ich auf den Schneeschuhen schwanke. Wenn ich falle, würde ich am liebsten liegenbleiben, so fürchte ich die Mühe, die das Aufstehen macht.

Heute morgen um 5 Uhr kamen wir an eine breite Rinne. Da es unmöglich war, die Hunde noch weiter zu bringen, lagerten wir. Ist man erst einmal im Zelt und hat man sich im Sack verkrochen, eine Schüssel Labskaus vor sich, so stellt sich ein Wohlbehagen ein, das weder durch Rinnen noch durch sonst etwas gestört werden kann.

Fast sämtliche Rinnen scheinen dieselbe Richtung einzuhalten, ungefähr quer zu unserem Kurs mit geringer Abweichung nach Südwesten; sie laufen von mißweisend Ostnordost nach Westsüdwest. Heute morgen war die Temperatur wieder auf — 17,8° gesunken. Ich hoffe, daß das Wasser zufriert. Vielleicht sollten wir den Wind nicht verwünschen; denn unsere Leute auf der »Fram« sind sicher froh darüber, daß endlich Südostwind aufgekommen ist. Gewiß haben sie auf ihn gewartet, und nun er endlich da ist, wünsche ich ihn dahin, wo der Pfeffer wächst! Freilich habe ich mich über den Wind um ihretwillen gefreut; das hindert aber nicht, daß ich viel dafür gäbe, wenn sie mit dem Weitertreiben warten wollten, bis wir Land erreicht haben.

Mittwoch, 8. Mai. Das Eis ist ganz merkwürdig; es scheint immer ebener zu werden, je mehr wir uns dem Land nähern, und doch haben wir gerade das Gegenteil erwartet. Wenn es nur so bleiben wollte! Einige Rinnen sind schmal, ganz neu und mit Schneeschlamm bedeckt. Diese Decke ist allerdings trügerisch genug; es sieht wie festes, ebenes Eis aus, stößt man aber den Stock hinein, so geht er vollständig hindurch bis ins Wasser.

Heute morgen rechnete ich unsere Position aus; die Breite betrug (Sonntag, 5. Mai) 84° 31' Nord, die Länge 66° 15' Ost. Wir waren nicht so weit südlich, wie ich erwartet hatte, aber erheblich weiter westlich. Die Drift hat uns zurück und nach Westen versetzt. Ich werde daher in Zukunft einen südlicheren Kurs als bisher nehmen, etwa rechtweisend Süd, da ich sonst fürchte, zu weit nach Westen zu kommen. Hoffentlich sehen wir bald Land, dann werden wir wissen, welchen Kurs wir zu halten haben.

Gestern wurde kein Hund getötet, weil noch vom Tage vorher zwei Drittel von »Ulenka« übrig waren, die für die Hunde ausreichten. Ich werde fortan nur jeden zweiten Tag einen Hund töten; vielleicht begegnen wir auch bald einem Bären.

Freitag, 10. Mai. — 8,8°. Wir müssen viele Schwierigkeiten überwinden. Gestern versprach der Tag gut zu werden, aber das unsichtige Wetter hielt uns auf. Als wir vormittags aus dem Zelt krochen, war es schön; die Sonne schien, die Bahn war ungewöhnlich gut und das Eis ebener als sonst. Wir machten ziemlich gute Fortschritte, obwohl wir nur noch dreizehn Hunde hatten, vier vor meinem Schlitten, vier vor dem Birkenholzschlitten und fünf vor Johansens Schlitten. Im Laufe des Nachmittags wurde es rasch unsichtig, es schneite, so daß wir unseren Weg nicht sahen. Wir gerieten bald wieder zwischen abscheuliche Eisrücken und fuhren zwischen hohe Rücken hinein und über steile Abhänge hinweg, ohne sie zu sehen. Wohin man sich wandte, erschienen plötzlich Vertiefungen und Fallgruben, obwohl alles unter der Schneedecke schön und eben aussah.

Sonntag, 12. Mai. —17,5°. Gestern war der Tag besser, als wir erwartet hatten. Zwar war es während der ganzen Zeit bewölkt und unsichtig, so daß wir unseren Weg mehr fühlen mußten als sahen, auch war das Eis nicht besonders gut, trotzdem drängten wir vorwärts.

Inzwischen vergeht die Zeit. Wir haben jetzt noch zwölf Hunde. Gestern wurde »Katta« getötet. Unser Proviant nimmt ebenfalls ab, wenn wir auch, Gott sei Dank, noch einen guten Vorrat haben. Die erste Kanne Petroleum (10 Liter) wurde vor drei Tagen leer, und bald werden wir auch den zweiten Sack Brot aufgezehrt haben. Wir tun nichts weiter, als sehnsüchtig den Horizont nach Land erforschen, ich mache aber nichts aus, selbst wenn ich mit dem Fernrohr die höchsten Hügel erklimme.

Montag, 13. Mai. —13°, Minimum —14,2°. Das ist in der Tat ein beschwerliches Dasein. Die Tiere sind träge und lassen sich schwer antreiben. Das Eis verschlechtert sich, je mehr wir uns dem Land nähern, und ist außerdem mit viel tiefem, losem Schnee bedeckt. Man sinkt fast bis zur Hüfte zwischen den Eisstücken ein, sobald man die Schneeschuhe ablegt, um den Schlitten weiterzuhelfen. Die aufgebrochene Eisfläche ermüdet außerordentlich, wenn die Schneeschuhe nicht sicher an den Füßen befestigt sind. Man kann sie aber nicht ordentlich anlegen, wenn man jeden Augenblick den Hunden helfen oder ewig an den Schlitten schieben oder ziehen muß. Auf solchem Boden sind unbedingt indianische Schneeschuhe vorzuziehen. Ich wünschte, ich hätte welche.

Dienstag, 14. Mai. —14,1°. Wir hatten einen behaglichen Ruhetag. Gerade als wir uns nach dem Frühstück auf den Weg machen wollten, bewölkte sich der Himmel, und ein tüchtiger Schneesturm setzte ein; der Marsch bei solchem Wetter über das unebene Eis, das wir jetzt vor uns haben, hätte uns nichts genützt. Wir beschlossen deshalb, im Lager zu bleiben und einiges zu tun, was getan werden mußte, z. B. die Ladung des Birkenholzschlittens auf die beiden anderen Schlitten zu verteilen, um diesen endlich loszuwerden. Das kostete Zeit, mußte aber geschehen; so verloren wir durch den eintägigen Aufenthalt nichts.

Wir hatten jetzt von dem Schlitten und von zerbrochenen Skistöcken so viel Holz, daß ich hoffte, einige Zeit damit kochen und Petroleum sparen zu können. Wir zerschlugen also den Schlitten und zündeten ein Feuer an. Es gelang uns, aus einer leeren Petroleumkanne einen Kochtopf zu bauen, den wir über das Feuer hängten. Beim ersten Versuch in der Zeltöffnung hätten wir beinahe das Zelt niedergebrannt. Der Rauch zog hinein, so daß wir kaum noch aus den Augen sehen konnten. Aber es wärmte schön und sah wunderbar freundlich aus. Dann verlegten wir das Feuer auf das Eis hinaus, wo es weder das Zelt gefährden, noch uns ausräuchern konnte; aber das war auch die ganze Freude. Wir verfeuerten fast den ganzen Schlitten und brachten doch nur einen lumpigen Topf Wasser zum Kochen. Außerdem schmolz die Scholle, auf der wir lagerten, fast durch. Da gab ich den Gedanken auf, mit Schlitten zu kochen und kehrte zu unserm lieben »Primus« zurück, der ein getreuer Kamerad ist und obendrein ein unterhaltsamer Gefährte. Man kann ihn neben sich stehen haben, selbst wenn man im Schlafsack liegt. Wir haben genug Petroleum, sollte ich denken, weshalb uns also um andere Dinge kümmern? Wenn das Petroleum früher zu Ende geht, nun, dann können wir den Bären, Seehunden und Walrossen soviel Tran abzapfen, wie wir nötig haben.

Ich bin sehr neugierig auf das Ergebnis der Umladung. Unsere beiden Kajakschlitten sind ohne Zweifel etwas schwerer geworden, aber dafür werden wir für jeden sechs Hunde haben, solange sie aushalten. Unsere Geduld ist endlich durch hellen Sonnenschein und glänzenden Himmel belohnt worden; dabei ist es im Zelt so warm, daß ich schwitze. Man könnte fast glauben, man liege unter einem Sonnensegel an einem Sommertag in der Heimat. Letzte Nacht war es fast zu warm zum Schlafen.

Donnerstag, 16. Mai, schrieb ich in das Tagebuch:

»Einige Hunde scheinen sehr erschöpft zu sein. ‚Baro', der Leithund meines Gespanns, war gestern fertig; er konnte sich zuletzt kaum noch bewegen und wurde getötet.

Gestern hatte Johansen Geburtstag; er ist 28 Jahre alt geworden. Mit Labskaus, seinem Lieblingsgericht, und gutem, heißem Zitronensaftgrog feierten wir den Tag. Die Mittagssonne machte es warm und gemütlich im Zelt. 6 Uhr morgens —15,8°.

Habe heute die Breite und Länge für gestern ausgerechnet und finde 83° 36' n. Br. und 59° 55' ö. L. Unsere Breite stimmt genau mit der überein, die ich nach unserm Besteck angenommen hatte, aber die Länge ist besorgniserregend westlich, obwohl unser Kurs während der ganzen Zeit ungefähr südlich gewesen ist. Das Eis scheint hier starke Drift zu haben, und es wird besser sein, wenn wir uns etwas östlich von Süd halten, um nicht am Land vorbeizutreiben. Es ist merkwürdig, daß wir noch keine Anzeichen von Land gesehen haben.«

Freitag, 17. Mai. — 10,9°, Minimum — 19°. Heute ist also der »Siebzehnte Mai« — der Verfassungstag. Ich war ganz sicher gewesen, daß wir da irgendwo auf Land sein würden; allein das Schicksal hat es anders beschlossen. Hier liege ich im Sack und denke an den Jubel zu Hause, versetze mich im Traum mitten unter die Festzüge der Kinder und unter die Volksmenge, die in diesem Augenblick durch die Straßen wogt. Freude strahlt aus jedem Auge. Die Flaggen flattern in der blauen Frühlingsluft, und die Sonne sprüht durch das zarte Lichtgrün des jungen Laubwerks. Und hier sitzen wir im Treibeis, wissen nicht genau, wo wir sind, und kennen die Entfernung nicht bis zu einem unbekannten Land, in dem wir Nahrung zu finden hoffen. Hier sitzen wir mit zwei Hundegespannen, die, um unser Leben zu erhalten, stetig kleiner werden, deren Kräfte von Tag zu Tag abnehmen, zwischen uns und unserm Ziel ein Eisfeld mit unbekannten Schwierigkeiten und Gefahren. Wir dringen mühsam Meile auf Meile weiter nach Süden, und inzwischen führt uns die Drift des Eises vielleicht westwärts ins Meer über das Land hinaus, an dem Land vorbei, das wir erreichen wollen. Unleugbar ein beschwerliches Leben; doch einmal wird es ein Ende nehmen, einmal werden wir das Ziel erreichen. Wir hissen unsere Flagge für den »Siebzehnten Mai«. Auch auf 83° 30′ soll dieser Tag gefeiert werden. Und läßt uns das Schicksal den ersten Schimmer von Land erkennen, wird unsere Freude doppelt sein.

Gestern war ein schwerer Tag. Das Wetter war schön, sogar herrlich; die Bahn war vorzüglich, und das Eis war gut, so daß man hätte Fortschritte erwarten können, wenn die Hunde nicht gewesen wären. Sie halten bei allem an. Wer vorausgeht, muß den Weg stets dreimal machen: zuerst um den Weg zu suchen und einen Pfad herzustellen, dann wieder zurück, um die Hunde anzutreiben; es ist wirklich ein langsames Dahinkriechen. Auf ganz ebenem Eis halten die Hunde ein ziemlich gutes Tempo ein, aber bei der ersten Schwierigkeit stehen sie still. Ich versuchte gestern, mich ihnen vorzuspannen, und es ging auch gut; aber als ich auf schlechtem Eis einen Weg suchen sollte, mußte ich es wieder aufgeben.

Trotzdem dringen wir vorwärts, und wir werden schließlich unseren Lohn erhalten, der vorläufig schon sehr reich sein würde, wenn wir nur ohne diese gräßlichen Rinnen Land und Landeis erreichten. Wir stießen gestern auf eine Rinne oder eigentlich einen Teich von ungewöhnlicher Breite. Die Rinne war mit jungem Eis bedeckt, das nicht trug. Vertrauensvoll gingen wir an ihr in rechtweisend südwestlicher Richtung entlang und glaubten bald einen Übergang zu finden; aber das »bald« kam nicht. Gerade da, wo wir einen Übergang vermuteten, bot sich unseren Augen ein überwältigender Anblick. Der Teich dehnte sich in südwestlicher Richtung bis an den Horizont aus, so daß wir das Ende nicht absahen. Was war da zu tun? Hinüberzukommen schien unmöglich zu sein; das Eis war zu dünn, um zu tragen, und zu dick, um die Kajaks durchzubringen. Wie lange es in dieser Jahreszeit dauerte, bis das Eis trug, wußte ich nicht, aber in einem Tage geschah das sicher nicht. Zu lagern und darauf zu warten, schien mir doch zuviel. Wie weit der Teich sich ausdehnte und wie weit wir an ihm entlanggehen mußten, bis wir eine Übergangsstelle fanden, wußten wir ebensowenig, vielleicht dauerte es Tage. Gleichwohl zogen wir an ihm entlang.

Nach kurzer Zeit kamen wir an eine neue Rinne, die quer zum Teich verlief. Hier trug das Eis, und als ich dann den Teich selbst jenseits der Querrinne untersuchte, fand ich eine Zone, in der sich das junge Eis durch Pressungen zu mehreren Schichten zusammengeschoben hatte, so daß es glücklicherweise auch trug und wir wohlbehalten hinüberkamen. Dann ging es mit Mühe und Not weiter, bis wir um 8½ Uhr abends wieder vor einem Teich oder einer Rinne standen. Hier gab es weit und breit keinen Übergang. Überall war ein Eisstreifen, manchmal breit, manchmal schmal, aber zu dünn für die Schlitten. Wir lagerten und beschlossen, bis heute zu warten, weil wir hofften, daß sich das Eis bis dahin verstärken würde. Nun sitzen wir immer noch da mit derselben Rinne vor uns. Der Himmel mag wissen, welche Überraschungen der Tag uns noch bringt.

Sonntag, 19. Mai. Die Überraschung, die uns der »Siebzehnte« gebracht hat, waren Narwale. Gerade als wir uns auf den Weg gemacht hatten und die Rinne überschreiten wollten, an der wir am Tage vorher hatten haltmachen müssen, wurde ich auf ein Pusten aufmerksam, das wie das Blasen der Wale klang. Zuerst dachte ich, es rühre von den Hunden her; doch hörte ich dann genau, daß das Geräusch aus der Rinne kam. Johansen hatte es, wie er sagte, schon den ganzen Morgen gehört, aber gemeint, es sei nichts als das Pressen des Eises in der Ferne. Nun, das war es nicht, diesen Ton kannte ich gut genug. Ich beobachtete eine Öffnung im Eis, aus der das Geräusch zu kommen schien. Plötzlich sah ich eine Bewegung, die nicht von berstendem Eis herrühren konnte, und richtig — da tauchte der Kopf eines Narwals auf, dann kam der Körper, machte den bekannten Bogen und verschwand wieder. Nun stieg ein zweiter in die Höhe. Es war eine ganze Herde. Ich rief, es seien Wale da, lief nach meinem Schlitten und holte meine Büchse heraus. Johansen besorgte eine Harpune. Dann war ich zur Verfolgung bereit. Inzwischen waren die Tiere aus der Öffnung, in der ich sie zuerst gesehen hatte, verschwunden, doch hörte ich ihr Pusten aus anderen Löchern weiter östlich. Ich folgte der Rinne, kam aber nicht zum Schuß, obwohl ich den Tieren ein- oder zweimal nahe war. Sie kamen in verhältnismäßig kleinen Öffnungen, die sich längs der ganzen Rinne befanden, in die Höhe.

Wir hatten alle Aussichten, daß wir sie erlegten, wenn wir nur einen Tag blieben und eine der Öffnungen beobachteten; wir hatten aber keine Zeit übrig und würden, wenn wir wirklich einen Wal bekommen hätten, von ihm doch nicht viel haben mitnehmen können, die Schlitten waren ohnehin schon schwer genug. Bald nach dieser erfolglosen Jagd fanden wir einen Übergang und setzten die Reise fort.

Als wir später im Laufe des Tages besseres Eis trafen, machten wir gute Fortschritte, und als wir gestern morgen um $11^1/_2$ Uhr anhielten, hatten wir nach meiner Schätzung auf diesem Tagemarsche 15 Kilometer zurückgelegt. Das bringt uns auf ungefähr 83° 20′ Breite.

Endlich waren wir also auf Breiten herabgekommen, die schon vor uns Menschen erreicht haben und wo das Land nicht mehr ferne sein kann.

Am 19. Mai schrieb ich: »Bin auf den höchsten Hügel hinaufgeklettert, den ich bis jetzt erstiegen habe. Habe ihn roh gemessen und festgestellt, daß er $7^1/_2$ Meter über das Eis emporragte, von dem aus ich hinaufgeklommen war; da dieses Eis sich in beträchtlicher Höhe über dem Wasserspiegel befand, betrug die Gesamthöhe wahrscheinlich ungefähr 9 Meter.«

An diesem Tage stießen wir auf die ersten Bärenfährten. Die Aussicht auf einen Bärenschinken machte uns sehr fröhlich. Am 20. Mai trat ein fürchterlicher Schneesturm ein. Es bleibt uns nichts übrig, als wieder unter Dach zu kriechen und solange zu schlafen, bis uns der Hunger weckt. Dann stehe ich auf und koche köstlichen Labskaus aus Lebertreig; darauf trinken wir einen Becher Molkenwasser, dann krieche ich wieder in den Sack, schreibe oder schlummere, wie sichs gerade trifft. Hier liegen wir und haben nichts zu tun als zu warten, bis sich das Wetter ändert und wir weiterziehen können.

Wir können kaum noch weit von 83° 10′ n. Br. entfernt sein und müßten Petermann-Land schon erreicht haben, wenn es da liegt, wo Payer es angegeben hat. Entweder sind wir des Teufels, oder das Land muß sehr klein sein. Inzwischen wird uns dieser Ostwind westwärts in die See hinaustreiben, in Richtung auf Spitzbergen. Nur der Himmel weiß, welche Geschwindigkeit die Drift hat. Ich bin übrigens nicht im geringsten entmutigt. Wir haben ja noch zehn Hunde. Und wenn wir bei Kap Fligely vorbeitreiben, so liegt westlich von uns Land genug, das wir schwerlich verfehlen können. Verhungern werden wir kaum. Sollte das Allerschlimmste eintreten, nämlich daß wir hier überwintern müßten, so werden wir auch damit fertig werden. Wenn nur zu Hause niemand auf uns wartete!

Endlich, am Nachmittag des nächsten Tages (21. Mai), machten wir uns wieder auf. Es schneite noch so dicht, daß wir oft wie Blinde dahinstolperten. Da das Eis eben war und wir den starken Wind gerade im Rücken hatten, setzte ich das Segel auf meinen Schlitten. Er lief nun beinahe allein, beflügelte aber die Hunde in ihrem Schritt nicht im mindesten, sie behielten dasselbe langsame Tempo bei wie vorher. Die armen Tiere werden müder und müder, und dabei ist die Bahn so schwierig und locker. Wir kreuzten an diesem Tag viele neuüberfrorene Teiche.

Ich glaube nicht zu übertreiben, wenn ich für unseren heutigen Tagemarsch 22 Kilometer annehme; wir müßten 83° n. Br. hinter uns haben, trotzdem ist noch kein Anzeichen von Land zu sehen. Das macht einen allmählich etwas gespannt.

Freitag, 24. Mai. —7,4°, Minimum —11,4°. Gestern war der schlechteste Tag, den wir bis jetzt gehabt haben. Die Rinne, die vor uns lag, als wir am Tag vorher haltmachen mußten, erwies sich schlimmer als alle früheren. Nach dem Frühstück um 1 Uhr morgens flickte Johansen das Zelt, und ich trabte fort, um eine Übergangsstelle zu suchen. Drei Stunden war ich unterwegs und fand keine. Es blieb uns nichts anderes übrig, als an der Rinne entlang nach Osten zu gehen; schließlich mußten wir irgendwo hinüberkommen. Aber dies dauerte länger, als wir erwartet hatten. Als wir dahin kamen, wo die Rinne zu endigen schien, waren die Eismassen rundherum nach allen Richtungen geborsten, und die Schollen mahlten aneinander mit reißender Geschwindigkeit; nirgends war ein sicherer Weg. Hier und da sah es aus, als ob sich eine gangbare Stelle bildete, wenn ich aber im nächsten Augenblick die Schlitten heranbrachte, war nur mehr offenes Wasser zu sehen. Immerhin führten wir einige schwierige Manöver von einer Scholle zur andern aus, immer weiter nach Osten, um hinüberzukommen. Das Eis schob sich unter und rund um uns zusammen. Es nahm kein Ende. Wohin man sich wandte, überall gähnten einem Rinnen entgegen. In allen Richtungen sah man am bewölkten Himmel das Wasser sich dunkel und drohend widerspiegeln. Es schien wirklich, als ob das Eis vollständig aufgebrochen sei. Wir waren hungrig und todmüde. Nach neunstündiger Arbeit entschlossen wir uns zu einer Mahlzeit. Es ist merkwürdig, mag die Welt so düster aussehen wie sie will, liegt man erst einmal im Sack und kommt das Essen, dann werden alle Sorgen vergessen, der Mensch wird zum zufriedenen Tier, das sich satt ißt, solange es die Augen offen halten kann, und mit dem Essen im Munde einschläft. Glücklicher Leichtsinn! Um 4 Uhr mußten wir uns aber aufs neue an die alte, hoffnungslose Arbeit machen und Übergänge in dem

Gewirr von Rinnen suchen. Um das Maß voll zu machen, wurde es so diesig, daß man nicht mehr sah, sondern erst spürte, wenn man gegen einen Eiswall rannte oder in eine Spalte stürzte. Wir haben genug von diesem Wetter. Wieviel Rinnen und Spalten wir überschritten, über wieviel schwierige Rücken wir kletterten und dabei die schweren Schlitten nachschleppten, weiß ich nicht, wir zählten sie nicht. Sie liefen und wendeten sich nach allen Richtungen, und überall stießen wir auf Wasser und Schlammeis.

Aber alles nimmt ein Ende, auch diese Plage. Schließlich hatten wir die letzte Rinne hinter uns gebracht, und eine liebliche Ebene lag vor uns. Insgesamt waren wir fast zwölf Stunden auf den Beinen gewesen. Außerdem war ich morgens einer Rinne drei Stunden lang gefolgt, so daß für mich fünfzehn Stunden herauskamen. Wir waren vollständig fertig und gründlich naß. Wievielmal wir durch die trügerische Schneekruste, die das Wasser zwischen den Eisstücken verbirgt, eingesunken sind, ist nicht zu sagen. Am Morgen war ich nur mit genauer Not davongekommen. Vertrauensvoll war ich auf meinen Schneeschuhen über Eis gelaufen, das ich für fest hielt, als plötzlich der Boden unter mir versank. Glücklicherweise waren einige Eisstücke in der Nähe, auf die ich mich werfen konnte, während das Wasser über den Schnee spülte, auf dem ich eben noch gestanden hatte. Wahrscheinlich hätte ich bei einem anderen Ausgang des Abenteuers eine lange Schwimmreise durch das Schlammeis machen müssen, die nicht angenehm gewesen wäre, zumal ich allein war.

Endlich hatten wir ebenes Eis voraus; aber unser Glück sollte nur von kurzer Dauer sein. Aus der dunklen Wolkenbank am Himmel erkannten wir, daß sich vorn eine neue Rinne befand, und um 8 Uhr abends hatten wir sie auch erreicht. Die Richtung der Rinne zu verfolgen und einen Übergang zu suchen, dazu war ich zu müde. Wir lagerten und errichteten das Zelt. Bald sang traulich der »Primus«, das Fiskegratin duftete köstlich, im Schlafsack lagen behaglich zwei glückliche Menschen, freuten sich ihres Daseins und waren zufrieden.

Während des Frühstücks ging ich einmal hinaus und nahm eine Mittagshöhe, die uns auf 82° 52′ n. Br. versetzte. Große Freude!

Sonntag, 26. Mai. Das unebene Eis erschwert das Marschieren unglaublich. Der Schnee liegt lose, und wenn man die Schneeschuhe nur einen Augenblick abnimmt, sinkt man gleich bis über die Knie ein. Dazu kommt, daß man bei so unsichtigem Wetter, wie es gestern war, leicht in die größten Spalten oder Schneewehen hineinrennt. Man sieht nichts, weil unter der neuen Schneedecke alles gleichmäßig weiß ist und das Licht von allen Seiten kommt, so daß es keinen Schatten wirft. Dann stürzt man mit aller Wucht hinein und kann nur mit Mühe wieder aufstehen. Das wiederholt sich fortwährend, und je länger es dauert, um so schlimmer wird es. Schließlich schwankt man vor Müdigkeit auf den Schneeschuhen weiter, wie betrunken. Aber wir gewinnen Raum, und das ist die Hauptsache, mögen die Schienbeine noch so sehr zerschunden werden und schmerzen.

Heute ist ein gemütlicher Sonntagmorgen im Zelt; die Beobachtungen haben mich in frohe Stimmung versetzt, das Leben scheint hell vor uns zu liegen. Bald müssen wir in der Lage sein, mit ordentlicher Geschwindigkeit über offenes Wasser zu fahren. Das wird ein Vergnügen sein, wieder Kajakruder und Flinte zu handhaben, anstatt diese unaufhörliche Mühsal mit den Schlitten zu ertragen! Und dann das Geschrei mit den Hunden, daß sie anziehen sollen — es zerreißt und zersprengt einem die Ohren und jeden Nerv im Leibe.

Montag, 27. Mai. Seit gestern morgen haben wir beständig Widerschein von Wasser am Himmel; ich richte unseren Kurs nach der Stelle, die, nach dem Schein zu urteilen, die größte Ansammlung von Eis und infolgedessen den leichtesten Übergang verspricht.

Wir stehen auf 82° 30′ n. Br. Sehr seltsam, daß wir nichts von Bodennähe merken! Ich kann mir das auf keine andere Weise erklären, als daß wir einige Grade östlicher stehen, als wir annehmen*. Daß wir so weit westlich sein sollten, wie nötig ist, um Petermann-Land und König-Oskar-Land deutlich zu sehen, ohne in der Tat auch nur etwas davon zu bemerken, halte ich für ganz unwahrscheinlich. Ich habe unsere früheren Beobachtungen nochmals durchgesehen, unser Besteck durchgerechnet, die Geschwindigkeit und Richtung des Windes und alle Möglichkeiten der Drift berücksichtigt. Daß ein großer Fehler darin sein soll, ist undenkbar.

Gestern abend wurde »Kvik« getötet. Das arme Tier war schon vollständig ausgemergelt und konnte nicht mehr ziehen. Es tat mir leid, mich von ihr zu trennen; aber was sollte man mit ihr machen? Wenn wir frisches Fleisch bekommen hätten, würde es lange gedauert haben, um sie wieder herauszufüttern, und selbst dann würden wir keine Verwendung für sie gehabt haben, sondern hätten sie doch töten müssen. Aber ein schönes, großes Tier war »Kvik« doch; sie reichte für unsere übrigen acht Hunde drei Tage.

Ich wundere mich fortwährend über das Eis, auf dem wir jetzt vorwärtsdringen. Es ist eben und gut, mit nur kleinen aufgebrochenen Schollen darauf und hier und da einem Hügel oder einem Rücken; allein es ist alles Eis, das noch nicht winteralt sein kann, sich also jedenfalls seit dem letzten Sommer gebildet hat. Höchst selten trifft man eine kleine Fläche älteren Eises oder auch nur eine alte Scholle, die den Sommer durch gelegen hat, an, und es war auf unserm letzten Lagerplatz unmöglich, uns mit Eis zu versorgen, das der Sommersonne ausgesetzt gewesen und also salzfrei gefroren war. Wir müssen uns mit Schnee begnügen, um Trinkwasser zu haben**.

Nun begann eine Zeit, in der die Rinnen recht schlecht wurden, und die Qual wurde ärger; denn kreuz und quer liefen die Rinnen und Spalten durch-

---

* Tatsächlich befanden wir uns damals ungefähr 6° weiter östlich, als wir glaubten.

** Um Wasser im Kochapparat zu bekommen, schmilzt man besser Eis als Schnee, besonders wenn das Eis nicht alt und körnig ist. Frisch gefallener Schnee gibt wenig Wasser und braucht erheblich mehr Hitze zum Schmelzen. Salzwassereis, das während des Sommers den Sonnenstrahlen ausgesetzt gewesen und dadurch von einem Großteil seines Salzgehaltes befreit worden ist, liefert ausgezeichnetes Trinkwasser. Einige Expeditionen sind von dem Aberglauben befangen gewesen, daß Trinkwasser, in dem sich die geringste Menge Salz befindet, schädlich sei. Das ist ein Irrtum, der beispielsweise die Mitglieder der »Jeannette«-Expedition viel unnötige Mühe gekostet hat. Sie destillierten erst das Wasser, ehe sie es tranken, weil sie glaubten, so dem Skorbut zu entgehen.

einander. Das Eis war zuweilen uneben, und es ging sich schlüpfrig und schwer darauf.

Wenn man das Eis aus der Vogelschau betrachten könnte, so würde es wie ein Netzwerk von unregelmäßigen Maschen aussehen. Wehe dem, der sich in dieses Netz verwickeln läßt.

Mittwoch, 29. Mai. Gestern legte ich die Finnenschuhe ab und zog die »Komager«, die Lappenschuhe an. Es war ein angenehmer Übergang. Dabei bleiben einem die Füße trocken, und man erspart sich außerdem die Mühe, abends und morgens auf die Finnenschuhe zu achten, die bei jeder milden Temperatur so dicht werden wie unser einheimisches »Lefse«, eine Art zäher Fladenkuchen aus Roggenmehl. Nun braucht man, um die Schuhe zu trocknen, auch nicht mehr mit nassen Lappen auf der Brust und den Beinen zu schlafen.

An diesem Tage sahen wir unseren ersten Vogel, einen Eissturmvogel (Procellaria glacialis).

Donnerstag, 30. Mai. Gestern morgen um 5 Uhr setzten wir im Glauben, daß wir jetzt endlich das ganze Netzwerk von Rinnen hinter uns hätten, den Marsch fort. Wir waren aber noch nicht weit gekommen, als der Widerschein neuer Rinnen vor uns auftauchte. Ich erkletterte rasch einen Hügel. Der Anblick, der sich mir bot, war alles andere als erfreulich: Rinne hinter Rinne, kreuz und quer, nicht nur vor uns, sondern auch auf beiden Seiten, so weit das Auge reichte. Es sah aus, als ob es ganz einerlei sei, welche Richtung wir einschlügen, es würde alles nichts nützen, um aus dem Gewirr herauszukommen. Das ganze Eis schien aufgebrochen zu sein und blieb aller Wahrscheinlichkeit nach so bis zum Lande. Wir hatten es jetzt nicht mehr mit dem zusammenhängenden, festen Polareis zu tun, sondern mit dünnem, zertrümmertem Packeis, der Willkür des Windes aus allen Himmelsrichtungen preisgegeben. Wir mußten uns mit dem Gedanken vertraut machen, von einer Scholle zur andern zu klettern. Ich würde jetzt viel darum gegeben haben, wenn es März gewesen wäre mit seiner Kälte und seinen Leiden statt Ende Mai mit seiner Wärme. Es war gerade das Ende des Mai, das ich schon immer gefürchtet hatte, die Zeit, in der wir bereits auf Land hätten sein müssen.

Oder wäre es einen Monat später gewesen! Das Eis würde sich dann vielleicht lockern, so daß es mehr offene Teiche und Rinnen gab, in denen wir im Kajak leicht vorwärts kamen. Ja, wer konnte dies wissen? Dieses dünne, zerbrechliche, junge Eis schien von allem etwas zu sein, und dabei war nach jeder Richtung hin Widerschein von Wasser am Himmel, meist aber weit, weit vor uns. Wenn wir nur dort, nur in Landnähe wären! Sollte das schlimmste kommen, müßten wir warten, bis mildes Wetter eintritt und das Eis im Ernst aufbricht. Haben wir aber Proviant genug dafür? Das war mehr als zweifelhaft.

Während ich, in diese trüben Betrachtungen versunken, auf dem hohen Hügel stand, hörte ich plötzlich den wohlbekannten Ton eines schnaufenden Wals aus einer Öffnung dicht hinter mir. Das war die Antwort auf meine Besorgnisse. Verhungern würden wir nicht; es gibt hier Tiere, und wir haben Büchsen und Harpunen, und zu gebrauchen wissen wir sie auch. Es war eine ganze Herde von Narwalen, die dort in der Öffnung Atem holten und unaufhörlich schnauften. Ich stand lange Zeit und schaute ihnen zu; indessen hatten wir jetzt nicht Wale zu betrachten, sondern unsern Kurs nach Südwest oder Südwest zu Süd fortzusetzen und vorzudringen, so gut wir konnten. Und mit diesem Entschluß kehrte ich zu den Schlitten zurück.

Während wir im Lauf des Morgens einen Weg zwischen ein paar Rinnen verfolgten, sah ich plötzlich einen schwarzen Gegenstand durch die Luft flattern; es war eine Grillumme, die uns mehrere Male umkreiste. Nicht lange nachher hörte ich ein seltsames Geräusch in südwestlicher Richtung, als ob auf einem Horn geblasen würde; ich vernahm es verschiedene Male, und auch Johansen hörte es, doch konnte ich nicht herausbekommen, was es war*. Eine Weile darauf segelte ein Eissturmvogel auf uns zu und flog über unseren Köpfen um uns herum. Ich holte die Flinte hervor, aber noch ehe ich eine Patrone eingeschoben hatte, war der Vogel fort. Später sah ich einen Seehund auf dem Eis; es war eine kleine Kragenrobbe (Phoca foetida). Es wird hier lebendig, und es ist tröstlich für uns, soviel Leben zu sehen; man hat das Gefühl, daß man sich freundlicheren Gebieten nähert.

Freitag, 31. Mai. Der heutige letzte Tag im Mai ist wieder schön. Auch dieser Monat ist hingegangen, ohne daß wir Land erreicht, ja ohne daß wir es nur gesehen haben. Sicher wird der Juni nicht in derselben Weise verlaufen — es ist unmöglich, daß wir jetzt noch weit haben. Gestern mittag fanden wir die frischen Fährten eines Bären mit zwei Jungen, die an einer Rinne entlang gezogen waren. Wir haben also Aussicht auf frisches Fleisch, obwohl merkwürdigerweise keiner von uns besonders danach verlangt. Wir sind ganz zufrieden mit der Nahrung, die wir haben; für die Hunde würde es aber sehr wichtig sein. Gestern abend mußten wir wieder einen töten, und zwar kam diesmal »Pan«, unser bester Hund, dran. Es war kein anderer Rat zu schaffen; er war erschöpft und konnte nicht mehr. Die sieben Hunde, die wir jetzt noch haben, können drei Tage mit dem Fleisch Pans gefüttert werden.

Das Eis ist stark zerstückelt; es würde richtiges Packeis sein, wenn nicht große Schollen und ebene Stellen dazwischen wären. Hätte dieses Eis Platz, sich zu lockern, so würde es leicht genug sein, zwischen den Schollen zu rudern. Manchmal sank mir gestern der Mut, wenn wir durch Rinnen aufgehalten wurden und ich einen Hügel erklommen hatte und nach vorn sah. Ich glaubte, wir müßten die Hoffnung weiterzukommen aufgeben, weil vor uns ein wahres Chaos von Blöcken und Schneeschlamm war, das im offenen Wasser durcheinandertrieb. In solchem Wasser von einer Scholle zur anderen zu springen, mit Hunden und zwei schweren Schlitten hinter sich her, ist nicht gerade leicht; aber nach vielen Versuchen kamen wir schließlich doch hinüber und erreichten wieder ebenes Eis. Diese Manöver wiederholten sich immer wieder; immer neue Rinnen traten auf.

Das Eis, auf dem wir jetzt weiterziehen, ist neues Eis. Es wird beständig dünner und ist hier nicht dicker als ein Meter.

---

* Das Geräusch rührte unzweifelhaft von Seehunden her, die oft einen Ton ausstoßen, der wie ein langgezogenes »Ho« klingt.

Wir haben höllisch viel schlechtes Wetter. Aber was sollen wir machen? Um uns hier niederzulassen, haben wir kaum Proviant genug; es bleibt also, meine ich, nichts übrig, als uns weiter zu quälen.

Ich nahm heute eine Mittagshöhe; wir mußten auf 82° 21' n. Br. sein, und noch immer ist kein Schimmer von Land zu sehen; ich stehe vor einem Rätsel. Was würde ich darum geben, könnte ich jetzt den Fuß auf festes Land setzen — aber es heißt immer: Geduld, Geduld!

Mit Schlitten und Kajak

Sonnabend, 1. Juni. Nun haben wir also Juni. Was wird er uns bescheren? Wird uns auch dieser Monat das Land nicht bringen, nach dem wir uns sehnen? Das Glück ist ein wunderliches Ding. Gestern morgen erwartete ich von diesem Tag so wenig wie möglich; wir hatten starken Gegenwind und Schneetreiben, das uns die Luft nahm. Es wurde auch nicht schöner, als wir gleich nach dem Aufbruch an eine Rinne kamen, die ungangbar schien; alles war dunkel und düster. Und doch machte sich der Tag besser, als wir erwartet hatten. Wir fanden einen Übergang über die Rinne und kamen auf lange, schöne Ebenen, auf denen wir bis Mittag weiterzogen. Von 5 Uhr nachmittags an hatten wir weitere anderthalb Stunden gutes Eis; aber dann war es zu Ende. Rinnen, die nach allen Richtungen liefen, schnitten uns jedes weitere Vordringen ab. So blieb uns nichts übrig, als zu lagern und vom nächsten Tag Besserung zu hoffen. Nun ist der Morgen da, aber ob die Welt besser aussieht und die Rinne sich mehr geschlossen hat, weiß ich noch nicht. Als wir gestern abend 9 Uhr das Zelt aufschlugen, klärte es sich nach dem schauderhaften Schneetreiben wie gewöhnlich plötzlich auf. Der Wind legte sich, und das Wetter wurde wunderschön, mit blauem Himmel und leichten, weißen Wolken, so daß man sich beinahe weit fort in den Sommer der Heimat versetzt träumen konnte. Der Horizont im Westen und Südwesten war klar genug, doch war nichts weiter zu sehen als derselbe Wasserhimmel, auf den wir schon lange lossteuern und der jetzt glücklicherweise sichtlich höher ist. Wir kommen ihm also näher.

Wenn wir nur Land erreichen, bevor unser Proviant zu Ende geht! Dann halten wir uns für gut geborgen, auf demselben Land, auf dem Payer seiner Ansicht nach der Hungertod sicher bevorstand, wenn er dort hätte bleiben sollen und den »Tegetthoff« nicht wiedergefunden hätte. Er war aber auch nicht 2½ Monate auf dem Treibeis zwischen 83° und 86° herumgestreift, ohne ein lebendes Wesen zu sehen.

Ist es nicht seltsam? Die ganze Nacht hindurch, so oft ich aufwachte, schien die Sonne durch die seidenen Zeltwände zu uns herein, und es war so warm und hell, daß ich vom Sommer, fern von Rinnen und Quälerei und endloser Mühsal, träumte. Ach, wie schön erscheint in solchen Augenblicken das Leben, wie licht die Zukunft! Aber sobald ich um 9½ Uhr aufstand um zu kochen, verhüllte die Sonne ihr Antlitz, und der Schnee rieselte wieder herab. Das wiederholt sich jetzt fast jeden Tag. Will uns die Sonne zwingen, hierzubleiben und auf den Sommer, die Lockerung des Eises und auf offenes Wasser zu warten, das uns die Mühe sparen würde, einen Weg durch dieses hoffnungslose Gewirr von Rinnen zu suchen? Ich fürchte, daß es noch dazu kommen wird. Selbst wenn wir mit dem Proviant durchkämen, indem wir die Hunde töten und essen und Wild erlegen, würden wir doch sehr spät in Spitzbergen ankommen. Wir müßten dann den Winter dort zubringen, und zu Hause müßten sie noch ein weiteres Jahr auf uns warten.

Sonntag, 2. Juni. Pfingstsonntag. Ich hätte nie gedacht, daß wir zu dieser Zeit noch immer auf dem Treibeis wären, ohne Land zu sehen. Aber das Schicksal kennt keine Barmherzigkeit und läßt sich weder mildern noch ändern.

Die Rinne, die uns gestern aufhielt, hat sich nicht geschlossen, sondern sich noch weiter geöffnet, so daß westlich von uns ein großer See entstanden ist und wir mitten darin auf einer Scholle leben, ohne irgendwo einen Weg nach dem anderen Ufer zu haben. Wir müssen also die Kajaks ausbessern und seetüchtig machen. Die Hülle meines Kajaks abzureißen und zum Flicken ins Zelt zu bringen, war im Nu geschehen. Dann verbrachten wir einen gemütlichen, ruhigen Pfingstabend im Zelt. Bald war der Kochapparat im Gange, und wir aßen dampfend heißes Labskaus. Die Haut des Bootes war bald geflickt; dann mußte ich hinaus und die Schnüre, die sich am Gerippe meines Kajaks gelöst hatten, fester anziehen und aufs neue binden. Das ist kein ganz unbedeutendes Stück Arbeit; denn es sind mindestens vierzig Befestigungen. Außerdem sind ein paar Rippen zersplittert. Auch Johansen nahm die Haut von seinem Kajak herunter. Wenn beide Gestelle in Ordnung gebracht und die Kajaks wieder überzogen sind, sind wir aufs neue bereit, allen Hindernissen entgegenzutreten, seien es Rinnen, Teiche oder das offene Meer.

Wir werden uns beruhigt aufmachen; die dauernde Sorge, ungangbare Rinnen anzutreffen, wird ein Ende haben. Nichts wird uns hindern, bald Land zu erreichen, und es kann jetzt kaum noch lange dauern, bis wir auf Rinnen und offenes Wasser stoßen, darin wir rudern können. Aber was tun wir mit den Hunden, die noch übrig sind? Wir müssen uns von ihnen trennen. Gestern abend wurden die Rationen für die Hunde eingeteilt, außerdem haben wir von »Pan« noch etwas übrig. »Klapperslangen« ist der nächste, der dran glauben muß. Dann würden wir nur mehr sechs Hunde haben, die wir noch vier Tage behalten könnten, so daß wir mit ihnen noch eine tüchtige Strecke weiterkommen werden.

Pfingsten — es liegt etwas so Liebliches, Sommerliches in dem Wort! Es ist hart zu denken, wie schön sie es jetzt zu Hause haben, und daß wir noch immer hier in Schnee, Wind und Eis liegen müssen. Aber daß man sich dorthin sehnt, was nutzt es? Klein-Liev wird heute mittag zu ihrer Großmutter gehen; vielleicht ziehen sie ihr gerade in diesem Augenblick das neue Kleid an. Nun ja; die Zeit wird kommen, daß ich dabei bin, aber wann? Ich muß mich an die Arbeit bei den Bootsbefestigungen machen, dann wird alles wieder in Ordnung sein!

An den folgenden Tagen arbeiten wir mit großem Eifer an den Kajaks; wir nahmen uns nicht einmal Zeit zum Essen. Zuweilen vergingen zwölf Stunden zwischen den einzelnen Mahlzeiten, und unser Arbeitstag dauerte mehrmals vierundzwanzig Stunden. Nachdem wir die Hüllen und Gerippe instand gesetzt hatten, wurde die Haut übergezogen und straff gespannt. Alles das mußte natürlich mit großer Sorgfalt geschehen. Wir hatten dann aber auch seetüchtige Kajaks, die auf der Überfahrt nach Spitzbergen wohl einen Sturm aushielten.

Mittlerweile verging die kostbare Zeit.

Am Dienstag, 4. Juni, schrieb ich in mein Tagebuch:

»Mir scheint, daß es nicht mehr lange dauern kann, bis wir an offenes Wasser und lockeres Eis kommen. Das Eis ist so dünn und zerstückelt und das Wetter so sommerlich. Gestern waren es — 1,5°, und der Schnee, der herunterkam, war mit Regen untermischt; er schmolz auf dem Zelt, und die Wände tropften. Den ganzen Tag hatten wir abscheuliches Schneewetter. Heute aber ist das Wetter prachtvoll, der Himmel klar und blau, und die Sonne ist eben über den Gipfel des Hügels gekommen und schaut ins Zelt herein. Es wird ein herrlicher Tag werden, um draußen zu sitzen und zu arbeiten, nicht wie gestern, als alles naß wurde und wir die Schnüre beim Festmachen nicht genügend straffen konnten. Die Sonne ist doch ein treuer Freund! Früher, als sie immer da war, war ich ihrer fast überdrüssig, aber wie froh sind wir, wenn wir sie jetzt sehen, und wie heiter sie uns auf! Laßt uns nur erst offenes Wasser haben und die Kajaks daraufsetzen, dann wird es auch nicht lange dauern, bis wir zu Hause sind!

Heute haben wir zum erstenmal während der ganzen Reise die Rationen zum Frühstück abgewogen, Butter 50 Gramm, Aleuronat-Brot 200 Gramm*. Wir müssen uns ans Gewicht halten, wenn wir mit dem Proviant reichen wollen. Ehe wir weiter gehen, werde ich ein genaues Verzeichnis von allem, was wir noch haben, aufstellen.

Das Glück war nur von kurzer Dauer. Die Sonne ist wieder verschwunden, der Himmel ist überzogen, und der Schnee fällt in Flocken.«

Mittwoch, 5. Juni. Immer noch auf derselben Stelle. Das Wetter war übrigens gestern so schön und sommerlich, daß wir bei der Arbeit draußensitzen und uns sonnen konnten.

Wir schossen unser erstes Wild; es war eine Elfenbeinmöwe (Larus eburneus), die über das Zelt hinflog. Es gab auch andere Möwen hier, wir sahen vier auf einmal. Ich ging ihnen nach, fehlte aber und verschwendete eine Patrone; das darf nicht wieder vorkommen. Im Teich sah ich einen Seehund; Johansen hatte ebenfalls einen bemerkt, auch Narwale haben wir gesehen und gehört. Es ist hier Leben genug, und wenn die Kajaks schon in Ordnung wären und wir aufs Wasser hinausrudern könnten, würden wir sicher Beute machen. Aber das ist jetzt noch nicht notwendig. Wir haben augenblicklich Proviant genug, und es ist besser, die Zeit wahrzunehmen und weiterzukommen. Der Hunde wegen wäre es freilich gut, etwas großes Wild zu erlegen, damit wir nicht noch mehr von unseren vierbeinigen Kame-

---

* Bis jetzt hatten wir gegessen, was wir brauchten, ohne die Rationen abzuwiegen. Es ergab sich aber, daß wir trotzdem nicht mehr verzehrt hatten, als ich von Anfang an bestimmt hatte, nämlich täglich ein Kilo getrockneten Proviant. Nunmehr verringerten wir die täglichen Rationen erheblich.

raden töten müssen, bevor die Schlittenreise beendet ist. Gestern mußten wir »Klapperslangen« schlachten; er lieferte 25 Rationen, mit denen wir für die übrigen sechs Hunde vier Tage reichen werden. Das Schlachten ist jetzt Johansens Aufgabe, der darin so gewandt geworden ist, daß er mit einem einzigen Stoß meines Lappenmessers dem Tiere ein Ende macht, so daß es nicht einmal Zeit hat, noch einen Laut auszustoßen; mit Messer und Beil hat er es in wenigen Minuten in passende Stücke zerlegt.

Die Tiere sind ausgehungert. Gestern fraß »Lilleräven« einen Riemen. Ich bin nicht sicher, ob die anderen Hunde sich nicht auch hin und wieder ein Stück Segeltuch erlauben.

Donnerstag, 6. Juni. Immer noch auf demselben Fleck. Wir brennen darauf, mit dem ganzen Zeug endlich wieder unterwegs zu sein und auf offenem Wasser zu schwimmen. Dann wird das Leben etwas anders aussehen. Frei von diesem Eis und den Rinnen, der mühseligen Arbeit mit den Schlitten, den endlosen Schwierigkeiten mit den Hunden und wir selbst in einem leichten Fahrzeug über die schaukelnden Wellen tanzend: es ist zu schön, daran zu denken! Vielleicht haben wir noch manchen harten Kampf zu bestehen, ehe wir dieses Ziel erreichen, noch manche schwere Stunde durchzumachen, aber einmal muß es kommen, und dann — dann wird das Leben wieder Leben sein!

Gestern sind wir endlich mit dem Ausbessern der Gerippe beider Kajaks fertig geworden. Morgen abend werden wir hoffentlich aufbrechen können. Bei dieser Reparatur ist es sehr über unsere Schnüre gegangen; von drei Knäueln haben wir nicht ganz eins mehr übrig, das ich nun schonen werde. Vielleicht brauchen wir es einmal zum Fischen.

Unsere Proviantvorräte schwinden. Ich wog gestern die Butter und fand, daß wir nur noch 2,3 Kilo besaßen; wenn wir täglich 50 Gramm auf den Mann rechnen, kommen wir damit noch 23 Tage aus. Heute notierte ich zum erstenmal eine Temperatur über dem Gefrierpunkt, nämlich $+0{,}2°$ am Morgen. Der Schnee ist sehr naß, und die Hügel tropfen; es wird nicht mehr lange dauern, bis wir Wasser auf den Schollen haben. Gestern abend hat es richtig geregnet. Es war nur ein kurzer Schauer; erst feiner Sprühregen, dann große, schwere Tropfen, so daß wir im Zelt Schutz suchten — aber es war Regen, Regen! Es war ein geradezu sommerliches Gefühl, zu hören, wie es auf das Zelt tropfte. Ein tüchtiger Regen wäre gut, dann schmilzt der Schnee und wir laufen auf blankem Eis. Nun, es mag kommen, wie es will; es kann nicht lange dauern, bis sich das Blatt wendet — Land oder Wasser, was es auch sei!

Sonnabend, 8. Juni. Vollendeten und probierten gestern endlich die Kajaks, nachdem wir von vorgestern bis gestern abend ununterbrochen an der Arbeit geblieben waren. Es ist merkwürdig, wie diese langen Tage wirken! Wären wir zu Hause, würden wir nach den vielen Arbeitsstunden zwischen den Mahlzeiten sehr müde und hungrig sein; hier sind wir nicht müde, wenngleich wir Hunger erster Klasse mit Stern haben und unsere Fähigkeit zu schlafen nicht gering ist. Es scheint nicht, daß wir schon jetzt schwach oder skorbutkrank werden; tatsächlich sind wir ungewöhnlich kräftig und gesund und voller Elastizität.

Als wir die Kajaks in einer Rinne probierten, zeigte sich, daß sie durch die rauhe Behandlung auf der Reise in den Nähten und im Segeltuch stark leck geworden waren. Ich hoffe aber, daß das Segeltuch dicht wird, wenn wir die Boote im Wasser etwas durchweicht haben werden.

Nun wollen wir heute endlich aufbrechen. Eine volle Woche haben wir im »Kajak-Ausbesserungslager« zugebracht. Gestern setzte Südostwind ein; heute ist er, nach dem Pfeifen um die Hügel draußen zu urteilen, ziemlich stark geworden. Sämtliche Rinnen rundherum haben sich geschlossen, so daß nur wenig offenes Wasser zu sehen ist. Es rührt dies wohl vom Wind her; wenn er die Rinnen für uns schließt, dann laß ihn nur weiterblasen. Der Boden ist die reine Eisbahn; es läuft sich gut, und das Eis wird hoffentlich eben sein, dann werden wir fein zurechtkommen.

Ich wog gestern das Brot. Wir haben noch 12 Kilo Weizen- und 7,8 Kilo Aleuronat-Brot, so daß wir damit noch 35 bis 40 Tage auskommen. Wie weit wir dann sein werden, wissen die Götter, aber einen Teil des Weges müssen wir jedenfalls zurückgelegt haben.

Sonntag, 9. Juni. Gestern haben wir also in der Tat unseren Lagerplatz verlassen. Trotz des wütenden Schneesturms aus Osten freuten wir uns beide, wieder unterwegs zu sein. Wir kamen auch von der Scholle, auf der wir uns so lange aufgehalten hatten, gut fort, wir brauchten die Kajaks nicht einzusetzen, obwohl wir eine ganze Woche darauf verwendet hatten, sie für diesen Zweck auszubessern. Der Wind hatte alle Rinnen sorgfältig geschlossen. Wir fanden ebenes Eis und gewannen Raum, obgleich es sich ganz niederträchtig schlecht ging, da sich der frisch gefallene Schnee unbarmherzig an den Schneeschuhen festballte und die Schlitten, sowie sie anhielten, darin festklebten. Man konnte nicht hundert Meter voraussehen. Der Schnee sammelte sich an der Windseite an den Kleidern und durchnäßte uns bis auf die Haut. Trotzdem war es herrlich. Wir kamen vorwärts, unserm widerspenstigen Ziel entgegen.

Wir gelangten an Rinnen, die mit ihrem verworrenen Netzwerk von Spalten sehr schlimm waren. Einige waren breit und von morschem Eis, so daß es unmöglich war, die Kajaks zu benutzen. Aber an manchen Stellen war das Eis so fest zusammengepreßt, daß wir darauf gehen konnten. Und doch sind die Aufenthalte unerquicklich; denn man muß viele Wege hin und her machen, ehe man ordentlich weiterkommt. Häufig glaubte Johansen, wenn ich überhaupt nicht zurückkommen wollte, daß ich in einer Rinne eingebrochen und für immer verschwunden sei. Wenn man auf dem Kajak sitzt und wartet und wartet und in die Einsamkeit vor sich starrt, dann gehen einem wunderliche Gedanken durch den Kopf; mehrere Male hatte Johansen den nächsten Hügel erklommen, um angstvoll über das Eis zu spähen. Entdeckte er endlich weit in der Ferne einen schwarzen Fleck, der auf der Eisfläche umherfuhr, so wurde ihm leichter ums Herz.

Als Johansen gestern wieder einmal wartete, beobachtete er, daß die Seiten der Scholle vor ihm langsam auf- und niedergingen, als ob sie von einer leichten Dünung bewegt würden. Ist es möglich, daß offenes Wasser in der Nähe ist? Kann dies eine große Dünung aus dem Meer draußen sein? Wie gern würden wir das glauben! Aber vielleicht war es nur der Wind, der das dünne Eis, auf dem wir uns jetzt befinden, in wellenförmige Bewegung versetzte*. Oder sollten wir wirklich offenes Wasser in Südosten haben? Es ist merkwürdig, daß dieser Wind das Eis zusammenschweißt, während der Südwestwind, der vor Tagen wehte, es lockerte.

Gestern stießen wir wieder auf eine Bärenfährte. Wie alt sie war, ließ sich in diesem Schnee, der in wenigen Minuten alles verwischt, nicht leicht bestimmen. Wahrscheinlich stammte sie aber von gestern. »Haren« hatte etwas gewittert und war gegen den Wind davongerannt. Johansen meinte, der Bär müsse in der Nähe sein. Nun, alt oder frisch, ein Bär war hier gewesen, während wir ein wenig nördlicher an den Kajaks nähten; eines Tages wird er uns wohl in den Weg kommen. Daß ein Bär da ist, bewies uns auch eine Möwe, die Johansen geschossen hatte. Beim Herunterstürzen brach sie ein großes Stück Walroßspeck aus; sie mußte also bei Bären und Walrossen gewesen sein.

Das Wetter war naß und ekelhaft und überdies unsichtig, das Gehen schwer.

Montag, 10. Juni. Trotz undurchdringlichem Nebel und abscheulicher Beschaffenheit des nassen Schnees, in dem die Schlitten schwer liefen, kamen wir gestern gut weiter. Unendlich viele Rinnen überwanden wir und balancierten auf losen Eisstücken nur mit knapper Not von Ufer zu Ufer. Aber das Eis ist überall eben, und das hilft schon. Wasser stand auf dem Eis. Man ging in einem Schneebrei. Tatsächlich ist das Eis hier nichts anderes als reines, aufgebrochenes Meereis, das aus großen und kleinen Schollen, nicht selten auch aus dicht zusammenhaltenden, sehr kleinen Schollen besteht. Wenn sie sich lockern, werden sie sich über das ganze Meer ausbreiten; wir werden dann Wasser genug haben, um nach jeder Richtung hin zu rudern.

Tauwetter und nasser Schnee. Gott weiß, ob wir noch mehr Frost bekommen; das würde uns eine glänzende Schneebahn verschaffen.

Jedesmal, wenn es eine Weile klarer ist, schauen wir nach Land aus; aber es ist nichts zu sehen. Inzwischen entdecken wir aber ständig Anzeichen von Land oder offenem Wasser. Die Zahl der Möwen nimmt zu; gestern sahen wir in einer Rinne einen Krabbentaucher (Mergulus alle). Im Süden und Südwesten ist die Luft dunkel. Ich habe das Gefühl, daß die Lösung nahe ist. Aber wie lange habe ich das nicht schon gedacht? Dafür gibt es kein anderes Mittel als die edle Tugend Geduld.

Dienstag, 11. Juni. Alles in allem ein einförmiges Leben, so einförmig, wie man es sich nur denken kann; Tag auf Tag, Woche auf Woche, Monat auf Monat sich an dieselbe mühselige Quälerei über das Eis zu machen, das manchmal etwas besser, manchmal etwas schlechter ist — augenblicklich wird es beständig schlechter —, immer in der Hoffnung, das Ende zu sehen, aber immer vergeblich hoffend, immer derselbe eintönige Eishorizont, nichts als Eis! Nach keiner Richtung ein Zeichen von Land; kein offenes Wasser, obwohl wir jetzt auf der Breite von Kap Fligely oder höchstens ein paar Minuten weiter nördlich stehen. Wir wissen weder, wo wir sind, noch wissen wir,

---

* In Wirklichkeit wurde diese Bewegung wohl durch den Druck der Schollen gegeneinander hervorgebracht.

wie das enden soll. Inzwischen schwinden unsere Vorräte und mit ihnen unsere Hunde. Werden wir Land erreichen, solange wir noch zu essen haben — ja, werden wir es überhaupt erreichen? Bald wird es unmöglich, gegen dieses Eis und den Schnee noch weiter anzukämpfen. Nichts als Brei. Die Hunde sinken bei jedem Schritt ein, und wir selbst waten bis zu den Knien darin, wenn wir den Hunden helfen oder die schweren Schlitten schieben. So muß Rinne nach Rinne, Eiskette nach Eiskette überwunden werden. Es ist schwer, die Hoffnung aufrechtzuerhalten, trotzdem bewahren wir sie. Freilich möchte sie uns sinken, wenn wir das Eis vor uns betrachten, ein hoffnungsloses Gewirr von Ketten, Rinnen, Schlammeis und ungeheuren Blöcken, alles kunterbunt durcheinandergeworfen, so daß man sich einbildet, man sehe auf plötzlich erstarrte Brandung. Zuweilen scheint es unmöglich, daß Geschöpfe ohne Flügel hier noch weiterkommen. Sehnsüchtig verfolgt man den Flug einer Möwe und denkt, wie weit man bald sein würde, könnte man sich ihre Schwingen leihen. Dann aber findet man doch einen Weg und hofft von neuem. Laßt die Sonne nur einen Augenblick durch die Wolkenbank brechen und die Eisflächen in ihrem glänzenden Weiß funkeln, laß die Sonnenstrahlen auf dem Wasser spielen, und das Leben erscheint trotz allem schön und des Kampfes wert!

Es ist wunderbar, wie wenig es bedarf, um einem neuen Mut zu geben. Gestern fand ich in einer Rinne einen kleinen toten Polar-Kabeljau (Gadus polaris); ich bin überzeugt, daß meine Augen vor Freude geglänzt haben, als ich ihn sah. Er kam mir wirklich vor wie ein gefundener Schatz. Wo es Fische im Wasser gibt, kann man wohl nicht verhungern; ich warf daher, ehe ich heute morgen ins Zelt kroch, in einer Rinne eine Leine aus. Freilich, wieviel dieser kleinen Fische braucht es, um einen Menschen satt zu machen? Man müßte an einem Tage mehr haben, als man in einer Woche, ja vielleicht in einem Monat fangen kann! Und doch ist man voller Hoffnung und überlegt, ob nicht im Wasser noch größere Fische vorhanden sind und ob sie sich nach Herzenslust fangen lassen. Die Menschen sind ein glückliches Geschlecht!

Gestern war es schwieriger vorwärts zu kommen, als an den vorhergehenden Tagen. Wir wurden durch viele böse Rinnen aufgehalten, so daß wir nur wenige Kilometer schafften. Meiner Meinung nach sind wir jetzt auf 82° 8' oder 82° 9' n. Br., wenn uns der anhaltende Südostwind nicht wieder nordwärts gebracht hat. Das Gehen wird immer schlimmer. Der Schnee ist bis zum Grund naß und trägt die Hunde nicht mehr. Es ist harte Arbeit für sie und würde es auch sein, wenn sie nicht so jämmerlich erschöpft wären; beim geringsten Anlaß halten sie an. Man muß ihnen helfen oder sie mit der Peitsche weitertreiben. Die armen Tiere haben es schlecht. »Lilleräven«, der letzte von meinem ursprünglichen Gespann, wird bald nicht mehr weiterkönnen — und welch prächtiges Zugtier war er! Wir haben noch fünf Hunde, »Lilleräven«, »Storräven« und »Kaiphas« vor meinem, »Suggen« und »Haren« vor Johansens Schlitten. Von »Isbjörn«, der gestern morgen geschlachtet wurde, ist Futter noch auf drei Tage da, und bis dahin, meinte Johansen, würde sich das Rätsel gelöst haben. Vergebliche Hoffnung, fürchte ich.

Gestern begannen wir unseren Marsch um 6½ Uhr abends und machten heute morgen um 3¼ Uhr vor einer Rinne halt. Unser Öl nimmt bedenklich ab. Wetter und Bahn sind unverändert; kein Vergnügen, sich an das schwere Tagewerk zu machen. Hier liege ich und denke an den Juni zu Hause, wie die Sonne über Forst und Fjord und Hügel scheint! Aber einmal werden wir zum Leben zurückkehren. Es wird dann schöner sein als je vorher.

Mittwoch, 12. Juni. Es wird immer schlimmer. Gestern kamen wir fast gar nicht weiter, kaum 2 Kilometer. Miserabler Schnee, unebenes Eis, Rinnen und Hundewetter hielten uns auf. Allerdings war auf dem Schnee eine Kruste, auf der die Schlitten gut liefen, wenn sie oben blieben, wenn sie aber durchbrachen — und das taten sie alle Augenblicke —, standen sie unbeweglich fest. Auch für die Hunde, diese armen Teufel, war es schlimm. Sie sanken unaufhörlich in den Schnee ein, sie schwammen beinahe wie durch einen Brei.

Eine der letzten häßlichen Rinnen überwanden wir, indem wir uns kleinen Schollen, die wir nach der schmalsten Stelle flößten, eine Brücke bauten. Dann aber setzte schändliches, nasses Schneetreiben oder richtiger Schlackerwetter mit großen Flocken ein, und der Wind nahm zu, so daß wir in diesem Labyrinth von Rinnen und Eis keinen Weg sahen und naß wurden wie ins Wasser getauchte Krähen. Sich bei solchem Wetter und solchem Schnee mit Gewalt weiterzuquälen und keine Fortschritte zu machen, war sinnlos. Als wir einen guten Lagerplatz gefunden hatten, richteten wir nach nur vierstündigem Marsch unser Zelt auf.

Hier sind wir nun und wissen kaum, was wir jetzt machen sollen. Wie die Bahn wird, weiß ich nicht; wahrscheinlich nicht viel besser als gestern. Sollen wir also weiter vordringen oder sollen wir lieber versuchen, einen Seehund zu fangen?

Freitag, 14. Juni. Heute sind es drei Monate, seit wir die »Fram« verlassen haben. Ein Vierteljahr sind wir in dieser Eiswüste umhergewandert, und noch immer sind wir hier. Wann wir das Ende davon sehen werden, vermag ich mir nicht mehr vorzustellen; ich hoffe nur, daß es nicht mehr sehr fern ist, offenes Wasser oder Land, sei es Wilczek-Land oder Zichy-Land oder Spitzbergen oder ein anderes Land.

Gestern war es nicht so schlimm, wie ich erwartet hatte. Wir kamen wirklich vorwärts, wenn auch nicht sehr weit — kaum mehr als einige Kilometer —, aber in dieser Jahreszeit müssen wir damit zufrieden sein. Die Hunde brachten die Schlitten allein nicht weiter; wenn niemand neben ihnen war, hielten sie bei jedem zweiten Schritt an. Das einzige, was man dabei tun konnte, war, den Weg hin und her zu machen und auf diese Weise die Strecke dreimal zu gehen. Erst ging ich voraus, um das Eis zu erforschen, dann trieb Johansen die Schlitten vorwärts so weit er konnte, erst meinen, dann seinen. Bis dahin war ich zurück und trieb nun meinen Schlitten so weit, wie ich einen Weg gefunden hatte; dann wurde das Verfahren wiederholt. Ein rasches Vorwärtskommen war das nicht, aber es war wenigstens etwas.

Das Eis, auf dem wir jetzt gehen, ist noch ziemlich fest und alt, mit Hügeln nach allen Richtungen verziert, ohne wirklich ebene Stellen. Bald gelangten wir an eine Stelle, an der das zu kleinen Schollen aufgebrochene Eis mit hohen Rücken und breiten, mit Schlamm und morschem Eis angefüllten Rinnen durchsetzt war, so daß das Ganze aussah wie ein Trümmerfeld. Es war kaum Platz zum Stehen, geschweige denn Aussicht zum Weiterkommen. In solcher Lage war es nur menschlich, daß man den Mut verlor und für den Augenblick den Versuch aufgab, vorwärts zu dringen. Wohin ich mich auch wandte, der Weg war versperrt. Die Kajaks ins Wasser zu bringen, würde nichts genützt haben, weil wir sie durch dieses Eis nie und nimmer gebracht hätten. Ich war daher beinahe entschlossen zu warten und unser Glück beim Fischen mit Netz und Leine zu versuchen. Vielleicht fingen wir doch in einer der Rinnen einen Seehund.

Es sind Augenblicke der höchsten Sorge, wenn man von einem Hügel herab über das Eis blickt und die zweifelnden Gedanken fortwährend zu derselben Frage zurückkehren: haben wir Proviant genug, um die Zeit abzuwarten, bis der Schnee geschmolzen ist, das Eis sich gelockert hat und von soviel Rinnen durchschnitten ist, daß man rudern kann? Das sind große und wichtige Fragen, die ich noch nicht mit Bestimmtheit beantworten kann. Daß es lange dauern wird, ehe dieser Schnee geschmolzen ist und der Weg einigermaßen gangbar wird, ist sicher; wann sich aber das Eis lockern und das Vordringen möglich wird, können wir nicht sagen, und bis jetzt haben wir weiter nichts erbeutet als zwei Elfenbeinmöwen und einen kleinen Fisch. Wo wir jetzt sind, scheint wenig Aussicht zu sein, etwas zu fangen. In den letzten Tagen habe ich nicht einen einzigen Seehund gesehen.

Ich beschloß, einen letzten Versuch zu machen, um vorwärts zu kommen, indem wir uns weiter östlich hielten. Diesmal hatte ich Erfolg. Ich fand über kleine Schollen hinweg einen Übergang. Auf der anderen Seite war zusammenhängendes, zum Teil sommeraltes Packeis, das von Landnähe kommen mußte, da es uneben und voll von Schlamm war. Wir wanderten über dieses Eisfeld, ohne Rinnen anzutreffen.

Wir begannen den Marsch am Mittwoch um 8 Uhr abends und machten heute, Donnerstag, morgens um 5 Uhr hier halt. Im Laufe des Vormittags ging der Wind nach Nordosten herum, und die Temperatur fiel. Der Schnee wurde härter, und schließlich war die Bahn gar nicht schlecht. Die Schneekruste trug die Hunde und einigermaßen auch die Schlitten, so daß wir auf einen tüchtigen Fortschritt am nächsten Tage hofften. Dabei sollten wir aber wieder eine Enttäuschung erleben. Kaum befanden wir uns im Zelt, als es zu schneien anfing. Den ganzen Tag, während wir schliefen, schneite es fort. Gestern abend, als wir hinausgingen, um das Frühstück zu bereiten und uns wieder auf den Weg zu machen, schneite es immer noch. Tiefer, loser Schnee überall; der Weg über alle Beschreibung schlecht. Es hatte keinen Sinn weiterzugehen. Wir blieben, um zu sehen, was aus dem Wetter noch werden würde. Inzwischen waren wir hungrig geworden, aber da wir uns ein vollständiges Frühstück nicht leisten konnten, kochte ich eine Fischsuppe. Dann zogen wir uns wieder in den Sack zurück. Johansen, um weiterzuschlafen, ich, um alle meine Beobachtungen von der Zeit an, als wir die »Fram« verlassen, nochmals nachzurechnen und zu sehen, ob nicht ein Fehler das Geheimnis aufklären würde, weshalb wir noch immer kein Land gefunden hatten.

Ich habe gerechnet und gerechnet und hin und her studiert, kann aber keinen Fehler von Bedeutung finden; die ganze Geschichte ist mir ein Rätsel. Ich kann es wirklich nicht begreifen, daß wir östlich stehen sollten; denn in diesem Falle könnten wir nicht mehr als 5° östlich von der Länge sein, auf die uns unsere Beobachtungen versetzen. Wir würden also jetzt anstatt auf 61° auf 66° ö. L.* oder etwa 111 Kilometer von Kap Fligely entfernt sein.

Aber wir müßten ja ebensogut im Süden Land sehen. Wilczek-Land kann nicht so niedrig sein und sich nicht plötzlich so weit nach Süden wenden, wenn Kap Budapest auf etwa 61° ö. L. und 82° n. Br. liegen sollte, es könnte also nicht über 75 Kilometer von uns entfernt sein. Das ist und bleibt unbegreiflich.

Inzwischen ist nichts weiter zu tun, als den Weg fortzusetzen, wie wir es bisher schon getan haben; eine Lösung muß kommen.

Als ich meine Berechnungen beendet, etwas geschlafen hatte und um Mittag wieder aufstand, hatten sich die Schneeverhältnisse noch nicht gebessert, eher verschlimmert. Der frische Schnee war naß und ballte sich, und es ging sich unglaublich schwer. Indessen mußten wir vorwärts zu kommen suchen; mit Warten war hier nichts zu gewinnen, und ein Schritt vorwärts ist ein Schritt vorwärts, sei er noch so klein.

Sonnabend, 15. Juni. Mitte Juni, und noch immer keine Aussicht auf das Ende! Die Lage ist nur noch schlimmer geworden. So schlecht wie gestern aber ist es noch nie gewesen, und schlimmer kann es glücklicherweise kaum sein. Die Schlitten liefen fürchterlich schwer in dem frischgefallenen, losen, nassen und tiefen Schnee, und oft steckten sie, wenn wir anhielten, so fest, als ob sie angeleimt wären. Dazu kam noch, daß sich unter den Schneeschuhen Schneeklumpen und Eis bildeten, so daß man plötzlich von den Schneeschuhen abglitt und bis hoch über die Knie in den Schnee fiel, wenn man die Schlitten ziehen oder ihnen weiterhelfen wollte. So war nichts weiter zu tun, als sich wieder aufzuraffen und sich aufs neue auf die Schneeschuhe hinaufzuarbeiten. Ohne sie in solchem Schnee dahinzuwaten, ist unmöglich. Zu allem kommt, daß das Eis voller Hügel und alter Rücken ist und man überhaupt nur weiterkommt, wenn man sich wie ein Aal windet.

Die Hunde werden immer matter. »Lillerävenα«, der letzte Überlebende meines ersten Gespanns, kann kaum noch gehen, von Ziehen ist keine Rede, er taumelt wie ein Betrunkener und kommt, wenn er fällt, nur schwer wieder auf die Füße. Heute soll er getötet werden, und ich bin dankbar, wenn uns dann sein jammervoller Anblick erspart bleibt. »Storräven« zieht ebenfalls kaum noch; von meinen Hunden arbeitet nur »Kaiphas« noch richtig, aber auch er nur, solange einer von uns schiebt.

Gestern abend rechnete ich eine Beobachtung aus und fand wider Erwarten, daß wir stark nach Westen, aber dabei auch wieder eine tüchtige Strecke nach Norden getrieben sind. Wir freuen uns dennoch, weil so viel Bewegung im Eis ist. Wir hoffen, daß wir schließlich in offenes Wasser

---

* Wir waren in Wirklichkeit in der Nähe des Punktes, den ich hier annehme, und befanden uns annähernd auf 67° Ost. Daß wir das hier erwartete Land nicht sahen, lag daran, daß es, wie sich später erwies, nicht existiert!

hinaustreiben. Denn daß wir durch unsere Märsche allein dorthin gelangen, bezweifle ich jetzt. Die Fläche und der Weg sind zu schlecht, eine Hoffnung sind Rinnen und lockeres Eis. Glücklicherweise hat sich Nordostwind aufgemacht. Gestern wehte eine frische Brise aus mißweisend Nordnordwest, und heute ist es ebenso. Mag es nur weitergehen; wenn der Wind uns nach Nordwesten versetzt hat, so kann er uns auch nach Südwesten und unserm Ziel entgegentreiben, auf Franz-Joseph-Land oder auf Spitzbergen zu.

Nach dieser Beobachtung zweifle ich mehr denn je, daß wir östlich von Kap Fligely sind, und ich glaube, daß das erste Land, das wir sehen werden — wenn wir hoffentlich überhaupt noch Land sehen — Spitzbergen sein wird. Dann würden wir nicht einmal einen Schimmer von Franz-Joseph-Land sehen, dem Land, von dem ich Tag und Nacht geträumt habe! Nun, wenn es nicht sein soll, dann ist es auch so gut. Und wenn wir so weit westlich sind, wie wir es zu sein scheinen, dann habe ich mehr Hoffnung als vorher, lockeres Eis und offenes Wasser zu finden; darum auf nach Spitzbergen! Wenn wir uns nur genug Proviant verschaffen können, dann wird es wohl gehen; aber eben die Nahrung ist die große Frage.

Lange habe ich mit meinen Berechnungen und Grübeleien über unsere Drift und die Zukunft zugebracht. Dann habe ich eine Zeitlang geschlafen. Bei diesen Wegverhältnissen treibt uns nichts zur Eile; das Wetter ist heute kaum besser als gestern, und dann ist es der milden Temperatur wegen auch günstiger, bei Nacht zu manövrieren als bei Tage. Das beste ist, die Zeit so lange wie möglich hinauszuziehen, ohne mehr Proviant zu verzehren, als unbedingt notwendig ist. Der Sommer kann die Lage nur verbessern, und wir haben noch drei Monate Sommer vor uns. Es fragt sich nur, können wir uns während dieser Zeit Nahrung verschaffen? Es würde seltsam sein, wenn wir es nicht könnten. Es sind beständig Vögel da; gestern sah ich wieder eine große Möwe, vermutlich eine Silbermöwe; allerdings haben wir nicht genug Patronen, als daß wir von so kleiner Beute leben könnten. Meine Hoffnung sind Seehunde oder Bären; nur einen, und wir sind für lange Zeit geborgen!

Sonntag, 16. Juni. Gestern war es sehr schlecht. Der Weg konnte einen zur Verzweiflung bringen, und das Eis war häßlich. Ich überlege, ob es nicht am klügsten wäre, die Hunde für uns selbst zu schlachten und dann unseren Weg fortzusetzen so gut, wie es ohne sie möglich ist. Auf diese Weise würden wir Vorrat für 15, vielleicht für 20 Tage bekommen. Anderseits ist es möglicherweise nicht weit bis zum Land oder zum offenen Wasser oder jedenfalls zu aufgebrochenem Eis, und dann ist jeder Kilometer wichtig, das wir nach Süden machen können. Also ist es vielleicht doch richtiger, die Hunde noch zu benutzen.

Inzwischen mußten wir gestern zwei Hunde töten. »Lilleräven« konnte kaum gehen, als wir aufbrachen; die Beine schienen gelähmt zu sein, er fiel nieder und kam nicht wieder auf. Ich schleppte ihn und den Schlitten eine Zeitlang weiter, mußte den Hund schließlich auf die Ladung setzen, und als wir einige Hügel erreicht hatten, schlachtete ihn Johansen. Mein anderer Hund, »Storräven«, war fast ebenso übel dran. Er ging eine kleine Strecke, stolperte und fiel, und bald war er ebenso schwach, wie »Lilleräven« gewesen war; er ließ die Zugtaue unter die Schlittenkufen kommen und wurde mitgeschleift. Da ich mit dem Ziehen des Schlittens mehr als genug zu tun hatte, ließ ich ihn frei, in der Hoffnung, daß er uns folgte. Er tat es auch eine Weile, blieb dann aber zurück. Johansen mußte ihn holen und auf seinen Schlitten legen: Als wir dann lagerten, wurde er ebenfalls geschlachtet. »Kaiphas« ist jetzt allein noch übrig, um mir beim Schlittenziehen zu helfen, und Johansen hat »Haren« und »Suggen«.

Unsere ziemlich primitive Art beim Ziehen mußte verbessert werden. Wir fertigten für uns aus zwei Hundegeschirren ordentliche Zuggeschirre an*. Nunmehr legten wir die Schneeschuhe fest an, und wo das Eis eben war, schleppten wir wirklich den Schlitten weiter, auch wenn uns nur ein Hund half. Auf halbwegs erträglichem Boden machten wir im Lauf des Tages einige Fortschritte, obwohl die Schlitten sofort stillstanden, sobald die geringste Unebenheit kam. Wir mußten uns mit aller Macht ins Geschirr legen, und selbst dann gelang es noch nicht, den Schlitten nur einen Zoll weiterzurücken. Man mußte umkehren, bis er schließlich bei äußerer Anstrengung über das Hindernis hinweg- und einem neuen entgegenglitt, bei dem sich dasselbe Verfahren wiederholte. Auf diese Weise ging es Schritt für Schritt weiter, bis wir vielleicht an ein kleines Stück ebenen Eises kamen, auf dem das Tempo beschleunigt werden konnte. Gelangten wir aber an Rinnen oder Rücken, dann wurde es schlimmer denn je, da ein Mann allein mit dem Schlitten nicht fertig wird, sondern für jeden Schlitten zwei Mann erforderlich sind. So quälen wir uns weiter. Schnelligkeit und lange Märsche sind nicht an der Tagesordnung. Aber es ist besser als nichts, und außerdem ist es das einzige, was wir tun können.

Dem Himmel nach zu urteilen, müssen im Süden und Südwesten viele Rinnen sein. Vielleicht führt uns unser mühseliger Marsch zu etwas Besserem. Wir brachen gestern abend um 10 Uhr auf und hielten heute morgen um 6 Uhr an. In den letzten Tagen haben wir kein Mittagessen gehabt, um eine Mahlzeit zu sparen. Aus demselben Grund sammelten wir heute morgen das Blut »Storrävens« und bereiteten eine Art Brei daraus an Stelle des Fiskegratin. Er schmeckte gut, wenn es auch nur Hundeblut war; außerdem haben wir dabei eine Portion Fischmehl gespart. Ehe wir uns in den Sack legten, zählten wir unsere Patronen und fanden zu unserer Freude, daß wir 148 Schrot-, 181 Büchsenpatronen und außerdem 14 Vollkugelpatronen besitzen. Mit soviel Munition müssen wir imstande sein, unseren Proviant auf lange Zeit hinaus zu vermehren. Denn wenn unseren Gewehren sonst nichts zur Beute fallen sollte, so würden doch Vögel da sein, und mit 148 Vögeln reicht man lange. Wenn wir halbe Ladungen verwenden, können wir die

---

* Ordentliches Zuggeschirr ist eine wichtige Sache und strengt in der Länge der Zeit viel weniger an als der gewöhnliche Zugriemen oder die Zugleine über die Brust und eine Schulter. Das Geschirr, das ich benutzte, bestand aus zwei Riemen, die wie die Träger eines Tornisters über beide Schultern liefen und kreuzweise über dem Rücken an einem Ledergürtel befestigt waren, zu dem auch das Zugtau vom Schlitten führte. Auf diese Weise kann man beim Ziehen die Kraft gleichmäßig auf beide Schultern und den Gürtel, d. h. die Hüfte und den Unterleib, verteilen. Der »Schwerpunkt« des Ziehens liegt bei dieser Methode im Körper tiefer, gerade oberhalb der Beine, die die Arbeit tun, und die Zugleine drückt nicht, wie sonst, allein auf den Oberkörper.

Munition noch weiter strecken. Endlich haben wir zum Neuladen der Patronen ein halbes Pfund Pulver und einige Vollkugeln für die Büchsen sowie Zündhütchen. Diese Entdeckung hat meine Stimmung gehoben; ich muß gestehen, daß ich unsere Aussichten nicht mehr günstig beurteilt hatte. Wir werden jetzt vielleicht drei Monate aushalten, und in dieser Zeit muß etwas geschehen. Wir können auch Möwen mit der Angel fangen, und wenn es zum schlimmsten kommen sollte und wir uns ernstlich ans Werk machen, können wir wahrscheinlich einige kleine Tiere mit dem Netz erwischen. Möglicherweise werden wir Spitzbergen nicht so rechtzeitig erreichen, daß wir noch ein Schiff finden. Wir werden also dort überwintern müssen; aber das wird ein luxuriöses Leben werden im Vergleich zu diesem hier auf dem Eis, wo wir nicht wissen, wo wir sind und wohin wir treiben, und wo wir trotz unserer mühlseligen Arbeit kein Ziel sehen. Ich möchte diese Zeit nicht noch einmal durchleben. Wir haben es teuer büßen müssen, daß wir damals vergessen haben, die Uhren aufzuziehen. Wenn niemand zu Hause wartete, würde ein Winter auf Spitzbergen ganz verlockend sein. Nun liege ich hier und träume davon, wie behaglich und schön wir uns dort einrichten könnten. Außerhalb dieses Eises erscheint alles rosig, und — heraus werden wir früher oder später doch kommen! Wir müssen uns mit dem Sprichwort trösten, daß die Nacht vor der Morgendämmerung am dunkelsten ist. Natürlich hängt es davon ab, wie dunkel die Nacht ist, aber beträchtlich dunkler, als sie jetzt ist, kann sie wohl nicht sein. Alle unsere Hoffnungen sind auf den Sommer gerichtet. Ja, es muß besser werden, wenn der Sommer kommt.

Auf diese Weise ging es langsam weiter; Tag für Tag die gleiche mühselige Plackerei, in demselben tiefen Schnee, in dem die Schlitten unaufhörlich steckenblieben. Hunde und Menschen taten ihr Bestes, aber mit wenig Erfolg, und obendrein nahmen die Nahrungssorgen zu. Die Rationen für uns und die Hunde wurden aufs äußerste gekürzt, um unser und ihr Leben solange wie möglich zu fristen. Wir waren alle fünf hungrig und müde vom Morgen bis zum Abend und vom Abend bis zum Morgen. Wir nahmen uns vor, alles, was uns in den Weg käme, zu schießen, selbst Möwen und Sturmvögel; aber jetzt kam natürlich nichts in Schußweite.

Die Rinnen wurden dauernd schlimmer; sie waren meist mit Schneeschlamm und Eisbrocken gefüllt. Oft mußten wir weite Strecken auf nichts als kleinen Blöcken gehen, auf denen man beständig durchbrach. Am 18. Juni setzte starker Wind aus Westen ein, der am Zelt zerrte und schüttelte. Vermutlich treiben wir dahin zurück, woher wir gekommen sind, nur vielleicht noch nördlicher. So werden wir von Wind und Strömung umhergeworfen, und so wird es weitergehen, vielleicht den ganzen Sommer hindurch, ohne daß wir der Lage Herr werden. Ich schoß ein paar Sturmvögel und eine Polarlumme (Uria Brünnichii), mit denen wir unsere Zuteilungen verbesserten; leider fehlte ich auf ein paar Seehunde. Wie hätten wir uns über solche Beute gefreut!

»Mittlerweile zeigt sich hier neues Leben«, schreibe ich am 20. Juni. »Krabbentaucher fliegen in Scharen umher, und es ist wirklich ein Vergnügen, ihnen zuzuschauen, schade nur, daß sie so klein und darum einen Schuß nicht wert sind. Es ist auffällig, wie sich das Vogelleben vermehrt hat, seit vorgestern Westwind eingesetzt hat. Es dünkt uns irgendwie bedeutungsvoll, daß die Krabbentaucher plötzlich in dichten Scharen erschienen sind. Sie schwirren mit fröhlichem Gezwitscher am Zelt vorbei, und ihr Treiben gibt einem das Gefühl, als sei man in wirtlichere Gebiete gekommen. Aber es nützt alles nichts, Land ist nicht zu erspähen, und der Weg ist so jämmerlich, wie er nur sein kann. Kräftiges Tauwetter, damit der Schnee rascher verschwindet, kommt auch nicht. Gestern morgen machte ich vor dem Frühstück einen Gang nach Süden, um die Aussichten für ein Weiterkommen zu erkunden. Das Eis war eine Strecke weit eben und gut, aber bald begannen die Rinnen wieder schlimmer als je zu werden. Wir müssen jetzt energischer vorgehen und die Kajaks, obwohl sie leck sind, vom Stapel lassen, und dann müssen wir soviel wie möglich auf den Rinnen fahren. Mit diesem Entschluß kehrte ich um. Der Schnee war noch immer unverändert naß, so daß man zwischen den Eishügeln tief einsank. Wir konnten uns kein richtiges Frühstück erlauben, nur 50 Gramm Brot und 50 Gramm Pemmikan je Mann. Dann machten wir uns ans Werk. Wir besserten die Pumpen aus und brachten die Kajaks für die Überfahrt in Ordnung.

Nach einem mäßigen Abendessen, 60 Gramm Aleuronat-Brot und 30 Gramm Butter für jeden, krochen wir in den Sack, um so lange wie möglich zu schlafen und die Zeit totzuschlagen, ohne zu essen. Es handelt sich jetzt nur darum auszuhalten, bis der Schnee geschmolzen und das Weiterkommen leichter ist. Nachmittags 1 Uhr standen wir auf und erlaubten uns ein etwas reichlicheres Frühstück von Fiskegratin, aber wir dürfen von nun an nicht mehr soviel essen, wie wir Lust haben. Wir freuen uns, von der Stelle zu kommen und meine Taktik zu versuchen: anstatt die Rinnen zu meiden, sie aufzusuchen und uns in ihnen fortzurudern. Etwas wird dies jedenfalls helfen, und je weiter südlich wir kommen, um so mehr ist Aussicht auf Rinnen und Beute für unsere Büchsen.

Sonst ist das Dasein düster genug. Augenblicklich keine Aussicht weiterzukommen: ungangbares Packeis in jeder Richtung, Vorräte, die rasch abnehmen, nichts zu fangen, nichts zu schießen. Ein Versuch, mit dem Netz zu fischen, schlug fehl; ein Flossenfüßer (Clio borealis) und einige wenige Krustazeen waren die ganze Beute. Ich liege nachts wach und quäle mein Hirn stundenlang ab, um einen Weg aus diesen Schwierigkeiten zu finden. Nun, schließlich muß sich einer öffnen!

Sonnabend, 22. Juni. $9^{1}/_{2}$ Uhr vormittags nach einem tüchtigen Frühstück von Seehundsfleisch, -leber, -speck und -suppe!!

Hier liege ich und gebe mich lichten Träumen hin; das Leben ist wieder Sonnenschein. Welch kleinen Zufall braucht es, um das Aussehen der Dinge zu verändern! Gestern und die letzten Tage waren düster und traurig; alles schien hoffnungslos. Da kommt ganz zufällig ein Seehund in der Nähe der Kajaks empor und tummelt sich um uns herum. Johansen hat gerade noch Zeit, ihm eine Kugel zuzuschicken, bevor er verschwindet; er treibt aber, so daß ich ihn harpunieren kann. Es ist der erste bärtige Seehund (Phoca barbata), den wir bis jetzt gesehen haben, mit ihm haben wir für länger als einen Monat Überfluß an Nahrung und Brennstoff. Wir brauchen uns nicht mehr zu beeilen, wir können uns niederlassen, die Kajaks und Schlitten für die Fahrt auf den Rinnen besser instand setzen, weitere Seehunde fangen und besseres Eis abwarten. Wir haben uns beim Abendessen und beim Frühstück richtig vollgegessen. Zugegeben: wir hatten schon manchen Tag Hunger gelitten.

Es waren just keine großen Erwartungen, mit denen wir am Donnerstag aufbrachen. Der Weg war der gewohnte: eine harte Kruste, die sich auf dem weichen Schnee gebildet hatte. Sie verbesserte die Sache nicht, die Schlitten schnitten oft durch und waren nicht fortzubringen, bis man sie wieder herausgehoben hatte. Das Eis war uneben und schlecht, der Schnee lose und mit Wasser durchsetzt, so daß wir sogar mit den Schneeschuhen tief einsanken.

Wir sahen ein, daß es unmöglich war, auf diese Weise weiterzukommen. Der einzige Ausweg war, uns von allem zu entlasten, was irgendwie entbehrlich war, und nur mit Proviant, Kajaks, Gewehren und den nötigsten Kleidungsstücken weiterzuziehen, um unter allen Umständen Land zu erreichen, bevor wir den letzten Bissen verzehrt hatten. Wir gingen die Sachen durch, um zu sehen, wovon wir uns trennen könnten: die Apotheke, die Ersatzbretter unter den Schlitten, die Ersatzschneeschuhe und die Schneestrümpfe, die schmutzigen Hemden und das Zelt. Als wir an den Schlafsack kamen, stießen wir einen tiefen Seufzer aus, aber naß und schwer, wie er jetzt immer ist, müßte er ebenfalls fort.

Fest entschlossen, diese Entlastung schon am nächsten Tag vorzunehmen, zogen wir weiter. Bald kamen wir an einen großen Teich, über den wir hinüberfahren mußten. Schnell waren die Kajaks zu Wasser gebracht. Sie lagen nebeneinander, mit den querüber durch die Strippen* gesteckten Schneeschuhen versteift, eine richtige, zuverlässige Flottille. Dann wurden die Schlitten mit ihrer Ladung hinaufgeschoben, der eine vorn, der andere hinten. Wegen der Hunde waren wir in Verlegenheit gewesen und hatten nicht gewußt, wie wir sie veranlassen sollten mitzugehen; aber sie folgten den Schlitten auf die Kajaks und legten sich dort nieder, als ob sie in ihrem Leben nichts anderes getan hätten. »Kaiphas« thronte vorn auf meinem Schlitten, die anderen beiden hinten.

Während wir damit beschäftigt waren, kam ganz in der Nähe ein Seehund an die Oberfläche. Ich hielt es für besser, mit dem Schießen zu warten, bis die Kajaks fertig waren; wir konnten dann sicher sein, daß wir ihn auch bekamen, ehe er untertauchte. Natürlich zeigte er sich nicht wieder. Diese Seehunde scheinen verhext zu sein; es ist gerade, als ob sie uns geschickt würden, um uns aufzuhalten. Schon vorher hatte ich am selben Tage zwei gesehen und ihnen vergeblich aufgelauert. Ich hatte es sogar fertiggebracht, einen zu fehlen, das drittemal bei einem Seehund. Es sieht für unsere Munition bös aus, wenn ich weiter so schlecht schieße; ich halte bei diesen kurzen Entfernungen zu hoch.

---

* Riemen, die am Kajak gerade vor dem Ruderer angebracht sind und dazu dienen, beim Schießen usw. das Ruder hindurchzustecken. Das Blatt des Ruders liegt dann seitlich auf dem Wasser und trägt sehr viel zum sicheren Sitz des Ruderers bei.

Dann fuhren wir über das blaue Wasser, das erstemal, daß wir uns auf einer längeren Fahrt befanden: eine höchst merkwürdige Flottille, beladen mit Schlitten, Säcken, Gewehren und Hunden; eine echte Zigeunerbande, meinte Johansen. Wenn uns damals irgendwer begegnet wäre, er würde schwerlich gewußt haben, was er aus uns machen sollte, Polarforscher gewiß nicht.

Das Rudern war zwischen den Schlitten und den Schneeschuhen, die auf beiden Seiten weit hinausragten, keine leichte Arbeit; aber wir kamen damit ins reine, und wir könnten uns glücklich schätzen, wenn es so den ganzen Tag weiterginge, anstatt diese unerträglichen Schlitten über das verwünschte Eis zu ziehen. Unsere Kajaks waren nicht wasserdicht; mehrere Male mußten wir zu den Pumpen greifen, doch fanden wir uns leicht damit ab und wünschten nur, wir hätten noch mehr offenes Wasser. Endlich hatten wir das Ende des Teiches erreicht; ich sprang auf den Rand des Eises, um die Kajaks heraufzuziehen, als ich plötzlich neben uns starkes Plätschern hörte. Es war ein Seehund, der dort gelegen hatte. Bald darauf vernahm ich ein ähnliches Plätschern auf der anderen Seite, und dann erschien zum drittenmal ein ungeheurer, schwimmender Kopf, der sich schnaufend hin und her bewegte, um dann tief unter den Rand des Eises zu tauchen, ehe wir Zeit hatten, die Büchsen herauszuholen. Es war ein schöner, großer, bärtiger Seehund.

Wir waren überzeugt, daß er für immer verschwunden war; aber kaum hatte ich einen der Schlitten halbwegs auf das Eis heraufgezogen, als der ungeheure Kopf wieder ganz in der Nähe des Kajaks auftauchte. Ich sah mich nach meiner Büchse um, erreichte sie aber nicht, da sie auf dem Kajak lag. »Rasch, Johansen, schießen Sie; rasch, rasch!« Im Augenblick hatte er die Büchse an die Wange gerissen, und gerade als der Seehund unter dem Eisrand verschwinden wollte, knallte es. Das Tier bäumte sich ein wenig auf und trieb dann oben. Blut floß ihm aus dem Kopf. Ich ließ den Schlitten fallen, ergriff die Harpune, und schnell wie der Blitz warf ich sie in den Rücken des Seehundes. Da regte er sich; es war noch Leben in ihm. Besorgt, daß die Harpune mit der dünnen Leine nicht hielt, wenn sich das ungeheure Tier kräftiger bewegte, zog ich das Messer und stieß es dem Seehund in den Hals, so daß ein Blutstrom hervorquoll. Das Wasser rötete sich auf eine weite Strecke, und ich bedauerte sehr, daß diese Zutat zu einer schönen Mahlzeit vergeudet wurde. Daran war jedoch nichts zu ändern; unter keinen Umständen wollte ich das Tier verlieren. Der Sicherheit wegen versetzte ich ihm noch einen zweiten Harpunenstoß. Mittlerweile glitt der Schlitten, der schon halb aufs Eis hinaufgezogen war, wieder hinab, und die Kajaks waren mit Johansen und den Hunden abgetrieben. Johansen versuchte, den Schlitten auf das Kajak zu ziehen; vergeblich, der Schlitten blieb mit dem einen Ende im Wasser und mit dem anderen auf dem Kajak hängen. Er holte die ganze Flottille über, Johansens Kajak so weit, daß die eine Seite im Wasser lag. Dabei leckte das Boot wie ein Sieb, und das Wasser stieg im Innern aufregend schnell. Der Kochapparat, der auf Deck gestanden hatte, fiel herunter und trieb mit seinem gesamten wertvollen Inhalt lustig vor dem Winde fort, von dem wasserdichten Aluminiummantel glücklicherweise über Wasser gehalten. Auch die Schneeschuhe schwammen umher, während die Flottille tiefer und tiefer sank. Inzwischen stand ich und hielt unsere kostbare Beute fest, die ich nicht fahrenlassen durfte. Das Ganze war ein Bild vollständiger Verwirrung. Johansens Kajak hatte sich inzwischen dermaßen auf die Seite geneigt, daß das Wasser die Öffnung auf Deck erreichte und das Fahrzeug sofort vollief. Nun blieb mir keine andere Wahl, als den Seehund loszulassen und das Kajak heraufzuschleppen, ehe es in die Tiefe sank. Es glückte, so schwer das mit Wasser gefüllte Boot auch war. Dann kam der Seehund an die Reihe. Wir hatten unsere liebe Not, das ungeheure Tier Zug um Zug auf das Eis zu zerren. In unserm Jubel tanzten wir ausgelassen rund um unsere Beute; ein voll Wasser gelaufenes Kajak und unsere durchnäßten Sachen galten in diesem Augenblick nichts. Hier hatten wir Lebensmittel und Feuerung auf lange Zeit, und unsere Sorgen waren mit einem Schlag verschwunden.

Dann ging es ans Bergen und Trocknen unserer Sachen, zuerst und vor allen Dingen der Munition; es war unser gesamter Vorrat. Glücklicherweise waren die Patronen ziemlich wasserdicht. Sie hatten nicht viel Schaden gelitten. Sogar die Schrotpatronen mit ihren Hülsen aus Papier hatten nicht lange genug im Wasser gelegen, um ganz zu durchweichen. Schlimmer stand es um das Pulver; die kleine Blechbüchse, in der wir es aufbewahrten, war voll Wasser. Um die übrigen Dinge sorgten wir uns weniger, wenn es auch nicht gerade tröstlich war, daß das Boot völlig vom Salzwasser durchweicht war.

In der Nähe fanden wir einen Lagerplatz. Rasch war das Zelt aufgeschlagen, der Fang zerteilt und in Sicherheit gebracht, und ich kann wohl sagen, selten haben auf dem Treibeis Menschen gehaust, die sich so zufrieden gefühlt haben wie die beiden, die an diesem Morgen in ihrem Sack saßen und Seehundsfleisch, Speck und Suppe schmausten, bis der Magen voll war. Wir waren einer Meinung, daß wir eine bessere Mahlzeit nicht hätten bekommen können. Dann krochen wir tief in den lieben Schlafsack hinein, von dem wir uns fürs nächste noch nicht zu trennen brauchten, und schliefen den Schlaf der Gerechten in dem Bewußtsein, daß wir uns um die nächste Zukunft jedenfalls noch keine Sorge zu machen brauchten.

Wir können für den Augenblick nichts Besseres tun als bleiben, wo wir sind, von unserm Fang leben, ohne den Proviant auf dem Schlitten anzurühren, und so die Zeit abwarten, bis sich das Eis mehr lockert oder die Wegverhältnisse sich bessern. Inzwischen wollen wir die Kajaks wasserdicht machen; ferner wollen wir unsere Ausrüstung soviel wie möglich erleichtern. Ein Weitermarsch wäre nur unter Zurücklassung des größten Teils des Seehundes möglich. Das aber wäre unter diesen Umständen Wahnsinn.

Sonntag, 23. Juni. Heute ist der Tag vor Johannis, zugleich Sonntag. Wie jubeln heute alle Schulkinder! Wie werden die Leute zu Hause in Norwegen in Scharen nach den schönen Wäldern und Tälern hinausströmen ... und wir sitzen hier noch immer auf dem Treibeis, kochen und braten uns Seehundsspeck, essen Seehundsfleisch, bis uns der Tran vom Leibe tropft, und vor allen Dingen wissen wir nicht, wie schnell dieses Leben ein Ende nehmen wird! Vielleicht haben wir noch einen Winter vor uns. Am allerwenigsten hätte ich geglaubt, daß wir jetzt hier sein würden.

Indes ist es eine angenehme Veränderung, daß wir erst unsere Rationen und die Feuerung auf ein Minimum herabgesetzt hatten und jetzt wieder verschwenden und so viel und so oft essen können, wie wir mögen. Gut schmeckt das Seehundsfleisch, und wir gewinnen es von Tag zu Tag lieber. Den Speck finde ich roh wie gebraten ausgezeichnet, er ersetzt die Butter gut. Das Fleisch ist in unseren Augen so gut, wie Fleisch nur sein kann. Wir verzehrten es gestern zum Frühstück als Suppe mit rohem Speck. Zum Mittagessen briet ich Schnitten, die selbst im »Grand Hotel« nicht besser hätten sein können, wenn auch ein gutes Seidel Bockbier eine willkommene Zugabe gewesen wäre. Zum Abend bereitete ich Blutpfannkuchen, in Speck gebacken; sie waren so vorzüglich, daß Johansen sie für ersten Ranges erklärte, von meiner eigenen Überzeugung gar nicht zu reden.

Das Braten im Zelt auf einer Tranlampe ist freilich ein zweifelhaftes Vergnügen. Wenn die Lampe selbst nicht raucht, so tut es der Speck, der die Augen des unglücklichen Kochs unter peinigenden Schmerzen tränen macht. Aber die Folgen könnten noch schlimmer sein. Die Tranlampe, die ich aus einem Stück Neusilberblech hergestellt hatte, überhitzte sich eines Tages unter der heißen Bratpfanne, und schließlich geriet die ganze Geschichte, die Speckstücke und der Tran in Brand. Die Flamme schoß hoch empor. Das beste wäre gewesen, die Lampe hinauszutragen, doch dazu war keine Zeit. Das Zelt füllte sich mit erstickendem Rauch, als ich als letztes Mittel unglücklicherweise eine Handvoll Schnee ergriff und ihn auf den brennenden Tran warf. Es spritzte und prasselte; das brennende Öl flog nach allen Richtungen, und von der Lampe selbst stieg ein Flammenmeer auf. Halb erstickt warfen wir uns beide gegen die verschlossene Öffnung, sprengten die Knöpfe ab und stürzten uns kopfüber ins Freie, tatsächlich froh, daß wir mit dem Leben davongekommen waren.

Bei der Explosion war die Lampe ausgegangen; als wir dann das Zelt untersuchten, war in die seidene Wand gerade über der Stelle, auf der die Bratpfanne stand, ein großes Loch gebrannt. Eins unserer Schittensegel mußte die Strafe für das Loch erleiden. Wir krochen wieder ins Zelt, beglückwünschten uns, so leicht davongekommen zu sein, und zündeten mit großer Mühe wieder Feuer an, so daß ich den letzten Pfannkuchen backen konnte. Dann aßen wir ihn in frohester Stimmung mit Zucker und erklärten ihn für die köstlichste Speise, die wir je genossen hätten.

Wir hatten aber auch guten Grund, in gehobener Stimmung zu sein, da uns die Beobachtung von diesem Tag auf 82° 4,8' n. Br. und 57° 48' ö. L. versetzte. Trotz der westlichen und zeitweise südwestlichen Winde waren wir in drei Tagen fast 14 Minuten nach Süden und beinahe gar nicht nach Osten gekommen. Höchst überraschend und befriedigend! Draußen wehte noch immer Nordwind, und wir trieben infolgedessen südwärts in mildere Gebiete.

Mittwoch, 26. Juni. Der 24. Juni wurde natürlich mit großer Festlichkeit begangen. Zunächst war es der Tag, an dem wir vor zwei Jahren von daheim aufgebrochen waren; zweitens war es hundert Tage — genau waren es zwei Tage mehr — her, daß wir die »Fram« verlassen hatten, und drittens war

Die »Fram«
in sua 1890

Sicherer Hafen:
Die »Fram«
im Eis

Johannistag. Wir verbrachten den Feiertag damit, daß wir von holderen Zeiten träumten, unsere Karten studierten, die späteren Aussichten besprachen und alles Lesbare, das zu finden war, d. h. nautisches Jahrbuch und Navigationstabellen, lasen. Johansen machte einen Gang an den Rinnen entlang und brachte es fertig, eine Kragenrobbe in einem Tümpel östlich von uns zu fehlen. Dann kam — ziemlich spät in der Nacht — das Abendessen: Blutpfannkuchen mit Zucker. Sie schmeckten unübertrefflich. Anschließend dämpften wir uns einige Preißelbeeren, die herrlich schmeckten, obwohl sie bei der Katastrophe vor einigen Tagen in Seewasser gelegen hatten. Morgens um 8 Uhr krochen wir in den Sack.

Um Mittag stand ich wieder auf, um eine Meridianhöhe zu nehmen. Das Wetter war prächtig. Ich setzte mich auf einen Hügel und wartete, bis die Sonne ihren höchsten Stand erreichte, sonnte mich in ihren Strahlen und blickte über das Eis und den Teich vor mir, der glänzend und still wie ein Bergsee seine eisigen Ufer im klaren Wasser widerspiegelte. Kein Luftzug regte sich; es war still, die Sonne brannte, und ich träumte von der Heimat...

Ehe ich zum Zelt ging, holte ich Salzwasser zur Suppe, die wir zum Frühstück essen wollten; gerade in diesem Augenblick kam ein Seehund neben dem Eis in die Höhe. Ich rannte zurück, um meine Büchse und das Kajak zu holen. Draußen auf dem Wasser zeigte sich, daß das Boot vom Liegen in der Sonne leck geworden war, so daß ich rascher, als ich gekommen war, zurückrudern mußte, um nicht zu sinken. Während ich das Kajak entleerte, tauchte der Seehund vor mir wieder auf, und diesmal hatte mein Schuß Erfolg; das Tier trieb wie ein Korken auf dem Wasser. Es dauerte nicht lange, bis ich das lecke Fahrzeug wieder auf dem Teich hatte und meine Harpune im Nacken des Tieres saß. Dann schleppte ich den Seehund ans Ufer, während sich das Kajak mit Wasser füllte, meine Beine naß wurden und meine Komager volliefen. Nachdem ich die Beute zum Zelt hinaufgeschleppt hatte, zerlegte ich sie, sammelte alles Blut und schnitt das Fleisch in Stücke; dann schlüpfte ich ins Zelt, zog trockene Unterkleider an und kroch wieder in den Sack, während die Hosen draußen in der Sonne trockneten. Jetzt ist es leicht, sich im Zelt warm zu halten. Gestern abend war die Hitze darin so groß, daß wir kaum schlafen konnten, obwohl wir statt im Sack auf ihm lagen.

Donnerstag, 27. Juni. Dasselbe einförmige Leben, derselbe nördliche Wind, dasselbe Wetter und dieselben Betrachtungen darüber, was die Zukunft bringen wird! Gestern abend wehte ein Sturm aus Norden, er peitschte harten, körnigen Schnee gegen das Zelt, daß man glaubte, es sei ein Platzregen. Der Schnee schmolz sofort an den Wänden, und das Wasser lief daran herunter. Drinnen aber ist es behaglich. Der Wind kann uns nichts anhaben; wir liegen in unserem warmen Sack, horchen auf das Klappern des Zeltes und bilden uns ein, daß wir rasch nach Westen treiben, obwohl wir uns vielleicht nicht von der Stelle bewegen. Wenn dieser Wind uns aber nicht bewegt, so ist die einzige Erklärung dafür, daß das Eis am Lande festliegt und wir uns nicht weit von der Küste befinden. Wir müssen vermutlich auf Ostwind warten, damit wir weiter westlich und später südlich treiben.

Ich hoffe, daß wir in den Sund zwischen Franz-Joseph-Land und Spitzbergen hineintreiben.

In letzter Zeit haben sich die Rinnen sehr verändert; von dem Teich vor uns, über den wir hinweggerudert sind, ist kaum noch etwas übrig, und in allen Richtungen haben rundherum Eispressungen stattgefunden. Ich hoffe, daß sich das Eis in Stücke mahlt, dann kann es sich rascher lockern, wenn die Zeit dazu gekommen ist; vor Ende Juli wird das aber nicht sein, wir müssen also geduldig warten.

Gestern haben wir Seehundsfleisch in dünne Scheiben geschnitten und zum Trocknen aufgehängt. Das ergibt Proviant für die Weiterfahrt; es ist die bequemste Weise, etwas von dem Seehund mitzunehmen. Wenn die Seehunde selten sind, gibt es Gott sei Dank noch Vögel. Gestern abend waren ein paar Elfenbeinmöwen so dreist, sich auf dem Seehundsfell dicht neben der Zeltwand niederzulassen und am Speck zu picken; wir jagten sie fort, aber sie kamen immer wieder. Wenn uns das Fleisch ausgeht, werden wir Vögel fangen.

Auf solche Weise ging ein Tag genau wie der andere hin; wir warteten und warteten, daß der Schnee schmelzen sollte, und bereiteten inzwischen den Weitermarsch vor.

Am 29. Juni schrieb ich:

»Noch immer will die Temperatur nicht so steigen, daß der Schnee wegtaut. Wir suchen die Zeit so gut wie möglich hinzubringen, wir sprechen davon, wie schön es sein wird, wenn wir wieder nach Haus kommen, und wie wir das Leben dann genießen wollen. Manchmal sprechen wir aber auch davon, wie nett wir uns im Winter auf Spitzbergen einrichten wollen, wenn wir in diesem Jahr nicht nach Hause kommen. Schlimmstenfalls werden wir vielleicht sogar hier überwintern müssen — nein, das wird doch nicht geschehen.«

Sonntag, 30. Juni. So ist also der letzte Juni gekommen, und wir befinden uns ungefähr auf derselben Stelle wie zu Beginn des Monats. Und der Weg? Besser ist er sicher nicht geworden. Aber heute ist es schön. Es ist so warm, daß wir im Zelt schwitzen. Durch die offene Tür sehen wir hinaus auf das Eis und in die Sonne, die durch weiße Zirruswolken auf das blendende Weiß herabscheint. Sonntägliche Stille, mit einer schwachen Brise, meist aus Südost, glaube ich. Heute ist es lieblich zu Hause; alles in Blüte, der Fjord im Sonnenschein. Nun sitzt du vielleicht draußen auf der Spitze mit Liv oder bist in deinem Boot auf dem Wasser! Aber noch manche Eisscholle liegt zwischen uns und dem Wiedersehen.

Wie zwei schwarze, rußige Räuber rühren wir den Suppenbrei im Kessel um. Auf allen Seiten umgibt uns Eis, Eis und nichts als Eis, glänzend und weiß, in der Reinheit, die uns selbst fehlt. Alles ist nur zu rein! Das Auge späht bis zum fernsten Horizont nach einem dunklen Punkt, um darauf zu ruhen, aber vergeblich. Wann wird das endlich eintreten? Wir haben jetzt zwei Monate darauf gewartet. Heute scheinen alle Vögel wieder verschwunden zu sein; nicht einmal ein munterer Krabbentaucher ist zu sehen. Gestern sind sie nach Norden und nach Süden geflogen. Wahrscheinlich haben sie sich nach dem Lande zu entfernt, wohl, weil jetzt hier so wenig Wasser ist. Wenn wir uns nun ebenso leicht wie sie bewegen könnten!

Mittwoch, 3. Juli. Was habe ich diesen Blättern anzuvertrauen? Nichts als dasselbe überwältigende Sehnen, aus dieser Einförmigkeit fort und zu Hause zu sein! Ein Tag ist wie der andere, ausgenommen vielleicht, daß es früher warm und ruhig war, während in den letzten 48 Stunden Südwind geweht hat, und eine Meridianhöhe gestern ergab, daß wir bis 82° 8,4' n. Br. zurückgetrieben sind. Der Horizont war im Süden klar. Das ist er schon seit langer Zeit nicht mehr gewesen. Aber wir haben vergeblich nach Land ausgespäht. Ich begreife es nicht.

Gestern abend schneite es; das Zelt leckte, und der Sack wurde naß. Daß der Schnee nicht in Regen übergeht, ist zum Verzweifeln; der Neuschnee wird gewöhnlich zu einer dicken Schicht auf dem alten Schnee, und das verzögert das Auftauen.

Sonnabend, 6. Juli. $+1°$, Regen! Endlich, nach vierzehn Tagen, scheinen wir das Wetter zu bekommen, auf das wir gewartet haben. Es hat die ganze Nacht und den Vormittag geregnet und hält auch jetzt noch an, echter, tüchtiger Regen. Nun wird sich dieser ewige Schnee vielleicht endlich davonmachen; er ist so weich und lose wie Schaum. Wenn der Regen nur eine ganze Woche anhalten wollte! Aber ehe wir nur Zeit haben uns umzublicken, haben wir wieder einen kalten Wind mit Schnee; es wird sich eine Kruste bilden, und wir müssen wieder warten. Ich bin zu sehr an Enttäuschungen gewöhnt, um noch an etwas zu glauben. Es ist eine Schule der Geduld. Immerhin hat uns der Regen in gute Stimmung versetzt.

Die Tage schleppten sich langsam hin. Wir kalfaterten und strichen die Fahrzeuge an, um sie wasserdicht zu machen. Das Anstreichen macht viel Mühe. Manchen Tag habe ich Knochen gebrannt, bis der ganze Platz wie die Knochenmehlfabrik in Lysaker roch; dann kam das mühsame Verfahren, sie zu zerstoßen und zu zerreiben. Der Knochenstaub wurde endlich mit Tran vermischt, und nun war ich so weit, eine Probe zu machen. Die Farbe erwies sich als vollständig unbrauchbar. Ich mußte sie also doch mit Ruß vermischen, wie ich es ursprünglich gewollt hatte, und mehr Öl hinzufügen. Jetzt bin ich bei dem Versuch Ruß herzustellen damit beschäftigt, den ganzen Raum auszuräuchern. Dabei gewinne ich, wenn ich den Ruß sammle, trotz allen Mühen nur eine Prise, obwohl der Rauch so hoch emporsteigt, daß er auf Spitzbergen zu sehen sein müßte. Ja, man hat viel Unannehmlichkeiten, wenn sich nebenan kein Laden befindet! Was würde ich nicht für einen kleinen Eimer Ölfarbe, nur für gewöhnlichen Lampenruß geben! Wir werden auch diese Schwierigkeit meistern; aber bald werden wir wie Schornsteinfeger aussehen.

Am Mittwoch abend wurde »Haren« getötet. Er war in der letzten Zeit nicht mehr recht zu gebrauchen, war aber ein vorzüglicher Hund, und ich kann mir denken, daß es Johansen schwer geworden ist, sich von ihm zu trennen. Er blickte das Tier gramvoll an, bevor es nach den glücklichen Jagdgefilden abging oder wohin sonst solche Ziehhunde kommen mögen, vielleicht nach Orten, an denen es nur ebene Eisflächen und keine Rücken und Rinnen gibt. Jetzt sind noch zwei Hunde übrig, »Suggen« und »Kaiphas«.

Vorgestern abend entdeckten wir im Osten einen schwarzen Hügel. Wir untersuchten ihn durch das Glas; er sah wie ein schwarzer Felsen aus, der aus dem Schnee aufstieg, und war höher als die benachbarten Hügel. Ich prüfte ihn von dem höchsten Rücken unserer Umgebung aus, konnte aber nicht entscheiden, was es war. Für einen aufgetürmten Haufen, der teilweise aus schwarzem Eis bestand oder mit Schlamm durchsetzt war, kam er mir zu groß vor; ich habe niemals Ähnliches gesehen. Daß er eine Insel ist, erscheint mir unwahrscheinlich; denn er bleibt stets in derselben Entfernung von uns, obgleich wir treiben.

Sobald sich der Horizont im Süden aufklärt, kann man auch schon einen von uns bald mit, bald ohne Fernrohr den üblichen Weg nach dem »Wachtturm«, einem Hügel neben dem Zelt gehen sehen, um nach Land auszuspähen; man sieht aber nie etwas anderes als denselben kahlen Horizont*.

Jeden Tag unternehme ich in der Umgegend einen Rundgang auf dem Eis, um nachzusehen, ob der Schnee abgenommen hat. Es scheint nicht so, und mir kommen Augenblicke des Zweifels, ob er in diesem Sommer überhaupt verschwinden wird. Ist dies nicht der Fall, sind unsere Aussichten mehr als düster. Das Beste, worauf wir dann hoffen können, würde sein, den Winter irgendwo auf Franz-Joseph-Land zuzubringen. Jetzt aber regnet es; es strömt an den Zeltwänden hinunter und tropft auf das Eis. Alles erscheint wieder hoffnungsvoll, und wir malen uns die Freuden des Herbstes und Winters in der Heimat aus!

Mittwoch, 10. Juli. Es ist seltsam, daß ich jetzt, nun ich wirklich etwas Interessanteres als gewöhnlich erzählen kann, weniger Neigung zum Schreiben habe als sonst. Alles will einem gleichgültiger werden.

Was wollte ich sagen? Ja, daß wir uns gestern ein schönes Lager aus Bärenfellen als Unterlage für den Schlafsack gemacht und einen vollen Tag geschlafen haben, ohne es zu wissen. Ich glaubte, es sei 6 Uhr morgens, als ich aufstand. Als ich aus dem Zelt trat, kam mir der Stand der Sonne etwas merkwürdig vor; ich grübelte eine Weile darüber nach, bis ich zu dem Schluß gelangte, daß es 6 Uhr abends war; wir hatten also 22 Stunden geschlafen. Wir haben in letzter Zeit wenig geschlafen, weil wir auf den Schneeschuhen, die wir unter den Sack gelegt hatten, um ihn von den Wassertümpeln unter uns frei zu halten, wie gerädert wurden.

Der wohltätige Regen hielt am Sonnabend den ganzen Tag an und tilgte eine beträchtliche Menge Schnee. Um das gute Wetter zu feiern, beschlossen wir, zum Abend Schokolade zu trinken; sonst lebten wir nur von dem Seehund. Wir kochten uns also Schokolade, die, mit rohem Seehundspeck aufgetischt, ganz ausgezeichnet mundete. Sie war aber die Ursache einer großen Enttäuschung; denn nachdem wir uns auf den jetzt so seltenen Schmaus riesig gefreut hatten, brachte ich es mit großem Geschick fertig, den Becher umzustoßen, so daß der ganze kostbare Inhalt über das Eis floß. Während ich auf die zweite Tasse wartete, die über der Tranlampe kochte, heulte »Kaiphas« draußen los. Ich zweifelte nicht, daß er ein Tier gesehen

---

* Man vergleiche, was ich später, am 24. Juli, darüber sage (S. 232)!

hatte, und wollte darum schleunigst auf den Ausguck, um über das Eis zu spähen.

Ich steckte den Kopf aus der Zeltöffnung und war nicht wenig erstaunt, als ich einen Bären sah, der auf die Hunde zutrottete und »Kaiphas« beschnüffelte. Ich sprang nach meiner Büchse, die geladen neben dem Zelt im Schnee stand, und riß das Futteral herunter. Der Bär blieb stehen und glotzte mich an. Ich schickte ihm eine Kugel durch Schulter und Brust, überzeugt, daß er auf der Stelle niederstürzen würde; er taumelte aber nur etwas, drehte sich um und machte sich davon. Ehe ich eine neue Patrone aus der Tasche ziehen konnte, war er schon zwischen den Hügeln. Ich ging ihm nach. Johansen folgte mir. Kaum hatte ich einige Schritte gemacht, als wir etwas weiter entfernt zwei andere Köpfe auftauchen sahen. Sie gehörten zwei jungen Bären, die auf den Hinterbeinen standen und nach ihrer Mutter blickten, die taumelnd, mit einer Blutspur hinter sich, auf sie zukam. Dann machten sich alle drei über eine Rinne davon; nun entspann sich eine wilde Jagd über Ebenen und Rücken und Rinnen und allerlei andere Hindernisse. Dieser Jagdeifer ist wunderbar; es ist gerade, als ob Pulver angezündet würde. Wo es zu anderen Zeiten beschwerliche Arbeit gewesen wäre überhaupt weiterzukommen, wo man bis an die Knie in den Schnee sinkt und zögern würde, über eine Rinne zu gehen, da nimmt man, im Jagdeifer, unbedenklich jedes Hindernis.

Die Bärin war schwer verwundet und schleppte das linke Vorderbein nach; sie lief nicht schnell, aber immerhin so rasch, daß ich genug zu tun hatte, mich in der Nähe zu halten. Die Jungen irrten ängstlich um die Mutter herum, sie wußten nicht, was ihr fehlte. Plötzlich schauten sie sich alle drei nach mir um, der ich, so rasch ich konnte, hinter ihnen hersauste. Ich war schon viele Male in Schußweite gewesen, aber die Bärin hatte mir stets ihre Kehrseite zugewendet; wenn ich schoß, wollte ich nun auch sicher sein, der Sache ein Ende zu machen, da ich nur drei Patronen bei mir hatte, für jeden eine.

Endlich bekam ich auf dem Gipfel eines Hügels ihre Breitseite zu sehen, und dort stürzte die Bärin auch zusammen. Die Jungen eilten ängstlich zu ihr hin, als sie fiel. Der Anblick konnte einen dauern. Sie schnüffelten an ihr herum, stießen sie an, liefen immer rundherum und wußten nicht, was sie in ihrer Verzweiflung tun sollten. Inzwischen hatte ich eine andere Patrone in den Lauf geschoben und schoß das eine Junge von einem Vorsprung herunter; es stürzte mit dumpfem Geheul über den Abhang an die Seite der Mutter. Noch mehr erschreckt als vorher, eilte das andere Junge zu seiner Hilfe herbei; aber was konnte das arme Ding tun? Während sein Bruder sich brüllend umherwälzte, schaute es traurig bald ihn, bald die Mutter an, die im Sterben lag. Als ich mich näherte, wandte es gleichgültig den Kopf weg; was fragte es jetzt nach mir? Alles, was ihm teuer war, lag dort vernichtet. Es wußte nicht mehr, wohin es gehen sollte, und bewegte sich nicht von der Stelle. Ich trat dicht hinan, und mit einer Kugel in der Brust stürzte es tot neben der Mutter nieder.

Bald darauf kam Johansen, der durch eine Rinne aufgehalten worden war, herbei. Wir weideten die Tiere aus und kehrten nach dem Zelt zurück, um die Schlitten, die Hunde und ordentliche Schlachtmesser zu holen. Unsere zweite Tasse Schokolade schmeckte uns nach dieser Unterbrechung ausgezeichnet. Wir häuteten zwei der Bären ab, zerschnitten sie in Stücke und ließen sie auf einem Haufen zurück, den wir mit den Fellen bedeckten, um das Fleisch vor Möwen zu schützen; den dritten nahmen wir mit.

Am nächsten Tag holten wir auch die beiden anderen Bären, und jetzt haben wir mehr Fleisch, als wir verzehren können. Es ist gut, daß wir nun auch für die Hunde soviel rohes Fleisch haben. »Suggen«, der arme Kerl, ist sehr schlechter Verfassung, und es ist eine Frage, ob wir ihn noch weiter brauchen können. Als wir ihn am ersten Tag zu den Bären mitnahmen, konnte er nicht laufen, wir mußten ihn auf den Schlitten setzen. Er heulte fürchterlich, als ob er sagen wollte, es sei unter seiner Würde, in dieser Weise befördert zu werden, so daß Johansen ihn zurückbringen mußte. Die Hunde scheinen an den Beinen gelähmt zu sein: sie fallen hin und haben die größte Mühe wieder hochzukommen. So ist es von »Gulen« an mit ihnen allen der Fall gewesen. Nur »Kaiphas« ist so frisch und wohl wie je.

Merkwürdig, wie groß die jungen Bären waren. Ich konnte mir kaum vorstellen, daß sie in diesem Jahre geboren seien, ich würde sie für ein Jahr alt gehalten haben, wenn die Bärin nicht Milch gehabt hätte; es ist kaum anzunehmen, daß die Jungen anderthalb Jahre gesäugt werden. In den Magen der Jungen befanden sich Stücke Seehundhaut.

Mittwoch, 17. Juli. Endlich naht die Zeit, daß wir uns wieder auf den Weg machen, heimwärts! Der Schnee hat genügend abgenommen. Die Kajaks sind mit Ruß und Tran angestrichen und mit trockenen Pastellfarben, die zerstoßen und ebenfalls mit Tran vermischt wurden, gedichtet worden. Es wird noch eine gründliche Durchsicht unserer Ausrüstung stattfinden, und alles, was nicht unbedingt notwendig ist, wird zurückgelassen. Hier müssen wir unserm Schlafsack Lebewohl sagen. Die Tage der Behaglichkeit sind für uns vorüber; fortan werden wir unter freiem Himmel nächtigen, bis wir uns an Bord eines Schiffes befinden, das wir in Spitzbergen zu treffen hoffen.

Mittlerweile ist hier — wir haben die Stelle »Sehnsuchtslager« genannt — die Zeit vorübergegangen. Wir aßen morgens, mittags und abends Bärenfleisch und haben gefunden, daß die Brust der jungen Tiere wirklich was für Feinschmecker ist. Es ist eigentümlich, daß diese ausschließliche Fleisch- und Fettkost uns nicht im geringsten schlecht bekommt; ja, wir vermissen Mehlspeisen nicht einmal so sehr, wenn wir vielleicht auch einen großen Kuchen als höchste Glückseligkeit betrachten würden. Hin und wieder heitern wir uns mit Zitronensaftgrog, einem Blutpfannkuchen oder gedämpften Preißelbeeren auf und träumen davon, wie schön es sein wird, nun binnen kurzem heimzukommen, und wie wir die Annehmlichkeiten der Zivilisation in vollen Zügen genießen wollen. Glückliche Unwissenheit! Vielleicht wird es manchen langen Tag dauern, vielleicht wird noch manche schwere Prüfung zu bestehen sein, ehe wir zu Hause sind. Aber ich will das Beste hoffen! Wir haben noch zwei Monate Sommer, und da kann noch viel geschehen.

Freitag, 19. Juli. Heute flogen zwei ausgewachsene Rosenmöwen, von Nordosten kommend, über uns hin nach Westen. Als sie schon in der Ferne waren, stießen sie ein Geschrei aus, das mich an das des Wendehalses erinnerte. Sie flogen ganz niedrig, gerade über meinem Kopf hin, so daß ich die Rosafarbe an ihrer Unterseite deutlich sah.

Dienstag, 23. Juli. Gestern morgen kamen wir endlich vom »Sehnsuchtslager« los, und jetzt sind wir gottlob wieder unterwegs. Tag und Nacht haben wir gearbeitet, um fortzukommen. Erst glaubten wir, es würde am 19. sein, dann am 20., darauf am 21., aber immer tauchte wieder etwas auf, was getan werden mußte, ehe wir uns aufmachen konnten. Das vom Seewasser durchweichte Brot mußte in der Bratpfanne über der Lampe sorgfältig getrocknet werden. Das nahm mehrere Tage in Anspruch. Dann mußten die Strümpfe geflickt und die Kajaks genau nachgesehen werden usw. Wir wollten zu letzten Reise heimwärts in guter Verfassung aufbrechen. So geschah es auch.

Alles geht wie ein Tanz. Die Aussichten für das Weiterkommen sind besser, als wir erwartet hatten, obwohl das Eis nicht eben ist; die Schlitten sind leichter zu ziehen, nachdem wir alles, was entbehrt werden kann, zurückgelassen haben, und der Schnee hat beträchtlich abgenommen. Auf dem letzten Stück des Marsches konnten wir sogar ohne Schneeschuhe gehen. Johansen führte ein Kunststück aus und setzte allein mit seinem Kajak über eine Rinne. »Suggen« lag dabei auf dem Vorderdeck, während Johansen auf dem Hinterdeck kniete und das Fahrzeug beim Rudern im Gleichgewicht hielt. Ich wollte denselben Versuch mit meinem Kajak machen, es schwankte mir aber zu sehr, um die Fahrt zu wagen, ich schleppte daher das Kajak mit »Kaiphas« auf Deck hinüber, während ich daneben vorsichtig über Eisstücke springend auch hinüberkam.

Wir haben jetzt den Vorteil, daß wir überall Trinkwasser finden. Wir leben auch wieder von unserm alten Proviant; aber seltsam genug, weder Johansen noch ich fanden das Essen so schmackhaft, wie man nach der einmonatigen Fleischkost hätte annehmen sollen.

Es ist gut, daß wir wieder unterwegs sind. Das Angenehme dabei sind die leichteren Schlitten. Wir haben aber auch wirklich sehr viel im »Sehnsuchtslager« zurückgelassen — außer einem ansehnlichen Haufen Fleisch und Speck drei schöne Bärenfelle. Auch unser alter Freund, der Sack, liegt oben auf den Bären, ferner eine Menge Holz, Bretter der Unterseiten der Schlitten, Schneeschuhe und andere Dinge, mehr als die Hälfte von Blessings schönen Mitteln — Gipsverbände, Gazebinden, hygroskopische Baumwollwatte, außerdem ein guter Aluminium-Glashorizont, Tauwerk, unsere Bratpfanne mit dem Schmelzapparat, ein halber Aluminiummantel vom Kochapparat, Neusilberplatten, eine Tranlampe, Säcke, Werkzeuge, Segeltuch, Finnenschuhe, unsere Fausthandschuhe aus Wolfsfell und aus Wolle, ein geologischer Hammer, ein halbes Hemd, Strümpfe und vieles andere. An Stelle dieser Dinge haben wir aber ein Plus in Gestalt eines Sackes getrockneten Seehund- und Bärenfleisches und die zweite Hälfte des Aluminiummantels voll Speck. Wir haben uns jetzt aller überflüssigen Dinge so gründlich entledigt, daß wir kaum einen Holzpflock machen können, um ihn durch das Ende der Zugleine zu schieben.

Endlich Land!

Mittwoch, 24. Juli. Endlich hat sich das Wunder ereignet. Land, Land, nachdem wir unseren Glauben daran schon beinahe aufgegeben hatten! Nach fast zwei Jahren sehen wir über die endlose weiße Linie am Horizont wieder etwas aufsteigen. Diese weiße Linie hat sich seit vielen Jahrtausenden über dieses einsame Meer ausgedehnt und wird sich in künftigen Jahrtausenden ebenso darüber ausdehnen. Wir verlassen das Eis und lassen keine Spur zurück; denn die Fährte unserer kleinen Karawane über die Ebenen ist längst verschwunden. Ein neues Leben beginnt für uns.

Wie lange hat dieses Land unsere Träume heimgesucht, und nun kommt es wie eine Vision, wie ein Feenland! Schneeweiß wölbt es sich über dem Horizont wie ferne Wolken, von denen man fürchtet, daß sie im nächsten Augenblick verschwinden. Das wunderbarste aber ist, daß wir das Land während der ganzen Zeit gesehen haben, ohne es zu wissen. Ich habe es vom »Sehnsuchtslager« aus mehrere Male studiert in dem Glauben, daß es Schneefelder seien, bin aber stets zu dem Schluß gekommen, daß es nur Wolken sind, weil ich niemals einen dunklen Punkt entdeckte. Außerdem wechselte es auch seine Form, wahrscheinlich durch den Nebel hervorgerufen, der stets darüber lagerte; es kam aber mit seiner merkwürdig regelmäßigen Wölbung immer an derselben Stelle wieder.

Das Eis war gestern zerstückelt und aufgebrochen; es war eine harte Arbeit, sich einen Weg über Eisrücken zu bahnen, die wie Berge, Täler und Schluchten waren. Bei Rinnen, über die ein Übergang schwer zu finden war, brachten wir die Kajaks zu Wasser. Manchmal gelangten wir nach einer sehr schlechten Stelle auf eine kurze Strecke ebenes Eis, über das es mitten durch Tümpel und Lachen wie im Flug ging.

Als ich gestern morgen einmal eine Strecke voraus war, bestieg Johansen einen Hügel, um über das Eis auszuschauen. Er bemerkte einen seltsamen, schwarzen Streifen über dem Horizont, hielt ihn aber für eine Wolke, und ich dachte nicht weiter daran. Eine Weile später aber sah ich von einem Hügel aus den gleichen schwarzen Streifen; er lief vom Horizont schräg hinauf in etwas, was ich für eine weiße Wolkenbank hielt. Je länger ich die Bank und den Streifen ansah, desto verdächtiger kamen sie mir vor, bis ich daran dachte, das Fernrohr zu holen. Kaum hatte ich das Rohr auf den schwarzen Streifen gerichtet, als mir plötzlich einfiel, daß das Land sein müsse, das nicht einmal weit entfernt sein konnte. Es war ein großer Gletscher, aus dem schwarze Felsen emporragten. Auch Johansen überzeugte sich mit dem Glas, daß wir wirklich Land vor uns hatten. Wir waren beide natürlich hoch entzückt. Dann sah ich eine ähnliche, gewölbte, weiße Linie ein wenig weiter östlich. Sie war jedoch zum größten Teil mit weißem Nebel bedeckt, in dem sie nur schwach zu unterscheiden war und beständig die Form wechselte. Bald aber kam sie vollständig heraus; sie war beträchtlich größer und höher als die erste, jedoch war kein schwarzer Fleck darauf zu sehen. So also sah das Land aus! Ich hatte es mir in vielen Formen vorgestellt, mit hohen Spitzen und glänzenden Firnfeldern, aber nie so wie dieses.

Es war nichts Freundliches daran, doch war es uns darum nicht weniger willkommen, und im ganzen konnten wir auch bei dem Schnee, der hier fällt, nichts anders erwarten, als daß das Land schneebedeckt sein würde.

Wir schlugen nunmehr unser Zelt auf und nahmen ein der Gelegenheit entsprechendes Festmahl ein: Labskaus aus Kartoffeln (zum vorletztenmal, wir hatten sie lange Zeit für diese Gelegenheit aufgespart), Pemmikan, getrocknetes Bären- und Seehundfleisch und Bärenzungen, alles durcheinander gehackt. Dann hatten wir einen zweiten Gang, Brotkrumen, in Bärenfett gebacken, Vrilspeise und Butter sowie ein Stück Schokolade zum Nachtisch.

Wir hielten das Land für so nahe, daß wir glaubten, es spätestens am nächsten Abend betreten zu können. Aber es sollten noch dreizehn Tage mit derselben einförmigen Quälerei über das Treibeis vergehen, bis es so weit war!

Am 25. Juli schrieb ich: »Als wir gestern abend wegen des Nebels haltmachten, hatte ich das Gefühl, daß wir dem Land ziemlich nahe gekommen waren. Diesen Morgen war natürlich das erste, was Johansen tat, als er Wasser holte, daß er auf den nächsten Hügel kletterte und nach dem Land aussah. Da lag es, erheblich näher als vorher; er ist ganz sicher, daß wir es vor Abend erreichen.«

Ich entdeckte an diesem Tag noch ein neues Land westlich von uns. Es lag wie ein Schild da, regelmäßig gewölbt, ähnlich dem erstgesehenen Lande, erhob sich wenig über den Horizont und schien sehr weit entfernt zu sein°. Wir setzten den Weg über Rinnen und rauhes Eis, so rasch wir konnten, fort, kamen an diesem Tag aber nicht weit, und das Land schien nicht viel näher zu sein. In Wirklichkeit war kein Unterschied zu bemerken, obgleich wir uns einbildeten, daß es immer höher stieg.

Sonnabend, 27. Juli. Der Wind hielt letzte Nacht an, ist jetzt aber abgeflaut. Die Sonne scheint. Wir suchen uns mit allen Mitteln, die uns zu Gebote stehen, in unserm neuen, aus wollenen Decken hergestellten Schlafsack eine behagliche Nachtruhe zu verschaffen. Wir haben auf dem nackten Eis gelegen, dann auf den Schneeschuhen und heute nacht wieder auf dem nackten Eis, aber das ist hart und nicht sehr bequem; es ist auch etwas kalt, wenn man naß ist. Wir werden ein gutes, warmes Bett um so höher schätzen, wenn wir es erst haben.

Dienstag, 30. Juli. Wir kamen unglaublich langsam weiter. Jede Art von Hindernis scheint uns beschert zu werden: jetzt habe ich einen solchen Hexenschuß, daß ich mich gestern nur unter Aufbietung meiner ganzen Willenskraft weiterschleppte. An schwierigen Stellen mußte Johansen mir und meinem Schlitten forthelfen. Die Schmerzen fingen vorgestern an; gegen Ende unseres Marsches lief Johansen voran und suchte einen Weg. Gestern ging es mir viel schlechter; wie es mir heute geht, weiß ich nicht, ehe ich mich bewege. Ich will aber dankbar sein, falls ich mich überhaupt weiterschleppen kann, wenn auch nur mit großen Schmerzen. Gestern morgen waren wir neun Stunden gegangen und mußten des Regens wegen um

---

° Später ergab sich, daß es Kronprinz-Rudolf-Land war.

3 Uhr lagern; der Regen durchnäßte uns gründlich, noch ehe wir einen Platz für das Zelt gefunden hatten. Hier sind wir einen Tag geblieben, während es in Strömen goß, und wir sind dabei nicht trockener geworden. Unter uns sind Pfützen, und der Sack ist auf der Unterseite durchgeweicht. Der Wind ist in diesem Augenblick nach Westen herumgegangen. Es hat aufgehört zu regnen. Wir bereiten uns Brei zum Frühstück und gedenken dann weiterzuziehen. Aber wenn es wieder regnet, müssen wir haltmachen; denn wir dürfen nicht naß werden, da wir keine Kleider zum Wechseln haben.

Mittwoch, 31. Juli. Das Eis ist so zerstückelt und ungangbar, wie man sich nur denken kann. Die anhaltende Reibung und das Pressen der Schollen aneinander mahlt das Eis dermaßen zusammen, daß das Wasser voll von Schlammeis und kleinen Stücken ist. In solchem Wasser mit den Kajaks zu fahren, ist unmöglich, und die Suche nach sicheren Übergangsstellen dauert lange. Manchmal müssen wir uns eine solche Stelle erst schaffen, indem wir kleine Schollen zusammenschieben. Jede einzelne Rinne kostet uns viel Zeit und Mühe. Mein Rücken schmerzt noch immer. Johansen mußte wieder vorausgehen. Abends und morgens muß er mir die Hosen an- und ausziehen, weil ich selbst nicht dazu fähig bin. Er ist rührend aufopfernd und sorgt für mich, als ob ich ein kleiner Junge wäre. Armer Kerl, er hat jetzt doppelt schwer zu arbeiten, und ich weiß nicht, wie es enden soll. Heute fühle ich mich jedoch sehr viel besser. Ich werde hoffentlich bald wieder vollständig gesund sein.

Donnerstag, 1. August. Eis mit mehr Hindernissen als hier — ob es das wohl gibt? Aber wir arbeiten uns langsam weiter, und da dies geschieht, sollten wir eigentlich zufrieden sein. Übrigens hat sich das Wetter geändert. Wir haben Prachtwetter mit glänzendem Sonnenschein.

Über eins freue ich mich: mein Rücken ist fast wieder gut, so daß ich für Johansen kein Hemmschuh mehr bin. Jetzt habe ich einen Begriff davon, wie es sein würde, wenn einer von uns ernstlich krank würde. Mir ist ungemein bange davor. Unser Schicksal wäre dann besiegelt.

Sonnabend, 3. August. Unglaublich schwere Arbeit. Wir würden sie niemals leisten können, wenn wir nicht müßten. Wir haben — wenn überhaupt — verteufelt wenig Schritte dem Land zu gemacht. Während der letzten Tage hatten wir für die Hunde kein Futter außer den Elfenbeinmöwen und Eissturmvögeln, die wir geschossen haben, aber das waren täglich nur ein paar. Gestern bekam jeder Hund nur ein kleines Stück Speck.

Sonntag, 4. August. Diese Rinnen machen verzweifelte Mühe und erfordern unsere ganze Kraft. Oft müssen wir mehrere hundert Meter weit nur auf Eisschlamm oder von Block zu Block gehen und die Schlitten nachschleppen in steter Gefahr, daß sie ins Wasser fallen. Johansen war gestern sehr nahe dran, jedoch gelang es ihm, wie bisher immer, sich zu retten. Die Hunde fallen beständig hinein und nehmen ein Bad.

Montag, 5. August. Noch nie haben wir so schlechtes Eis gehabt wie gestern, doch brachten wir es trotzdem fertig, unsern Weg mit Gewalt fortzusetzen. Zwei glückliche Begebenheiten hatten wir an diesem Tage, die erste war, daß Johansen nicht von einem Bären aufgefressen wurde, die zweite, daß wir offenes Wasser unter dem Gletscherrand am Land sahen.

Wir brachen gestern morgen um 7 Uhr auf und kamen auf besonders schlechtes Eis. Es war, als ob ein Riese ungeheure Blöcke kopfüber, kopfunter hinabgeschleudert und dazwischen nassen Schnee mit Wasser gestreut habe, in dem wir bis über die Knie einsanken. Auch tiefe Tümpel befanden sich zwischen den Blöcken. Es war eine Quälerei über Berg und Tal, auf und nieder über Block hinter Block, über Rücken hinter Rücken, mit tiefen Spalten, dazwischen keine freie Stelle groß genug, um nur das Zelt aufzuschlagen: so ging es die ganze Zeit weiter. Um unser Unglück zu vollenden, herrschte ein solcher Nebel, daß wir keine hundert Meter weit sahen.

Nach einem erschöpfenden Marsch erreichten wir endlich eine Rinne, die wir mit den Kajaks überqueren mußten. Wir machten den Rand der Rinne von dem jungen und dem Schlammeis frei. Dann zog ich meinen Schlitten an den Rand und hielt ihn fest, damit er nicht hineinglitt. Plötzlich wurde es hinter mir lebendig, und Johansen schrie: »Schnell die Büchse!« Ich drehe mich um und erblicke einen ungeheuren Bären, der sich gerade auf Johansen wirft. Ich greife nach meiner Büchse, die — im Futteral! — auf dem Verdeck liegt, allein in diesem Augenblick gleitet das Kajak ins Wasser. Mein erster Gedanke ist, mich ebenfalls ins Wasser und über das Kajak zu werfen und von dort aus zu schießen, ich sehe aber ein, daß es gefährlich ist. Ich versuche daher, das Kajak mit seiner schweren Ladung so rasch wie möglich auf den hohen Rand des Eises zurückzuholen und liege dabei ziehend und zerrend auf den Knien, um die Büchse zu fassen. Ich habe keine Zeit mich umzublicken und zu sehen, was hinter mir vorgeht, als ich Johansen plötzlich in aller Ruhe hinter mir sagen höre: »Schieß schnell, wenn es nicht zu spät sein soll!«

Wie ich mich beeilte! Endlich hatte ich das Schaftende erfaßt, zog die Büchse heraus, drehte mich sitzend herum und spannte im Nu den Hahn des Schrotlaufes. Der Bär stand jetzt keine zwei Meter entfernt, bereit, »Kaiphas« ein Ende zu machen. Es war keine Zeit zu verlieren. Ich konnte nicht erst den Hahn des anderen Laufes spannen, ich jagte dem Bären eine Schrotladung hinter das Ohr und streckte ihn tot zwischen uns nieder.

Der Bär muß unserer Fährte wie eine Katze gefolgt sein und sich, von den Eisblöcken verdeckt, herangeschlichen haben, während wir das Eis in der Rinne entfernt und ihm den Rücken zugedreht hatten. An der Spur sahen wir, daß er über einen Rücken unter der Deckung eines Hügels neben Johansens Kajak gekrochen war. Während Johansen, ohne etwas zu argwöhnen oder sich umzublicken, zurückging und sich bückte, um die Zugleine aufzunehmen, hatte er plötzlich am Ende des Kajaks ein Tier hocken sehen, aber geglaubt, daß es »Suggen« sei. Ehe er noch Zeit hatte, recht zu begreifen, daß das Tier dazu zu groß war, hatte er einen Schlag hinter das rechte Ohr bekommen, daß ihm die Funken aus den Augen stoben, und war dann auf den Rücken gefallen. Er suchte sich so gut wie möglich mit den Händen zu wehren; mit der einen Hand packte er das Tier bei der Kehle, und drückte sie mit aller Kraft zu. Gerade als ihn der Bär in den Kopf beißen wollte, hatte Johansen gerufen: »Schieß schnell!« Der Bär hatte fortwährend nach mir hergeblickt und ohne Zweifel darüber nachgedacht, was ich wohl tat. Dann aber hatte er den Hund zu sehen bekommen und sich gegen ihn gewandt. Schnell wie der Gedanke hatte Johansen losgelassen und war fortgekrochen. Der Bär versetzte »Suggen« einen Schlag, der den Hund ebenso kräftig aufheulen ließ, als wenn er von uns Prügel bekommen hätte. Dann hatte »Kaiphas« einen Klaps auf die Nase erhalten. Inzwischen war Johansen auf den Beinen und bei seiner Büchse, die aus dem Kajak herausragte. Dann schoß ich. Der einzige angerichtete Schaden bestand darin, daß der Bär Johansen etwas Schmutz von der rechten Backe abgekratzt hatte, so daß man dort einen weißen Streifen sah. Und »Kaiphas« hatte eine Schramme an der Nase.

Nachdem wir den Bären zerteilt, die Hunde tüchtig gefüttert, selbst etwas rohes Fleisch verzehrt und die Schinken in den Kajaks verstaut hatten, fuhren wir endlich über die Rinne und setzten unseren Weg fort.

Das Eis war und blieb schlecht, und wir standen bald vor einigen fürchterlichen Rinnen, voll von dicht zusammengepackten Eisblöcken. Es war zum Verzweifeln; aber vorwärts mußten wir. Durch das Glas sah ich das offene Wasser am Fuße des Gletschers. Jetzt können wir es nicht mehr weit haben!

Mittwoch, 7. August. Endlich sind wir in der Nähe des Landes, endlich liegt das Treibeis hinter uns und vor uns offenes Wasser, offen hoffentlich bis zum Ende. Gestern war der wichtige Tag. Als wir vorgestern abend aus dem Zelt krochen, glaubten wir beide, daß wir dem Rande des Gletschers nahe waren. Mit neuem Mut und in der schwachen Hoffnung, das Land an diesem Tage zu erreichen, machten wir uns wieder auf den Weg. Und doch wagten wir nicht daran zu denken, daß unser Leben auf dem Treibeis zu Ende ging. Nachdem wir fünf Monate darauf gewandert waren und so viele Enttäuschungen erlebt hatten, waren wir auf einen Fehlschlag unserer Hoffnung nur zu gefaßt. Zunächst gelangten wir an breite Rinnen voll von Schlamm und häßlichem, unebenem Eis, Hügeln und Tälern und tiefem Schnee mit Wasser. Wir sanken bis an die Hüften ein. Nach ein paar solchen Rinnen besserte es sich ein wenig, und wir kamen auf ebenes Eis. Bald war es augenfällig, wieviel näher wir dem Rand des Gletschers waren. Er konnte unmöglich mehr weit entfernt sein. Da kam Leben in uns! Wir spannten uns wieder vor die Schlitten, nahmen einen Anlauf, und fort ging es durch Schnee und Wasser, über Hügel und Ketten. Es ging wie im Fluge. Was fragten wir danach, wenn wir bis über die Pelzgamaschen ins Wasser sanken, so daß die Komager vollliefen und das Wasser in ihnen bei jedem Schritt wie in einer Pumpe auf- und niederging!

Wir wateten durch Tümpel. Das Wasser spritzte nach allen Seiten. An dem dunklen Wasserhimmel vor uns, der fortwährend höher stieg, erkannten wir, wie wir uns dem offenen Wasser näherten. Wir nahmen jetzt nicht einmal von Bären Notiz, obwohl viele in der Nähe zu sein schienen, da alte und neue Fährten kreuz und quer liefen. Wir hatten ja jetzt genug zu essen. Bald sahen wir das offene Wasser unter der Gletscherwand, und immer schneller eilten wir vorwärts. Ich dachte an den Zug der Zehntausend durch Asien, als die Soldaten Xenophons nach einjährigem Kampf gegen überlegene Streitkräfte endlich von einem Berg aus das Meer sahen und riefen: »Thalatta! Thalatta!«

Endlich stand ich am Rand des Eises. Vor mir lag die dunkle Meeresfläche mit weißen, treibenden Eisschollen; weit in der Ferne stieg die Gletscherwand jäh aus dem Wasser auf; das Ganze in düsterer, nebelhafter Beleuchtung. Unsere Freude war unbeschreiblich, in Worten nicht auszudrücken. Hinter uns lagen nun alle unsere Sorgen, vor uns hatten wir das freie Meer, den Weg in die Heimat. Ich winkte Johansen, der ein Stück zurück war, und er schwenkte seinen Hut: hurra!

Da tauchte der Kopf eines großen Seehunds auf und verschwand wieder in aller Stille; bald zeigten sich mehrere. Es beruhigte zu wissen, daß wir uns jederzeit soviel zu essen verschaffen konnten, wie wir wollten.

Nun wurden die Kajaks für die Seefahrt aufgetakelt. Natürlich würde es besser gewesen sein, wenn wir einzeln gerudert wären; aber mit den langen, großen Schlitten an Deck war das nicht leicht, auch wagte ich nicht sie zurückzulassen, da wir sie noch gut verwenden konnten. Wir befestigten die beiden Kajaks also nebeneinander, versteiften sie mit den Schneeschuhen und legten die Schlitten quer darüber, den einen vorn, den andern hinten.

Traurig war es, daß nicht daran zu denken war, unsere beiden letzten Hunde mitzunehmen. Wir hatten sie sehr liebgewonnen. Treu und ausdauernd hatten sie uns auf der ganzen Reise gedient, und nun, da bessere Zeiten anbrachen, war ihre letzte Stunde gekommen. Wir opferten eine Patrone für jeden. Ich erschoß Johansens Hund, er meinen.

Nun standen wir zum Aufbruch bereit. Es war ein Vergnügen, die Kajaks über das Wasser tanzen zu lassen und die Wellen an den Seiten plätschern zu hören. Seit zwei Jahren hatten wir eine solche Wasserfläche nicht mehr gesehen. Wir waren noch nicht weit, als wir ein Segel setzen konnten. Bequem glitten wir vor dem Wind dem Land zu, das wir die vielen Monate ersehnt hatten. Welche Änderung gegenüber der Plackerei auf dem Eis. Der Nebel hatte uns das Land eine Zeitlang verhüllt, doch jetzt teilte er sich, und wir sahen den Gletscher gerade vor uns steil aufsteigen. Die Sonne brach durch. Ich kann mich kaum eines schöneren Morgens erinnern. Bald waren wir beim Gletscher, ließen das Segel herab und ruderten westwärts, die Eiswand entlang, die 16 bis 20 Meter hoch war und an der wir nicht landen konnten. Es schien wenig Bewegung in dem Gletscher zu sein; das Wasser hatte sich am Fuß einen Weg tief ausgewaschen; der Gletscher war glatt und spaltenlos. An der ganzen Höhe der Wand sah man ungewöhnlich scharf abgezeichnete Jahresschichten.

Bald entdeckten wir, daß die Gezeitenströmung mit großer Geschwindigkeit an der Gletscherwand entlang nach Westen setzte. Mit ihr kamen wir rasch weiter. Dagegen war es nicht leicht, einen Lagerplatz zu finden. Schließlich waren wir gezwungen, auf einer treibenden Scholle zu rasten. Es war herrlich, sich zur Ruhe zu legen in dem Bewußtsein, nicht zu neuen Qualen im Treibeis aufstehen zu müssen.

Donnerstag, 8. August. Nachdem wir das Gepäck über einige Schollen gezogen hatten, kamen wir gestern ohne Schwierigkeiten ins offene Wasser.

Es herrschte Nebel, so daß wir nicht weit sehen konnten; wir wußten nichts von dem Land oder der Küste, die wir erreicht hatten. Wir setzten die Fahrt wie bisher auf dem Doppelkajak fort, mit den Schlitten vorn und hinten quer über Deck.

Das Wetter klarte auf, nur über dem Lande blieb der Nebel hartnäckig hängen. Es war totenstill, die Wasserfläche lag wie ein Spiegel vor uns, und kleine Stücke Eis, hier und dort eine Scholle, trieben darauf umher. Er war ein wunderbar schöner Anblick und wirklich herrlich, in unseren leichten Fahrzeugen zu sitzen und ohne Anstrengung über das Wasser zu gleiten. Ein Seehund tauchte vor uns auf. Elfenbeinmöwen, Stummelmöwen, Eissturmvögel, Krabbentaucher, Rosenmöwen und ein paar Seeschwalben flogen über uns hin. Hier gab es genug Nahrung.

Anfangs war unser Kurs mißweisend West zu Nord; dann aber wendete sich das Land immer mehr nach Westen und Südwesten, und das Wasser breitete sich zu einer weiten See in südwestlicher Richtung aus. Aus Nordnordwest sprang eine Brise auf. Dadurch entstand eine erhebliche Bewegung, die unangenehm war, weil das Wasser beständig zwischen den beiden Fahrzeugen emporspülte und uns durchnäßte. Gegen Abend legten wir auf dem Eis an und richteten das Zelt auf. Kaum war das geschehen, begann es zu regnen, so daß es für uns hohe Zeit gewesen war, unter Dach zu kommen.

Freitag, 9. August. Gestern morgen mußten wir die Schlitten mit den Kajaks wieder über Eis schleppen, das vor dem Lager zusammengetrieben war. Bei dieser Arbeit brachte ich es fertig, ins Wasser zu fallen. Mit Mühe kamen wir endlich durch, hinaus ins offene Wasser. Der Wind wehte aus Nordwesten. Je weiter wir vorwärts kamen, desto besser konnten wir einen südlichen Kurs einhalten, und da wir den Wind hinter uns hatten, setzten wir Segel und segelten den ganzen Tag, bis wir gestern abend anhielten.

Wir haben bis jetzt des Nebels wegen wenig von dem Land gesehen, an dem wir entlangfahren; soweit ich aber beobachten kann, besteht es aus Inseln. Zuerst war da eine große, mit einem Gletscher bedeckte Insel; westlich davon war eine kleinere, auf der die beiden Felsenklippen emporragen, die uns zuerst auf die Nähe des Landes aufmerksam gemacht haben; dann kam ein langer Fjord oder Sund mit schwerem Küsteneis, und endlich ein niedriges Vorgebirge oder wohl richtiger eine Insel, an deren Südseite wir uns jetzt gelagert haben.

Das Küsteneis, das sich längs des Landes hinzieht, ist sehr merkwürdig. Es ist ungewöhnlich schwer und uneben und scheint aus zusammengeschweißten, ungeheuren Blöcken zu bestehen, die jedenfalls zum großen Teil von Gletschern herstammen. Vielleicht hat auch ein heftiger Druck gegen das Land stattgefunden und das Meereis zugleich mit den Gletscherbrocken emporgehoben. Das Ganze ist dann zu einer zusammenhängenden Masse gefroren. Wo wir jetzt sind, ist flaches Buchteneis zwischen der niedrigen Insel und einer größeren weiter nach Süden.

Das Land ist mir rätselhaft. Ich kann immer noch nicht sagen, wo wir sind. Es scheint seltsam, daß sich die Küste beständig nach Süden erstreckt anstatt nach Südwesten. Vielleicht sind wir an der Westküste von Franz-

Joseph-Land; aber dazu scheint die Mißweisung zu groß zu sein, und ich kann mir auch nicht erklären, woher so viele Rosenmöwen kommen sollen. Auf Spitzbergen ist noch keine einzige mit Sicherheit festgestellt worden, und wenn meine Annahme richtig ist, so könnte Spitzbergen nicht weit entfernt sein.

Sonnabend, 10. August. Wir haben die kleine Insel bestiegen, in deren Nähe wir gelagert haben. Sie war mit einem Gletscher bedeckt, der sich wie ein regelrechter Schild darüberhinwölbte; alle Seiten fielen langsam ab. So gering war die Neigung, daß unsere Schneeschuhe auf der Schneekruste nicht einmal von selbst glitten. Von der Höhe hatten wir einen guten Ausblick, und da der Nebel sich gerade hob, sahen wir das Land rundherum ziemlich klar.

Es zeigte sich deutlich, daß es nur Inseln waren, an denen wir entlanggefahren sind. Die erste war die größte. Die Insel im Süden von uns sah ebenfalls groß aus; sie schien vollständig von einem Gletscher bedeckt zu sein.

Ich nannte die erste Insel Eva-Insel, die zweite Liv-Insel und die kleine, auf der wir uns befanden, Adelaide-Insel. Die vierte Insel, südlich von uns, ist vielleicht schon von Payer gesehen und von ihm Freeden-Insel genannt worden. Die ganze Inselgruppe taufte ich »Hvidtenland« (Weißes Land).

Zwischen den Inseln und so weit wir nach Südosten und Osten sehen konnten, war die See mit flachem Buchteneis bedeckt, Land war in dieser Richtung nicht zu erkennen.

Der Gletscher, der die kleine Insel bedeckte, auf der wir standen, ging fast unmerklich in Buchteneis über, und nur einige Spalten längs der Küste deuteten an, wo er anfing. An der Westseite der Insel lag vor dem Gletscher ein Wall von Eis und Schnee, der sich wahrscheinlich aus zusammengeschweißten Stücken von Gletscher und Meereis gebildet hatte. Mit einer glatten Böschung ging dieser Wall ganz sanft in den Gletscher über.

Gegen 3 Uhr nachmittags machten wir uns in offenem Wasser auf und segelten bis ungefähr 8 Uhr abends. Dann schloß sich das Wasser, und wir schlugen das Zelt auf.

Am 10. August schleppten wir bald die Schlitten über das Eis, bald ruderten wir auf offenem Wasser in südwestlicher Richtung. Dabei kamen wir an einer Herde Walrosse vorbei, die auf einer Scholle lagen. Es war erfreulich, soviel Nahrung an einer Stelle zu sehen, wir nahmen aber keine Notiz davon, da wir vorläufig genug Fleisch und Speck hatten. Wir verfolgten jetzt einen westlichen Kurs und hielten uns an den Rand des festen und unebenen Eises. Aber die Strömung lief uns entgegen, und außerdem hatte sich tagsüber junges Eis gebildet, das so dick war, daß wir nicht mehr rudern konnten. Wir gingen daher an Land und schleppten die Schlitten noch bis um 10 Uhr abends über das Eis.

Bärenfährten, alte und neue, in allen Richtungen, einzelne von alten Junggesellen und auch von Bärinnen mit Jungen. Es sieht aus, als ob sie sich hier ein allgemeines Stelldichein gegeben hätten, oder als ob eine Schar von ihnen hin und her getrabt wäre. Nie in meinem Leben habe ich so viele Bärenfährten an einer Stelle gesehen.

Heute haben wir sicher 20 Kilometer gemacht, und doch halte ich unsere Fortschritte für zu gering, wenn wir Spitzbergen noch in diesem Jahr erreichen wollen. Ich überlege, ob wir nicht die Schlitten kürzen sollen, damit jeder sein eigenes Kajak rudern kann. Aber das junge Eis und die 6° C unter dem Gefrierpunkt, die wir jetzt haben, halten mich noch davon zurück. Vielleicht steht der Winter vor der Tür, dann können wir die Schlitten sehr notwendig gebrauchen.

Es ist ein seltsames Gefühl, so im Nebel zu rudern, wie wir es tun, ohne auch nur ein Kilometer weit voraus zu sehen. Das Land, das wir entdeckt haben, haben wir hinter uns gelassen. Wir hoffen auf klares Wetter, damit wir sehen können, wo das Land vor uns liegt — denn Land muß dort sein. Dieses ebene, ununterbrochene Eis muß mit irgendwelchem Land in Verbindung stehen. Aber klares Wetter, scheint es, sollen wir nicht haben; unaufhörlich Nebel.

Nachdem wir die Schlitten eine Stunde über das Eis geschleppt hatten, kamen wir am nächsten Tag (11. August) wieder an offenes Wasser und ruderten vier oder fünf Stunden. Während ich von einem Eishügel aus das Wasser vor uns überblickte, tauchte ein Ungetüm von Walroß ganz nahe bei uns auf. Es lag prustend auf der Wasseroberfläche und glotzte uns an. Wir fuhren weiter. Plötzlich kam das riesige Tier dicht neben uns wieder in die Höhe, richtete sich aus dem Wasser empor, schnaubte, daß die Luft erzitterte, und drohte, seine Zähne durch unser gebrechliches Fahrzeug zu stoßen. Wir langten nach den Büchsen; indes verschwand es im Augenblick, um unmittelbar darauf an der anderen Seite, neben Johansens Kajak, aufzutauchen, wo es dasselbe Manöver wiederholte. Ich hatte Johansen gesagt, daß wir eine Patrone an das Tier wenden müßten, wenn es uns annähme. Es kam mehrere Male empor und verschwand wieder; wir sahen es unten im Wasser, wie es auf der Seite liegend rasch unter unseren Fahrzeugen durchschlüpfte. Da wir befürchteten, daß es mit den Hauern ein Loch durch den Boden stieß, schlugen wir mit den Rudern ins Wasser und scheuchten es fort. Plötzlich tauchte es aber nochmals gerade neben Johansens Kajak empor, wütender als vorher. Johansen schickte ihm eine Ladung gerade in die Augen. Das Tier stieß ein fürchterliches Bellen aus, wälzte sich herum, verschwand und ließ einen Blutstreifen auf dem Wasser zurück. Wir ruderten, so stark wir konnten, und fühlten uns erst außer Gefahr, als wir das Walroß weit hinter uns an der Stelle, an der es verschwunden war, wiederauftauchen sahen.

Wir hatten die Geschichte mit dem Walroß längst vergessen, als ich Johansen unversehens einen Luftsprung machen sah und fühlte, daß sein Kajak einen heftigen Stoß erhielt. Da sah ich wieder ein Walroß dicht neben uns. Es war keine Zeit zu verlieren. Ich griff zur Büchse und jagte ihm eine Kugel mitten durch die Stirn. Glücklicherweise genügte das; das Tier trieb tot auf dem Wasser. Mit großer Mühe gelang es uns, ein Loch in die dicke Haut zu schneiden. Wir schnitten uns einige Streifen Speck und Fleisch aus dem Rücken.

Um 7 Uhr abends wechselte die Gezeitenströmung, und die Rinne schloß sich; anstatt die Schlitten über das Eis weiterzuschleppen, blieben

Oben: Temperaturmessung mit dem Tiefseethermometer
Unten: Am Rande des Eises entlang

— Nu ringer de julens høitid ind der hjemme; jg kan høre klokkeklangen svinge gjennem luften fra kirketaarnene, hvor vakkert det lyder. — — Nu tændes lysene paa juletræne, børneflokkene slippes ind og danser rundt i jublende glæde. Jg maa holde julegilde for børn, naar jg kommer hjem. — Nu er glædens tid og det er fest i hver hytte derhjemme. Men opa̍ vi holder fest efter fattig leilighed. Johansen har vrængt skjorte eller rettere tat den yderste inderst, og jg har gjort det samme men desuden byttet une derbuxe og tat paa den anden, som jg hadde vridd op i varmt vand. ogsaa har jg holdt kropsvask med 1/4 kop varmt vand og den aflagte underkakel som svamp og haandklæde. Tilkveld har Nu føler jg mig som et helt nyt nyt menneske, klæderne klister ikke til kroppen som før. Tilkveld hadd vi desuært fiskegratin af fiske

Tagebuchblatt: Weihnachtsabend 1895

wir an Ort und Stelle und warteten, bis sich die Rinne beim Flutwechsel am nächsten Tag wieder öffnete. In der Zwischenzeit schnitten wir die Enden unserer Schlitten ab. Dann stellten wir gute Doppelruder her, damit wir nun schneller in den Einzelkajaks weiterkamen.

Während wir mit dieser Arbeit beschäftigt waren, klarte es auf, und vor uns dehnte sich Land aus, das sich weit weg nach Süden und Westen, von Südost nach Nordnordwest erstreckte. Es schien eine Kette von größeren und kleineren Inseln zu sein, mit Sunden dazwischen. Sie waren größtenteils mit Gletschern bedeckt; nur hier und dort stiegen steile, schwarze Bergwände empor.

Aber wo waren wir? Das war die Frage, schwieriger als je zu beantworten. War es möglich, daß wir trotz allem an der Ostseite von Franz-Joseph-Land waren? Diese Annahme leuchtete sehr ein. Dann aber mußten wir sehr weit im Osten sein und uns auf eine lange Seefahrt gefaßt machen, ehe wir Kap Fligely auf Kronprinz-Rudolf-Land erreichten.

Dienstag, 13. August. Nachdem wir ein paar Stunden geschlafen hatten, erhoben wir uns aus dem Sack. Die Strömung hatte gewechselt, und eine breite Gasse war vorhanden. In den Einzelkajaks kamen wir gut vorwärts. Wir ruderten etwa 8 Kilometer, dann schloß sich die Rinne, und wir mußten auf das Eis hinaufklettern. Wir hielten es für ratsam, zu warten und zu sehen, ob sich nicht eine weitere Rinne öffnen würde, wenn die Strömung umschlug. Allein die Gasse öffnete sich nicht, und wir mußten die Schlitten weiterschleppen.

Am nächsten Tage war es nicht viel anders. Bald ruderten wir ein Stück in Rinnen, bald schleppten wir die Lasten über Schollen, die in der reißenden Strömung aneinandermahlten. Sehr schnell kamen wir hier mit den kurzen, verstümmelten Schlitten nicht weiter, und Wasser, in dem wir hätten rudern können, fanden wir immer weniger. Mehrere Male warteten wir, daß sich das Eis beim Gezeitenwechsel öffnen sollte. Aber es geschah nicht, und am Morgen des 15. August gaben wir es auf, gingen auf das Landeis zu und hielten uns an das Küsteneis. Wir hatten den Kurs jetzt westwärts dem Sunde zu gerichtet, den wir schon seit mehreren Tagen gesehen, und den zu erreichen wir uns schwer gequält hatten. Das Eis war ziemlich eben, und wir kamen gut vorwärts. Unterwegs trafen wir auf einen eingefrorenen Eisberg, den höchsten, den wir in diesen Gegenden gesehen haben; ich schätzte ihn auf etwa 16 bis 20 Meter. Ich kletterte hinauf, um einen besseren Überblick zu erhalten, er war aber so steil, daß wir den Versuch nach dem ersten Drittel aufgeben mußten.

Abends erreichten wir endlich die Inseln, nach denen wir an den letzten Tagen gesteuert waren, und zum erstenmal seit zwei Jahren hatten wir eisfreies Land unter den Füßen. Es war ein unbeschreiblich herrliches Gefühl, von einem Basaltblock zum andern zu springen. Es wurde noch schöner: wir fanden in einem versteckten Winkel zwischen den Steinen Moos und Blumen, großen schönen Mohn (Papaver nudicaule), Steinbrech (Saxifraga nivalis) und eine Sternmiere (Stellaria sp.?)! Selbstverständlich mußte die norwegische Flagge über diesem unserm ersten eisfreien Land wehen, und ein Festessen gekocht werden. Das Petroleum war leider ein paar Tage zuvor zu Ende gegangen, so daß wir eine andere Lampe erfinden mußten, in der wir Tran brennen konnten. Das dampfende, heiße Labskaus aus Pemmikan und den letzten Kartoffeln schmeckte köstlich, als wir im Zelt saßen und nach Herzenslust den nackten Kies mit Füßen traten.

Wo wir sind, ist nach wie vor unbegreiflich. Westlich von uns scheint ein breiter Sund zu liegen, aber welcher? Die Insel, auf der wir uns jetzt befinden und so herrlich geschlafen haben — dies schreibe ich am Morgen des 16. August —, ohne daß das Eis zu Pfützen unter uns schmolz, ist ein langer moränenartiger Rücken, der fast ausschließlich aus Steinblöcken mit einzelnen Klippen besteht. Ich nannte die Insel Houen-Insel. Westlich von uns liegt eine kahle, etwas höhere Insel, die wir seit mehreren Tagen sehen. An der Küste entlang führt eine entschieden ausgeprägte Strandlinie. Nördlich von uns sind zwei Inselchen und eine kleine Inselklippe. Wo sind wir? Ich denke, daß wir zu einem neuen Land im westlichen Teil von Franz-Joseph-Land und so weit westlich gekommen sind, daß wir von den durch Payer entdeckten Ländern nichts gesehen haben. Aber auch so weit westlich, daß wir nicht einmal etwas von König-Oskar-Land gesehen haben, das auf 82° n. Br. und 52° ö. L. liegen muß? Das ist unbegreiflich. Aber gibt es eine andere Erklärung?

Sonnabend, 17. August. Gestern war ein guter Tag. Wir befinden uns, so weit ich sehen kann, in offenem Wasser an der Westküste von Franz-Joseph-Land und können wieder hoffen, noch in diesem Jahr nach Haus zu kommen. Gegen Mittag wanderten wir von unserem Moränen-Inselchen über das Eis nach der höheren Insel westlich von uns. Da ich vor Johansen fertig war, ging ich voran, um die Insel zu untersuchen. Als er mir folgte, sichtete er auf dem flachen Eis in Lee einen Bären, der gegen den Wind gerade auf ihn zu getrottet kam. Johansen hatte seine Büchse schußbereit. Aber als das Tier näher gekommen war, blieb es stehen, überlegte sich die Sache noch einmal, kehrte plötzlich um, setzte sich in Bärengalopp und verschwand.

Die Insel, zu der wir jetzt kamen, schien uns eine der herrlichsten Stellen der Erde zu sein. Ich habe sie Torup-Insel genannt. Ein schöner, flacher Strand, eine alte Strandlinie mit weißen Muscheln, längs der Küste ein schmaler Gürtel offenen Wassers, in dem Schnecken und Seeigel (Echinus) auf dem Grunde zu sehen waren und Flohkrebse umherschwammen. In den Klippen über uns Hunderte von kreischenden Krabbentauchern. Neben uns flatterten Schneeammern mit fröhlichem Gezwitscher von Stein zu Stein. Die Sonne brach durch die Wolkendecke, und der Tag schien eitel Sonnenschein. Hier war Leben und eisfreies Land, nicht mehr das ewige Treibeis! Auf dem Meeresgrund dicht am Strand sah ich ganze Wälder von Seetang (Laminaria und Fucus), unter den Klippen Schneefelder mit rosenfarbigem Schnee*.

---

* Die Farbe rührt von einer zierlichen, mikroskopischen, roten Alge her, die auf dem Schnee wächst (größtenteils Sphaerella nivalis). Man sah auch einige gelblichgrüne Flecke im Schnee, die sicher einer anderen Algenart zugeschrieben werden müssen.

Auf der Nordseite der Insel saßen Scharen von Mantelmöwen mit ihren Jungen auf den Klippen. Natürlich mußten wir hinaufklettern und diese ungewöhnliche Familienszene aufnehmen. Als wir oben waren, lag das Treibeis wie eine weiße Ebene unter uns und verschwand am fernen Horizont. Darüber waren wir gewandert, und noch weiter draußen trieb die »Fram« mit den Gefährten.

Ursprünglich wollte ich auf den Gipfel dieser Insel klettern, um bessere Aussicht zu haben und vielleicht die Frage, wo wir eigentlich waren, zu beantworten. Aber bald setzte wieder Nebel ein und umhüllte den Gipfel. Wir stiegen hinunter und setzten die Fahrt fort. Am Land entlang zog sich eine Rinne. Wir probierten sie; aber sie war überall mit einer so dünnen, neuen Eisschicht bedeckt, daß wir sie mit unseren Kajaks nicht zu durchbrechen wagten; das hätte Löcher gegeben. Etwas weiter südlich legten wir schließlich an, um die Kajaks hinaufzuschleppen und uns wieder auf dem Eis zu halten. Während wir dabei waren, steckte ein ungeheurer, bärtiger Seehund nach dem andern den Kopf neben dem Eisrand hervor und stierte uns mit großen Augen verwundert an; dann verschwanden sie mit gewaltigem Kopfsprung, um bald darauf an der anderen Seite aufzutauchen. Sie spielten rings um uns, schnaubend, tauchend, sich überschlagend, so daß das Wasser rundum schäumte.

Endlich standen wir am Rand des Eises. Vor uns lag die blaue Wasserfläche, so weit der Blick ging, und wir dachten, daß wir in Zukunft nur noch mit ihr zu tun haben würden. Nach Norden zu war Land*, dessen schwarze Basaltklippen senkrecht in die See abfielen. Wir sahen Vorgebirge hinter Vorgebirge und in weitester Ferne noch einen bläulichen Gletscher. Das Innere war überall vergletschert.

Nunmehr paddelten wir weiter an dem Gletscher entlang, der das ganze Land südlich von uns bedeckte. Je mehr wir uns dem Vorgebirge im Westen näherten, desto gespannter wurden wir. Würde sich die Küste hier südwärts wenden und würde westwärts kein Land mehr sein? Davon hing es ab, ob wir die Heimat noch in diesem Jahr erreichten oder irgendwo überwintern mußten. Endlich hatten wir das Vorgebirge erreicht, und das Herz schlug uns vor Freude, als wir nach Westen hin nur Wasser und die Küste sich nach Südwesten wenden sahen. In einiger Entfernung ragte ein kahler Berg aus dem Gletscher hervor; es war ein merkwürdig hoher Rücken, so scharf wie eine Messerklinge, dunkler, säulenförmiger Basalt mit Zinnen und Zacken. Der Berg hatte in der Mitte einen Einschnitt, und dort hinauf kletterten wir, um den Wasserweg nach Süden hin zu betrachten. Die Felsenmauer war nur schmal. An der Südseite stürzte sie senkrecht über hundert Meter ab. Ein schneidender Wind blies in dem Einschnitt.

Plötzlich vernahm ich ein Geräusch hinter mir und erblickte zwei Füchse, die um einen Krabbentaucher kämpften, den sie soeben gefangen hatten. Sie kratzten und zerrten und rissen sich dicht am Rand des Abgrundes. Als sie unser, keine zehn Schritt von sich entfernt, gewahr wurden, hörten sie auf zu streiten, schauten verwundert auf, liefen um uns herum

---

* Es ergab sich später, daß es Kronprinz-Rudolf-Land war.

und betrachteten uns erst von der einen dann von der anderen Seite. Über uns flogen Scharen von Krabbentauchern hin und her und ließen unaufhörlich ihren schrillen Schrei hören. So weit wir sehen konnten, schien am Land entlang nach Westen hin offene See zu sein. Der Wind war günstig, und obwohl wir müde waren, richteten wir Mast und Segel und segelten ab. Wir fuhren bis zum Morgen; dann legte sich der Wind, wir landeten wieder an der Kante des festen Eises und schlugen nahe bei Kap Brögger das Lager auf.

Ich bin glücklich, daß wir jetzt endlich an der Westküste von Franz-Joseph-Land stehen, offenes Wasser vor uns haben und unabhängig von Eis und Strömung sind.

Mittwoch, 24. August. Die Widerwärtigkeiten wollen kein Ende nehmen. Als ich zuletzt schrieb, war ich voller Hoffnung und Mut. Und hier werden wir nun durch stürmisches Wetter schon den siebenten Tag aufgehalten von einem Eis, das dicht gegen die Küste gepackt und von allen Seiten unzugänglich geworden ist. Wir sehen nichts als aufgetürmte Rücken, Hügel und zerstückeltes Eis ringsum. Mut ist noch vorhanden, aber die Hoffnung — die Hoffnung, bald wieder zu Hause zu sein — ist aufgegeben, und vor uns liegt die Gewißheit eines langen, dunklen Winters.

Es war um Mitternacht zwischen dem 17. und 18., als wir bei wunderschönem Wetter unseren letzten Lagerplatz verließen. Die Sonne war nicht sichtbar, aber man sah doch längs des Horizonts im Norden den herrlichsten rötlichen Glanz und von der Sonne golden geränderte Wolken. Das Meer lag glänzend und träumerisch in seiner Farbenpracht. Auf dem Meer, glatt wie ein Spiegel, ohne einen Eisblock, so weit das Auge reichte, glitten die Kajaks dahin, während das Wasser bei jedem Schlag von den Rudern rieselte. Es war wie in einer Gondel auf dem Canal Grande in Venedig, und wir hätten es uns nicht besser wünschen können. Es lag beinahe etwas Unheimliches in dieser Stille. Das Barometer war rasch gefallen.

Wir steuerten auf das Kap im Südwesten zu, das ich 22 Kilometer entfernt schätzte, und das ich später nach Clements Markham benannte. Nach einigen Stunden erblickten wir Eis voraus, hielten es aber nur für einen Streifen loser Eisstücke, die mit der Strömung trieben, und paddelten vertrauensvoll weiter. Als wir näher kamen, sahen wir, daß das Eis zusammenhing und sich immer weiter hinaus erstreckte. Wir kletterten auf einen Hügel, um die beste Route ausfindig zu machen.

Der Blick, der sich uns bot, war nicht ermutigend. Auf der Höhe des Vorgebirges, nach dem wir steuerten, lag eine Anzahl Inselchen und Felsen, die sich in die See hinaus erstreckten; sie waren es, die das Eis festhielten. Zu Wasser weiter vorzudringen, war unmöglich. Unser einziger Ausweg war, uns am Rande des Küsteneises zu halten und zu hoffen, daß vielleicht an ihm entlang eine Rinne lief. Wir fanden auch eine solche Rinne, aber sie war vollständig mit jungem Eis bedeckt, so daß wir nicht vorwärts kamen. Dazu hatte sich noch Wind aus Südsüdwest aufgemacht, und das Eis trieb auf uns zu. Es blieb uns nichts weiter übrig, als den Rand des Eises anzulaufen und zu warten, bis es sich wieder lockerte. Wir holten den Schlafsack hervor, breiteten das Zelt über uns aus und legten uns zur Ruhe, in der

Hoffnung, bald weiterfahren zu können. Aber die Hoffnung betrog uns. Der Wind frischte auf, das Eis schob sich immer dichter zusammen, und bald war das Wasser nach keiner Richtung mehr offen, und selbst das offene Meer, von dem wir hergekommen, war verschwunden. Alle unsere Hoffnungen, in diesem Jahre noch die Heimat zu erreichen, versanken mit einem Schlag. Es blieb nichts anderes übrig, als unsere Lasten auf das Küsteneis hinaufzubringen und das Lager aufzuschlagen. Die Kajaks über das unebene Eis zu schleppen, das schlimmer war als alles Eis, das wir seit Beginn unserer Reise angetroffen hatten, war ausgeschlossen. Wir würden an einem Tage nicht sehr weit gekommen sein.

Wir warteten Tag und Nacht darauf, daß sich der Wind legte oder drehte. Er wehte aber während der ganzen Zeit aus derselben Richtung, und die Dinge wurden noch verschlimmert durch starken Schneefall, der das Eis ungangbar machte.

Unsere Lage war keineswegs schön; vor uns aufgebrochenes Meereis dicht bei Land, und Gott weiß, ob es sich in diesem Jahr öffnen wird; hinter uns Land, Kap Helland, das nicht zum Überwintern einlädt; um uns herum ungangbares Eis und dabei der Proviant stark auf der Neige. Die Südküste des Landes und Eira-Hafen erschienen uns jetzt als ein wahres Kanaan, und wir meinten, alle unsere Sorgen würden vorüber sein, wenn wir nur dort wären. Wir hofften, Leigh Smiths Hütte oder doch einige Überbleibsel davon zu finden, so daß wir darin leben könnten. Wir hofften weiter, daß da, wo zweifellos viel offenes Wasser war, auch leicht Wild zu finden sein müßte. Wir bedauerten, daß wir keine Seehunde geschossen hatten, als sie zu haben waren. Auf unserem letzten Lagerplatz waren viele in der Nähe gewesen. Als Johansen am Rande des Eises stand und etwas an seinem Kajak richtete, war ein Seehund gerade vor ihm aufgetaucht; er hatte gemeint, es sei eine Art, die er noch nicht gesehen hätte, und hatte mich gerufen. Aber im Augenblick war in aller Stille ein schwarzer Kopf nach dem andern, zehn bis zwanzig an der Zahl, in die Höhe gekommen, die ihn alle mit großen Augen anstarrten. Er war verdutzt und glaubte, es sei der reine Spuk; ebenso geräuschlos wie sie gekommen, waren sie wieder verschwunden.

Ich tröstete ihn und sagte, es sei wirklich eine Art, die wir auf unserer Reise noch nicht gesehen hätten; es seien junge grönländische Seehunde (Phoca groenlandica).

Mittlerweile schlugen wir die Zeit tot, so gut wir konnten, hauptsächlich mit Schlafen. Früh am Morgen des 21. — ich dachte gerade darüber nach, was aus uns werden sollte, wenn das Eis sich nicht lockerte und wir keine Gelegenheit hatten, unsere Vorratskammer zu ergänzen — hörte ich draußen etwas scharren und sich bewegen. Ich sprang auf und sagte zu Johansen, es müsse ein Bär sein; da hörte ich das Tier auch schon an der Zeltwand schnüffeln. Ich schaute durch einige Löcher an der einen Seite, sah aber nichts; dann ging ich nach einem großen Loch an der andern Seite, und nun erblickte ich einen ungeheuren Bären. Er entdeckte mich im selben Augenblick ebenfalls und schlich davon, blieb dann aber stehen und sah nach dem Zelt zurück. Im Nu schob ich die Büchse durch das Loch und sandte dem Bären eine Kugel mitten in die Brust. Er stürzte vornüber, erhob sich wieder und taumelte davon, so daß ich nochmals schießen mußte. Er stolperte noch weiter, brach dann aber zusammen. Es war ein ungewöhnlich großes Männchen. Vorläufig sind die Sorgen wegen der Nahrung zu Ende. Aber der Wind bläst unverdrossen aus der gleichen Richtung. Wir haben das Lager weiter einwärts auf das Ufereis verlegt, wo wir uns noch befinden.

✤

Nun kommt eine große Lücke im Tagebuch, und erst am Freitag, 6. Dezember, schreibe ich:

»Endlich muß ich dieses Loch in meinem Tagebuch zuflicken. Ich habe so viel zu tun gehabt, daß ich nicht zum Schreiben kam; diese Entschuldigung gilt jetzt aber nicht mehr, denn wir schlafen den ganzen Tag.«

Nachdem ich die Eintragung für den 24. August gemacht hatte, ging ich hinaus, um einen besser geschützten Platz zu suchen. Der Wind hatte sich gedreht und blies nun gerade ins Zelt hinein. Ich fand einen vorzüglichen Platz, und während wir umzogen, bemerkten wir, daß das Eis landwärts zerrissen und bereits eine breite Rinne entstanden war. Wir wünschten gewiß, daß sich das Eis öffnete, nicht aber auf der dem Lande zugewendeten Seite. Nun handelte es sich darum, um jeden Preis wieder auf das Küsteneis zu gelangen, um nicht mit dem Packeis in die See hinaus zu treiben. Aber der Wind war zur steifen Brise geworden, und es war mehr als zweifelhaft, ob wir es fertig brachten, dagegen anzurudern, selbst das kleine Stück über die Rinne, die rasch breiter und breiter wurde. Wir mußten es indes versuchen, fanden aber, daß es unmöglich war, die Kajaks flottzumachen, ohne daß sie vollschlugen. Es wehte so, daß der Schaum über das Wasser und der Wasserstaub weit über das Eis getrieben wurden. Es war also wenig anderes zu tun, als das Zelt aufzurichten und auf bessere Zeiten zu warten. Noch hatten wir nicht lange gelegen, als der Wind so stark wurde, daß wir das Zelt lieber herunterließen, damit es nicht zerriß.

Nunmehr konnten wir ruhig in unseren Säcken schlafen, mochte der Wind auch über uns wüten. Als der Wind nachgelassen hatte, richteten wir das Zelt wieder auf. Ich kroch hinaus und sah nach dem Wetter. Wenig angenehm überrascht entdeckte ich dabei, daß wir schon in die See hinausgetrieben waren, 8 bis 10 Kilometer weit. Das Land erschien jetzt ganz niedrig, weit draußen am Horizont. Inzwischen hatte sich das Wetter aber beträchtlich gebessert, und wir brachten die Kajaks zu Wasser. Das war nicht leicht. Noch immer wehte es stark, und die See ging hoch. Dazu kam, daß lose Schollen umhertrieben, so daß wir aufpassen mußten, nicht mitsamt den Kajaks zwischen ihnen zermalmt zu werden. Nach einigen vergeblichen Versuchen wurden wir endlich flott, aber Wind und Wogen waren zu stark; wir kamen so nicht weiter. Unser einziger Ausweg war Segeln. Wir banden die Kajaks zusammen, richteten den Mast auf und gingen in See. Bald hatten wir ein Segel gehißt und kamen nun zu unserer großen Freude vorzüglich vom Fleck. Stundenlang segelten wir weiter und machten gute Fortschritte.

Am Abend hatten wir endlich das schwierige Kap hinter uns. Nun wurde der Wind so schwach, daß wir das Doppelsegel hissen mußten, aber selbst dann ging es nur langsam weiter. Wir setzten auch während der Nacht die Fahrt längs der Küste fort, entschlossen, den Wind soviel wie möglich auszunutzen. Wir fuhren an einem niedrigen Kap vorüber, das von einem sanft abfallenden Gletscher bedeckt war. Rundherum lagen Inseln, die das Eis festgehalten haben mußten. Etwas weiter hin kamen wir an hohen Basaltklippen vorbei, und hier hörte der Wind vollständig auf. Da es außerdem unsichtig war, und wir zur Rechten wie zur Linken von uns Land und Inseln unterschieden, so daß wir nicht wußten, in welcher Richtung wir steuern sollten, legten wir an, zogen die Kajaks auf den Strand, schlugen das Zelt auf und kochten uns eine Mahlzeit, die uns nach dem guten Tagewerk ausgezeichnet schmeckte. Über unsern Köpfen an der ganzen Bergwand hinauf lärmten unaufhörlich die Krabbentaucher, getreulich unterstützt von den Elfenbein-, Stummel-, Mantel- und Raubmöwen. Wir schliefen trotz dieses Geschreis aber nicht schlechter. Es war ein hübscher Berg; er bestand aus dem schönsten Säulenbasalt, den man sich denken kann. Die Pfeiler und Nischen an der Außenseite der Klippe und die unzähligen Zacken und Spitzen an jedem Kamm erinnerten an den Mailänder Dom. Von oben bis unten folgte eine Säule auf die andere, bis sie sich am Fuß in der Geröllhalde verloren.

Als wir am nächsten Morgen aufstanden, hatte sich das Wetter so weit aufgeklärt, daß wir den Weg, den wir einschlagen wollten, besser sahen. Es schien ein tiefer Fjord oder Sund zu sein, der sich vor uns ostwärts erstreckte, und unser Weg führte deutlich um eine Spitze, die wir ungefähr in Südsüdwest an der anderen Seite des Fjords hatten. Vor uns war jetzt offenes Wasser bis über das Vorgebirge hinaus. Das Wetter war gut, und alles versprach einen erfolgreichen Tag. Wir waren noch nicht weit, als der Wind herumging und aus der entgegengesetzten Richtung, Südwesten, kam. Er wurde rasch stärker, und bald lief eine hohe See. Der Himmel im Süden überzog sich und kündigte Sturm an. Wir waren noch mehrere Seemeilen vom Land auf der anderen Seite des Fjords und hätten vielleicht noch stundenlang schwer rudern müssen, ehe wir das Land gewonnen haben würden. Wie es so dalag, vom Gipfel bis an die Küste mit Gletschern bedeckt, sah es alles andere als einladend aus; es würde kein guter Platz gewesen sein, um dort Zuflucht zu suchen. Am besten war es also, an Land zu gehen und besseres Wetter abzuwarten. Die Aussicht, nochmals im Treibeis eingeschlossen zu werden, lockte uns nicht; wir hatten genug davon und steuerten darum auf das Land zu, das etwas hinter uns lag. Sollte es schlimm werden, so war das vielleicht ein Platz zum Überwintern.

Kaum hatte ich den Fuß an Land gesetzt, als ich ein Stück an der Küste hinauf einen Bären sah. Wir zogen die Kajaks herauf, um den Bären zu schießen. Er kam auf uns zugetrottet. Wir legten uns ruhig hinter die Kajaks und warteten. Als er uns ganz nahe war, sah er unsere Fußspuren im Schnee und beschnüffelte sie. Da sandte ihm Johansen eine Kugel hinter die Schulterblätter. Der Bär brüllte und versuchte zu laufen, aber die Kugel war durch das Rückgrat gedrungen, das Hinterteil war gelähmt. Er biß und schlug seine Hinterpfoten, daß sie bluteten; es war, als ob er sie durch Prügel veranlassen wollte, ihre Pflicht zu tun. Eine Kugel durch den Schädel machte ein Ende mit ihm.

Nachdem wir den Bären abgehäutet hatten, machten wir einen Ausflug ins Innere, um unser neues Reich zu besichtigen. Draußen in der See erblickten wir ein Walroß, das den Kopf aus dem Wasser streckte und so stark Luft holte, daß man es auf weite Entfernung hörte. Etwas später näherte sich das Tier dem Rande des Eises, schlug die großen Hauer ins Eis und holte schwer Atem wie ein erschöpfter Schwimmer. Dann hob es sich hoch auf den Hauern empor, schaute nach einem Eisloch hin, neben dem zwei andere Walrosse lagen, und tauchte wieder unter.

Ein Walroßkopf ist, wenn er über dem Wasser erscheint, kein hübscher Anblick. Mit den Hauern, den groben Schnauzborsten und der plumpen Form hat er etwas Wildes und Koboldartiges an sich, das in den Zeiten, als noch mehr Aberglauben herrschte, leicht begreifliche Furcht einflößte und wohl auch zu der Vorstellung von fabelhaften Ungetümen Anlaß gab.

Jetzt kam das Walroß in dem Loch, neben dem die anderen lagen, in die Höhe und hob sich mit den Hauern ein wenig über den Eisrand. Das größere der beiden, ein altes Männchen, erwachte plötzlich zum Leben. Es grunzte drohend und bewegte sich ruhelos umher. Der Neuangekommene beugte den Kopf achtungsvoll bis zum Eis hinab, zog sich aber bald vorsichtig auf die Scholle hinauf, bis er sich mit der Vorderfinne am Eis festhalten konnte. Nun kam der alte Bulle ganz in Harnisch. Er drehte sich herum, bellte und watschelte an den Neuankömmling heran, um ihm die Hauer in den Rücken zu stoßen. Der Neue verbeugte sich demütig und legte wie der Sklave vor dem Sultan den Kopf aufs Eis. Beruhigt kehrte der alte Bulle zu seinem Gefährten zurück. Eine Weile verharrte der Neuangekommene in seiner knechtischen Lage, dann rührte er sich, und schon stieß der alte Bulle grunzend nach ihm. Der andere zog sich nun zurück. Das wiederholte sich mehrere Male. Endlich, nach vielem Hin- und Hermanövrieren, zog sich der Neuankömmling ganz auf die Scholle hinauf und lagerte sich schließlich neben die anderen. Ich meinte, eine zarte Neigung müsse etwas mit diesem Vorgang zu tun haben, ich entdeckte jedoch später, daß es sämtlich Männchen waren. In dieser freundschaftlichen Weise empfangen also die Walrosse ihre Gäste. Das Mitglied der Schar, das diese gastlichen Pflichten zu erfüllen hat, scheint ausgewählt zu werden, und ich glaube, daß es der Führer ist, der sich diese Würde aneignet und jedem Neuankömmling zu zeigen wünscht, daß man ihm gehorchen muß. Die Tiere müssen außerordentlich gesellig sein, wenn sie trotz solcher Behandlung doch die Gesellschaft der anderen suchen und immer dicht beieinanderliegen. Als wir später zurückkamen und nach ihnen sahen, hatte sich noch ein Tier hinzugesellt, und am nächsten Morgen lagen sechs nebeneinander. Man sollte fast nicht glauben, daß diese Klumpen auf dem Eis lebende Tiere sind. Mit eingezogenem Kopf, die Hinterbeine glatt unter dem Körper, verharren sie stundenlang vollständig bewegungslos und sehen aus wie ungeheure Würste. Es ist leicht zu verstehen, daß sich diese Burschen sicher fühlen und nichts auf der Welt fürchten.

Nachdem wir den Walrossen lange zugeschaut hatten, kehrten wir zurück, aßen Bärenfleisch und gingen schlafen. Am Strand machten die Elfenbeinmöwen einen fürchterlichen Lärm. Sie hatten sich aus allen Richtungen in Scharen versammelt und konnten sich über die gerechte Verteilung der Eingeweide des Bären nicht einigen. Es ist eine Laune der Natur, daß sie diesen Vogel so hübsch gemacht und ihm dabei eine so häßliche Stimme gegeben hat. Ein wenig entfernt saßen gravitätisch und feierlich die Tauchermöwen und schauten zu. Draußen auf dem Meer schnaubten und bellten die Walrosse unentwegt, doch alles das wurde von den zwei müden Männern im Zelt nicht beachtet; sie schliefen fest, obwohl sie nur die nackte Erde als Lager hatten.

Mitten in der Nacht wurden wir durch einen sonderbaren Ton geweckt; es war, als ob jemand wimmere und weine. Durch das Guckloch sah ich neben unserm Bärenfleisch eine Bärin und ihr Junges. Sie schnüffelten an den blutigen Spuren im Schnee. Die Bärin jammerte dazu, als ob sie um einen teuren Verstorbenen trauere. Unverzüglich ergriff ich die Büchse und schob sie gerade vorsichtig hinaus, als mich die Bärin am Guckloch erblickte, und schon rannten beide davon, die Mutter voran, das Junge so rasch, wie es konnte, hinterdrein. Ich ließ sie gern laufen. Wir hatten wirklich keine Verwendung für sie.

Aus dem Sturm, den wir befürchtet hatten, wurde nichts. Der Wind wehte aber stark genug, um unser abgebrauchtes Zelt zu zerreißen und zu zerschlagen. Wo wir lagen, fanden wir keinen Schutz. Wir hofften, am nächsten Morgen die Reise fortzusetzen, fanden aber zu unserer Enttäuschung den Weg versperrt; der Wind hatte das Eis wieder herumgetrieben.

Wir müssen zunächst bleiben, wo wir sind und versuchen, es uns so gemütlich wie möglich zu machen. Da wir keinen geschützten Platz für das Zelt fanden, mußten wir etwas bauen. Wir brachen in dem Geröll der unteren Klippe Steine und schleppten so viele wie möglich zusammen. Das einzige Gerät, das wir zum Steinbrechen hatten, war die Kufe eines Handschlittens; meist mußten wir die bloßen Hände nehmen. Wir arbeiteten die ganze Nacht. Was nach unserer ersten Absicht nur ein Schutz vor dem Wind sein sollte, wuchs allmählich zu vier Wänden heran, und dann blieben wir bei der Arbeit, bis wir eine Hütte hatten. Sie war kein Wunderwerk; nicht einmal so lang, daß ich bei meiner Länge ausgestreckt liegen konnte, ich mußte die Füße zur Tür hinausstrecken. Und sie war eben breit genug, daß wir beide nebeneinander liegen konnten und noch Raum für den Kochapparat hatten. Das schlimmste war jedoch die Höhe. Platz zum Liegen hatten wir wohl, aber anständig geradezusitzen, war für mich unmöglich. Als Dach war das dünne, schwache Seidenzelt über Schneeschuhe und Bambusstäbe gebreitet. Die Tür schlossen wir mit unseren Jacken, und durch die Wände konnten wir auf allen Seiten das Tageslicht sehen. Später nannten wir es die »Höhle«. Es war wirklich eine schreckliche Höhle; aber wir waren stolz auf das Bauwerk. Jedenfalls konnte es nicht umgeweht werden, wenn auch der Wind hindurchblies. Als wir unser Bärenfell als Lager ausgebreitet hatten und warm und behaglich in dem Sack lagen, während ein Topf voll Fleisch über der Tranlampe brodelte, hielten wir das Leben für eine Lust, und selbst der Umstand, daß es so rauchte, daß die Augen rot wurden und stark tränten, konnte unsere Zufriedenheit nicht stören.

Da wir auch am folgenden Tag (28. August) nicht weiterkamen und der Herbst jetzt herannahte, beschloß ich endgültig, den Winter über hierzubleiben. Ich glaubte, wir hätten noch mehr als 223 Kilometer bis zum Eira-Hafen oder zum Winterquartier Leigh-Smiths*. Es hätte uns viel Zeit gekostet, dorthin zu gelangen, und dann waren wir noch nicht sicher, eine Hütte zu finden. Und wenn wir hinkamen, war es mehr als zweifelhaft, ob vor Eintritt des Winters noch Zeit genug war, ein Haus zu bauen und Vorräte zu sammeln. Es war daher unzweifelhaft das sicherste, sofort mit den Vorbereitungen für das Überwintern zu beginnen, solange wir noch reichlich Wild bekamen.

Am liebsten hätte ich nun zunächst die Walrosse geschossen, die während der ersten Tage auf dem Eis gelegen hatten, aber sie waren jetzt natürlich verschwunden. Das Meer schwärmte von ihnen; sie bellten und schnaubten Tag und Nacht. Wir entleerten die Kajaks, damit wir bei dieser einigermaßen gefährlichen Jagd leichter manövrieren konnten.

Johansen sichtete eine Bärin mit ihrem Jungen, die von Süden her am Rand des Eises entlangkam. Unverzüglich nahmen wir die Büchsen und eilten ihnen entgegen. Als sie die Küste erreichten, waren sie in Schußweite, und Johansen jagte der Mutter eine Kugel durch die Brust. Ein Schrotschuß machte dem Leben des Jungen ein Ende. Das war ein guter Anfang für unseren Wintervorrat.

Nächst dem Sammeln von Nahrungsmitteln und Brennstoff war nun das wichtigste, eine Winterhütte zu bauen. Die Wände aufzurichten, war nicht schwer; es gab eine Menge Steine und Moos. Größere Schwierigkeit bot das Dach, und wir hatten bis jetzt noch keine Ahnung, woraus wir es herstellen sollten. Glücklicherweise fand ich einen angetriebenen, gesunden Fichtenstamm, der nicht weit von unserer Höhle an den Strand geworfen worden war; er ergab ein vorzügliches Firststück für das Dach. Und wenn dort einer war, so konnten sich auch mehrere finden. Wir machten also einen Ausflug an der Küste entlang und suchten; alles was wir fanden, war ein Stück verfaultes Holz, das zu nichts zu gebrauchen war. Ich kam nun auf den Gedanken, Walroßhäute zu verwenden.

Am nächsten Tag (29. August) versuchten wir unser Glück auf der Walroßjagd. Wir verspürten keine große Lust, die Tiere im Einzelkajak anzugreifen; davon hatten wir genug, und die Aussicht, umgeworfen zu werden oder die Hauer durch den Boden des Kajaks oder in unsere Lenden dringen zu sehen, war nicht verlockend. Die Kajaks wurden darum zusammengebunden. In dem Loch sitzend, stießen wir ab, auf einen großen Bullen zu, der eben draußen lag und tauchte.

Wir waren gut mit Büchsen und Harpunen ausgerüstet und meinten, die Sache sei ganz einfach. Wir gelangten leicht in Schußweite und feuerten in den Kopf; das Tier blieb einen Augenblick betäubt liegen, und wir ruderten nach ihm hin, aber plötzlich schlug und wälzte es sich wie verrückt im

---

* Ich war sicher, daß wir an der Westküste von Franz-Joseph-Land und in diesem Augenblick ein wenig nördlich von dem nordwestlichsten Punkt Leigh-Smiths, Kap Lofley, waren. Unsere Beobachtung an diesem Tage versetzte uns auf ungefähr 81° 14′ n. Br.

Wasser herum. Ich schrie, wir müßten zurück, aber es war zu spät; das Walroß kam unter die Kajaks, und wir erhielten bei seinen gewaltsamen Drehungen mehrere Stöße von unten, ehe das Tier untertauchte. Bald darauf kam es wieder nach oben, Blut strömte ihm aus Maul und Nase und färbte das Wasser rundherum. Unverzüglich ruderten wir heran und jagten ihm eine neue Salve in den Kopf. Wieder tauchte es unter, und wir zogen uns vorsichtig zurück. Bald erschien es wieder oben, und wir ruderten aufs neue näher heran. Dieses Manöver wiederholte sich, und jedesmal, wenn das Walroß an die Oberfläche kam, erhielt es wenigstens eine Kugel in den Kopf. Da es uns stets das Gesicht zuwandte, war es schwierig, ihm eine tödliche Wunde hinter dem Ohr beizubringen.

Einmal wandte das Walroß doch den Kopf ein wenig, und schon saßen ihm zwei Kugeln gerade hinter dem Ohr. Nun lag es still, und wir ruderten hin, um die Harpune zu werfen. Aber ehe wir nahe genug waren, sank es unter und verschwand. Es war ein trauriges Ende der Geschichte; insgesamt hatten wir neun Patronen nutzlos verschwendet. Wir ruderten schweigend und niedergeschlagen an Land.

An diesem Tag versuchten wir nicht mehr, Walrosse von den Kajaks aus zu jagen; aber wir sahen jetzt eins, das aufs Küsteneis gekommen war. Es dauerte nicht lange, dann kam ein zweites neben dem ersten herauf. Ich beobachtete sie und ließ ihnen Zeit, sich zu sammeln. Dann machten wir uns auf. Sie hatten lange gebellt und fürchterlichen Lärm geschlagen, jetzt lagen sie arglos und schliefen, während wir uns vorsichtig zu ihnen hinschlichen, ich voran, Johansen mir dicht auf den Fersen. Ich näherte mich erst dem Kopf des nächsten Tieres, das mit dem Rücken uns zugekehrt lag. Da es den Kopf ziemlich tief hinabgezogen hatte, war es schwer, nach einer verwundbaren Stelle zu zielen. Das zweite lag für einen Schuß besser, und als ich Johansen bei dem Kopf des ersten bereitstehen sah, schoß ich hinter den Hals. Das Tier drehte sich ein wenig herum und blieb dann tot liegen. Bei dem Knall sprang das erste Tier auf, erhielt aber im selben Augenblick Johansens Kugel. Halb betäubt drehte es seinen Riesenleib gegen uns herum, und schon hatte ich den Kugelschuß abgefeuert, traf aber wie Johansen zu weit nach vorn in den Kopf. Das Blut strömte aus den Nasenlöchern und dem Maul, und das Tier schnaubte und prustete, daß die Luft erzitterte. Sich auf die Hauer stützend, lag es jetzt still und gab Blut von sich, vollständig gleichgültig gegen uns. Trotz seines ungeheuren Körpers und seines unförmigen Aussehens, das an einen Kobold, Riesen, Kraken und andere böse Dinge erinnert, war etwas so sanft Flehendes und Hilfloses in den runden Augen, als das Tier so dalag, daß man das koboldartige Äußere und die eigene Not in dem Mitleid mit dem Tier vergaß. Es sah beinahe wie Mord aus. Ich machte seinem Leiden durch eine Kugel hinter dem Ohr ein Ende, aber die Augen verfolgen mich noch jetzt. Ich kann nicht leugnen, daß wir uns bei dem Gedanken an das Fleisch und den Speck freuten; es glich die Patronen aus, die wir bei dem anderen gesunkenen Tier verschwendet hatten.

Wir hatten die Walrosse aber noch nicht an Land, und es war eine langwierige Arbeit, sie abzuhäuten, zu zerlegen und heimzubringen. Zunächst holten wir Schlitten und Messer. Da es möglich war, daß das Eis losbrach und ins Treiben geriet, hielt ich es für klug, auf den Schlitten auch die Kajaks mitzunehmen, zumal es vom Fjord her etwas wehte. Eine glückliche Vorsichtsmaßregel! Schwer zu sagen, was ohne sie aus uns geworden wäre. Während wir mit dem Abhäuten beschäftigt waren, nahm der Wind rasch zu und war bald zum Sturm angewachsen. Landwärts von uns war die schmale Rinne, neben der die Walrosse gelegen hatten, und ich fürchtete, daß sich das Eis hier öffnete und wir forttrieben. Während wir arbeiteten, behielt ich die Rinne im Auge, um zu sehen, ob sie sich verbreitete; sie blieb aber unverändert. Als das erste Walroß halb abgehäutet war, blickte ich zufällig landwärts über das Eis. Es war in beträchtlicher Entfernung von uns durchgebrochen, und das Stück, auf dem wir standen, schon längere Zeit getrieben. Zwischen uns und dem Ufereis war schwarzes Wasser, und der Wind wehte so stark, daß der Wasserstaub von den schäumenden Wogen flog. Es war keine Zeit zu verlieren. Ob wir gegen diesen Wind und Seegang ankamen, war zweifelhaft. Die Tiere ganz aufzugeben, brachten wir nicht übers Herz. Wir schnitten darum so viel Fleisch herunter, wie es die Eile erlaubte, und schleuderten es in die Kajaks. Dann schnitten wir ungefähr den vierten Teil der Haut mit dem Speck daran ab, warfen ihn obenauf und machten uns auf den Weg nach der Küste. Kaum hatten wir die Beute verlassen, als sich die Möwen in Scharen auf die halb abgehäuteten Kadaver warfen. Beneidenswerte Geschöpfe! Wind und Wellen und Treiben kümmerte sie nichts; sie kreischten und lärmten und dachten nur an den Schmaus, den sie hatten. Die Kadaver trieben nach See hinaus, und die Vögel sammelten sich wie Schneewolken darum. Inzwischen strengten wir unsere Kräfte aufs äußerste an, um das feste Eis zu gewinnen; aber dieses Eis hatte jetzt in allen Richtungen Spalten und Rinnen bekommen. Als ich einen Kanal mit einigen losen Schollen kreuzte, sank das Eis unter meinem Gewicht, so daß ich rasch zurückspringen mußte, um einem Bad zu entgehen. Wir versuchten es an mehreren Stellen, aber überall sank es unter uns und den Schlitten weg, so daß uns nichts übrig blieb, als uns auf dem Wasser zu halten und an der Leeseite des Eises entlangzufahren. Dabei zeigte es sich, daß wir bei dem starken Wind besser in Einzelkajaks vorwärts kamen, allerdings mußten wir dann die Walroßhaut mit dem Speck opfern, die bis jetzt quer über dem Heck beider Kajaks lag. Als wir die Boote auseinander banden, türmte sich rings um uns das Eis plötzlich so hoch auf, daß wir sie schleunigst aus dem Wasser nehmen mußten. Sonst wären sie zerdrückt worden. Wir versuchten an mehreren Stellen herauszukommen, doch das Eis mahlte rundherum wie in einer Wirbelströmung. Kaum hatten wir, wenn sich eine Gasse öffnete, die Kajaks zu Wasser gebracht, so schloß sie sich auch schon wieder, und wir mußten die Boote aufs Eis heraufreißen. Inzwischen hatte der Sturm noch zugenommen, der Wasserstaub stob über uns weg, und wir trieben weiter und weiter in die See hinaus. Es war wirklich keine angenehme Lage.

Endlich kamen wir doch frei und brachten unter Aufbietung aller Kräfte die Kajaks gegen den Wind weiter. Es ruderte sich schwer, und die Arme schmerzten, aber wir krochen dem Lande langsam näher. Die See war bewegt und bös, doch die Kajaks waren seetüchtig. Hin und wieder waren die Böen so stark, daß wir glaubten, wir müßten kentern. Je näher wir unter die hohen Klippen kamen, desto ruhiger wurde es, und endlich, nach langer, langer Zeit, erreichten wir die Küste und konnten Atem schöpfen. Dann ruderten wir in ruhigem Fahrwasser am Lande entlang nach dem Lagerplatz. Endlich kletterten wir an Land. Wie unbeschreiblich behaglich war es, als wir wieder zwar naß aber bequem innerhalb der vier Wände unserer Höhle lagen! Dann wurde ein Topf Fleisch gekocht; denn wir hatten einen Wolfshunger.

Ich hatte noch nicht lange geschlafen, als mich Johansen weckte. Es sei ein Bär draußen! Ich hörte vor der Tür ein seltsames, dumpfes Grunzen, sprang auf, ergriff die Büchse und kroch hinaus. Eine Bärin mit zwei großen Jungen kam am Strande herauf. Ich schoß auf die Bärin, fehlte sie aber. Sie fuhr zusammen und kehrte mir ihre Breitseite zu. Da bekam sie eine Kugel in die Brust. Sie stieß ein fürchterliches Gebrüll aus; dann rannten sie alle drei den Strand hinab. Dort fiel die Mutter in einen Tümpel. Die Jungen liefen weiter, stürzten sich in die See, daß der Schaum in die Höhe spritzte, und schwammen hinaus. Ich eilte zu der Mutter hin, sie quälte sich, aus dem Tümpel herauszukommen. Um uns die Mühe zu ersparen, das schwere Tier herauszuschleppen, wartete ich, bis es sich selbst auf den Rand hinaufgezogen hatte, und machte dann seinem Dasein ein Ende. Inzwischen hatten die beiden Jungen ein Eisstück erreicht, das für beide sehr klein war; da saßen sie nun balancierend und in den Wellen auf- und abtauchend. Hin und wieder fiel eins von ihnen herunter, kletterte aber gleich wieder unverdrossen hinauf. Sie schrien unaufhörlich und konnten offenbar nicht begreifen, weshalb die Mutter so lange auf sich warten ließ. Der Wind war noch immer stark und trieb sie mit der Strömung rasch auf die See hinaus. Wir brauchten also die Kajaks für die Jagd. Als wir zu den Booten kamen, bot sich uns ein trauriger Anblick. Alles Walroßfleisch, das wir mit so vieler Mühe nach Hause gebracht hatten, lag verstreut, zerrissen und angefressen am Strand; jedes bißchen Fett und Speck war verschwunden. Die Bären hatten hier schön gehaust, während wir schliefen. Das Kajak, in dem das Fleisch gewesen, war halb ins Wasser, das andere hoch hinauf zwischen die Steine geschleppt worden.

Wir brachten die Kajaks zu Wasser. Sobald die Jungen uns herankommen sahen, wurden sie unruhig und sprangen ins Wasser. Wir machten einen Bogen um sie herum und trieben sie dem Lande zu, wo wir sie schließlich erlegten.

Wir hatten also an diesem Tage drei Bären geschossen; das war eine gute Entschädigung für die Walrosse, die in die See hinausgetrieben waren. Außerdem trieb das gesunkene Walroß vom Tage vorher am Rande des Ufereises. Ein großes Glück! Unverzüglich schleppten wir es an eine sichere Stelle in einem Einschnitt und machten es dort fest. Diese Beute vergrößerte unseren Wintervorrat außerordentlich.

Es war schon spät in der Nacht, als wir uns niederlegten, nachdem wir die Bären abgehäutet, auf einen Haufen gelegt und wieder mit den Häuten bedeckt hatten, um die Möwen abzuhalten. Dann holten wir den Schlaf für zwei Nächte nach.

Erst am 2. September konnten wir uns ans Werk machen und das Walroß abhäuten, das noch im Wasser lag. Wir machten es in einer Öffnung des Küsteneises* dicht bei der Höhle fest und hofften, es dort aufs Land ziehen zu können. Da das Gletschereis ins Wasser hineinragte, schien das nicht schwer zu sein. Aber wir mochten uns quälen, wie wir wollten: alles, was wir erreichten, war, den ungeheuren Kopf über den Rand des Eises zu bringen. Mitten in der Arbeit schrie Johansen: »Halt, sehen Sie, dort!« Ein großes Walroß schwamm gerade auf uns zu. Es schien es nicht eilig zu haben. Es hatte wohl den Gefährten erblickt und wollte sehen, was wir mit ihm machten. Langsam und würdevoll kam es bis ganz nahe an uns heran. Glücklicherweise hatten wir die Gewehre bei uns; als ich mich näherte, erhob sich das Tier nur im Wasser und blickte mich lange forschend an. Ich wartete geduldig, bis es sich ein wenig drehte, und jagte ihm dann eine Kugel in den Hinterkopf. Es war eine Zeitlang betäubt, rührte sich aber bald wieder, so daß mehrere Schüsse nötig waren. Wir freuten uns über unser Jagdglück, hätten aber fürs Leben gern gewußt, was das Walroß in diesem engen Kanal suchte. Diese Tiere müssen ungewöhnlich neugierig sein.

Wir hatten jetzt zwei große Walrosse in dem Kanal schwimmen. Noch einmal versuchten wir, das eine aufzuschleppen, aber der Versuch scheiterte ebenso wie vorher. Der einzige Ausweg war, sie im Wasser abzuhäuten. Dies war aber weder leicht noch angenehm. Als wir spät am Abend endlich eine Seite des Tieres abgehäutet hatten, war Ebbe, das Walroß lag auf dem Grunde, und es war nicht möglich, es umzudrehen. Wir mußten die Flut am nächsten Tag abwarten.

Während wir an diesem Tage eifrig mit den Walrossen beschäftigt waren, war auf einmal der ganze Fjord weiß von Weißwalen, die rundherum Luftsprünge machten. Es war eine unglaublich große Zahl. Nach einer Stunde verschwanden sie wieder; woher sie gekommen waren und wohin sie gingen, habe ich nicht entdecken können.

An den nächsten Tagen quälten wir uns weiter mit den Walrossen. Es war eine ekelhafte Arbeit, im Wasser auf den Tieren zu liegen und so tief zu schneiden, als man unter die Oberfläche des Wassers reichte. Daß wir naß wurden, störte uns nicht, denn man wird wieder trocken; schlimmer aber war, daß wir uns vom Kopf bis zu den Füßen mit Speck, Tran und Blut beschmierten. Unsere schon lange sehr mitgenommenen Kleider — in denen wir noch ein weiteres Jahr stecken sollten, ehe wir sie wechseln konnten — nahmen dabei so viel Tran in sich auf, daß er bis auf die Haut drang.

Das Abspecken der Walrosse war die schlechteste Arbeit auf der ganzen Expedition; wäre sie nicht notwendig gewesen, wir hätten die Tiere liegenlassen. Aber wir brauchten Brennstoff für den Winter, wenn wir uns auch ohne das Fleisch hätten behelfen können. Endlich war die Arbeit getan, und

---

* Eis, das auf dem Grunde festgefroren ist und daher oft wie ein Eisfundament an der Küste liegenbleibt, selbst wenn die See eisfrei ist. Durch das warme Wasser, das vom Lande kommt, bildet sich oft zwischen dieser Eisbasis und der Küste ein offener Kanal.

große Haufen Speck und Fleisch wurden dicht mit dicken Walroßhäuten abgedeckt.

In dieser Zeit sammelten sich Elfenbein- und Taucherwöwen in Scharen und ließen sich die Abfälle schmecken. Wenn sie sich satt gefressen hatten, saßen sie draußen auf den Eishügeln und schnatterten um die Wette. Sobald ein Fetzen Speck fiel, stürzten sie sich darauf und kämpften darum, daß die Federn stoben.

Draußen segelten Sturmvögel in ihrem stillen, geisterhaften Flug über das Wasser, und am Rande der Küste flogen Stummelmöwen auf und nieder und schossen pfeilschnell auf das Wasser hinab, sobald sich dort ein Krustentier zeigte. Wir liebten diese anmutigen Vögel, weil sie sich ausschließlich an Seetiere hielten und unseren Speck in Frieden ließen. Unentwegt aber jagte die Raubmöwe (Stercorarius crepidatus) am Ufer, und alle Augenblicke erschreckte uns ein kläglicher Notschrei über unseren Köpfen: eine Stummelmöwe wurde von einer Raubmöwe verfolgt. Wie oft haben wir die wilde Jagd da oben mit den Augen verfolgt, bis die Stummelmöwe ihre Beute fallen ließ, die Raubmöwe hinabschoß und den Raub auffing, bevor er noch das Wasser berührte! Hoch in der Luft flogen viele Krabbentaucher; man hörte das Schwirren ihrer Flügel von weitem. Da war Geschrei und Leben auf allen Seiten. Bald aber wird die Sonne sinken und die See sich schließen. Die Vögel werden einer nach dem andern nach dem Süden verschwinden — die Polarnacht wird beginnen.

Endlich am 7. September begannen wir mit dem Bau der Winterhütte. Wir hatten einen guten Platz dafür gefunden. Täglich morgens gingen wir mit einem Eimer Trinkwasser in der einen und der Büchse in der andern Hand zur Arbeit. Wir brachen in dem Geröll Steine los, schleppten sie zusammen, hoben den Grund aus und bauten die Mauern auf. Viel Werkzeug hatten wir nicht; meist mußten wir die Fäuste nehmen. Die Schlittenkufe diente wieder als Spitzaxt, die festgefrorenen Steine zu lösen und wenn wir mit den Händen nicht zurechtkamen, benutzten wir zum Aufgraben des Baugrundes einen Skistock mit eiserner Zwinge. Aus dem Schulterblatt eines Walrosses stellten wir uns einen Spaten her, und aus einem Walroßhauer, der an einem Querträger des Schlittens festgemacht wurde, eine Hacke. Es waren zerbrechliche Dinger, wenn man damit arbeiten wollte; aber mit Geduld brachten wir es doch fertig, und ganz langsam erhoben sich feste Steinmauern mit Moos und Erde dazwischen. Das Wetter wurde allmählich kälter und hemmte uns bei der Arbeit, da der Boden, den wir auszugraben hatten, gefror, und die Steine, die wir losbrechen mußten, festsaßen; und dann kam auch Schnee. Groß war darum unsere Überraschung, als wir am Morgen des 12. September aus unserer Höhle krochen und das schönste Tauwetter fanden, mit 4° Wärme. Das war beinahe die höchste Temperatur, die wir auf der ganzen Expedition gehabt haben. Auf allen Seiten stürzten Ströme in schäumenden Fällen von dem Berg und dem Gletscher herab, Bäche nahmen fröhlich murmelnd ihren Weg zwischen den Steinen zur See hinunter. Überall tropfte und rauschte Wasser; wie mit einem Zauberschlag war das Leben in die erstarrte Natur zurückgekehrt, und die Hügel zeigten überall Grün. Man konnte sich nach dem fernen Süden versetzt glauben und vergessen, daß ein langer Winter vor der Tür stand.

Der nächste Tag, und schon war das vorbei. Die sanften Götter des Südens waren geflohen, die Kälte war wiedergekehrt, Schnee hatte alle Spuren zugedeckt. Nun wich der Winter nicht mehr.

Nach einer Woche Arbeit waren die Mauern der Hütte fertig. Sie waren nicht hoch, kaum ein Meter über dem Erdboden, aber wir hatten ebenso tief in den Grund hineingegraben, so daß die Hütte nach unserer Berechnung hoch genug werden mußte, um aufrecht darin zu stehen. Nun handelte es sich darum, das Dach zu bauen; dies war nicht so leicht. Das einzige Material, das wir zu diesem Zwecke hatten, waren Walroßhäute und der Baumstamm, den wir gefunden hatten. Der Stamm war volle 30 Zentimeter dick. Johansen brauchte einen ganzen Tag, ihn mit unserem kleinen Beil zu halbieren. Mit vieler Mühe rollten wir ihn zur Baustelle und legten ihn als Firststück auf das Dach. Dann holten wir die Häute. Aber sie waren steif und an den Fleisch- und Speckhaufen festgefroren. Mit Keilen aus Walroßhauern, Steinen und Holz brachten wir sie los. Der Transport der Häute zur Hütte war eine nicht weniger schwierige Aufgabe; durch Rollen, Tragen und Schleifen schafften wir es aber ebenfalls. Das schlimmste von allem war, die gefrorenen Häute über die Hütte auszubreiten. Mit drei halben Fellen wurden wir ziemlich gut fertig; aber die vierte Hälfte war ganz steif, so daß wir sie ins Meer versenken mußten, um sie erst aufzutauen.

Es machte mir Sorge, daß wir in der ganzen Zeit nichts von Bären sahen. Sie waren es, von denen wir den Winter hindurch leben mußten, und mit den sechs, die wir hatten, kamen wir nicht weit. Erleichtert atmete ich daher auf, als wir am 23. September endlich wieder zwei Bären erlegen konnten. In mehrstündiger Verfolgung jagte ich den einen den Fjord hinauf bis unter die Gletscherwand, wo ich ihn schoß. Als ich zurückkam, war Johansen schon beim Abhäuten des anderen Bären. Unser Wintervorrat vergrößerte sich.

Am nächsten Tag (24. September) gingen wir wieder an die Arbeit an der Hütte. Wir sahen eine große Herde Walrosse draußen auf dem Eis. Johansen meinte, wir brauchten sie nicht und könnten sie in Frieden lassen, ich hielt es aber für unverantwortlich, Nahrung und Brennstoff vor der Tür liegenzulassen. Wir gingen also auf die Jagd. Uns unter Deckung einiger Eishügel an die Tiere heranzuschleichen, war nicht schwer; bald waren wir ihnen bis auf 20 Meter nahe gekommen und konnten sie beobachten. Es kam nur darauf an, den Schuß gut anzubringen, um keine Patronen zu verschwenden. Es waren alte und junge Tiere. Wir beschlossen, mit den kleinsten einen Versuch zu machen; mehr als zwei brauchten wir nicht. Während wir darauf warteten, daß sie den Kopf wendeten, hatten wir Muße, sie zu beobachten.

Es sind merkwürdige Tiere. Als sie so beisammenlagen, stießen sie einander unaufhörlich mit den Hauern in den Rücken, die großen Alten wie die kleinen Jungen. Wenn sich eins etwas umdrehte und seinem Nachbar zu nahe kam oder ihn störte, erhob sich der sofort mit Gegrunze und grub die Hauer in den Rücken des anderen. Es war das keineswegs eine zarte Lieb-

Oben: Feiertag-Nachmittag an Deck der »Fram«
Unten: Wasserrinne im Eis

kosung. Nur gut, daß sie eine so dicke Haut hatten; trotzdem bluteten mehrere am Rücken.

Bewegung im Lager entstand aber erst, wenn ein neuer Gast aus dem Meer auftauchte. Dann grunzten alle im Chor, und einer der alten Bullen, der dem Neuangekommenen am nächsten lag, gab ihm einige wohlgemeinte Stöße. Der Neuling zog sich vorsichtig auf das Eis hinauf, verbeugte sich respektvoll und schob sich ganz sachte zwischen die anderen, die ihm dann ebenfalls so viele Stöße versetzten, wie Zeit und Umstände gestatteten. Schließlich besänftigten sich alle und lagen ruhig.

Da die Tiere verhältnismäßig klein waren, schien eine Kugel in die Mitte der Stirn zu genügen, und wir brannten endlich los. Sie sprangen aber auf und rollten sich halb betäubt ins Wasser. Dann gab es eine Bewegung. Die ganze Herde erhob die häßlichen Köpfe, glotzte uns an und warf sich eins nach dem andern dem Rand des Eises zu. Wir hatten schleunigst wieder geladen und gaben Feuer. Da lagen zwei Tiere, ein junges und ein altes. Draußen aber kochte das Wasser von den wütenden Tieren, die ringsherum das Eis zertrümmerten und die Luft mit ihrem Gebrüll erfüllten. Besonders der große Bulle schien nicht geringe Lust zu haben, uns anzugreifen; er kehrte beständig zum Eisrand zurück, hob sich halb hinauf, grunzte und bellte uns lange an und betrachtete seine toten Kameraden. Allein wir wollten keinen Schuß mehr an ihn verschwenden. Nun glaubten wir genug Speck als Brennstoff für den Winter zu haben; außerdem hatten wir Überfluß an Häuten für das Hüttendach.

Die Häute reichten von einer Seite der Hütte über den First bis nach der anderen Seite. Wir streckten sie, indem wir mit Hautstreifen an beiden Enden große Steine befestigten, die sie durch ihr Gewicht über die Mauerkante zogen. Die Ränder belasteten wir mit Steinen. Mit Steinen, Moos, Hautstreifen und Schnee dichteten wir die Fugen der Mauern ab. Um die Hütte wohnlich zu machen, bauten wir im Innern Steinbänke als Lager und stellten eine Tür her. Die Tür war weiter nichts als eine Öffnung. Sie führte in einen im Erdboden ausgehobenen kurzen Gang, der mit Eisblöcken ungefähr in derselben Weise überdacht war, wie es der Eingang zu den Eskimohäusern ist. Der Gang war so niedrig, daß wir durchkriechen mußten, um in die Hütte zu gelangen. Die innere Gangöffnung wurde mit einem Vorhang von Bärenfell verschlossen, das wir fest an die Walroßhaut des Daches nähten. Das äußere Ende war mit einem Bärenfell bedeckt, das lose über der Mündung lag.

Es wurde jetzt kalt, unter — 20°, und das Leben in der bisherigen niedrigen Höhle, in der wir uns nicht rühren konnten, war kaum noch erträglich. Der Rauch der Tranlampe drang uns beim Kochen in die Augen. Täglich stieg unsere Ungeduld, in das neue Haus zu ziehen, das uns jetzt als der Gipfel der Bequemlichkeit erschien. Während des Baues wiederholten wir uns immer, wie nett und behaglich es sein würde, wenn wir erst darin waren, und wir malten uns die vielen angenehmen Stunden aus, die wir dort verbringen wollten. Die Hütte war gewiß nicht groß; sie war 3,5 Meter lang und 1,8 Meter breit, und wenn man quer darin lag, stieß man auf der einen Seite mit den Füßen und auf der andern mit dem Kopf an. Man konnte sich jedoch ein wenig darin bewegen, und selbst ich vermochte beinahe aufrecht zu stehen. Das war der Gedanke, der uns besonders vorgeschwebt hatte. Man stelle sich einmal vor, was es für uns bedeutete, einen vor dem Winde geschützten Raum zu haben, in dem man die Beine ein wenig ausstrecken konnte! Das hatten wir seit März, seit der »Fram«, nicht mehr gehabt. Es dauerte aber lange, bis alles in Ordnung war; denn wir wollten nicht umziehen, ehe wir die Hütte nicht ganz vollendet hatten.

Als wir die letzten Walrosse abhäuteten, hatte ich mehrere Sehnen aus dem Rücken genommen, in der Hoffnung, sie bei der Anfertigung von Winterkleidern verwenden zu können. Erst einige Tage später, am 26. September, merkte ich, daß die Sehnen auf dem Eis liegengeblieben waren. Ich ging hin, um nachzusehen, aber die Möwen und Füchse hatten sich längst damit davongemacht.

Johansen kam hinter mir hergelaufen, winkte und wies nach der See. Ich sah dort einen großen Bären, der auf und ab lief und uns beobachtete. Schnell holten wir die Büchsen, und während Johansen in der Nähe des Landes blieb, um den Bären zu empfangen, machte ich auf dem Eis einen weiten Bogen, um ihn landwärts zu treiben. Inzwischen hatte er sich draußen neben einigen Löchern niedergelegt, vermutlich um Seehunden aufzulauern. Ich schlich mich heran, er sah mich und kam anfangs auf mich zu; dann aber überlegte er es sich anders und zog langsam und majestätisch seewärts über das neue Eis. Ich hatte keine Lust, ihm zu folgen, und versuchte, ihn aus der Ferne zu erlegen. Die erste Kugel ging zu hoch; dann noch eine: diese traf. Der Bär sprang auf, machte mehrere Sätze und trampelte in seiner Wut auf das Eis, bis es brach und er ins Wasser fiel. Da lag er plätschernd und spritzend und durchbrach das dünne Eis durch sein Gewicht bei den Versuchen herauszukommen. Rasch war ich neben ihm. Ich wollte aber keine weitere Patrone verschwenden und hoffte auch, daß es ihm gelang, allein aus dem Wasser zu kommen und uns die Mühe zu sparen, ein so schweres Tier herauszuziehen. Ich rief Johansen zu, mit einem Tau, Schlitten und Messern zu kommen. Der Bär quälte sich gewaltig und machte das Loch im Eis immer größer. Er war am Vorderbein verwundet, so daß er nur das andere und die Hinterbeine gebrauchen konnte. Er faßte das Eis immer wieder und zog sich in die Höhe, aber sobald er halb oben war, gab das Eis nach, und er sank wieder hinein. Allmählich wurden seine Bewegungen schwächer, zuletzt lag er still und schnaufte.

Dann gingen Zuckungen über seinen Körper; er streckte die Beine steif aus, der Kopf sank ins Wasser, und dann wurde alles still. Inzwischen hatte ich mehrere Male Walrosse gehört, die die Köpfe durch das Eis steckten; ich dachte mir, daß ich sie bald auch hier haben würde. Im selben Augenblick erhielt der Bär einen heftigen Stoß von unten, der ihn nach der Seite warf. Ein gewaltiger Kopf mit großen Hauern tauchte auf, schnaufte, blickte verächtlich auf den Bären, schaute dann mich verwundert an und verschwand wieder. Walrosse scheinen keine Furcht vor Bären zu haben.

Endlich kam Johansen mit einem Tau. Wir warfen dem Bären eine Schlinge um den Hals und versuchten, ihn herauszuziehen. Es ging über unsere Kräfte. Bei jedem Versuch zerbrachen wir nur das Eis unter dem Bären. Ihn aufzugeben, kam uns hart an; es war ein großer Bär, der ungewöhnlich fett zu sein schien. Wir hoben eine schmale Rinne, nur so breit, um das Tau durchzuziehen, im jungen Eis bis zum Rande eines großen Eisstückes aus. Nun war es leicht, den Bären unter dem Eis hierherzuschleppen und herauszuziehen, nachdem wir ein großes Loch ins Eis gebrochen hatten. Wir häuteten das Tier ab, zerschnitten es, und schwer beladen mit unserer Beute lenkten wir spät abends die Schritte heimwärts nach unserer Höhle.

Als wir am nächsten Morgen (Sonnabend, 28. September) aus der Höhle krochen, sahen wir einen großen Bären, der auf unserm Speckhaufen — schlief! Johansen schoß ihn durch die Kehle. Der Bär stand langsam auf und schritt ruhig, mit gemessenen Schritten davon, als ob nichts geschehen sei. Bald darauf hatte er von jedem von uns ein paar Kugeln im Leibe. Draußen auf dem dünnen Eis brach er zusammen. Er hatte sich so vollgefressen, daß ihm Speck, Tran und Wasser aus dem Maul liefen. Wir zogen ihn ans Land. Es war einer der größten Bären, die ich je gesehen habe, aber auch einer der magersten, es war keine Spur von Fett an ihm, weder unter der Haut noch zwischen den Eingeweiden. Er muß lange Zeit gefastet haben und hatte eine unglaubliche Menge Walroßspeck gefressen. Und wie hatte er ihn umhergezerrt! Erst hatte er das eine Kajak heruntergeworfen, den Speck nach allen Richtungen hin verstreut, sich darauf das beste Fett von jedem einzelnen Stück gekratzt; dann hatte er den Speck wieder gesammelt und glücklich in dem seligen Gefühl des Sattseins sich darauf zum Schlafen niedergelegt.

Vorher hatte er noch ein anderes Stück geliefert, das wir erst später entdeckten. Er hatte zwei junge Bären getötet, die zu uns zu Besuch gekommen waren. Wir fanden sie nicht weit entfernt mit zerschmetterten Schädeln, steif gefroren. Die Spuren zeigten, daß der große Bär erst den einen, dann den andern auf das neue Eis hinaus verfolgt hatte; hierauf hatte er sie ans Land geschleppt und dort liegenlassen. Welches Vergnügen ihm diese Tat gemacht haben kann, begreife ich nicht; hat er Wettbewerber im Kampf um den Lebensunterhalt ausschalten wollen oder war er ein mürrischer, alter Herr, der junge Leute nicht leiden konnte? »Es ist hier jetzt so nett und ruhig«, sagte der Riese, als er das Land ausgeräumt hatte.

Unser Wintervorrat flößte jetzt wirklich Vertrauen ein.

Am Abend des 28. September zogen wir endlich in die Winterhütte. Die erste Nacht war kalt. Bis jetzt hatten wir die ganze Zeit in einem Sack geschlafen, hielten es nun aber nicht länger für notwendig, da wir die Hütte durch mehrere Tranlampen so warm machen wollten, daß es jeder sehr gut unter einer wollenen Decke aushielt; wir hatten also den Sack auseinandergetrennt. Lampen stellten wir in der Weise her, daß wir die Ränder von Neusilberblech in die Höhe bogen, diese Behälter mit zerquetschtem Speck füllten und als Docht Binden aus der Apotheke nahmen. Die Lampen brannten vorzüglich und gaben auch so gutes Licht, daß es unserer Meinung nach ganz behaglich aussah; sie reichten aber weder damals noch später aus, die ziemlich undichte Hütte zu erwärmen, und so lagen wir denn die ganze Nacht und zitterten vor Kälte.

Am nächsten Morgen schmeckte uns das Frühstück ausgezeichnet; wir tranken riesige Mengen heißer Bärenbouillon, um warm zu werden. Wir stellten an der Hinterwand der Hütte eine Pritsche her, breit genug, dort nebeneinander zu liegen. Die wollenen Decken wurden wieder zusammengenäht; dann breiteten wir Bärenfelle unter uns aus, und nun fühlten wir uns so gemütlich, wie es den Umständen nach nur möglich war. Eine halbwegs ebene Unterlage zu schaffen, gelang uns nicht; wir hatten jetzt nur rauhe, eckige Steine zur Hand, alles andere war festgefroren. Wir warfen und wendeten uns daher den ganzen Winter hin und her, um zwischen den Höckern einen einigermaßen bequemen Platz zu finden. Es war und blieb aber hart, und wir bekamen sogar wunde Stellen an den Hüften. Wir schliefen trotzdem.

In einem Winkel der Hütte bauten wir einen kleinen Koch- und Bratherd auf. Im Dach über uns schnitten wir ein Loch in die Walroßhaut und führten aus Bärenfell einen Rauchfang hinauf; bald zeigte sich aber, daß wir einen Schornstein brauchten, da ohne ihn der Wind von oben hereinschlug. Es war soviel Rauch in der Hütte, daß man es zuweilen nicht aushielt. Die einzigen Stoffe, die wir jetzt zum Bauen hatten, waren Eis und Schnee. Damit errichteten wir auf dem Dach einen großartigen Schornstein, der seinem Zweck entsprach und tüchtigen Zug brachte. Obwohl wir ihn mit Walroßfleisch, Knochen und ähnlichem verstärkten, war er trotzdem nicht recht dauerhaft, da sich das Zugloch ständig erweiterte. Da es aber genug Eis und Schnee gab, hielt es nicht schwer, den Schornstein ab und zu zu erneuern. Das war im Lauf des Winters dreimal nötig.

Unsere Kocherei war so einfach wie möglich. Morgens kochten wir Bärenfleisch und Bouillon, abends brieten wir Bärenschnitten. Bei jeder Mahlzeit verzehrten wir große Mengen und wurden seltsamerweise dieser Nahrung niemals überdrüssig. Manchmal aßen wir auch Speck dazu oder tauchten die Fleischstücke in Tran. Oft verging lange Zeit, in der wir fast nichts als Fleisch aßen und Fett kaum kosteten. Dann aber, wenn einer von uns einmal wieder Verlangen hatte, fischte er sich vielleicht einige angebrannte Stücke Speck aus den Lampen oder aß die Grieben, die beim Auslassen des Trans für die Lampe entstanden. Wir nannten diese Reste »Gebäck« und fanden sie ungewöhnlich delikat; wir sprachen auch stets davon, wie köstlich sie sein müßten, wenn wir etwas Zucker dazu hätten.

Wir besaßen noch immer einen Teil des Schlittenproviants, den wir von der »Fram« mitgenommen hatten, nahmen uns aber vor, während des Winters nichts davon zu verwenden. Wir brachten die Vorräte in ein Depot, sie sollten dort liegen, bis wir im Frühjahr die Reise fortsetzten. Das Depot wurde mit Steinen zum Schutz gegen Füchse gesichert. Die Füchse waren übrigens jetzt schon unverschämt genug und stahlen, was sie nur kriegten. So entdeckte ich am 10. Oktober, daß sie sich mit einer Menge Kleinigkeiten, die ich während des Baues der Hütte in einem anderen Depot niedergelegt hatte, davongemacht hatten, Bambus, Stahldraht, Harpunen und Harpunenleinen, meine Sammlung von Gesteinen, Moose in kleinen Beuteln aus Segeltuch. Das schlimmste aber war, daß sie auch einen großen Knäuel Segelgarn weggeschleppt hatten. Damit wollten wir uns für den Winter

Kleider, Schuhe und einen Schlafsack aus Bärenfellen machen. Ein Glück, daß sie nicht auch den Theodoliten und unsere anderen Instrumente, die ebenfalls dort standen, gestohlen hatten; sie müssen ihnen zu schwer gewesen sein. Ich ärgerte mich, als ich diese Entdeckung machte, zumal es an meinem Geburtstage geschah.

Inzwischen verging die Zeit. Die Sonne sank tiefer und tiefer. Am 15. Oktober sahen wir sie zum letztenmal über den Bergen im Süden; die Tage wurden rasch dunkler: unsere dritte Polarnacht begann.

Wir sahen im Herbst noch zwei Bären, einen am 8., einen am 21. Oktober; dann erschienen sie erst im Frühjahr wieder.

Wir hatten nicht viel Abwechslung. Unser Leben begann morgens mit Kochen und Frühstücken. Dann kam vielleicht wieder ein Schläfchen. Dann pflegten wir hinauszugehen, um uns etwas Bewegung zu machen. Dies geschah jedoch nicht öfter und länger als notwendig, da sich unsere von Fett durchweichten, abgetragenen und zerrissenen Kleider nicht gerade recht dazu eigneten, im Winter in der freien Luft spazierengetragen zu werden. Unsere Windkleider waren so zerrissen, daß wir sie nicht benutzen konnten, und wir hatten zu wenig Zwirn, sie zu flicken. Ich hielt es für richtig, sie erst im nächsten Frühjahr anzuziehen, wenn wir uns zum Aufbruch vorbereiteten. Ich hatte auf Kleider aus Bärenfell gerechnet, aber es brauchte seine Zeit, die Felle von allem Speck und Fett zu reinigen, und eine noch viel langsamere Arbeit war es, sie zu trocknen. Wir breiteten sie unter dem Dach der Hütte aus, wo jedoch immer nur Raum für ein Fell war. Als eins fertig war, mußten wir es vor allen Dingen zu unserem Lager verwenden, da wir auf rohen, schmierigen Fellen lagen, die allmählich verfaulten. Dann mußten wir uns einen neuen Schlafsack herstellen, weil der alte wollene mit der Zeit zum Schlafen zu kalt wurde. Um Weihnachten hatten wir ihn fertig.

Die Spaziergänge waren ebenfalls ein zweifelhaftes Vergnügen, weil unter der steilen Klippe stets ein scharfer Wind wehte. Wir empfanden es als wunderbare Wohltat, wenn es gelegentlich einmal beinahe windstill war. In der Regel pfiff der Wind über uns und peitschte den Schnee dermaßen umher, daß alles in Nebel eingehüllt wurde. Zuweilen vergingen viele Tage, ohne daß wir die Nase vor die Tür steckten, und nur die dringende Notwendigkeit trieb uns hinaus, um Eis zum Trinkwasser, einen Schinken, ein Stück Bärenfleisch oder Speck für die Lampe zu holen.

Wenn wir hereinkamen und Hunger hatten, bereiteten wir das Abendbrot, aßen uns satt und krochen dann in den Sack, um solange wie möglich zu schlafen und die Zeit hinzubringen. Im großen und ganzen hatten wir ein sehr bequemes Leben. Mit unseren Tranlampen konnten wir mitten im Raum die Temperatur ungefähr auf dem Gefrierpunkt halten; in der Nähe der Mauer war es aber beträchtlich kälter. Dort schlug sich die Feuchtigkeit in Form von wunderschönen Eiskristallen nieder, so daß die Steine weiß waren und wir in glücklichen Augenblicken träumen konnten, wir wohnten in einem Marmorschloß. Diese Pracht hatte ihre Nachteile; wenn die Außentemperatur stieg oder wenn es in der Hütte etwas wärmer wurde, dann liefen die Bäche von der Mauer in den Schlafsack.

Jeder war eine Woche lang abwechselnd Koch, und der Dienstag, an dem die Kochwoche des einen endete und die des andern begann, bot die einzige Abwechslung in unserm Leben; nach ihr teilten wir unsere Zeit. Beständig rechneten wir, wieviel Kochwochen wir noch vor uns hatten, ehe wir im Frühjahr das Lager abbrechen konnten.

Ich wollte in diesem Winter viel tun, meine Beobachtungen und Notizen ausarbeiten und einiges über unsere Reise schreiben, aber es geschah sehr wenig. Es war nicht nur das armselige, flackernde Licht der Tranlampe, das mich daran hinderte, auch nicht die unbequeme Lage, die uns nur erlaubte auf dem Rücken zu liegen oder auf den harten Steinen zu sitzen, wobei jeder Körperteil schmerzte: die ganze Umwelt machte geistige Arbeit unmöglich. Das Gehirn arbeitete nur träge, und ich hatte nie Lust zu schreiben. Das Geschriebene war auch nicht sauberzuhalten. Sobald man ein Stück Papier nur anfaßte, ließen die Finger einen braunen Fettfleck zurück, und wenn der Zipfel eines Kleidungsstückes darüber hinwischte, entstand ein dunkler Streifen. Die Tagebücher aus dieser Zeit sehen fürchterlich aus, es sind »Schmierbücher« im buchstäblichen Sinne des Wortes. Oft hatte ich Mühe, die Bleistiftnotizen zu lesen, die ich am Tage zuvor geschrieben hatte, und jetzt, während ich dieses Buch schreibe, habe ich meine liebe Not, herauszubekommen, was einst auf den schmutzigen, dunkelbraunen Blättern gestanden hat; ich beleuchtete sie von allen Seiten, untersuchte sie mit dem Vergrößerungsglas, trotzdem muß ich es oft aufgeben.

Die Eintragungen in mein Tagebuch sind in dieser Zeit äußerst mager; es sind zuweilen Wochen, in denen nichts als die notwendigsten meteorologischen Beobachtungen und Bemerkungen aufgezeichnet sind. Unser Leben verlief so einförmig, daß es nichts gab, um darüber zu schreiben. Dieselben Gedanken kamen und gingen einen Tag wie den andern; es war darin nicht mehr Abwechslung als in unserer Unterhaltung. Gerade die Leere des Tagebuchs veranschaulicht am besten unser Leben während der neun Monate, die wir hier zubrachten.

Mittwoch, 27. November. —23°. Der Wind wirbelt einem den Schnee um die Ohren, sowie man den Kopf aus dem Eingang steckt. Alles grau in grau. Die schwarzen Steine im Schnee in der Geröllhalde weiter oben sind nur undeutlich zu erkennen, wir unterscheiden noch die dunkle Klippe hoch über unseren Köpfen. Wohin sich aber sonst der Blick wenden mag, hinaus nach der See oder den Fjord hinauf, überall dieselbe bleischwere Dunkelheit; man ist von der weiten Welt abgesperrt und in sich selbst eingeschlossen. Der Wind pfeift am Bergkamm und heult in den Spalten und Löchern der Basaltmauern dieselbe ewige Melodie, die er schon Jahrtausende gesungen hat und noch Jahrtausende singen wird. Und der Schnee wirbelt dahin, wie er es immer getan im Wechsel der Zeiten, und füllt alle Spalten und Vertiefungen. Aber die Steine der Geröllhalde vermag er nicht zuzudecken; schwarz wie immer ragen sie in die Nacht hinein. Auf dem freien Platz vor der Hütte springen zwei Gestalten in der Winternacht wie Gespenster hin und her, um sich warm zu halten, und so werden sie auf dem Pfad, den sie sich ausgetreten haben, Tag für Tag hin- und herrennen, bis der Frühling kommt.

Sonntag, 1. Dezember. Wunderbar schönes Wetter die letzten Tage; man kann gar nicht müde werden, draußen auf und ab zu gehen, während der Mond diese Eiswelt in ein Feenland verwandelt. Da liegt die Hütte noch im Schatten des Berges, der dunkeldrohend überhängt, aber das Mondlicht schwebt über Eis und Fjord und wird glitzernd von allen beschneiten Kämmen und Hügeln zurückgeworfen. Eine seltsame, gefühllose Schönheit, von einem erloschenen Planeten, aufgebaut aus glänzendem, weißem Marmor. So müssen die Berge dort stehen, gefroren und eiskalt, so müssen die Seen erstarrt unter der Schneedecke liegen, wenn das große Schweigen kommt, das eines Tages herrschen wird, wenn die Erde wieder wüst und leer ist, wenn der Fuchs nicht mehr in diesem Geröll haust, wenn der Bär nicht mehr draußen auf dem Eis umherstreift, wenn selbst der Wind nicht mehr tost: unendliches Schweigen! In Nordlichtflammen schwebt der Geist des Raumes über den gefrorenen Gewässern. Die Seele beugt sich vor der Majestät der Nacht und des Todes.

Montag, 2. Dezember. Morgens. Heute höre ich, daß es draußen wieder weht; es wird also ein ungemütlicher Spaziergang werden. Es ist bitterkalt in unseren abgetragenen, fettigen Kleidern. Selbst leiser Wind geht einem durch und durch. Doch wird der Frühling nicht eines Tages auch hierher kommen? Ja, und über uns wölbt sich derselbe Himmel jetzt und immerdar, ebenso hoch, ebenso ruhig. Während wir zitternd vor Kälte auf und ab schreiten, blicken wir hinauf zum endlosen Sternenzelt, und alle Entbehrungen, alle Sorgen schwinden in leeres Nichts. Sternennacht, du bist erhaben schön! Aber leihest du unserm Geiste nicht zu mächtige Schwingen, größer, als wir sie meistern können? Könntest du doch das Rätsel des Daseins lösen! Wir fühlen uns als Mittelpunkt, wir kämpfen um das Leben, um die Unsterblichkeit, die der eine hier, der andere jenseits sucht. Deine stille Pracht verkündet: auf den Befehl des Ewigen tratest du ins Dasein auf einem armseligen Planeten, als winziges Glied in der endlosen Kette von Umgestaltungen; auf einen neuen Befehl wirst du wieder ausgelöscht werden. Wer wird sich dann durch eine Ewigkeit von Ewigkeit daran erinnern, daß einmal ein Eintagswesen gelebt hat, das Schall und Licht in Fesseln schlagen konnte und kurzsichtig genug war, Jahre seines begrenzten Daseins damit zu verbringen, durch diese gefrorenen Meere zu treiben? Ist denn das Ganze mehr als ein Feuerwerk von der Dauer eines Augenblicks? Wird sich die ganze Weltgeschichte wie eine goldgeränderte, dunkle Wolke in der Abendröte auflösen, ohne Spur, ohne Zweck, einer Laune gleich?

Donnerstag, 5. Dezember. Mir scheint, es will nie enden. Aber nur noch etwas Geduld, dann kommt der Frühling, der schönste Frühling, den die Erde uns schenken kann! Draußen ein fürchterlicher Schneesturm; um so besser in der warmen Hütte zu liegen, zu essen und auf den wütenden Wind zu lauschen.

Dienstag, 10. Dezember. Es ist ein böser Wind gewesen. Johansen entdeckte heute, daß sein Kajak verschwunden war. Er suchte und fand es mehrere hundert Meter entfernt unten in der Geröllhalde wieder; der

Wind mußte es erst über mein Kajak gehoben und dann über einen großen Stein nach dem andern geworfen haben*.

In der Nacht wurde es auf einmal wundervoll ruhig, und die Luft war überraschend mild. Es war entzückend draußen; wir haben schon seit geraumer Zeit nicht mehr so lange Spaziergänge gemacht. Es tut gut, hin und wieder die Beine zu bewegen, sonst werden wir ganz steif. Man denke nur, ganze 12° Kälte mitten im Dezember!

Donnerstag, 12. Dezember. Zwischen 6 und 9 Uhr morgens beobachteten wir eine Menge Sternschnuppen, die meisten im Sternbild der Schlange. Einige kamen gerade aus dem Großen Bären heraus, später hauptsächlich aus dem Stier oder dem Aldebaran und den Plejaden. Mehrere waren sehr hell, einige ließen einen Streifen leuchtenden Staub hinter sich zurück. Angenehmes Wetter! Aber Nacht und Tag sind jetzt gleich dunkel. Wir wandern ununterbrochen auf und ab. Nur der Himmel weiß, wieviel Schritte wir noch machen werden, bis der Winter zu Ende ist.

Ganz schwach sieht man durch die Dunkelheit die schwarzen Klippen, die Felsengrate und die großen Steine am Strand, die der Wind immer rein fegt. Über uns breitet der klare Sternenhimmel seinen Frieden über die Erde aus. Fern im Westen fällt ein Sternschnuppenschwarm nach dem andern, einige schwach, kaum sichtbar, andere wie römische Lichter, alle bringen eine Botschaft von fernen Welten. Tief im Süden liegt eine Wolkenbank, hin und wieder begrenzt vom Schimmer des Nordlichts, aber draußen über dem Meer ist der Himmel dunkel, dort ist die See offen. Wenn man sie betrachtet, fühlt man sich nicht so eingeschlossen. Es ist wie ein Bindeglied mit dem Leben, dieses dunkle Meer. Im nächsten Sommer wird es uns heimwärts tragen.

Donnerstag, 19. Dezember. —28,5°. Es ist wieder kalt geworden. Die ganze Arbeit, die wir draußen zu tun haben, besteht darin, daß wir zwei- oder dreimal wöchentlich Süß- und Salzwasser hereinholen, hin und wieder Fleisch und Speck und ganz gelegentlich einmal ein Fell, um es unter dem Dach zu trocknen.

Weihnachten naht. Zu Hause ist jetzt jeder eifrig beschäftigt und weiß kaum, woher er die Zeit für alles nehmen soll; hier ist nichts zu tun, hier gilt es nur die Zeit totzuschlagen. Schlafen, schlafen! Auf dem Herd summt munter der Topf. Ich warte auf das Frühstück und blicke in das flackernde Feuer, und meine Gedanken wandern weit hinaus ... Beim Schein der Lampe sitzt sie am Winterabend und näht. Neben ihr steht ein kleines Mädchen mit blauen Augen und goldenem Haar und spielt mit der Puppe. Sie blickt das Kind zärtlich an und streicht ihm über das Haar, aber ihre Augen werden feucht, und Tränen rollen auf ihre Arbeit...

Johansen liegt neben mir und schläft; er lächelt im Schlaf. Er wird davon träumen, daß er um die Weihnachtszeit zu Hause ist. Aber schlafe nur weiter — schlafe und träume! Der Winter geht vorüber, und dann kommt der Frühling, der Frühling des Lebens.

---

* Es wehte am Fuße des Berges oft sehr stark. Ein andermal wurde einer meiner Schneeschuhe, der in einem Schneehaufen neben der Hütte steckte, vom Wind abgebrochen; er war aus starkem Ahorn.

Sonntag, 22. Dezember. Ging gestern abend lange Zeit draußen spazieren, während Johansen als Vorbereitung zum Christfest die Hütte gründlich sauber machte. Das bestand hauptsächlich darin, daß er die Asche aus dem Herd kratzte, die Knochen und Fleischabfälle sammelte und fortwarf und dann das Eis aufbrach, das mit allerlei Kehricht auf dem Boden zusammengefroren war, so dick, daß die Hütte niedriger geworden war.

Wunderbares Nordlicht! Wie oft man auch das seltsame Spiel sehen mag, nie wird man müde, es zu betrachten. Es beginnt mit einem blaßgelben geisterhaften Lichtschimmer hinter dem Berg im Osten, gleich dem Widerschein einer fernen Feuersbrunst; es wird breiter, und bald ist der östliche Himmel eine einzige, glühende Feuermasse. Nun wird es wieder schwächer und sammelt sich in einem hell glänzenden Nebelgürtel, der sich nach Südwesten erstreckt, während hier und dort einige glänzende Lichtnebel sichtbar sind. Nach einer Weile schießen plötzlich da und dort Strahlen aus dem feurigen Nebel empor, bis sie fast den Zenit erreichen; es kommen noch mehr, in wilder Jagd spielen sie von Osten nach Westen über den Gürtel. Sie scheinen aus weiter, weiter Ferne heranzueilen. Und plötzlich ergießt sich ein wahrer Strahlenschleier vom Zenit über den nördlichen Himmel, so zart und hell wie feinste, glitzernde Silberfäden. Ist es Surtr, der Feuerriese selbst, der in seine mächtige Silberharfe greift, daß die Saiten im Widerschein der Flammen von Muspelheim zittern und funkeln? Ja, es sind Harfenklänge, wild hinausstürmend in die Nacht; es ist der Söhne Surtrs wilder Kriegstanz. Aber zu anderen Zeiten sind es wieder leise schaukelnde Silberwellen, auf denen die Träume in unbekannte Welten hinüberschweifen.

Nun ist wieder die Wintersonnenwende gekommen, und die Sonne hat ihren niedrigsten Stand erreicht; um Mittag können wir noch einen schwachen Schimmer von ihr über den Bergen im Süden erkennen. Jetzt beginnt sie wieder nordwärts zu steigen; Tag für Tag wird es heller werden, und die Zeit wird rascher vergehen.

Auf meinem Spaziergang blicke ich zum Jupiter droben über dem Bergkamm hinauf, zu Jupiter, dem Heimatstern; er lächelt auf uns herab, und ich erkenne in ihm meinen guten Schutzgeist. Ist dies Aberglauben? Dieses Leben und die Natur hier könnten einen wohl abergläubisch machen; und sind am Ende nicht fast alle Menschen abergläubisch, jeder in seiner Weise? Habe ich nicht festes Vertrauen auf meinen Stern und daß wir uns wiedersehen werden? Dieses Vertrauen hat mich kaum einen Tag verlassen. Der Tod kann, glaube ich, niemals kommen, ehe man seine Aufgabe erfüllt hat; nie, ohne daß man seine Nähe fühlt.

Dienstag, 24. Dezember. 2 Uhr nachmittags —24°. Heute ist also Weihnachtsabend. Kalt und windig ist es draußen, kalt und zugig hier drinnen. Wie einsam es ist! Noch niemals haben wir einen solchen Weihnachtsabend gehabt.

Nun läuten zu Hause die Glocken das Christfest ein. Jetzt werden die Lichter am Weihnachtsbaum angezündet, die Kinderschar wird hereingelassen, und in Freude und Jubel tanzen sie um den Baum herum. Wenn ich wieder nach Hause komme, muß ich ein Weihnachtsfest für Kinder veranstalten. Es ist die Zeit der Freude, und zu Hause ist in jeder Hütte ein Fest.

Auch wir feiern mit unseren ärmlichen Mitteln ein Fest. Johansen hat sein Hemd gewendet; ich habe dasselbe getan und außerdem die Unterhosen gewechselt. Ich habe mich in warmem Wasser gewaschen, wobei die abgelegten Unterhosen als Schwamm und Handtuch dienten. Jetzt fühle ich mich wie neugeboren. Dann hatten wir zum Abendessen Fiskegratin aus Fisch und Maismehl mit Tran anstatt Butter gebacken und gebraten, eins so trocken wie das andere, und zum Nachtisch in Tran geröstetes Brot. Morgen früh werden wir Schokolade und Brot haben*.

Mittwoch, 25. Dezember. Schönes Weihnachtswetter; fast Windstille und heller Mondschein. Es versetzt einen in eine ganz feierliche Stimmung; es ist der Frieden von Jahrtausenden.

Nachmittags war das Nordlicht einzig schön. Um 6 Uhr war am südlichen Himmel ein heller, blaßgelber Bogen. Er glomm eine Zeitlang, dann schoß auf einmal das Licht an dem Bogen entlang nach Westen hin; überall stiegen Strahlen zum Zenit empor, und im nächsten Augenblick stand der ganze südliche Himmel in Flammen. Es flackerte und loderte, es drehte sich wie ein Wirbelwind herum, und die Strahlen schossen hin und her, bald rot und rötlich-violett, bald gelb, grün und blendend weiß; jetzt waren die Strahlen unten rot und oben gelb und grün, und dann war es wieder umgekehrt. Höher und höher stieg das Nordlicht; einen Augenblick zeigte sich eine prachtvolle Korona, und dann wurde es zu einer einzigen, wirbelnden Feuermasse: ein Wirbelstrom von rotem, gelbem und grünem Feuer, der das Auge blendete. Es war wie eine gewaltige elektrische Entladung.

In der Heimat findet heute in den Familien das festliche Mittagessen statt. Ich sehe die würdigen Familienväter glücklich lächelnd in der Tür stehen, um Kinder und Enkel willkommen zu heißen. Draußen fällt der Schnee sanft und still in großen Flocken; frisch und rotwangig stürmt das junge Volk herein, trampelt im Eingang den Schnee von den Füßen, schüttelt die Mäntel ab, hängt sie auf und kommt dann ins Wohnzimmer, wo das Feuer im Kachelofen gemütlich knistert; und durch die Fenster sieht man draußen die Schneeflocken fallen und die Julfestgarben bedecken. Aus der Küche kommt ein köstlicher Bratenduft, und im Speisezimmer ist ein langer Tisch gedeckt für das Essen mit gutem, altem Wein. Wie ist alles so hübsch und gemütlich! Man könnte krank werden vor Sehnsucht nach der Heimat. Aber warte, warte, wenn der Sommer kommt... Der Weg zu den Sternen ist lang und beschwerlich!

Dienstag, 31. Dezember. Auch dieses Jahr geht zu Ende. Es ist merkwürdig gewesen aber trotz allem eigentlich gut. Zu Hause läuten sie das alte Jahr zu Ende. Unsere Kirchenglocke ist der eisige Wind, der über Gletscher und Schneefeld pfeift und wütend heult, wenn er den Schnee in Wolken hoch emporjagt und vom Berggrat auf uns herunterfegt. Weit den Fjord hinauf sieht man die Schneewolken, von den Windstößen getrieben, über

---

* Weihnachts- und Silvesterabend waren die einzigen Gelegenheiten, bei denen wir etwas von den Schlittenvorräten nahmen.

das Eis jagen, und der Schneestaub glitzert im Mondlicht. Ruhig und schweigsam zieht der Vollmond von dem einen Jahr ins andere hinüber. Er scheint auf Gute und Böse herab und achtet nicht des Jahreswechsels, der Entbehrungen, der Sehnsucht. Einsam, verlassen, Hunderte von Meilen fern von allem, was uns teuer ist; aber die Gedanken fliegen rastlos auf ihren stillen Bahnen. Wieder wendet sich ein Blatt im Buch der Ewigkeit, eine neue weiße Seite ist aufgeschlagen, und niemand weiß, was darauf geschrieben werden wird.

Neujahr 1896

Mittwoch, 1. Januar 1896. —41,5°. Das neue Jahr ist gekommen, das Jahr der Freude, der Heimkehr. Mit hellem Mondschein schied 1895, mit hellem Mondschein beginnt 1896; aber es ist bitter kalt; es waren die kältesten Tage, die wir hier bis jetzt kennengelernt haben. Ich habe das gestern gefühlt, als ich mir die Fingerspitzen erfror.

Freitag, 3. Januar, morgens. Es ist draußen noch immer klar und kalt; ich höre das Knallen vom Gletscher her. Er liegt auf dem Kamm des Berges wie ein mächtiger Eisriese, der auf uns herabblickt; er breitet seinen Riesenkörper über das Land und dehnt seine Glieder auf allen Seiten zum Meer aus. Aber sobald es kalt wird, kälter als wir es bisher gehabt haben, windet er sich in fürchterlichen Schmerzen; Spalte auf Spalte öffnet sich in dem ungeheuren Körper, und es donnert wie von Kanonen; Himmel und Erde erzittern, und der Boden unter uns erbebt. Man fürchtet beinahe, daß sich der Gletscher eines Tages auf uns herabwälzt.

Johansen schnarcht, daß die Hütte dröhnt. Gut, daß seine Mutter ihn nicht sieht; sie würde ihren Jungen bedauern, so schwarz und schmutzig und zerrissen wie er ist, das ganze Gesicht schwarz von Ruß. Aber warte nur, warte! Sie wird ihn wiederhaben, gesund, frisch und sauber!

Mittwoch, 8. Januar. Gestern abend wehte der Wind den Schlitten, an dem unser Thermometer hing, über den Abhang. Stürmisches Wetter draußen — wütender Wind, der einem fast den Atem benimmt, wenn man den Kopf hinaussteckt. Wir liegen hier und schlafen, verschlafen die Zeit. Immer können wir es aber nicht. Diese langen, schlaflosen Nächte, wenn man sich von einer Seite auf die andere wälzt, die Füße hochzieht, um sie ein wenig zu wärmen, und sich auf der ganzen Welt nur eins wünscht — Schlaf! Die Gedanken beschäftigen sich unermüdlich mit allem in der Heimat; aber der lange, schwere Körper sucht zwischen den rauhen Steinen vergebens eine erträgliche Lage. Die Zeit kriecht weiter. Heute ist Klein-Livs Geburtstag. Heute ist sie drei Jahre alt, und muß nun ein großes Mädchen sein. Kleines Ding, du vermißt deinen Vater noch nicht; an deinem nächsten Geburtstag werde ich hoffentlich bei dir sein. Was für gute Freunde wir werden! Du wirst Huckepack reiten, und ich werde dir Geschichten erzählen von Bären, Füchsen, Walrossen und den anderen merkwürdigen Tieren im Eis.

Sonnabend, 1. Februar. Hier liege ich nun am Rheumatismus darnieder. Draußen wird es von Tag zu Tag heller, der Himmel über den Gletschern im Süden rötet sich mehr und mehr, bis schließlich eines Tages die Sonne über dem Bergkamm aufgehen und unsere letzte Winternacht vorüber sein wird. Der Frühling kommt! Ich habe oft gedacht, der Frühling sei traurig. Kam es daher, daß er so rasch schwand, daß er Versprechungen machte, die der Sommer nicht erfüllte? In diesem Frühling liegt aber keine Traurigkeit; er wird seine Versprechungen halten. Es wäre zu grausam, wenn es nicht geschähe.

Es ist ein merkwürdiges Dasein, den ganzen Winter hindurch in einer unterirdischen Hütte zu liegen und nichts zu haben, womit man sich beschäftigen könnte. Wie sehnten wir uns nach einem Buch! Wie herrlich war es auf der »Fram«, als wir die ganze Bibliothek hatten! Oft sagten wir uns, daß dieses Leben trotz allem schön wäre, wenn wir nur etwas zu lesen hätten. Johansen schwärmte stets von Heyses Novellen; er hatte sie an Bord besonders gern gelesen und hatte die letzte angefangen, aber nicht beendet. Die Navigationstabellen und das nautische Jahrbuch hatte ich schon so viele Male gelesen, daß ich alles beinahe auswendig kannte, von der norwegischen Königsfamilie, von scheintoten Ertrunkenen und der Selbsthilfe für Fischer. Und dennoch war es immerhin ein Trost, diese Bücher zu sehen; der Anblick der gedruckten Buchstaben ließ uns fühlen, daß trotz allem noch ein kleines bißchen vom zivilisierten Menschen in uns steckte. Alles, worüber wir wirklich zu sprechen hatten, war schon vor langer Zeit gründlich durchgedroschen, und es gab tatsächlich nicht viele Gedanken, die wir noch nicht ausgetauscht hätten. Das Hauptvergnügen, das uns noch blieb, war, uns gegenseitig auszumalen, wie wir uns im nächsten Winter zu Haus für alles das entschädigen wollten, was wir hier entbehrten. Wir hatten gelernt, auf alle Güter des Lebens Wert zu legen, auf Essen, Trinken, Kleidung, Schuhe, Haus, Heimat, gute Nachbarn usw. Oft beschäftigten wir uns auch damit auszurechnen, wie weit die »Fram« getrieben sein könnte und ob sie vor uns nach Norwegen heimkehrte. Wir nahmen an, daß das Schiff bis nächsten Sommer oder Herbst zwischen Spitzbergen und Grönland treiben und im August oder September wieder in Norwegen sein würde. Aber ebensogut war es auch möglich, daß sie schon im Sommer ankam oder vielmehr, daß wir erst im Herbst die Heimat erreichten. Das war die große Frage, auf die wir keine Antwort hatten, und wir fürchteten, daß die »Fram« zuerst nach Hause käme. Was würden unsere Freunde dann von uns denken? Es würde kaum jemand die geringste Hoffnung haben uns wiederzusehen, nicht einmal unsere Kameraden an Bord der »Fram«.

Unser Leben war nicht sehr behaglich. Wie sehnten wir uns nach Abwechslung in unserer täglichen Nahrung! Hätten wir nur ein wenig Zucker oder Mehlspeise zu dem ausgezeichneten Fleisch gehabt, wir würden wie die Fürsten gelebt haben. Wir dachten sehnsüchtig an große Schüsseln Kuchen; Brot und Kartoffeln gar nicht zu erwähnen. Wie wollten wir uns für die verlorene Zeit entschädigen, wenn wir erst zu Hause waren! Noch besser als das Essen würden freilich reine Kleider sein. Und dann Bücher — an Bücher nur zu denken! Die Kleider, die wir trugen, waren fürchterlich. Wir stellten uns einen großen, hellen, sauberen Laden vor, dessen Wände mit nichts als neuen, weichen, wollenen Anzügen behängt waren, aus denen wir uns aussuchen konnten, was wir wollten. Man denke: reine Hemden, Westen, Unterhosen, weiche, warme wollene Hosen, köstliche, bequeme Jacken, und dann auch reine wollene Strümpfe und warme Filzpantoffeln — kann man sich etwas Schöneres vorstellen? Und nun gar ein römisches Bad! Wir pflegten stundenlang in unserem Schlafsack nebeneinander zu sitzen und von diesen Dingen zu plaudern. Wie Leim klebten die schweren, fettigen Lumpen am Körper, besonders die Hosen. Wenn wir uns bewegten, rieben sie die Haut, bis alles wund und blutig war. Ich mußte diese Wunden dauernd mit Moos oder einem Stück Binde auswaschen, damit sie sich nicht entzündeten. Nie vorher war mir zum Bewußtsein gekommen, welch großartige Erfindung Seife ist. Wir machten viele Versuche, den schlimmsten Schmutz fortzuwaschen, sie waren alle gleich erfolglos. Wasser hatte auf diese Schmiere keinen Einfluß; besser war es, sich mit Moos und Sand zu scheuern. Sand hatten wir in den Mauern der Hütte reichlich, wenn wir das Eis abhackten. Die beste Methode war, die Hände mit warmem Bärenblut und Tran einzuschmieren und mit Moos abzureiben. Dann wurden sie so weiß und weich wie die zartesten Damenhände, sie schienen gar nicht zu unserem Körper zu gehören. Die zweitbeste Methode war, die Haut mit einem Messer abzukratzen. Wir wandten sie an, wenn wir kein Bärenblut hatten.

Fiel es uns schon schwer, den Körper zu reinigen, so war dies bei unseren Kleidern eine reine Unmöglichkeit. Wir versuchten es auf alle erdenkliche Weise. Wir kochten die Hemden stundenlang. Nahmen wir sie dann aus dem Topf, waren sie noch ebenso voll Fett wie vorher. Dann versuchten wir den Tran herauszuwinden; das ging ein wenig besser. Das einzige, was wirklich einige Wirkung tat, war, sie zu kochen und, solange sie noch warm waren, das Fett mit einem Messer abzukratzen. Das abgekratzte Fett war natürlich ein willkommener Zuwachs zu unserem Brennstoffvorrat.

Inzwischen ließen wir Bart und Haar wild wachsen. Allerdings besaßen wir eine Schere und hätten die Haare schneiden können; wir taten es nicht, weil das lange Haar wärmte. Es war ebenso rabenschwarz wie unser Gesicht, und als es im Frühjahr wieder Tageslicht gab, glänzten unsere Zähne und das Weiße der Augen unheimlich weiß. Im ganzen hatten wir uns aber an unser Aussehen so gewöhnt, daß wir nichts Besonderes mehr daran fanden; erst, als wir andere Leute trafen und merkten, daß sie nicht ganz derselben Meinung waren, sahen wir ein, daß gegen unser Äußeres doch vielleicht einiges einzuwenden war.

Es war ein seltsames Leben, das unsere Geduld in vieler Beziehung hart auf die Probe stellte; gleichwohl war es nicht so unerträglich, wie man annehmen könnte. Wir waren während der ganzen Zeit guten Mutes; wir blickten heiter in die Zukunft und haben uns nie gezankt. Wir versuchten, soviel wie möglich von der Zeit zu verschlafen. In dieser Kunst brachten wir es zu einem hohen Grade der Vollendung, manchmal schliefen wir nicht weniger als 20 Stunden im Tag. Wenn noch jemand an dem alten Irrtum festhält, daß der Skorbut dem Mangel an Bewegung zuzuschreiben ist, so mag er uns als lebende Beweise des Gegenteils ansehen; unsere Gesundheit war während der ganzen Zeit ausgezeichnet.

Dienstag, 25. Februar. Angenehmes Wetter heute, um draußen zu sein; es ist, als wolle der Frühling beginnen. Wir haben die ersten Vögel gesehen, eine Schar Krabbentaucher; sie kamen aus Süden am Land entlang, augenscheinlich durch die Straße im Südosten, und verschwanden hinter dem Bergrücken im Nordwesten von uns. Ihr fröhliches Zwitschern rief ein Echo in uns wach. Etwas später hörten wir es nochmals, und dann schien es uns, als ob sich die Vögel auf dem Berg über uns niedergelassen hätten. Der erste Gruß vom Leben. Gesegnete Vögel, wie seid ihr willkommen!

Es war gerade wie an einem Frühlingsabend zu Haus. Der rote Sonnenglanz verschwand allmählich, und der Mond ging auf. Ich lief draußen auf und nieder und träumte, ich sei in Norwegen.

Freitag, 28. Februar. Ich habe entdeckt, daß wir aus einem Stück Segelgarn zwölf Fäden herstellen können. Ich bin darüber so glücklich wie ein König. Jetzt haben wir Zwirn, und unsere Windkleider sollen geflickt werden. Wir können auch das Segeltuch der Säcke auftrennen und als Zwirn verwenden.

Sonnabend, 29. Februar. Die Sonne steht hoch über dem Gletscher. Wir müssen mit dem Tran sparen, sonst bleibt zu wenig Speck für die Reise übrig.

Mittwoch, 4. März. Als Johansen heute morgen hinausging, war der ganze Berg über uns mit Krabbentauchern bedeckt, die zwitschernd von Vorsprung zu Vorsprung flogen und überall auf dem Gletscher saßen.

Freitag, 6. März. Es geht uns schlecht. Um Tran zu sparen, müssen wir im Dunkeln schlafen und können nur einmal am Tage kochen.

Sonntag, 8. März. Schoß einen Bären.

Dienstag, 10. März. Der Bär war vorgestern gerade zur rechten Zeit gekommen! Ich hatte den Sonntagmorgen damit verbracht, meine Windhosen zu nähen und meine Komager zu flicken, um vollständig bereit zu sein, wenn ein Bär erscheinen sollte. Johansen, der seine Kochwoche hatte, reinigte die Hütte und wollte Knochen und Fleischabfälle hinaustragen. Kaum aber hatte er den Kopf ins Freie gesteckt, rief er: »Ein Bär!« Er nahm die Büchse, und dann sah ich, daß er sie an die Schulter hob, aber wieder sinken ließ; er hatte vergessen zu spannen. Der Bär kratzte in dem Durchgang herum, als ob er hereinkommen wollte. Johansen schoß. Ich hörte ein dumpfes Brummen und das Knirschen schwerer Tritte, die sich aufwärts nach dem Geröll hin verloren. Johansen hatte wieder geladen und stürzte dem Bären nach.

Mittlerweile hatte ich auf eine Socke Jagd gemacht. Endlich fand ich sie — auf dem Erdboden natürlich. Dann war auch ich fertig und folgte mit Büchse, Patronen, Messer und Feile (zum Schärfen des Seehundsmessers). Ich hatte auch meine Windhosen an, die ich während des ganzen Winters mangels Zwirn nicht getragen hatte; jetzt aber, als die Temperatur nur $-2°$ war, mußten sie natürlich angezogen werden. Ich folgte den Spuren an der Küste entlang. Dort kam mir Johansen entgegen, er habe den Bären mit einem Schuß in den Rücken abgetan und wolle nun die Schlitten holen. Als ich mich der Stelle näherte, wo der Bär liegen sollte, sah ich das »tote« Tier in weiter Entfernung lebhaft die Küste entlangtraben. Er war also wieder lebendig geworden. Hin und wieder blieb er stehen und sah sich nach mir um. Ich lief auf das Eis hinauf, um auf seine andere Seite zu kommen und ihn zurückzutreiben, damit wir ihn nicht zu weit zu schleppen hätten. Als ich auf gleiche Höhe mit ihm gekommen war, bog er ab und kletterte am Gletscher die zerrissene Klippe empor. Dann verschwand er hinter einem Vorsprung. Bald darauf sah ich ihn wieder, ein gutes Stück höher hinauf außer Schußweite. Er reckte den Hals um zu sehen, ob ich ihm nachkäme. Da er aber am Berg rascher lief, als ich ihm in dem tiefen Schnee folgen konnte, kletterte ich wieder nach dem Fjordeis hinab.

Nach einer Weile kam der Bär auf steilem Geröll hervor. Es sah nicht danach aus, als ob er da oben festen Halt für die Füße hätte. Unter der Klippe wehte es ordentlich, und ich sah, daß der Bär sich bei den schlimmsten Windstößen platt niederlegte und mit den Klauen festhielt; er hatte aber dazu nur drei Füße, das rechte Vorderbein war zerschossen. Ich stellte mich nun an einen großen Stein am unteren Rande des Gerölls, zielte gut und gab Feuer. Ich sah die Kugel gerade unter ihm in den Schnee einschlagen; getroffen oder nicht, sprang er auf und versuchte über eine Schneewehe zu setzen, glitt aber aus und überschlug sich. Ein paarmal versuchte er, sich festzuhalten, fiel aber weiter, bis er schließlich auf den Füßen stand und nun langsam wieder hinaufkroch. Inzwischen hatte ich erneut geladen; die Entfernung war jetzt geringer, und ich schoß nochmals. Der Bär stand einen Augenblick still und glitt dann am Abhang hinab, erst langsam, dann schneller und immer schneller; er überschlug sich mehrfach. Ich glaubte, er käme gerade auf mich zu und schob eine neue Patrone in den Lauf. Das Tier war jetzt bei dem Geröll unten am Abhang angekommen; er war mit Steinen und Schneeklumpen zusammen in einer Reihe von Sätzen, von denen einer immer größer als der andere war, heruntergestürzt. Es war ein seltsamer Anblick, diesen großen, weißen Körper durch die Luft fliegen und einen Luftsprung nach dem andern machen zu sehen, als ob er ein Stück Holz wäre. Endlich machte er noch einen gewaltigen Satz und stieß darauf an einen großen Stein. Ein starker Krach, und er lag dicht neben mir; dann gingen noch einige Zuckungen durch den Körper, und alles war vorüber.

Es war ein ungewöhnlich großes Männchen mit wunderschönem, dickem Pelz, den man gern zu Hause haben möchte; das Beste aber war, daß er auch sehr fett war.

Nach einer Weile kam Johansen herbei, und bald hatten wir den Bären zerlegt und zum Eis hinabgeschleppt.

Sechs Wochen lebten wir von dieser Beute.

Als Johansen heute morgen um sechs draußen war, glaubte er Millionen von Krabbentauchern die Straße hinauffliegen zu sehen, und als wir nachmittags um zwei Uhr hinauskamen, flog unaufhörlich eine Schar nach der andern nach der See zu; es dauerte bis zum späten Nachmittag. Ich sah auch zwei Grillummen (Uria grylle)*.

---

* Nun, da das Frühjahr fortschritt, hatten wir gute Gelegenheit, zu beobachten, wie die Krabbentaucher in großen Scharen, und in geringerer Anzahl die Grillummen, zu gewissen feststehenden Tageszeiten vom Land aus der offenen See zuflogen und zu anderen Zeiten in ununterbrochenen Zügen zu ihren Brutfelsen zurückkehrten.

Mittwoch, 25. März. Hinter dem Kap im Südwesten dehnt sich unverändert der dunkle Wasserhimmel fast bis zum äußersten Westen aus. Er ist während des ganzen milden Wetters bei südwestlichem Wind schon seit Anfang des Monats dagewesen. Dort scheint immer offenes Wasser zu sein; denn sobald der Himmel überzogen ist, zeigt sich da auch der Widerschein des Wassers.

Wir beschäftigten uns jetzt eifrig mit unseren Vorbereitungen für die Fahrt nach Süden. Es war noch sehr viel zu tun. Wir mußten uns aus wollenen Decken neue Kleider machen; die Windanzüge mußten geflickt und genäht, unsere Komager besohlt werden, aus Bärenfell waren Socken und Handschuhe herzustellen. Dann fertigten wir aus Bärenfell auch einen leichten, guten Schlafsack. Dies alles nahm Zeit in Anspruch, und wir arbeiteten vom frühen Morgen bis spät in die Nacht fleißig mit der Nadel. Die Hütte wurde zur Schneider- und Schusterwerkstätte. Seite an Seite saßen wir auf dem Steinlager im Schlafsack und nähten und dachten an die Heimkehr. Zwirn erhielten wir durch Auffasern einiger Proviantsäcke.

Natürlich sprachen wir stets über die Aussichten unserer Reise. Großen Trost fanden wir in dem dunklen Himmel im Südwesten, der nicht wankte und nicht wich und viel offenes Wasser in dieser Richtung andeutete. Infolgedessen meinte ich, daß wir auf der Fahrt nach Spitzbergen die Kajaks gut gebrauchen könnten. Weiter sprach die Tatsache für die Nähe des offenen Meeres, daß uns täglich Elfenbeinmöwen und Eissturmvögel, zuweilen auch Stummelmöwen besuchten. Die ersten Elfenbeinmöwen sahen wir am 12. März.

Die Zeit nahte jetzt heran, in der wir unser Lager abbrechen mußten. Fieberhaft arbeiteten wir an den Vorbereitungen. Die Kleidung war fertig. Was uns bekümmerte, war der Gedanke an alle die schönen Bärenfelle, die wir nicht mitnehmen konnten.

Die Eintragung für Dienstag, 12. Mai, lautet: »Nahm heute Abschied von meinen alten Hosen. Er fiel mir geradezu schwer, denn sie hatten mir wirklich treu gedient. Aber die neuen, leichten und einigermaßen fettfreien Hosen tragen sich sehr angenehm. Allerdings war zu fürchten, daß sie nicht bis Spitzbergen halten würden. Die Wolldecken, aus denen sie entstanden waren, waren nicht sehr fest. Wir haben deshalb innen und außen Stücke alter Unterhosen und eines Hemdes darauf geflickt.«

Bitter war es jetzt, daß wir nicht auf die Vorräte der »Fram« zurückgreifen konnten. Dort konnte das eine oder andere einmal fehlen, hier fehlte uns in der Tat alles. Was würden wir nicht für eine einzige Kiste Hundekuchen — für uns selbst — aus dem Überfluß des Schiffes gegeben haben? Wo sollten wir alles das hernehmen, was wir brauchten? Auf eine Schlittenreise muß man leichten, nahrhaften Proviant mitnehmen, leichte und warme Kleidung, starke und praktische Schlitten. Ja, wir kennen sie, diese Vorschriften des arktischen Reise-Abc. Es handelte sich zwar für uns nur darum, Spitzbergen zu erreichen; die Fahrt war trotzdem lang genug, alle Vorsichtsmaßregeln wichtig erscheinen zu lassen.

Als wir die Vorräte, die wir zu Beginn des Winters vergraben hatten, hervorholten und die Säcke öffneten, fanden wir nur noch wenige traurige

Oben: Schweres Eis
Unten: Begegnung mit Jackson

Walroß-Idyll

Reste eines Proviants, der früher einmal gut gewesen, jetzt aber verdorben war. Das kostbare Mehl war schimmelig geworden. Wir mußten es wegwerfen. Die Schokolade hatte sich in der Feuchtigkeit aufgelöst und war nicht mehr vorhanden, der Pemmikan hatte ein seltsames Aussehen, und als wir ihn kosteten — pfui, weg damit! Es war noch ein wenig Fischmehl, etwas Aleuronatmehl und etwas feuchtes, halb verschimmeltes Brot übrig, das wir in Tran kochten, um es zu trocknen, weil die Feuchtigkeit durch das kochende Öl vertrieben wurde, und um es durch das Fett nahrhafter zu machen. Nach unserer Meinung schmeckte es köstlich, und wir bewahrten es für festliche Gelegenheiten und für die Zeit auf, wenn uns alle anderen Nahrungsmittel ausgegangen sein sollten. Hätten wir Bärenfleisch trocknen können, so würden wir damit sehr guten Proviant gewonnen haben, aber es war zu kalt, so daß die Fleischstreifen nur halb trocken wurden. Es war weiter nichts zu tun, als soviel zerschnittenes rohes Fleisch und Speck mitzunehmen, wie wir befördern konnten. Dann füllten wir die drei leeren Petroleumkannen mit Tranbrennstoff. Kochen wollten wir in dem Topf, der zum Kochapparat gehörte, die Lampe aber als Becken zum Brennen von Speck und Tran verwenden. Hoffentlich finden wir reichlich Wild.

Eine größere Schwierigkeit waren die kurzen Schlitten, da wir sie nicht wieder länger machen konnten. Wenn wir auf dem ganzen Weg nach Spitzbergen kein offenes Wasser fanden und gezwungen waren, die Schlitten über das unebene Treibeis zu schleppen, konnten wir uns nicht vorstellen, wie wir mit den kurzen Dingern weiterkommen sollten, ohne daß die darauf liegenden Kajaks in Stücke gingen.

Wir schützten sie durch Bärenfelle darunter; dann stellten wir aus dem wenigen Holz, das wir noch besaßen, so gut es ging, Lager her und machten sie auf dem Schlitten fest. Das war keine leichte Sache, weil es darauf ankam, die Lager hoch zu machen, um die Kajaks soweit wie möglich in die Höhe zu bringen und dadurch vom Eis frei zu halten. Dann mußten die Kajaks gut festgebunden werden. Wir hatten aber keine Stricke und mußten sie uns erst aus Bären- und Walroßhaut herstellen, beides nicht gerade das allerbeste Material dafür. Jedoch lagen die Kajaks schließlich ruhig und gut. Den schwersten Teil der Ladung verstauten wir in der Mitte, damit die Enden nicht abbrachen.

Die persönliche Ausrüstung in Ordnung zu bringen, war ebenso schwierig. Das Anfertigen der neuen Kleider kostete den beiden ungeschickten Schneidern viel Zeit. Sonst aber hatten wir allen Grund, auf das Ergebnis stolz zu sein. Die Anzüge sahen ganz stattlich aus, wenigstens dachten wir es. Die armseligen Überreste unserer Unterkleider mußten selbstverständlich gründlich gewaschen werden, bevor wir aufbrachen, damit wir uns darin bewegen konnten, ohne uns zu viele Löcher in die Haut zu reiben.

Die Fußbekleidung befand sich durchaus nicht in befriedigendem Zustand. Socken stellten wir aus Bärenfell her, aber das schlimmste war, daß die Sohlen unserer Komager fast abgetragen waren. Es gelang uns jedoch, Sohlen aus Walroßhaut anzufertigen. Wir schabten die Haut bis auf die halbe Dicke ab und trockneten den Rest über der Lampe. Mit diesen Sohlen flickten wir die Komager, so daß sie wieder einigermaßen wasserdicht wurden.

So waren wir, was die Kleidung betraf, ziemlich gut ausgerüstet, obwohl man nicht sagen konnte, daß sie sich durch Sauberkeit auszeichnete. Als Schutz gegen Wind und Regen hatten wir noch die Windkleider, die wir, so gut es ging, geflickt und zusammengenäht hatten; aber dies dauerte fürchterlich lange, weil sie aus nichts als Flicken auf Flicken bestanden und, sobald man an der einen Stelle ein Loch gestopft hatte, an einer andern wieder aufplatzten, wenn man sie anzog. Die Ärmel waren besonders schlecht; schließlich riß ich sie heraus, um mich nicht mehr darüber zu ärgern.

Sehr wichtig war ein neuer leichter Schlafsack aus Bärenfell. Wir suchten die dünnsten Felle aus und bauten ihn. Er war nicht viel schwerer als der aus Rentierfellen, den wir von der »Fram« mitgenommen hatten.

Unser Seidenzelt war voriges Jahr abgenutzt und in Stücke zerrissen, und was davon übriggeblieben war, hatten die Füchse zerfetzt; denn wir hatten es im Herbst über den Fleisch- und Speckhaufen gebreitet, um ihn vor den Möwen zu schützen. Nach langem Nachdenken kamen wir auf den Ausweg, die Schlitten mit den Kajaks nebeneinander aufzustellen, die offenen Seiten mit Schnee zu schließen, obenauf die Schneeschuhe und Stöcke zu legen und über das Ganze unsere beiden Segel zu breiten, so daß sie bis auf den Boden reichten. Auf diese Weise stellten wir in der Tat einen wirksamen Schutz her. Er war bei Schneetreiben allerdings nicht ganz dicht, und wir mußten mit Mühe Löcher mit den Windkleidern und anderen Dingen verstopfen.

Den wichtigsten Teil unserer Ausrüstung bildeten jedoch die Gewehre; glücklicherweise waren sie in Ordnung. Wir reinigten sie gründlich und fetteten sie mit Tran ein. Wir hatten auch noch etwas Vaseline und Öl für die Schlösser. Erfreulicherweise hatten wir noch 100 Kugel- und 110 Schrotpatronen, die notfalls auch für einige weitere Winter gereicht hätten.

Heimwärts!

Am Dienstag, 19. Mai, waren wir endlich zum Aufbruch bereit. Unsere Schlitten waren beladen. Zuletzt photographierten wir noch die Hütte von außen und innen und ließen einen kurzen Bericht zurück. Er lautete:

»Dienstag, 19. Mai 1896. Hatten uns am 22. September 1893 nördlich von Kotelnyj auf ungefähr 78° 43′ n. Br. im Eis festgemacht. Trieben während des folgenden Jahres nordwestwärts, wie wir es erwartet hatten. Johansen und ich verließen die ‚Fram‘ am 14. März 1895 auf ungefähr 84° 4′ n. Br. und 102° ö. L., um nordwärts vorzudringen. Der Befehl über den Rest der Expedition wurde Sverdrup übertragen. Fanden nordwärts kein Land. Am 6. April mußten wir auf ungefähr 86° 14′ n. Br. und 95° ö. L. umkehren, da das Eis ungangbar geworden war. Richteten unseren Kurs auf Kap Fligely; kannten aber, da unsere Uhren stehengeblieben waren, unsere Länge nicht genau und trafen am 6. August 1895 bei vier mit Gletschern bedeckten Inseln im Norden dieser Inselkette auf ungefähr 81° 30′ n. Br.*

---

* Die Inseln liegen in Wirklichkeit nördlicher.

und ungefähr 7° östlich von diesem Platz ein. Erreichten diesen Ort am 26. August 1895 und hielten es für das sicherste, hier zu überwintern. Lebten von Bärenfleisch. Brachen heute südwärts auf, um längs des Landes nach Spitzbergen zu gelangen. Wir vermuten, daß wir auf Gillis-Land sind.

Fridtjof Nansen.«

Diesen ersten Bericht über unsere Reise steckte ich in eine Messingröhre, die als Zylinder der Luftpumpe unseres »Primus« gedient hatte. Die Röhre wurde mit einem Holzpflock verschlossen und an einem Draht an dem Dachbalken der Hütte befestigt.

Um 7 Uhr nachmittags verließen wir das Winterlager und traten die Fahrt nach Süden an. Wir hatten den ganzen Winter über wenig Bewegung gehabt, und darum fiel uns jetzt das Gehen schwer und das Schlittenziehen auch. Deshalb marschierten wir am ersten Tag nur ein paar Stunden und schlugen dann das Lager auf. Es war ein wunderbares Gefühl, endlich unterwegs und auf dem Marsch nach Hause zu sein.

Auch am nächsten Tag (Mittwoch, 20. Mai) machten wir nur einen kurzen Marsch. Wir steuerten auf das Vorgebirge im Südwesten los, auf das wir den Winter über geblickt hatten. Nach dem Himmel zu urteilen, mußten wir auf der anderen Seite dieses Kaps offenes Wasser finden. Eifrig spähten wir danach aus, wie weit sich das Land jenseits dieses Punktes ausdehnt. Standen wir nördlich von Kap Lofley, so mußte sich das Land nach Südosten wenden; war anderseits das Land nach Südwesten gerichtet, dann mußte es ein neues Land weiter westlich in der Nähe von Gillis-Land sein.

Am nächsten Tag (Donnerstag, 21. Mai) erreichten wir das Kap und schlugen dort Lager. Den ganzen Winter hatten wir es »Kap der Guten Hoffnung« genannt, weil wir dort andere Verhältnisse zu finden hofften, die uns das Weiterkommen erleichterten. Unsere Hoffnungen wurden nicht getäuscht. Von dem Rücken des Berges aus sah ich nicht weit im Süden offenes Wasser und zwei neue, schneebedeckte Länder, ein großes vor uns in Süd 40° West und ein nicht viel kleineres im Westen, Süd 85° West. Es war vollständig mit Gletschereis überzogen und sah aus wie ein glattgewölbter Schild. Wie die Küste lief, konnte ich nicht deutlich sehen. Sie schien sich aber nicht nach Südosten zu wenden, so daß wir also wahrscheinlich nicht in der Nähe von Kap Lofley waren.

Wir gedachten die Kajaks schon am nächsten Tage zu Wasser zu lassen und dann rasch in südwestlicher Richtung vorwärts zu kommen; aber infolge eines Schneesturms mußten wir bleiben, wo wir waren.

Am Sonnabend, dem 23. Mai, war das Wetter noch immer schlecht, doch gingen wir ein kleines Stück, um den Weg zu untersuchen. Wir mußten entscheiden, ob wir sofort auf das offene Wasser, das auf der anderen Seite einer Insel im Westen lag, zugehen oder auf dem Küsteneis am Lande entlang nach Süden wandern wollten. Wir kamen zu einem Kap, das aus ungewöhnlich ausgeprägtem Säulenbasalt bestand. Wir nannten es wegen seiner seltsamen Form die »Burg«*. Hier sahen wir, daß sich das Land in südlicher Richtung erstreckte, und daß das offene Wasser in derselben Rich-

---

* Jackson hatte es Kap M'Clintock genannt.

tung lag und vom Land nur durch einen schmalen Streifen Küsteneis getrennt war. Da das Eis voll Spalten zu sein schien, beschlossen wir, über die Insel im Westen zu gehen und uns so rasch wie möglich einzuschiffen. Wir kehrten um und machten alles bereit.

Unsere Vorbereitungen bestanden zunächst und vor allen Dingen darin, daß wir die Nähte der Kajaks kalfaterten, indem wir geschmolzenes Stearin darübergossen, und dann die Ladung so umstauten, daß wir Platz zum Sitzen bekamen. Am nächsten Tag (Sonntag, 24. Mai) zogen wir westwärts nach der Insel weiter; da Ostwind war, setzten wir Segel auf die Schlitten und kamen ziemlich schnell über das flache Eis. Als wir uns aber der Insel näherten, wehte ein Sturm aus Südwesten. Die Schlitten schlugen mehrere Male um, und wir mußten die Segel herunternehmen. Der Himmel überzog sich, es wurde neblig, doch arbeiteten wir uns gegen den starken Wind zum Lande hinan. Offenbar bekommen wir schlechtes Wetter.

Jetzt wurde das Eis trügerisch. Als wir uns dem Lande näherten, trafen wir in allen Richtungen verschneite Spalten, die wir nur schwer sehen konnten. Während Johansen Segel und Mast auf dem Deck seines Kajaks festband, lief ich, so rasch ich vermochte, voran, um einen Lagerplatz zu suchen. Plötzlich lag ich in einer breiten Spalte, die mir der Schnee verborgen hatte, im Wasser. Da die Schneeschuhe an den Füßen festgeschnallt waren, brachte ich sie aber durch die Schnee- und Eisklumpen nicht hindurch. Außerdem war ich auch durch das Zuggeschirr am Schlitten festgemacht, so daß ich mich nicht umdrehen konnte. Glücklicherweise hatte ich beim Fallen meinen Skistock in das Eis auf der anderen Seite des Spalts gestoßen, so daß ich mich an ihm mit einem Arm über dem Eis halten konnte. Geduldig wartete ich, daß Johansen mich herausziehen würde, wenn er vorbeikam.

Lange Zeit verging. Der Stock gab nach und das Wasser kroch an meinem Körper immer höher herauf. Ich rief, erhielt aber keine Antwort. Ich rief noch lauter um Hilfe und hörte endlich weit zurück ein »Hallo!« Als mir das Wasser schon bis zur Brust reichte und es nicht mehr lange dauern konnte, bis ich ganz drinnen war, kam Johansen und zog mich heraus. Er war so sehr mit seinem Schlitten beschäftigt gewesen, daß er mein Verschwinden nicht bemerkt hatte. Durch diese Erfahrung wurde ich vorsichtiger und ging in Zukunft nicht mehr mit Schneeschuhen auf gefährliches Eis. Ohne weitere Zwischenfälle erreichten wir endlich das Land und fanden einen Lagerplatz.

Während der folgenden Tage wütete ein Sturm, so daß wir liegenblieben. Die Eintragung für Dienstag, 26. Mai, lautet:

»Gestern und heute haben wir wegen Schlechtwetter unter der Gletscherwand an der Nordseite dieser Insel gelegen. Der Schnee ist so naß, daß es schwierig ist, irgendwohin zu gelangen. Wir hoffen aber, daß die offene Straße draußen nicht weit entfernt ist und wir rasch weiterkommen, wenn der Sturm erst einmal nachläßt.«

Unser Aufenthalt sollte länger dauern, als wir gedacht hatten. Am Donnerstag, 28. Mai, sagt das Tagebuch:

»Wir waren gestern auf der Insel und sahen offenes Meer im Süden, liegen aber des schlechten Wetters wegen still. Ich verlegte nur unseren Zeltplatz ein wenig, da sich das Eis gerade unter uns zu öffnen drohte.

Es gibt hier sehr viele Walrosse; gehen wir über das Eis, so folgen uns die Burschen und kommen in den Spalten neben uns in die Höhe. Wir hören oft, wie sie grunzen oder unter unseren Füßen ans Eis schlagen.«

Endlich aber flaute der Sturm ab, und wir zogen südwärts längs der Küste der Insel weiter. Unterwegs trafen wir zwei oder drei Herden Walrosse. Sie lagen auf dem Eis. Über die Walrosse schreibe ich abends:

»Ich ging zu einer Herde von neun Stück, um sie zu photographieren, und kam hinter einem Hügel ungesehen dicht heran; als ich mich erhob, sechs Meter von ihnen entfernt, stürzte sich ein Weibchen mit seinem Jungen durch ein Loch ins Wasser. Die übrigen rührten sich nicht, soviel ich auch schrie. Dann kam Johansen und warf mit Schnee- und Eisstücken nach ihnen, aber sie wollten sich auch jetzt nicht bewegen; sie stießen nur ihre Hauer in die Eisstücke und schnüffelten daran. Als ich dicht an sie heranging, erhoben sich endlich die meisten, watschelten dem Loch zu, machten halt und schliefen beruhigt weiter. Zwei, die mir am nächsten lagen, hoben die Köpfe, blickten mich verächtlich an, senkten die Köpfe und schliefen wieder ein. Sie rührten sich kaum, als ich sie mit meinem Skistock in die Schnauze stach. Ich glaubte nun genug Aufnahmen zu haben und gab dem Walroß, das mir am nächsten lag, zum Abschied mit dem Stock noch eins auf die Schnauze. Das Tier richtete sich gerade auf, grunzte unzufrieden, blickte mich mit den großen, runden Augen verwundert an, kratzte sich am Hinterkopf und legte sich beruhigt nieder. Endlich waren wir um das Vorgebirge herum und verloren die Herde aus den Augen.«

Sonnabend, 30. Mai. Liegen des schlechten Wetters wegen an der Südseite der Insel still; verstopfen das Zelt gegen das Schneetreiben. Der Wind saust um uns herum. Nur mit genauer Not hielten wir uns in dieser Zeit einigermaßen trocken, der Schnee wurde auf allen Seiten durch die Ritzen auf uns und unseren Sack getrieben und durchnäßte alles im Schmelzen.

Montag, 1. Juni. Gestern wurde es endlich etwas ruhiger und klärte sich auf; abends hatten wir hellen Sonnenschein. Wir freuten uns weiterzukommen, machten die Kajaks und alles übrige zum Aufbruch fertig und krochen in den Sack, um heute in der Frühe zu einem schönen Tage aufzustehen. Das einzige, was die Sache etwas zweifelhaft machte, war, daß das Barometer nicht mehr stieg und schon wieder um 1 Millimeter gefallen war. Nachts wieder Sturm und Schneetreiben. Es ist des Guten zuviel. Ich fürchte ernstlich, daß die »Fram« vor uns nach Hause kommt. Gestern machte ich einen Gang ins Land hinein. Dort waren überall ebene Strecken Lehm und Kies. Ich sah Spuren von Gänsen und an einer Stelle einige weiße Schalen, die von einem Gänseei stammten. Wir nannten die Insel daher »Gänse-Insel«*.

Dienstag, 2. Juni. Lagen gestern abend noch immer still, und heute war es windiger denn je. Aber jetzt, gegen Abend, hat es bei aufklarendem Himmel und hin und wieder Sonnenschein ein wenig nachgelassen. Hoffent-

---

* Jackson, der sie im Frühjahr 1895 sah, hatte sie Mary-Elizabeth-Inseln genannt.

lich ist das die Wendung zum Besseren. Wir liegen in einer Vertiefung im Schnee, werden immer nässer und denken daran, daß es schon Juni ist und zu Hause alles herrlich aussieht. Aber nun kann es nicht mehr lange dauern, bis wir dort sind. Es ist zu schön, daran zu denken! Wenn ich nur über die »Fram« Gewißheit hätte.

Am Mittwoch, 3. Juni, zogen wir endlich weiter; wieder hatte der Westwind das Eis landeinwärts getrieben, so daß zur Fahrt nach Süden keine offene See mehr da war und uns nichts anderes übrigblieb, als auf dem Land über das Eis zu marschieren. Der Wind kam jetzt aus Norden. Wir zogen ein Segel auf und kamen auf diese Weise schnell voran. Das Eis war dünn und schlecht. Da es weiter nach Süden noch schlimmer aussah, wandten wir uns dem Land zu. Wir gelangten unter eine hohe Basaltklippe*, die von Alken schwärmte. Es war das erste Mal, daß wir diese Vögel in solcher Menge sahen, wir hielten es für ein Zeichen, daß wir uns belebteren Gebieten näherten.

Unsere Lebensmittel wurden jetzt sehr knapp; wir hatten auf Bären gehofft, aber nun, da wir sie brauchten, blieben sie weg. Wir beschlossen, Vögel zu schießen. Aber die Alke flogen zu hoch, und alles, was wir bekamen, waren ein paar Eissturmvögel. Als wir an einer Herde Walrosse vorbeikamen, schien uns diese sonst verschmähte Kost begehrenswert, und wir schossen eins. Es blieb auf der Stelle liegen. Bei dem Knall erhoben seine Gefährten die Köpfe, um sie gleich wieder zu senken und weiterzuschlafen.

An Abhäuten, während alle die anderen Tiere rundherum lagen, war nicht zu denken; wir mußten die Walrosse ins Wasser treiben. Aber das war gar nicht so leicht. Wir schrien und brüllten, aber sie blickten uns nur träge an und rührten sich nicht. Dann stießen wir sie mit den Skistöcken; sie wurden ärgerlich und hieben die Hauer ins Eis, daß die Späne flogen, aber noch immer wollten sie sich nicht bewegen. Endlich trieben wir durch fortwährendes Stoßen und Schlagen die Herde doch in ihr anderes Element. In stattlicher Prozession zogen sie sich zurück und schleppten sich langsam, eins hinter dem andern, zum Rande des Wassers. Hier blickten sie wieder nach uns um, grunzten unzufrieden und stürzten sich dann einzeln in die Flut. Während wir ihren Gefährten zerschnitten, kamen sie in der Spalte neben uns dauernd herauf und krochen halb auf das Eis, als wenn sie von uns Aufklärung über unser Tun verlangten.

Wir nahmen genügend Fleisch, Speck und Blut und schlugen in der Nähe das Zelt auf. Dann kochten wir eine ordentliche Portion Brei aus Blut, Fischmehl, Maismehl und Speck.

Wir hatten noch immer guten Wind und segelten mit den Schlitten die ganze Nacht durch. Als wir das Vorgebirge südlich von uns erreichten, kamen wir an offenes Wasser, das hier unmittelbar bis an den Rand des vergletscherten Landes reichte. Sofort brachten wir die Kajaks zu Wasser und fuhren an der Gletscherwand entlang weiter, zum erstenmal in diesem Jahr auf offenem Meer. Es war ein eigenartiges Gefühl, wieder einmal die

---

* Jacksons Kap Fisher.

Paddel zu gebrauchen und überall Alken, Krabbentaucher und Stummelmöwen auf dem Wasser schwärmen zu sehen. Das Land war mit Gletschereis bedeckt, aus dem nur an zwei Stellen Basalt hervorragte. Auch Moränen lagen auf den Gletschern. Nicht wenig überraschte es uns, als wir eine Schar Eiderenten auf dem Wasser sahen. Nach mehrstündigem Paddeln wurden wir in unserer Fahrt nach Süden durch Küsteneis aufgehalten. Das offene Wasser dehnte sich rechtweisend westlicher Richtung dem Lande zu aus, das wir vorher schon dort gesehen hatten, das jetzt aber vom Nebel verhüllt wurde.

Wir waren sehr im Zweifel, welchen Weg wir wählen sollten, im Kajak westwärts nach Spitzbergen oder im Schlitten über das glatte Eis nach Süden. Obwohl wir nicht weit sehen konnten, waren wir überzeugt, auf dem Weg über das Eis endlich offenes Wasser an der Südseite der Inseln anzutreffen, zwischen denen wir standen. Vielleicht fanden wir dort einen kürzeren Weg nach Spitzbergen. Inzwischen war der Morgen (5. Juni) ziemlich weit vorgeschritten, und hoch befriedigt, daß wir so weit nach Süden gekommen waren, errichteten wir das Lager*.

Am nächsten Tag (Sonnabend, 6. Juni) war es noch dunstig, und starker Nordwind wehte. Wir gingen also über das Küsteneis nach Süden. Wieder konnten wir das Segel auf unseren Schlitten gebrauchen, und wir kamen besser denn je weiter. Oft ging es ganz ohne Anstrengung; jeder stand vor seinem Schlitten auf den Schneeschuhen und hielt den Steuerstock, ein Bambusrohr, das am Steven des Kajaks befestigt war, fest. So ließen wir uns vom Winde treiben. Bei starken Windstößen flogen wir wie Federn dahin. Wir fuhren bis tief in die Nacht hinein, quer über die breite Straße, die wir vor uns gehabt hatten, und hielten nicht eher an, als bis wir das Lager neben einer Insel auf der Südseite aufschlagen konnten.

Am nächsten Abend (Sonntag, 7. Juni) segelten wir mit demselben Nordwind weiter nach Süden. Die vielen Inseln, zwischen denen wir uns befanden, waren uns recht rätselhaft. Für diesen Tag finde ich folgende Eintragung in meinem Tagebuch: »Entdecken fortwährend neue Inseln oder Länder nach Süden zu. Jenseits, im Westen von uns, ist ein großes Schneeland, das sich weit nach Süden auszudehnen scheint.«

Dieses Schneeland war äußerst geheimnisvoll; wir hatten noch nicht einen einzigen dunklen Fleck darauf entdeckt, überall nur Schnee und Eis. Von seiner Ausdehnung konnten wir uns keinen klaren Begriff machen, da wir nur hin und wieder einen Schimmer davon sahen, wenn sich der Nebel etwas hob. Es schien ganz niedrig zu sein, aber größer als alle Länder, an denen wir bisher entlanggekommen waren. Nach Osten hin fanden wir auf dem ganzen Weg Insel auf Insel, Sunde und Fjorde. Wir nahmen alles auf, so gut wir konnten. Doch half uns das nicht herauszufinden, wo wir waren.

Das Eis, auf dem wir jetzt fuhren, war merkwürdig verschieden von dem, das wir höher im Norden, in der Nähe unserer Winterhütte, gehabt hatten; es war beträchtlich dünner und mit sehr tiefem Schnee bedeckt; aber der Wind war noch günstig, und wir segelten weiter.

---

* Es war an der Südseite von Jacksons Kap Richthofen, dem nördlichsten Punkt, den Jackson vorher im selben Frühjahr erreicht hatte!

Da sich das Land im Osten* nach Südosten zu wenden schien, steuerten wir nach dem südlichsten Punkt eines Landes südwestlich von uns**. Es wurde immer aufregender. Wir rechneten aus, daß wir auf 80° 8′ n. Br. sein müßten, aber noch immer hatten wir Land im Süden. Wenn es sich so weit in dieser Richtung ausdehnte, dann waren wir sicher nicht auf Franz-Joseph-Land — woran ich noch immer glaubte; bei diesem Dunst konnten wir jedoch nicht weit sehen.

Der Proviant wird knapp; wir haben noch wenig Fleisch für einen Tag, aber kein lebendes Wesen ist zu sehen, kein Seehund auf dem Eis, nirgends offenes Wasser. Wenn wir nicht bald wieder das offene Meer erreichen, wo es vielleicht Wild gibt, dann wird die Sache unangenehm.

Dienstag, 16. Juni. Die letzten Tage sind so ereignisvoll gewesen, daß keine Zeit zum Schreiben war. Ich muß es an diesem schönen Morgen tun, während die Sonne unter das Zelt guckt. Draußen liegt die blaue, glänzende See.

Am Freitag, 12. Juni, brachen wir um 4 Uhr morgens mit den Segeln auf den Schlitten wieder auf. Es hatte gefroren. Nachts war es sehr windig gewesen, so daß wir auf ein gutes Tagewerk hofften. Aber der Wind ließ jetzt sehr nach, und auch das Eis wurde immer unebener, — wir waren offenbar an das Treibeis gekommen. An der Luft sahen wir, daß im Süden offenes Wasser sein mußte. Dann hörten wir zu unserer Freude die Brandung rauschen. Um 6 Uhr morgens hielten wir an und rasteten ein wenig. Als ich dann auf einen Hügel stieg, um eine Beobachtung zur Längenbestimmung zu bekommen, sah ich das Wasser nicht weit entfernt. Es dehnte sich nach dem Vorgebirge im Südwesten hin aus. Obgleich der Wind jetzt westlicher geworden war, hofften wir doch am Rand des Eises entlangzusegeln, und wandten uns auf dem kürzesten Wege dem Wasser zu.

Bald hatten wir die Kajaks zusammengebunden und das Segel gesetzt, dann gingen wir in See. Unsere Hoffnungen wurden nicht getäuscht, wir segelten den ganzen Tag. Zeitweilig war der Wind so stark, daß wir das Wasser durchschnitten und die Wellen unangenehm über die Kajaks spülten, aber wir kamen vorwärts, wenn wir dabei auch naß wurden. Bald passierten wir die Spitze, nach der wir gesteuert hatten***, und dort sahen wir, daß das Land westwärts verlief, daß der Rand des ununterbrochenen Ufereises sich in derselben Richtung erstreckte, und daß wir offenes Wasser vor uns hatten. Frischen Mutes segelten wir westwärts am Eisrand entlang. Endlich waren wir im Süden des Landes, in dem wir so lange umhergewandert waren, und wo wir einen Winter zugebracht hatten. Es überraschte mich mehr denn je, daß diese Südküste trotz allem sehr wohl mit Leigh Smiths Karte von Franz-Joseph-Land übereinstimmte, aber dann erinnerte ich mich an Payers Karte und verwarf den Gedanken wieder.

Abends liefen wir den Eisrand an, um uns die Beine etwas zu vertreten; sie waren im Kajak ganz steif geworden. Als wir gelandet waren, überlegten wir, wie wir die Fahrzeuge vertäuen sollten.

»Nehmen wir eine Brasse!« sagte Johansen.

---

* Es erwies sich später als die Hooker-Insel.
** Es war die Northbrook-Insel.
*** Kap Barents.

»Ist sie auch stark genug?«

»Ja, ich habe sie während der ganzen Zeit als Fall an meinem Schlittensegel benutzt!«

»Nun gut, es braucht nicht viel, diese leichten Kajaks zu halten«, sagte ich, ein wenig beschämt, so ängstlich gewesen zu sein, und vertäute die Boote mit dem Fall, einem Streifen roher Walroßhaut.

Wir waren schon eine Weile auf dem Eis und spazierten in der Nähe der Kajaks auf und ab; der Wind hatte sehr abgeflaut und schien mehr nach Westen herumgegangen zu sein, so daß es zweifelhaft war, ob er uns noch länger nützte. Wir stiegen auf einen nahen Hügel, um es genauer festzustellen. Plötzlich schrie Johansen: »Die Kajaks treiben fort!«

Wir rannten so schnell wir konnten hinab. Sie waren schon ein Stück fort und trieben rasch weiter; die Fangleine hatte nachgegeben.

Ich gab Johansen meine Uhr und warf so rasch wie möglich einige Kleidungsstücke ab, um besser schwimmen zu können. Mich ganz auszuziehen, wagte ich nicht, um keinen Krampf zu bekommen. Ich sprang ins Wasser. Der Wind wehte vom Eis ab und trieb die leichten Kajaks mit ihrer hohen Takelung schnell weg. Das Wasser war eiskalt.

Es war schwer, in den Kleidern zu schwimmen, und die Kajaks trieben weiter und weiter, schneller, als ich schwimmen konnte. Ich zweifelte, ob ich sie einholen würde. Aber dort trieb unsere ganze Hoffnung! Alles, was wir besaßen, befand sich an Bord, wir hatten nicht einmal ein Messer bei uns. Ob ich einen Krampf bekam und untersank oder ob ich ohne die Kajaks umkehrte, würde ziemlich auf dasselbe hinausgekommen sein, und so strengte ich mich bis zum äußersten an. Als ich müde wurde, drehte ich mich um und schwamm auf dem Rücken; da sah ich, daß Johansen auf dem Eis auf und ab wanderte. Armer Junge! Es war ihm schrecklich, daß er nichts tun konnte. Er hatte nicht viel Hoffnung, daß ich die Boote erreichte. Es würde unsere Lage auch nicht im geringsten verbessert haben, wenn er sich ebenfalls ins Wasser geworfen hätte. Später sagte er mir, es seien die schlimmsten Augenblicke gewesen, die er je durchlebt habe. Als ich mich aber wieder umdrehte und sah, daß ich den Kajaks näher gekommen war, stieg mir der Mut, und ich verdoppelte meine Anstrengungen.

Allmählich wurden mir die Glieder steif, sie verloren alles Gefühl. Ich wußte, daß ich in kurzer Zeit nicht mehr fähig sein würde sie zu bewegen. Aber jetzt war es nicht mehr weit; wenn ich nur noch ein wenig länger aushielt, waren wir gerettet, — und ich schwamm weiter. Immer schwächer wurden die Schläge, aber die Entfernung wurde auch kürzer. Endlich streckte ich die Hand nach dem Schneeschuh aus, der quer über den Hecks lag; ich ergriff ihn, zog mich bis an den Rand des Kajaks — und wir waren gerettet.

Ich versuchte mich hinaufzuziehen, aber der Körper war von der Kälte ganz steif. Einen Augenblick dachte ich, daß es trotz allem zu spät sei; endlich gelang es mir jedoch, ein Bein auf den Rand des Schlittens, der an Deck lag, zu schwingen und mich vollends hinaufzuarbeiten. Da saß ich nun, aber so steif, daß mir das Paddeln schwer wurde, doppelt schwer darum, weil ich mit zwei Fahrzeugen ruderte und erst ein oder zwei Schläge auf der einen Seite machen und dann in das andere Kajak übersteigen mußte, um ein paar Schläge auf der anderen Seite zu tun. Ich ruderte so stark, wie ich nur konnte. Die Kälte hatte mir jedes Gefühl genommen; und der Wind schien, wie ich da in meinem dünnen nassen Wollhemd stand, durch mich hindurchzugehen. Ich zitterte, die Zähne klapperten mir, ich konnte aber die Paddel noch immer gebrauchen und wollte schon warm werden, wenn ich auf das Eis zurückkam.

Nahe vor dem Bug trieben zwei Alke; der Gedanke, Alke zum Abendessen zu haben, war verlockend, und außerdem brauchten wir etwas zu essen. Ich ergriff mein Gewehr und erlegte sie mit einem Schuß. Johansen erzählte mir nachher, er sei über den Schuß erschrocken gewesen und habe gedacht, es sei ein Unglück geschehen; er habe nicht begreifen können, was ich da draußen mache; als er mich aber rudern und zwei Vögel aufheben sah, habe er gedacht, ich hätte den Verstand verloren. Endlich erreichte ich den Rand des Eises, doch hatte mich die Strömung von unserm Landungsplatz abgetrieben. Johansen kam und sprang in das Kajak an meine Seite, und bald waren wir an unsern alten Platz zurück.

Ich war ziemlich erschöpft und konnte kaum an Land kriechen. Während ich klappernd dastand, mußte mir Johansen die nassen Kleider aus- und die wenigen trockenen Sachen, die ich noch besaß, anziehen und den Schlafsack auf dem Eis ausbreiten. Ich wickelte mich ordentlich in ihn ein, und Johansen deckte mich mit dem Segel zu. Die Füße waren wie Eiszapfen, und es dauerte lange, bis ich wieder warm wurde. Während Johansen das Zelt aufschlug und meine beiden Alken kochte, schlief ich ein; als ich aufwachte, war das Essen fertig. Die Alke und eine heiße Suppe verwischten bald die letzten Nachwehen meines Bades. Meine Kleidungsstücke hingen die Nacht über draußen und waren am nächsten Tag beinahe wieder trocken.

Da die Gezeitenströmung hier stark war und kein Wind zum Segeln wehte, mußten wir den Flutwechsel abwarten, um den Strom nicht gegen uns zu haben. Spät am nächsten Abend erst setzten wir die Fahrt fort. Wir ruderten und kamen gut weiter, bis wir gegen Morgen (14. Juni) mehrere große Walroßherden auf dem Eise trafen. Unser Fleischvorrat war erschöpft, und wir hatten auch nicht mehr viel Speck. Lieber hätten wir zwar einen Bären gehabt, aber da wir lange keinen gesehen hatten, war es wohl am besten, uns hier zu versorgen.

Wir landeten und gingen auf eine Herde los, die hinter einem Hügel lag. Wir zogen junge Tiere vor, weil sie leichter zu zerteilen sind. Ich schoß erst ein ganz kleines, dann ein zweites. Die ausgewachsenen Tiere schraken bei dem ersten Schuß auf und blickten sich um; beim zweiten Schuß ging die Herde ins Wasser. Die Mütter wollten jedoch ihre toten Jungen nicht zurücklassen; die eine schnüffelte an ihrem Jungen herum und stieß es und wußte offenbar nicht, was ihm fehlte; sie sah nur das Blut aus dem Kopf spritzen. Sie schrie und jammerte wie ein Mensch. Endlich schob die Mutter das Junge vor sich her dem Wasser zu. Obwohl ich sofort hinrannte, um die Beute zu retten, gelang es der Mutter, das Junge mit einer Vorderfinne zu fassen und mit ihm wie der Blitz in die Tiefe zu verschwinden. Die andere

Mutter machte es ebenso. Ich dachte, die Jungen müßten wieder an die Oberfläche kommen, es war aber nichts zu sehen; sie waren verschwunden.

Dann schoß ich ein Junges aus einer anderen Herde; aber durch die Erfahrung klug gemacht, erlegte ich auch die Mutter. Es war rührend, wie sie sich über ihr totes Junges warf, noch ehe sie getroffen war, und selbst im Tode hielt sie ihr Kind mit der Vorderfinne fest.

Nun hatten wir wieder Speck und köstliches Fleisch für lange Zeit; denn junges Walroßfleisch schmeckt wie Hammelkeule, dazu kam noch ein Dutzend Alke, so daß jetzt unsere Vorratskammer voll war. Wenn wir mehr brauchten, war das Wasser voll von Alken, und wir fürchteten keinen Mangel.

Es gab hier ungewöhnlich viele Walrosse. Außer den großen Herden, die auf dem Eis gelegen hatten und jetzt verschwunden waren, lagen noch viel mehr im Wasser draußen. Auf jeder Seite schien es von großen und kleinen Tieren zu kochen, und wenn ich ihre Zahl auf wenigstens 300 schätzte, so war das gewiß nicht zu hoch.

Um 1½ Uhr am nächsten Morgen (Montag, 15. Juni) setzten wir bei schönem, windstillem Wetter die Reise fort. Da es auf allen Seiten von Walrossen wimmelte, hatten wir keine Lust, allein zu rudern. Wir banden die Kajaks zusammen, weil wir wußten, wie aufdringlich diese Herren sein konnten. Am Tage vorher waren sie ziemlich nahe gekommen, neben meinem Kajak emporgetaucht und waren uns mehrere Male weite Strecken dicht gefolgt, ohne uns jedoch anzugreifen. Ich glaubte, daß es Neugier war, und daß sie nicht wirklich gefährlich waren, aber Johansen war nicht so fest davon überzeugt. Den ganzen Tag sahen wir Herden, die uns oft weit folgten und sich um die Kajaks drängten. Wir hielten uns nahe am Rande des Eises, und wenn uns eins zu nahe kam, liefen wir auf einen Eisfuß*.

Rasch glitten wir an der Küste entlang. Leider hing Nebel darüber, so daß wir nicht bestimmen konnten, ob zwischen den dunklen Flecken, die wir noch eben erkannten, Durchfahrten oder Gletscher waren. Ich hätte sehr gern ein wenig mehr von dem Land gesehen. Meine Vermutung, daß wir uns in der Nähe von Leigh Smiths Winterquartier befanden, war stärker als je geworden. Unsere Breite, der Verlauf der Küste und die Lage der Inseln und Straßen stimmten überein.

Gegen Morgen ruderten wir eine Zeitlang, ohne Walrosse zu entdecken, und fühlten uns daher sicherer. Dann aber sahen wir einen einsamen Bullen umherschwimmen und etwas vor uns auftauchen. Johansen war vor mir und lief auf einen Eisfuß auf; obwohl ich das für allzuweit getriebene Vorsicht hielt, folgte ich seinem Beispiel. Noch ehe ich neben ihm war, schoß das Walroß plötzlich neben mir in die Höhe, warf sich auf den Rand des Kajaks und faßte mit einer Vorderfinne weit über das Deck. Ich hielt mich so fest wie möglich, um nicht ins Wasser geworfen zu werden, und schlug das Tier mit dem Paddel auf den Kopf. Noch einmal erfaßte das Walroß das Kajak und kippte mich so weit über, daß das Deck beinahe unter Wasser

---

* Der Eisfuß ist der Teil der Scholle, der oft unter der Wasseroberfläche ins Wasser hinausragt; er entsteht dadurch, daß das sommerwarme Oberflächenwasser des Meeres das Eis an der Oberfläche wegschmelzt.

war. Dann ließ es los und richtete sich gerade in die Höhe. Ich griff nach der Büchse. Aber im selben Augenblick drehte es sich um und verschwand so rasch, wie es gekommen war.

Die ganze Geschichte hatte sich in wenigen Sekunden abgespielt. Gerade wollte ich Johansen sagen, daß wir froh sein könnten, dieses Abenteuer ohne Schaden überstanden zu haben, als meine Beine naß wurden. Das Kajak leckte stark. Umdrehen und es auf den Eisfuß setzen, war das Werk eines Augenblicks; aber dort sank ich auch schon. Der Rand des Eises war hoch und locker; doch kam ich hinauf. Johansen kippte das Kajak so weit nach Steuerbord über, daß das Leck aus dem Wasser kam. Dann brachten wir das Boot auf das Eis. Alles was ich besaß, schwamm darin umher. Besonders bedauerlich war, daß das Wasser in den photographischen Apparat gedrungen war und vielleicht die kostbaren Aufnahmen zerstört hatte.

So liegen wir hier nun, mit allen unseren irdischen Gütern zum Trocknen ausgebreitet und mit einem Kajak, das geflickt werden muß. Es ist ein tüchtiger Riß, wenigstens 15 Zentimeter lang; Wie leicht hätte mich das Walroß mit seinen Hauern am Oberschenkel verwunden können! Wir wanden den Schlafsack aus, kehrten das Haar nach außen und verbrachten eine vorzügliche Nacht darin.

Am Abend des gleichen Tages schrieb ich: »Kajak geflickt; alle Nähte in beiden Kajaks mit Stearin überholt. Hoffen, die Reise fortzusetzen. Inzwischen lagen die Walrosse draußen, starrten uns an, grunzten und schnaubten und klommen hin und wieder am Eisrand hinauf, als ob sie uns forttreiben wollten.«

☆

Dienstag, 23. Juni.
   Do I sleep? do I dream?
   Do I wonder and doubt?
   Are things what they seem?
   Or is visions about?

Was ist geschehen? Ich will es noch immer nicht fassen. Wie unerschöpflich sind die Wechselfälle dieses Wanderlebens! Vor einigen Tagen im Wasser um das liebe Leben kämpfend, von Walrossen angegriffen, das Leben von Wilden führend, das wir nun schon seit länger als einem Jahre ertragen haben mit der Gewißheit, eine weite Reise vor uns zu haben über Eis und Meer, durch unbekannte Gebiete, ehe wir einem menschlichen Wesen begegnen, eine Reise voll Wechselfälle, voll Enttäuschungen, an die wir so gewöhnt sind — und jetzt ein Leben des zivilisierten Europäers, umgeben von allem, was Luxus und Wohlleben bieten; im Überfluß Wasser, Seife, Handtücher, saubere, weiche Wollkleider, Bücher. Was ist geschehen?

Es war kurz nach Mittag, als ich am 17. Juni aufstand und das Frühstück bereitete. Ich hatte Wasser geholt, Feuer angemacht, Fleisch zerschnitten und in den Topf gelegt und bereits einen Stiefel ausgezogen, um wieder in den Sack zu kriechen, als sich der Nebel über dem Land hob. Ich dachte, es sei ebensogut, die Gelegenheit zu benutzen und Umschau zu halten, als zu schlafen. Ich zog den Stiefel wieder an und erstieg einen nahen Hügel.

Vom Land her kam eine sanfte Brise, die Tausende von Vogelstimmen herübertrug. Während ich auf diese Laute des Lebens horchte und die Scharen der über mir hin und her fliegenden Alke beobachtete, während mein Auge der Küstenlinie folgte, auf den dunklen, nackten Bergwänden ruhte und über die Eisebenen und Gletscher eines Landes glitt, das, wie ich glaubte, noch von keines Menschen Blick geschaut, noch von keines Menschen Fuß betreten war, das in arktischer Majestät hinter seinem Nebelmantel ruhte: da schlug plötzlich ein Laut an mein Ohr, der dem Bellen eines Hundes so ähnlich war, daß ich auffuhr. Es waren nur ein paar Bellaute, aber es konnte nichts anderes sein. Ich strengte das Gehör an, vernahm aber nichts mehr als nur den Lärm der Vögel. Ich mußte mich geirrt haben; es waren Vögel, die ich gehört hatte, und wieder glitt mein Blick zu den Straßen und Inseln im Westen. Dann kam das Bellen nochmals: erst einzelne Laute, dann ein richtiges Gebell; es war ein rauheres und ein dünneres Bellen, ein tiefer und ein hellerer Ton; daran war nicht länger zu zweifeln.

In diesem Augenblick fiel mir ein, daß ich am Tage vorher zwei Knalle gehört hatte, die wie Schüsse klangen, die ich mir aber als Geräusch im Eis erklärt hatte. Ich rief Johansen. »Hunde?« Er wollte es nicht glauben, sondern kam selber herauf, um mit eigenen Ohren zu hören. Er bezweifelte die Möglichkeit sehr stark, glaubte aber doch, ein- oder zweimal etwas zu hören, was als Hundegebell gelten konnte. Doch dann ging es in dem Lärm der Vögel unter, und schließlich meinte er, das, was er gehört habe, seien wohl nichts anderes als Vogelstimmen gewesen. Ich sagte ihm, er möge glauben, was er wolle, jedenfalls würde ich mich so rasch wie möglich aufmachen.

Hastig stürzte ich das Frühstück hinunter. Ich hatte den letzten Rest Maismehl in die Suppe geschüttet, in dem sicheren Gefühl, abends Mehlspeisen genug zu haben. Während wir aßen, erörterten wir die Frage, wer es sein könne, unsere Landsleute oder Engländer. Wenn es die englische Expedition war, die man bei unserer Abreise nach Franz-Joseph-Land geplant hatte, was sollten wir dann machen?

»Wir bleiben nur einen oder zwei Tage bei ihnen«, sagte Johansen, »und gehen dann weiter nach Spitzbergen, sonst dauert es zu lange, bis wir nach Hause kommen!«

Über diesen Punkt waren wir uns einig; wir wollten aber dafür sorgen, daß wir von ihnen gute Lebensmittel für die Reise erhielten. Während ich voranging, sollte Johansen zurückbleiben, um nach den Kajaks zu sehen, damit sie uns nicht noch einmal forttrieben.

Ich holte Schneeschuhe, Fernrohr und Büchse hervor und war fertig. Ehe ich mich aufmachte, stieg ich nochmals auf den Hügel, um zu lauschen und einen Weg über das unebene Eis landeinwärts zu erkunden. Es war kein Hundegebell zu hören, nur das schrille Geschrei von Alken und Krabbentauchern und das Gekreisch der Stummelmöwen. Ob es doch Vögel waren, die ich gehört hatte? Zweifelnd machte ich mich auf den Weg.

Dann sah ich vor mir frische Spuren eines Tieres. Es konnten kaum Fährten eines Fuchses sein; denn dann müßten die Füchse hier größer sein, als ich sie je gesehen hatte. Aber Hunde? Konnte ein Hund in der Nacht nur wenige hundert Schritt von uns entfernt gewesen sein, ohne zu bellen oder ohne daß wir es gehört hätten? Das schien unwahrscheinlich. Ein Wolf vielleicht? Ich ging weiter, voll wunderlicher Gedanken, zwischen Gewißheit und Zweifel schwankend. Sollten hier alle unsere Mühen, alle unsere Schwierigkeiten, Entbehrungen und Leiden enden? Es schien unglaublich, und doch — aus dem Nebelland des Zweifels begann Gewißheit aufzudämmern.

Wieder hörte ich es bellen, deutlicher als je vorher; ich sah immer mehr Fährten, die nur von Hunden herrühren konnten. Dazwischen befanden sich auch Fuchsfährten, aber wie klein sahen sie aus! Dann verging lange Zeit, und es war nichts weiter zu hören als der Lärm der Vögel. Wieder kam mir der Zweifel, ob nicht doch alles Täuschung sei. Vielleicht war es nur ein Traum. Dann aber fielen mir die Hundefährten ein; sie waren keine Täuschung. Wenn hier Menschen waren, dann konnten wir kaum auf Gillis-Land oder auf einem anderen neuen Lande sein, wie wir den ganzen Winter geglaubt hatten. Wir mußten dann doch an der Südseite von Franz-Joseph-Land stehen, und die Vermutung, die vor einigen Tagen gekommen war, mußte zu Recht bestehen, nämlich daß wir durch einen unbekannten Sund zwischen der Hooker- und der Northbrook-Insel hinausgeraten waren und uns jetzt auf der Höhe der Northbrook-Insel befanden, obwohl es unmöglich war, unsere Position mit der Karte Payers in Einklang zu bringen.

Plötzlich glaubte ich eine menschliche Stimme zu hören, eine fremde Stimme, die erste in drei Jahren. Wie mir das Herz klopfte, wie mir das Blut zum Kopf schoß, als ich auf einen Hügel hinaufrannte und mit der ganzen Kraft meiner Lungen schrie! Hinter dieser einen menschlichen Stimme inmitten der Eiswüste, hinter dieser einzigen Botschaft vom Leben standen Heimat und sie, die zu Hause auf mich wartete; weiter sah ich nichts, als ich mir einen Weg zwischen den Schollen und Eisrücken bahnte, so rasch mich meine Schneeschuhe trugen. Bald hörte ich wieder rufen, und dann sah ich von einem Rücken herab eine dunkle Gestalt, die sich landeinwärts zwischen den Hügeln bewegte. Es war ein Hund. Aber dahinter kam noch eine Gestalt, und das war ein Mensch! Wer war es? War es Jackson oder einer seiner Gefährten, oder war es vielleicht ein Landsmann? Rasch kamen wir einander näher; ich schwenkte den Hut, er tat dasselbe. Ich hörte ihn zu dem Hunde sprechen und horchte. Es war Englisch. Schließlich glaubte ich Jackson zu erkennen, den ich einmal gesehen hatte.

Ich zog den Hut, und wir reichten uns die Hände mit einem herzlichen »Wie geht es Ihnen?« Über uns ein Nebeldach, das die Welt rundherum ausschloß, zu unseren Füßen das holperige, treibende Packeis und im Hintergrund ein Schimmer von Land, alles Eis, Gletscher und Nebel. Auf der einen Seite der zivilisierte Europäer in einem karierten englischen Anzug und hohen Gummistiefeln, rasiert, gekämmt, und wie die geschärften Sinne des Wilden gleich bemerkten, nach guter Seife riechend. Auf der anderen Seite der Wilde, in schmierigen Lumpen, schmutzig von Öl und Ruß, mit langem, ungekämmtem Haar und zottigem Bart, schwarz von Rauch, mit einem Gesicht, in dem die natürliche Farbe durch die dicke

Schicht von Fett und Ruß nicht zu erkennen war. Kein Mensch konnte vermuten, wer der Wilde war oder woher er kam.

Jackson: »Freue mich riesig, Sie zu sehen!«
»Danke, ich gleichfalls!«
»Haben Sie ein Schiff hier?«
»Nein, mein Schiff ist nicht hier!«
»Wie viele sind Sie?«
»Ich habe nur einen Gefährten draußen am Eisrand!«

Während wir sprachen, schritten wir dem Lande weiter zu. Ich nahm an, daß er mich erkannt hatte oder sich wenigstens dachte, wer unter diesem wilden Äußeren verborgen war, da ich nicht glaubte, daß ein vollkommen Fremder so herzlich aufgenommen werden würde. Plötzlich blieb er stehen, blickte mir voll ins Gesicht und fragte: »Sind Sie nicht Nansen?«

»Ja, das bin ich!«
»By Jove, es freut mich, Sie zu sehen!«

Darauf ergriff er meine Hand und schüttelte sie nochmals, während sein Gesicht ein einziges, lächelndes Willkommen war und die Freude über dieses unerwartete Zusammentreffen aus seinen dunklen Augen strahlte.

»Woher kommen Sie jetzt?« fragte er.

»Ich habe die ‚Fram' auf 84° n. Br. verlassen, nachdem wir zwei Jahre getrieben waren, und 86° 15' erreicht. Dort mußten wir umkehren und uns nach Franz-Joseph-Land wenden. Wir haben den Winter im Norden von hier verbracht und sind jetzt auf dem Weg nach Spitzbergen!«

»Ich beglückwünsche Sie von ganzem Herzen! Sie haben eine tüchtige Reise gemacht, und es freut mich ungemein, daß ich der erste bin, der Ihnen zu Ihrer Rückkehr gratulieren kann!«

Noch einmal ergriff er meine Hand und schüttelte sie herzlich. Wärmer hätte ich nicht bewillkommnet werden können; dieses Händeschütteln war mehr als bloße Förmlichkeit. In seiner gastfreien englischen Weise sagte er sofort, er habe »eine Menge Platz« für uns und erwarte jeden Tag sein Schiff. Später stellte sich heraus, daß er mit dieser »Menge Platz« meinte, daß auf dem Boden seiner Hütte noch ein paar Quadratfuß übrig waren, die nachts von ihm und seinen Schlafgefährten nicht benutzt wurden. Aber Raum im Herzen macht Raum im Hause.

Sobald ich zu Worte kam, fragte ich, wie es zu Hause ginge, und Jackson konnte mir mitteilen, daß meine Frau und mein Kind gesund und wohlauf gewesen waren, als er sie gesprochen hatte. Freilich lag seine Abreise von Norwegen auch schon zwei Jahre zurück. Dann kamen Norwegen und die norwegische Politik an die Reihe, aber darüber wußte er nichts. Ich schloß daraus, daß auch darin alles in Ordnung war. Er fragte dann, ob wir nicht sofort hinausgehen und Johansen und unsere Habe holen sollten. Ich entgegnete, die Kajaks seien zu schwer, um sie zu dritt über das Eis zu schleppen; wenn er Leute genug habe, sei es sicher besser, sie hinzuschicken. Wenn wir Johansen durch eine Salve unserer Büchsen benachrichtigten, würde er geduldig warten. Wir feuerten jeder zwei Schüsse ab.

Bald darauf begegneten uns mehrere Leute: der zweite im Kommando, Armitage, der Photograph Child, und der Arzt Dr. Koetlitz. Jackson sagte ihnen, wer ich sei. Darauf wurde ich nochmals herzlich willkommen geheißen. Dann trafen wir noch andere: den Botaniker Fisher, Burgeß und den Finnländer Blomqvist, dessen richtiger Name Melenius war. Fisher erzählte mir später, er habe sofort gedacht, daß ich es sein müsse, als er einen Mann draußen auf dem Eis gesehen habe; dann aber, als er mir begegnet sei, habe er diesen Gedanken wieder aufgegeben, da ich ihm als blond geschildert worden sei, während hier ein Mann mit schwarzem Bart und Haar erschien. Als alle versammelt waren, teilte ihnen Jackson mit, daß ich 86° 15' n. Br. erreicht hätte. Sieben kräftige Kehlen brachten mir ein dreifaches englisches Hurra. Jackson schickte Leute mit Schlitten, Johansen zu holen, während wir dem Haus zuwanderten, das ich jetzt entdeckte.

Er erzählte mir, daß er für mich Briefe habe, die er im vorigen und in diesem Frühjahr, als er nach Norden gegangen sei, mitgenommen habe für den Fall, daß wir uns begegneten. Er war im März ziemlich nahe bei unserer Winterhütte* gewesen, hatte aber an dem offenen Wasser umkehren müssen, über dem wir den ganzen Winter hindurch die dunkle Luft gesehen hatten. Erst als wir bei den Gebäuden anlangten, erkundigte er sich nach der »Fram« und unserer Drift, und ich erzählte ihm unsere Geschichte.

Später gestand er, daß er bei unserer Begegnung geglaubt habe, daß das Schiff zertrümmert worden sei und wir beide die einzigen Überlebenden der Expedition seien.

Das Expeditionshaus, eine niedrige, russische Holzhütte, stand auf einer flachen Terrasse, einer alten Strandlinie unter dem Berge, 16 Meter über dem Meer. Es war von einem Stall und vier runden, zeltartigen Gebäuden umgeben, in denen Vorräte aufbewahrt wurden. Wir betraten inmitten dieser öden, winterlichen Umgebung ein behagliches, warmes Nest, dessen Dach und Wände mit grünem Tuch bekleidet waren. An den Wänden hingen Photographien, Radierungen, Lichtdrucke und standen Regale mit Büchern und Instrumenten; unter dem Dach trockneten Kleider und Schuhe, und aus dem Ofen in der Mitte sandten mir die Flammen eines Kohlenfeuers ein warmes Willkommen entgegen.

Ein seltsames Gefühl überkam mich, als ich mich in dieser ungewohnten Umgebung auf einen bequemen Stuhl setzte. Mit einem Schlage hatte mich das Schicksal von jeder Verantwortung befreit und alle Schwierigkeiten fortgefegt, die mich drei lange Jahre bedrückten. Hier war ich inmitten des Eises in einem sicheren Hafen, und die sehnsüchtigen Wünsche dreier Jahre wurden von dem goldenen Sonnenschein des dämmernden Tages eingeschläfert. Meine Pflicht war erfüllt, meine Aufgabe beendet; jetzt konnte ich ruhen, ruhen und warten.

Eine sorgfältig zugelötete Blechbüchse wurde mir übergeben: sie enthielt Briefe aus Norwegen. Meine Hände zitterten, mein Herz klopfte, als ich sie öffnete; es waren Nachrichten aus der Heimat, nur gute Nachrichten. Ein seliges Gefühl der Beruhigung senkte sich auf mich herab.

Dann wurde das Mittagessen gebracht. Wie schön war es, wieder Brot, Butter, Milch, Zucker, Kaffee und alles andere zu haben, ohne das wir uns ein Jahr lang beholfen und nach dem wir uns doch so gesehnt hatten! Das

---

* Er hatte Kap Richthofen, etwa 65 Kilometer südlich von uns, erreicht.

Basaltklippen auf Kap Flora
(nach einer Radierung des Verfassers)

Jacksons Station auf Kap Flora

Behagen erreichte seinen Höhepunkt, als wir die schmutzigen Lumpen abwarfen, ein warmes Bad nahmen und den schlimmsten Schmutz abwaschen konnten; richtig sauber zu werden gelang uns erst nach mehreren Tagen und vielen Bemühungen. Dann, als wir in reinen Kleidern steckten, das Haar geschnitten und der zottige Bart rasiert war, war die Umwandlung von Wilden in Europäer vollkommen, schneller, als sich das Umgekehrte vollzogen hatte. Wie angenehm, das saubere Zeug anzuziehen, ohne sich schmierig zu machen, besonders aber umherzugehen, ohne daß es bei jeder Bewegung am Körper festklebte!

Johansen erzählte mir, wie die warmherzigen Engländer ihn und die norwegische Flagge mit einem Hurra begrüßt hätten, als sie herangekommen waren und die Flagge neben einem schmutzigen wollenen Hemd an einem Bambusstock wehen sahen. Den Stock hatte Johansen auf meine Anweisung aufgerichtet, damit ich ihn wiederfand. Auf dem Wege hierher hatten ihm die Engländer nicht erlaubt, die Schlitten zu berühren; er mußte daneben hergehen. Er hielt das von allen Arten, wie wir über das Treibeis gewandert seien, für die bequemste!

Ich erkenne den Gefährten der langen Winternacht nicht wieder und suche vergeblich nach Spuren von dem Vagabunden, der an der öden Küste am Fuß des steilen Gerölls und der dunklen Basaltklippe vor der niedrigen, unterirdischen Hütte auf und ab gewandert ist. Der schwarze, rußige Höhlenmensch ist verschwunden; an seiner Stelle sitzt ein gesund aussehender, europäischer Bürger auf einem bequemen Stuhl, raucht eine kurze Pfeife oder eine Zigarre und hat ein Buch vor sich, aus dem er Englisch lernt. Mir scheint, daß er mit bedenklicher Geschwindigkeit von Tag zu Tag dicker wird.

Seit wir die »Fram« verlassen, haben wir beide beträchtlich zugenommen. Als ich hier ankam, wog ich ungefähr 92 Kilo oder fast 10 Kilo mehr als beim Abschied von der »Fram«; Johansen wiegt 75 Kilo und hat 6 Kilo zugenommen. Das ist die Folge davon, daß man sich einen Winter hindurch im arktischen Klima von nichts als Bärenfleisch und Fett genährt hat. Es stimmt aber nicht ganz mit den Erfahrungen überein, die andere unter ähnlichen Verhältnissen gemacht haben; unsere Trägheit muß das also zustande gebracht haben.

Hier leben wir nun in Frieden und Ruhe und warten auf das Schiff aus der Heimat und auf das, was die Zukunft uns bringt. Alles wird getan, um uns die Entbehrungen des Winters vergessen zu machen. Wir hätten in keine besseren Hände fallen können, und es ist unmöglich, die unvergleichliche Gastlichkeit und Freundlichkeit, die wir von allen Seiten erfahren, und die Behaglichkeit zu beschreiben, die wir empfinden. Sind es die Entbehrungen eines Jahres und der Mangel an menschlicher Gesellschaft, sind es die gemeinsamen Interessen, die uns in der unwirtlichen Welt so zu diesen Leuten hinziehen? Ich weiß es nicht; aber wir werden des Plauderns nie müde, und es kommt mir vor, als kennten wir uns Jahre und nicht erst drei Tage.

Mittwoch, 24. Juni. Es sind jetzt drei Jahre her, daß wir die Heimat verlassen haben.

Als wir heute beim Mittagessen saßen, stürzte Hayward, der Koch, herein, es sei ein Bär draußen. Wir sprangen hinaus, Jackson mit der Kamera, ich mit der Büchse. Wir sahen den Kopf des Bären über dem Rand des Ufers; er sicherte nach der Hütte zu. Ein paar Hunde hielten sich in respektvoller Entfernung und bellten. Als wir uns näherten, kam er über den Rand gerade auf uns zu, blieb stehen, zeigte die Zähne und zischte, drehte sich dann herum und schritt langsam wieder nach dem Strande hinunter. Um ihn aufzuhalten, bis ihn Jackson photographiert hatte, schickte ich ihm eine Kugel durch den Hinterkörper, gerade als er über dem Uferrand verschwand. Das half, und eine Kugel in die linke Schulter noch mehr. Von den Hunden umzingelt, hielt der Bär jetzt stand. Die Hunde wurden nun kühner. Ein paar Kugeln aus Jacksons Revolver in die Schnauze machten den Bären wütend. Er sprang zuerst auf den Hund »Misère« los, packte ihn im Genick und schleuderte ihn über das Eis, dann sprang er gegen den Hund »Nimrod«, ergriff ihn bei einer Pfote und zerriß ihm eine Zehe. Darauf fand er eine alte Blechbüchse, biß sie platt zusammen und schleuderte sie fort. Eine Kugel hinter das Ohr erlöste ihn von seinen Leiden; es war ein Weibchen.

Sonntag, 5. Juli. Eins der ersten Dinge, nachdem wir zu Jacksons Station gekommen, war natürlich ein genaues Vergleichen unserer Uhren mit Jacksons Chronometer; auch war Armitage so freundlich, sorgfältige Zeitbeobachtungen für mich vorzunehmen. Es zeigte sich, daß wir unsere Uhren um ungefähr 26 Minuten falsch gestellt hatten. Das macht in der Länge einen Unterschied von etwa $6^{1}/_{2}°$ aus. Eine längere Prüfung Armitages zeigte, daß unsere Uhren fast genau so viel von der richtigen Zeit abweichen, wie wir angenommen hatten. Jetzt war ich imstande, unsere Längenbeobachtungen ziemlich genau auszurechnen; und eine der ersten Aufgaben, an die ich mich hier machte, nun wir wieder Papier, Schreib- und Zeichengeräte hatten, bestand darin, eine Karte von Franz-Joseph-Land zu entwerfen, wie es nach unseren Beobachtungen sein mußte. Jackson überließ mir seine Karte des von ihm erforschten Teiles des Landes. Dadurch wurde mir die Arbeit erspart, meine astronomischen Beobachtungen und Peilungen für diesen Teil auszurechnen.

Ich habe mit Jackson oft über die Benennung der Länder, die wir erforscht hatten, gesprochen. Ich fragte ihn, ob er etwas dagegen habe, wenn ich das Land, auf dem ich überwintert hatte, als kleines Zeichen unserer Dankbarkeit für seine Gastfreundschaft »Frederick-Jackson-Insel« benennen würde. Wir hatten entdeckt, daß diese Insel durch Straßen von dem Land weiter nördlich getrennt war, das Payer Karl-Alexander-Land genannt hatte. Im übrigen habe ich keiner von den Gegenden, die Jackson vor mir gesehen hatte, Namen gegeben.

Das Land um Kap Flora erwies sich in geologischer Beziehung als höchst reizvoll, und sooft es mir die Zeit erlaubte, untersuchte ich es entweder allein oder häufiger noch in Gesellschaft von Dr. Koetlitz, dem Arzt und Geologen der englischen Expedition. Wir haben miteinander manchen Ausflug an den steilen Geröllhalden hinauf und hinunter gemacht und Versteinerungen gesucht, die wir an einzelnen Stellen in Menge fanden.

Nach dem, was ich hier bei Kap Flora fand, rührte ein großer Teil des Basalts aus der Jurazeit her, er lag Juraschichten unmittelbar auf und zum Teil dazwischen. Ferner fanden wir oben auf dem Basalt Pflanzenversteinerungen, die aus dem jüngeren Jura stammen. Franz-Joseph-Land scheint also eine verhältnismäßig alte Bildung zu sein. Alle diese flachen Basaltdecken, die sich ungefähr in gleicher Höhe über sämtliche Inseln ausdehnen, deuten an, daß hier einmal eine zusammenhängende Landmasse vorhanden gewesen ist, die der Erosion durch Frost, Regen, Schnee, Gletscher und Meer ausgesetzt, im Lauf der Zeit zerspalten und zerstört worden und teilweise unter dem Meere verschwunden ist, so daß nur noch Inseln und Klippen übrig sind, die durch Fjorde und Straßen von einander getrennt sind. Da man in Spitzbergen und Nordostland an mehreren Stellen ähnliche Bildungen findet, so kann man annehmen, daß diese beiden Inselgruppen ursprünglich zu derselben Landmasse gehört haben.

Wie weit sich die Inselgruppe von Franz-Joseph-Land nach Norden erstreckt, weiß man nicht. Nach unserer Erfahrung kann es in dieser Richtung kein Land von irgendwelcher größeren Ausdehnung geben. Allerdings hat Payer von Kronprinz-Rudolf-Land aus Petermann-Land und König-Oskar-Land gesehen, das eine im Norden, das andere im Westen; groß aber kann Petermann-Land jedenfalls nicht sein; denn wir haben kein Land gesehen, als wir auf dem Wege nach Süden östlich davon in geringer Entfernung vorbeikamen; auch schien das Eis ungehindert nach Westen zu treiben, als wir auf der Breite von Petermann-Land waren. Daß auch König-Oskar-Land nicht groß sein kann, scheint mir klar daraus hervorzugehen, daß der Wind im Winter und Frühjahr das Eis ungehindert vom Lande forttrieb, was nicht möglich gewesen wäre, wenn im Norden oder Nordwesten eine größere zusammenhängende Landmasse läge.

Was mich auf der Insel Northbrook zur Untersuchung anregte, war die Entdeckung, daß verschiedene Anzeichen auf Veränderungen der Höhe des Meeresspiegels hinwiesen. Ich habe bereits erwähnt, daß Jacksons Hütte auf einer alten Strandlinie oder Terrasse von ungefähr 13 bis 16 Meter Höhe lag; es waren aber noch mehrere andere, tiefer und höher gelegene Strandlinien vorhanden. So fand ich, daß Leigh Smith, der ebenfalls auf diesem Vorgebirge überwintert hat, seine Hütte auf einer alten Strandlinie $5^1/_2$ Meter über dem Meeresspiegel errichtet hatte, und an anderen Flecken stellte ich Strandlinien in der Höhe von ungefähr 26 Meter fest. Als ich im vorigen Herbst in den nördlichen Teil dieses Landes gekommen war, hatte ich auch schon Strandlinien entdeckt, z. B. auf der Torup-Insel; wir hatten den ganzen Winter auf einer solchen Terrasse gelebt.

Jackson hatte bei Kap Flora mehrere Walfischskelette gefunden. Beispielsweise lag in der Nähe seiner Hütte in der Höhe von 16 Metern der Schädel eines Bartenwales, einer Balaena, möglicherweise eines Grönlandwales (Balaena mysticetus). Weiter nördlich fanden sich Teile eines Skeletts, wahrscheinlich derselben Art. Der Unterkiefer war 6 Meter lang, die Knochen lagen in einer Höhe von mehr als 3 Meter über dem gegenwärtigen Meeresspiegel. Ich fand auch andere Anzeichen, daß das Meer in verhältnismäßig neuer Zeit über diesen niedrigen Strandterrassen gestanden haben muß. Sie waren z. B. an vielen Plätzen mit Muschelschalen, der Mya truncata und saxicava ähnlich, besät. Dieses Land ist also den gleichen Niveauveränderungen unterworfen gewesen wie andere nördliche Länder.

Jackson und Dr. Koetlitz fanden eines Tages einen »Nunatak«, eine Felsspitze, die aus einem Gletscher an der Nordseite von Kap Flora emporragte und an zwei Stellen mit Pflanzenversteinerungen durchsetzt war. Diese Entdeckung weckte natürlich auch meine Wißbegierde, und ich machte mich am 17. Juli mit Dr. Koetlitz dorthin auf den Weg. Die Felsspitze bestand aus Basalt, der an einigen Stellen eine deutliche säulenförmige Absonderung zeigte; die Spitze ragte in einer Höhe von ungefähr 200 bis 230 Meter mitten aus dem Gletscher heraus.

Leider hatten wir keine Zeit, die Höhe genau zu messen. An zwei Punkten war die Oberfläche des Basalts mit unzähligen Sandsteinbruchstücken bedeckt. Beinahe in jedem dieser Brocken fanden wir Abdrücke, meist von Fichtennadeln aber auch von kleinen Farnblättern. Wir sammelten von diesen Schätzen, soviel wir tragen konnten und kehrten abends schwer beladen und höchst befriedigt heim. Spätere Untersuchungen dieser Fundstücke zeigten, daß Jackson und Dr. Koetlitz hier einen äußerst interessanten Fund gemacht haben.

Es war ein schroffer Übergang, als wir von unserm langen, untätigen Leben im Winterlager, in dem wissenschaftliche Neigung wenig Anregung fand, mitten in diese wissenschaftliche Oase kamen, wo reiche Gelegenheit zur Arbeit vorhanden, wo Bücher und der ganze notwendige Apparat zur Hand waren, und wo man wissenschaftliche Fragen mit Gleichgesinnten erörtern konnte. In dem Botaniker der Expedition, Harry Fisher, fand ich einen Mann, begeistert für die Fauna und Flora der Polargebiete. Nicht leicht werde ich die Gespräche vergessen, in denen er mir seine Entdeckungen und Beobachtungen mitteilte. Ich kam mir vor wie ein ausgedörrter Boden, der nach der Trockenheit eines ganzen Jahres den Regen in sich einsaugt.

Es gab auch noch andere Zerstreuungen. Wenn mir der Kopf von der ungewohnten Arbeit brummte, wanderte ich mit Jackson nach dem oberen Ende der Geröllhalde, um Alke zu schießen, die sich in Schwärmen unter den Basaltmauern aufhielten. Sie nisteten dort zu Hunderten und aber Hunderten; an anderen Stellen brüteten Stummelmöwen.

Es war ein erquickendes Bild voll Leben und Bewegung. Wenn wir dort oben 160 Meter hoch standen und weit hinaus über die See blickten, flogen die Alke in Schwärmen über unseren Köpfen hin und her. Jedesmal, wenn ein Schuß fiel, widerhallte der Knall aus allen Felsspalten, und Tausende von Vögeln flatterten mit betäubendem Lärm von den Abhängen herab. Jackson hatte hier eine vortreffliche Vorratskammer. Fast jeden Tag war er oben unter den Klippen und schoß Alke; sie kamen täglich auf den Tisch. Im Herbst wurden große Vorräte davon für den Winter eingebracht. Jackson und Blomqvist sammelten auch die Eier; sie schleppten eine Leiter mit, auf der Jackson an den steilen Klippen emporkletterte. Diese Eierjagd zwischen den Basaltklippen, auf denen die losen Steine beständig unter den Füßen wegglitten, schien mir so tollkühn, daß ich mich nicht daran beteilgte. Ich kann allerdings nicht leugnen, daß die Eier köstlich waren, weichgekocht zum Frühstück oder als Eierkuchen zum Mittagessen.

Es war merkwürdig, wie ungewandt ich beim Klettern an steilen Stellen war. Ich entsinne mich noch sehr wohl des ersten Ganges mit Jackson das Geröll hinauf. Ich mußte alle hundert Schritt anhalten und Atem schöpfen, bevor ich weiter konnte. Ohne Zweifel war das eine Folge unserer langen Faulenzerei; vielleicht war ich auch im Winterlager etwas blutarm geworden. Auch die Höhe und die Steilheit machten mir zu schaffen, es wurde mir fast schwindelig, und ich hatte große Mühe wieder herunterzukommen. Dabei rutschte ich mehr, als daß ich abwärts stieg. Nach einer Weile ging es vorüber, ich gewöhnte mich an die Höhen, litt weniger an Atemnot und konnte am Ende wieder klettern wie jeder Mensch.

Inzwischen vergingen die Tage, und wir sahen noch immer nichts von der »Windward«. Ich wurde allmählich ein wenig ungeduldig, und Johansen mit mir. Es war möglich, daß das Eis dem Schiff den Weg versperrte. Dann mußten wir doch noch überwintern. Der Gedanke war nicht tröstlich, so nahe der Heimat zu sein und sie nicht zu erreichen. Wir bedauerten, daß wir nicht sofort nach Spitzbergen weitergegangen waren. Vielleicht hätten wir um diese Zeit dann schon ein Schiff erreicht.

Weshalb waren wir überhaupt hiergeblieben? Das war leicht zu erklären. Die Leute waren gegen uns so freundlich und gastfrei, daß es mehr als spartanisch gewesen wäre, ihrer Liebenswürdigkeit zu widerstehen. Und dann hatten wir sehr viel durchgemacht, und hier war ein warmes, behagliches Nest, hier hatten wir nichts zu tun, als uns hineinzusetzen und zu warten. Warten ist freilich nicht immer die leichteste Aufgabe, und wir dachten ernstlich daran, uns wieder auf den Weg nach Spitzbergen zu machen. Aber hatten wir nicht schon zu lange gezögert? Es war jetzt Mitte Juli, und wenn wir wahrscheinlich auch rasch genug vorwärts kamen, so konnten wir doch auf unerwartete Hindernisse stoßen und vielleicht einen Monat oder noch mehr brauchen, um die Gewässer zu erreichen, in denen wir mit einem Schiff rechnen durften. Dann war Mitte oder Ende August, und wenn wir kein Schiff trafen, kam September heran, und dann würden wir uns trotz allem auf einen weiteren Winter gefaßt machen müssen. Nein, am besten war es, hierzubleiben. Die günstigste Zeit für die Schiffahrt in diesen Gewässern ist August und Anfang September, weil sich dann gewöhnlich das offene Wasser am weitesten ausdehnt. Darauf müssen wir vertrauen und im übrigen die Zeit ihren Gang gehen lassen.

Außer uns gab es noch andere, die ungeduldig auf das Schiff warteten: auch vier Mitglieder der englischen Expedition sollten nach zweijähriger Abwesenheit nach Hause zurückkehren.

Montag, 20. Juli. Wir werden wegen der Ankunft des Schiffes immer ungeduldiger, allerdings ist das Eis hier noch immer ziemlich dick. Jackson sagt, das Schiff hätte schon Mitte Juni hier sein sollen, und meint, es wäre wiederholt genügend offenes Wasser gewesen um durchzukommen; ich bezweifle das.

Während der letzten Tage ist wieder mehr Eis von Osten hereingetrieben. Ich sehne mich danach fortzukommen. Hier den ganzen Winter eingeschlossen zu werden! Dann war es falsch getan, hierzubleiben. Der Blick schweift hinaus über die unbegrenzte weiße Ebene. Nicht ein einziger Streifen dunkles Wasser — Eis! Eis! —, ausgeschlossen von der Welt, von dem Leben, das wir schon so nahe glaubten!

Tief unten am Horizont ein blauer Wolkenstreifen. In weiter Ferne, jenseits des Eises, ist offenes Wasser, und dort auf den langen, rollenden Wogen des großen Ozeans schaukelt vielleicht ein Schiff, das uns zu den vertrauten Küsten tragen soll.

Dienstag, 21. Juli. Haben endlich guten Wind aus Norden. Er treibt das Eis in die See hinaus. Heute abend ist nichts als offenes Meer zu sehen; jetzt ist vielleicht Hoffnung, daß das Schiff bald kommt.

Mittwoch, 22. Juli. Fortwährende Veränderungen, fortwährende Enttäuschungen. Gestern war die Hoffnung stark, heute hat sich der Wind nach Südosten gedreht und das Eis wieder hereingetrieben. Wir müssen wohl noch lange warten.

Sonntag, 26. Juli. Das Schiff ist angekommen! Heute morgen wurde ich geweckt, jemand zog mich an den Beinen. Es war Jackson, der mir strahlenden Gesichts mitteilte, die »Windward« sei da. Ich sprang auf und sah aus dem Fenster; da war das Schiff am Eisrand; es dampfte langsam herein, um einen Platz zum Vertäuen zu suchen. Wundervoll, wieder ein Schiff zu sehen! Wie hoch die Takelung erscheint! Und der Rumpf, er gleicht einer Insel! An Bord gab es Nachrichten aus der großen Welt weit da draußen.

Es herrschte allgemeine Bewegung. Jeder war aufgestanden und hatte sich mit den wunderbarsten Gewändern behängt, um aus dem Fenster zu schauen. Jackson und Blomqvist stürzten davon. Da ich augenblicklich kaum etwas an Bord zu tun gehabt hätte, ging ich wieder zu Bett. Es dauerte aber nicht lange, als Blomqvist keuchend zurückkehrte; Jackson war so aufmerksam, ihn zu schicken und mir mitzuteilen, daß zu Hause alles wohl sei, und daß man von der »Fram« nichts gehört habe. Das war das erste, wonach Jackson gefragt hatte. Das Herz wurde mir leicht. Blomqvist berichtete auch, daß Jackson den Leuten, die ihm auf dem Eis entgegen gekommen waren, von uns und unserer Reise erzählt habe und daß sie die Nachricht mit drei kräftigen Hurras begrüßt hätten.

Ich hatte in dieser Nacht kaum zwei Stunden geschlafen und in der Nacht vorher auch nicht viel mehr. Ich versuchte, weiterzuschlafen, aber an Ruhe war nicht mehr zu denken, und ich stand daher auf. Als ich mich dem Schiff näherte, stand die Mannschaft an Deck und begrüßte mich mit brausenden Hurras. Mit herzlichem Willkommen nahmen mich der Führer der »Windward«, Kapitän Brown, Dr. Bruce und Wilton, die beide bei Jackson überwintern wollten, und endlich die ganze Schiffsbesatzung auf. Wir stiegen in die geräumige, behagliche Kajüte hinab, lauschten gierig den Neuigkeiten und vertilgten dazu ein ausgezeichnetes Frühstück mit Kartoffeln und anderen köstlichen Dingen.

Es gab in der Tat merkwürdige Neuigkeiten. Eine lautete, daß man jetzt Leute durch mehrere Zoll dicke Türen photographieren könne. Ich gestehe, ich spitzte die Ohren. Daß man eine Kugel im Körper photographieren könne, war auch wunderbar, aber nichts gegen das. Und dann erfuhren wir, daß die Japaner die Chinesen geschlagen hatten, und noch vieles andere. Beinahe schmeichelhaft für uns war die Anteilnahme, die die ganze Welt jetzt an der Arktis zu nehmen schien. Spitzbergen war ein Land für Touristen geworden; eine norwegische Dampfergesellschaft (Vesteraalen) hatte einen regelmäßigen Fahrgastdienst eingerichtet*; ein Hotel war gebaut worden, es gab ein Postamt und Spitzbergen-Briefmarken! Und ferner erfuhren wir, daß Andrée in Spitzbergen auf guten Wind wartete, um in einem Ballon über den Pol zu fliegen.

Wären wir nach Spitzbergen weitergegangen, würden wir also mitten in alles dies hineingeraten sein. Wir würden ein Hotel und Touristen vorgefunden haben und in einem komfortablen, modernen Dampfer heimgebracht worden sein! Die Menschen pflegen es für unterhaltsam zu halten, sich selbst zu sehen, und ich bilde keine Ausnahme von der Regel. Ich würde viel darum gegeben haben, hätte ich beobachten können, wenn wir in unserem ungewaschenen und unverfälschten Naturzustand, so wie wir aus dem Winterlager kamen, mitten in eine Schar englischer männlicher und weiblicher Touristen geraten wären! Ich bezweifle, daß es dort viel Umarmen und Händeschütteln gegeben hätte.

Die »Windward« war am 9. Juni von London und am 25. Juni von Vardö abgegangen und hatte vier Rentiere für Jackson mitgebracht, aber keine Pferde, wie man erwartet hatte**.

Jeder half jetzt die »Windward« entladen und die Proviantvorräte, Kohlen, Rentiermoos und andere Dinge, die das Schiff für die Expedition mitgebracht hatte, an Land schaffen. Bald war eine gute Straße auf dem holprigen Eis hergestellt, und nun wurde Ladung auf Ladung mit den Schlitten an Land gefahren. In einer knappen Woche war Kapitän Brown zur Rückkehr fertig und wartete nur noch auf die Briefe und Telegramme von Jackson. Das dauerte noch ein paar Tage, dann war alles bereit.

So sollten wir nun dieser letzten Station auf unserem Heimweg, wo wir soviel Herzlichkeit und Gastfreundschaft gefunden hatten, Lebewohl sagen. Ein fieberhafter Eifer bemächtigte sich der kleinen Kolonie. Die Heimkehrenden machten sich fertig und die Zurückbleibenden brachten ihre Briefe und sonstigen Sachen an Bord. Das Schiff lag ungeduldig wartend und ließ unaufhörlich seine Dampfpfeife ertönen. Endlich waren die Letzten an Land gegangen und wir, die wir heimkehrten, sämtlich an Bord: von der englischen Expedition der Botaniker Fisher, der Photograph Child, Burgeß, der Finnländer Blomqvist, außerdem Johansen und ich.

Als die Sonne über Kap Flora durch die Wolken brach, schwenkten wir die Hüte und sandten als Lebewohl ein letztes Hurra den sechs Männern zu, die wie ein kleiner, dunkler Fleck auf einer Scholle in der großen Eiswüste aussahen. Unter vollen Segeln und Dampf traten wir bei gutem Wind am 7. August die Fahrt nach Süden an.

---

* Ich ließ mir nicht träumen, daß Sverdrup ein Jahr später Kapitän des Dampfers dieser Gesellschaft sein würde!

** Jackson hatte mehrere russische Pferde mitgenommen, die er mit den Hunden zusammen bei den Schlittenexpeditionen verwendete. Bei unserer Ankunft war nur noch ein Pferd am Leben.

Das Glück begünstigte uns. Auf der Reise nach Norden hatte die »Windward« schwer mit dem Eise zu kämpfen, ehe sie sich endlich durchgearbeitet hatte. Auch jetzt trafen wir eine Menge Eis, doch war es lose und verhältnismäßig leicht zu durchfahren. An ein paar Stellen wurden wir aufgehalten und mußten uns mit der Maschine einen Weg bahnen. Doch das Schiff befand sich in guten Händen. Kapitän Brown wußte aus seiner langen Erfahrung als Walfischfänger mit größeren Schwierigkeiten fertig zu werden, als das dünne Eis bot, das wir hier trafen — das einzige Eis, das man in diesem Meer findet. Solange ein bißchen Eis in der Nähe war, saß Kapitän Brown vom Morgen bis zum Abend in der Tonne. Er ließ sich nur wenig Zeit zum Schlafen; wie er mir wiederholt sagte, kam es ihm darauf an, uns nach Hause zu bringen, bevor die »Fram« heimkehrte.

Mehr und mehr näherten wir uns der Heimat; wir konnten die Tage und Stunden zählen, die noch vergingen, bis wir einen norwegischen Hafen erreichen würden.

Nachdem wir etwa 220 Seemeilen durch das Eis zurückgelegt hatten, kamen wir am Ende einer langen Bai, die sich nordwärts ins Eis erstreckte, an die offene See. Nun sahen wir wieder den Ozean vor uns und setzten Kurs auf Vardö.

Es war eine unbeschreibliche Wonne, an Deck auf- und abzuschreiten, über das blaue Meer zu sehen und dabei mit jedem Herzschlag der Heimat näher zu kommen. Als wir eines Morgens auf die See hinausschauten, wurde unser Blick durch etwas gefesselt. Was konnte dort am fernen Horizont sein?

Wir eilten auf die Brücke und sahen durch das Glas. Das erste Segelschiff! Man stelle sich vor, wieder in Gewässern zu sein, wo andere Menschen hin- und herfahren! Dann sahen wir mehr Schiffe; im Lauf des Tages waren es noch vier große Ungetüme, englische Kriegsschiffe, die kamen wahrscheinlich von Vardö, wo sie wegen der Sonnenfinsternis am 9. August gewesen waren. Später am Abend (am 12. August) sah ich tief unten am Horizont etwas Dunkles voraus. Was war das?

Es war Land! Es war Norwegen!

Ich stand wie versteinert und blickte immer wieder in die Nacht hinaus nach dieser dunklen Linie.

Als ich am nächsten Morgen an Deck kam, waren wir dicht unter Land. Es war eine kahle, nackte Küste, an die wir gelangt waren, genau so wenig einladend wie das Land, das wir im Nebel des Eismeeres verlassen hatten — aber es war Norwegen!

Der Kapitän hatte sich während der Nacht in der Küste geirrt und war zu weit nördlich gekommen, es kostete daher noch einige Mühe, um gegen Wind und See hinzukreuzen, ehe wir Vardö erreichten. Wir fuhren an mehreren Schiffen vorüber und senkten die Flagge vor ihnen. Der Zollkutter kam längsseits, aber die Beamten hatten nichts bei uns zu tun und kamen nicht an Bord.

Dann stellten sich die Lotsen ein, Vater und Sohn. Sie begrüßten Brown, waren aber nicht darauf vorbereitet, einen Landsmann an Bord eines englischen Schiffes zu treffen. Sie waren etwas überrascht, als sie mich norwegisch sprechen hörten, beachteten es aber nicht. Erst als Brown sie fragte, ob sie wüßten, wer ich sei, sah mich der alte Lotse nochmals an, und es stahl sich wie der Schimmer einer fernen Erinnerung über sein Gesicht. Und als von den Lippen des braven Brown der Name Nansen fiel, als er den Alten bei den Schultern faßte und ihn vor Freude schüttelte, daß er ihm eine solche Nachricht mitteilte, da trat ein Ausdruck in das wettergehärtete Gesicht des alten Lotsen, eine Mischung von Freude und starrem Staunen, die nicht zu beschreiben war. Er ergriff meine Hand und hieß mich als zum Leben zurückgekehrt willkommen; die Leute hier in der Heimat hätten mich längst ins Grab gelegt. Und dann folgten Fragen nach Neuigkeiten der Expedition und Neuigkeiten von zu Hause. Von der »Fram« hatte man noch nichts gehört, und mir fiel eine Last vom Herzen, als ich erfuhr, daß denen in der Heimat diese Sorge erspart geblieben war.

Dann glitt die »Windward« still und unbeachtet mit wehender Flagge in den Hafen von Vardö. Ehe noch der Anker gefallen, war ich mit Johansen im Boot auf dem Wege nach dem Telegraphenamt.

Wir legten am Kai an; von unserm früheren räubermäßigen Aussehen war immerhin noch so viel geblieben, daß uns niemand erkannte. Sie schauten uns kaum an, und das einzige Wesen, das den zurückgekehrten Wanderern einige Aufmerksamkeit schenkte, war eine kluge Kuh, die mitten in einer engen Straße stehenblieb und uns erstaunt anstarrte, als wir an ihr vorbeiliefen. Diese Kuh hatte etwas so angenehm Sommerliches an sich, daß ich versucht war, sie zu umhalsen und zu streicheln. Jetzt war ich wirklich in Norwegen.

Nun kam ich zur Post; ich legte ein mächtiges Bündel auf den Tisch und sagte, es seien Telegramme, die ich gern so rasch wie möglich abgeschickt haben möchte. Es waren beinahe hundert, darunter zwei ziemlich lange, jedes von ein paar tausend Wörtern.

Der Chef des Telegraphenamts öffnete ruhig das Bündel; als sein Blick aber auf die Unterschrift des obersten Telegramms fiel, veränderte sich plötzlich sein Gesicht, er drehte sich kurz herum und ging zu der Telegraphistin, die am Tische saß. Als er wieder zurück und auf mich zu kam, strahlte sein Gesicht, und er hieß mich herzlich willkommen. Die Telegramme sollten so rasch wie möglich befördert werden, sagte er, aber man würde mehrere Tage und Nächte brauchen, um sie alle zu bewältigen. Und dann begann der Apparat zu klappern und zu klappern und in das Land, in die Welt hinein die Nachricht zu schicken, daß zwei Mitglieder der Norwegischen Polarexpedition wohlbehalten und gesund zurückgekehrt waren, und daß ich die »Fram« im Laufe des Herbstes zurückerwartete.

Ich bedauerte die vier jungen Telegraphistinnen zu Vardö. Sie hatten während der nächsten Tage schwere Arbeit. Nicht nur mußten alle meine Telegramme besorgt werden, es strömten auch Hunderte von auswärts herein, an uns und an die Leute in der Stadt, mit der Bitte um Nachrichten über uns.

Meine ersten Telegramme gingen an meine Frau, an den König von Norwegen und an die norwegische Regierung. Das letztere lautete:

»Staatsminister Hagerup.

Ich habe das Vergnügen, Ihnen und der norwegischen Regierung mitzuteilen, daß die Expedition ihren Plan ausgeführt, das unbekannte Polarmeer im Norden der Neusibirischen Inseln durchquert und das Gebiet nördlich von Franz-Joseph-Land bis 86° 14′ n. Br. erforscht hat. Nördlich von 82° wurde kein Land gesehen.

Leutnant Johansen und ich verließen die ‚Fram' und die übrigen Mitglieder der Expedition am 14. März 1895 auf 84° n. Br. und 102° 27′ ö. L. Wir gingen nordwärts, um das Meer nördlich vom Kurs der »Fram« zu erforschen, und kamen dann südwärts nach Franz-Joseph-Land. Von dort hat uns die ‚Windward' jetzt hierher gebracht.

Erwarte die ‚Fram' in diesem Jahre zurück.

Fridtjof Nansen.«

Als ich das Telegraphenamt verließ, sagte mir der Vorsteher, mein Freund Professor Mohn sei in der Stadt und wohne, wie er gehört habe, im Hotel. Man denke, Mohn, ein Mann, so eng mit der Expedition verbunden, war der erste Freund, dem ich begegnen sollte!

Noch während wir unsere Telegramme aufgaben, war die Kunde von unserer Ankunft in der Stadt laut geworden, und die Leute sammelten sich in Scharen, um die beiden Polarbären zu sehen, die durch die Straßen nach dem Hotel schritten. Ich stürmte hinein und fragte nach Mohn. Er sei auf seinem Zimmer, Nummer so und so, sagte man mir, halte aber seine Mittagsruhe. Ich hatte in diesem Augenblick keine Achtung vor Mittagsruhe, sondern donnerte an die Tür und riß sie auf.

Da lag Mohn auf dem Sofa, lesend, seine lange Pfeife im Munde. Er sprang auf und starrte wie ein Irrer unverwandt die lange Gestalt auf der Schwelle an; die Pfeife fiel zu Boden, sein Gesicht zuckte, und dann stieß er hervor: »Kann es wahr sein? Ist es Fridtjof Nansen?«

Sicher meinte er zunächst, ein Gespenst zu sehen; aber als er meine wohlbekannte Stimme hörte, traten ihm die Tränen in die Augen. »Gott sei Dank, daß Sie noch leben!« rief er und umarmte mich. Dann kam Johansen an die Reihe.

Ohne Ende gingen die Fragen hin und her. Es regnete Fragen ohne allen Zusammenhang, wie uns eins nach dem andern in den Kopf kam. Alles schien so unglaublich, daß lange Zeit verging, ehe wir uns nur genügend gesammelt hatten, um uns zu setzen, und ehe ich ihm leidlich zusammenhängend erzählen konnte, was wir im Laufe dieser drei Jahre erlebt hatten.

Aber wo war die »Fram«? Hatten wir sie verlassen? Wo waren die anderen? War ein Unglück geschehen? Diese Fragen sprudelte Mohn in seiner Besorgnis atemlos hervor, und es war ohne Zweifel schwer für ihn zu begreifen, daß nichts Schlimmes geschehen war und wir trotzdem unser prachtvolles Schiff verlassen hatten. Allmählich wurden ihm die Dinge klar, und dann herrschte eitel Freude, und sofort erschienen Champagner und Zigarren auf der Bildfläche.

Den ganzen Nachmittag saßen wir und plauderten. Aber inzwischen hatte die Stadt die Namen der neuen Gäste erfahren; als wir aus dem Fenster sahen, war die Straße voll von Menschen, und in der Stadt und im Hafen wehte überall die norwegische Flagge.

Und dann kamen die Telegramme, und alle brachten gute Nachrichten. Nun waren unsere Sorgen zu Ende.

Nur die »Fram« fehlte noch. Aber darüber waren wir beruhigt, sie würde bald kommen. Zunächst mußten wir, nun wir wieder auf norwegischem Boden standen, unsere Garderobe vervollständigen. Das war aber nicht einfach; traten wir in einen Laden, so war er bald von Leuten überfüllt.

Unvergeßliche Tage verbrachten wir in Vardö und genossen eine verschwenderische und von Herzen kommende Gastfreundschaft. Nachdem wir unseren Wirten an Bord der »Windward« Lebewohl gesagt und gedankt hatten, lichtete Kapitän Brown am Morgen des 16. August, einem Sonntag, die Anker, um nach Hammerfest zu segeln; er wollte meine Frau besuchen, die uns dort treffen sollte.

Am 21. August traf ich mit Johansen in Hammerfest ein. Unterwegs hatten uns die Leute überall mit Blumen und Flaggen begrüßt, und als wir nun in den Hafen einsegelten, prangte die nördlichste Stadt Norwegens von der See bis hinauf zur höchsten Bergspitze im Festgewande, und Tausende von Menschen erwarteten uns.

Zu meiner Überraschung traf ich hier auch meinen alten Freund Sir George Baden-Powell, dessen prächtige Jacht »Otaria« im Hafen lag. Er war soeben von einer erfolgreichen wissenschaftlichen Expedition nach Nowaja Semlja zurückgekehrt. Er hatte dort mit mehreren englischen Astronomen die Sonnenfinsternis vom 9. August beobachtet. Mit echt englischer Gastfreiheit stellte er mir seine Jacht zur Verfügung, und ich nahm seine Einladung sehr gern an.

Sir George Baden-Powell war einer der letzten gewesen, die ich in England gesprochen hatte. Als wir uns trennten — es war im Herbst 1892 — fragte er mich, wo man nach uns suchen müsse, wenn wir zu lange fortblieben. Ich antwortete ihm, es würde wenig nützen, nach uns zu forschen; denn es hieße eine Nadel in einem Heuschober suchen. Er sagte, ich dürfe nicht denken, daß sich die Leute begnügen würden, stillzusitzen und nichts zu tun. In England würde jedenfalls etwas geschehen; wohin sollte man also gehen?

»Nun«, erwiderte ich, »ich kann mir kaum einen anderen Ort denken als Franz-Joseph-Land. Denn wenn die ‚Fram' zugrunde geht oder wenn wir das Schiff verlassen müssen, werden wir auf diesem Wege herauskommen. Wenn aber die ‚Fram' nicht untergeht und die Drift so ist, wie ich glaube, dann werden wir die offene See zwischen Spitzbergen und Grönland erreichen!«

Sir George hielt jetzt die Zeit für gekommen, nach uns zu suchen. Er beabsichtigte, nach Abschluß seiner Expedition nach Nowaja Semlja am Rande des Eises entlangzufahren, um Nachrichten über uns einzuziehen. Da erschienen wir gerade im richtigen Augenblick in Hammerfest!

Abends kamen meine Frau und mein Sekretär Christofersen an. Wir nahmen an einem glänzenden Fest teil, das die Stadt Hammerfest uns zu Ehren gab, und bezogen unser Quartier an Bord der »Otaria«. Glückwunschtelegramme und Zeichen des Wohlwollens und der herzlichen Teilnahme trafen in ununterbrochenen Strömen aus aller Welt ein.

Aber die »Fram«? Ich hatte so stolz telegraphiert, daß ich sie im Lauf des Jahres zurückerwarte. Weshalb war sie nicht schon angekommen? Ich dachte nun öfter darüber nach, berechnete alle Aussichten und Möglichkeiten und kam zu dem Ergebnis, daß sie um diese Zeit bereits aus dem Eis heraus sein müßte, wenn sich nichts Schlimmes ereignet hatte. Es war auffällig, daß sie nicht schon hier war, und mit Grauen dachte ich an die Unruhe im nächsten Winter und Sommer, wenn der Herbst keine Nachricht von ihr brachte.

Gerade als ich am Morgen des 20. August aufgestanden war, klopfte Sir George an meine Tür und sagte, ein Mann sei da, der mich sprechen wolle. Ich antwortete, ich sei noch nicht angekleidet, würde aber sofort kommen. Das mache nichts, erwiderte er, ich solle nur kommen, wie ich sei. Ich wunderte mich nicht wenig, daß es so eilig sein sollte, und fragte, was es denn gäbe. Er entgegnete, er wisse es nicht, es sei aber offenbar etwas Dringendes. Ich zog mich an und ging dann in den Salon.

Dort stand ein Herr mit einer Depesche in der Hand, stellte sich mir als Chef des Telegraphenamts vor und sagte, er habe mir ein Telegramm zu übergeben, das mich interessieren würde; er sei deshalb selbst gekommen. Etwas, das mich interessieren würde? Es gab nur noch eins in der Welt, was mich wirklich interessierte. Mit zitternden Händen riß ich das Telegramm auf:

»Fridtjof Nansen.
‚Fram' heute in gutem Zustande angekommen. Alles wohl an Bord. Gehe sofort nach Tromsö. Willkommen in der Heimat!
Otto Sverdrup.«

Mir war, als sollte ich ersticken, und alles, was ich sagen konnte, war: »Die ‚Fram' ist angekommen!«

Sir George neben mir machte vor Freuden einen Luftsprung, Johansens Gesicht strahlte, Christofersen war von der Freude überwältigt, und in unserer Mitte stand der Chef des Telegraphenamts und weidete sich an der Wirkung, die er hervorgerufen hatte. Im nächsten Augenblick schoß ich in meine Kabine und rief meiner Frau zu: »Die ‚Fram' ist angekommen!« Schneller als sonst war sie draußen.

Ich wollte es noch nicht glauben; es schien mir wie ein Märchen. Ich las die Depesche wieder und wieder, ehe ich überzeugt war, daß es kein Traum war. Dann überkam mich eine eigentümliche, heitere Ruhe, wie ich sie nie vorher gekannt hatte.

Das gab ein Jubilieren an Bord und im Hafen und in der Stadt. Von der »Windward«, die gerade die Anker lichtete, um uns voran nach Tromsö zu fahren, hörten wir brausende Hurras für die »Fram« und die norwegische Flagge. Wir hatten beabsichtigt, am selben Nachmittag nach Tromsö abzufahren, kamen jetzt aber überein, so rasch wie möglich in See zu gehen und zu versuchen, die »Fram« in Skjärvö einzuholen. Ich hoffte das Schiff durch ein Telegramm an Sverdrup aufzuhalten, doch traf die Drahtnachricht zu spät ein.

An diesem Morgen ging es beim Frühstück lebhaft zu. Johansen schien es ebenso wie mir unglaublich, daß wir bald unseren Kameraden die Hände drücken sollten. Sir George war fast außer sich vor Freude; alle Augenblicke sprang er von seinem Stuhl auf, klopfte auf den Tisch und rief: »Die ‚Fram' ist angekommen! Die ‚Fram' ist wirklich angekommen!« Lady Baden-Powell war im stillen glücklich; sie freute sich über unsere Freude.

Am nächsten Tag liefen wir in den Hafen von Tromsö ein, und dort lag die »Fram«, stark, breit und wettergebräunt. Es war ein wundersames Gefühl, die hohe Takelung, den Rumpf, wieder zu erblicken. Als wir das Schiff zuletzt gesehen hatten, war es halb im Eis begraben; jetzt schwamm es frei und stolz auf der blauen See, in norwegischen Gewässern. Wir glitten längsseit der »Fram«. Die Mannschaft der »Otaria« begrüßte das wackere Schiff mit drei englischen Hurras, und von der »Fram« antwortete ein neunmaliges norwegisches Hurra. Dann ließen wir die Anker fallen, und im nächsten Augenblick war die prächtige Mannschaft der »Fram« an Bord der »Otaria«.

Das Wiedersehen, das jetzt folgte, werde ich nicht zu beschreiben versuchen. Ich möchte wissen, ob einer von uns mehr fühlte als das eine: nun sind wir wieder alle beisammen, nun sind wir wieder in Norwegen, und die Expedition hat ihre Aufgabe erfüllt!

Dann machten wir uns miteinander längs der norwegischen Küste auf den Weg nach Süden. Zuerst kam der von der Regierung gecharterte Schlepper »Haalogaland«, dann die »Fram«, schwer und langsam, aber um so sicherer, und zuletzt die elegante »Otaria«, an deren Bord meine Frau und ich uns befanden; sie sollte uns nach Drontheim bringen. Wie schön war es, zuzusehen, wie andere die Führung übernahmen und den Weg suchten!

Überall, wo wir vorüberkamen, schlug uns das Herz des norwegischen Volkes entgegen, von den Dampfern, die mit festtäglich gekleideten Städtern überfüllt waren, wie von dem ärmsten Fischerboot, das einsam zwischen den Schären lag. Es schien, als ob die Mutter Norwegen stolz auf uns sei, als ob sie uns in fester, heißer Umarmung an sich drücke und uns danke für das, was wir getan hatten. Wir hatten nur unsere Pflicht getan, die Aufgabe erfüllt, die wir übernommen hatten; wir waren es, die ihr Dank schuldeten für das Recht, unter ihrer Flagge zu segeln.

Ich erinnere mich besonders eines Morgens.

Es war in Brönösund — es war noch grau und frostig — als ich mit dem Hinweis geweckt wurde, es seien viele Leute da, die uns begrüßen möchten. Ich stieg noch halb im Schlaf an Deck. Der ganze Sund war gedrängt voll Boote. Wir waren langsam gefahren, doch vergrößerte die »Haalogaland« vor uns jetzt ihre Geschwindigkeit ein wenig, und auch wir legten zu.

Ein Fischer quälte sich in seinem Boot mit Rudern ab, um auf gleicher Höhe mit uns zu bleiben, dann rief er zu mir herauf: »Sie wollen wohl keine Fische kaufen oder?«

»Nein!«

»Vielleicht können Sie mir sagen, wo Nansen ist? Ist er an Bord der ‚Fram'?«

»Nein, ich glaube, er ist an Bord dieses Schiffes!«

»Ich möchte gern an Bord kommen und ihn sehen!«

»Das kann kaum geschehen, fürchte ich; man hat keine Zeit, jetzt anzuhalten.«

»Das ist schade!«

Er ruderte weiter; es wurde ihm immer schwerer, mit uns auf gleicher Höhe zu bleiben, doch starrte er mich unverwandt an, während ich mich lächelnd über die Reling lehnte. Dann rief ich: »Da Sie den Mann so dringend zu sehen wünschen, kann ich Ihnen sagen, daß Sie ihn jetzt sehen!«

»Hab ich's mir doch gleich gedacht! Willkommen in der Heimat!«

Und dann ließ der Fischer die Ruder fallen, stand im Boot auf und nahm die Mütze ab.

Als wir weiterfuhren und auf der eleganten englischen Lustjacht saßen, vor uns die schöne Küste in Sonnenlicht getaucht, da fühlte ich zum erstenmal voll, wie nahe dieses Land und dieses Volk meinem Herzen standen. Wenn wir auch nur einen einzigen Sonnenstrahl auf sein Leben haben fallen lassen, dann waren diese drei Jahre nicht umsonst!

So kamen wir von Stadt zu Stadt, von Fest zu Fest. Es war am 9. September, als die »Fram« den Fjord von Kristiania hinaufdampfte und einen Empfang erhielt, um den sie ein Fürst hätte beneiden können. Die starken, alten Kriegsschiffe »Nordstjernen« und »Elida«, die neue, elegante »Valkyrie« und flinke kleine Torpedoboote führten uns; Dampfer, schwarz von Menschen, schwärmten rundherum. Hoch und niedrig flatterten Flaggen; Kanonendonner, Hurras erdröhnten, Taschentücher und Hüte wurden geschwenkt, überall gab es strahlende Gesichter: der ganze Fjord war ein einziges, riesenhaftes Willkommen!

Dort lag im Sonnenschein die Heimat, dort der wohlbekannte Strand, und auf dem Hausdach glitzerte es von Sonnenschein. Dann wieder Dampfer hinter Dampfer, Zurufe auf Zurufe; mit dem Hut in der Hand verbeugten wir uns, als Hurra auf Hurra erscholl.

Die ganze Bucht von Pepperviken war eine einzige Masse von Booten und Leuten und Flaggen und wehenden Wimpeln. Dann donnerten von jedem Kriegsschiffe dreizehn Schüsse, und das alte Fort Akershus folgte mit dreizehn dröhnenden Salven, daß es von den Hügeln ringsum widerhallte.

Abends stand ich am Fjord. Der Lärm des Festes war verhallt, die Fichtenwälder lagen schweigend und dunkel. Auf der Felsenklippe draußen rauchten noch die letzten glimmenden Kohlen eines Freudenfeuers, und zu meinen Füßen plätscherte und flüsterte die See: »Jetzt bist du zu Hause!« Der tiefe Frieden des Herbstabends senkte sich auf den ermüdeten Geist.

Ich entsann mich jenes regenschweren Junimorgens, als ich diesen Strand zum letztenmal betreten hatte. Mehr als drei Jahre sind vorübergegangen; wir haben gekämpft, wir haben gesät, aber jetzt ist Erntezeit. Es schluchzte und weinte in mir vor Freude und Dankbarkeit.

Das Eis und die langen Mondnächte mit ihrer Qual erschienen mir wie ein ferner Traum aus einer anderen Welt, ein Traum, der entstanden und dahingeschwunden war. Aber welchen Wert hätte das Leben ohne seine Träume?

Die Reise der »Fram«

14. März 1895 bis 20. August 1896

VON KAPITÄN OTTO SVERDRUP

Vom 15. März bis 22. Juni 1895

Am Donnerstag, 14. März, um 11½ Uhr vormittags verließen Dr. Nansen und Johansen die »Fram« und traten ihre Schlittenreise an. Wir grüßten sie zum Abschied mit Flagge, Wimpel und Kanonenschüssen. Scott-Hansen, Hendriksen und Pettersen begleiteten sie bis zum ersten Lagerplatz, etwa 13 Kilometer vom Schiff, und kehrten am nächsten Tage um 2½ Uhr nachmittags zurück.

Zur Zeit des Aufbruchs der Schlittenexpedition lag die »Fram« auf 84° 4' n. Br. und 102° ö. L. Das Schiff war mit einer leichten Neigung nach Steuerbord in ungefähr 8 Meter dickem Eis eingeschlossen und hatte also eine meterstarke Eisschicht unter dem Kiel. An Backbord lag gegen die Schiffsseite hoch aufgetürmt ein Eisrücken, der sich am Schiff entlang von Südsüdost nach Nordnordwest ausdehnte, hinten bis ungefähr zur Höhe der Reling des Halbdecks hinaufreichte und ostwärts ein wenig vom Schiff abwich. Nordwestlich der »Fram«, 150 Meter entfernt, erstreckte sich von Süden nach Norden ein langer, breiter Eishügel, der sogenannte »Große Hügel«, der stellenweise 7 Meter hoch war. In der Mitte zwischen der »Fram« und dem »Großen Hügel« verlief eine neugebildete, offene, 50 Meter breite Rinne, während quer vor dem Bug in 50 Meter Entfernung eine alte Rinne durch Eispressungen geschlossen worden war, sich aber im Frühjahr wieder öffnete.

Auf dem »Großen Hügel«, der durch die heftige Eispressung am 27. Januar 1894 entstanden war, hatten wir unser Depot, und zwar an der dem Schiff zugewandten Seite. Es bestand aus aufgestapelten Blechkisten mit Proviant und sonstigen Bedarfsgegenständen und bildete sechs oder sieben kleine Hügel, die mit Segeltuch bedeckt waren. Auf dem halben Wege zwischen Schiff und Großem Hügel lag das Petroleumboot, das etwas weiter auf das Eis hinausgeschleppt werden mußte, als sich die neue Rinne gerade unter ihm geöffnet hatte. Endlich war noch unsere Schmiede dort. Sie stand an Backbord ungefähr 30 Meter vom Heck entfernt und war in die abfallende Seite des Eisrückens hineingebaut. Das Dach bildeten Spieren, auf die wir Eisblöcke aufgetürmt hatten. Darüber war eine Schicht Schnee geworfen worden. Das Ganze war zu einer kompakten Masse zusammengefroren. Als Tür diente eine Persenning.

Die erste und wichtigste Arbeit, die wir anzupacken hatten, war das Abtragen des hohen Eisrückens an der Backbordseite. Wenn die Eispressung anhielt, war zu fürchten, daß das Schiff anstatt aufwärts, hinabgedrückt wurde, solange sich ein so hoher Eisrücken gegen die ganze Backbordseite stützte. Die Arbeit wurde am 19. März von der ganzen Mannschaft begonnen. Wir hatten fünf Schlitten mit je einem Kasten darauf, an jedem Schlitten arbeiteten zwei Mann. Es waren gleichzeitig zwei Abteilungen mit je einem Schlitten vorn und zwei Abteilungen hinten, die sich einander entgegenarbeiteten, während eine fünfte Abteilung von zwei Mann und einem Schlitten einen Durchgang von 4 Meter Breite direkt bis an die Mitte des Schiffes aushieb. Die Eisschicht, die auf diese Weise längs der ganzen Schiffsseite entfernt wurde, erreichte doppelte Mannshöhe.

Am 27. März war das Werk getan. Der Eisrücken an Backbord war bis zu solcher Tiefe entfernt, daß $2^1/_2$ Planken von der Eishaut des Schiffes freilagen. Während dieser Arbeit war das Wetter ziemlich kalt, die Temperatur sank bis auf $-38°$ und $-40°$.

Ich arbeitete mit dem Doktor an einem Schlitten. In meinem Tagebuch steht: »Er hatte mich immer im Verdacht, schlechter Laune zu sein, und ich ihn.« Es ist meine Gewohnheit, daß ich bei der Arbeit nicht gern spreche, während bei dem Doktor das Gegenteil der Fall ist. Wenn ich also schwieg, glaubte der Doktor, ich sei schlechter Laune, und ebenso dachte ich, daß er schmolle, als er seinen Redefluß abstellte. Das Mißverständnis klärte sich bald auf, und wir lachten herzlich darüber.

Durch Dr. Nansens und Johansens Abreise waren zwei Schlafplätze frei geworden. Wir verteilten also die Quartiere neu. Ich zog in Nansens Kabine, nachdem ich die von ihm zurückgelassenen Dinge in Kisten verpackt und im Vorraum verstaut hatte. Steuermann Jacobsen, der bislang mit vier Mann in der großen Kabine an Backbord einquartiert gewesen war, erhielt meine Kabine zugewiesen, und in der Steuerbordkabine, in der vier Mann geschlafen hatten, blieben nur noch drei.

Unsere nächste Sorge war, uns achtern einen bequemen Zugang zum Schiff durch einen Steg zu sichern, der aus zwei Spieren bestand, zwischen die Bretter von Packkisten genagelt waren. Ein Tau diente als Geländer.

Nachdem dies geschehen war, bereiteten wir uns für eine Schlittenreise nach Süden vor für den — von keinem von uns als wahrscheinlich betrachteten — Fall, daß wir gezwungen würden, die »Fram« zu verlassen. Wir bauten Schlitten und Kajaks, nähten Säcke für die Vorräte, wählten den Proviant und andere notwendige Dinge aus und wogen sie ab usw. Diese Arbeit beschäftigte uns lange.

Wir brauchten auch mehr Schneeschuhe. Schneeschuhe müssen wir haben, gute, starke, mindestens ein Paar für jeden Mann. Aber woher sollten wir das Material dazu nehmen? An Bord war kein Holz mehr, das sich dazu eignete. Allerdings besaßen wir noch ein großes Stück Eichenholz, wir konnten es aber mit den kleinen Sägen, die wir nur hatten, nicht zerschneiden. Amundsen feilte deshalb die Eissäge in eine Schweifsäge um; Bentsen fertigte Handgriffe dazu an, und dann sägten Mogstad und Hendriksen den Eichenbalken in Stücke. Am 6. April war der Balken in sechs Paar gute Bretter zerschnitten. Da ich kanadische Schneereifen für besser halte als norwegische Schneeschuhe, wenn es sich darum handelt, schwerbeladene Schlitten über das rauhe und unebene Polareis zu schleppen, wies ich Mogstad an, zehn Schneereifen aus Hikoryholz herzustellen, von dem wir einen Vorrat an Bord hatten. An Stelle des Netzwerkes aus Rentierhaut spannten wir Segeltuch über die Rahmen; es tut dieselben Dienste und läßt sich leicht ausbessern. Mit den Schneeschuhen unternahmen wir häufig Ausflüge, insbesondere Scott-Hansen und ich. Auf einer dieser Fahrten, auf der uns auch Amundsen, Nordahl und Pettersen begleiteten, trafen wir 6 Kilometer westlich vom Schiff einen großen Eishügel, den wir wegen seiner Ähnlichkeit mit der Insel Lovunden bei der Küste von Helgeland »Lovunden« nannten. Der Hügel hatte sehr schöne Abhänge zum Schneeschuhlaufen, und wir übten dort nach Herzenslust.

Ich ordnete an, daß nunmehr, wenn das Wetter gut war, die ganze Mannschaft täglich von 11 bis 1 Uhr Schneeschuh lief. Diese Übungen waren nach jedermanns Geschmack und zugleich notwendig; sie boten lebhafte Bewegung in der frischen Luft und gaben auch den Anfängern genügend Sicherheit für den Ernstfall.

Während wir mit dem Abtragen des Eisrückens zu tun hatten, war fortwährend viel Unruhe im Eis. Zwanzig Meter vom Schiff hatte sich eine neue Rinne parallel mit der alten zwischen uns und dem Depot gebildet; außerdem hatten sich nach allen Richtungen größere und kleinere Spalten geöffnet. Etwas später, in der Zeit vom 11. April bis zum 9. Mai, traten beträchtliche Störungen im Eis mit heftigen Pressungen in den Rinnen um das Schiff herum ein. Am Abend des 11. April hatte ich mit Scott-Hansen eine Schneeschuhfahrt nach Nordosten längs der neuen Rinne zwischen Schiff und Depot unternommen. Auf dem Rückweg gerieten wir in eine Eispressung, wie ich sie noch niemals erlebt hatte. Erst war da ein ganz schmaler Kanal, der parallel mit der Hauptrinne lief, die mit ungefähr 65 Zentimeter dickem Eis bedeckt war. Darauf öffnete sich jenseits der ersten und parallel zu ihr eine größere Rinne. Während der folgenden Eispressung krachten die Ränder mit solcher Heftigkeit gegeneinander, daß sie das Eis mit Gewalt nach unten drängten, so daß wir es oft 5 bis 7 Meter tief unter Wasser sahen. Neugefrorenes See-Eis ist merkwürdig elastisch und biegt sich erstaunlich, ohne zu brechen. An einer anderen Stelle sahen wir, wie sich das neue Eis ohne zu brechen in großen, wellenförmigen Erhöhungen gebogen hatte.

Am 5. Mai wurde die breite Rinne hinter dem Schiff durch Eisdruck zusammengeschoben, und an ihrer Stelle bildete sich an Backbord, ungefähr 100 Meter vom Schiff und nahezu parallel mit ihm eine neue Spalte im Eis. Das Schiff stand jetzt also nicht mehr mit einem einzigen festen Eisfeld in Verbindung, sondern war an einer großen Scholle befestigt, die kleiner wurde, sobald sich neue Spalten bildeten.

Die Hauptrinne hinter dem Schiff öffnete sich in der zweiten Aprilhälfte immer mehr und war am 29. sehr breit geworden. Sie dehnte sich nordwärts aus, so weit das Auge reichte. Am 1. Mai maß Scott-Hansen sie, als sie wahrscheinlich ihre größte Breite hatte. Sie war dicht hinter dem Heck des Schiffes 950 und etwas weiter nördlich über 1400 Meter breit. Wäre die »Fram« frei gewesen, würde ich in der Rinne so weit wie möglich nach Norden gegangen sein. Aber daran war nicht zu denken. Das Schiff saß fest auf seinem Eisfuß und hinter seinen Schollenmauern.

Schon am 2. Mai schloß sich die Hauptrinne wieder. Der Steuermann, Nordahl und Amundsen, die sich zufällig auf einer Schneeschuhfahrt längs der Rinne nach Süden befanden, waren Augenzeugen der Eispressung, die sie als einen großartigen Anblick beschrieben. Der frische, südöstliche Wind hatte dem Eis beträchtlichen Antrieb gegeben, und als sich die Ränder mit erheblicher Geschwindigkeit und Wucht einander näherten, berührten sich zuerst zwei große, vorstehende Zungen mit donnerartigem Krach; sie wurden im Augenblick zu einem Hügel von ungefähr 7 Meter Höhe emporgeschoben, stürzten dann wieder zusammen und verschwanden unter dem Rand des Eises.

Unsere Drift nach Norden war während des ersten Monats fast gleich Null. Beispielsweise waren wir bis zum 19. April nur 4 Breitenminuten, ungefähr $7^{1}/_{2}$ Kilometer, weiter nach Norden gekommen. Ebenso trieben wir in derselben Zeit nicht viel nach Westen. Später machten wir bessere Fortschritte, aber bei weitem nicht so große wie im Jahre 1894. Am 23. Mai trug ich folgendes ins Schiffstagebuch ein:

»Wir sind alle sehr neugierig auf das Nettoergebnis unserer Drift im Frühjahr. Wenn wir bis zum Sommer oder Herbst nur 60° ö. L. erreichen, können wir sicher darauf rechnen, im Herbst 1896 heimzukehren. Die Frühjahrsdrift ist in diesem Jahre beträchtlich schwächer als im vorigen, wird aber vielleicht länger in den Sommer hinein dauern.

Um die Drift zu beobachten, stellten wir eine Logleine von 180 bis 280 Meter Länge her, an deren Ende ein kegelförmiger, offener Beutel aus dünnem Stoff befestigt war, in dem wir kleine Tiere fangen konnten. Unmittelbar über dem Beutel war ein Stück Blei an der Leine angebracht, so daß er selbst frei im Wasser nachschleppte. Das Log wurde durch ein weites Loch im Eise hinabgelassen, das in der kalten Jahreszeit nur schwer offen zu halten war. Mehrere Male am Tage wurde die Leine untersucht und der »Driftwinkel« gemessen. Hin und wieder holten wir die Logleine ein, prüften sie und sammelten, was der Beutel an Tieren oder sonstiger Beute enthielt. In der Regel war der Inhalt unbedeutend und bestand nur aus einigen wenigen niedrigen Organismen.

Ende Mai war die »Frühjahrsdrift« vorüber. Der Wind ging nach Südwesten, Westen und Nordwesten herum. Dann setzte die Rückdrift oder »Sommerdrift« ein, die aber nicht lange dauerte. Am 8. Juni hatten wir schon wieder östlichen Wind mit guter Drift nach Westen, so daß wir am 22. auf 84° 31,7' n. Br. und 80° 58' ö. L. standen; an den letzten Tagen des Juni und meist auch im Juli war die Drift noch besser.

Zur Einförmigkeit unserer Drift im Eis während des Winters und Frühjahrs 1895 kam der Mangel an tierischem Leben in diesem Teile des Polarmeeres. Wiederholt sahen wir lange Zeit hindurch nicht ein einziges lebendes Wesen; selbst die doch so weit umherschweifenden Eisbären ließen sich nicht sehen. Ein kleiner Seehund, der am Nachmittag des 7. Mai in einer neu geöffneten Rinne dicht beim Schiff erschien, war das erste Lebewesen seit März. Später sahen wir in den offenen Rinnen oft Seehunde. Sie waren sehr scheu, und es gelang uns erst spät im Sommer, einen zu erlegen. Er war so klein, daß wir ihn bei einer Mahlzeit vollständig verzehrten. Am 14. Mai erzählte uns Pettersen, er habe einen weißen Vogel nach Westen fliegen sehen, seiner Meinung nach eine Eismöwe. Am 22. sah Mogstad eine Schneeammer, die das Schiff umkreiste; von da ab mehrten sich die Frühjahrsboten. Unsere Jagdbeute blieb jedoch sehr spärlich. Erst am 10. Juni erlegten wir das erste Wild. Der Doktor schoß einen Eissturmvogel und eine Stummelmöwe (Larus tridactylus). Am 20. Juni schossen der Doktor und ich je eine Grillumme. Wir sahen auch Krabbentaucher, aber die Hunde verjagten die Vögel, ehe wir zum Schuß kamen.

Das Wetter war durch den ganzen März, April und Mai mit milden östlichen Brisen oder Windstillen gut und in der Regel klar. Ein- oder zweimal und nur auf kurze Zeit drehte sich der Wind nach Süden oder Westen. Das beständige Wetter wurde uns schließlich geradezu zur Qual, da es die langweilige Umgebung nur unterstrich und unsere Stimmung niederdrückte. Ende Mai besserte es sich etwas, als wir eine Zeitlang eine frische westliche Brise hatten. Am 8. Juni drehte sich der Wind wieder nach Osten und nahm nunmehr an Stärke zu, so daß wir am Sonntag, 9. Juni, einen halben Sturm aus Ostsüdost mit der Geschwindigkeit von 10,5 Meter in der Sekunde hatten, den stärksten günstigen Wind seit langer Zeit.

Es war erstaunlich, wie ein einziger Tag mit gutem Wind die Stimmung an Bord veränderte. Wer vorher träumerisch und teilnahmslos umhergekrochen war, erwachte zu neuem Mut und Unternehmungsgeist. Jedes Gesicht strahlte befriedigt. Vorher bestand unsere tägliche Unterhaltung aus dem einsilbigen »Ja« und »Nein«; jetzt waren wir vom Morgen bis zum Abend voller Späße, und überall hörte man Lachen, Singen und lebhaftes Geplauder. Und mit der Stimmung stieg auch unsere Hoffnung auf günstige Drift. Die Karte wurde immer wieder herausgeholt, und die Prophezeiungen waren zuversichtlich genug. »Wenn der Wind länger in dieser Richtung anhält, werden wir an dem und dem Tage an dem und dem Orte sein! Es ist so klar wie Tageslicht, daß wir im Herbst 1896 zu Hause sind! Sehen Sie nur, wie wir bis jetzt hinaufgetrieben sind! Und je weiter westlich wir kommen, desto schneller wird es gehen!« So wurde geredet.

Die Kälte, die Mitte März nicht über $-40°$ betrug, hielt sich im April stetig auf $-30°$ und $-25°$, nahm aber im Mai rasch ab, so daß das Thermometer um die Mitte des Monats $-14°$ und in der letzten Woche nur $-6°$ verzeichnete. Am 5. Juni stand das Thermometer zum erstenmal über dem Gefrierpunkt, nämlich auf $+0,2°$. Dann fiel es wieder einige Tage, stieg aber am 11. aufs neue bis auf ungefähr $+2°$.

Die Niederschläge waren in der ganzen Zeit höchst unbedeutend; nur hin und wieder sehr leichter Schneefall.

In der Nacht des 2. April sahen wir zum erstenmal die Mitternachtssonne.

Eine der wissenschaftlichen Aufgaben der Expedition war die Untersuchung der Tiefe des Polarmeeres. Unsere schwachen Leinen eigneten sich für diesen Zweck nicht besonders und waren bald durch Reibung, Oxydation usw. so abgenutzt, daß wir sie nur mit der größten Vorsicht benutzen konnten und die Zahl der Lotungen beschränken mußten. Manchmal geschah es auch, daß die Leine während des Einholens brach und ein großes Stück verlorenging.

Die erste Lotung nach der Abreise Dr. Nansens und Johansens wurde am 23. April vorgenommen. Wir glaubten, daß wir die Leine in einem Zug bis auf 3000 Meter auslaufen lassen könnten. Aber schon bei 1900 Meter wurde sie schlaff; wir meinten, den Grund erreicht zu haben, und holten sie wieder ein. Als es sich dann aber zeigte, daß die Leine den Grund nicht erreicht hatte, ließen wir jetzt 3000 Meter aus, verloren dabei aber etwa 900 Meter Leine. Daraufhin nahm ich an, daß wir bei 2100 Meter den Grund berührt hätten, und ließ die Leine noch einmal bis zu dieser Tiefe auslaufen, ohne aber Grund zu bekommen. Am nächsten Tag loteten wir aufs neue bei Tiefen von 2100, 2300, 2500 und 3000 Meter, stets aber, ohne Grund zu erreichen. Am dritten Tag, 25. April, loteten wir zuerst auf 3000 und dann auf 3200 Meter, ohne Grund zu finden. Da die Stahlleine zu kurz war, mußten wir sie mit einer Hanfleine verlängern und reichten nun bis auf 3400 Meter hinab. Beim Einholen merkten wir, daß die Leine brach. Wir verloren außer 20 Meter Hanfleine 500 Meter Stahlleine. Nun stellten wir das Loten bis zum 22. Juli ein, weil die Hanfleinen so stark abgenutzt waren, daß wir sie bis zum Eintritt milderen Wetters nicht zu benutzen wagten.

Wind und Wetter waren ein Lieblingsthema an Bord der »Fram«, natürlich wegen der Drift. Wie es sich gehörte, hatten wir in Pettersen einen Wetterpropheten an Bord. Seine Spezialität war die Vorhersage günstigen Windes, und in dieser Beziehung war er unermüdlich, obwohl sich seine Prophezeiungen keineswegs immer erfüllten.

Ende Mai bildete sich durch Sonne und Frühjahrswetter ein richtiger kleiner Schneewasserteich vor dem Bug der »Fram«. Da der Schnee rings um das Schiff voller Ruß, Abfälle und Hundemist war, war zu befürchten, daß er stinken würde, wenn er schmolz, und daß das Schmelzwasser nicht mehr zum Reinigen der Decks zu brauchen war. Ich ließ daher alle Mann ans Werk gehen und den Schnee von der Steuerbordseite fortschaffen, eine Arbeit, die ungefähr zwei Tage dauerte.

Der Frühling gab uns jetzt eine Menge Arbeit an Bord wie auf dem Eis. Zuerst mußte das Depot an Bord gebracht werden, da sich jetzt häufiger Rinnen und Spalten bildeten und vieles im Depot keine Feuchtigkeit vertrug.

Die Sonne strahlte jetzt so stark auf das Zeltdach, daß der Schnee unter den Booten und auf den Davits schmolz. Schnee und Eis mußten darum abgekratzt werden, nicht nur unter dem Zeltdach, sondern auch unter den Booten, auf dem Deckshaus, im Durchgang an Steuerbord und in den Räumen.

Salon, Bibliothek und Kabinen wurden gründlich sauber gemacht. Das war sehr notwendig; denn Decken, Wände und alle Möbel und Ausrüstungsgegenstände hatten im Laufe der Polarnacht eine dicke Kruste aus Ruß, Fett, Rauch und anderen Ingredienzien angesetzt.

Ich selbst säuberte im Salon und in meiner eigenen Kabine alle Bilder, die mit der Zeit dieselbe dunkle Grundfarbe angenommen hatten wie ihre Umgebung und im ganzen ziemlich rätselhaft aussahen. Mit reichlich Seife und Wasser gelang es mir, ihnen einigermaßen zu ihrer früheren Schönheit zu verhelfen.

Am Pfingstvorabend, 1. Juni, war das Großreinemachen beendet, so daß wir ein behagliches Pfingstfest mit Buttersuppe zum Abendessen und allerlei feinen Dingen zum Nachtisch feiern konnten.

Unsere Gesundheit blieb ausgezeichnet, und der Doktor hatte in seiner Eigenschaft als Arzt nichts zu tun. Ein paar unbedeutende »Unfälle«, eine erfrorene große Zehe, hin und wieder eine geringe Hautabschürfung, ein- oder zweimal ein schlimmes Auge — das war alles. Wir führten aber auch ein sehr regelmäßiges Leben, richtig eingeteilt in Arbeit, Bewegung und Ruhe. Wir schliefen gut und aßen tüchtig und waren daher wenig bekümmert, daß wir beim Wiegen am 7. Mai Gewichtsverlust feststellten. Die Abnahme war jedoch unbedeutend, die ganze Gesellschaft wog kaum $3^1/_2$ Kilo weniger als einen Monat vorher.

Eine Krankheit gab es allerdings, an der wir litten, eine ansteckende, wenn sie auch nicht gefährlicher Natur war. Es wurde an Bord der »Fram« zur Modekrankheit, sich den Kopf rasieren zu lassen; es sollte ein untrügliches Mittel für üppigen Haarwuchs sein. Juell brachte es auf, und dann wurde es eine regelrechte Manie; mit Ausnahme von mir und einem oder zwei anderen folgten die übrigen Juells Beispiel. Wie ein vorsichtiger General wartete ich erst eine Weile, um zu sehen, ob die erwartete Ernte auf den geschorenen Köpfen meiner Kameraden sprießen würde. Als aber das Haar nicht stärker als vorher wuchs, zog ich ein Mittel vor, das mir der Doktor verschrieben hatte, nämlich den Kopf täglich mit weicher Seife zu waschen und dann mit einer Salbe einzureiben. Um diese Behandlung wirksamer zu machen und die Salbe richtig in die Kopfhaut zu bringen, folgte ich doch noch dem Beispiel der anderen und ließ mir den Kopf ebenfalls mehrere Male rasieren. Ich glaube nicht, daß es meiner Platte genützt hat!

Der »Siebzehnte Mai« brachte uns das schönste Wetter. Klarer, heller Himmel, blendender Sonnenschein, 12° Kälte und Windstille. Die Sonne, die zu dieser Zeit des Jahres niemals untergeht, stand schon hoch am Himmel, als wir um 8 Uhr morgens durch einen Schuß und fröhliche Melodien auf dem Harmonium geweckt wurden. Wir zogen uns rascher als sonst an, frühstückten schnell und bereiteten uns erwartungsvoll auf die Feierstunde vor. Das »Festkomitee« war schon am Tage vorher sehr geschäftig gewesen. Pünktlich um 11 Uhr versammelten sich die verschiedenen Korporationen mit ihren Flaggen und Insignien und bekamen ihren Platz im großen Festzug. Ich marschierte mit der norwegischen Flagge an der Spitze; dann kam Scott-Hansen mit dem Wimpel der »Fram«, ihm folgte Mogstad mit dem Banner der meteorologischen Abteilung. Amundsen war Nummer 4 und trug eine Demonstrationsfahne zugunsten der »Reinen Flagge«, hinter ihm ging sein Schildknappe Nordahl auf Schneeschuhen, einen Speer in der

Hand und eine Büchse auf dem Rücken. Seine Flagge zeigte auf rotem Grunde das Bild eines alten norwegischen Kriegers, der seinen Speer über dem Knie zerbricht, mit der Inschrift: »Vorwärts! Vorwärts! (Fram! Fram!) ihr Norweger! Eure eigene Flagge in Eurem eigenen Land! Was wir tun, tun wir für Norwegen!« Als fünfter marschierte der Steuermann mit dem norwegischen Wappen auf rotem Grund; sechster war Pettersen mit der Flagge der Handwerkerabteilung. Den Schluß machte das »Musikkorps«, dargestellt von Bentsen mit einer Handharmonika. Dem Festzug folgte das Publikum in Festtagskleidern, nämlich der Doktor, Juell und Hendriksen in malerischer Unordnung.

Mit wehenden Bannern und unter den Klängen der Musik nahm der Festzug seinen Weg um die Ecke der »Universität« (die »Fram«), durch die »Karl-Johann-Straße«, die »Kirchenstraße« (eine von Scott-Hansen für diese Gelegenheit angelegte Straße über die Spalte vor dem Großen Hügel) hinab, bei »Engebret's« (das Depot auf dem Eis) vorbei und schwenkte dann nach der »Festungs-Parade«* herum, dem Gipfel des Großen Hügels, wo der Zug haltmachte. Dort forderte ich zu einem Hoch zu Ehren der festlichen Gelegenheit auf. Die dichtgedrängte Menge ließ ein neunmaliges Hurra erschallen.

Genau um 12 Uhr wurde aus unseren großen Buggeschützen der offizielle Salut für den Siebzehnten Mai abgefeuert. Dann folgte ein prächtiges Festmahl. Beim Braten brachte Scott-Hansen das Wohl unserer Lieben zu Hause und unserer zwei abwesenden Gefährten aus, die, wie er hoffe, ihre Aufgabe erfüllen und wohlbehalten in die Heimat zurückkehren würden. Dieser Trinkspruch wurde von zwei Salutschüssen unterstrichen.

Um 4 Uhr nachmittags hielten wir ein »großes Volksfest« auf dem Eis ab. Der Festplatz war mit Flaggen geschmückt, und das Programm bot eine reiche Auswahl von Unterhaltungen. Da waren Seiltanz, Gymnastik, Schießen nach laufenden Hasen und viele andere Nummern. Das hochgestimmte Publikum spendete allen Vorführungen kräftigen Beifall. Nach dem Abendessen versammelten wir uns im Salon um eine dampfende Punschbowle. Bis tief in die Nacht hinein saßen wir fröhlich beisammen.

Vom 22. Juni bis 15. August 1895

Je weiter das Frühjahr fortschritt, desto größer wurden die Störungen im Eis. In allen Richtungen bildeten sich Rinnen und Tümpel. Gleichzeitig wuchs auch die Zahl der Wassertiere und Vögel um uns herum.

Am Abend des 22. Juni meldete die Wache, daß Wale in der Rinne an der Steuerbordseite seien. Alle eilten an Deck. Wir sahen sieben oder acht weibliche Narwale, die in der Rinne ihre Luftsprünge machten. Wir gaben einige Schüsse ohne Wirkung auf sie ab. Im Laufe des Tages fuhr ich ihnen mit dem Seehundsboot nach, ohne aber in Schußweite zu kommen. Für den Fall, daß die Tiere wiederkamen, bereiteten wir zwei Harpunenblasen und

---

* Alles in Kristiania wohlbekannte Orte. Engebret ist ein Restaurant.

einen eichenen Anker vor; beides machten wir am Ende der Harpunenleine fest. Wenn ein harpunierter Wal für uns zu stark war, wollten wir den Anker und die Blasen auswerfen.

Es lag uns viel daran, den neuen Apparat zu erproben, und wir hielten darum scharfen Ausguck nach Walen. Gelegentlich sahen wir einen oder zwei in der Rinne, aber sie verschwanden so rasch wieder, daß uns zur Verfolgung keine Zeit blieb. Am Abend des 2. Juli schwärmte die Rinne von Walen, aber sie waren so scheu, daß wir nicht an sie herankommen konnten. Einer blieb noch eine Zeitlang in einer kleinen Rinne. Wir schlichen uns am Rande entlang, aber der Wal bekam Wind und schwamm in den großen Kanal hinaus.

Einige Tage später besuchte uns nochmals eine Bande dieser Schauspieler in einer anderen Rinne, die sich ganz nahe bei dem Schiff neu gebildet hatte. Drei Tiere hatten lange, schwere Stoßzähne, die sie bald hoch über Wasser zeigten, bald dazu benutzten, ihre Freundinnen auf dem Rücken zu kratzen. Wir nahmen Büchsen und Harpunen und liefen so schnell uns die Beine tragen wollten. Aber als wir an die Rinne kamen, waren sie auf und davon. Wir ließen sie fortan unbehelligt.

Auf der Vogeljagd hatten wir mehr Glück, und schon am 7. Juni schossen wir soviel Grillummen, Möwen, Eissturmvögel und Krabbentaucher, daß wir an dem Tag unsere erste Frischfleischmahlzeit in diesem Jahre hatten. Das Fleisch dieser Vögel wird in der Regel nicht sehr hoch geschätzt; wir aßen es jedoch mit wahrem Wolfshunger. Es schmeckte uns ausgezeichnet, besser als das zarteste junge Schneehuhn.

Eines Tages erschienen drei Möwen. Sie ließen sich in der Nähe der »Fram« nieder. Pettersen schoß zweimal nach ihnen, aber die Vögel blieben ruhig auf dem Schnee sitzen und betrachteten ihn mit hochgespannter Bewunderung. Endlich flogen sie davon, begleitet von Segenssprüchen des Jägers, der über sein Unglück, wie er es nannte, erbost war. Die Augenzeugen hatten eine andere Ansicht von dem »Unglück«, und es regnete Scherze auf den armen Burschen.

Pettersen wurde aber bald ein eifriger Sportsmann und erklärte, eins der ersten Dinge, die er nach der Rückkehr in die Heimat kaufen werde, sei eine Vogelflinte. Er schien als Schütze einiges Talent zu haben, obwohl er schwerlich, ehe er auf die »Fram« gekommen war, jemals einen Schuß abgefeuert hatte. Wie alle Anfänger mußte er eine hübsche Zahl von Fehlschüssen in Kauf nehmen, ehe er soweit war, daß er das Ziel traf. Allein Übung macht den Meister, und eines Tages errang er sich als Schütze unsere Achtung, als er tatsächlich einen Vogel im Flug schoß. Dann aber folgten eine Zeitlang wieder »Unglücksfälle«. Erst viel später kam die wirkliche Ursache seiner schlechten Schüsse ans Licht. Ein Schelm, der geglaubt, Pettersen richte unter dem Wild zuviel Unheil an, hatte seine Patronen umgeladen, so daß Pettersen während der ganzen Zeit mit Salz anstatt mit Blei geschossen hatte; das war natürlich ein kleiner Unterschied!

Die »Fram« hatte seit der ersten Maiwoche in einer großen Eisscholle eingebettet gelegen, die sich täglich verkleinerte. Überall bildeten sich Risse und Rinnen, oft, um sich schon nach wenigen Stunden wieder zu schließen.

Wenn die Ränder des Eises mit fürchterlicher Gewalt gegeneinanderkrachten, wurden alle Ecken abgebrochen, Schollen über- und untereinandergeschoben oder zu Hügeln aufgetürmt. Wenn der Druck aufhörte, stürzten die Hügel wieder zusammen und brachen bei ihrem Fall neue Schollen ab. Durch diese wiederholten Störungen vermehrten sich die Risse in unserer Scholle beständig, besonders nach einer heftigen Eispressung am 14. Juli, als sich Spalten und Rinnen quer durch die alte Eiskette an Backbord und ganz nahe an der Seite des Schiffes bildeten, so daß es eine Zeitlang aussah, als ob die »Fram« bald ins Wasser gleiten würde. Für den Augenblick blieb das Schiff zwar in seinem alten Lager, drehte sich aber während dieser Störungen häufig nach verschiedenen Richtungen.

Am 27. Juli trat eine unheimlich starke Pressung ein. Die Scholle, auf der die Schmiede stand, drehte sich wie in einem Wirbelstrom herum, so daß wir fürchteten, die ganze Werkstätte zu verlieren. Scott-Hansen und Bentsen verlagerten die Schmiede mit allem Zubehör auf die »Fram«-Scholle, die jetzt aber auch gestört wurde und sich drehte, so daß der Bug des Schiffes bald West $^1/_2$ Süd anstatt Nordwest anlag.

Von der Sonne und dem milden Wetter gefördert, hob sich das Schiff täglich höher aus seinem Lager. Am 23. Juli lagen an der Backbordseite $3^1/_2$ Planken der Eishaut frei und an der Steuerbordseite 10. Am Abend des 8. August barst unsere Scholle an Backbord, und die »Fram« änderte ihre Neigung von 7° nach Backbord auf $1^1/_2$° nach Steuerbord.

Ich war besorgt, daß die kleine Scholle, auf der wir lagen, die Rinne hinabtreiben könnte, falls sich das Eis noch mehr lockerte, und befahl daher dem Steuermann, das Schiff an der Hauptscholle zu vertäuen. Der Befehl wurde jedoch nicht schnell genug ausgeführt, und als ich eine halbe Stunde später an Deck kam, trieb die »Fram« bereits den Kanal hinab. Sofort rief ich alle Mann an Deck, und mit vereinten Kräften holten wir das Schiff an die Scholle heran und vertäuten es sicher.

Da wir die »Fram« gern vollständig aus dem Eisbett, in dem sie so lange gelegen hatte, befreien wollten, versuchten wir sie loszusprengen. Am 9. August zündeten wir um $7^1/_2$ Uhr abends eine Mine von ungefähr 3 Kilo Schießpulver, die wir 2 Meter vom Heck unter der Scholle angebracht hatten. Als die Mine losging, erhielt das Schiff einen heftigen Stoß, aber das Eis blieb anscheinend fest. Nunmehr entspann sich eine lebhafte Erörterung über das Sprengen. Die meisten meinten, die Mine sei nicht kräftig genug gewesen; einer behauptete sogar, daß 20 oder 25 Kilo Pulver hätten verwendet werden müssen. Aber als wir noch im hitzigsten Gespräch waren, barst die Scholle plötzlich. Aus den Öffnungen kamen große Eisklumpen unter dem Schiffe herauf, die »Fram« erhielt am Heck einen starken Stoß von unten, hob sich vorn, rollte schwer, als ob sie die Eisfesseln abschütteln wollte, und sprang dann unter starkem Klatschen ins Wasser hinaus. Dabei hatte sie soviel Fahrt, daß eine der Bugtrossen riß; im übrigen ging der Stapellauf so glatt vonstatten, wie ihn kein Schiffbauer sich hätte besser wünschen können. Wir vertäuten das Heck am Rande des festen Eises mit Eisankern, die wir zu diesem Zweck geschmiedet hatten.

Scott-Hansen und Pettersen hätten bei dem Stapellauf um ein Haar ein kaltes Bad genommen. Nachdem sie die Mine unter der Scholle angebracht hatten, legten sie sich mit dem Prahm dahinter, um die Zündschnur einzuholen. Als die Scholle von seiner Sechshunderttonnenlast frei wurde und kenterte, befanden sich die beiden im Boot gerade mitten in dem gefährlichen Wirbelstrom von Wasser und Eisstücken; die Gesichter, die sie, namentlich Pettersen, während des Bootstanzes in dem Hexenkessel schnitten, waren sehenswert.

Das Schiff hatte jetzt eine leichte Neigung nach Steuerbord ($^3/_4°$) und trieb beträchtlich leichter als vorher auf dem Wasser. Soweit wir sehen konnten, hatte es keinerlei Schaden gelitten. Im übrigen lag das Schiff jetzt sehr gut, mit der Backbordseite an einem ebenen, ziemlich niedrigen Eisrand und einer offenen Rinne an Steuerbord. Ich wünschte nur, daß es bald Winter wurde und wir in dieser günstigen Lage einfroren.

Unsere Drift war in der zweiten Hälfte des Juni und während des Juli im ganzen befriedigend. In der Driftrichtung kamen nur geringe Abweichungen nach Süden und Norden vor, die nach Osten und Westen waren viel größer. Vom 22. bis zum 29. Juni ging es rasch westwärts, dann im Anfang Juli wieder eine Strecke zurück, darauf ein paar Tage wieder schnell nach Westen. Darauf kam eine rasche Rückdrift bis zum 12. Juli. Von diesem Tag bis zum 22. Juli trieben wir wieder weit nach Westen, bis 72° 56′; dann aber herrschte die Rückdrift vor, die uns am 6. September auf 79° 52′ brachte oder ungefähr dieselbe Länge, von der wir am 29. Juni ausgegangen waren!

In dieser Zeit war das Wetter im ganzen schön und mild. Gelegentlich hatten wir etwas nassen Schnee. Schlechtwetter vergrämte uns durchaus nicht; im Gegenteil, wir warteten ungeduldig auf Veränderungen, namentlich wenn sie eine gute Drift nach Westen versprachen und die Hoffnung belebten, bald aus unserm Gefängnis herauszukommen. Man darf das aber nicht so verstehen, als ob wir uns vor einem weiteren Winter im Eis gefürchtet hätten. Wir hatten Proviant genug und was sonst nötig war, um noch durch zwei oder drei Polarwinter zu kommen, und wir hatten ein erprobtes Schiff, dem wir bedingungslos vertrauten. Wir waren alle wohlauf und gesund und waren längst gute Kameraden geworden.

Unsere Gedanken waren oft bei Nansen und Johansen, aber so gefährlich ihre Reise auch war, hatten wir keine Angst, daß sie den Mühseligkeiten unterwegs unterlagen oder Franz-Joseph-Land nicht erreichten. Wir freuten uns vielmehr bei dem Gedanken, daß sie bald zu Hause sein und unseren Lieben erzählen würden, daß bei uns alles in Ordnung war und wir mit unserer Heimkehr im Herbst 1896 rechneten. Dennoch wurden wir ungeduldig, und Geist und Körper litten, wenn die Drift nur langsam fortschritt oder anhaltende Gegenwinde und die Rückdrift unsere Hoffnungen schmälerten.

Ferner war der wichtigste Teil unserer Mission bis zu einem gewissen Grade erfüllt. Es bestand keine Aussicht, daß uns die Drift viel weiter nördlich brachte, als wir jetzt waren, und was zur Erforschung der Gebiete im Norden geschehen könnte, würde von Nansen und Johansen getan werden. Unsere Aufgabe war daher, Nansens Anordnungen gemäß offenes Wasser und die Heimat auf dem kürzesten Weg und in der sichersten Weise zu erreichen, dabei aber alles zu tun, um die bestmöglichen wissenschaftlichen Ergebnisse mit nach Hause zu bringen. Diese Ergebnisse hatten wir beinahe schon so gut wie erzielt. Während wir nach Westen trieben, hatten wir festgestellt, daß das Polarmeer seinen Charakter, dieselben Tiefen, dieselben Eisverhältnisse und dieselben Strömungen, fast unverändert beibehielt. Keine Inseln, Felsen, Untiefen und noch weniger ein Festland schienen in der Nähe unseres unregelmäßigen Kurses zu sein; wohin man blickte, überall dieselbe einförmige und öde, mehr oder weniger zerrissene Eisfläche, die uns festhält und mit sich führt, wir mögen wollen oder nicht. Die wissenschaftlichen Beobachtungen wurden ununterbrochen so regelmäßig und genau wie möglich fortgesetzt. Sie umfaßten außer den gewöhnlichen meteorologischen Aufzeichnungen Lotungen, das Messen der Eisdicke, Aufnahme der Länge und Breite, das Messen der Meerestemperatur in verschiedenen Tiefen, die Bestimmung des Salzgehalts, das Sammeln von Proben der Meeresfauna, magnetische und elektrische Beobachtungen usw.

Vom 15. August 1895 bis 1. Januar 1896

Die Temperatur stieg, und der Schnee wurde täglich schlechter, so daß er sich nur selten zum Schneeschuhlaufen eignete; selbst auf Schneereifen sanken wir in dem weichen Schnee fast bis an die Knie ein.

Unsere Hauptbeschäftigung war noch immer die Arbeit an den Schlitten und Kajaks. Die Schlitten, die den ganzen Winter am Großen Hügel gelegen hatten, wurden an Bord gebracht, ausgebessert und mit Kufen versehen. Am 16. Juli waren alle acht Hand- und zwei Hundeschlitten verwendungsfähig.

Fünf Doppelkajaks und ein Einzelkajak, an denen wir lange Zeit gearbeitet hatten, wurden ungefähr um dieselbe Zeit fertig. Wir erprobten sie in der offenen Rinne. Sie waren fest und wasserdicht. Kajaks und Schlitten wurden an den Davits aufgehißt, um sie im Fall der Not jeden Augenblick herablassen zu können.

Und dann wurden Proviant und Vorräte für elf Mann und eine siebzigtägige Schlittenreise sowie für einen sechsmonatigen Aufenthalt auf dem Eis zusammengestellt, verpackt und vorläufig auf dem Vorderdeck unter dem Zeltdach verstaut. Ich wollte sie erst später im Jahre oder dann, wenn es die Lage erforderte, auf das Eis bringen lassen.

An Kohlen hatten wir noch ungefähr 100 Tonnen; nach meiner Berechnung reichten 20 Tonnen für sechs Monate auf dem Eis. Wir füllten also Bütten, Fässer und Säcke mit dieser Menge und schafften sie auf das Eis, dazu 650 Kilo Kartoffeln in Blechkisten, 200 Liter Petroleum, 400 Liter Gasöl und 150 Liter Teeröl.

Am 22. Juli setzten wir die Tiefseelotungen fort, eine bis auf 2500 Meter, eine bis auf 3000 Meter, ohne Grund zu bekommen. Um ganz sicher zu sein, daß die Leine auch untersank, ließen wir sie sehr langsam auslaufen. Wir brauchten 2¹/₄ Stunden, um 3000 Meter zu erreichen. Am 23. loteten wir wieder zweimal, das erstemal bis 3400 Meter, ohne Grund zu finden, beim zweitenmal bekamen wir in 3800 Meter Grund. Es dauerte 2¹/₂ Stunden, um die Leine bis zu dieser Tiefe hinabzulassen. Am 24. Juli loteten wir 3600 Meter, ohne auf Grund zu treffen, und schlossen daraus auf eine Tiefe von 3700 bis 3800 Meter.

Am 7. Juli ruderte der Doktor mit dem Prahm hinaus, um Algen zu suchen, kam aber mit leeren Händen zurück. In diesem Sommer gab es merkwürdig wenig Algen, auch schien nicht soviel tierisches Leben im Wasser zu sein wie im Jahre zuvor.

Am Sonnabend, 17. August, erfolgte nachmittags plötzlich eine ziemlich starke Eispressung um uns herum. In wenigen Minuten wurde die »Fram« 40 Zentimeter in die Höhe gehoben, ohne Geräusch und ohne sich im mindesten überzulegen.

Am nächsten Tage lockerte sich das Eis wieder, und das Schiff lag aufs neue flott. So blieb es bis zum Morgen des 21. August, als eine neue, starke Eispressung begann. Das Schiff befand sich jetzt in einer sehr schlechten Lage mit hohen Hügeln auf jeder Seite, die es in einer Länge von 9 Metern einklemmten und 20 bis 25 Zentimeter in die Höhe schraubten. Die Pressung hörte aber schon nach einer halben Stunde auf, die »Fram« sank in ihre alte Lage zurück.

Sobald sich Anzeichen von Eispressung zeigten, versuchten wir stets, das Schiff so weit wie möglich von dem bedrohten Punkte fortzuziehen. Gelegentlich gelang uns das. Aber bei stürmischem Wetter war es unmöglich, das Schiff zu bewegen, da es mit seiner schweren Takelung und dem hohen Zeltdach dem Winde eine zu große Fläche bot. Beständig brachen die Eisanker, Vertäuungen und Verholtrossen.

Als Nansen und Johansen aufbrachen, hatten sie uns sieben Hunde zurückgelassen, die Hündin »Sussi« und die sechs jüngsten Hunde: »Kobben«, »Snadden«, »Bella«, »Skvint«, »Axel« und »Boris«. Am 25. April brachte »Sussi« 12 Junge zur Welt. Wir hatten für sie auf Deck einen kleinen Stall gebaut und mit Rentierfellen gefüttert. Pettersen kam morgens herunter und erzählte uns, »Sussi« laufe winselnd und heulend umher. Ich ging mit Mogstad hinauf. Wir schlossen »Sussi« in den Stall ein, wo sie sofort ein Junges zur Welt brachte. Am Nachmittag sahen wir, daß unsere Gemeinde immer mehr Bürger bekam, und da wir Sorge hatten, daß die Mutter den Wurf nicht warm halten könnte, brachten wir die ganze Familie in den Salon. Sämtliche Junge waren groß und hübsch, die meisten ganz weiß. Sie wuchsen und gediehen als Kajütspassagiere ausgezeichnet und wurden von jedem verzogen. Nach einem Monat brachten wir sie in den Stall auf Deck. Wochen später schien es, als ob sie plötzlich zu wachsen aufhörten, obgleich sie beständig mit rohem Bärenfleisch, Milch und den Abfällen von unserer Tafel gefüttert wurden. In der zweiten Augustwoche starben zwei an Krämpfen. Ein drittes rettete der Doktor mit warmen Bädern.

Als Anfang September die häufigen Regengüsse Stall und Deck sehr feucht und unbehaglich machten, bauten wir auf dem Eis einen Hundestall mit einer Persenning als Dach und einem Fußboden aus Planken. Während des Baues ließen wir die ganze Hundemeute auf das Eis hinaus. Die Jungen hatten kaum eine halbe Stunde gespielt, bekamen sie eins nach dem andern Krämpfe; die Anfälle gingen jedoch schnell vorüber. Wir überschütteten die Hunde mit Seifenwasser und brachten sie dann in ihrem neuen Heim unter.

Als die Jungen älter wurden, mußten wir scharf aufpassen, wenn wir sie auf das Eis hinaus ließen. Sie spielten und tummelten sich in solch unbändiger Freude umher, daß sie oft ins Wasser fielen und von dem Hundeinspektor oder wer sonst gerade zur Hand war, herausgefischt werden mußten. Außerdem gewannen sie auch bald Geschmack an längeren Ausflügen. Sie folgten unseren Spuren weit hin über das Eis.

Was das Temperament anlangte, so bestand zwischen der Generation Hunde, die wir ursprünglich an Bord genommen hatten, und denen, die wir jetzt besaßen, ein großer Unterschied. Während die ersteren große Kämpfer waren und einander ständig, oft bis zum Tode befehdeten, waren die letzteren äußerst ruhig und wohlerzogen, aber wild, wenn es an die Verfolgung eines Bären ging.

In der ersten Septemberhälfte war das Wetter unbeständig mit vorherrschend westlichen und südwestlichen Winden, ziemlich viel Regen und Schnee und häufigen Störungen im Eis. Die Kälte bei Nacht erreichte manchmal $-10°$ oder $-11°$ und machte das junge Eis bald stark genug, einen Mann zu tragen, ausgenommen am Heck des Schiffes, wo aller Schmutz über Bord geworfen wurde. Hier war das Eis ein dicker Schlamm, überfroren, aber dünn. So geschah es, daß drei Mann an einem Tage, einer nach dem andern, an derselben verräterischen Stelle getauft wurden.

Der erste war Pettersen. Er sollte um das Heck herumgehen und nach der Logleine sehen; noch ehe er so weit kam, brach er durch das Eis. Kurz nachher widerfuhr Nordahl dasselbe, und eine halbe Stunde später war Bentsen an der Reihe hineinzufallen. Er geriet bis an den Hals ins Wasser, tauchte aber sofort wie ein Korken wieder auf und kletterte auf den Rand des Eises. Die Beobachtung der Logleine mußte verschoben werden, bis an Bord großes Wechseln und Trocknen der Kleider stattgefunden hatte.

Im September und bis weit in den Oktober hinein waren fast immer Pressungen im Eise. Auf allen Seiten bildeten sich neue Gassen, darunter einige nahe beim Schiff. Wo die »Fram« vertäut lag, zeigte sich nur sehr wenig Bewegung dank dem neuen Eis, das wir hier um uns herum hatten und das nur wenig Druck ausübte.

Nach dem 1. November kam eine friedlichere Zeit; die Pressungen hörten auf, die Kälte nahm zu, der Wind blieb östlich, und wir trieben stetig nach Norden und Westen. Wir hatten allen Grund, mit der Drift des zweiten Jahres zufrieden zu sein, da wir beinahe doppelt so weit vorwärts gekommen waren wie im ersten Jahre. Wenn das so anhielt, mußte uns der Herbst 1896 die Befreiung aus dem Eispanzer bringen.

Das Wetter war während der letzten drei Monate des Jahres 1895 in der Regel schön bei leichten Winden.

Am 16. September machten sich Scott-Hansen und Nordahl an den Bau eines Hauses für ihre magnetischen Beobachtungen. Ihr Baustoff waren große Blöcke Jungeis, die sie auf Schlitten stapelten und mit Hundegespannen nach der Baustelle fuhren. Das Haus wurde aus behauenen Eisblöcken gebaut, die nach innen etwas schräg abfallend übereinander aufgestellt wurden, so daß sie sich zu einem festen, runden Eisdom schlossen, einem finnischen Zelt ähnlich. Ein Eisgang mit einer hölzernen Klappe als Tür führte in das Haus hinein.

Als das Observatorium fertig war, gab Scott-Hansen einen Einzugsschmaus. Man hatte das Haus prächtig geschmückt und mit einem Sofa und mit Lehnstühlen möbliert, die mit Bären- und Rentierfellen bedeckt waren. Das Fundament, auf dem die magnetischen Instrumente aufgestellt werden sollten, war mit einer Flagge ausgelegt, eine Eisscholle diente als Tisch. Auf dem Tisch stand eine Lampe mit rotem Schirm, und an den Wänden hingen rote Papierlaternen. Die Wirkung war sehr festlich. Unser liebenswürdiger Wirt richtete an jeden einige humorvolle Worte. Pettersen sprach den Wunsch aus, daß dies die letzte Eishütte sei, die Scott-Hansen auf dieser Reise gebaut habe, und daß wir alle im nächsten Herbst um diese Zeit zu Hause sein möchten. Pettersens Ansprache wurde mit Begeisterung aufgenommen.

Im übrigen hatte Pettersen um diese Zeit gerade ein neues Amt angetreten und die Verwaltung von Juells Domäne übernommen, ein Bereich, dem er sein ganzes Herz zuwandte und in dem seine Leistungen jeden vollständig befriedigten. Die einzige Abteilung der Kochkunst, mit der er nichts zu tun haben wollte, war das Backen der Weihnachtskuchen, für die Juell selbst zu sorgen hatte, als ihre Zeit herankam.

Als der Winter einsetzte, bauten wir uns auch eine neue Schmiede.

Das Jahr schwand dahin. Am 6. September sahen wir die letzten Narwale in den Rinnen um das Schiff ihre Luftsprünge machen, und einige Tage später verabschiedeten sich die letzten Raubmöwen (Lestris parasitica).

Am 12. September hätten wir die Mitternachtssonne zum letztenmal sehen müssen, wenn es klar gewesen wäre; und schon am 8. Oktober erblickten wir um Mittag den letzten Schimmer des Sonnenrandes. Auf diese Weise gerieten wir auf ungefähr 85° n. Br. in die längste arktische Nacht, die ein menschliches Wesen bis jetzt durchlebt hat. Fortan gab es nichts, was Tageslicht genannt werden konnte, und um den 26. Oktober war kaum noch ein Unterschied zwischen Tag und Nacht bemerkbar.

So oft es die Zeit erlaubte und die Oberfläche nur irgendwie günstig war, schweiften wir einzeln oder zu mehreren auf Schneeschuhen in der Nachbarschaft des Schiffes umher. Am Morgen des 7. Oktober fand der Steuermann einen angetriebenen Baumstamm von etwa 2 Meter Länge und 16 Zentimeter Stärke; an dem Stamm war noch ein Stück Wurzel. Nachmittags holten wir ihn mit einem Handschlitten. Er war ohne Zweifel in einem sibirischen Wald gewachsen, von der Flut oder der Strömung eines Flusses fortgerissen, in die See hinausgeführt und schließlich in das Treibeis eingeschlossen worden.

Wir glaubten in der Tat nicht, daß die »Fram« auch nur die geringste Gefahr lief, bei Eispressungen zerdrückt zu werden; es war dies aber möglich oder wenigstens denkbar, wir hatten also die Pflicht, auf alle Fälle vorbereitet zu sein. Wir sicherten uns daher sorgfältig gegen jede Überraschung. Ende Oktober legten wir auf dem Eis ein neues Lager an, das aus Proviant

317

für sechs Monate und einer vollen Ausrüstung von Schlitten, Kajaks, Schneeschuhen usw. bestand. Der Proviant wurde auf fünf verschiedene Haufen verteilt, die so aufgestapelt wurden, daß die Kisten in jedem Haufen einen Bogen bildeten. Bei einer solchen Verstauung konnten nie mehr als zwei Kisten verlorengehen, selbst wenn das Schlimmste eintrat und das Eis sich gerade unter einem Haufen spaltete.

Am 28. November überschritten wir den 60. Längengrad und feierten diese Gelegenheit mit einem Fest. Der 60. Meridian geht in der Nähe von Kap Fligely auf Franz-Joseph-Land vorbei und durch Chabarowa, wo wir vor $2^{1}/_{4}$ Jahren den letzten schwachen Spuren der Zivilisation Lebewohl gesagt hatten. So schien es, als ob wir uns wirklich der Welt und dem Leben näherten.

Vom 1. Januar bis 17. Mai 1896

Der Neujahrstag brachte uns schönes, klares Wetter, Mondschein und ungefähr 43° Kälte. Das Eis blieb einen Monat lang merkwürdig ruhig, doch begann am 4. Februar die Pressung wieder. Sie dauerte nicht lange, aber das Eis rund um uns herum toste und kreischte, als ob ein fürchterlicher Sturm wehe.

Am 7. Februar liefen Scott-Hansen, Hendriksen, Amundsen und ich auf Schneeschuhen nach Norden. Je weiter wir kamen, um so zerstückelter und hügeliger wurde das Eis, und schließlich mußten wir an einer breiten Rinne umkehren. Am Morgen hatte sich im Südwesten eine dunkle Wolkenbank angesammelt; der Nebel wurde jetzt so dick, daß wir Mühe hatten, zum Schiff zurückzufinden. Endlich hörten wir die Stimme »Sussis«, und von dem Gipfel eines Eisrückens sahen wir die Tonne und die große Stenge der »Fram« über den Nebel emporragen. Noch einmal wurden wir aber durch eine große Rinne aufgehalten, die sich im Laufe des Tages gerade hinter dem Schiff gebildet hatte. Wir mußten ihr eine weite Strecke nach Westen folgen, ehe wir hinüberkamen. Die Kameraden erzählten, als die Rinne entstanden sei, habe das Schiff einen starken Stoß bekommen. Nachts um $12^{1}/_{2}$ Uhr spürten wir wieder einen Stoß. Wir liefen an Deck und sahen, daß das Eis 30 Meter hinter dem Schiff parallel mit der großen Rinne geborsten war. Der Spalt führte auf einen Kohlenhaufen zu. Oben auf dem Haufen stand eine Tonne, die verloren gewesen wäre, wenn sich der Riß nicht gerade vor ihr im rechten Winkel geteilt hätte. Auf die Weise war eine Insel entstanden, auf der die Tonne und einige Kohlensäcke in der Rinne umhertrieben. Wir hakten die Insel an das feste Eis an und bargen die Kohlen mit Ausnahme eines Sackes, der in die Tiefe sank. Um ganz sicher zu gehen, befahl ich, das Lager einmal während jeder Wache zu inspizieren.

Am 13. Februar machten Hendriksen, Amundsen und ich einen Ausflug nach Süden, um dort das Eis zu untersuchen. Es war sehr uneben und voller neuer Rinnen. Die Rinne hinter dem Schiff erweiterte sich im Laufe des Vormittags und entwickelte solche Massen von Nebel, daß wir das Schiff bald aus Sicht verloren. Am nächsten Tage öffnete sie sich noch mehr, und am 16. zeigten sich in ihr sehr starke Eispressungen. Das Eis zitterte und brüllte wie ein Wasserfall und zersplitterte an der Oberfläche in horizontale Schichten. Der Eisdruck wiederholte sich fast jeden Tag, beständig öffneten sich neue Spalten und Rinnen. Dann aber blieb das Eis bis zum 10. April ruhig. In der Nacht des 15. war der Druck in der Rinne an Backbord sehr stark, so daß wir die Logleine mit dem Sack heraufholen und den Lotapparat nach einer anderen Stelle bringen mußten.

Am Morgen des 21. weckte uns eine heftige Pressung hinter dem Heck des Schiffes. Nordahl meldete, das Eis drohe über das Schiff hinwegzustürzen. Eine ungeheure Scholle war hinter dem Schiff über den Rand des Eises geschraubt worden und glitt ungehindert weiter, bis sie genau gegen das Heck lief. Aber die »Fram« hatte solche Stöße schon früher ausgehalten und behauptete auch diesmal den Platz. Das Eis zersplitterte am festen Heck und lag nun zertrümmert auf beiden Seiten des Schiffes in gleicher Höhe mit dem Rand des Halbdecks bis zu den Besanwanten.

Spät am Nachmittag des 13. Mai erweiterte sich die Rinne zwischen der Schmiede und dem Schiff, bis sie nach ein paar Stunden 90 Meter breit geworden war. Von der Tonne aus sah ich im Südosten eine Rinne, die sich nach Süden ausdehnte. Um 10 Uhr abends stieg ich wieder zur Tonne hinauf. Die Rinne war noch erheblich breiter geworden und lief mit dunkler Luft darüber weit nach Süden.

Wir überlegten, was geschehen sollte. Obwohl ich mir nicht viel Gutes versprach, beschlossen wir doch, uns frei zu sprengen. Zunächst feuerten wir sechs Pulverminen hinter dem Schiff ab, jedoch ohne Ergebnis; dann machten wir einen erfolglosen Versuch mit Schießbaumwolle. Um 3 Uhr morgens stellten wir die Arbeit vorläufig ein, da das Eis so dick war, daß der Bohrer nicht hindurch reichte, und der Eisschlamm so tief, daß man die Schollen unmöglich fortschieben konnte. Wir mußten auf günstigere Eisverhältnisse warten.

Das Wetter war in den beiden ersten Januarwochen beständig und gut, bei klarer Luft und $-40°$ bis $-50°$. Der kälteste Tag war der 15. Januar, an dem das Thermometer $-50°$ bis $-52°$ zeigte. In den beiden letzten Wochen des Januar war die Temperatur beträchtlich höher, fiel aber im Februar wieder, war am 13. $-48°$ und ging Ende Februar bis ungefähr $-35°$. Am 5. März registrierte das Thermometer wieder $-40°$; von da an aber stieg die Temperatur rasch. So war sie am 12. März $-12°$, am 27. $-6°$, mit einigen kälteren Tagen dazwischen. Der April war durchgängig ziemlich kalt, ungefähr $-25°$; der kälteste Tag der 13. mit $-34°$. Die erste Maiwoche zeigte $-20°$ bis $-25°$; die zweite war etwas milder, etwa $-14°$, und am 21. Mai stieg das Thermometer zum erstenmal in diesem Jahr über den Gefrierpunkt; das Maximum-Thermometer bei der Abendablesung zeigte $+0{,}9°$.

Während des Winters schwankte an einigen Tagen die Temperatur stark und plötzlich, zum Beispiel am 21. Februar. Morgens war es bewölkt bei steifer Brise aus Südost. Am späten Nachmittag sprang der Wind plötzlich nach Südwesten um und flaute bis $4^{1}/_{2}$ Meter Sekundengeschwindigkeit ab, während die Temperatur von $-7°$ am Morgen auf $-25°$ kurz vor dem

Windwechsel sank, um dann um 8 Uhr abends schnell wieder auf —6,2° zu steigen.

Ins Schiffstagebuch habe ich über diesen Tag folgendes eingetragen: »Heute abend schritt ich an Deck auf und ab, und ehe ich hinunterging, schaute ich noch nach hinten auf das Eis. Ich steckte den Kopf aus dem Zelt und fühlte einen so warmen Luftstrom, daß mein erster Gedanke war, es müsse irgendwo an Bord Feuer sein. Bald entdeckte ich jedoch, daß die Lufttemperatur so stark gestiegen war. Später ging ich mit Scott-Hansen noch einmal hinauf. Wir hielten ein Thermometer unter das Schiffszelt, unter dem es noch —19° zeigte, während ein anderes draußen auf —6° stand. Wir wanderten einige Zeit auf und ab und atmeten in vollen Zügen die warme Luft ein. Es ist ein großer Unterschied zwischen dem Leben in einer solchen Temperatur und dem täglichen Einatmen einer Luft von 40° bis 50° unter dem Gefrierpunkt. Mich selbst belästigt große Kälte zwar nicht sehr, doch klagen viele darüber, daß sie tief in der Brust Schmerz haben. Mir wird nur der Mund sehr trocken, wenn ich mich dann im Freien bewege.«

Wir hatten viele Tage mit rauhem Wetter nicht nur im Winter, sondern auch im Sommer; in der Regel dauerte das schlechte Wetter aber nur einen Tag. Wir hatten nichts gegen etwas schlechtes Wetter einzuwenden, namentlich wenn eine frische Brise dazukam, die das Eis rasch nach Westen treiben konnte. Was uns am meisten beschäftigte, war natürlich die Drift und alles, was damit zusammenhing. Unsere Stimmung war bei schlechtem Wetter oft viel besser als an hellen, klaren Tagen mit Windstille und herrlichem Nordlicht bei Nacht.

Mit der Drift waren wir vor allem im Januar und in der ersten Februarwoche sehr zufrieden. In dieser Zeit trieben wir vom 48. bis zum 25. östlichen Längengrad, während sich unsere Breite stetig auf ungefähr 84° 50' hielt. Unsere beste Drift war vom 28. Januar bis zum 3. Februar, während beständig eine steife Brise aus Osten wehte, die am Sonntag, 2. Februar, bis auf 22 Meter in der Sekunde stieg. Das war aber der einzige wirkliche Sturm während der Reise. Am Sonnabend, 1. Februar, überschritten wir die Länge von Vardö und feierten das Ereignis abends. Später war die Drift nach Westen nur langsam, um so besser aber die nach Süden, so daß wir am 16. Mai auf 83° 45' n. Br. und 12° 50' ö. L. standen.

Seit uns der letzte Zugvogel verlassen, hatten wir bis zum 28. Februar kein einziges lebendes Wesen mehr gesehen. Nicht einmal ein Bär war uns auf unseren Streifzügen zu Gesicht gekommen.

Um 6 Uhr morgens stürzte Pettersen in die Kajüte, er habe zwei Bären in der Nähe des Schiffes gesehen. Ich lief an Deck, doch war es noch so dunkel, daß ich nicht sofort erkennen konnte, wohin Pettersen zeigte. Endlich sah ich die Bären langsam auf das Schiff zu traben; in ungefähr 150 Meter Entfernung machten sie halt. Ich zielte, aber es war noch immer zu dunkel, um des Schusses sicher zu sein, und ich wartete, bis sie weiter heran waren. Doch da blieben sie stehen, starrten nach dem Schiff, drehten sich um und schlichen davon.

Ich fragte Pettersen, ob er nichts hätte, was recht gut und stark röche und die Bären zurücklocken würde. Er sann einen Augenblick nach, rannte die Treppe hinab und kam mit einer Pfanne brauner Butter und Zwiebeln zurück. »Hol mich der Henker, wenn ich nicht etwas Duftendes für sie habe!«

Die Bären waren längst aus Sicht. Es war kalt, vielleicht —35°, und ich stieg hinunter, um meinen Pelzrock anzuziehen; aber schon kam Bentsen hinter mir her, ich sollte mich beeilen, die Bären kämen zurück. Wir stürzten »mit voller Fahrt« auf Deck, und nun waren die Tiere gut in Schußweite, ungefähr 100 Meter entfernt. Ich kauerte hinter der Reling nieder, zielte gut, und schoß auf den größten. Er stürzte mit fürchterlichem Gebrüll kopfüber aufs Eis. Dann schoß ich nach dem zweiten, der erst einen Luftsprung machte, ehe er fiel. Jetzt rafften sich beide wieder auf und machten einige Schritte vorwärts. Ich hatte noch zwei Kugeln und gab sie ihnen; es war aber immer noch nicht genug für diese zähen Tiere.

Pettersens Jagdeifer erwachte. Ohne jede Waffe lief er zu den Bären, bis ihm plötzlich Schlimmes schwante und er Bentsen bat, ihm zu folgen. Bentsen, ebenfalls ohne Waffe, zeigte wenig Lust, den verwundeten Bären nachzulaufen. Ich holte mir noch einige Patronen und traf dann Pettersen auf halbem Wege zwischen den Bären und der »Fram«. Die Tiere krochen jetzt an einem Eisrücken entlang. Ich blieb in etwa 30 Schritt Entfernung stehen, mußte nun aber erst Pettersen fortrufen, der gerade in der Schußlinie stand. Endlich hatte ich das große Bärenweibchen abgetan. Dann rannte ich an dem Eisrücken entlang, um nach dem anderen Bären zu forschen. Plötzlich tauchte sein Kopf über dem Rücken auf. Ich schoß, und die Kugel ging ihm durch den Hals.

Nun wurden alle Mann herbeigerufen, und es herrschte große Freude über das köstliche frische Fleisch, das uns gut schmecken sollte. Es waren ungefähr 16 Monate, seit wir zuletzt einen Bären geschossen hatten. Wir segneten Pettersens duftende Bratpfanne. Die Bären wurden zerschnitten und in Schnitten, Pasteten, Braten usw. verwandelt. Selbst die Knochen bewahrten wir auf, um Suppe zu kochen. Die Rippen waren am saftigsten. Wir aßen sie zu Mittag, und alle stimmten überein, daß ein Bärenlendenbraten ein königliches Gericht sei.

Am 14. März war es ein Jahr, daß Nansen und Johansen ihre lange Reise über das Eis angetreten hatten. Der Tag wurde mit einer Punschbowle gefeiert.

Neben den täglichen wissenschaftlichen Beobachtungen nahmen wir während des Winters auch Lotungen vor, erreichten aber mit einer 3000 Meter langen Leine keinen Grund.

Die Zeit verging, und die Tage wurden länger. Spalten und Rinnen bildeten sich um das Schiff. Es war Zeit, an die Vorbereitungen zu denken, um die »Fram« vorwärtszubringen. Mitte April nahmen wir das Winterlager an Bord und verstauten es im Hauptraum, auch die Säcke aus dem Kohlenlager schafften wir wieder an Bord; nur die Tonnen und Fässer, die Hundekuchen, Kajaks und Schlitten wurden vorläufig noch auf dem Eis gelassen. Die Sonne war um diese Zeit schon so stark, daß der Schnee am Schiff entlang schmolz.

Der erste Frühlingsbote war eine Schneeammer, die sich am Abend des 25. April einstellte. Sie richtete sich in einem der Seehundsboote ein, und wir fütterten sie mit Grütze und Abfällen. Sie wurde bald zahm, blieb mehrere Tage bei uns und flog dann weiter. Die »Fram« war ihr offenbar eine willkommene Raststätte gewesen, wo sie sich gesättigt und für den Rest der Reise gestärkt hatte. Am 3. Mai besuchte uns wieder eine Schneeammer, und ein paar Tage später waren es zwei. Ich denke mir, daß es unser früherer Gast war, der inzwischen sein Weibchen gefunden hatte und nun mit ihm zurückkehrte, um uns für die Gastfreundschaft zu danken. Sie blieben eine Stunde und erfreuten uns durch ihr Zwitschern; als die Hunde sie aber nicht in Ruhe lassen wollten und überall verfolgten, flogen sie davon.

In der ersten Maiwoche entfernten wir das Ersatzdeck, das wir über die Davits gelegt hatten, klarten das Hauptdeck auf und nahmen die Seehunds- und die Großboote wieder an Bord. Auch der Landsteg wurde abgerissen und durch eine Leiter ersetzt. Dann verstauten wir den Rest des Kohlenlagers, den Hundeproviant, die Schlitten, überhaupt alles, was noch auf dem Eis lag. Nun war nur noch die Maschine in Ordnung zu bringen, und damit begannen wir am 18. Mai.

Der dritte Sommer

Am 17. Mai 1896 befand sich die »Fram« auf ungefähr 83° 45' n. Br. und 12° 50' ö. L. Wir feierten den Tag wieder mit einer Flaggenprozession wie vor einem Jahr. Mogstad saß auf den Bärenfellen im Schlitten und fuhr mit einem Gespann von sieben Hunden, das Musikkorps (d. h. Bentsen) zur Seite. Als wir den Festzug ordneten, erschienen plötzlich vier weibliche Narwale, und unmittelbar darauf sahen wir in der Rinne querab vom Schiff einen Seehund — was wir als ein gutes Omen für den Sommer nahmen.

Der große Hügel, im vorigen Jahre der Schauplatz unseres fröhlichen Treibens, war jetzt so weit entfernt und der Rinne und des höckerigen Eises wegen so schwer zu erreichen, daß wir die Festlichkeiten im Freien auf die Flaggenprozession beschränkten.

Um 12 Uhr feuerten wir ein paar Ehrenschüsse ab und setzten uns dann zu einem vorzüglichen Mittagsmahl nieder, mit echtem Château la Fram, 1896er Ernte*.

Als nächste Arbeit machten wir die Maschine samt Zubehör betriebsfertig und legten die Ruderbrunnen und den Schraubentunnel frei. Zuerst versuchten wir, das Wasser in den Kessel durch einen Schlauch zu pumpen, den wir draußen durch ein Loch im Eis hinabgelassen hatten; die Kälte war aber noch so stark, das Wasser gefror in der Pumpe. Wir mußten also das Wasser in Eimern herantragen und in den Kessel gießen, und zwar mittels eines Segeltuchschlauches, der vom Kessel bis zur Luke über dem Maschinenraum führte. Später hißten wir den Schornstein auf und

---

* Diesen Rotwein hatte ich für diese Gelegenheit hergestellt. Er bestand aus dem Saft getrockneter Preißel- und Moltebeeren mit einem kleinen Zusatz von Alkohol. Man lobte mich wegen dieses Getränkes über den grünen Klee.

zündeten die Feuer an, und am Nachmittag des 19. Mai war zum erstenmal, seit wir im Herbst 1893 ins Eis gekommen waren, wieder Dampf auf.

Dann hackten wir soviel wie möglich von dem Eis im Schraubentunnel weg und führten einen Dampfschlauch hinein. Das war sehr wirksam. Nach dem Abendessen versuchten wir im Maschinenraum den Schaft zu drehen, und schließlich gelang es uns auch, ihm eine Dreivierteldrehung zu geben. Das war ein Sieg und ein guter Lohn für unser Tagewerk.

Am folgenden Tag schmolzen wir mit Dampf das Eis in dem Ruderbrunnen, und 1½ Uhr nachmittags »bewegte« Amundsen die Maschine. Von dem Ruderpfosten oder Rahmen trieben einige große Stücke Eis herab; wir fischten sie auf, und alles war in Ordnung. Amundsen ließ die Maschine eine Zeitlang arbeiten; wir anderen standen dabei, um mit eigenen Augen das Wunder zu sehen und uns davon zu überzeugen, daß er sie wirklich in Gang gebracht hatte.

Es war für uns geradezu ein Ereignis. Es erfüllte uns mit neuem Mut und der Hoffnung, daß wir bald aus unserer langen Gefangenschaft befreit würden, mochte der Weg auch noch so lang und schwer sein. Die »Fram« war nicht mehr ein hilfloser Ball, der von der Laune des Treibeises hin- und hergeworfen wurde. Das wackere Schiff war nach seinem jahrelangen Winterschlaf zu neuem Leben erwacht, und wir freuten uns, die ersten Pulsschläge seines stark klopfenden Herzens zu fühlen. Es war, als ob die »Fram« uns verstünde und sagen wollte: »Vorwärts! Südwärts! Heimwärts!«

Das Eis um das Schiff war jedoch noch lange nicht in der Verfassung, daß wir Aussicht hatten, schon jetzt herauszukommen. Zwar stieg die Temperatur, und der Schnee verschwand rasch, aber wir blieben noch immer auf derselben Breite, auf der wir schon seit Monaten lagen, auf 84°. Von der Tonne aus sahen wir eine große Rinne, die sich südwärts ausdehnte, so weit das Auge reichte, aber durch den 200 Meter breiten Eisgürtel zu dringen, der uns davon trennte, war unmöglich, solange sich das dicke Packeis nicht etwas lockerte. Wir machten darum auch keinen Versuch, das Schiff frei zu sprengen, sondern widmeten unsere Zeit verschiedenen Arbeiten an Bord, brachten das Dampfspill in Ordnung, untersuchten alles Tauwerk usw.

In das Loch im Eis, das für die Logleine immer offen gehalten wurde, hatten wir die Köpfe der beiden Bären versenkt, damit die Flohkrebse das Fleisch abfraßen. Als eines Tages ein Schwarm Flohkrebse über den Bärenköpfen erschien, fing Scott-Hansen eine Menge davon mit dem Sacknetz und ließ sie zum Abendessen kochen. Aber an den winzigen Tieren war auch nicht ein Stückchen Fleisch, nichts als Schale. Wenn wir ein paar Dutzend davon auf einmal in den Mund steckten, schmeckten sie ungefähr wie Garnelen.

In den späteren Maitagen machte sich ein Wind auf, der zu einem halben Sturm aus Osten und Norden wuchs. Das Eis trieb langsam nach Südwesten und lockerte sich, so daß wir am 29. Mai nach Süden ziemlich viel offenes Wasser sehen konnten, mit dunklem Himmel darüber.

Die Kameraden bestürmten mich. Ich gab nach und beschloß, das Schiff loszusprengen. Um 1 Uhr nachmittags zündeten wir eine Mine von 50 Kilo

Schießpulver an. Sie wirkte erstaunlich gut, brach schwere Eismassen los und trieb sie mit Gewalt in die Rinne hinaus. Unsere Hoffnung belebte sich. Eine weitere solche Sprengung mußte das Schiff vollständig befreien. Nach dem Mittagessen machten wir uns ans Werk und legten 20 Meter hinter dem Heck eine neue große Mine. Es machte uns eine unglaubliche Arbeit, die Ladung tief genug ins Eis zu bringen. Erst bohrten wir ein Loch, das wir zunächst mit kleinen Ladungen Pulver, später mit Schießbaumwolle zu erweitern suchten, aber es half nichts. Darauf nahmen wir zu Lanzen, Eisäxten, Dampf, kurz allen möglichen Mitteln unsere Zuflucht, alles vergeblich. Das Eis war immerhin durch die vielen Ladungen, die wir an derselben Stelle entzündet hatten, in allen Richtungen so geborsten, daß wir annahmen, eine große Mine würde die ganze Masse auseinandersprengen. Wir senkten die Mine zehn Meter tief hinab. Sie explodierte mit fürchterlicher Wirkung und schleuderte eine mächtige Wassersäule bis zum Vormars hinauf, dazu eine Menge Eisstücke, die rundherum herunterprasselten. Ein Stück von über 50 Kilo fiel durch das Zelt auf die Back; andere Stücke flogen über das Schiff und fielen an der Steuerbordseite nieder. Scott-Hansen und Hendriksen standen auf dem Eis neben der elektrischen Batterie, die sie zum Abfeuern benutzten. Als der Stoß erfolgte, nahmen sie natürlich Reißaus, so schnell ihre Beine sie tragen wollten. Unbarmherzig regneten ihnen die Eisstücke auf den Rücken.

Dann bohrten wir Löcher für zwei Minen, die gleichzeitig abgefeuert werden sollten. In der Tiefe von 2½ Bohrerlängen brach aber der eine Bohrer, und wir mußten, ehe wir die Arbeit fortsetzen konnten, erst den anderen Bohrer schärfen. Um 12 Uhr nachts stellten wir die Arbeit ein. Wir hatten seit früh ununterbrochen gewerkt. Am nächsten Morgen um 6 Uhr setzten wir das Bohren fort. Das Eis war so dick, daß wir vier Bohrerlängen (ungefähr 6 Meter) brauchten, um durchzukommen. Jetzt wurde die eine der Schießbaumwolle-Ladungen in das Loch hinabgelassen und die andere mit einer langen Stange unter dem Rand einer alten Rinne angebracht. Beide Minen wurden gleichzeitig entzündet, aber das Ergebnis entsprach gar nicht unseren Erwartungen. Der Widerstand war zu groß.

Wir setzten mit dem Sprengen aus, bis sich das Eis am 2. Juni längs der alten Rinne in Schiffsnähe öffnete. Zunächst entzündeten wir gerade hinter dem Schiff eine Mine mit Schießbaumwolle, die das Eis bis dicht ans Heck zertrümmerte. Dann bohrten wir ein 5 Meter tiefes Loch gerade dwars vom Schiff und luden es mit 330 Gramm Schießbaumwolle (gleich 12 Kilo gewöhnliches Schießpulver).

Diese Mine brachte in der Tat Leben! Das Schiff erhielt einen solchen Stoß, daß im Salon eins der Bilder und eine Flinte zu Boden fielen und in meiner Kabine die Uhr von der Wand geschleudert wurde. Im Maschinenraum ging ein Lampenzylinder in Trümmer. Das Schiff brach mit einem Schlage fast los und hing nur noch vorn und hinten etwas fest.

Am nächsten Morgen sprengten wir das Eis fort, das den Bug hielt. Ich nahm eine Spitzhacke und hackte das Eis am Heck los. Kaum war ich vier oder fünf Minuten an der Arbeit, als das Schiff plötzlich überholte, am Heck ein wenig tiefer sank und sich vom Eisrand fortbewegte, so daß die Trossen straff wurden. Es lag jetzt mit dem Bug ungefähr 15 Zentimeter höher als im Herbst, als es einfror. Die »Fram« war also frei und bereit, sich ihren Weg durch das Eis zu bahnen. Noch waren wir jedoch nicht imstande, uns zu bewegen.

Schon im Mai hatten wir in den Rinnen Wale und Seehunde gesehen, und gelegentlich hatte sich auch ein Vogel gezeigt. Im Juni und Juli waren soviel Tiere da, daß wir nach Herzenslust auf die Jagd gehen konnten. Im Sommer schossen wir Eissturmvögel, Grillummen, Raubmöwen, Alken, Krabbentaucher, Eiderenten und auch ein paar breitschnäbelige Strandläufer. Ferner erlegten wir sechs kleinere Seehunde. Jede Gelegenheit zur Jagd war uns willkommen, besonders wenn es sich um Bären handelte. Insgesamt schossen wir im Sommer 17 ausgewachsene Bären, einen jungen fingen wir lebendig, mußten ihn aber später ebenfalls töten, weil er an Bord fürchterlichen Lärm machte.

In der Nacht des 24. Juni besuchten uns zwei Bären. Nordahl entdeckte sie, als er um 12 Uhr nach dem Beobachtungshause ging; er lief rasch zurück und rief die Kameraden, die noch nicht schliefen. Als sie aber auf das Eis hinausstürzten, verschwanden die Bären.

Drei Tage später trottete eine Bärin mit einem Jungen um Mittag auf das Schiff zu. Wir verbrannten etwas Speck, um sie anzulocken, sie war aber sehr vorsichtig, und es dauerte geraume Zeit, bis sie auf 200 Meter herankam. Dann konnte sich der Steuermann nicht mehr beherrschen und gab Feuer; auch wir übrigen brannten los. Nach ein paar Schritten stürzte die Bärin nieder. Da eine breite Rinne zwischen ihr und dem Schiff war, ruderten wir mit dem Prahm hinüber. Das Junge war ein prächtiger, kleiner Bursche mit weißem Pelz und dunkler Schnauze; es war ungefähr so groß wie unser kleinster Hund. Als die Leute herbeikamen, saß es still auf der Mutter und schien die Sache ruhig aufzufassen. Hendriksen warf ihm eine Schlinge um den Hals, und es folgte willig nach, als die Mutter nach der Rinne geschleppt wurde. Als wir es aber von der Mutter trennten und an Bord bringen wollten, wurde die Geschichte ganz anders. Es leistete mit aller Macht Widerstand und geriet in Wut. Als wir es an Bord losließen, benahm es sich wie wahnsinnig, biß, zerrte, brummte und heulte und hörte nur auf, wenn wir ihm ein Stück Fleisch zu fressen gaben. Niemals habe ich ein so wildes, reißendes Tier gesehen wie dieses kleine Ungetüm. Wir mußten es töten.

Ungefähr vierzehn Tage lang sahen wir dann keine Bären, bis uns in der Nacht des 12. Juli drei besuchten. Einen davon erlegten Scott-Hansen, der Steuermann, Nordahl und Bentsen nach hitziger Verfolgung. Die beiden anderen Bären schlichen sich beim ersten Schuß davon und kamen im Nebel außer Sicht.

Am 20. Juli schoß der Steuermann einen großen Bären, der über eine Rinne geschwommen war. Den letzten Bären erlegten wir am Abend des 6. August.

In der Vogeljagd waren wir ebenfalls ziemlich erfolgreich. Beispielsweise schossen Scott-Hansen und ich eines Abends 9 Krabbentaucher, 3 Stummel- und 1 Raubmöwe, am nächsten Tag weitere 21 Krabbentaucher und 2 Grillummen. Hendriksen erbeutete an einem Tage 18 Krabbentaucher und 1 Grillumme; später erlegten wir sogar einmal in wenigen Stunden 40 Vögel.

Die Jagd besserte nicht nur unsere Stimmung, wenn sie gelegentlich gedrückt war, sondern machte uns auch hungrig. Als wir uns wogen, stellte sich heraus, daß wir alle zugenommen hatten, seitdem Alkenbrust, gebratene Lummen, gedämpfte Möwen, Möwensuppe und Bärenrippen auf den Tisch kamen.

Wir brauchten aber auch solche Anregungen und das gute Leben, das uns die Jagd verschaffte. Das Eis wich und wankte nicht, und die Aussichten, im Lauf dieses Jahres herauszukommen, verringerten sich mit jedem Tag.

Nach der Befreiung der »Fram« war das Eis zunächst verhältnismäßig ruhig; am 8. und 9. Juni hatten wir dann einige schlimme Pressungen, namentlich am 9., an dem das Achterende des Schiffes etwa 2 Meter in die Höhe geschraubt wurde, so daß der Ruderbrunnen vollständig aus dem Wasser kam. Der Bug hob sich etwa 60 Zentimeter, und das Schiff hatte 4° Neigung nach Backbord. Auch am 10. und 11. Juni war der Eisdruck stark.

Endlich lockerte sich das Eis am Morgen des 13. Juni, so daß Aussicht war, das Schiff ein Stück vorauszuholen. Ich befahl, die Kessel anzuheizen. Noch ehe Dampf auf war, öffnete sich der Kanal so weit, daß wir das Schiff mit Leinen durch die schmale Durchfahrt ziehen konnten.

Wir dampften dann durch den Teich, in dem ich einen guten Liegeplatz fand. Als sich das Eis am 14. Juni wieder lockerte, setzten wir den Schornstein auf, hängten das Ruder ein und steuerten mit voller Fahrt nach einem schmalen Riß, der nach einer Öffnung im Südsüdwesten führte. Immer wieder trieben wir das Schiff in die Spalte hinein, aber stets vergebens: die Ränder rührten sich nicht um Haaresbreite. Mit voller Kraft versuchte ich, den Durchstoß zu erzwingen. Bis zu den Fockwanten brachten wir die »Fram« in die Spalte hinein. Das war aber auch alles. Die Öffnung schloß sich wieder, und wir mußten nach dem früheren Platz zurückkehren und das Schiff dort vertäuen. Das war um so ärgerlicher, als die ganze Durchfahrt nur dreiviertel Schiffslängen betrug.

Am 27. Juni versuchten wir unser Glück noch einmal. Wir machten Dampf auf und gingen um $11^1/_2$ Uhr abends das schwere Eis an. Wir kamen nur langsam vorwärts und mußten um 2 Uhr das Schiff vertäuen. Zwei Seemeilen hatten wir nach Südost zu Ost zurückgelegt. Diesmal erprobten wir die Compound-Maschine, und zwar mit gutem Erfolg. Sie machte 160 Umdrehungen in der Minute, aber der Kohlenverbrauch war fast doppelt so groß wie gewöhnlich. Wir blieben dort ungefähr eine Woche, bis sich das Eis am 3. Juli genügend öffnete und wir drei Seemeilen durch einen nach Südsüdwesten laufenden Kanal weiterkamen. In der Nacht vom 6. zum 7. Juli machten wir wieder einen Versuch und schafften eine Seemeile durch das Eis; dann mußten wir vertäuen.

Der Südwind hielt das Eis dicht zusammengepackt, und von einer Drift war nicht zu reden. Anderseits hatten wir seit Mitte Juni je nach den Gezeiten ziemlich viel Strömung. Wir konnten jedoch nicht beobachten, daß der Strom wirklich nach einer bestimmten Richtung setzte; manchmal zeigte die Leine innerhalb eines Tages nach allen Seiten des Kompasses. Die Strömung war aber sehr stark und trieb gelegentlich die Eisschollen in den Rinnen derart in die Runde, daß uns vom Zuschauen ganz schwindelig ward. Das Schiff kriegte von den tanzenden Schollen und Eisblöcken heftige Stöße ab und wurde oft bis in die Takelung erschüttert.

Das Meer blieb anhaltend sehr tief. Am 6. Juli bekamen wir bei 3000 Meter keinen Grund, zwei Tage später aber erreichten wir ihn auf 83° 2′ n. Br. bei 3400 Meter.

Am 6. Juli holten wir das Schiff ein Stück weiter. Das Eis war schlecht, und der Gegenwind hinderte uns sehr stark. Unsere Fortschritte waren bescheiden, aber es waren Fortschritte, und ich ließ das Schiff weiterholen, sooft sich eine Gelegenheit bot.

Während wir uns in dieser Weise weiterquälten, mußten wir nach der Beobachtung vom 13. Juli aber feststellen, daß wir in Wirklichkeit beträchtlich zurückgetrieben und wieder nach 83° 12′ n. Br. gekommen waren. Es könnte lächerlich erscheinen, daß wir unter diesen Umständen die mühsame Arbeit fortsetzten, so düster aber die Aussichten auch waren, wir gaben dennoch nicht auf.

Spät am Abend des 17. Juli lockerte sich das Eis so stark, daß wir Dampf machten. Um 1 Uhr morgens öffnete sich das Wasser ein wenig. Wir dampften voraus und kamen 3 Seemeilen nach Süden. Am Morgen hielt uns eine ungeheure Scholle auf, und wir mußten festmachen. Zwei Tage blieben wir dort. Am 19. lockerte sich das Eis erneut, und wir legten von 12 Uhr nachmittags bis 8 Uhr abends ungefähr 10 Seemeilen zurück. Dieser Glücksfall belebte unsere Stimmung; sie stieg noch mehr, als wir am folgenden Tag trotz Nebel und drei Aufenthalten von 83° 14′ am Morgen bis 82° 52′ um Mittag und 82° 39′ um Mitternacht vordrangen. Vom 20. bis 27. Juli machten wir fortgesetzt gute Fortschritte. Vom 27. Juli bis zum 2. August war es eine zähe und ermüdende Arbeit.

Am 3. August machten wir 2 Seemeilen nach Südwesten, mußten dann aber bis zum 8. liegenbleiben. Dann lockerte sich das Eis um das Schiff so, daß wir um 9 Uhr vormittags wieder weiter konnten. Wir machten 6 Seemeilen, dann hielt uns eine lange, schmale Straße auf. Wir sprengten mit gewöhnlichem Pulver und später mit Schießbaumwolle und dampften immer wieder mit voller Kraft gegen die kleinen Schollen an, die die Straße absperrten. Ohne Wirkung. In der Regel sind diese Schollen nicht so klein und unschuldig, wie sie aussehen. Sie bestehen gewöhnlich aus den Bruchstücken alter, dicker und sehr zäher Eisrücken. Wenn die Stücke frei werden, sinken sie tief unter die Oberfläche und ragen nur mit einem Bruchteil ihrer Masse aus dem Wasser heraus.

Eine Scholle von dieser Art versperrte die Durchfahrt vor uns. Das Eis war so zäh, daß es unter dem Vordersteven des Schiffes nicht zerbrach, obwohl wir wiederholt mit voller Fahrt dagegen anrannten. Wir sahen deutlich, wie sich das alte Eis bog und bei dem Stoß heraufkam, ohne zu brechen.

Gelegentlich kam es vor, daß altes, dickes Eis plötzlich in einem Kanal, in den wir hineinfuhren, aus der Tiefe des Wassers emporschoß und uns den Weg verlegte. Dann erhielt die »Fram« gewöhnlich einen Stoß in die Rippen, wie ihn ein anderes Schiff schwerlich ausgehalten hätte.

Als wir durch einen offenen Kanal kamen, sah ich von der Tonne aus das eine Ende einer Scholle, die sich unter Wasser hielt, über dem Packeisrand erscheinen und befahl sofort davonzusteuern. Gerade in dem Augenblick aber, als wir uns frei davon glaubten, kam die Scholle los und schoß mit solcher Wucht an die Oberfläche, daß der Gischt hoch in die Luft flog. Sie traf die »Fram« mit großer Gewalt an den Steuerbord-Fockwanten. Das Schiff holte schwer über und wich beinahe 10 Striche von seinem Kurs ab. Als das Ungetüm von Scholle aus der Tiefe heraufkam, brachte es eine ungeheure Wassermasse mit empor und schleuderte sie wie einen brüllenden Wasserfall in die offene Rinne.

Ähnliches geschah, wenn wir gelegentlich einen treibenden Eishügel berührten, der unter der Wasserlinie so weit abgeschmolzen war, daß er umzufallen drohte. Der leichteste Stoß genügte dann, den Hügel zum Kentern zu bringen, so daß die See rund um uns wie von einem Sturm bewegt ward.

Am 11. August setzten wir in schwerer Arbeit durch Schollen und Schlammeis die Fahrt nach Süden fort. Am Morgen des 12. August wurden wir durch eine sehr häßliche Scholle aufgehalten. Wir versuchten sie fortzusprengen, aber während wir noch die Minen vorbereiteten, schloß sich das Eis rasch zusammen, so daß das Schiff zwischen zwei großen Schollen gefangen lag. Nach ein paar Stunden lockerte es sich wieder nach Südwesten, und wir dampften nun in verhältnismäßig guten Kanälen weiter. Dann fanden wir etwas dünneres Eis, und von der Tonne aus sahen wir östlich und westlich von uns mehrere große Kanäle, die nach Süden liefen. Es zeigten sich auch mehr und mehr Vögel und bärtige Seehunde, alles Beweise, daß wir uns nicht mehr sehr weit von offenem Wasser befanden.

Nachmittags dampften wir in südöstlicher Richtung durch Eis, das sich stetig besserte. Es wurde jetzt merkbar dünn und spröde, so daß wir die kleineren Schollen leicht zerschnitten. Von $5^{1}/_{2}$ Uhr nachmittags bis Mitternacht waren wir ungefähr 16 Seemeilen weiter gekommen. Nach Mitternacht (13. August) steuerten wir Südwest, dann Süd und Südost, während das Eis immer lockerer wurde. Um 3 Uhr sichteten wir in Südsüdost eine dunkle Wasserfläche, und um $3^{3}/_{4}$ Uhr steuerten wir durch die letzten Eisschollen ins offene Wasser hinaus[*].

Wir waren frei! Hinter uns lagen drei Jahre voll Arbeit und Mühe, mit ihrer Last von trüben Gedanken in den langen Nächten, vor uns das Leben, das Wiedersehen mit allen Menschen, die uns teuer waren.

---

[*] In 28tägiger Wühl- und Rammarbeit durch dieses mehr oder weniger dicht gepackte Eis hatten wir 180 Seemeilen (340 Kilometer) zurückgelegt.

Wir brauchten eine Zeit, um zu begreifen, daß das tiefblaue, wogende Wasser vor dem Bug kein Traum war. Wir befanden uns noch ein gutes Stück oberhalb des 80. Breitengrades, und nur in sehr günstigen Sommern ist das Meer so hoch im Norden eisfrei. Waren wir vielleicht doch noch in einem großen, offenen Teich? Hatten wir noch einen breiten Eisgürtel zu überwinden?

Nein, es war Wirklichkeit! Auf allen Seiten um uns herum war freies, unbegrenztes Meer, und ein herrliches Gefühl packte uns, als die »Fram« in der ersten, schwachen Dünung leicht stampfte.

Wir bezeigten dem besiegten Feinde zum Schluß unsere Achtung und feuerten einen donnernden Ehrenschuß als Lebewohl ab. Noch ein Blick nach den letzten schwachen Umrissen der Eishügel und Schollen, dann entzog sie der Nebel unserm Auge.

Wir setzten den Kurs jetzt mißweisend Südsüdost, da der Nebel noch immer so dick war, daß wir keine Beobachtungen anstellen konnten. Unser Plan war, die Rote Bai auf Spitzbergen anzusteuern und von dort der Westküste nach Süden zu folgen, bis wir einen passenden Ankerplatz fanden, um Wasser einzunehmen, die Steinkohlen aus dem Raum in die Bunker zu schaffen und überhaupt die »Fram« in Ordnung zu bringen.

Als sich der Nebel um 7 Uhr morgens hob, sichteten wir an Backbord ein Segel und richteten den Kurs darauf, um das Schiff anzusprechen. Es lag beigedreht und sah uns erst, als bis wir heran waren. Wir beobachteten, wie der Steuermann hinabstürzte um zu melden, daß ein Schiffsungetüm im Nebel gerade auf sie zusteuere. Bald stand das Deck voll Leute, und gerade als der Kapitän den Kopf aus der Kajüte steckte, begrüßte die »Fram« den Segler mit einem Schuß aus unserer Steuerbordkanone. Dann drehten wir hinter seinem Heck herum und feuerten einen zweiten Schuß an der Leeseite ab, darauf wurden die »Feindseligkeiten« eingestellt.

Das Schiff war die »Söstrene« (»die Schwestern«) aus Tromsö. Die erste Frage, die wir hinüberriefen, als wir längsseits vorbeifuhren, war: »Sind Nansen und Johansen angekommen?« Wir hatten ein dröhnendes »Ja!« erwartet und waren bereit, die Antwort mit einem donnernden Hurra und einem Salut zu begrüßen. Aber man erwiderte kurz und traurig: »Nein!«

Kapitän Botolfsen und einige seiner Leute kamen zu uns an Bord und mußten ein regelrechtes Kreuzfeuer von tausend Fragen bestehen. Unter den vielen Neuigkeiten, die wir erfuhren, war auch die, daß der schwedische Luftschiffer und Ingenieur Andrée von der Däneninsel aus mit einem Ballon aufsteigen wolle, um den Nordpol zu entdecken.

Botolfsen ließ sein Schiff unter dem Befehl des Steuermanns und begleitete uns als Fahrgast nach Tromsö. Gegen Mittag nahmen wir den Kurs nach der Roten Bai wieder auf, um von dort nach der Däneninsel zu dampfen und Andrée zu besuchen. Um Mitternacht bekamen wir Land voraus in Sicht, das wir für das Kap unmittelbar westlich der Roten Bai hielten. Es waren 1041 Tage her, seit wir zuletzt Land gesehen hatten!

Wir blieben einige Zeit an diesem Punkt liegen und warteten, daß der Nebel genügend aufklarte, damit wir die Landmarken finden konnten. Da es aber nicht klar wurde, dampften wir häufig lotend langsam westwärts, kamen, wie wir es erwartet hatten, in den Norwegischen Sund und ankerten um 9½ Uhr vormittags nahe bei dem Holländischen Kap. Jetzt hob sich der Nebel, und bald sahen wir den Dampfer »Virgo« von der Andréeschen Expedition und auch die Ballonhalle am Lande.

Durch das Fernrohr gewahrten wir, daß man unsere Ankunft beobachtet hatte, und bald kamen Andrée, die übrigen Mitglieder der Expedition und Kapitän Zachau von der »Virgo« mit einer Dampfbarkasse an Bord. Auch sie konnten uns keine Nachrichten von dem Schicksal unserer Gefährten geben. Wir hatten sicher erwartet, daß Nansen und Johansen vor uns ankommen würden; nun schien das Gegenteil der Fall zu sein.

Wir hatten jedoch keine ernstliche Sorge um sie, namentlich als wir erfuhren, daß Jackson auf Franz-Joseph-Land war. Gewiß würden Dr. Nansen und Johansen früher oder später mit dieser Expedition zusammentreffen; vielleicht warteten sie auch nur auf eine Gelegenheit, nach Hause zu kommen. Waren sie aber Jackson nicht begegnet, dann mußte etwas nicht in Ordnung sein, in diesem Falle brauchten sie Hilfe, und zwar so bald wie möglich.

Unsere Pläne waren rasch fertig. Wir wollten nach Hause eilen und in Tromsö zuverlässige Nachrichten einholen. Erfuhren wir auch dort nichts, wollten wir Kohlen einnehmen — etwas anderes brauchten wir nicht — und sofort nach Franz-Joseph-Land fahren, um nach ihnen zu suchen.

Unser Aufenthalt auf der Däneninsel wurde infolgedessen abgekürzt. Wir besuchten die »Virgo«, besahen den Ballon, der zum Aufstieg bereit war, und erhielten Gegenbesuche der Schweden. In der Nacht beendeten wir das Wassereinnehmen und das Umstauen der Steinkohlen. Die »Fram« war seefertig und dampfte am 15. August um 3 Uhr morgens unter Segeln durch die Smeerenberg-Bai ab.

Auf der Reise hatten wir gutes Wetter und günstige, frische Brise. Das Schiff machte über 9¼ Seemeilen in der Stunde.

Am 19. um 9 Uhr morgens sahen wir die ersten blauen Kämme der Berge der Heimat. Um Mittag sichteten wir Lögö und um 8 Uhr abends die Nordspitze von Loppen. Dann steuerten wir in den Kvenanger-Fjord hinein und ankerten um 2 Uhr am Morgen des 20. August bei Skjärvö.

Sobald der Anker gefallen war, rief ich den Doktor und Scott-Hansen, die beide mit mir an Land gehen wollten. Da sie aber noch nicht angezogen waren, ließ ich mich von Bentsen im Prahm an Land bringen.

Dann stand ich vor dem Telegraphenamt und suchte die Leute lebendig zu machen. Ich donnerte mit geballten Fäusten erst an die eine dann an eine andere Tür, lange vergeblich. Endlich steckte im zweiten Stock ein Mann den Kopf aus dem Fenster und fragte, welcher nächtliche Herumstreicher solchen Spektakel mache. Es war der Chef selbst. Er beschreibt den nächtlichen Vorfall in einem Brief an eine Zeitung in Kristiania folgendermaßen:

»Es waren alles andere als freundschaftliche Gefühle und Absichten, mit denen ich gegen 4½ Uhr morgens aufstand, um nachzusehen, welcher Elende an meine Haustür trommelte. Ziemlich leicht bekleidet steckte ich den Kopf zum Fenster hinaus und schrie: ‚Zum Donnerwetter! Was ist denn los? Solchen Teufelslärm zur Schlafenszeit!'

Ein Mann in grauem Anzug, mit einem langen Bart, trat heran. ‚Ja, da ist wahr!' erwiderte er pfiffig, ‚trotzdem muß ich Sie bitten, zu öffnen Ich komme von der ‚Fram'!' Sofort ging mir ein Licht auf, daß das nur Sver drup sein konnte. ‚Ich komme sofort, Kapitän!' antwortete ich.

Er war keineswegs ärgerlich über das lange Warten oder die unfreund lichen Worte, mit denen ich ihn empfangen hatte, als er nach der langen ruhmreichen Expedition hier zuerst sein Heimatland wieder betrat. Er wa vielmehr sehr freundlich und bester Laune.

Als Sverdrup Platz genommen hatte, war natürlich die erste Frage nacl dem Weg, auf dem er gekommen war. Dann sagte er, sie hätten erst voi Botolfsen und dann von Andrée erfahren, daß man nichts von Nansen wisse

‚Ich kann Ihnen aber gute Nachricht von Nansen geben!' antwortete ich. ‚Er ist am 13. August in Vardö angekommen und befindet sich jetzt ir Hammerfest. Wahrscheinlich fährt er heute mit einer englischen Jacht nach Tromsö.'

‚Nansen ist da?'

In einer Aufregung, wie sie dieser Mann selten zeigt, sprang er auf unc verschwand mit dem Ruf: ‚Das muß ich sofort den anderen erzählen!'

Einen Augenblick später kehrte er mit Scott-Hansen, Blessing, Mogstac und Bentsen zurück, die alle ganz wild vor Freude über die gute Nachrich waren. ‚Ist es wahr? Nansen ist da?' fragten sie immer wieder. ‚Was für eir Tag das ist, welche Freude! Und welch seltsames Zusammentreffen! Nansen ist am selben Tage angekommen, an dem wir vom letzten Eis frei geworder und heimwärts gesteuert sind!'

Früh am Morgen hörte man dann einen zweimaligen donnernden Knall von der ‚Fram' und darauf ein Hurra der Mannschaft zu Ehren ihrer beiden Gefährten. Die Einwohner, die noch im Schlafe lagen, waren überrascht und sprangen rasch aus den Betten; und als ihnen endlich der Gedanke kam, daß es nur die ‚Fram' sein könne, ließen sie nicht lange auf sich warten und kamen herbei, das Schiff anzusehen.

Als die Männer von der ‚Fram' hier ankerten, wehte ihnen vom Land der Duft des neugemähten Heues zu, der ihnen herrlich vorkam. Die grünen Wiesen mit ihren bescheidenen Blumen, die wenigen, vom unbarmherzigen Wind gekrümmten Bäume erschienen ihnen so reizend, daß unsere arm- selige Insel in ihren Augen ein wahres Eden wurde. Heute wollten sie sich einmal ordentlich im Grase herumwälzen!

Im übrigen lächelte Mutter Natur und zeigte sich in so festlichem Kleid, wie man es so spät im Jahre in diesen nördlichen Breiten nur erwarten konnte. Der Fjord war ruhig, als ob er mit der leisesten Bewegung die Stille zu unterbrechen fürchtete, die das erprobte, wettergebräunte, wackere Schiff jetzt umgab.

Sie sprachen alle ganz begeistert von ihrem Schiff. Ich glaube nicht, daß sich ein Mann an Bord befindet, der die ‚Fram' nicht liebt. Sverdrup er- klärte: ‚Ein festeres und schöneres Schiff ist niemals gebaut worden und ist in der ganzen Welt nicht zu finden!'« —

Auf dem Wege nach dem Fjord begegneten mir fünf Kameraden. Nordahl eilte mit der frohen Botschaft sofort an Bord, während wir übrigen uns im Telegraphenamt zu einer Tasse Kaffee niederließen, die köstlich schmeckte. Ein besseres Willkommen hätte uns nicht werden können. Aber es endigte nicht mit dem Kaffee. Bald knallten in den Häusern des Kaufmanns und des Bürgermeisters die Champagnerpfropfen, während Telegramme hinausgingen und unsere Ankunft Dr. Nansen, dem König, der norwegischen Regierung und den Verwandten und Freunden meldeten.

Um 10 Uhr vormittags lichteten wir den Anker und fuhren weiter, um in Tromsö mit Nansen und Johansen zusammenzutreffen. Auf der Höhe von Ulfstinden kam uns der Dampfer »Konge Halfdan« von Tromsö aus mit 600 Fahrgästen an Bord entgegen. Er nahm uns ins Schlepptau, und um $8^{1}/_{2}$ Uhr abends glitt die »Fram«, begleitet von Hunderten von beflaggten Booten, in den Hafen von Tromsö hinein und wurde mit Hurra empfangen.

Am nächsten Tag, 25. August, um 4 Uhr nachmittags, traf die »Otaria« mit Dr. Nansen und Johansen ein.

Nach einer Trennung von 17 Monaten war unsere Schar wieder vollzählig, die Norwegische Polarexpedition wieder vereinigt.

Die wissenschaftlichen Ergebnisse

VON FRIDTJOF NANSEN

Die wissenschaftlichen Ergebnisse der Norwegischen Polarexpedition sind mannigfaltig und umfangreich. Sie werden in besonderen, wissenschaftlichen Schriften veröffentlicht.

In erster Linie haben wir nachgewiesen, daß das Meer, in dem nach meiner Meinung der Pol selbst liegt, in der unmittelbaren Nachbarschaft des Pols ein tiefes Becken ist, nicht aber ein seichtes Meer mit viel Land und Inseln, wie man bisher angenommen hat. Das Meer ist sicher eine Fortsetzung der tiefen Rinne, die sich vom Atlantischen Ozean zwischen Spitzbergen und Grönland nordwärts erstreckt.

Wir wissen, daß sich diese Tiefsee weit in den Norden von Franz Joseph-Land und ostwärts bis an die Neusibirischen Inseln ausdehnt.

Verschiedene Gründe machen mich glauben, daß sich dieses tiefe Meer auch weit nach Norden erstreckt.

Zunächst haben wir während der Drift der »Fram« und auch während unserer Schlittenreise nach Norden weder Land gesehen noch irgendwelche Anzeichen davon gefunden. Das Eis schien ungehindert zu treiben, namentlich nach Norden. Selbst bei starkem Wind war die Drift nach Südosten gering. Wäre in mäßiger Entfernung im Norden von uns irgendwelches Land von Bedeutung gewesen, so hätte es die Bewegung des Eises in dieser Richtung hindern müssen.

Dasselbe scheint auch die große Menge Treibeis anzudeuten, die mit hoher Geschwindigkeit an der Ostküste von Grönland entlang nach Süden bis hinab nach Kap Farewell und darüber hinaus treibt. Solche ausgedehnten Eisfelder müssen ein größeres Ursprungsmeer haben als das, durch das wir trieben. Hätte die »Fram«, anstatt im Norden von Spitzbergen loszukommen, ihre Drift fortgesetzt, so würde sie sicher an der Küste von Grönland herabgekommen sein.

Dagegen ist es sehr wahrscheinlich, daß auf der anderen Seite des Pols zwischen diesem und Nordamerika, Landmassen vorhanden sind. Ich habe allen Grund zu der Annahme, daß die vielen Inseln nach Norden eine Fortsetzung haben.

Aus unserer Expedition können wir uns jetzt ein ziemlich klares Bild davon machen, wie das Treibeis beständig von der einen Seite des Polarbeckens, nördlich von der Beringstraße und der Küste von Sibirien, quer über das Polgebiet nach dem Atlantischen Ozean wandert. Wo man einst eine feste, unbewegliche, massive Eisdecke vermutete, die den nördlichsten Punkt der Erde wie ein fester Eismantel bedecken sollte, finden wir jetzt ein ewig wanderndes, aufgebrochenes Treibeis.

Der Beweis, der mich schon vor unserer Expedition fest an diese Theorie glauben ließ, wird durch das sibirische Treibholz geliefert, das nach Grönland geführt wird, und durch den Schlamm auf dem Eis, der kaum anderer als sibirischer Abstammung sein kann.

Die Kraft, die das Eis in Bewegung setzt, wird sicher in der Hauptsache von den Winden geliefert; und da auf dem Meer nördlich von Sibirien südöstliche und östliche Winde vorherrschen, im Norden von Spitzbergen aber nordöstliche, so müssen sie das Eis in der Richtung führen, in der wir die Drift gefunden haben. Aus vielen Untersuchungen habe ich das Vorhandensein einer langsamen Strömung im Wasser unter dem Eis festgestellt, die in der gleichen Richtung läuft.

Die hydrographischen Untersuchungen der Expedition haben überraschende Tatsachen ergeben. So hat man beispielsweise das Polarmeer als Kaltwasserbecken mit einer Temperatur von $-1,5°$ betrachtet. Wir haben entdeckt, daß unter der kalten Oberfläche wärmeres Wasser ist, mit einer Temperatur manchmal bis zu $+1°$.

Ferner war das Wasser salzhaltiger, als man bisher angenommen hatte. Dieses wärmere, salzigere Wasser muß offenbar vom Golfstrom herstammen, der auf der Höhe von Nowaja Semlja und längs der Westküste von Spitzbergen in nördlicher und nordöstlicher Richtung fließt, dann unter das kältere aber leichtere und weniger salzige Wasser des Polarmeers taucht und die Tiefen des Polarbeckens füllt.

Unsere hydrographischen Untersuchungen scheinen die bisherigen Theorien über die Richtung der Strömungen in den nördlichen Meeren nicht unwesentlich zu verändern. Jedoch ist dieses Problem schwierig. Seine Lösung muß späteren Veröffentlichungen vorbehalten bleiben. Aus ähnlichen Gründen ist es fehl am Platze, hier unsere magnetischen, astronomischen und meteorologischen Beobachtungen zu erörtern.

Im ganzen kann ich wohl sagen, daß die Expedition einen guten Teil des Schleiers gelüftet hat, der über diesen polaren Gebieten bisher lag, und daß wir in der Lage gewesen sind, uns ein ziemlich klares und nüchternes Bild von einem Teil unserer Erdkugel zu bilden, von dem man früher nur dunkle Vorstellungen hatte. Und sollten wir in nächster Zeit aus der Vogelschau, vom Ballon aus, einen Blick auf den Pol werfen können, so werden uns die wesentlichen Grundzüge schon vertraut sein.

Es bleibt aber noch sehr viel zu erforschen. Jahrelange Beobachtungen sind nötig, Beobachtungen, für die neue Driften, ähnlich der Reise der »Fram«, die unbedingbare Voraussetzung bilden.

An der Hand unserer Erfahrungen werden Forscher in der Lage sein, sich noch besser auszurüsten. Eine zweckmäßigere Methode zur wissenschaftlichen Untersuchung unbekannter Gebiete als die unserige läßt sich jedoch nicht denken. An Bord eines Schiffes dieser Art können sich Forscher ebenso behaglich niederlassen wie auf einer feststehenden wissenschaftlichen Station. Sie können ihre Laboratorien mitnehmen und die feinsten Untersuchungen jeder Art anstellen. Möge eine solche Expedition nicht allzu lange auf sich warten lassen! Und wenn sie durch die Beringstraße und von dort nordwärts oder vielleicht ein wenig nach Nordosten geht, dann sollte es mich sehr wundern, wenn man nicht Beobachtungen erhielte, die weit bedeutender sein werden als unsere. Aber dazu bedarf es der Geduld: es wird länger dauern als unsere Drift.

Und eine weitere Lehre, glaube ich, hat unsere Expedition gegeben nämlich, daß man mit kleinen Hilfsmitteln sehr viel ausrichten kann. Selbst wenn man nach Eskimoweise leben und sich mit dem Allergeringsten begnügen muß, kann man, bei guter Vorbereitung, vorwärtskommen und weite Entfernungen zurücklegen in Gebieten, die man bisher als sehr schwer zugänglich betrachtet hat.

Namen- und Sachverzeichnis

Adelaide-Insel 239
Aktinia-Bai 60
Aleuronat 175, 177, 209, 211, 273
Aleuronat-Brot 220
Aleuronat-Mehl 273
Alaska 13
Algen 130, 242 (Spaerella nivalis), 315
Alke 67, 278 f., 282 f., 285, 292, 325
Almqvist-Insel 61
Amundsen, Anton, Erster Maschinist der »Fram« 35, 48, 70, 98, 123, 138, 305 f., 309, 318, 323
Anabara-Fluß 65
Andrée, Ballonflieger zum Nordpol 295, 329, 331
Antarktische Gebiete 21
Archer, Colin, Erbauer der »Fram« 26, 37, 50
Arktis 295
Arktische Expeditionen 14
Arktischer Wurm (Spadella) 78
Armitage, Begleiter Jacksons 287
Asien 19, 98
Astronomische Beobachtungen 33, 98, 107
Atlantischer Ozean 13, 23, 69, 79, 120, 125, 150, 167
Austria-Sund 146, 164
Ausrüstung (Schlitten-Expedition Nansen-Johansen), Liste 176 ff.

Baden-Powell, Sir George 299
Balaena (siehe Bartenwal) 291
Ballonexpedition 12

Bären 75, 88 ff., 101 f., 113 ff., 127, 146, 193 f., 199, 206, 212, 217, 229 ff., 235 f., 239, 242, 245, 249 f., 253, 256, 258 f., 260, 270 f., 278, 290, 306, 316, 320 f., 325 (siehe auch Eisbären)
Bärenfalle 92 f., 109, 115, 126
Bartenwal 291
Basalt 292
Baumarten, Nordische 13
Bennett 11
Bennettinsel 15
Bentsen, Bernt, Mitglied der »Fram«-Expedition 36, 60, 84, 90, 109, 123, 143, 312, 316, 321, 325, 330 f.
Bergen 38 f., 41
Bergschneehühner 62
Beringmeer 23
Beringstraße 9, 11, 13 ff., 18 f., 333
Bjelkoff-Insel 66
Bjelyj-Ostrow (Weiße Insel) 52
Blessing, Henrik Greve, cand. med., Arzt u. Botaniker der »Fram«-Expedition 35, 72, 74 f., 106, 126, 148, 151, 153, 168 f., 331
Blomqvist, Melenius 288, 292, 294 f.
Botolfsen, Kapitän der »Söstrene« 329, 331
Brown, Kapitän d. »Windward« 294 f., 296, 297, 299
Buchteneis 238 f.
Bucht von Piperviken 36

Bucht von Raekvik 37
Burgess, Teilnehmer der Expedition Jacksons 288, 295

Chabarowa 34, 44 f., 48 f., 74, 318
Carex vesicaria (Sennegras) 40
Chatanga-Fluß 61, 65
Child, Fotograf der Expedition Jacksons 287, 295
Christofersen, Sekretär Nansens 41, 49 f., 299 f.
Clements-Markham-Inseln 57
Cleve, Professor 18
Collinson, Admiral 22
Cook-Expedition 1776, 11
Copepoden (Krustentiere) 78

Dall, William Healy, amerik. Naturforscher 23
Dänen-Insel 329 f.
Deklination 64
De Long, George Washington, Leutnant, Leiter der Jeannette-Expedition 11, 15, 23
Diatomeen 18, 130, (Diatomeen-Flora) 18, 19
Drift, Driftrichtung und Geschwindigkeit 11, 16 ff., 22 f., 26, 32 f., 73, 79, 81, 85 f., 88, 97, 100, 107, 111 f., 114, 118 ff., 122, 128 f., 133, 137 f., 144, 150, 153, 199 f., 204, 217, 288, 299, 306 ff., 313, 316, 320, 326, 333 f.

Drontheim 38, 40, 301
Dyna-Leuchtfeuer 36
Dolgoi-Insel (Langöia) 43

Eiderenten 279, 325
Eira-Hafen 245, 250
Eisbären 17, 38, 52 ff., 61, 69 (siehe auch Bären)
Eisenten (Harelda glacialis) 46, 48, 52
Eismeer 56, 296
Eismöwen 307
Eispressungen 14 ff., 20 f., 70, 76 ff., 81 ff., 87, 95, 99, 103 f., 110, 122, 124, 154 ff., 158 f., 161 f., 167, 181, 192, 196, 200, 226, 303 ff., 312, 315 ff., 326
Eisschichtung 110
Eissturmvogel (Procellaria glacialis) 125, 205 f., 234, 238, 272, 278, 307, 311, 325
Elfenbeinmöwe (Larus eburneus) 125, 209, 215, 226, 234, 238, 247 f., 255, 272
Eskimos 9, 13, 34, 132
Eva-Insel 239

Fauna der Polargebiete 292
Fisher, Harry, Botaniker der Expedition Jacksons 288, 292, 295
Fiskegratin 218, 220, 266
Flohkrebse 78, 242, 323
Flora der Polargebiete 292
Flossenfüßer (Clio borealis) 220
Finnenschuhe 40
Flußeis 58
Flut 78 f.
»Fram« 19 ff., 27, 30 f., 34 ff., 40 ff., 46, 48, 50 ff., 61, 63, 65, 68 ff., 73, 75 ff., 84, 95, 97, 99, 102 ff., 112, 115 ff., 119, 121, 123 f., 126, 129, 132, 135, 137, 139 ff., 147 f., 151, 154 ff., 160 ff., 165, 167 ff., 179 f., 184, 190 f.,
194, 197, 214 f., 224, 258, 260, 268, 287 ff., 294, 296 ff., 308 f., 311 f., 315, 317 ff., 321 ff., 325 f., 328 f., 331 f., 333.
Franklin 153
Franz-Joseph-Land 10 f., 13 f., 17, 24, 100 f., 113, 135, 137, 142, 146 f., 150 f., 163, 167, 187, 189, 217, 219, 226, 228, 239, 241 f., 244, 250, 280, 285, 286 f., 290 f., 298 f., 313, 318, 330, 333
Frederick-Jackson-Insel 290
Freeden-Insel 239
Füchse 62, 193, 195, 243, 258, 260, 263, 274, 285

Gänse 48, 53, 277
Gänse-Insel (Mary-Elisabeth-Inseln genannt) 277
Garnelen 323
Geographische Gesellschaft, London 19 ff.
Geologische Untersuchungen 34
Gletscher 236 ff., 241, 243, 247, 255, 267, 270, 274, 285, 292
Gletschereis 254, 275, 279
Gillis-Land 146, 275
Godthaab 13
Goldregenpfeifer 52
Golfstrom 118
Greely, General, Leiter der amerikanischen arktischen Expedition 1881 bis 1884 21 ff., 26
Grillummen (Uria grylle) 125, 206, 307, 311, 325 f.
Grisebach, deutscher Botaniker 14
Grönland 10 ff., 22 ff., 34, 99 f., 145, 167, 172, 181, 268, 299, 333
Grönländer 13
Grönländische Seehunde (Phoca groenlandica) 245

Grönländisches Meer 16
Grönlandwal (Balaena mysticetus) 291
Grundeis 52

Hagerup, norweg. Staatsminister 297
Hammerfest 299
Hansen (siehe Scott-Hansen)
Harpers Weekly 23
Hayward, Koch der Expedition von Jackson 290
Hendriksen, Peter Leonard, Harpunierer der »Fram«-Expedition 35, 46, 53, 60, 64 ff., 75, 82, 89, 91 ff., 102, 109 f., 123, 158, 160, 168 f., 179 f., 303, 310, 318, 324 ff.
Herlö-Fjord 39
Holländisches Kap (Spitzbergen) 330
Holme 53, 58
Hooker, Sir Joseph, Botaniker 21
Hooker-Insel 280, 286
Houen-Insel 242
Hovgaard, Leiter der dänischen arktischen Expedition 1883 11
Hovlandsbucht 38
Hudson-Bai 34
Hudson, Henry 10
Hunde 9 f., 45, 48 ff., 72, 74, 77, 81, 85, 88 ff., 95, 100 f., 106 f., 111, 113, 127, 132, 136 f., 139, 145, 147, 156, 158 f., 180 ff., 188, 190 ff., 197 ff., 202, 204, 206, 208, 210, 213 ff., 219, 221 f., 227, 229 f., 234, 236 f., 286, 290, 307, 316, 322, (Liste) 179
Hvidtenland (Weißes Land) 239

Iglefield, Sir, Admiral 20
Infusorien 131
Inlandeis 181

337

Jackson 277, 279, 286 f., 290 ff., 330
Jackson-Harmsworthsche (engl.) arktische Expedition 11
Jakobsen, Theodor Claudius, Steuermann der »Fram« 35, 69, 93 f.
Jakutsk 17
Jalmal-Halbinsel 51 f., 62
Japanischer Strom 11
Jeannette, Schiff der Jeannette-Expedition 11 ff., 18, 20, 22 f., 99, 120, 129, 137 f.
Jeannette-Expedition 1879—81 11 f., 15 ff., 19, 204
Jeannette-Strom 17
Johannesen, Eduard 52
Johansen, Fredrik Hjalmar, Reserveleutnant, meteorologischer Assistent der »Fram«-Expedition 35, 53, 71, 73, 75, 88, 90 ff., 97 f., 111, 116, 148, 153, 165, 167, 171, 179, 182 ff., 187 f., 191, 194, 199, 201 f., 206, 208 ff., 217 f., 220, 222 ff., 227, 229, 231 f., 234 ff., 240, 242, 245, 247, 250 f., 254, 256, 258 f., 264 f., 267 f., 270 f., 276 f., 281 ff., 287 ff., 293, 295, 297 ff., 303 f., 308, 313, 315, 321, 329 f., 332.
Juell, Adolf, Proviantverwalter und Koch der »Fram« 35, 38, 64, 75, 109, 111, 123, 134, 153, 309, 310, 317
Jugorsche Straße 34, 42 ff., 51 f.
Julianehaab 12, 22

Kamennyj-Inseln (Felsige Inseln) 53
Kanes (Leiter der Polarexpedition 1853—55) 95
Kap Barents 280
Kap Brögger 244
Kap Budapest 216
Kap Clements Markham 244
Kap Farewell 333
Kap Fisher 278
Kap Fligely 145 ff., 188 f., 202, 212, 216 f., 241, 318
Kap Flora 290 ff., 295
Kap Helland 245
Kap Lapteff 61 f.
Kap Lofley 250, 275
Kap M'Clintock 275
Kap Richthofen 279, 288
Kap Tscheljuskin 11, 14, 51, 57, 59, 63, 65, 121
Kap Wankarem 18
Kara-Fluß 51
Karisches Meer 11, 14, 43 f., 47 f., 50 ff., 65
Karl-Alexander-Land 290
Kjellman, Frans Reinhold, Prof., schwedisch. Botaniker, Teilnehmer der Nordenskiöldschen Expedition 18
Kjellman-Inseln 53
Kjölle-Fjord 41
Kochapparat 173 f., 182, 185, 204, 208, 222, 249, 273
Koldewey, Leiter der deutschen arktischen Expedition 1869/70 10, 22
Komager (Schuhe aus Rentierfell) 40, 91, 172, 176, 178, 205, 225, 236, 270, 272 f.
König-Oskar-Land 204, 242, 291
Koetlitz, Dr., Arzt der Expedition von Jackson 290, 292
Korkpolypen (Alcyonaria) 83
Kotelnyj-Inseln 34, 66, 274
Krabbentaucher (Mergulus) 212, 219 f., 226, 238, 242 ff., 247, 255, 271, 279, 285, 307, 311, 325 f.

Kronprinz-Rudolf-Land 10, 233, 241, 243, 291
Krustazeen 83, 109, 220
Krustentiere (Copepoden) 78, 255
Kraggenrobbe (Phoca foetida) 206, 225
Küsteneis 238, 241, 244, 246, 251, 275 f., 279
Kvenanger-Fjord 330

Landeis 200
Leigh-Smith, englischer Polarreisender 1880—82 11, 22, 245, 250, 253, 280, 283, 291
Lemminge 47, 62
Lena-Strom 15, 20, 65, 118
Lestris Parasitica (siehe Raubmöwe)
Liv-Insel 239
Ljachow-Insel 34
Lockwood 10
Lofoten 40
Lummen 51, 326

Magnetische Beobachtungen 33, 98
Magnetischer Nordpol 167
Mantelmöwe 243, 247
Markham, Commander, Begleiter Nares' 10, 21 f.
Markham, Sir Clements, Präsident der Geographischen Gesellschaft London 23
M'Clintock, Sir Leopold, Admiral und Polarforscher 19, 22, 153, 154
Medusen (Astrophyton) 83
Meereis 80, 181, 212, 238 f., 245
Meeresströmungen 20
Melville, Hermann, nordamerikanischer Schriftsteller und Matrose (Walfänger) 22 f.

Meteorologische Beobachtungen 33
Mitternachtssonne 307
Mogstad, Ivar Otto Irgens, Teilnehmer der »Fram«-Expedition 36, 70, 88 f., 91 ff., 139, 151 f., 160, 163, 168 f., 304 f., 307, 309, 315, 322, 331
Mohn, Feldmohn (Papaver nudicaule) 241
Mohn-Inseln 57
Mohn, Professor 11 f., 19, 298
Moos 241, 250, 255, 257
Möwen 53, 59, 125, 212 f., 219, 230, 252, 254, 258, 274, 326 (siehe auch Mantelmöwe, Raubmöwe, Stummelmöwe, Rosenmöwe, Tauchermöwe)
Murray, Dr. John 23
Muschelkrebse 78
Mya truncata (Muschel) 292

Nansen, Dr. Fridtjof, Leiter der »Fram«-Expedition (Norwegische Polarexpedition 1893 bis 1896) 19 ff., 55, 287, 297 f., 300 ff., 308, 313, 315 f., 321, 329 ff.
Nares, Sir George, Leiter der englischen arktischen Expedition 1875 bis 1876 10, 19 ff., 22, 24, 26
Narwale 201, 206, 310
Neufundland 22
Neusibirische Inseln 9, 11 f., 14 f., 21, 34, 50, 63, 142, 167, 298, 333
Nordahl, Bernhard, Teilnehmer der »Fram«-Expedition (meteorol. Beobachtungen) 35, 61, 88, 132, 158, 305 f., 309, 316, 325, 332
Nordasien 17

Nordatlantischer Ozean 124
Nordatlantisches Becken 15
Nordkap 41
Nordenskiöld, Adolf Erik, schwed. Polarforscher 15, 22, 52 f., 57 ff., 65
Nordlicht 33, 72, 74, 76, 82, 83, 85 ff., 97, 103, 129, 143, 149, 264 ff., 320
Nördliches Eismeer (siehe Eismeer)
Nordostpassage 10
Nordpol 9 ff., 21, 66, 69, 98, 100 f., 108, 115, 122, 124, 128, 131, 136, 138, 144 f., 150, 167, 181, 188, 295, 329, 333
Nordpolfahrt, zweite deutsche 13
Northbrook-Insel 280, 286, 291
Norwegen 19, 25, 33, 41 f., 66, 86, 99, 110, 118, 137, 168, 268, 287, 296, 299, 301
Norwegische Geographische Gesellschaft 12, 25
Norwegische Polarexpedition 297, 332 f.
Norwegischer Sund (Spitzbergen) 330
Nowaja Semlja 10, 41 f., 146, 151, 299, 335
Nunatak (Felsspitze) 292

Oberflächenausstrahlung 97
»Otaria«, Jacht Sir George Baden-Powells 299, 301, 332

Packeis 19 ff., 79 f., 90, 166, 205 f., 215, 220, 286, 323
Päsken (Lappen-Pelze) 40
Papaver nudicaule (Feldmohn) 47

Parry, Sir William Edward, brit. Polarforscher 10, 14, 153
Paulus-Insel 64
Payer, einer der Leiter der österr.-ungar. arktischen Expedition 1872 bis 1874 10, 22, 164, 193, 201, 207, 239, 286, 290
Peder (siehe Hendriksen, Peder Leonard)
Pemmikan 158, 165 f., 175, 177 f., 183, 187, 220, 233, 242, 273
Petermann-Land 10, 145, 188, 193, 204, 291
Petermanns Mitteilungen 23
Petrus-Insel 64
Petschora 45
Pettersen, Lars, Zweiter Maschinist der »Fram« 35, 70, 134 ff., 142, 179 f., 303, 305, 307 f., 310 f., 313, 316 f., 320 f.
Pflanzenversteinerungen 291 f.
Phoca barbata (bärtiger Seehund) 58
Pol (siehe Nordpol)
Polarbecken 18, 23, 79, 118, 124, 147
Polareis 20 ff., 205
Polar-Kabeljau (Gadus polaris) 213
Polarlumme (Uria brünnichii) 219
Polarmeer 10 f., 18 ff., 24, 67, 99, 118 f., 122, 124 f., 131, 137 f., 144, 150 f., 167, 169, 180 f., 307, 314, 335
Polarnacht 9, 111, 115, 129, 142 f., 163 f., 194, 255, 261, 309
Polarstrom 10, 13
Polarströmungen 22, 27, 118
Polarvölker 9
Pressungen (siehe Eispressungen)

Primus, Petroleum-Gasapparat 173, 185, 199, 201, 203, 275
Proteus 22

Raubmöwen (Lestris parasitica, auch Stercorarius crepidatus) 45, 53, 125, 255, 317, 325 f.
Rentier 49, 51, 53 ff., 59, 61 f.
Rentier-Insel 53
Rentiermoos 295
Richards, Sir George, Admiral 20, 22
Richardson, Sir John, brit. Polarforscher 153
Robben (Phoca foetida) 69
Rosenmöwe (Rhodostetia rosea) 125, 230, 238 f.
Ross, Sir James Clarke, engl. Polarforscher 153
Roßmöwe (siehe Rosenmöwe)
Rote Bai (Spitzbergen) 329
Royal Geographical Society London 25, 57
Russen 9, 45, 48, 52
Ryders, Leutnant, Leiter der dänischen Expedition nach Ostgrönland 1891/92 49

Sagastir (Internat. Station an der Lenamündung) 118
Samojeden 44 f., 48 f., 52
Sanikoff-Insel 66 ff.
Saxicava (Muschel) 292
Schaltiere 83
Schlammeis 68, 203, 234 f.
Schnecken 242
Schneeammer (Plectrophanes nivalis) 125, 242, 307, 321
Schneehühner 52
Schnee-Eis 60
Schneesperlinge 62
Schnee-Eulen 47

Schnepfen 51, 62, 67
Scholleneis 104
Schwämme 83
Scott-Hansen, Sigurd, Premierleutnant, meteorolog., astronom. und magnet. Beobachtungen auf der »Fram«-Expedition 35, 37, 50, 71, 75, 85, 87, 94, 97 f., 109, 116, 132, 140, 148, 150, 153, 155, 162 f., 168 f., 179, 303, 305, 309 f., 312 f., 317 f., 320, 323 f., 330 f.
Scott-Hansen-Inseln 57
Seegurken 83
Seehunde 2, 15, 17, 48, 54, 58, 61, 114, 146, 164, 199, 206, 217, 219 ff., 225 f., 237 f., 245, 248, 306 f., 322, 325
Seehund, bärtiger (Phoca barbata) 60, 220, 222, 243, 328
Seeigel (Echinus) 242
Seemöwe 67
Seeschwalben 53, 238
Seesterne 83
Seetang (Laminaria und Fucus) 242
Segeltakelung 14
Sehnsuchtslager 230 ff.
Sennegras 178
Sibirien 9, 13 f., 18, 24, 34, 44, 53, 62, 79, 127, 150, 333
Sibirisches Eismeer 14, 67, 181
Sieben Inseln 147
Silbermöwe (Larus argentatus) 125, 217
Skandinavien 53
Skorbut 17, 21, 32, 72, 95 f., 112, 147, 204, 269
Smeerenberg-Bai 330
Smith-Sund 10 f., 21 f.
Sokolij-Insel (Falken-Insel) 51
Soswa 45

Spitzbergen 10, 13 ff., 17 f., 23 f., 100, 118, 137, 146 f., 151, 164, 167, 202, 208 f., 214, 217, 219, 226 f., 230, 239 f., 268, 272, 275, 279, 285, 287, 291, 293, 295, 299, 329, 333 f.
Stan Durnowo 34
Steinbrech (Saxifraga nivalis) 47, 241
Stelzvögel 67
Sternmiere (Stellaria sp.?) 241
Sternschnuppen 264
Strandläufer, breitschnäbeliger 325
Stummelmöwe (Larus tridactylus, auch Rissa tridactila) 125, 238, 247, 255, 279, 285, 292, 307, 326
Sturmmöwe 255
Sturmvögel 219
Südpol 170
Supan, Professor 23
Süßwassereis 70, 193
Sverdrup, Otto Neumann, Kapitän der »Fram« 23, 34, 37, 40 f., 43, 46 f., 50, 52, 59, 62 f., 67, 71, 75, 92 ff., 101 f., 106, 111, 113 f., 120 f., 131, 133, 144, 148, 151 f., 158, 160 f., 165, 167 ff., 179, 274, 295, 300, 303, 331
Sverdrup-Insel 53

Taimyr-Bucht 62
Taimyr-Halbinsel 58, 61 f., 65, 135
Taimyr-Meer 58
Taimyr-Sund 58 ff.
Tauchermöwe (Larus glaucus) 125, 249, 255
Tegetthoff 81, 104, 113, 207
Tjumen 34
von Toll, Eduard, Baron 34, 66 f.

Torup-Insel 242, 291
Totwasser 58 f.
Treibeis 18 f., 51, 58, 63 f., 101, 133, 152, 174, 199, 207, 223, 233, 236, 242 f., 273, 280, 289, 317, 333
Treibholz 13, 47, 51, 99
Trontheim, Alexander Iwanowitsch 34, 44 f., 48 ff.
Tscheljuskin-Halbinsel 62
Tundren, Sibirische 9, 44, 46 f.

Ural 45

»Vega«, Schiff der Nordenskiöld-Expedition 58, 60

»Virgo«, Schiff der Andréeschen Expedition 330

Waigatsch-Insel 43, 46, 50
Wale (siehe auch Narwal, Bartenwal, Weißwal) 201, 205 f., 311, 325
Walfänger, Walfang 11, 15, 22
Walrosse 52, 58, 64 f., 102, 114, 199, 212, 240, 248 ff., 256, 258, 277 f., 283 f.
Wasserhimmel 15, 207, 236, 272
Weißes Meer 43
Weißwale 54, 254
Werchojansk 17

Weyprecht, Karl, einer der Leiter der österr.-ungar. arktischen Expedition 1872—74 10
Wharton, Kapitän, Chef des englischen hydrographischen Amts 20
Wilczek-Land 214, 216
Wildgänse (siehe Gänse)
Windward, Schiff 293 ff., 296 ff.
Wollgras 47
Wrangel-Land 11 f.

Young, Sir Allen 20, 22

Zachau, Kapitän der »Virgo« 330
Zichy-Land 214

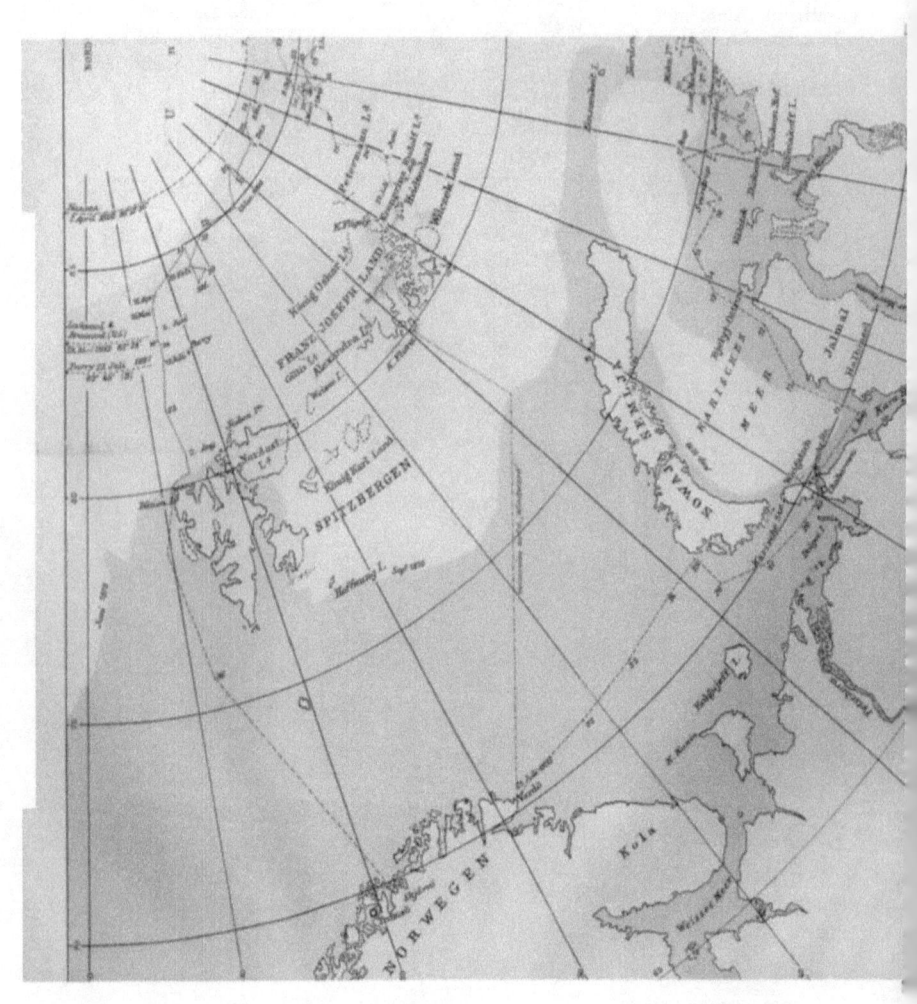

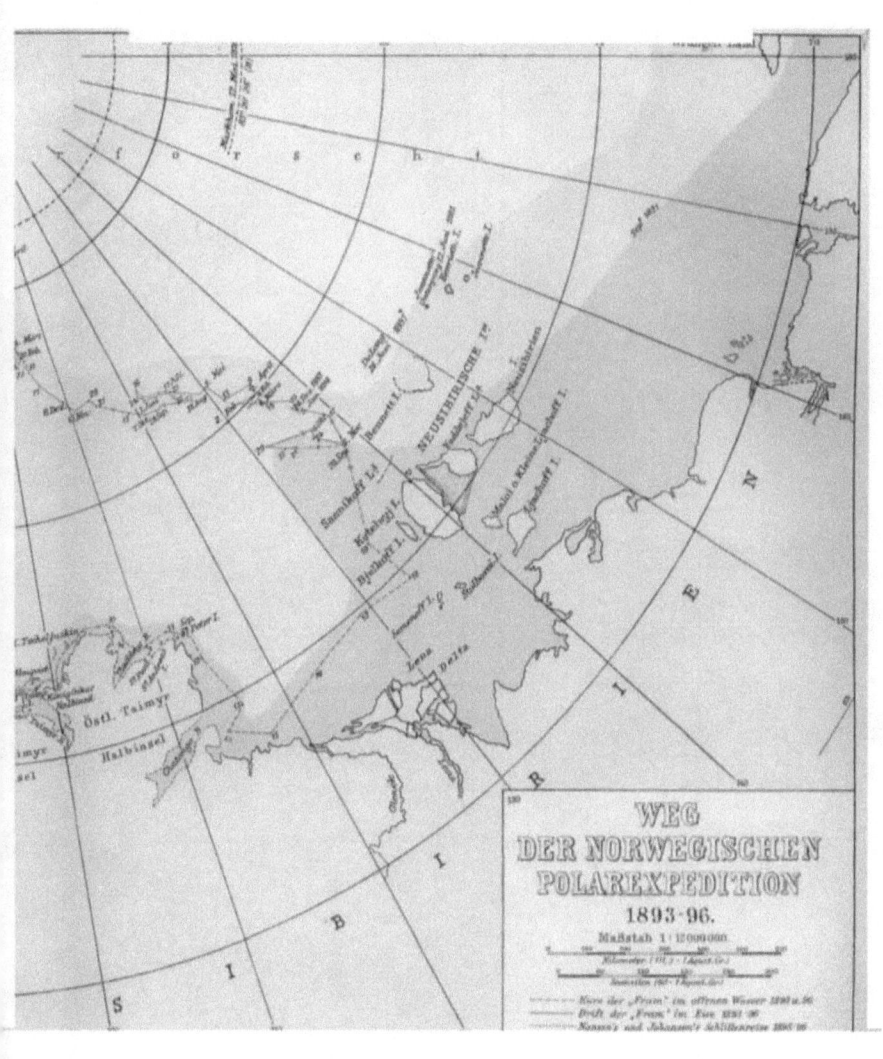

www.ingramcontent.com/pod-product-compliance
Lightning Source LLC
Chambersburg PA
CBHW021931290426
44108CB00012B/806